Martin Voth, Sebastian Gryska, Heinbernd Oppenberg, Dorothee Wegmann, Eddie Wickfeld

Herausgeber: Martin Voth

Arbeitsplatz Büro

Jahrgangsband 3

Informationshandbuch

1. Auflage

Bestellnummer 94408

Bildungsverlag EINS

Die in diesem Produkt gemachten Angaben zu Unternehmen (Namen, Internet- und E-Mail-Adressen, Handelsregistereintragungen, Bankverbindungen, Steuer-, Telefon- und Faxnummern und alle weiteren Angaben) sind i. d. R. fiktiv, d. h., sie stehen in keinem Zusammenhang mit einem real existierenden Unternehmen in der dargestellten oder einer ähnlichen Form. Dies gilt auch für alle Kunden, Lieferanten und sonstigen Geschäftspartner der Unternehmen, wie z. B. Kreditinstitute, Versicherungsunternehmen und andere Dienstleistungsunternehmen. Ausschließlich zum Zwecke der Authentizität werden die Namen real existierender Unternehmen und z. B. im Fall von Kreditinstituten auch deren IBANs und BICs verwendet.

Die in diesem Werk aufgeführten Internetadressen sind auf dem Stand zum Zeitpunkt der Drucklegung. Die ständige Aktualität der Adressen kann vonseiten des Verlages nicht gewährleistet werden. Darüber hinaus übernimmt der Verlag keine Verantwortung für die Inhalte dieser Seiten.

service@bv-1.de
www.bildungsverlag1.de

Bildungsverlag EINS GmbH
Ettore-Bugatti-Straße 6–14, 51149 Köln

ISBN 978-3-427-**94408**-9

Vorwort

Der Titel Arbeitsplatz Büro, Jahrgangsband 3, Informationshandbuch erscheint in drei Bänden. Der vorliegende dritte Band enthält die Inhalte der Lernfelder 9–13 des Rahmenlehrplans für das 3. Ausbildungsjahr für den Ausbildungsberuf „Kaufmann/Kauffrau für Büromanagement" in systematischer Darstellung.
Die Texte stellen die inhaltlichen Anforderungen des Rahmenlehrplans in straffer Form, konzentriert auf die wesentlichen Lerninhalte dar.
Zum Informationshandbuch gehören Lernsituationen (Arbeitsplatz Büro, Jahrgangsband 3, Lernsituationen), die Geschäftsprozesse aus der Praxis des Büromanagements in pädagogisch aufbereiteter Form zur Verfügung stellen. Der Lernsituationsband ist handlungssystematisch aufgebaut und begleitet die Auszubildenden bei ihren kaufmännischen Tätigkeiten in einem Modellunternehmen. Im 3. Ausbildungsjahr ist das Modellunternehmen ein Industrieunternehmen (Gerrit Hansen e. K.). Um den Anforderungen des Querschnittsberufs „Kaufmann/Kauffrau für Büromanagement" gerecht zu werden, wird in jedem Ausbildungsjahr ein anderes Modellunternehmen zugrunde gelegt (Dienstleistungs-, Handels-, Industrieunternehmen).

Eine ganzheitliche Sichtweise, überschaubare Arbeitsaufträge und selbst organisiertes Lernen zur Förderung der beruflichen Handlungskompetenz waren die Leitlinien bei der Entwicklung der Lernsituationen. Das Informationshandbuch ist modulartig mit den Lernsituationen verknüpft und bietet für jede Lernsituation einen abgegrenzten Informationsblock.

Übereinstimmende Gliederungen im Informationshandbuch und im Lernsituationsband erleichtern die parallele Nutzung der Bücher.

Für die Bearbeitung der Lernsituationen stehen zusätzlich Arbeitsmaterialien in digitaler Form über BuchPlusWeb zur Verfügung (Word- und Excel-Dateien). Informationshandbuch, Lernsituationen und die digitalen Materialien bilden eine ideale Basis für modernen, mediengestützten Unterricht, der den Anforderungen des Lehrplans optimal gerecht wird.

Web

Autoren und Verlag im Frühjahr 2016

Inhaltsverzeichnis

Einleitung
Das Modellunternehmen Gerrit Hansen e. K.

Daten und Fakten

Firma	Gerrit Hansen e. K.	
Geschäftszweck	Herstellung und Vertrieb von Büromöbeln	
Geschäftssitz	Rahlstedter Str. 144, 22143 Hamburg	
Registergericht	Amtsgericht Hamburg HRA 1101, Steuernr.: 27/430/0027, USt-IdNr.: DE 686 093 911	
Telefon	040 6724-0	
Fax	040 6724-587	
E-Mail	info@hamburg.hansen.de	
Webseite	www.hamburg.hansen.de	
Bankverbindung	Hamburger Sparkasse IBAN: DE07 2005 0550 1120 2399 08 BIC: HASPDEHHXXX	Postbank Hamburg IBAN: DE61 2001 0020 0064 0697 54 BIC: PBNKDEFFXXX
Mitarbeiter/-innen	55 Beschäftigte, davon 4 Auszubildende	
Auszug aus dem Absatzprogramm	Eigene Erzeugnisse	Schreibtisch Typ A
		Schreibtisch Typ B
		Schreibtisch Typ C
	Handelswaren	Bürostühle
		Konferenzstühle
		Rollcontainer
Stoffe/Vorprodukte	Rohstoffe	Holz, Edelstahlbleche, Aluminium-, Kunststoff- und Glasteile
	Hilfsstoffe	Schrauben, Nägel, Kleinteile, Farben
	Betriebsstoffe	Strom, Wasser, Heizöl, Gas, Schmierstoffe
	Vorprodukte	Schlösser, Griffe aus Holz und Kunststoff
Geschäftsjahr	1. Januar bis 31. Dezember	

Organigramm der Gerrit Hansen e. K.

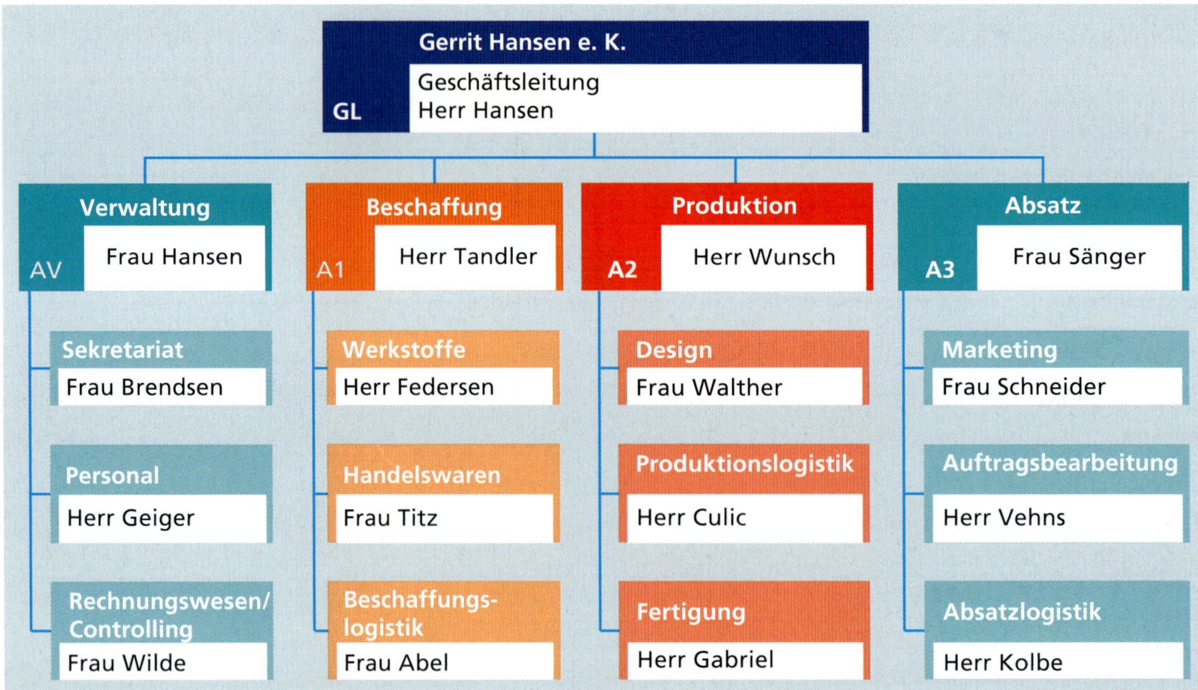

Lernfeld 9
Liquidität sichern und Finanzierung vorbereiten

1 Liquiditätsplanung

➲ **Lernsituation 1: Einen Liquiditätsplan erstellen**

1.1 Finanzielles Gleichgewicht

Ein Unternehmen befindet sich im finanziellen Gleichgewicht, wenn der Bestand an flüssigen Mitteln ausreicht, um aktuell bestehende finanzielle Verpflichtungen termingerecht auszugleichen.
Kann ein Unternehmen fällige Zahlungen nicht mehr leisten, spricht man von Insolvenz (= Zahlungsunfähigkeit). Insolvenz bedeutet in den meisten Fällen das Ende eines Unternehmens. Daher muss ein Unternehmen alles tun, um finanziell im Gleichgewicht zu bleiben.

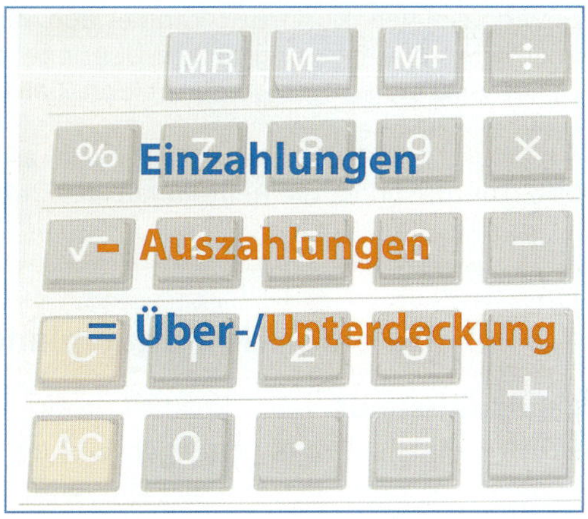

→ **Finanzielles Gleichgewicht**: Der Bestand an flüssigen Mitteln reicht aus, um aktuell bestehende finanzielle Verpflichtungen zu erfüllen. Das Unternehmen ist liquide.
Liquidität bezeichnet die Fähigkeit eines Unternehmens, seine fälligen Zahlungsverpflichtungen fristgerecht begleichen zu können.

Zu den flüssigen (liquiden) Mitteln eines Unternehmens zählen der Kassenbestand, das Guthaben auf dem Bankkonto und der Kreditrahmen, in dem ein Unternehmen sein Bankkonto überziehen darf (Kontokorrentkredit).
Die Liquidität eines Unternehmens ändert sich täglich, weil gewöhnlich jeden Tag Geldbewegungen stattfinden. Dabei erhöhen Einzahlungen die Liquidität, Auszahlungen verringern sie.

<table>
<tr><td>Einzahlungen</td><td colspan="2">Einzahlungen sind Zuflüsse von Zahlungsmitteln. Liquiditätszuflüsse entstehen vor allem dadurch, dass Kunden Rechnungen begleichen. Der Verkauf von Maschinen oder Einrichtungsgegenständen hat ebenfalls Einfluss auf die Liquidität. Nimmt ein Unternehmen einen Kredit auf oder vereinbart es z. B. eine Erhöhung des Kontokorrentkredits für sein laufendes Bankkonto, findet ebenfalls ein Zufluss von Liquidität statt.</td></tr>
<tr><td rowspan="2">Auszahlungen</td><td>Auszahlungen sind Abflüsse von Zahlungsmitteln. Die wichtigste Position ist dabei häufig die Begleichung von Lieferantenrechnungen, gefolgt von den Auszahlungen für das Personal. Bei einem Dienstleistungsunternehmen stehen die Zahlungen an das Personal gewöhnlich an erster Stelle.</td><td>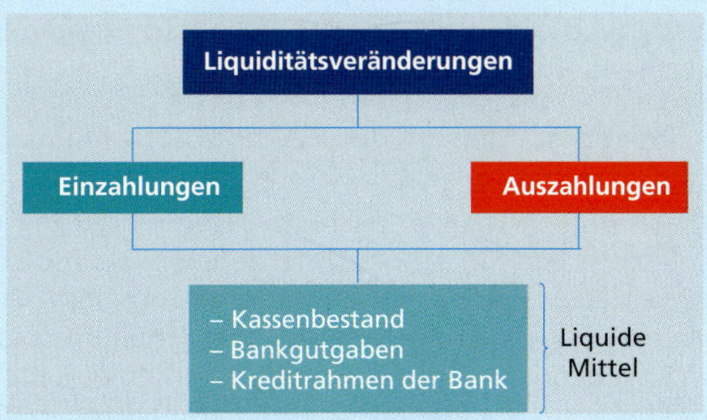
</td></tr>
<tr><td colspan="2">Daneben gibt es eine Vielzahl von Anlässen, die zu Auszahlungen führen, z. B. die Begleichung von Rechnungen von Telekommunikationsunternehmen, Energielieferanten, Reparaturen an Maschinen und Gebäuden sowie Zahlungen an Logistikdienstleister oder Gastronomiebetreibe (Bewirtung).
Auszahlungswirksam sind auch Steuerzahlungen oder die Rückzahlung (Tilgung) von Darlehen.</td></tr>
</table>

Zahlungsmittel (liquide Mittel): Sie setzen sich zusammen aus dem Kassenbestand und dem jederzeit verfügbaren Bankguthaben (einschließlich nicht ausgeschöpfter Kreditlinien).

Liquidität – Rentabilität

Aus der Fülle möglicher Unternehmensziele ragen zwei besonders hervor: Das Ziel, immer im finanziellen Gleichgewicht zu sein und damit seine Zahlungsfähigkeit jederzeit sicherzustellen (**Liquiditätsziel**), und der Wunsch, einen Gewinn zu erzielen (**Rentabilitätsziel**).

Ein Unternehmen ist **liquide**, wenn es seine Zahlungsverpflichtungen erfüllen kann.
Ein Unternehmen ist **rentabel**, wenn es Gewinn erzielt.

Wie oben festgestellt wurde, muss das finanzielle Gleichgewicht **stets** gegeben sein, damit ein Unternehmen nicht in die Zahlungsunfähigkeit und damit in die Insolvenz gerät. Andererseits muss ein Unternehmen auch Gewinn erzielen. Kurzfristig kann es durchaus einmal auf Gewinn verzichten, **langfristig** ist aber die Gewinnerzielung Voraussetzung für die Überlebensfähigkeit eines Unternehmens.
Damit wird die Rangfolge der beiden Ziele deutlich:

Kurzfristig steht das **Liquiditätsziel** an erster Stelle.
Langfristig ist die **Rentabilität** des Unternehmens zu sichern.

1.2 Ziele der Liquiditätsplanung

Liquiditätsstatus

Für Unternehmen ist es überlebenswichtig, die Zahlungsfähigkeit jederzeit zu sichern. Mithilfe der Liquiditätsplanung sollen der aktuelle Liquiditätsstand erfasst und die zukünftige Entwicklung der Liquidität für eine bestimmte Periode, z. B. ein Jahr oder auch Teile eines Jahres ermittelt werden. Es handelt sich um eine Planungsrechnung. Da die zukünftige Entwicklung eines Unternehmens ungewiss ist, müssen die Zahlen geschätzt werden. Je sorgfältiger die Zahlen erhoben werden, umso genauer ist die Planung.

Der **Liquiditätsplan** ist ein Instrument zur kurzfristigen Sicherstellung der Zahlungsfähigkeit eines Unternehmens, das die ein- und ausgehenden Zahlungsströme eines Unternehmens für einen bestimmten Zeitraum zusammenfasst.

Dazu sind alle Einzahlungen und Auszahlung, die in der betrachteten Periode anfallen, genau zu ermitteln. Übersteigen die Auszahlungen die Einzahlungen, ist die Frage zu beantworten, wie die fehlende Liquidität beschafft werden soll. Umgekehrt können auch Liquiditätsüberschüsse sichtbar werden. Dann stellt sich die Frage, wie die Liquidität zinsbringend angelegt werden soll.
Unternehmen wickeln ihre Zahlungen vor allem über das Bankkonto ab. Der (geringe) Bargeldbestand in der Kasse wird in der Regel nur für kleinere Zahlungen verwendet.

Der Kontokorrentkredit entspricht dem Dispositionskredit bei Privatpersonen, siehe auch Seite 82.

Das Bankkonto eines Unternehmens, über das die täglichen Zahlungsvorgänge laufen, nennt man **Kontokorrentkonto**. Da Ein- und Auszahlungen stark schwanken können, ist es unumgänglich, mit der Bank zu vereinbaren, bis zu welcher Höhe das Kontokorrentkonto überzogen werden darf (Kreditlimit, Kreditlinie). Bei der Überziehung handelt es sich um einen kurzfristigen Bankkredit, der auch **Kontokorrentkredit** genannt wird.

Der **Kontokorrentkredit** ist ein kurzfristiger Bankkredit mit vereinbarter Maximalhöhe, der Schwankungen bei den Ein- und Auszahlungen auffangen soll.

Vielfach dulden Banken auch eine Überschreitung des vereinbarten Kreditlimits. Sie sind dazu aber nicht verpflichtet. Aus Sicht eines Unternehmens sind solche Überziehungen möglichst zu vermeiden, weil Banken dafür einen besonders hohen Überziehungszins („Strafzins") berechnen.

Weitere Maßnahmen, siehe Kapitel 2, Liquiditätssicherung, Seite 28

Es ist eine ganz wichtige Aufgabe der Liquiditätsplanung, drohende Überschreitungen des Kreditlimits auf dem Kontokorrentkonto frühzeitig zu erkennen, damit geeignete Gegenmaßnahmen ergriffen werden können. Eine erste Maßnahme könnte darin bestehen, mit der Bank eine Erhöhung des Kontokorrentkredits zu vereinbaren.
Die Rolle des Kontokorrentkredits in der Liquiditätsplanung soll an einem stark vereinfachten Liquiditätsplan dargestellt werden.

Beispiel: Liquiditätsplan (vereinfacht)

	Januar	Februar	März
	€	€	€
Summe Einzahlungen	450.000,00	510.000,00	505.000,00
– Summe Auszahlungen	490.000,00	558.000,00	560.000,00
= Differenz	– 40.000,00	– 48.000,00	– 55.000,00
Kontokorrentkredit	50.000,00	50.000,00	50.000,00
Unter-/Überdeckung	10.000,00	2.000,00	– 5.000,00

Der Kontokorrentkredit soll die Schwankungen zwischen Einzahlungen und Auszahlungen ausgleichen. In den Monaten Januar bis März überwiegen die Auszahlungen deutlich gegenüber den Einzahlungen. Im Januar und Februar kann der Kontokorrentkredit diese Aufgabe noch erfüllen. Im Monat März aber reicht der Kontokorrentkredit nicht aus, die Zahlungsfähigkeit sicherzustellen. Man ist vom Wohlwollen der Bank abhängig, ob Auszahlungen, die sich im Defizit von 5.000,00 € widerspiegeln, von der Bank noch geleistet werden. Auf jeden Fall wären hohe Strafzinsen fällig, weil der vereinbarte Kontokorrentkredit-Rahmen (das Kreditlimit) überschritten würde.
Aber schon die Februar-Zahlen machen deutlich, dass der Kontokorrentkredit fast bis zur Grenze ausgeschöpft wird – auch das ist eine Situation, die durch eine sorgfältige Liquiditätsplanung vermieden werden sollte.

Risikovorsorge

Damit wird ein wesentliches Ziel der Liquiditätsplanung sichtbar: Durch die sorgfältige Erfassung zukünftig zu erwartender Ein- und Auszahlungen sollen Risiken in der Zahlungsfähigkeit frühzeitig erkannt werden. Aufgrund des oben beschriebenen Liquiditätsplans könnte das Unternehmen beispielsweise bereits bei der Zusammenstellung der Zahlen feststellen, dass in den Monaten Februar und März eine bedrohliche Situation für das Unternehmen zu erwarten ist, weil das finanzielle Gleichgewicht gefährdet zu sein scheint. Ein Gespräch mit der Bank, bei dem die betrieblichen Zahlen auch offengelegt werden, könnte am Ende zu einer Anhebung des Kontokorrentkredits führen.

Siehe Kapitel 2, Seite 28

Die Erhöhung des Kreditlimits ist aber nur eine mögliche Maßnahme. Eine genaue Analyse der einzelnen Positionen der Liquiditätsplanung kann weitere Perspektiven eröffnen, das Gefahrenpotenzial zu reduzieren.

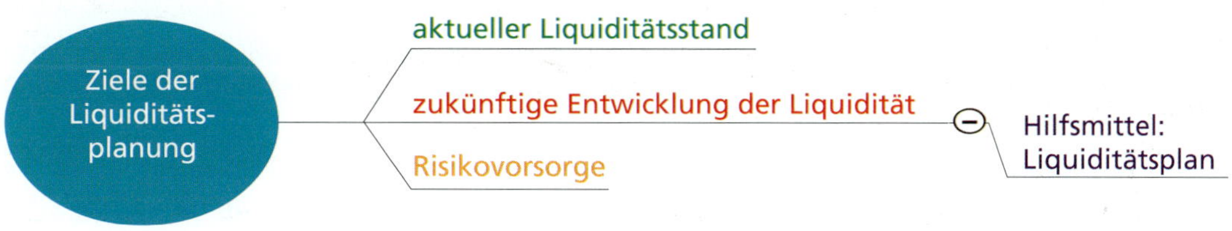

1.3 Liquiditätswirksamkeit

Die wichtigsten Daten für die Liquiditätsplanung werden aus dem **Rechnungswesen** gewonnen. Das Rechnungswesen liefert aber zunächst einmal Daten aus der **Vergangenheit**. Liquiditätsplanung betrachtet aber die zukünftige Entwicklung des Unternehmens. Die Zahlen aus dem Rechnungswesen sind daher fortzuschreiben, indem sie an die zu erwartende Entwicklung des Unternehmens angepasst werden. Dazu müssen vielfache **Annahmen** getroffen werden, wie sich bestimmte Ein- und Auszahlungen entwickeln werden.

Beispiel:
Verkäufe von Produkten führen zu Forderungen gegenüber Kunden. Diese Forderungen wiederum münden letztlich in Einzahlungen auf dem Bankkonto, wenn nämlich die Kunden unsere Forderungen begleichen. Ist aber zu vermuten, dass sich die Umsätze des Unternehmens im kommenden Geschäftsjahr, z. B. um 5 %, erhöhen, sind die Zahlen aus dem Rechnungswesen des vergangenen Geschäftsjahres entsprechend anzuheben.

Ferner ist zu beachten, dass eine Forderung nicht unbedingt in gleicher Höhe zu einer Einzahlung führen muss, denn:

- Bei der Aufstellung des Liquiditätsplans ist nicht bekannt, wann der Kunde zahlt. Er kann vereinbarungsgemäß zahlen, z. B. mit einer **Zahlungsfrist** von 30 Tagen. Dann ist der Zahlungseingang planbar. Vielleicht zahlt er aber auch später, weil er in finanziellen Nöten steckt.
- Eventuell zahlt der Kunde aber überhaupt nicht, weil er mittlerweile **insolvent** geworden ist. Zahlungen müssen also in ihrer Betragshöhe möglichst genau eingeschätzt werden.
- Im Rechnungswesen werden Umsätze als Nettowerte (ohne Umsatzsteuer) ausgewiesen. Der Kunde zahlt seine Rechnung aber einschließlich Umsatzsteuer. Zwar wird die **Umsatzsteuer** nach der Saldierung mit der Vorsteuer an das Finanzamt weitergleitet, allerdings ist der Stichtag für die Überweisung der **Zahllast** der 10. des Folgemonats. Das bedeutet, dass alle Zahlungen auch der richtigen Periode (im Regelfall einem bestimmten Monat) zugeordnet werden müssen.
- Je nach Zahlungsbedingungen kann der Kunde eventuell **Skonto** vom (Brutto-)Rechnungsbetrag abziehen. Ob er von dieser Möglichkeit Gebrauch machen wird, ist bei der Liquiditätsplanung nicht bekannt. Es gibt aber in der Regel Erfahrungswerte, die der Planung zugrunde gelegt werden können.

Es ist also für jeden Einzelfall zu prüfen, welche Liquiditätswirksamkeit eine Position aus dem Rechnungswesen entfaltet.
Bestimmte Positionen des Rechnungswesens sind sogar überhaupt nicht liquiditätswirksam.

Beispiel:
Abschreibungen sind liquiditätsunwirksam, weil der Anschaffungspreis für das Anlagegut bereits bezahlt wurde. Der Anschaffungspreis ist demnach auch im Monat der Anschaffung in voller Höhe liquiditätswirksam anzusetzen und nicht jeweils in Höhe der jährlichen Abschreibungsbeträge.

→ **Liquiditätswirksam** sind alle Vorgänge im Unternehmen, die zu Ein- oder Auszahlungen führen.

In diesem Zusammenhang sind zentrale Begriffe aus dem Rechnungswesen zu klären, weil es bei der Liquiditätsplanung um Einzahlungen und Auszahlungen geht. Im Rechnungswesen ist aber auch von Einnahmen und Erträgen sowie von Ausgaben und Aufwendungen die Rede.

Beispiel:
Das Unternehmen Gerrit Hansen e. K. verkauft einem Kunden Büromöbel zum Bruttorechnungspreis von 28.560,00 €.

- *Im Rechnungswesen wird dieser Vorgang als **Ertrag** auf dem Konto Umsatzerlöse festgehalten (zum Nettowert).*
- *Gleichzeitig erhöhen sich die Forderungen gegenüber diesem Kunden um den Bruttorechnungswert. Forderungen gehören zu den Vermögenswerten eines Unternehmens. Vermögenszuwächse werden als **Einnahmen** bezeichnet.*
- *Nach zehn Tagen überweist der Kunde 27.988,80 € (Bruttowert abzüglich 2 % Skonto). Dieser Betrag tritt als direkter Geldeingang auf dem Bankkonto ein. Darum handelt es sich um eine **Einzahlung**.*

→ **Ertrag:** erfolgswirksamer Wertzuwachs eines Unternehmens durch den Verkauf von Gütern und Dienstleistungen
Einnahme: Zunahme des (Geld-)Vermögens eines Unternehmens; zum Geldvermögen gehören der Zahlungsmittelbestand und der Bestand an Forderungen vermindert um den Bestand an Verbindlichkeiten. Eine Einnahme liegt demnach vor, wenn sich der Zahlungsmittelbestand erhöht oder Zahlungsforderungen (z. B. gegenüber Kunden) entstehen.
Einzahlung: Zufluss von Zahlungsmitteln

Beim Geldvermögen ist zu beachten, dass Forderungen zukünftige Einzahlungen darstellen, deren Eingang mit Unsicherheit behaftet ist. Die tatsächliche Liquiditätswirksamkeit von Forderungen muss daher aufgrund von Erfahrungswerten (Höhe der Forderungsausfälle) geschätzt werden.
Die Auszahlungsseite lässt sich am Beispiel des Einkaufs von Bürobedarfsartikeln des Unternehmen Gerrit Hansen e. K. verdeutlichen. Aufgrund des Einkaufs erhält das Unternehmen eine Rechnung, die in der Buchführung als **Aufwand** gebucht wird. Gleichzeitigt erhöhen sich die Verbindlichkeiten gegenüber dem Lieferanten (**Ausgabe**). Wenn die Rechnung nach zehn Tagen durch eine Banküberweisung beglichen wird, entsteht eine **Auszahlung**.

Aufwand: erfolgswirksamer Verbrauch von Gütern und Dienstleistungen in einem Unternehmen
Ausgabe: Abnahme des (Geld-)Vermögens eines Unternehmens; es liegt also ein Abfluss von Zahlungsmitteln oder ein Eingehen von Zahlungsverpflichtungen (Verbindlichkeiten) vor.
Auszahlung: Abfluss von Zahlungsmitteln

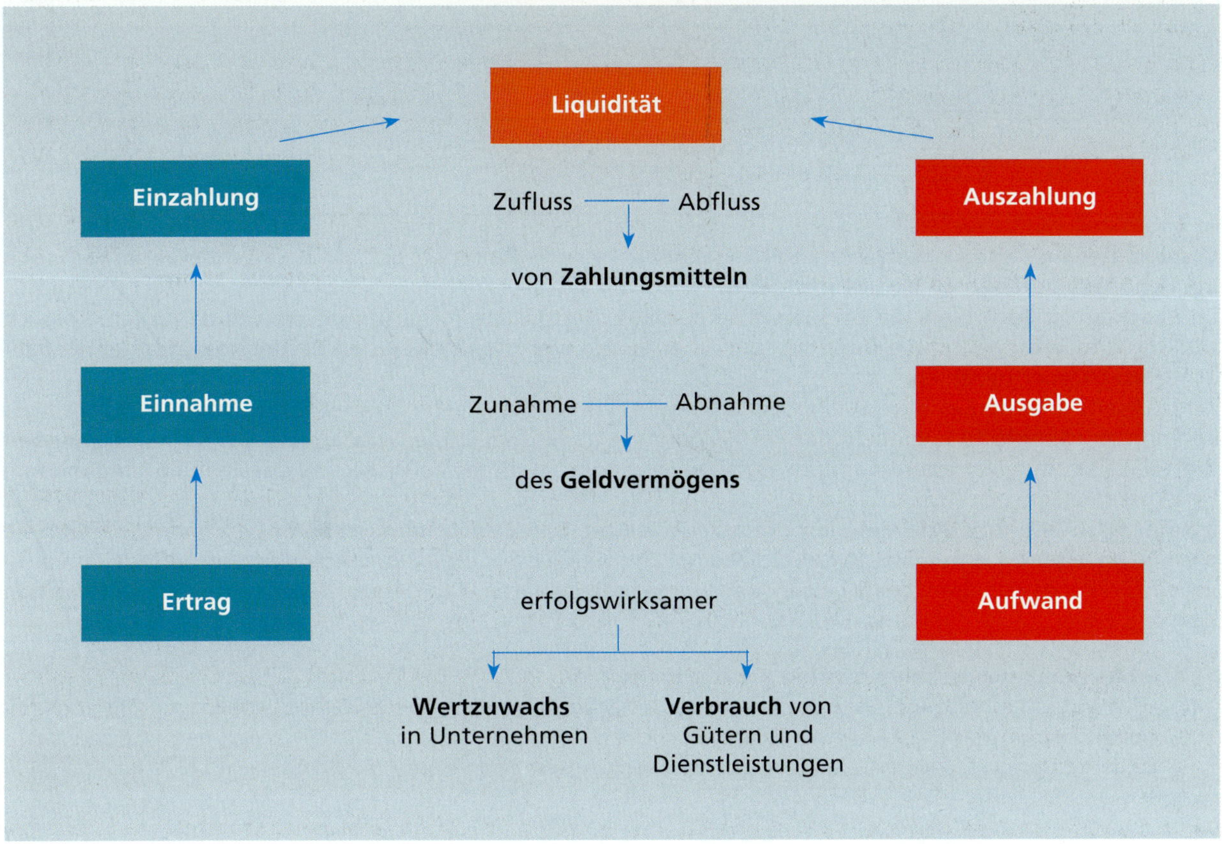

1.4 Liquiditätsplan

Die Zahlen eines Liquiditätsplans werden aus der Gewinn- und Verlustrechnung sowie der Bilanz gewonnen. Beide Quellen bilden aber die Situation eines Unternehmens in der Vergangenheit ab. Daher müssen die Zahlen aus dem Rechnungswesen fortgeschrieben werden, um die zukünftig zu erwartenden Liquiditätsveränderungen zu erfassen.
Weiterhin sind die Umsatzzahlen im Zeitablauf zu betrachten. Schwanken die Umsätze sehr stark, ist eine Liquiditätsplanung schwieriger als bei monatlich gleichbleibenden oder kontinuierlich steigenden Umsätzen. Zudem hängt damit das Einkaufsverhalten des Unternehmens zusammen. Regelmäßige in etwa gleichbleibende Einkäufe von Roh-, Hilfs- und Betriebsstoffen sowie Handelswaren erleichtern die Planung.

Beispiel: Jasper Haustechnik e. K.
Das mittelständische Unternehmen verkauft und installiert Anlagen zur Sanitär-, Heiz- und Klimatechnik sowie Solaranlagen für Verbraucher und Unternehmen.

- *Die monatlichen Umsätze verlaufen sehr gleichmäßig.*
- *Dementsprechend wird auch kontinuierlich eingekauft.*
- *Die Umsätze werden von einem festen Mitarbeiterstamm mit geringer Fluktuation erwirtschaftet.*
- *Die Zahlungseingänge zeigen einen ähnlich gleichmäßigen Verlauf wie die Umsätze.*

Unter diesen kontinuierlichen Produktionsbedingungen ist eine Liquiditätsplanung einfacher durchzuführen.

Auf den nächsten Seiten wird die Liquiditätsplanung der Jasper Haustechnik e. K. als Ausschnitt für drei Monate dargestellt und erläutert. Die Rahmenbedingungen und die Berechnung der einzelnen Beträge werden nachfolgend näher betrachtet.

1.4.1 Einzahlungen

Einzahlungen aus Umsatzerlösen

Die Einzahlungen eines Unternehmens werden im Wesentlichen durch die Umsatzerlöse bestimmt. Grundlage für die Schätzung der Einzahlungen, die sich aus den Umsatzerlösen ergeben, sind die Umsatzerlöse des letzten Jahresabschlusses, speziell der GuV-Rechnung.

Soll		Gewinn und Verlust			Haben
Datum	**Text**	**€**	**Datum**	**Text**	**€**
31.12.			31.12.	Umsatzerlöse	2.400.000,00

Weil die Gewinn- und Verlustrechnung Vergangenheitswerte abbildet, sind zu erwartende Veränderungen bei den Umsatzerlösen zu berücksichtigen.
Zu beachten ist auch, dass die Umsatzerlöse der GuV Nettowerte (ohne Umsatzsteuer) darstellen. Folglich sind die Umsatzerlöse um die Umsatzsteuer zu erhöhen, weil die Kunden den Rechnungsbetrag einschließlich Umsatzsteuer bezahlen.
Andererseits erlauben es die Zahlungsbedingungen häufig, den Rechnungsbetrag, z. B. wegen vorzeitiger Zahlung, um **Skonto** zu kürzen. In der Praxis kommt es außerdem immer wieder vor, dass Kundenzahlungen nur teilweise eingehen oder komplett ausfallen. Dies führt zu einer Verringerung der Zahlungseingänge im Unternehmen.

Maßnahmen zur Liquiditätssicherung, siehe Kapitel 2, Seite 29

Da die im GuV-Konto ausgewiesenen Umsatzerlöse diese **Erlösberichtigungen** bereits enthalten, werden sie hier nicht weiter beachtet. Das gilt allerdings nur, wenn auch für die kommende Planungsperiode von ähnlichem Zahlungsverhalten der Kunden und von vergleichbaren Zahlungsausfällen ausgegangen werden kann.

Problematik der termingerechten Kundenzahlungen
Hier wird angenommen, dass die Kunden ihre Rechnungen gemäß der Zahlungsbedingungen auch begleichen. In der Praxis bringen aber oft nicht zu geringe Umsätze ein Unternehmen in existenzielle Bedrängnis, sondern der schleppende Zahlungseingang durch die Kunden.

Siehe Liquiditätsplan unten

Beispiel: Jasper Haustechnik e. K.
Das Unternehmen erzielte im letzten Geschäftsjahr 20(-1) Umsatzerlöse in Höhe von 2.400.000,00 €. Der Inhaber des Unternehmens geht bei seiner Liquiditätsplanung für das neue Geschäftsjahr 20(0) von einer Steigerung der Umsatzerlöse von 10 % aus. Auf alle verkauften Produkte und Dienstleistungen wird ein Umsatzsteuersatz von 19 % erhoben.
Skontoabzüge und Erlösberichtigungen sind in diesen Zahlen berücksichtigt. Es gilt weiterhin die Annahme, dass die Umsatzerlöse in jedem Monat annähernd gleich hoch anfallen und auch die Zahlungen kontinuierlich eintreffen.

	€
Netto-Umsatzerlöse 20(-1)	2.400.000,00
Erlöszuwachs 10 %	240.000,00
Netto-Umsatzerlöse 20(0)	2.640.000,00
Umsatzsteuer 19 %	501.600,00
Bruttoumsatzerlöse 20(0)	3.141.600,00
Bruttoumsatzerlöse pro Monat	**261.800,00**

Diese Annahmen führen zu den in der Tabelle aufgeführten Umsatzerlösen pro Monat, die in die Liquiditätsplanung als Einzahlungen aus Umsatzerlösen aufgenommen werden können.

Einzahlungen aus Zinserträgen

Durch Schwankungen bei den Zahlungseingängen und -ausgängen können in einem Unternehmen Liquiditätsüberschüsse entstehen. Sie sollten möglichst zinsbringend angelegt werden, wenn absehbar ist, dass die Mittel nicht in naher Zukunft benötigt werden. Im Regelfall müssen solche Mittel für eine bestimmte Frist (z. B. für sechs Monate) angelegt werden, wenn nennenswerte Zinseinkünfte erzielt werden sollen. Auf diese Weise können in einem Geschäftsjahr sowohl Zinserträge und gleichzeitig Zinsaufwendungen, z. B. für den Kontokorrentkredit anfallen.

Beispiel: Jasper Haustechnik e. K.
Im Unternehmen fallen nur geringe Zinserträge an, weil nur selten Geld für eine zinsbringende Anlage zur Verfügung steht. Durchschnittlich erzielt das Unternehmen jährlich 1.000,00 € Zinserträge.
Die Bank schreibt die Zinsen jeweils Anfang Januar für das zurückliegende Geschäftsjahr gut.

Einzahlungen aus sonstigen Quellen

Zu den sonstigen Quellen für Einzahlungen rechnet man alle Zahlungsmitteleingänge, die weder den Umsatzerlösen noch den Zinserträgen zuzurechnen sind. Dazu zählen z. B.:

- Mieteinnahmen
- Staatliche Zuschüsse
- Steuerrückzahlungen
- Vorsteuerüberhang (in Monaten mit besonders hohen Einkäufen, aber niedrigen Umsätzen)
- Einzahlungen aus dem Verkauf von gebrauchten Maschinen

Beispiel: Jasper Haustechnik e. K.
Aus sonstigen Quellen entstehen keine Einzahlungen.

Aus den obenstehenden Überlegungen stellt sich der Liquiditätsplan für die Einzahlungen wie folgt dar:

Liquiditätsplan Jasper Haustechnik e. K. (Teil 1)

	Monat	Januar	Februar	März
1.	**Einzahlungen aus**	€	€	€
2.	Umsatzerlösen (Forderungseingang)	261.800,00	261.800,00	261.800,00
3.	Zinserträgen	1.000,00		
4.	Sonstigen Quellen			
5.	**Summe Einzahlungen**	262.800,00	261.800,00	261.800,00

1.4.2 Auszahlungen

In einem Unternehmen gibt es vielfältige Anlässe, die zu Auszahlungen führen.

Auszahlungsarten	Erläuterungen
7. Lieferantenverbindlichkeiten	Hier werden ausschließlich die Verbindlichkeiten gegenüber Lieferanten betrachtet, die durch den Einkauf von Rohstoffen zur Herstellung von Produkten entstehen. Gewöhnlich kann man von einem durchschnittlichen Materialanteil an den erwarteten Umsatzerlösen ausgehen. Da Lieferantenrechnungen einschließlich Umsatzsteuer (Vorsteuer) zu entrichten sind, ist die Umsatzsteuer hinzuzurechnen. Die übrigen Verbindlichkeiten werden unter Position 9. (Sonstige betriebliche Aufwendungen) betrachtet.
8. Personalaufwand	Die Aufwendungen für das Personal sind zunächst der letzten GuV-Rechnung zu entnehmen. Der Betrag wird durch Annahmen über die zukünftige Entwicklung der Personalaufwendungen korrigiert. Die Änderungen können sich auf zu erwartende Tariferhöhungen oder veränderte Beiträge zur Sozialversicherung beziehen. Die unterschiedlichen Zahlungstermine für Arbeitnehmer, Beiträge zur Krankenversicherung, Zahlungen an das Finanzamt oder die Berufsgenossenschaft bleiben unberücksichtigt, weil sie sich letztlich monatlich wiederholen und damit zu gleichbleibenden Auszahlungen führen.
9. Sonstige betriebliche Aufwendungen	Auch diese Zahlen sind der GuV-Rechnung zu entnehmen und an die zu erwartende zukünftige Höhe anzupassen. Es handelt sich dabei vor allem um – Hilfs- und Betriebsstoffe – Instandhaltung und Wartung – Werbung – Gebühren und Beiträge – Aufwendungen für Kommunikation – Energie – (Kosten-)Steuern (z. B. Kfz-Steuer) und Versicherungen Die meisten sonstigen betrieblichen Aufwendungen unterliegen der Umsatzsteuer (Vorsteuer). Umsatzsteuerfrei sind aber z. B. die Kfz-Steuer und Versicherungsbeiträge. Aus Vereinfachungsgründen rechnet man einheitlich 19 % Umsatzsteuer hinzu oder bezieht die Umsatzsteuer nur auf einen bestimmten Prozentanteil der sonstigen betrieblichen Aufwendungen.

Kostensteuer = Steuer, die aus Sicht des Unternehmens als Kosten behandelt werden.
Kosten, siehe Seite 102

Gewinnsteuer = Besteuerung des unternehmerischen Gewinns

Auszahlungsarten	Erläuterungen
10. Zinsaufwand	Zinsaufwand entsteht für die Inanspruchnahme von Fremdkapital, z. B. Bankdarlehen oder Kontokorrentkredit. Je nach Kreditvertrag werden die Zinszahlungen zu unterschiedlichen Zeitpunkten fällig, z. B. monatlich, vierteljährlich, jährlich. Da der Bestand eines Kontokorrentkredits gewöhnlich stark schwankt, muss man für die Berechnung des Zinsaufwandes eine Durchschnittsbeanspruchung des Kredits annehmen.
11. Zahllast	Für Unternehmen stellt die Umsatzsteuer einen durchlaufenden Posten dar. Von den eingenommenen Umsatzsteuerbeträgen kann das Unternehmen die an Lieferanten gezahlte Vorsteuer abziehen. Die Differenz – die Zahllast – ist an das Finanzamt abzuführen und führt daher zu einer Auszahlung.
12. Investitionen	Ein Unternehmen, das in neue Maschinen oder Gebäude investieren will, benötigt Liquidität. Sie kann auf dem Kontokorrentkonto zur Verfügung stehen oder durch einen Bankkredit finanziert werden. Bei der Ermittlung des Liquiditätsbedarfs ist zu beachten, dass auch für die anfallende Umsatzsteuer Liquidität bereitstehen muss.
13. Steuern	Liquiditätswirksam ist für ein Unternehmen vor allem die Gewerbesteuer (bei Kapitalgesellschaften auch die Körperschaftssteuer). Das Finanzamt ermittelt auf der Grundlage des Vorjahresgewinns die Steuerschuld für das Folgejahr und verlangt zum 15. Februar, 15. Mai, 15. August und 15. November jeweils Vorauszahlungen.

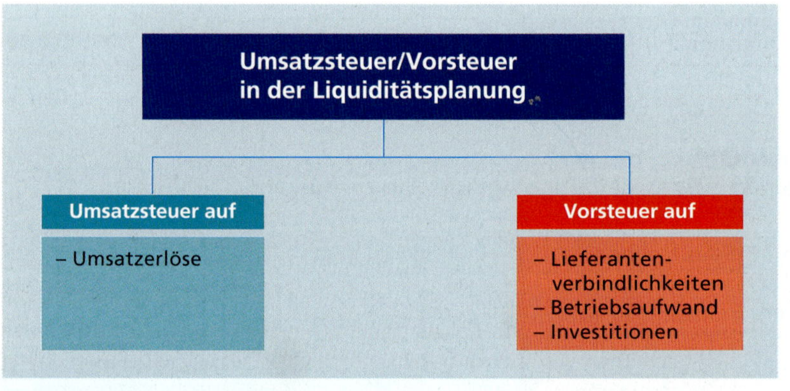

Beispiel: Jasper Haustechnik e. K.

Alle Zahlen liegen als Monatszahlen vor. Es wird eine gleichbleibende Entwicklung der Zahlen in den Monaten Januar bis März erwartet.

Lieferantenverbindlichkeiten: *Erwartete Bruttoumsatzerlöse pro Monat: 261.800,00 € (siehe Liquiditätsplan Teil 1); der Materialanteil wird auf 20 % geschätzt =* ***52.360,00 €*** *(einschließlich Umsatzsteuer)*

Personalaufwand: *Laut GuV-Rechnung im Jahre 20(01): pro Monat 110.000,00 €; es wird mit einer Steigerung des Personalaufwandes von 5 % gerechnet =* ***115.500,00 €***

Sonstige betriebliche Aufwendungen: *Laut GuV-Rechnung monatlich 23.530,00 € netto + 19 % Umsatzsteuer = gerundet* ***28.000,00 €****; es wird für 20(0) mit dem gleichen Betrag gerechnet.*

Zinsaufwand: *Für ein Darlehen über 444.000,00 € sind im Jahr 5 % Zinsen zu zahlen. Die Zinszahlungen werden monatlich fällig. Der Kontokorrentkredit wird durchschnittlich pro Monat mit 150.000,00 € in Anspruch genommen. Der Zinssatz beträgt 8 %. Die Zinsen sind monatlich zu zahlen.*
Darlehenszinsen = 5 % von 444.000,00 € = 22.200,00 €; pro Monat = 1.850,00 €
Kontokorrentkredit: 8 % von 150.000,00 € = 12.000,00 €; pro Monat = 1.000,00 €
Summe Zinsaufwand pro Monat: ***2.850,00 €***

Zahllast (Umsatzsteuer – Vorsteuer): *Eingenommene monatliche Umsatzsteuer 41.800,00 €; gezahlte Vorsteuer pro Monat 16.000,00 €; Zahllast monatlich 41.800,00 € – 16.000,00 € =* ***25.800,00 €***

Investitionen: *Im März wird eine neue Fräsmaschine angeschafft. Der Preis beträgt einschließlich 19 % Umsatzsteuer* ***95.200,00 €*** *(netto 80.000,00 €). Der Betrag wird über das Kontokorrentkonto bezahlt. Gleichzeitig wird für die Finanzierung ein Kredit über 60.000,00 € aufgenommen (siehe Kapitalveränderungen unten).*

Steuern: *Laut Steuerbescheid des Finanzamtes ist am 15. Februar 20(0) die Gewerbesteuer in Höhe von* ***3.900,00 €*** *zu bezahlen.*

Aus diesen Daten ergibt sich folgender zweiter Teil des Liquiditätsplans:

Liquiditätsplan Jasper Haustechnik e. K. (Teil 2)

	Monat	Januar	Februar	März
6.	Auszahlungen für	€	€	€
7.	Lieferantenverbindlichkeiten	52.360,00	52.360,00	52.360,00
8.	Personalaufwand	115.500,00	115.500,00	115.500,00
9.	Sonstige betriebliche Aufwendungen	28.000,00	28.000,00	28.000,00
10.	Zinsaufwand	2.850,00	2.850,00	2.850,00
11.	Zahllast (Umsatzsteuer – Vorsteuer)	25.800,00	25.800,00	25.800,00
12.	Investitionen			95.200,00
13.	Steuern		3.900,00	
14.	**Summe Auszahlungen**	224.510,00	228.410,00	319.710,00

1.4.3 Kapitalveränderungen

Kapitalveränderungen sind nicht unmittelbar durch den Produktionsprozess bedingt, sondern entstehen durch Entscheidungen der Geschäftsleitung. Drei Veränderungen werden unterschieden:

Kapitalveränderung	Erläuterungen
Gewinnentnahmen	In einer Einzelunternehmung entscheidet der Inhaber über die Verwendung des erzielten Gewinns nach eigenen Vorstellungen. Er kann Gewinne zur Stärkung des Eigenkapitals im Unternehmen belassen oder für eigene Zwecke verwenden. Da das Unternehmen häufig die wirtschaftliche Basis des Inhabers darstellt, kommt es gewöhnlich zu regelmäßigen Gewinnentnahmen und damit zu Zahlungsbewegungen. In Personengesellschaften entscheidet die Gesellschafterversammlung über die Verteilung des Gewinns. In einer Kapitalgesellschaft liegt die Entscheidungsbefugnis bei der Gesellschafterversammlung (GmbH) oder der Hauptversammlung (Aktiengesellschaft). Die Gewinnverteilung führt häufig zu einmaligen Zahlungsmittelabflüssen.
Aufbau Fremdkapital	Wird ein Kredit aufgenommen, kommt es zu einer Gutschrift auf dem Bankkonto des Unternehmens. Somit fließen Zahlungsmittel in das Unternehmen. Vereinbart man mit seiner Bank eine Erhöhung des Kreditrahmens auf dem Kontokorrentkonto, entsteht ebenfalls zusätzliche Liquidität, weil der Kreditrahmen zu den liquiden Mitteln zählt. Das Unternehmen verbessert seine Fähigkeit, fällige Zahlungsverpflichtungen zu erfüllen.
Abbau Fremdkapital	Durch die Tilgung (Rückzahlung) eines Kredits wird Fremdkapital abgebaut. Den gleichen Effekt erzielt man, wenn man mit seiner Bank eine Verringerung des Kontokorrentkredits vereinbart, weil man z. B. feststellt, dass die eingeräumte Kreditlinie kaum ausgeschöpft wird.

Rechtsformen, siehe Seite 64

Liquidität, siehe Seite 13

Beispiel: Jasper Haustechnik e. K.
Der Inhaber des Unternehmens, Frank Jasper, entnimmt jeden Monat 8.000,00 € Gewinn für seine private Lebensführung.
Zur Finanzierung der neuen Fräsmaschine nimmt das Unternehmen im März ein Darlehen über 60.000,00 € auf. Die Zinsen in Höhe von 4,5 % werden monatlich ab April 20(0) fällig.
Im März wird außerdem ein alter Kredit planmäßig mit der letzten Tilgung über 10.000,00 € abgelöst.

Diese Kapitalveränderungen führen zu folgenden Eintragungen im Liquiditätsplan:

Liquiditätsplan Jasper Haustechnik e. K. (Teil 3)

	Monat	Januar	Februar	März
15.	**Kapitalveränderungen**	€	€	€
16.	Gewinnentnahmen	8.000,00	8.000,00	8.000,00
17.	Aufbau Fremdkapital			60.000,00
18.	Abbau Fremdkapital		10.000,00	
19.	**Summe Kapitalveränderungen**	8.000,00	18.000,00	52.000,00

Die Zeile „Summe Kapitalveränderungen" hält das Ergebnis von Kapitalzu- und -abflüssen mit Blick auf die Liquidität fest. Dabei gilt:

- Gewinnentnahmen = Kapitalabflüsse = Liquiditätsabflüsse (im Beispiel –8.000,00 €)
- Aufbau Fremdkapital = Kapitalzufluss = Liquiditätszufluss (im Beispiel +60.000,00 €)
- Abbau Fremdkapital = Kapitalabfluss = Liquiditätsabfluss (im Beispiel –10.000,00 €)

1.4.4 Liquiditätsveränderungen des Monats

Zum Schluss der Liquiditätsplanung werden die Liquiditätsveränderungen des Monats ermittelt mit dem Ziel, die freie Liquidität als Überschuss (es ist freie Liquidität vorhanden) oder als Defizit (das Unternehmen ist nicht ausreichend liquide) zu berechnen.
Dazu werden zunächst die Salden aus den Einzahlungen (Position 5 im Formular), Auszahlungen (Position 14) und den Kapitalveränderungen (Position 19) ermittelt.

Liquiditätsplan Jasper Haustechnik e. K.

	Monat	Januar	Februar	März
5.	**Summe Einzahlungen**	262.800,00	261.800,00	261.800,00
14.	**Summe Auszahlungen**	224.510,00	228.410,00	319.710,00
19.	**Summe Kapitalveränderungen**	8.000,00	18.000,00	52.000,00
20.	**Liquiditätsveränderungen Monat**	30.290,00	15.390,00	–5.910,00

Berechnung:	Januar	Februar	März
	+262.800,00	+261.800,00	+261.800,00
	–224.510,00	–228.410,00	–319.710,00
	–8.000,00	–18.000,00	+52.000,00
	=30.290,00	=15.390,00	=5.910,00

In einem nächsten Schritt werden die Liquiditätsveränderungen des Monats auf die Liquiditätsbestände bezogen (siehe Liquiditätsplan auf der nächsten Seite).

- Ausgangspunkt ist der Anfangsbestand an Bargeld und Bankliquidität (im Beispiel für den Monat Januar –245.000,00 €, d. h., die saldierten Bestände ergeben eine Überziehung von 245.000,00 €).
- Die im Laufe des Monats Januar festgestellten Liquiditätsveränderungen führen zu einem Endbestand beim Bargeld und bei der Bankliquidität in Höhe von 214.710,00 € (–245.000,00 + 30.290,00 € = 214.710,00 €).
- Da die eingeräumte Kreditlinie der Bank (auf dem Kontokorrentkonto) ebenfalls zur Liquidität zählt, kann man für den Monat Januar erkennen, dass die Kreditlinie um 4.710,00 € überzogen worden ist.
- Der Endbestand des Monats Januar ist der Anfangsbestand des Monats Februar (jeweils 214.710,00 €). Im Monat Februar zeigt sich, dass die Kreditlinie nicht voll ausgeschöpft worden ist (+10.680,00 €); ebenso im März (+4.7770,00 €).

Liquiditätsplan Jasper Haustechnik e. K. (Teil 4)

	Monat	Januar	Februar	März
20.	**Liquiditätsveränderungen Monat**	30.290,00	15.390,00	–5.910,00
21.	Anfangsbestand Kasse/Bank	–245.000,00	**–214.710,00**	–199.320,00
22.	Endbestand Kasse/Bank	**–214.710,00**	–199.320,00	–205.230,00
23.	Eingeräumte Kreditlinie	–210.000,00	–210.000,00	–210.000,00
24.	**Freie Liquidität (Überschuss/Defizit)**	–4.710,00	10.680,00	4.770,00

Damit ist die Liquiditätsplanung für die Monate Januar bis März abgeschlossen. Es handelt sich um Planzahlen, die nicht unbedingt in dieser Form eintreten müssen. Es besteht aber eine große Wahrscheinlichkeit, dass sich die Liquidität der Jasper Haustechnik e. K. in der dargestellten Weise entwickelt.

Fasst man die Teile 1 bis 4 des Plans zusammen, ergibt sich folgendes Bild:

Liquiditätsplan Jasper Haustechnik e. K.

	Monat	Januar	Februar	März
1.	**Einzahlungen aus**	€	€	€
2.	Umsatzerlösen (Forderungseingang)	261.800,00	261.800,00	261.800,00
3.	Zinserträgen	1.000,00		
4.	**Sonstigen Quellen**			
5.	**Summe Einzahlungen**	262.800,00	261.800,00	261.800,00
6.	Auszahlungen für			
7.	Lieferantenverbindlichkeiten	52.360,00	52.360,00	52.360,00
8.	Personalaufwand	115.500,00	115.500,00	115.500,00
9.	Sonstige betriebliche Aufwendungen	28.000,00	28.000,00	28.000,00
10.	Zinsaufwand	2.850,00	2.850,00	2.850,00
11.	Zahllast (Umsatzsteuer – Vorsteuer)	25.800,00	25.800,00	25.800,00
12.	Investitionen			95.200,00
13.	Steuern		3.900,00	
14.	**Summe Auszahlungen**	224.510,00	228.410,00	319.710,00
15.	**Kapitalveränderungen**			
16.	Gewinnentnahmen	8.000,00	8.000,00	8.000,00
17.	Aufbau Fremdkapital			60.000,00
18.	Abbau Fremdkapital		10.000,00	
19.	**Summe Kapitalveränderungen (+/–)**	–8.000,00	–18.000,00	52.000,00
20.	**Liquiditätsveränderungen Monat (+/–)**	30.290,00	15.390,00	–5.910,00
21.	Anfangsbestand Kasse/Bank	–245.000,00	–214.710,00	–199.320,00
22.	Endbestand Kasse/Bank	–214.710,00	–199.320,00	–205.230,00
23.	Eingeräumte Kreditlinie	–210.000,00	–210.000,00	–210.000,00
24.	**Freie Liquidität (Überschuss/Defizit)**	–4.710,00	10.680,00	4.770,00

Beurteilung des Liquiditätsplans

Die Zeile „Freie Liquidität" macht deutlich, dass das Unternehmen an der Liquiditätsgrenze arbeitet. Die Kreditlinie wird im Januar (etwas) überschritten. Es ist aber nicht sicher, ob die Bank dauernde Überschreitungen der vereinbarten Kreditlinie duldet. Im Februar und März bestehen nur geringe Liquiditätsreserven. Unvorhergesehene Liquiditätsschwankungen können mit diesen Beträgen nur unzulänglich aufgefangen

Maßnahmen, siehe Kapitel 2, Liquiditätssicherung, Seite 29

werden. Es fehlt demnach ein größerer Liquiditätsspielraum. Um etwas gegen diesen Liquiditätsengpass zu tun, kann das Unternehmen:

- Maßnahmen ergreifen, die die Einzahlungen, die Auszahlungen und die Kapitalveränderungen liquiditätsverbessernd beeinflussen;
- mit seiner Bank über eine Erhöhung der Kreditlinie verhandeln.

1.5 Kurzfristige Liquiditätsbewertung

Kurzfristig = Zeitraum von 1 Jahr

Es ist nicht immer notwendig, einen aufwendigen Liquiditätsplan aufzustellen, um die finanzielle Lage eines Unternehmens zu beurteilen. Unter kurzfristiger Perspektive genügen einfache Liquiditätskennzahlen. Diese werden rechnerisch aus der Bilanz abgeleitet. Dabei werden die im Unternehmen verfügbaren liquiden Mittel ermittelt und mit den kurzfristigen Verbindlichkeiten verglichen. Als liquide Mittel werden vorhandene finanzielle Mittel (Kassenbestand, Bankguthaben) angesehen und veräußerbare Vermögensgegenstände wie kurzfristige Forderungen und Warenvorräte.

→ **Liquiditätskennzahlen:** Hilfsmittel zur kurzfristigen Beurteilung der Liquiditätssituation eines Unternehmens; dabei wird die zukünftige Zahlungsfähigkeit dadurch gemessen, dass man die Höhe der Zahlungsverpflichtungen (kurzfristige Verbindlichkeiten) zu den liquidierbaren Vermögenspositionen in Beziehung setzt.

Ausgangspunkt für die Berechnung von Liquiditätskennzahlen ist die letzte verfügbare Bilanz eines Unternehmens.

Beispiel: Bilanz der Jasper Haustechnik e. K.
Betrachtet werden Positionen des Umlaufvermögens auf der Aktivseite und des Fremdkapitals auf der Passivseite. Es handelt sich daher um eine horizontale Analyse von Bilanzwerten.

Aktiva **Bilanz der Jasper Haustechnik e. K. 20(–1)** **Passiva**

	€		€
I. Anlagevermögen		**I. Eigenkapital**	310.000,00
1. Grundstücke	100.000,00		
2. Gebäude	370.000,00	**II. Fremdkapital**	
3. Fuhrpark	95.000,00	1. Langfristige Schulden	
4. BGA	120.000,00	1.1 Darlehen	444.000,00
		2. Kurzfristige Schulden	
II. Umlaufvermögen		2.1. Verbindlichkeiten aus Lieferungen und Leistungen	
1. Vorräte und Handelswaren	179.000,00		85.000,00
2. Kurzfristige Forderungen	220.000,00	2.2 Bankverbindlichkeiten	290.000,00
3. Bankguthaben	40.000,00		
4. Kasse	5.000,00		
	1.129.000,00		1.129.000,00

Die kurzfristige Liquiditätssituation wird durch **Liquiditätsgrade** zum Ausdruck gebracht. Man unterscheidet die Liquidität 1., 2. und 3. Grades, je nachdem, welche Vermögenspositionen auf die kurzfristigen Verbindlichkeiten bezogen werden.

1.5.1 Liquidität 1. Grades

Bei der Liquidität 1. Grades werden die flüssigen Mittel (Kassenbestand, Bankguthaben) zu den kurzfristigen Verbindlichkeiten in Beziehung gesetzt. Kurzfristige Verbindlichkeiten sind Lieferantenverbindlichkeiten, kurzfristige Bankschulden und sonstige Verbindlichkeiten, z. B. die zum 10. eines Monats fällige Umsatzsteuerzahllast. Die Liquidität 1. Grades wird auch **Barliquidität** genannt, weil sie ausschließlich das vorhandene Geld in der Kasse und auf dem Bankkonto betrachtet.

$$\textbf{Liquidität 1. Grades:} = \frac{\text{Flüssige Mittel}}{\text{Kurzfristige Verbindlichkeiten}}$$

Beispiel: Bilanz Jasper Haustechnik e. K.
Flüssige Mittel = 45.000,00 €
Kurzfristige Verbindlichkeiten = 375.000,00 €

$$\textit{Liquidität 1. Grades} = \frac{\textit{Flüssige Mittel}}{\textit{Kurzfristige Verbindlichkeiten}} = \frac{45.000{,}00\ €}{375.000{,}00\ €} = \mathbf{0{,}12}$$

Die Liquiditätskennzahlen können auch als Prozentzahlen ausgedrückt werden. Dazu muss das Ergebnis noch mit 100 multipliziert werden.

$$\textbf{Liquidität 1. Grades:} = \frac{\text{Flüssige Mittel}}{\text{Kurzfristige Verbindlichkeiten}} \cdot 100 = \frac{45.000{,}00\ €}{375.000{,}00\ €} \cdot 100 = 12\ \%$$

Ein Unternehmen mit solider Liquiditätsplanung sollte eine Liquidität 1. Grades (**Barliquidität**) von 0,1 bis 0,2 haben. Das entspricht 10 % bis 20 % der kurzfristigen Verbindlichkeiten. Dann können kurzfristig notwendige Auszahlungen, um z. B. beim Rechnungsausgleich Skonto ausnutzen zu können, problemlos geleistet werden. Die Kennzahl kann aber auch höher liegen, z. B. bei 1 (= 100 %). Es ist aber nicht notwendig, die kurzfristigen Verbindlichkeiten vollständig mit flüssigen Mitteln abzudecken, weil auch die kurzfristigen Forderungen für diesen Zweck zur Verfügung stehen.

1.5.2 Liquidität 2. Grades

Bei dieser Liquiditätskennzahl werden zu den flüssigen Mitteln noch die kurzfristigen Forderungen hinzugezählt. Man geht davon aus, dass diese Forderungen auch bald zu Einzahlungen führen („eingezogen" werden können) und damit die flüssigen Mittel vergrößern. Man spricht daher auch von **einzugsbedingter Liquidität.**
Beide Positionen werden wieder auf die kurzfristigen Verbindlichkeiten bezogen.

$$\textbf{Liquidität 2. Grades:} = \frac{\text{Flüssige Mittel + Kurzfristige Forderungen}}{\text{Kurzfristige Verbindlichkeiten}}$$

Beispiel: Bilanz Jasper Haustechnik e. K.
Flüssige Mittel = 45.000,00 €
Kurzfristige Forderungen = 220.000,00 €
Kurzfristige Verbindlichkeiten = 375.000,00 €

$$\textit{Liquidität 2. Grades} = \frac{\textit{Flüssige Mittel + Kurzfristige Forderungen}}{\textit{Kurzfristige Verbindlichkeiten}} = \frac{45.000{,}00\ € + 220.000{,}00\ €}{375.000{,}00\ €} = \mathbf{0{,}71}$$

Diese Liquiditätskennzahl wird als besonders wichtig angesehen, um den Liquiditätsstatus eines Unternehmens zu beurteilen. Sein Wert sollte zwischen 1 und 2 (bzw. 100 % und 200 %) liegen (besser nahe an 2). Wenn die Liquidität 2. Grades z. B. unter 1 liegt, bedeutet das, dass das vorhandene Geld (flüssige Mittel) und das in Kürze zu erwartende Geld (Einzahlungen von Kunden) nicht ausreichen, um alle anstehenden Verbindlichkeiten zu begleichen.

1.5.3 Liquidität 3. Grades

Zu den flüssigen Mitteln und den kurzfristigen Forderungen wird nun noch der Bilanzwert der Warenvorräte hinzugerechnet.

$$\textbf{Liquidität 3. Grades:} = \frac{\text{Flüssige Mittel + Kurzfristige Forderungen + Warenvorräte}}{\text{Kurzfristige Verbindlichkeiten}}$$

Beispiel: Bilanz Jasper Haustechnik e. K.
Flüssige Mittel = 45.000,00 €
Kurzfristige Forderungen = 220.000,00 €
Warenvorräte = 179.000,00 €
Kurzfristige Verbindlichkeiten = 375.000,00 €

$$\textit{Liquidität 3. Grades} = \frac{\textit{Flüssige Mittel + Kurzfristige Forderungen Warenvorräte}}{\textit{Kurzfristige Verbindlichkeiten}}$$

$$= \frac{45.000{,}00\ € + 220.000{,}00\ € + 179.000{,}00\ €}{375.000{,}00\ €} = \mathbf{1{,}18}$$

Das Ergebnis der Berechnung sollte bei 2 (bzw. 200 %) oder höher liegen. Nimmt man in diesem Fall an, der Wert läge bei 1, müssten das vorhandene Geld, die zu erwartenden Geldeingänge von Kunden und der Geldeingang durch den Verkauf der Warenvorräte für die Begleichung der kurzfristigen Verbindlichkeiten eingesetzt werden – eine äußerst gefährliche Situation für ein Unternehmen. Schließlich werden die Waren benötigt, um Produkte herzustellen oder mit ihnen Handel zu betreiben.

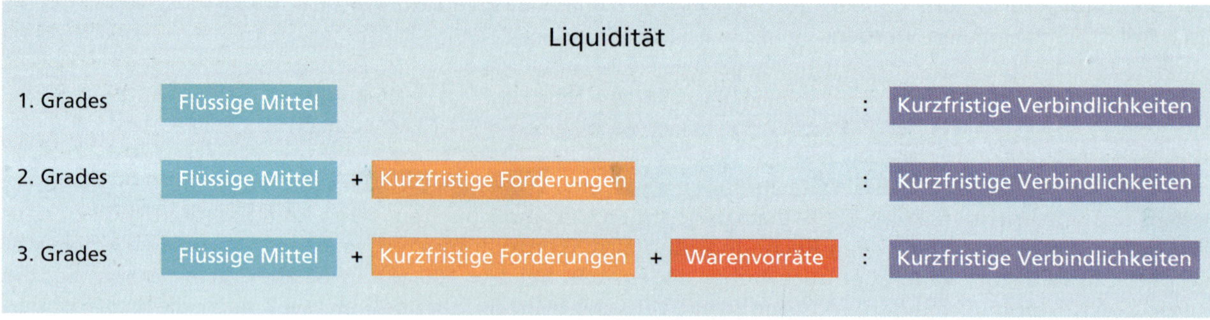

Beispiel: Beurteilung der Liquiditätszahlen der Jasper Haustechnik e. K.

Vergleicht man die Zielwerte der Kennzahlen mit den Zahlen des Unternehmens, ergibt sich folgendes Bild: Nur die Liquidität 1. Grades entspricht in der Jasper Haustechnik e. K. dem Soll-Wert: Das Unternehmen unterhält eine Barreserve von 12 %.

Die übrigen Kennzahlen weisen auf ernste Liquiditätsprobleme des Unternehmens hin. Insbesondere die Liquidität 3. Grades ist problematisch, weil flüssige Mittel, kurzfristige Forderungen und die vorhandenen Warenvorräte (die noch verkauft werden müssten) die kurzfristigen Verbindlichkeiten nur unzureichend (69.000,00 €) überschreiten.

Zielwerte (Soll-Werte)	Ist-Werte
Liquidität 1. Grades: 0,1 – 0,2 (oder 10 % – 20 %)	0,12
Liquidität 2. Grades: deutlich über 1 (oder über 100 %)	0,71
Liquidität 3. Grades: 2 oder mehr (oder über 200 %)	1,18

1.5.4 Aussagekraft von Liquiditätskennzahlen

Liquiditätskennzahlen werden aus einer Bilanz abgeleitet, die in der Regel vom Ende des letzten Geschäftsjahres stammt, also von einem bestimmten Stichtag. Ein Unternehmen entwickelt sich jedoch dynamisch weiter. Am Tag der Berechnung der Liquiditätskennzahlen kann sich die Liquiditätslage des Unternehmens ganz anders darstellen.

Ein Problem ist auch die mangelnde Berücksichtigung der Zahlungsfristen, die aus einer Bilanz nur sehr grob zu erkennen sind („kurzfristiges Fremdkapital). Eine Verbindlichkeit kann z. B. in einer Woche fällig werden, eine Forderung aber vielleicht erst in 60 Tagen. Gerade die Liquiditätskennzahl 2. Grades muss daher mit Vorsicht betrachtet werden.

Ein weiteres Problem liegt darin, dass die kurzfristigen Verbindlichkeiten nicht den gesamten Liquiditätsbedarf eins Unternehmens widerspiegeln, weil z. B. die Personalkosten nicht über Verbindlichkeiten gebucht werden.

Trotz aller Ungenauigkeiten kann aber gesagt werden: Ergeben sich für ein Unternehmen ungünstige Werte bei den drei Liquiditätskennzahlen, befindet sich das Unternehmen in einer Liquiditätskrise, die in der Realität wahrscheinlich noch ungünstiger ist, als es die Zahlen zum Ausdruck bringen.

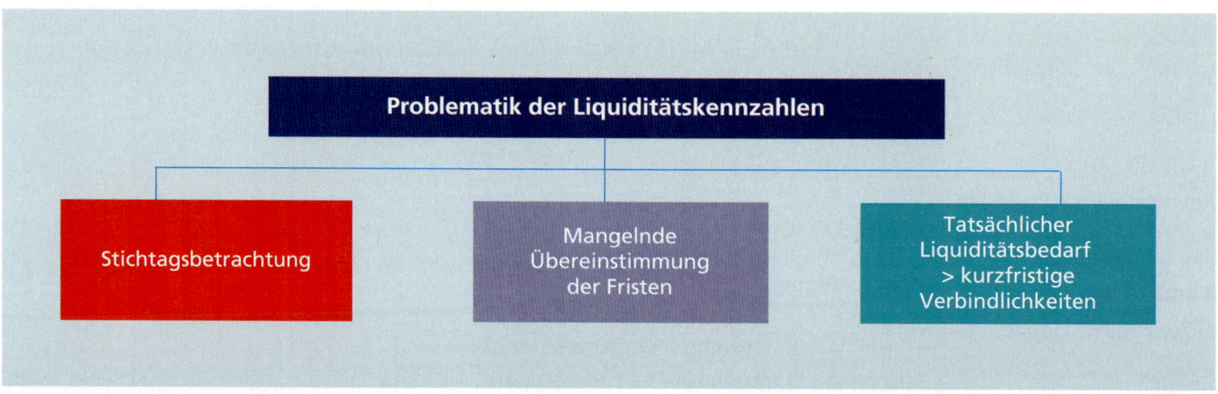

Zusammenfassung

Liquiditätsplanung				
Finanzielles Gleichgewicht	**Ziele**	**Liquiditätswirksamkeit**	**Liquiditätsplan**	**Liquiditätskennzahlen**
▪ Ausreichend flüssige Mittel, um bestehende finanzielle Verpflichtungen erfüllen zu können ▪ Zahlungsmittel: Kassenbestand, Bankguthaben, nicht ausgeschöpfte Kreditlinie ▪ Kontokorrentkredit: Begrenzter kurzfristiger Bankkredit mit vereinbarter Maximalhöhe (Ausgleich von Zahlungsschwankungen)	▪ Aktueller Liquiditätsstand ▪ Zukünftige Entwicklung der Liquidität **Hilfsmittel:** Liquiditätsplan = Instrument zur kurzfristigen Sicherstellung der Zahlungsfähigkeit ▪ Risikovorsorge: frühzeitiges Erkennen von Zahlungsproblemen	▪ Liquiditätswirksam = alle Vorgänge im Unternehmen, die zu Ein- oder Auszahlungen führen ▪ Ertrag = erfolgswirksamer Wertzuwachs **Einnahme** = Zunahme des Geldvermögens ▪ Einzahlung = Zufluss von Zahlungsmitteln ▪ Aufwand = erfolgswirksamer Verbrauch von Gütern und Dienstleistungen Ausgabe = Abnahme des Geldvermögens **Auszahlung** = Abfluss von Zahlungsmitteln	▪ Einzahlungen (aus Umsatzerlösen, Zinserträgen, sonstigen Quellen) ▪ Auszahlungen (Lieferantenverbindlichkeiten, Personalaufwand, sonstige betriebliche Aufwendungen, Zinsaufwand, Zahllast, Investitionen, Steuern) ▪ Kapitalveränderungen (Gewinnentnahmen, Aufbau Fremdkapital, Abbau Fremdkapital) ▪ Liquiditätsveränderungen Monat → freie Liquidität	▪ Hilfsmittel zur kurzfristigen Beurteilung der Liquiditätssituation ▪ Liquidität 1. Grades (Barliquidität) ▪ Liquidität 2. Grades (einzugsbedingte Liquidität) ▪ Liquidität 3. Grades

2 Liquiditätssicherung

➲ **Lernsituation 2: Die Liquidität sichern**

2.1 Liquiditätsplan als Steuerungsinstrument

Ein Liquiditätsplan hat die Aufgabe, die Zahlungsfähigkeit eines Unternehmens sicherzustellen, indem die ein- und ausgehenden Zahlungsströme für eine bestimmte Periode zusammengestellt werden. Der Plan ist auf die Zukunft gerichtet. Zukünftige Entwicklungen sind aber nicht exakt vorhersehbar, sodass es in der Regel zu Planabweichungen kommt.

Die planerisch ermittelte Sicherung der Zahlungsfähigkeit kann daher schnell in eine Liquiditätslücke umschlagen, die sich als Bedrohung für die Existenz des Unternehmens darstellen kann. Daher sind die Zahlen des Liquiditätsplans stets mit den tatsächlichen Zahlen (dem **Liquiditätsstatus**) zu vergleichen.

Zeigen sich Bedrohungen für die Liquidität eines Unternehmens, sind Maßnahmen zu ergreifen, die die Liquidität verbessern mit dem Ziel, zum finanziellen Gleichgewicht zurückzufinden. Insofern stellt der Liquiditätsplan in Kombination mit einem permanenten Vergleich der tatsächlichen Zahlen ein Steuerungsinstrument für ein Unternehmen dar.

Liquiditätsplan

	Monat	Juli	August
1.	**Einzahlungen aus**	€	€
2.	Umsatzerlösen (Forderungseingang)	649.740,00	649.740,00
3.	Zinserträgen	900,00	900,00
4.	Sonstigen Quellen	450,00	450,00
5.	**Summe Einzahlungen**	651.090,00	651.090,00
6.	**Auszahlungen für**		
7.	Lieferantenverbindlichkeiten	324.870,00	324.870,00
8.	Personalaufwand	214.200,00	214.200,00
9.	Sonstige betriebliche Aufwendungen	27.965,00	27.965,00
10.	Zinsaufwand	4.125,00	4.125,00
11.	Zahllast (Umsatzsteuer – Vorsteuer)	35.340,00	35.340,00
12.	Investitionen		
13.	Steuern		3.400,00
14.	**Summe Auszahlungen**	606.500,00	609.900,00

2.2 Die Rolle der Banken

Sicherheiten, siehe Seite 88

Auf sehr einfache Weise könnte ein Liquiditätsdefizit durch eine Erhöhung des Kreditlimits auf dem Kontokorrentkonto ausgeglichen werden. Das Kreditlimit ist jedoch mit der Bank auszuhandeln und seine Notwendigkeit ist der Bank vor dem Hintergrund der wirtschaftlichen Entwicklung des Unternehmens zu verdeutlichen. Außerdem sind der Bank Sicherheiten zu stellen, die das Ausfallrisiko begrenzen.

Wird die Kreditlinie durch ein Unternehmen überschritten, ist das für eine Bank ein Alarmsignal, weil sie die wirtschaftliche Entwicklung des Unternehmens gefährdet sieht. Man sollte daher das Kreditlimit möglichst nicht überschreiten. Ist absehbar, dass die vorhandene Liquidität nicht ausreicht, um zukünftige Auszahlen zu bestreiten, sind daher zunächst innerbetriebliche Maßnahmen zur Liquiditätssteigerung zu treffen, bevor man erneut mit der Bank über eine Erhöhung der Kreditlinie des Kontokorrentkredits verhandelt.

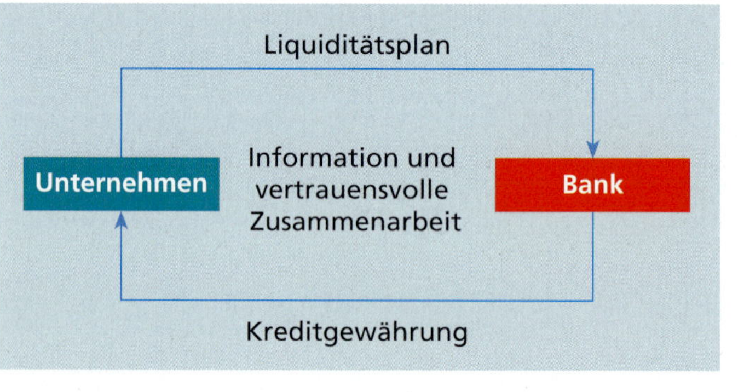

Generell gilt, dass man seine Bank kooperativ in die eigene Liquiditätsplanung einbeziehen sollte. In einer von Vertrauen geprägten Zusammenarbeit lassen sich auch schwierige Liquiditätssituationen besser meistern. Gerade wenn eine Überziehung des Kreditlimits droht, ist es sinnvoll, die Bank frühzeitig darüber zu informieren, mit welchen Maßnahmen gegen die Limitverletzung vorgegangen werden soll.

2.3 Maßnahmenkatalog zur Liquiditätssicherung

Nachfolgend soll dargestellt werden, welche Handlungsspielräume Unternehmen haben, um ihre Liquidität zu sichern. Die Maßnahmen beziehen sich im Wesentlichen auf das Verhältnis zu Lieferanten und Kunden. Es gibt aber auch innerbetriebliche Finanzquellen, die man für die Liquiditätssicherung heranziehen kann.

2.3.1 Zahlungsbedingungen Lieferanten

Rechnungen der Lieferanten beanspruchen die Liquidität eines Unternehmens, weil sie vereinbarungsgemäß zu begleichen sind.
Betrachtet man den nachfolgenden Auszug aus einer Lieferer-Rechnung, wird deutlich, an welchen Stellen man ansetzen kann, um die Zahlung an den Lieferanten zu beeinflussen und so die Liquidität des Unternehmens (des Käufers) zu schonen (hier rot hervorgehoben).

- Der **Einzelpreis** könnte durch Verhandlungen mit dem Lieferer gesenkt werden. Das ist aber oft schwierig, weil diese Preise häufig hart erkämpft worden sind, sodass wenig Spielraum für den Lieferer besteht. Bezieht man aber bedeutende Mengen bei diesem Lieferer, steigen die Chancen für eine Preissenkung.
- Ein Entgegenkommen des Lieferers ist eher bei den „Rahmenbedingungen" eines Auftrages zu erreichen, z. B. beim **Rabatt**. Eine Erhöhung des Rabatts würde den Rechnungspreis absenken und damit die Liquidität des Käufers weniger belasten.
- Das Gleiche gilt für die **Skonto**-Vereinbarung. Ein Entgegenkommen des Lieferers in Form einer Erhöhung des Skontos senkt die Liquiditätsbelastung des Unternehmens.
- Auch Verlängerungen der **Zahlungsfristen** beeinflussen die Liquidität. Könnte man den Lieferer dazu bewegen, z. B. das Zahlungsziel für die Netto-Kasse-Zahlung von 30 Tage auf 60 Tage zu verlängern oder den Skontoabzug bis zu 20 Tage ab Rechnungsdatum zuzulassen, würde sich zwar am Rechnungspreis nichts ändern. Der Betrag wäre aber erst später fällig. Er würde dann die Liquidität des Käufers aktuell nicht belasten, sondern erst 30 bzw. zehn Tage später. Bei einer Zahlungsfrist von z. B. 60 Tagen bestände eine gute Chance, dass das Produkt hergestellt, verkauft und der Kunde das Produkt bezahlt hat. Dann fiele es dem Unternehmen viel leichter, die Lieferer-Rechnung zu begleichen.

Siehe Kombinationsmodell auf Seite 30

- In Ausnahmefällen sind Lieferer auch bereit, die Begleichung einer Rechnung auszusetzen (**Stundung**). Das gilt vor allem dann, wenn die wirtschaftliche Existenz des Käufers bedroht erscheint.

Auszug aus einer Lieferer-Rechnung

Rechnungs-Nr. 2870-20			Lieferbedingung: Ab Werk	
Artikel-Nr.	**Stück**	**Bezeichnung**	**Einzelpreis/€**	**Gesamtpreis/€**
12432	3 000	Beschläge ZC 17-A	2,50	7.500,00
			– Rabatt 10 %	750,00
			Nettobetrag	6.750,00
			+ Umsatzsteuer 19 %	1.282,50
			Bruttobetrag	8.032,50
Zahlungsziel: 30 Tage ab Rechnungsdatum netto Kasse; innerhalb von 10 Tagen mit 2 % Skonto Postbank Leipzig IBAN: DE03 8601 0090 0066 8988 77 BIC: PBNKDEFFXXX				

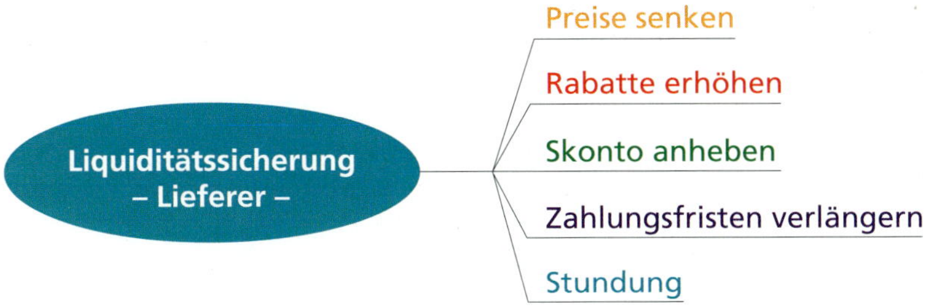

2.3.2 Zahlungsbedingungen Kunden

Liquiditätsschonende Maßnahmen gegenüber dem Lieferer können – in entsprechender Umkehrung – auch auf das Verhältnis zum Kunden übertragen werden.

> **Wann beginnt die Zahlungsfrist?**
> Nach BGB § 286 beginnt die Zahlungsfrist:
> - sobald sie **fällig** ist (z. B. nach Lieferung der vereinbarten Ware oder Fertigstellung des Auftrages) **und**
> - nach **Eingang** der Rechnung beim Kunden.
>   Die Vertragspartner können aber z. B. auch vereinbaren, dass die Rechnung 30 Tage nach **Rechnungsdatum** zu bezahlen ist. Ein solcher Text darf aber nicht einseitig auf der Rechnung vermerkt werden, sondern muss vorher mit dem Kunden vereinbart worden sein.

- **Preiserhöhungen**, eine Senkung gewährter **Rabatte** und **Skonti** oder eine Verkürzung von **Zahlungsfristen** würden höhere oder frühere Kundenzahlungen zur Folge haben. Die Liquiditätslage des Unternehmens (des Verkäufers) würde sich verbessern.

Siehe ausführlich zum Zahlungsverzug, Seite 39, Seite 44

- Handwerksbetriebe stehen häufig vor dem Problem, dass angesichts drängender Fertigstellungstermine die Verwaltungsaufgaben vernachlässigt und Rechnungen erst spät herausgeschickt werden. **Rechnungen** sollten aber unmittelbar **nach Fertigstellung** des Auftrages versandt werden, weil sich das positiv auf den Eingangstermin der Zahlungen und damit auf die Liquidität des Unternehmens auswirkt.
- In diesem Zusammenhang kann es sinnvoll sein, die Zahlungsfrist auf der Rechnung nicht allgemein (siehe Beispiel 1), sondern kalendermäßig konkretisiert (siehe Beispiel 2) anzugeben.

Beispiel 1

Zahlungsziel: 30 Tage ab Rechnungsdatum netto Kasse; innerhalb von 10 Tagen mit 2 % Skonto
Postbank Leipzig IBAN: DE03 8601 0090006 68988 77 BIC: PBNKDEFFXXX

Beispiel 2

Zahlungsziel: 30 Tage bis zum 25.06.20(0) netto Kasse;
innerhalb von 10 Tagen bis zum 05.06.20(0) mit 2 % Skonto
Postbank Leipzig IBAN: DE03 8601 0090 0066 8988 77 BIC: PBNKDEFFXXX

- Mit Großkunden kann vereinbart werden, dass ausstehende Beträge per **SEPA-Lastschrift** eingezogen und/oder die aufgelaufenen Rechnungsbeträge, z. B. als Monatsrechnung, gesammelt geltend gemacht werden. Dann wartet man nicht auf das Eintreffen der Überweisung, sondern veranlasst selbst die Abbuchung des Betrages vom Konto des Kunden.
- Positive Auswirkungen hätte es auch, wenn Kunden im Vorgriff auf den Rechnungsausgleich **Anzahlungen** leisten würden. Gerade bei größeren Aufträgen trifft man oft auf großes Verständnis bei den Kunden.

Beispiel: Anzahlungsvereinbarung

- *30 % des Endbetrages werden bei Abschluss des Vertrages fällig.*
- *Weitere 30 % sind bei Beginn der Fertigung zu zahlen.*
- *Mit der Auslieferung des Projektes zahlt der Kunde erneut 30 %.*
- *Die restlichen 10 % werden mit der technischen Abnahme des Projektes durch den Kunden fällig.*

Forderungsmanagement, siehe Kapitel 4, Seite 38

- **Fristenkombination**: Die Zahlungsbedingungen von Kunden und Lieferanten werden gewöhnlich getrennt gesehen. Unter Liquiditätsgesichtspunkten kann es aber interessant sein, die Fristen so miteinander zu kombinieren, dass die Lieferer erst dann ihr Geld erhalten, nachdem die Kunden ihre Rechnungen bezahlt haben. Das soll an einem Beispiel verdeutlich werden.

Beispiel

Die Zahlungsvereinbarung mit (möglichst) allen Kunden lautet: Zahlungsziel 15 Tage netto Kasse, 8 Tage mit 2 % Skonto.
Mit (möglichst) allen Lieferanten wird vereinbart: Zahlungsziel 30 Tage netto Kasse, 15 Tage mit 3 % Skonto.

Fristenkombination Zahlungsbedingungen

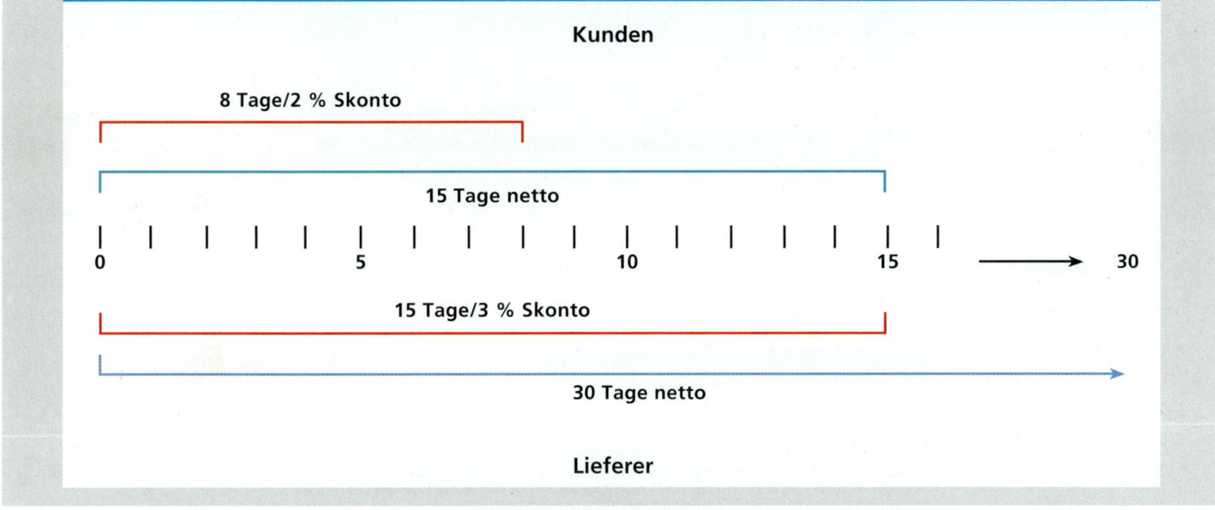

Die Kundenzahlungen würden nach diesem Modell so früh eintreffen, dass damit sogar die Lieferantenrechnungen mit Skontoabzug bezahlt werden könnten. Die unterschiedliche Skontohöhe würde sich zusätzlich liquiditätsschonend auswirken. Voraussetzung ist natürlich, dass sich Kunden und Lieferer auf diese Zahlungsbedingungen einlassen.

- Eine weitere Maßnahme zur Sicherung der Liquidität besteht darin, **Forderungsausfälle** zu **begrenzen**. In der Regel wird ein Teil der Forderungen von Kunden verspätet bezahlt, andere bezahlen ihre Schulden überhaupt nicht. Viele Unternehmen planen daher in ihre Liquiditätsplanung bestimmte Forderungsausfälle aufgrund von Erfahrungswerten ein.
- Es gibt aber Möglichkeiten, auf die Höhe der Ausfälle Einfluss zu nehmen.
  - Problemkunden, also Kunden, die ein unsicheres Zahlungsverhalten zeigen, erhalten Waren nur noch gegen **Vorkasse**.
  - Das Unternehmen verkauft seine Waren nur unter **Eigentumsvorbehalt**.
  - Bei Neukunden wird zunächst eine **Bonitätsprüfung** (Kreditwürdigkeitsprüfung) durchgeführt (siehe unten).
- Unumgänglich ist für jedes Unternehmen, dass alle offenstehenden Rechnungen überwacht (durch eine **Offene-Posten-Liste**/-Datei) und bei Fristüberschreitung gemahnt werden.
- Schließlich können Forderungen eines Unternehmens auch an spezielle Dienstleister verkauft werden, die sich dann – gegen eine Gebühr als Prozentabzug von den Forderungen – um den Einzug der Außenstände kümmern (**Factoring**).

Eigentumsvorbehalt: Der Verkäufer bleibt Eigentümer der Ware bis zur vollständigen Bezahlung

Offene-Posten-Liste, siehe Kapitel 4.2, Seite 31

Factoring, siehe Seite 98

Auskünfte über Kunden (Bonitätsprüfung)

Bonitätsprüfung: Bewertung eines Unternehmens (und auch von Personen) unter der Fragestellung, ob es in der Lage und auch willens ist, eingegangene Zahlungsverpflichtungen zu erfüllen.

Da bei Neukunden interne Informationen über das Zahlungsverhalten eines Kunden fehlen, sind Unternehmen bei der Bonitätsprüfung auf externe Hilfe angewiesen. Diese Unterstützung leisten **Auskunfteien** (Informationsdienstleister). Bedeutende Auskunfteien sind z. B.:

- **Creditreform** (Verband der Vereine Creditreform e. V.): Creditreform erteilt Auskünfte über Unternehmen und Privatpersonen.
- **SCHUFA** (**Schutz**gemeinschaft **für a**llgemeine Kreditsicherung): Sie gibt Informationen über Privatpersonen und (vorzugsweise kleinere) Unternehmen.

Beispiel: Creditreform
Am Beispiel der Creditreform soll deutlich gemacht werden, wie sich Unternehmen auf einfache Weise einen Eindruck von der Bonität eines Neukunden verschaffen können.
*Die Auskunftei hat einen **Bonitätsindex** entwickelt, der aus bestimmten Merkmalen über eine Nutzwertanalyse eine Kennzahl bildet. Merkmale sind z. B.*

– Zahlungsweise	*– Umsatz*
– Krediturteil	*– Mitarbeiterzahl/Umsatz pro Mitarbeiter*
– Auftragslage	*– Unternehmensalter*

Das Ergebnis ist eine Kennzahl, die zwischen den Werten 100 (ausgezeichnete Bonität) und 600 (ungenügende Bonität) liegt.
Außerdem wird die Ausfallwahrscheinlichkeit ermittelt. Sie gibt die Wahrscheinlichkeit an, dass ein Unternehmen innerhalb eines Jahres ausfällt (in der Regel durch Insolvenz).

Ausfallwahrscheinlichkeiten im Detail

Bonitätsindex	100-149	150-199	200-249	250-299	300-349	350-499	500	600
01.07. 2015 bis 30.06. 2016	0,00 %	0,20 %	0,55 %	1,55 %	4,93 %	14,23 %	Massiver Zahlungsverzug	Zahlungseinstellung

Interpretation			
100-149	Ausgezeichnete Bonität	300-349	Schwache Bonität
150-199	Sehr gute Bonität	350-499	Sehr schwache Bonität
200-249	Gute Bonität	500	Mangelhafte Bonität
250-299	Mittlere Bonität	600	Ungenügende Bonität / Zahlungseinstellung

Basel II: Regeln zur Kapitalausstattung von Banken

Eine Anfrage bei Creditreform könnte z. B. zu folgendem Ergebnis für einen bestimmten Kunden führen:

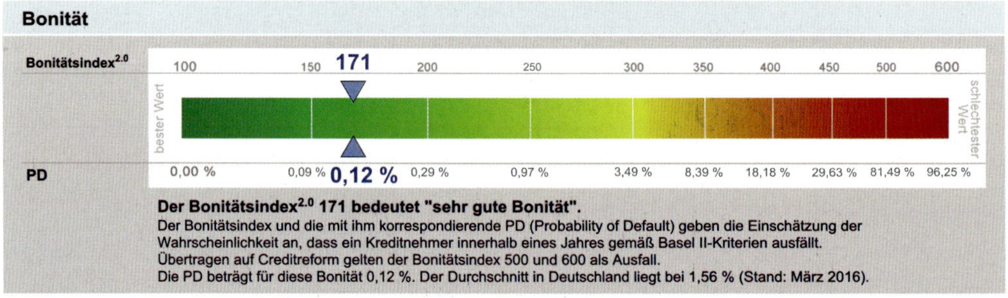

Auskunft über die bei der SCHUFA gespeicherten eigenen Daten: www.meine-schufa.de

Das Unternehmen kann nun entscheiden, ob es mit diesem Kunden in Geschäftsbeziehung treten will. Der Bonitätsindex ist allerdings nur ein kleiner Ausschnitt aus der gesamten Bonitätsanalyse, die im Regelfall mehrere DIN-A4-Seiten umfasst. Der Index ist letztlich die Zusammenfassung eines umfangreichen Merkmalsystems.

Bankauskunft

Im Zusammenhang mit einer Bonitätsprüfung kann ein Unternehmen auch die Bank des Kunden um eine Auskunft über die Bonität des Kunden bitten. Da Banken aber an das Bankgeheimnis gebunden sind, können diese Auskünfte nur sehr allgemein sein. Die Informationen beziehen sich auf die wirtschaftlichen Verhältnisse des Kunden und sein Zahlungsverhalten im Rahmen der banküblichen Geschäftsbeziehung, nicht jedoch über Kontostände. Bei Privatkunden muss vor einer Bankauskunft deren Zustimmung eingeholt werden. Auskünfte über Firmenkunden können Banken jederzeit geben. Firmen können ihrer Bank aber eine Auskunftserteilung generell verbieten.

Selbstauskunft

Das Bundesdatenschutzgesetz gibt jedem Menschen das Recht, Auskunft über die Daten zu bekommen, die über ihn gespeichert sind. Ebenso können Unternehmen bei Auskunfteien eine Selbstauskunft anfordern, die sie dann ihrem Geschäftspartner im Rahmen einer Bonitätsprüfung vorlegen.

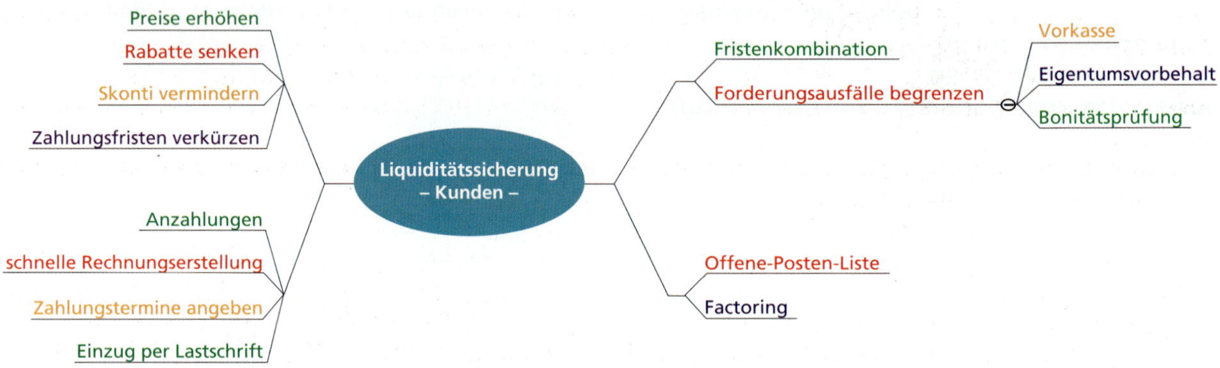

2.3.3 Lieferbedingungen

Nicht nur die Veränderung von Zahlungsbedingungen mit Kunden und Lieferern hat Einfluss auf die Liquidität eines Unternehmens, sondern auch die Variation der Lieferbedingungen.

- Wenn es einem Unternehmen gelingt, mit seinem Lieferanten anstelle der Vereinbarung „ab Werk" die **Lieferbedingung** „frei Haus" zu ersetzen, würde der Lieferer die Beförderungskosten tragen. Der Käufer hätte einen entsprechenden Liquiditätsgewinn. Das Gleiche gilt umgekehrt im Verhältnis zu den Kunden.
- Liquiditätsfördernd sind auch **verkürzte Lieferzeiten**, weil das Unternehmen die Produktion oder den Einkauf von Produkten vorfinanzieren muss. Je schneller die Produkte zum Kunden geliefert werden können, umso frühen kommt der Geldrückfluss vom Kunden.

2.3.4 Aufwandsminderungen

Eine weitere Maßnahme zur Verbesserung des Liquiditätsstatus sind Aufwandsminderungen, weil sie die verminderten Auszahlungen führen.

Beispiele

Ein Handwerksbetrieb leidet unter saisonalen Auslastungsschwankungen, die auch seine Liquidität gefährden. Über Kurzarbeit und Zeitarbeit werden Personalaufwendungen eingespart mit der Folge, dass sich auch die Liquidität des Betriebes besser darstellt.

2.3.5 Finanzquellen

Ein Blick in die Bilanz kann Finanzquellen aufdecken, die der Liquiditätsverbesserung dienen.

- Der Inhaber eines Unternehmens könnte zu der Einsicht kommen, dass eigenkaptial- und liquiditätsmindernde Gewinnentnahmen auf ein Minimum reduziert werden sollten.
- Umgekehrt könnte eine Eigenkapitalerhöhung durch den Inhaber oder durch die Aufnahme von Gesellschaftern in das Unternehmen für einen Liquiditätszufluss sorgen.
- Die Tilgung von Krediten könnte in Absprache mit der Bank für eine gewisse Zeit ausgesetzt werden.
- Investitionen könnten verschoben werden in Zeiten mit guter Liquiditätsausstattung.
- Außerdem könnte versucht werden, den Bestand an Rohstoffen und Handelswaren im **Umlaufvermögen** zu minimieren. Die Liquidität, die in den Beständen steckt, würde auf diese Weise verfügbar gemacht. Hier gilt es besonders, das Augenmerk in Rahmen einer ABC-Analyse auf die hochwertigen A-Güter zu werfen, um deren Bestand so klein wie möglich zu halten.
- Schließlich ist zu prüfen, ob nicht mehr benötigte **Anlagegenstände** verkauft werden sollen.

2.4 Simulationsrechnung

Wie oben bereits festgestellt wurde, klaffen Liquiditätsplanung und Realität im Regelfall auseinander. Die Planung sollte daher stets mit den realen Zahlen verglichen werden. Das geschieht am besten, wenn man die Planungstabelle mit einer Ist-Tabelle kombiniert, damit Abweichungen sofort erkannt werden.

Betrachtet man den umfangreichen Maßnahmenkatalog in Kapitel 2.3, dann wird deutlich, dass die Liquidität eines Unternehmens auf vielfältige Weise beeinflusst werden kann. Wenn es gelingt, die finanzielle Auswirkung einer Maßnahme konkret zu beziffern, können die Änderungen in einer Simulationstabelle deutlich gemacht werden. Am Ende steht dann eine neue Plantabelle, die die Ist-Zahlen durch angemessene Maßnahmen in neue Planzahlen überführt.

Beispiel: Jasper Haustechnik e. K.

Das Unternehmen hat eine Liquiditätsplanung für die Monate Januar bis März 20(0) durchgeführt (siehe Seite 23). Am 31. Januar wird die Planungstabelle ergänzt mit den Ist-Zahlen des Monats Januar.

Die Januar-Zahlen sind deutlich schlechter ausgefallen als geplant, weil das Liquiditätsdefizit gestiegen ist, obwohl die Kreditlinie des Kontokorrentkredits nach Verhandlungen mit der Bank um 20.000,00 € erhöht werden konnte.

Das Unternehmen passt daher die Liquiditätsplanung an die neuen Gegebenheiten an (siehe Seite 34) und geht von folgenden Annahmen aus:

Annahmen für die Liquiditätsplanung der Monate Februar und März 20(0)

- Grundlage der neuen Planzahlen für die Monate Februar und März sind die Ist-Zahlen von Januar.
- Der Rückgang bei den Umsatzerlösen wird auch in den beiden Folgemonaten anhalten. Allerdings erwartet man, dass die Umsatzerlöse nicht 237.500,00 € betragen werden, sondern aufgrund von Neuverhandlungen mit Kunden über Rabatte und Skonti 240.500,00 €.
- Ausgangswert für die Lieferantenverbindlichkeiten soll der Januar-Ist-Wert in Höhe von 51.350,00 € sein. Man geht aber davon aus, das bei einigen Lieferanten die Konditionen verbessert werden können, sodass 2.000,00 € eingespart werden können (auf 49.350,00 €).
- Aufgrund der Umsatzrückgänge sollen zwei Teilzeitstellen weiter reduziert werden. Einsparung gegenüber den Januarzahlen 2.400,00 €.
- Die Zahllast erhöht sich gegenüber dem Wert im Januar um 200,00 € aufgrund der Veränderungen bei den Umsatzerlösen und den Lieferantenverbindlichkeiten.
- Die geplante Investition für März wird nur in reduzierter Form umgesetzt, und zwar mit einem Wert von 50.000,00 € zuzüglich Umsatzsteuer (59.500,00 €).
- Die Gewinnentnahmen werden wieder auf den ursprünglich geplanten Wert von 8.000,00 € zurückgeführt.
- Die Tilgung der bestehenden Darlehen kann nach Rücksprache mit der Bank für sechs Monate ausgesetzt werden.
- Das neu aufzunehmende Darlehen für die Investition soll auf den Nettobetrag von 50.000,00 € lauten.

Liquiditätsplan Jasper Haustechnik e. K.

		Plan-Zahlen			Ist-Zahlen	Neue Planzahlen	
	Monat	Januar	Februar	März	Januar	Februar	März
1.	**Einzahlungen aus**	€	€	€	€	€	€
2.	Umsatzerlösen (Forderungseingang)	261.800,00	261.800,00	261.800,00	237.500,00	240.500,00	240.500,00
3.	Zinserträgen	1.000,00			1.000,00		
4.	Sonstigen Quellen						
5.	**Summe Einzahlungen**	262.800,00	261.800,00	261.800,00	238.500,00	240.500,00	240.500,00
6.	**Auszahlungen für**						
7.	Lieferantenverbindlichkeiten	52.360,00	52.360,00	52.360,00	51.350,00	49.350,00	49.350,00
8.	Personalaufwand	115.500,00	115.500,00	115.500,00	116.400,00	114.000,00	114.000,00
9.	Sonstige betriebliche Aufwendungen	28.000,00	28.000,00	28.000,00	28.500,00	28.500,00	28.500,00
10.	Zinsaufwand	2.850,00	2.850,00	2.850,00	2.850,00	2.850,00	2.850,00
11.	Zahllast (Umsatzsteuer – Vorsteuer)	25.800,00	25.800,00	25.800,00	20.640,00	20.840,00	20.840,00
12.	Investitionen			95.200,00			59.500,00
13.	Steuern		3.900,00			3.900,00	
14.	**Summe Auszahlungen**	224.510,00	228.410,00	319.710,00	219.740,00	219.440,00	275.040,00
15.	**Kapitalveränderungen**						
16.	Gewinnentnahmen	8.000,00	8.000,00	8.000,00	10.000,00	8.000,00	8.000,00
17.	Aufbau Fremdkapital			60.000,00			50.000,00
18.	Abbau Fremdkapital		10.000,00			0,00	
19.	**Summe Kapitalveränderungen (+/–)**	–8.000,00	–18.000,00	52.000,00	–10.000,00	–8.000,00	42.000,00
20.	**Liquiditätsveränderungen Monat (+/–)**	30.290,00	15.390,00	–5.910,00	8.760,00	13.060,00	7.460,00
21.	Anfangsbestand Kasse/Bank	–245.000,00	–214.710,00	–199.320,00	–245.000,00	–236.240,00	–223.180,00
22.	Endbestand Kasse/Bank	–214.710,00	–199.320,00	–205.230,00	–236.240,00	–223.180,00	–215.720,00
23.	Eingeräumte Kreditlinie	–210.000,00	–210.000,00	–210.000,00	–230.000,00	–230.000,00	–230.000,00
24.	**Freie Liquidität (Überschuss/Defizit)**	–4.710,00	10.680,00	4.770,00	–6.240,00	6.820,00	14.280,00

Sollten die Maßnahmen zur Verbesserung der Liquidität wie geplant umgesetzt werden können, ergäben sich für die Monate Februar und März Liquiditätsüberschüsse in Höhe von 6.820,00 € bzw. 14.280,00 €.

Zusammenfassung

<table>
<tr><th colspan="5">Liquiditätssicherung</th></tr>
<tr><th>Liquiditätsplan</th><th colspan="3">Maßnahmenkatalog</th><th>Simulationsrechnung</th></tr>
<tr>
<td rowspan="3">
▪ Plan-Zahlen → Ist-Zahlen
▪ Steuerungsinstrument
▪ Liquiditätsstatus
▪ → finanzielles Gleichgewicht

Banken
▪ Kreditlimit
▪ Sicherheiten
▪ frühzeitige Kooperation
</td>
<th colspan="2">Zahlungsbedingungen</th><th>Lieferbedingungen</th>
<td rowspan="3">
Plan-Zahlen
↓
Ist-Zahlen
↓
Planungsänderungen simulieren
↓
Neue Plan-Zahlen
</td>
</tr>
<tr><th>Lieferer</th><th>Kunden</th>
<td rowspan="2">
▪ Kostengünstige Lieferbedingungen (Kunden, Lieferer)
▪ Schnelle Lieferzeiten

Aufwendungen
▪ Kostensenkungen
– Personalaufwand
– Sonstiger betrieblicher Aufwand

Finanzquellen
▪ Gewinnentnahmen reduzieren
▪ Eigenkapital erhöhen
▪ Kredittilgung aussetzen
▪ Investitionen verschieben
▪ Bestände minimieren
</td>
</tr>
<tr>
<td>
▪ Preise senken
▪ Rabatte erhöhen
▪ Skonto anheben
▪ Zahlungsfristen verlängern
▪ Stundung
</td>
<td>
▪ Preise erhöhen, Rabatte senken, Skonti vermindern, Zahlungsfristen verkürzen
▪ Anzahlungen
▪ Schnelle Rechnungserstellung
▪ Zahlungstermine angeben
▪ Einzug per Lastschrift
▪ Fristenkombination
▪ Forderungsausfälle begrenzen
– Vorkasse
– Eigentumsvorbehalt
– Bonitätsprüfung
– Auskunfteien
– Bankauskunft
– Selbstauskunft
▪ Offene-Posten-Liste
▪ Factoring
</td>
</tr>
</table>

3 Lieferantenkredit

➲ **Lernsituation 3: Einen Lieferantenkredit prüfen**

3.1 Zahlungsbedingungen

Lieferantenrechnung (Auszug)

Rechnung Nr. 2455-17

05.04.20(0)

Wir lieferten Ihnen gemäß Ihrer Bestellung vom 25.03.20(0)

Artikel	Anzahl	Einzelpreis/€	Gesamtpreis/€
Edelstahlrohr 2777 Typ A	4 900 m	3,12	15.294,12
		+ 19 % USt	2.905,88
		Rechnungsbetrag	18.200,00

Zahlbar innerhalb von 10 Tagen unter Abzug von 3 % Skonto oder innerhalb von 30 Tagen netto Kasse

Mit der Zahlungsbedingung *„Zahlbar innerhalb von 30 Tagen netto Kasse"* ist gemeint, dass das Unternehmen die gekaufte Ware zwar sofort erhält, sie jedoch erst nach 30 Tagen bezahlen muss. Das Zahlungsziel beträgt demnach 30 Tage. Ein Lieferant gewährt dem Unternehmen einen Zahlungsaufschub, damit dieser die Handelswaren/Rohstoffe möglichst schnell verkaufen (bzw. zu Produkten verarbeiten) und damit Umsatz erzielen kann. Mit den Umsatzerlösen kann das Unternehmen seine Schulden gegenüber dem Lieferanten nach 30 Tagen begleichen.

Mit der Formulierung *„Zahlbar innerhalb von 10 Tagen unter Abzug von 2 % Skonto"* bietet der Lieferant dem Unternehmen an, eine Rechnung nicht erst nach 30 Tagen, sondern schon nach zehn Tagen zu begleichen. Für diese frühe Zahlung innerhalb von zehn Tagen darf das Unternehmen dann einen Skonto-Betrag abziehen, der meistens 2 % bis 3 % von der Rechnungssumme beträgt.

→ **Zahlungsbedingungen:** Bestandteile eines Kaufvertrages, die den Zahlungszeitpunkt sowie die Art und Weise des Rechnungsausgleichs regeln
Skonto: Preisnachlass für die vorzeitige Begleichung einer Rechnung

Man spricht in diesem Zusammenhang von einem **Lieferantenkredit**, weil der Lieferer seinem Kunden ein Zahlungsziel für die Begleichung seiner Rechnung einräumt. Unter Kaufleuten ist diese Form des Kredits üblich. Der Lieferer sichert seine Forderung häufig durch den **Eigentumsvorbehalt** ab.

Kalkulation im Großhandel, siehe Informationshandbuch des 2. Ausbildungsjahres

Sofern ein Lieferer bei vorzeitiger Zahlung Skonto gewährt, kalkuliert er den Skontoabzug (wie auch eventuell gewährte Rabatte) in den Verkaufspreis ein.

→ **Lieferantenkredit:** kurzfristiger Kredit des Lieferanten an seinen Kunden, indem für die Begleichung einer Rechnung ein Zahlungsziel gewährt wird

3.2 Berechnung des Finanzierungsgewinns

Für einen Kunden ist es in der Regel günstiger, den Rechnungsbetrag (unter Abzug von Skonto) schon nach zehn Tagen zu bezahlen, anstatt den vollen Rechnungsbetrag nach 30 Tagen zu überweisen.
Das nachfolgende Beispiel soll das veranschaulichen. Es geht davon aus, dass der Kunde für die Inanspruchnahme des Skontos sein Kontokorrentkonto belasten muss. Die Bank berechnet für den Kontokorrentkredit 7,5 % Zinsen.

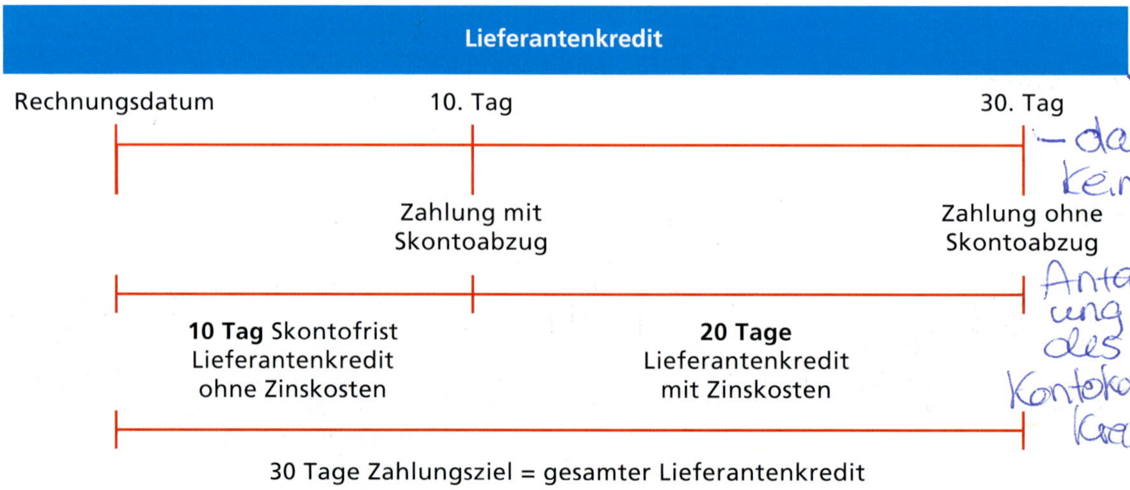

Bei der Berechnung des Finanzierungsgewinns ist in drei Schritten vorzugehen.

1. Schritt:	*Ermittlung des Skontobetrags*	
Rechnungsbetrag:		*18.200,00 €*
–3 % Skonto:		*546,00 €*
Zahlungsbetrag:		*17.654,00 €*

Der Schuldner kann zwar den Skonto-Betrag abziehen, er muss jedoch für die Zahlung des Restbetrags sein Kontokorrentkonto bei seiner Bank in Anspruch nehmen.

Zahlungsziel 30 Tage
Skontofrist – 10 Tage
= 20 Tage Kreditlaufzeit

2. Schritt: ***Berechnung der Bankzinsen***
Die Belastung des Kontokorrentkontos mit einem Zahlungsbetrag von 17.654,00 € muss zu 7,5 % für 20 Tage verzinst werden.

$$\text{Zinsen} = \frac{17.654,00 \cdot 7,5 \cdot 20}{100 \cdot 360} = 73,56\ €$$

3. Schritt:	*Ermittlung des Finanzierungsgewinns*	
Skontobetrag:		*546,00 €*
– Zinsen für Kontokorrentkredit:		*73,56 €*
= Finanzierungsgewinn:		*472,44 €*

Obwohl das Unternehmen die Bankzinsen zahlen muss, ist es für das Unternehmen immer noch günstiger, den Skontoabzug zu nutzen, anstatt nach 30 Tagen den vollen Rechnungsbetrag zu zahlen.
Aus der Sicht des Kreditgebers wäre dieser Lieferantenkredit ein finanzielles Zuschussgeschäft, würde er nicht bei der Kalkulation des Verkaufspreises bereits den Skontobetrag als Aufschlag berücksichtigen. Denn auch der Lieferant als Kreditgeber muss für das von ihm zur Verfügung gestellte Kapital eine angemessene Verzinsung erhalten.

3.3 Effektivverzinsung der Skontogewährung

Die Frage, ob es lohnender ist, eine Rechnung mit Skontoabzug zu bezahlen und dabei eine Inanspruchnahme des Kontokorrentkredits in Kauf zu nehmen oder ob das volle Zahlungsziel des Lieferanten ausgenutzt werden sollte, kann auch mit einem Vergleich der Zinssätze von Bank- und Lieferantenkredit beantwortet werden. Dazu ist aber der Skontosatz in einen Zinssatz umzurechnen. Man spricht vom effektiven Zinssatz des Lieferantenkredits.

→ **Effektiver Zinssatz des Lieferantenkredits:** Zins, der für die Zeitdifferenz zwischen Zahlungsziel und Skontozeitraum zu bezahlen ist.

Die Effektivverzinsung lässt sich auf zwei Arten berechnen: eine vereinfachte und eine ausführliche.

3.3.1 Vereinfachte Berechnung

Bei der vereinfachten (überschlägigen) Berechnung der Effektivverzinsung wird der angegebene Skontosatz für vorzeitige Zahlung auf den Zeitraum eines Jahres bezogen.

Beispiel:

Eine Zahlungsbedingung laut Kaufvertrag lautet: 3 % Skonto bei Zahlung innerhalb von zehn Tagen oder 30 Tage rein netto Kasse.

Ermittlung des Effektivzinssatzes (Jahreszinssatz)

Die Lösung ist mithilfe der Dreisatzrechnung möglich.
Bei 20 Tagen vorzeitiger Zahlung gewährt der Lieferer 3 % Skonto.
In 360 Tagen entspricht dies ? %

$$\text{Effektivzinssatz} = \frac{3 \cdot 360}{20} = 54\ \%$$

Das bedeutet, dass der Skonto-Prozentsatz von 3 % unter der oben genannten Bedingung einem Zinssatz (immer bezogen auf ein Jahr) von 54 % entspricht.

Formel zur Ermittlung des Effektivzinssatzes (Jahreszinssatzes) nach dem vereinfachten Verfahren

$$\textbf{Effektivzinssatz} = \frac{\text{Skontosatz laut Zahlungsbedingung} \cdot 360}{\text{Liefererkreditzeitraum}}$$

Der Liefererkreditzeitraum wird berechnet, indem der Skontozeitraum vom Zielzeitraum subtrahiert wird. Im Beispiel oben: 30 Tage Zahlungsziel – 10 Tage Skontofrist = 20 Tage Liefererkreditzeitraum.

Liefererkreditzeitraum: Zahlungsziel – Skontozeitraum

Der Begriff „Liefererkreditzeitraum" betrachtet nur die Zeit, für die auch Bankzinsen anfallen. Letztlich bezieht sich der Lieferantenkredit aber auf die Gesamtdauer des Zahlungsziels. Für den Skontozeitraum entstehen jedoch keine Zinsen.

3.3.2 Ausführliche Berechnung

Ausgehend von den Beispielzahlen aus 3.2 wird der Effektivzinssatz mithilfe der umgestellten Zinsformel für p (= Zinssatz) errechnet.

Zinsrechnen, siehe im Anhang Seite 278

Allgemeine Formel

$$p = \frac{z \cdot 100 \cdot 360}{k \cdot t} = \frac{\text{Skontobetrag} \cdot 100 \cdot 360}{\text{verminderter Rechnungsbetrag} \cdot \text{Liefererkreditzeitraum}}$$

Dabei gilt: p = Zinssatz; z = Zinsen; k = Kapital; t = Zeit

Beispiel:

Formel mit Beispielzahlen

$$\text{Effektivzinssatz} = \frac{546{,}00\ € \cdot 100 \cdot 360}{17.654{,}00\ € \cdot 20\ \text{Tage}} = 55{,}67\ \%$$

Ergebnis

Es lohnt sich für den Käufer, einen Kontokorrentkredit zu 7,5 % Zinsen aufzunehmen (zu nutzen), um die Rechnung des Lieferanten innerhalb von zehn Tagen zu bezahlen, weil der Effektivzinssatz des Lieferantenkredits mit 55,67 % deutlich höher liegt als der Zinssatz für den Kontokorrentkredit.

3.4 Vorteile des Lieferantenkredits

Für den Käufer sind mit dem Lieferantenkredit häufig folgende Vorteile verbunden:

- Die Zahlungsfrist wird schnell und unbürokratisch gewährt: Auf der Basis der Kaufvertragsvereinbarung erhält der Käufer einen Zahlungsaufschub, sobald die Rechnung eintrifft.
- Bei Skontogewährung ist der Lieferantenkredit für den Käufer so günstig, dass es sich sogar lohnt, dafür einen Kredit bei der Bank aufzunehmen (z. B. in Form der Belastung des Kontokorrentkontos).
- Als Sicherheit für die Lieferer muss der Käufer gewöhnlich nur den Eigentumsvorbehalt hinnehmen.
- Wird das Zahlungsziel voll ausgeschöpft (z. B. eine Frist von 30 Tagen), wird die Kreditlinie des Kontokorrentkontos geschont.
- Am Ende der Zahlungsfrist kann die Rechnung häufig schon aus erzielten Umsätzen mit den gelieferten Produkten bezahlt werden.

Zusammenfassung

Lieferantenkredit			
Zahlungsbedingungen	**Finanzierungsgewinn**	**Effektivverzinsung**	**Vorteile**

Häufig:
- Zahlbar innerhalb von 30 Tagen netto Kasse
- Zahlbar innerhalb von 10 Tagen unter Abzug von 2 % Skonto
	1. Schritt:
	Ermittlung des Skontobetrages
	2. Schritt:
	Berechnung der Bankzinsen
	3. Schritt:
	Ermittlung des Finanzierungsgewinns
		Formel:
		$\frac{\text{Skontosatz} \cdot 360}{\text{Lieferkreditzeitraum}}$
			- Schnell und unbürokratisch
			- Trotz Bankkredits günstiger
			- Als Sicherheit nur Eigentumsvorbehalt
			- Nutzung der gesamten Zahlungsfrist:
			  – Entlastung der Kontokorrentkreditlinie
			  – Rechnungsausgleich durch erzielte Umsätze

4 Forderungsmanagement

➲ **Lernsituation 4: Die Organisation des Mahnwesens verbessern**

4.1 Zahlungsüberwachung

Zur Sicherung der Liquidität ist es für jedes Unternehmen wichtig, die Forderungen gegenüber Kunden (Kreditverkäufe) zu überwachen und für die Einhaltung der vereinbarten Zahlungsfristen zu sorgen. Schließlich hat das Unternehmen die verkauften Produkte vorfinanziert und alle Aufwendungen, die bis zum Verkauf notwendig waren, erbracht.
Hat ein Kunde die Zahlungsfrist verstreichen lassen, ist er durch eine **Mahnung** an seine Zahlungspflicht zu erinnern und er muss angehalten werden, die Zahlung auch zu veranlassen. Wenn offene Forderungen konsequent und zeitnah gemahnt werden, ist das für Kunden ein wichtiges Signal, denn sie spüren, dass das Unternehmen großen Wert auf pünktliche Zahlung legt. Andernfalls lässt die Zahlungsmoral der Kunden schnell nach und es entstehen Forderungsausfälle. Schließlich ist auch zu **kontrollieren,** ob der vom Kunden überwiesene Betrag den vereinbarten Zahlungsbedingungen entspricht. Bei Abweichungen sind die Kunden ebenfalls zu mahnen.

Beispiele

- *Ein Kunde zieht vom Rechnungsbetrag nicht die vereinbarten 2 % Skonto ab, sondern 3 %.*
- *Ein um Skonto gekürzter Rechnungsbetrag geht erst 1 Woche nach Ablauf der Skontofrist ein.*
- *Ein Kunde nutzt das gesamte Zahlungsziel von 30 Tagen und zieht trotzdem Skonto ab.*

Forderungsmanagement: Überwachung der Kundenforderungen durch ein wirksames Mahnwesen mit dem Ziel, Forderungsausfälle zu reduzieren und die Liquidität des Unternehmens zu sichern

4.2 Offene-Posten-Liste

Ein wirksames Instrument, offene Rechnungen (Außenstände) zu kontrollieren, ist die Offene-Posten-Liste. In kleineren Unternehmen ist das oft ein Ordner mit den abgehefteten Rechnungen und einem Deckblatt mit einer Auflistung der Rechnungen. Sobald eine Rechnung bezahlt worden ist, wird sie entnommen und in einen Ordner für bezahlte Rechnungen abgelegt. Im Deckblatt wird die Rechnung gestrichen oder als „bezahlt" vermerkt.
Durch regelmäßige Kontrollen (z. B. wöchentlich) werden die Außenstände überwacht.
Mithilfe der Datenverarbeitung können Offene-Posten-Listen automatisch erzeugt und mit vielfältigen Informationen ausgestattet werden. Häufig genügt schon eine Excel-Tabelle. Leistungsstärkere Listen werden von Warenwirtschaftssystemen oder von ERP-Software geschaffen und sind die Grundlage für ein effizientes Mahnwesen.

ERP = Enterprise Resource Planning, siehe Informationshandbuch des 1. Ausbildungsjahres

Warenwirtschaftssystem = Programm zur Erfassung aller Warenbewegungen eines Unternehmens

Beispiele für die Inhalte einer Offenen Posten-Liste:

- *Kundendaten (Nummer, Adresse)*
- *Rechnungsnummer und -datum sowie Rechnungsbetrag*
- *Zahlungsziel und Fälligkeitsdatum*
- *Überschreiten des Zahlungsziels in Tagen*
- *Aktivitäten zum Mahnwesen (Mahnstufe)*

Offene-Posten-Liste: Zusammenstellung aller Rechnungen, die von Kunden noch nicht bezahlt worden sind; die Liste enthält die wesentlichen Daten für das Forderungsmanagement.

Beispiel:

Offene-Posten-Liste Kunden							03.12.20(0)
Kunden-Nr.	Kundenname	Rechnungs-Nr.	Rechnungsdatum	Fällig am	Tage	Mahnstufe	Betrag
10154	Hubner GmbH, Kassel	2855/20(0)	16.10.20(0)	16.11.20(0)	19	2	6.486,00
10228	Stern KG, Kassel	2886/20(0)	25.10.20(0)	25.11.20(0)	10	1	2.430,00
10632	J. Adler GmbH, Kassel	2899/20(0)	02.11.20(0)	02.12.20(0)	1	0	4.355,50
10588	DEMES AG, Baunatal	3068/20(0)	12.11.20(0)	12.12.20(0)	0	0	8.545,90
10192	Pelzer GmbH, Calden	3094/20(0)	15.11.20(0)	15.12.20(0)	0	0	2.345,00

Die Liste gibt dem Unternehmen zunächst einen Überblick über seine Außenstände. Darüber hinaus ist erkennbar, bei welchen Kunden sich **Risiken** andeuten, wenn nämlich der Fälligkeitstermin der Forderung naht oder trotz Erreichens der Fälligkeitsgrenze kein Zahlungseingang festzustellen ist.
Ferner kann ein Unternehmen anhand der Liste entscheiden, welche Maßnahmen es bei säumigen Zahlern unternehmen soll. Kunde Nr. 10154 hat z. B. die Zahlungsfrist um 19 Tage überzogen und bereits zwei Mahnungen erhalten (Mahnstufe 2). Kunde Nr. 10228 hat eine Mahnung erhalten und immer noch nicht bezahlt. Hier sollte eine zweite Mahnung herausgeschickt werden. Beim Kunden Nr. 10632 ist die Zahlungsfrist um einen Tag überschritten, d. h., die erste Mahnung sollte verschickt werden.
Ein Warenwirtschaftssystem oder eine ERP-Software übernimmt diese Überwachungsfunktion weitgehend automatisch und kann auch Vorschläge für den Versand von Mahnschreiben machen. Das System stellt dazu selbstständig die Kundendaten zusammen und verbindet sie mit hinterlegten Mahntexten.

Beispiel: Automatisch erstellte Mahnung

thomas behrend gebäudeservice e. K.

Thomas Behrend Gebäudeservice e. K., Im Ährenfeld 3, 34117 Kassel

J. Adler GmbH
Mönchebergstraße 10
34125 Kassel

Ihr Zeichen:
Ihre Nachricht vom:
Unser Zeichen:
Unsere Nachricht vom:

Name:
Telefon: 0561 481 472
Telefax: 0561 481 330
E-Mail: info@behrend.de

Datum: 03.12.20(0)
Kundennummer: 10632

Zahlungserinnerung

Nachstehend aufgeführte Rechnung steht noch zur Zahlung aus:

Rechnungs-Nr.	Rechnungs-Datum	Fällig	Tage	Betrag/€	Zahlbetrag/€	Noch offen/€
2899/20(0)	02.11.20(0)	02.12.20(0)	1	4.355,50	0,00	4.355,50

Bitte überprüfen Sie die Angaben und überweisen Sie den Betrag bis zum 10.12.20(0) auf das unten angegebene Konto.

Vielen Dank.

Zahlungen sind erfasst bis zum: 03.12.20(0)

Inhaber: Thomas Behrend
HR: Amtsgericht Kassel HRA 50303

USt.-Id.-Nr.: DE 458 977 344

Bankverbindung
Kasseler Sparkasse
BIC HELADEF1KAS
IBAN: DE90 5205 0353 0100 3436 57

Mit dem Ausdruck des Mahnschreibens wird die Mahnstufe automatisch um „1" erhöht, sodass das Unternehmen jederzeit erkennen kann, welche Beträge noch ausstehen und welcher „Mahnstand" im Einzelfall besteht.

4.3 Kaufmännisches Mahnverfahren

4.3.1 Abgrenzung des kaufmännischen und gerichtlichen Mahnverfahrens

Ein Unternehmen kann von einem Kunden die Zahlung eines bestimmten Geldbetrages verlangen, wenn

- ein **Anspruch** gegenüber dem Kunden besteht und
- die Forderung **fällig** ist.

Beispiel:

Das Unternehmen Gerrit Hansen e. K. liefert gemäß vereinbartem Kaufvertrag fünf Schreibtische im Bruttowert von 5.000,00 € an den Kunden Severin GmbH. Nun hat der Verkäufer einen Anspruch auf Bezahlung seiner Leistung gegenüber dem Kunden.

Nach BGB § 271 ist die Zahlung unmittelbar nach der Leistungserbringung fällig. Gewöhnlich vereinbaren die Vertragspartner aber eine bestimmte Zahlungsfrist, z. B. „Zahlbar innerhalb von 30 Tagen nach Rechnungsdatum." Dann ist die Zahlung am 30. Tag nach Rechnungsdatum zu leisten, die Zahlung ist **fällig**.
Zahlt der Kunde nicht bis zum Fälligkeitstermin, hat sich in der Praxis eingebürgert, dass zunächst das kaufmännische (außergerichtliche) Mahnverfahren in Gang gesetzt wird. Der Gläubiger könnte aber auch sofort das gerichtliche Mahnverfahren (siehe unten) einleiten.

Mahnung: Aufforderung des Schuldners an den Gläubiger, eine fällige Zahlung zu leisten

Es ist der Gläubiger, der dieses Verfahren in eigener Regie betreibt. Dabei bemüht sich das Unternehmen, durch Mahnschreiben von seinem Kunden die geschuldete Forderung zu erhalten. Im Vordergrund steht dabei immer das Bemühen, den Kunden trotz des Zahlungsproblems nicht zu verlieren.

Kaufmännisches Mahnverfahren: Bemühen eines Unternehmens, geschuldete Zahlungen durch Mahnschreiben von seinen Kunden zu erhalten

Führt das kaufmännische Mahnverfahren nicht zum Erfolg, wird es in das **gerichtlichen Mahnverfahren** überführt. Dabei wird über das Amtsgericht ein **Mahnbescheid** erstellt und dem Schuldner übersandt. Ziel des Verfahrens ist es, vom Gericht einen sogenannten „vollstreckbaren Titel" zu bekommen, mit dem bei säumigen Kunden der Zahlungsbetrag zwangsweise eingezogen werden kann.

Siehe dazu Kapitel 6 auf Seite 52

4.3.2 Mahnstufen

Üblicherweise werden im kaufmännischen Mahnverfahren drei Mahnschreiben mit zunehmender Dringlichkeit im Tonfall an den Kunden verschickt.

Stufe 1

Das erste Mahnschreiben ist durch besondere Höflichkeit geprägt und wird oft nicht als Mahnung gekennzeichnet, sondern z. B. als Zahlungserinnerung. Vielfach werden von Kunden fällige Rechnungen übersehen oder gehen durch organisatorische Mängel im Unternehmen verloren. Es ist auch möglich, dass sich die Überweisung und die Mahnung „kreuzen", weil der Kunde etwas verspätet gezahlt hat.
Es gibt für Mahnschreiben keine Formvorschriften. Deshalb wird auch als erste Mahnung häufig nur die Rechnung noch einmal übersandt und mit einem kurzen Begleitschreiben versehen. Im Mahnschreiben muss auch nicht das Wort „Mahnung" auftauchen. Selbst ein freundliches Telefongespräch, in dem auf die ausstehende Zahlung hingewiesen wird, gilt rechtlich gesehen als Mahnung.
Meistens sieht man davon ab, in dem Schreiben einen Termin zu setzen.

Formulierungsvorschlag für die erste Mahnung

Zahlungserinnerung

Sehr geehrte/–r Herr/Frau …,

unsere Rechnung Nr. … vom … , fällig am … ist noch nicht beglichen worden. Bitte holen Sie den Ausgleich der Rechnung nach.

Sollten Sie zwischenzeitlich den Betrag bereits überwiesen haben, betrachten Sie dieses Schreiben bitte als gegenstandslos.

Mit freundlichen Grüßen

Anlage
Rechnung

Stufe 2

Reagiert der Kunde auf die erste Mahnung nicht, wird zeitnah eine zweite Mahnung verschickt. Sie sollte im Ton deutlich sein und eine konkrete Zahlungsfrist benennen. Es können auch bereits Verzugszinsen und Mahnkosten angedroht werden. In diesem Punkt ist aber Fingerspitzengefühl angebracht, sofern eine Chance besteht, den Kunden zu behalten.

Formulierungsvorschlag für die zweite Mahnung

> Mahnung
> Rechnung Nr. … vom …
>
> Sehr geehrte/–r Herr/Frau …,
>
> leider haben Sie auf unsere Zahlungserinnerung vom … nicht reagiert. Wir bitten Sie daher dringend, den fälligen Betrag bis zum … auf unser Konto zu überweisen.
>
> (Falls der Termin nicht eingehalten wird, sind wir gezwungen, Ihnen Verzugszinsen und Mahnkosten zu berechnen.)
>
> Mit freundlichen Grüßen

Stufe 3

In dieser Stufe muss dem Schuldner deutlich gemacht werden, dass nun ernste Konsequenzen drohen. So kann z. B. die Übergabe des Falles an einen Rechtsanwalt oder an ein Inkassounternehmen angekündigt werden, falls der nun zum letzten Mal eingeräumte Zahlungstermin nicht eingehalten wird. Ferner kann man dem Schuldner durch die Ankündigung des gerichtlichen Mahnverfahrens eine weitere Eskalationsstufe vor Augen führen. Es ist auch sinnvoll, darauf hinzuweisen, dass für den Kunden Kosten entstehen, wenn er die Zahlungsfrist verstreichen lässt.

Der Schuldner kann vom Gläubiger Verzugszinsen und Mahnkosten verlangen, und zwar ab dem Zeitpunkt des Zahlungsverzugs. Siehe dazu Kapitel 5, Seite 48

Formulierungsvorschlag für die dritte Mahnung

> **Letzte Mahnung**
> **Rechnung Nr. … vom …**
>
> Sehr geehrte/–r Herr/Frau …,
>
> obwohl wir Sie bereits am … und am … schriftlich gemahnt hatten, haben wir bisher von Ihnen keinen Zahlung erhalten.
>
> Wir bitte sie zum letzten Mal, den überfälligen Betrag bis zum … auf unser Konto zu überweisen.
>
> Sollten Sie auch diesen Termin verstreichen lassen, sehen wir uns gezwungen, den Fall unserem Rechtsanwalt zu übergeben, der gerichtlich gegen Sie vorgehen wird. Alle Kosten, die entstehen, gehen zu Ihren Lasten.
>
> Mit freundlichen Grüßen

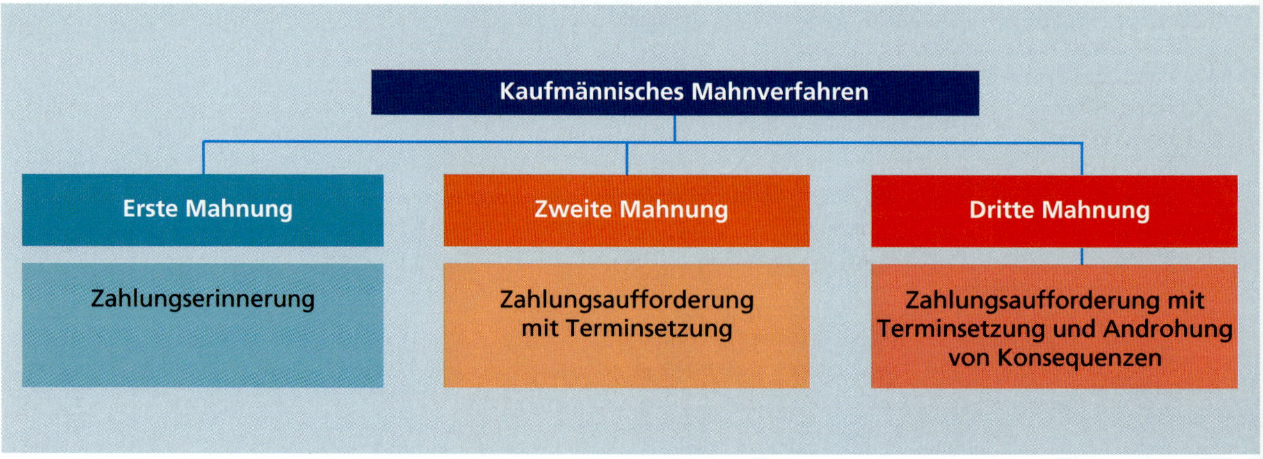

Fristen

Es ist jedem Unternehmen freigestellt, in welcher zeitlichen Abfolge die drei Mahnungen verschickt werden. Wichtig ist, dass der Kunde ein **konsequentes Handeln** erkennt. Das verlangt kurze **Fristen** in jeder Stufe. Möglich wäre z. B., jeweils eine Woche nach Fristablauf die nächste Mahnung zu verschicken. Man könnte aber auch die Fristen mit jeder Mahnstufe verkürzen, um die zunehmende Dringlichkeit und Ernsthaftigkeit der Zahlungsaufforderung deutlich zu machen.

4.3.3 Formale Anforderungen an Mahnschreiben

Mahnungen sind an keine Form gebunden. Sie sollten aber folgende Inhalte aufweisen:

- *Rechnungsdatum und Rechnungsnummer zur Identifizierung des Vorgangs durch den Kunden*
- *Forderungsbetrag*
- *Fälligkeitsdatum der Ursprungsforderung*
- *neue Zahlungsfrist*
- *deutliche Aufforderung an den Schuldner, die Forderung zu begleichen*
- *evtl. Androhen von Konsequenzen*

Mahnungen werden im Regelfall schriftlich verfasst. Eine bessere Wirkung lässt sich aber häufig durch ein persönliches Gespräch erreichen, z.B. per Telefon. Dann besteht Gelegenheit, über die Ursachen des Zahlungsverzugs zu sprechen und eventuell einen verlässlichen Zahlungstermin zu vereinbaren.

Textbausteine in *Word*

Das Verfassen von Mahnungen gehört zum Alltagsgeschäft eines kaufmännisch geführten Unternehmens. Es liegt daher nahe, die Textformulierung zu rationalisieren, indem für die jeweilige Mahnstufe Textbausteine erstellt werden, die mit aktuellen Daten (z.B. Rechnungsnummer, Betrag, Termin) ergänzt werden können. Das Textverarbeitungsprogramm *Microsoft Word* bietet dafür die sogenannte *AutoText-Funktion* an.

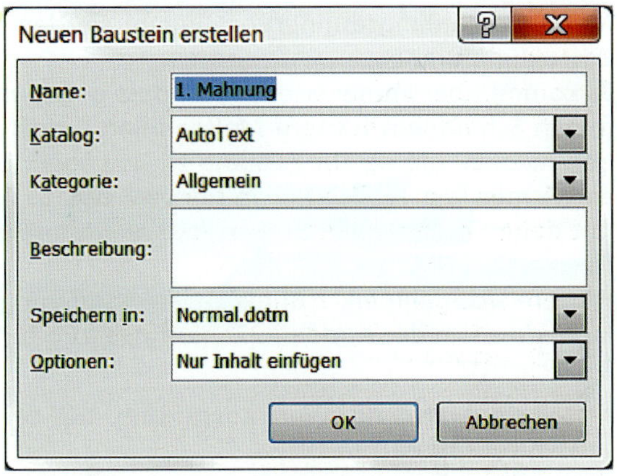

Ausführlichere Hinweise zu AutoText siehe Anhang

Ablauf

1. Textbaustein formulieren und markieren.
2. Im Register *Einfügen* in der Gruppe Text auf die Schaltfläche *Schnellbausteine* klicken.
3. Den Eintrag *AutoText* wählen und anschließend den Eintrag *Auswahl im AutoText-Katalog speichern* anklicken.
4. Es erscheint das nebenstehende Fenster.

Über *Einfügen – Schnellbausteine* lassen sich die Textbausteine an der *Cursor*-Position einfügen.

Zusammenfassung

Forderungsmanagement

Zahlungsüberwachung	Offene-Posten-Liste	Kaufmännisches Mahnverfahren	Mahnstufen	Fristen
▮ Einhaltung der Zahlungsfristen ▮ Überprüfung des Zahlungseingangs ▮ Forderungsmanagement	▮ Kontrolle der Außenstände ▮ Inhalt – Kundendaten – Rechnungsdaten – Zahlungsfrist – Fälligkeitsdatum – Fristüberschreitung – Mahnstufe	▮ Organisiert vom Gläubiger ▮ Für fällige Ansprüche ▮ Instrument: Mahnschreiben **Gerichtliches Mahnverfahren** ▮ Über das Amtsgericht ▮ Mahnbescheid	1. Zahlungserinnerung 2. Zahlungsaufforderung mit Terminsetzung 3. Zahlungsaufforderung mit erneuter Terminsetzung und Androhen von Konsequenzen	▮ Kurz ▮ Zeitnah ▮ Dringlichkeit sichtbar machen

5 Zahlungsverzug

➲ Lernsituation 5: Beim Zahlungsverzug eines Kunden angemessen reagieren

5.1 Forderungen eintreiben

Anstelle von Zahlungsverzug wird auch von „Nicht-Rechtzeitig-Zahlung" gesprochen.

Forderungsmanagement, siehe Kapitel 4, Seite 38

Gerade für kleine und mittlere Unternehmen – speziell im Bereich des Handwerks – kann es existenzbedrohend sein, wenn Rechnungen nicht pünktlich beglichen werden. Denn Außenstände belasten die Liquidität eines Unternehmens. Ein konsequentes Forderungsmanagement kann diese Gefahr verringern. In den meisten Fällen reagieren Kunden bereits positiv auf die erste Mahnung/Zahlungserinnerung, indem sie den fälligen Betrag überweisen.

Es kommt aber immer wieder vor, dass gegenüber säumigen Schuldnern härtere Maßnahmen ergriffen werden müssen, um sie zur Zahlung zu bewegen. Dann ist es wichtig, die rechtlichen Möglichkeiten zu kennen, mit denen „Druck" auf Kunden mit ausstehenden Zahlungen ausgeübt werden kann.
Härtere Maßnahmen, z. B. die Berechnung von Zinsen für den ausstehenden Betrag, haben aber zur Grundlage, dass sich der Kunde in Zahlungsverzug befindet.

→ **Zahlungsverzug:** Vertragsstörung, bei der der Zahlungspflichtige eine fällige Zahlung schuldhaft nicht leistet

5.2 Voraussetzungen beim Zahlungsverzug

Der Eintritt des Zahlungsverzugs ist an bestimmte Bedingungen geknüpft.

- **Verschulden:** Ein Verschulden liegt vor, wenn der Zahlungspflichtige fahrlässig oder vorsätzlich handelt. Fahrlässigkeit liegt z. B. vor, wenn er den Zahlungstermin vergisst. Unterlässt der Kunde die Begleichung einer Rechnung absichtlich, weil er nicht über die nötige Liquidität verfügt, liegt Vorsatz vor. Nur in Ausnahmefällen kann der Kunde mangelndes Verschulden geltend machen.

  Beispiel:
  Der Betrieb des Kunden wird bestreikt, sodass die kaufmännische Organisation des Unternehmens ausfällt.

  → **Verschulden:** Fahrlässiges oder vorsätzliches Handeln; fahrlässig handelt, wer die erforderliche Sorgfalt außer Acht lässt; vorsätzlich handelt, wer ein Ereignis (z. B. das Verstreichen eines Zahlungstermins) bewusst in Kauf nimmt.

- **Fälligkeit:** Die Fälligkeit einer Zahlung ergibt sich entweder aus Rechtsvorschriften oder aus den vertraglichen Vereinbarungen.

AGB, siehe Informationshandbuch des 1. Ausbildungsjahres.

Rechtsvorschriften	Nach § 271 BGB ist eine Zahlung unmittelbar nach der Leistungserbringung fällig, d. h. sofort mit der Entstehung des Anspruchs.
Vertrag	Häufig vereinbaren die Vertragspartner aber im Vertrag oder in den Allgemeinen Geschäftsbedingungen (AGB) eine Zahlungsfrist von beispielsweise 30 Tagen ab Rechnungsdatum oder ab Zugang der Rechnung.

Des Weiteren ist der Schuldner unter bestimmten Umständen zu mahnen, bevor der Zahlungsverzug wirksam wird. Es sind zwei Situationen zu unterscheiden.

- Der Zahlungsverzug tritt ohne Mahnung ein.
- Der Schuldner ist zunächst zu mahnen, bevor der Zahlungsverzug einsetzt.

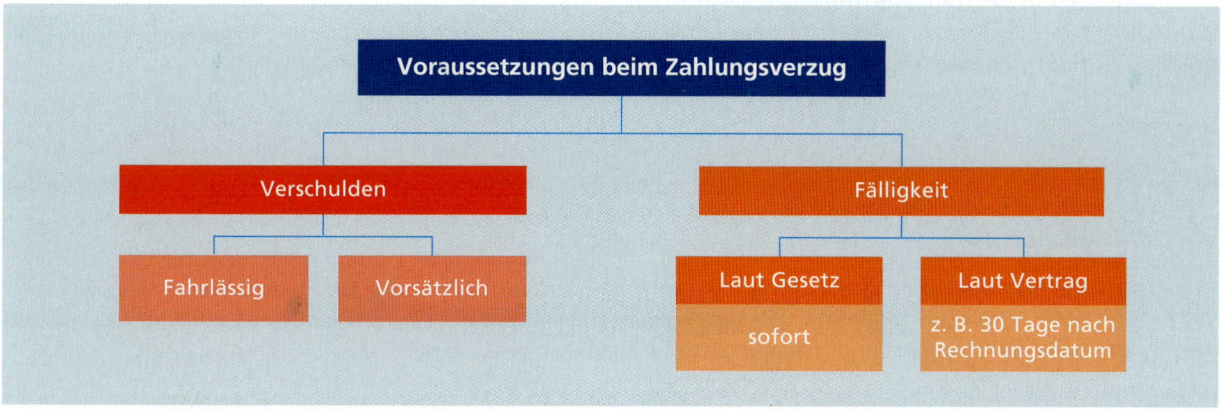

5.3 Zahlungsverzug durch Mahnung

Grundsätzlich verlangt das Bürgerliche Gesetzbuch für den Eintritt des Zahlungsverzugs eine Mahnung durch den Gläubiger.
Dies ist dann erforderlich, wenn der Zahlungstermin **kalendermäßig unbestimmt** ist.

> **BGB § 286 Verzug des Schuldners**
>
> (1) Leistet der Schuldner auf eine Mahnung des Gläubigers nicht, die nach dem Eintritt der Fälligkeit erfolgt, so kommt er durch die Mahnung in Verzug. (...)

Dies bedeutet, über den Zahlungstermin ist keine genaue Vereinbarung getroffen worden. Der Käufer ist in diesem Falle verpflichtet, unverzüglich nach der Leistungserbringung („sofort", siehe oben) zu zahlen. „Unverzüglich" bedeutet, dass dem Kunden eine angemessene Zeit eingeräumt werden muss, den Zahlungsvorgang durchzuführen, z. B. drei Tage. Danach ist die Zahlung **fällig**.
Kommt der Kunde seiner Zahlungsverpflichtung nicht nach, muss der Verkäufer den Käufer durch eine Mahnung in Verzug setzen. Mit dem Tag des **Zugangs** der Mahnung beim Kunden befindet sich der Schuldner in Zahlungsverzug.

Beispiel:
Die Elektro-Feldmann GmbH hat dem Gastronomieunternehmen Stefan Radloff e. K. am 5. März 20(0) eine Spülmaschine geliefert und verschiedene Reparaturarbeiten durchgeführt. Drei Tage später erhält der Kunde die Rechnung über 2.450,00 €. Aus Versehen enthält die Rechnung nicht die übliche Zahlungsfrist des Unternehmens. Auch zehn Tage nach der Reparatur (am 15. März) ist noch kein Zahlungseingang festzustellen, weil der Schuldner vergessen hat, die Rechnung zu begleichen.

Lösung
- *Die Elektro-Feldmann GmbH hat die Lieferung und die Reparaturleistung erbracht. Der Rechnungsbetrag ist unverzüglich zu begleichen. Die Zahlung ist daher fällig.*
- *Der Kunde hat fahrlässig gehandelt, weil er den Rechnungsausgleich vergessen hat. Es liegt also ein Verschulden vor.*
- *Damit der Kunde in Zahlungsverzug gerät, ist aber zunächst eine Mahnung durch die Elektro-Feldmann GmbH notwendig. Am 16. März verschickt die Elektro-Feldmann GmbH die Mahnung an den Kunden.*
- *Mit Zugang der Mahnung (am 17. März) befindet sich der Kunde in Zahlungsverzug.*

Eintritt des Zahlungsverzugs

Der Beginn des Zahlungsverzugs ist bedeutsam, weil von diesem Augenblick an Verzugszinsen und Mahnkosten berechnet werden dürfen; im Beispiel ab 17. März 20(0).

5.4 Zahlungsverzug ohne Mahnung

Der Kunde kann in bestimmten Fällen auch ohne Mahnung in Verzug kommen.

Zahlungstermin ist kalendermäßig bestimmt

Wurde der Zahlungstermin im Vertrag oder in den Allgemeinen Geschäftsbedingungen kalendermäßig festgelegt, befindet sich der Schuldner mit Ablauf des Fälligkeitstermins in Zahlungsverzug.

Beispiele:

- *„Die Rechnung ist zahlbar bis zum 15. März 20(0)."*
- *„... 14 Tage nach Rechnungsdatum."*
- *„... 12. Kalenderwoche."*

In der Praxis würde man auch in diesem Fall in der Regel das kaufmännische Mahnverfahren in Gang setzen. Wichtig ist aber zu wissen, ab wann sich der Kunde in Zahlungsverzug befindet, falls man im Verlauf des Mahnverfahrens Verzugszinsen und Mahnkosten berechnen will.

Zahlungstermin lässt sich aus vorangegangenem Ereignis kalendermäßig berechnen

Eine Mahnung ist auch dann für den Eintritt des Verzugs nicht erforderlich, wenn man den Zahlungstermin zwar nicht kalendermäßig fixiert hat, der Termin aber ausgerechnet werden kann.

Beispiel:

Die Vertragspartner haben im Kaufvertrag vereinbart (oder in den wirksamen AGB festgelegt), dass die Rechnung zehn Tage **nach Zugang der Rechnung** zu begleichen ist.
Eine am 8. März 20(0) ausgestellte und am gleichen Tag verschickte Rechnung trifft heute gewöhnlich am nächsten Tag beim Empfänger ein (9. März). Der Fälligkeitstermin für die Zahlung ist demnach der 19. März 20(0). Sicherheitshalber könnte man auch zwei Tage für die Zustellung der Rechnung berücksichtigen (10. bis 20. März). Zahlungsverzug tritt demnach mit Ablauf des 19. oder 20. März 20(0) automatisch ein.

Fristberechnung nach §§ 187, 188 BGB
Fristbeginn: Löst ein Ereignis im Laufe eines Tages den Fristbeginn aus (z.B. Zustellung eines Briefes im Verlauf des Tages) wird dieser Tag **nicht** mitgerechnet (im Beispiel der 9. März).
Fristende: Eine nach Tagen bestimmte Frist endet mit Ablauf des letzten Tages der Frist (im Beispiel der 19. März).
Berechnung:
Abgezählt: 10., 11., 12., 13., 14., 15., 16., 17., 18., 19. März = 10. Tag
Oder: 9. März + 10 Tage = 19. März

Weitere Formulierungsbeispiele

- *„Zahlbar zwei Wochen nach Lieferung."*
- *„Zahlbar 30 Tage nach Abruf der letzten Teillieferung."*

Die BGB-Regelung zur Fristberechnung ist auch wichtig für die Berechnung von Zinstagen, siehe Seite 279.

Auch hier ist zu beachten, dass dem Gläubiger eine angemessene Zeit für die technische Abwicklung des Zahlungsvorgangs zwischen dem Ereignis (z.B. Lieferung) und der Fälligkeit (z.B. 7 Tage nach Lieferung) eingeräumt werden muss.

Erfüllungsverweigerung

Erklärt der Schuldner, dass er nicht bereit oder in der Lage ist, den Rechnungsbetrag zu begleichen, ist ebenfalls keine Mahnung erforderlich, damit der Schuldner in Zahlungsverzug gerät.

BGB § 286 Verzug des Schuldners

(2) Einer Mahnung bedarf es nicht, wenn

(...)

3. der Schuldner die Leistung ernsthaft und endgültig verweigert (...).

Beispiele:

Ein Kunde hat eine Rechnung, der keine Zahlungsvereinbarung zugrunde lag, nach 30 Tagen noch nicht beglichen. Der Verkäufer ruft ihn daraufhin an, um den Sachverhalt zu klären. Im Verlauf des Gesprächs erklärt der Kunde, dass er nicht zahlen kann und auch nicht zahlen will.

Eine Mahnung ist auch nicht erforderlich, wenn der Schuldner eine sofortige Begleichung der Rechnung ankündigt, z.B. in einem Telefongespräch, dann aber doch nicht zahlt. Es liegt eine sogenannte **Selbstmahnung** vor.

30-Tage-Klausel

Ist kein kalendermäßig bestimmter Zahlungstermin vereinbart worden, tritt nach BGB der Zahlungsverzug automatisch 30 Tage nach Fälligkeit und Zugang der Rechnung ein.

> **BGB § 286 Verzug des Schuldners**
>
> (3) Der Schuldner einer Entgeltforderung kommt spätestens in Verzug, wenn er nicht innerhalb von 30 Tagen nach Fälligkeit und Zugang einer Rechnung (...) leistet (...).

Beispiel:
Betrachtet man noch einmal das Beispiel der Elektro-Feldmann GmbH (siehe oben) mit folgenden Daten:
- *Leistungserbringung am 5. März 20(0)*
- *Eingang der Rechnung beim Kunden am 8. März 20(0)*
- *Nach § 271 BGB ist eine Zahlung unmittelbar nach der Leistungserbringung fällig.*

Die Elektro-Feldmann GmbH hätte keine Mahnung schreiben müssen. 30 Tage nach Zugang der Rechnung wäre der Kunde automatisch in Zahlungsverzug.
Berechnung des Verzugsdatums: 8. März 20(0) + 30 Tage (genau durchgezählt ohne den 8. März, aber unter Berücksichtigung des 31. März) = 7. April 20(0).
Das heißt: Mit Ablauf des 7. April 20(0) ist der Kunde in Zahlungsverzug.

Die Elektro-Feldmann GmbH hat im ersten Beispiel durch eine Mahnung den Eintritt des Zahlungsverzugs lediglich verkürzt (auf den 17. März 20(0)).

Siehe Seite 45.

Verbraucherprivileg

Ist der Schuldner ein Verbraucher, gilt die 30-Tage-Regelung nur, wenn der Gläubiger in der Rechnung ausdrücklich darauf hingewiesen hat, dass Zahlungsverzug 30 Tage nach Fälligkeit und Zugang der Rechnung automatisch eintritt.

Verbraucher ist eine natürliche Person, die einen Kaufvertrag für private Zwecke (und nicht etwa für gewerbliche Zwecke) abschließt.

Beispiel: Formulierung in einer Rechnung an einen Verbraucher

30 Tage nach Zugang dieser Rechnung kommt ein Schuldner nach § 286 BGB automatisch in Zahlungsverzug.	
Inhaber Gerrit Hansen	**Bankverbindungen** **Hamburger Sparkasse IBAN: DE07 2005 0550 1120 2399 08 BIC: HASPDEHHXXX** **Postbank Hamburg IBAN: DE61 2001 0020 0064 0697 54 BIC: PBNKDEFFXXX**

Im Regelfall werden aber auch mit Verbrauchern Zahlungsfristen vereinbart, z. B. „Die Rechnung ist zahlbar innerhalb von 14 Tagen nach Rechnungsdatum." Dann ist der Fälligkeitstag der Rechnung eindeutig zu berechnen. Der Verbraucher ist mit Ablauf der Zahlungsfrist in Zahlungsverzug, ohne dass eine Mahnung notwendig wäre.

Wirksamwerden von Zahlungsvereinbarungen

Formulierungen zu Zahlungszielen dürfen nicht erstmals auf der Rechnung erscheinen, weil dann eine einseitige Festlegung eines Zahlungsziels vorliegt. Zahlungsziele müssen vielmehr im Vertrag zwischen Käufer und Verkäufer vereinbart oder in den AGB des Verkäufers, die wirksamer Bestandteil des Vertrages geworden sind, erwähnt sein. Dann liegt eine rechtswirksame Vereinbarung zwischen Verkäufer und Käufer vor.

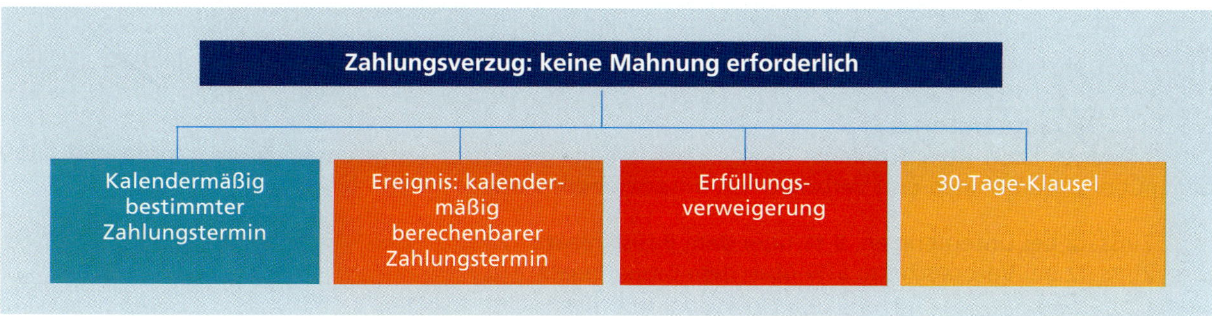

5.5 Begrenzung von Zahlungsfristen

Immer wieder kommt es vor, dass gesunde Unternehmen (vorzugsweise von kleiner und mittlerer Größe) in ihrer Zahlungsfähigkeit gefährdet werden, weil ihre Kunden die Rechnungen nur verspätet begleichen. Der Gesetzgeber hat daher Regeln erlassen, die Unternehmen bei der Vereinbarung von Zahlungsfristen beschränken.

Die Regeln befinden sich im „Gesetz zur Bekämpfung des Zahlungsverzuges im Geschäftsverkehr".

- Zahlungsfristen in Verträgen mit **Unternehmen** dürfen nur noch höchstens **60 Tage** betragen, beginnend nach Erbringung der Leistung oder nach Zugang der Rechnung. Durch individuelle Vereinbarung kann diese Frist nur dann verlängert werden, wenn dadurch der Vertragspartner nicht grob benachteiligt wird. Die ausdrückliche und individuelle Vereinbarung einer längeren Zahlungsfrist ist schwierig, weil die Interessen des Vertragspartners zu berücksichtigen sind. Daher ist davon auszugehen, dass die 60-Tage-Regelung in der Praxis nur selten überschritten wird.
- Diese Regelung gilt nicht für Verträge mit Verbrauchern.
- Verträge von Unternehmen mit **öffentlichen Auftraggebern** (z.B. Stadtverwaltungen, Landes- und Bundesbehörden) dürfen nur noch Zahlungsfristen von maximal **30 Tagen** enthalten. Eine Verlängerung bis höchstens 60 Tage ist möglich, sofern diese ausdrücklich vereinbart wird und eine besondere sachliche Rechtfertigung vorliegt.
- In **Allgemeinen Geschäftsbedingungen** darf nur noch eine Zahlungsfrist von maximal **30 Tagen** aufgenommen werden.

5.6 Rechte des Gläubigers

Ist ein Zahlungsschuldner in **Zahlungsverzug**, hat der Gläubiger Anspruch auf Schadenersatz.

Wann befindet sich der Kunde in Zahlungsverzug?

- Wenn der Zahlungstermin kalendermäßig nicht bestimmt ist: nach Zugang der Mahnung, spätestens nach Ablauf von 30 Tagen ab Fälligkeit und Zugang der Rechnung oder einer Erfüllungsverweigerung des Schuldners.
- Ist der Zahlungstermin kalendermäßig formuliert oder berechenbar: mit Ablauf des Zahlungstermins.

Welchen Schadenersatz kann er verlangen?
Der Gläubiger kann gegenüber dem Schuldner **ab dem Zeitpunkt des Zahlungsverzugs** folgende Ansprüche geltend machen:

- Verzugszinsen für den verspätet oder nicht erhaltenen Rechnungsbetrag,
- Kosten, die dem Gläubiger durch den Zahlungsverzug entstanden sind (Verzugsschaden).

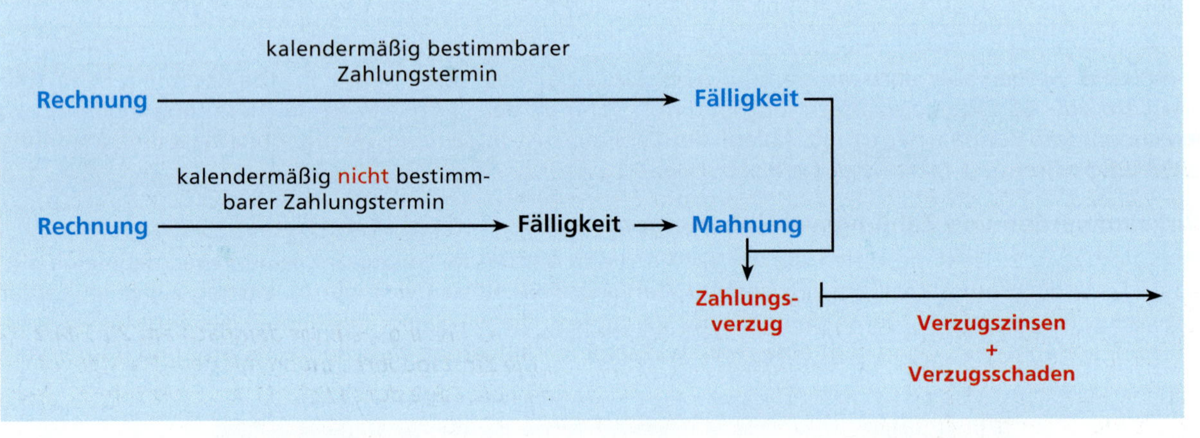

5.6.1 Verzugszinsen

Der Gläubiger kann dem Schuldner Zinsen nach einem gesetzlich festgelegten Zinssatz berechnen, der gegenüber Unternehmen und Verbrauchern unterschiedlich ist.

→ Zinssatz bei Unternehmen: **9 %** über dem Basiszinssatz
Zinssatz bei Verbrauchern: **5 %** über dem Basiszinssatz

Der **Basiszinssatz** wird von der **Bundesbank** aufgrund von § 247 BGB halbjährlich nach einem bestimmten Verfahren berechnet und veröffentlicht. Aktuell beträgt der Basiszinssatz −0,83 %. Aufgrund des insgesamt niedrigen Zinsniveaus liegt der Zinssatz seit einigen Jahren im Minusbereich.
Aufgrund des Basiszinssatzes lässt sich der Zinssatz, der für die Berechnung der Verzugszinsen anzuwenden ist, berechnen.

Beispiel:
Zinssatz bei Unternehmen: –0,83 % Basiszinssatz + 9 % = 8,17 %
Zinssatz bei Verbrauchern: –0,83 % Basiszinssatz + 5 % = 4,17 %

Verzugszinsberechnung

Verzugszinsen werden mithilfe der Zinsrechnung berechnet. Dabei sind folgende Größen zu bestimmen:

Ausführliche Darstellung der Zinsrechnung: siehe Anhang des Informationshandbuchs, Seite 278

Zinsrechnung		
Kapital	K	Als Kapital ist der Rechnungsbetrag anzuwenden.
Zinssatz	p	Er ergibt sich aus der gesetzlichen Vorgabe (z. B. 9 %) + Basiszinssatz der Bundesbank.
Zinsen	Z	Sie können über eine Dreisatzrechnung oder eine Zinsformel berechnet werden.
Zeit	t	Der Zinssatz bezieht sich auf ein Jahr. Die Zinsen sind daher auf die Zeit zu beziehen, die seit Eintritt des Zahlungsverzugs verstrichen ist.

Beispiel:
Die Elektro-Feldmann GmbH (siehe oben) hat dem Gastronomieunternehmen Stefan Radloff e. K. am 5. März 20(0) eine Spülmaschine geliefert und verschiedene Reparaturarbeiten durchgeführt. Die Rechnung über 2.450,00 € ist am 9. März 20(0) beim Kunden eingetroffen. Durch den Kundenauftrag und die Auftragsbestätigung wurde vereinbart, dass die Rechnung zehn Tage nach Zugang der Rechnung zu begleichen ist.
Der Kunde lässt jedoch den Zahlungstermin 19. März 20(0), die erste Mahnung vom 26. März 20(0) und auch die zweite Mahnung vom 2. April 20(0) verstreichen. In der dritten Mahnung vom 8. April 20(0) werden dem Kunden u. a. Verzugszinsen für die Zeit vom Eintritt des Verzugs bis zum 8. April 20(0) in Rechnung gestellt. Da der Zahlungstermin kalendermäßig bestimmt ist, tritt der Zahlungsverzug mit Ablauf des Zahlungstermins am 19. März 20(0) ein, ohne dass eine Mahnung erforderlich ist. Der Verzinsungszeitraum beginnt daher am 19. März und endet am 8. April 20(0).

Berechnung der Zinstage (Zeit = t)

- Bei der Berechnung der Zeit wird in der kaufmännischen Zinsrechnung das **Jahr** mit **360 Tagen** und der **Monat** mit **30 Tagen** gleichgesetzt.
- Bei der Berechnung des Zinszeitraumes wird der erste Tag der Laufzeit nicht mitgezählt, wohl aber der letzte Tag. Das ergibt sich aus der Fristberechnung nach §§ 187, 188 BGB (siehe Seite 46).

1 Jahr = 360 Tage
1 Monat = 30 Tage

→ Der erste Tag **zählt** nicht, der letzte Tag zählt **mit**.

Beispiel (Fortsetzung):
Zinszeitraum vom 19. März 20(0) bis 8. April 20(0)

Berechnung der Zinstage:	*vom 19. März bis 30. März*	*11 Tage*
	vom 30. März bis 8. April	*+ 8 Tage*
		19 Tage

Erläuterungen zur Zinstageberechnung

Zahlungsverzug liegt mit Ablauf des 19. März 20(0) vor. Die Verzinsung beginnt demnach am 20. März. Da der 19. März (= 1. Tag) nicht mitgezählt wird, ist es richtig, die Zinstageberechnung mit dem 19. März beginnen zu lassen (30. März minus 19. März = 11 Tage). Zählt man die Tage durch (20., 21. usw. bis zum 30. März) erhält man ebenfalls 11 Tage.
Der Monat März hat zwar 31 Tage, in der Zinsrechnung wird der Monat aber mit 30 Tage angesetzt.
Der 30. März taucht in der Berechnung doppelt auf. Da der 1. Tag aber nicht mitgezählt wird, ergeben sich in der zweiten Zeile der Berechnung 8 Tage.
Für die Zinsberechnung liegen nun alle Größen vor:

Zinsrechnung		
Kapital	K	2.450,00 €
Zinssatz	p	Der Kunde ist Unternehmer, daher gilt der Zinssatz von 8,17 %.
Zinsen	Z	Berechnung siehe unten
Zeit	t	19. März bis 8. April 20(0) = 19 Zinstage

Die Verzugszinsen können nun z. B. mit der Dreisatzrechnung ermittelt werden.

100,00 €	*Kapital in*	*360 Tagen*	*8,17*	*€ Zinsen*
2.450,00 €	*Kapital in*	*19 Tagen*	*x*	*€ Zinsen*

$$X = \frac{8{,}17\ € \cdot 2.450{,}00\ € \cdot 19}{100 \cdot 360} = \mathbf{10{,}56\ €}$$

Die Berechnung der Zinsen ist aber auch durch logische Ableitung möglich:

2.450,00 €	Ein Kapital von 2.450,00 € ist zu verzinsen.
$\frac{2.450{,}00\ €}{100}$	Teilt man 2.450,00 € durch 100, so erhält man 1 % Zinsen (24,50 €).
8,17 % · 24,50 €	Der Zinssatz beträgt aber 8,17 %, sodass das Zwischenergebnis mit 8,17 zu multiplizieren ist (200,17 €).
$\frac{2.450{,}00\ € \cdot 8{,}17}{100 \cdot 360}$	Der Zinssatz von 8,17 % gilt für einen Zinszeitraum von 360 Tagen. Teilt man den Zwischenwert durch 360, erhält man die Zinsen für 1 Tag (0,56 €).
$\frac{2.450{,}00\ € \cdot 8{,}17 \cdot 19}{100 \cdot 360} = \mathbf{10{,}56\ €}$	Tatsächlich beträgt der Verzinsungszeitraum 19 Tage. Der Zwischenwert muss daher mit 19 multipliziert werden.

Die Elektro-Feldmann GmbH kann ihrem Kunden daher Verzugszinsen in Höhe von 10,56 € in Rechnung stellen.

Tageszinsformel

$$\textbf{Tageszinsen} = \frac{\text{Kapital} \cdot \text{Zinssatz} \cdot \text{Laufzeit in Tagen}}{100 \cdot 360} = \frac{K \cdot p \cdot t}{100 \cdot 360}$$

Umstellung der Zinsrechnungsformel

Durch Umstellung der Zinsrechnungsformel kann nach allen Größen in der Zinsformel gefragt werden:

Gesuchte Größe	Kapital	Tage	Zinssatz
Formel	$K = \frac{Z \cdot 100 \cdot 360}{p \cdot t}$	$t = \frac{Z \cdot 100 \cdot 360}{p \cdot K}$	$p = \frac{Z \cdot 100 \cdot 360}{K \cdot t}$

Wenn ein höherer nachweisbarer Schaden vorliegt, z. B. eigene, höhere Kreditzinsen für die Überziehung des Kontokorrentkontos, kann dieser höhere Zinssatz gefordert werden. Vertraglich kann man von vornherein einen höheren Zinssatz vereinbaren.

5.6.2 Verzugsschaden

Mit Eintritt des Verzugs stehen dem Gläubiger nicht nur Verzugszinsen zu. Er kann dem Schuldner auch weitere Kosten in Rechnung stellen.

- Der Gläubiger kann dem Schuldner eine **Verzugspauschale** in Höhe von **40,00 €** berechnen, unabhängig davon, welche tatsächlichen Mahnkosten angefallen sind. Diese Pauschale kann aber nur gegenüber Unternehmen geltend gemacht werden, nicht gegenüber Verbrauchern.
- Entstehen durch den Verzug Kosten, die den Pauschalbetrag übersteigen, z. B. Telefon-, Porto- und Papierkosten, vor allem aber Kosten für die Einschaltung eines **Rechtsanwalts** oder eines **Inkassounternehmens**, können die höheren Kosten (abzüglich Verzugspauschale) zusätzlich geltend gemacht werden. Es ist aber zu beachten, dass nur Kosten nach Eintritt des Verzugs berechnet werden können. Kommt der Schuldner erst durch eine Mahnung in Zahlungsverzug (kalendermäßig nicht bestimmter Zahlungstermin), können die Kosten dieser Erstmahnung nicht berechnet werden. Der Zeitaufwand für die Erstellung der Mahnungen kann ebenfalls nicht geltend gemacht werden.

Beispiel:
Die Elektro-Feldmann GmbH könnte dem Gastronomieunternehmen Stefan Radloff e. K. folgende Rechnung aufmachen:

Rechnungsbetrag	2.450,00 €
Verzugszinsen vom 19. März bis zum 8. April 20(0), 8,17 % Zinsen für 19 Tage	10,56 €
Verzugspauschale	40,00 €
Fälliger Gesamtbetrag	**2.500,56 €**

Kundenorientierung

In diesem Kapitel sind vorzugsweise die rechtlichen Aspekte des Zahlungsverzugs dargestellt worden. Sie machen auch deutlich, welche Ansprüche der Gläubiger beim Zahlungsverzug gegen seinen Schuldner geltend machen kann.
Bei allen Schritten, die ein Gläubiger unternimmt, um den Schuldner zur Zahlung zu bewegen, sollte aber nicht außer Acht gelassen werden, den Kunden auf Dauer halten zu können, obwohl die Eintreibung von Forderungen sicherlich eine schwere Störung in der Kundenbeziehung auslösen kann. Hilfreich ist es dabei, nicht aus den Augen zu verlieren, wie man dem Kunden entgegenkommen kann, damit es ihm möglich wird, seine Zahlungsverpflichtungen zu erfüllen.

Zusammenfassung

Zahlungsverzug

Voraussetzungen	Eintritt Verzug	begrenzte Zahlungsfristen	Gläubigerrechte
▪ Verschulden – fahrlässig – vorsätzlich ▪ Fälligkeit – lt. Gesetz (sofort) – lt. Vertrag	▪ Durch Mahnung (kalendermäßig unbestimmter Termin) ▪ Ohne Mahnung – kalendermäßig bestimmter Termin – berechenbarer Termin – Erfüllungsverweigerung – 30-Tage-Klausel – Verbraucherprivileg	▪ Unternehmen: maximal 60 Tage (gilt nicht für Verträge mit Verbrauchern) ▪ Öffentliche Auftraggeber: maximal 30 Tage ▪ Durch individuelle Vereinbarungen begrenzt veränderbar	▪ Beginn: Zahlungsverzug ▪ Verzugszinsen – Zinssatz: 9 bzw. 5 % über Basiszinssatz ▪ Basiszinssatz der Bundesbank ▪ Verzugsschaden – Verzugspauschale 40,00 € – Kosten der Mahnung – Kosten für Rechtsanwalt oder Inkassounternehmen

6 Das gerichtliche Mahnverfahren

➲ **Lernsituation 6: Das gerichtliche Mahnverfahren einleiten**

Der Gläubiger kann den Schuldner auch jederzeit vor Gericht verklagen. Diese Möglichkeit wird hier aber nicht weiter betrachtet.

Das gerichtliche Mahnverfahren ist nur für Geldforderungen geeignet.

6.1 Grundidee

Führt das kaufmännische Mahnverfahren nicht zum Erfolg, hat der Gläubiger die Möglichkeit, das **gerichtliche Mahnverfahren** einzuleiten. Dabei wird über ein spezielles Mahngericht, das zentral für einen größeren Bereich zuständig ist, ein **Mahnbescheid** erstellt und dem Schuldner übersandt. Ziel des Verfahrens ist es, vom zentralen Mahngericht einen sogenannten **vollstreckbaren Titel** zu bekommen, mit dem bei säumigen Kunden der Zahlungsbetrag zwangsweise eingezogen werden kann.

Wenn die Forderung vom Schuldner nicht bestritten wird und der Schuldner im Verlauf des Verfahrens auch keinen Widerspruch einlegt, ist das gerichtliche Mahnverfahren ein schneller und kostengünstiger Weg, den Schuldner zur Zahlung der offenen Forderung zu bewegen.
Ist zu erwarten, dass der Schuldner die Rechtmäßigkeit einer Forderung bestreitet, wählt man besser sofort den Klageweg mit einem normalen Gerichtsprozess.

> **Gerichtliches Mahnverfahren:** Gerichtsverfahren, mit dem Geldforderungen auf einfache Weise durchgesetzt werden können

6.2 Antragstellung

Die Mahngerichte bieten im Wesentlichen drei Möglichkeiten, einen Mahnbescheid zu beantragen:

1. **Ausfüllen eines speziellen Antragformulars**
   Das Formular ist z. B. im Schreibwarenhandel erhältlich und kann vom Antragsteller mit einer traditionellen Schreibmaschine ausgefüllt werden.

Antragsformular (Ausschnitt)

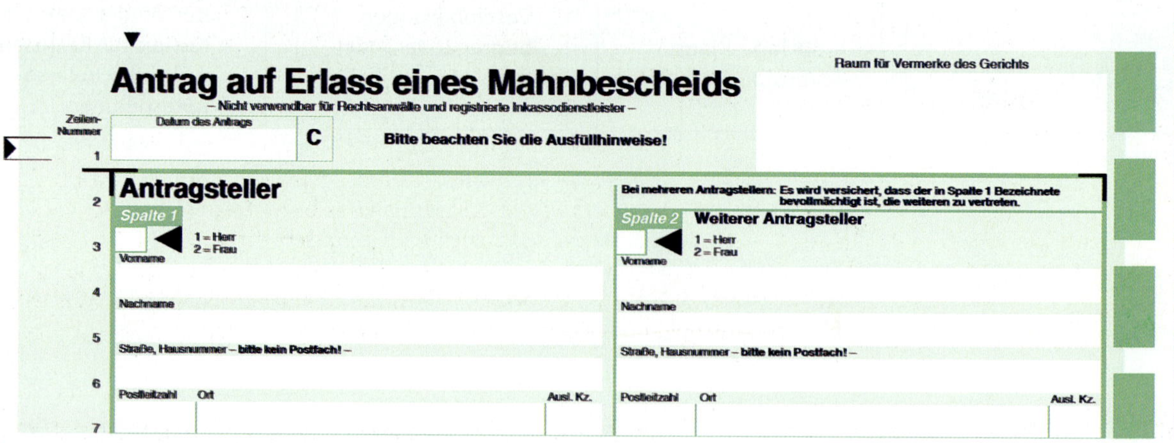

Antrag auf Erlass eines Mahnbescheids
– Nicht verwendbar für Rechtsanwälte und registrierte Inkassodienstleister –

Raum für Vermerke des Gerichts

Zeilen-Nummer 1 — Datum des Antrags — C — **Bitte beachten Sie die Ausfüllhinweise!**

2 **Antragsteller** — Bei mehreren Antragstellern: Es wird versichert, dass der in Spalte 1 Bezeichnete bevollmächtigt ist, die weiteren zu vertreten.

Spalte 1 — Spalte 2 **Weiterer Antragsteller**

3 1 = Herr, 2 = Frau — Vorname | 1 = Herr, 2 = Frau — Vorname

4 Nachname | Nachname

5 Straße, Hausnummer – bitte kein Postfach! – | Straße, Hausnummer – bitte kein Postfach! –

6 Postleitzahl, Ort, Ausl. Kz. | Postleitzahl, Ort, Ausl. Kz.

7

2. **Druck auf Papier (Barcode)**
   Nutzung des Online-Portals der Mahngerichte, wobei das Programm wie eine Ausfüllhilfe verwendet wird. Nachdem alle notwendigen Angaben gemacht worden sind, erstellt man eine gedruckte Fassung des Mahnantrages, unterschreibt ihn und schickt ihn per Post zum zuständigen Mahngericht. Die Angaben werden vom Programm vorher in Form eines Barcodes codiert und ebenfalls ausgedruckt.
3. **Versand per Internet**
   Das ist die ausschließlich elektronische Version bei der Nutzung des Online-Portals. Die Daten werden per Internet an das Mahngericht geschickt. Man spricht vom Elektronischen Gerichts- und Verwaltungspostfach (**EGVP**). Für die Identifizierung des Antragstellers sind eine Signaturkarte und ein Kartenlesegerät erforderlich.

6.3 Ablauf des Verfahrens

Im Idealfall, wenn der Schuldner keinen Widerspruch einlegt, hat das gerichtliche Mahnverfahren folgenden Verlauf:

Wahl des zuständigen Gerichts	Zuständig ist das zentrale Mahngericht des Bundeslandes, in dem der Antragsteller (Gläubiger) seinen Sitz hat. Für die Gerrit Hansen e. K. mit Sitz im Hamburg ist das Amtsgericht Hamburg – Gemeinsames Mahngericht der Länder Hamburg und Mecklenburg-Vorpommern – zuständig. Man kann beim zuständigen Mahngericht auch eine Kennziffer beantragen, die beim Gericht hinterlegt wird, sodass grundlegende Daten nicht mehr eingegeben werden müssen.
↓	
Mahnantrag (Antrag auf Erlass eines Mahnbescheids)	Der Gläubiger besorgt sich ein offizielles Formular oder er verwendet ein **Online-Formular** auf der Webseite des Mahngerichts, das er zum Schluss ausdruckt, handschriftlich unterzeichnet und zum Mahngericht schickt. Im Antrag wird der Forderungsbetrag (zuzüglich Mahn- und Gerichtskosten) benannt. Die Forderung ist aber nicht zu begründen. Die Gerichtskosten des Mahnverfahrens muss der Gläubiger vorausbezahlen.
↓	
Mahnbescheid	Nach formaler Prüfung des Mahnantrags übersendet das Gericht dem Schuldner einen Mahnbescheid per Postzustellungsurkunde. Gleichzeitig erhält der Gläubiger eine Rechnung über die Gerichtskosten. Der Gläubiger wird auch über die Zustellung des Mahnbescheids informiert und bekommt per Post einen „Antrag auf Erlass eines Vollstreckungsbescheids".
↓	
Vollstreckungsbescheid	Widerspricht der Schuldner dem Mahnbescheid nicht innerhalb von 14 Tagen, erlässt das Gericht einen Vollstreckungsbescheid, nachdem dieser vom Gläubiger beantragt worden ist. Der Gläubiger wartet gewöhnlich die Widerspruchsfrist ab und stellt dann den Antrag.
↓	
Zustellung des Vollstreckungsbescheids	Das Gericht übersendet dem Schuldner den Vollstreckungsbescheid; der Gläubiger erhält eine Kopie. An dieser Stelle hat der Schuldner erneut eine Widerspruchsmöglichkeit (zwei Wochen nach Zustellung).
↓	
Zwangsvollstreckung	Zahlt der Schuldner aufgrund des Vollstreckungsbescheids nicht, kann der Gläubiger den zuständigen Gerichtsvollzieher beauftragen, den Forderungsbetrag zwangsweise einzuziehen. Das geschieht, indem z. B. bewegliches Vermögen wie Geld, Fahrzeuge oder Warenlager gepfändet wird. Auch Grundstücke, Häuser oder Wohnungen kann der Gerichtsvollzieher für den Ausgleich der Forderung des Gläubigers heranziehen.

Falls der Schuldner dem Mahnbescheid oder dem Vollstreckungsbescheid **widersprochen** hat, wird das Verfahren an das zuständige Prozessgericht weitergeleitet. Aus dem Mahnverfahren wird ein normales Zivilprozessverfahren, bei dem die Rechtmäßigkeit der Forderung geprüft wird. In diesem Fall ist es ratsam, einen Rechtsanwalt hinzuzuziehen. Der Gläubiger kann das gerichtliche Mahnverfahren auch von vornherein einem Rechtsanwalt oder einem Inkassounternehmen übertragen.

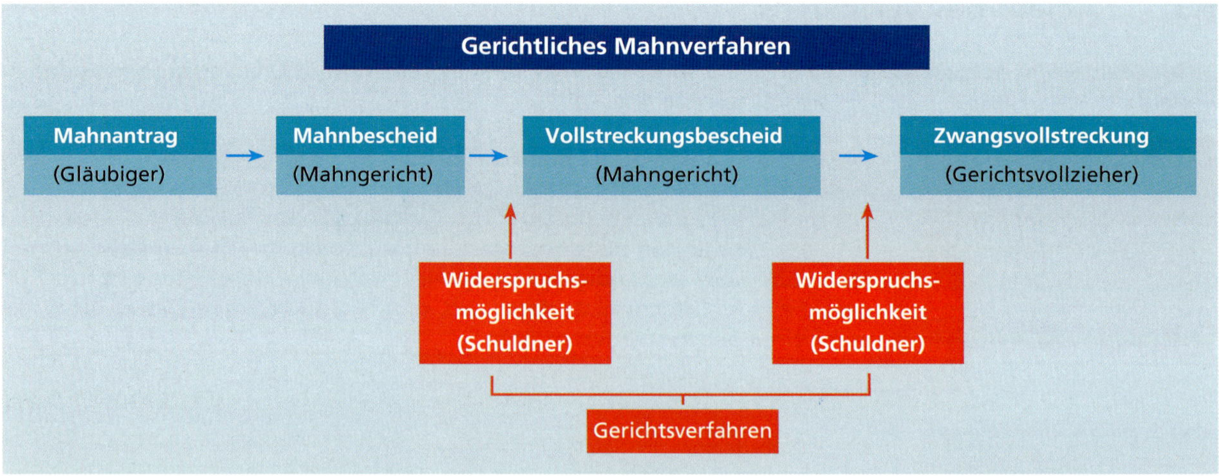

Schuldner im europäischen Ausland können über das **europäische Mahnverfahren** herangezogen werden. Es ist mit dem deutschen Mahnverfahren vergleichbar. Zuständig ist das Amtsgericht Wedding.

www.online-mahnantrag.de

6.4 Online-Mahnantrag

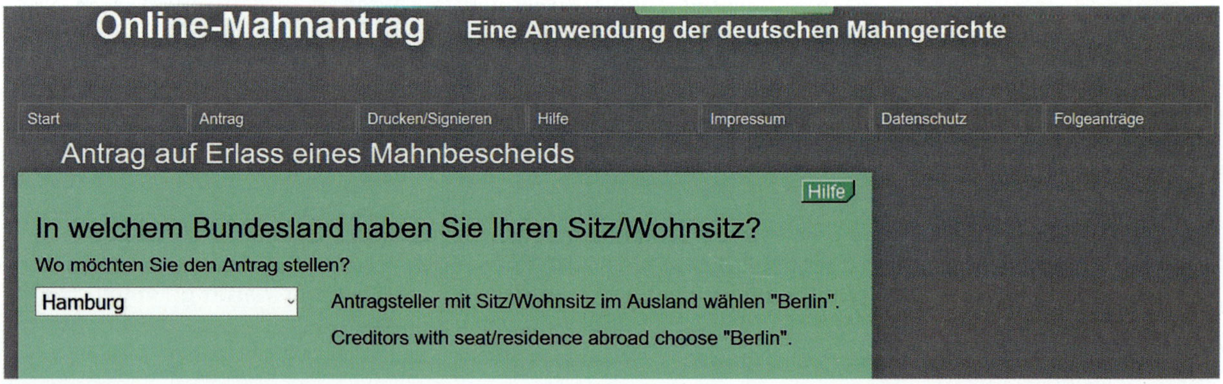

Nutzt man die Webseite des Mahngerichts, um den Antrag auf Mahnbescheid online auszufüllen, sind folgende Schritte zu beachten:

1. Klären, ob der Gläubiger den Antrag stellt oder ein Prozessbevollmächtigter (z. B. ein Rechtsanwalt oder ein Inkasso-Unternehmen)
2. Daten des Antragstellers (Gläubiger) eingeben
3. Daten des Antraggegners (Schuldner) erfassen
4. Die Hauptforderung und Zinsen nach Höhe und Art festlegen
5. Auslagen (z. B. Verzugspauschale, falls der Schuldner ein Unternehmen ist, Porto, Kosten für Auskünfte über den Schuldner) und Zinsen für den Schuldbetrag bestimmen
6. Allgemeine Angaben (z. B. zuständiges Gericht für eine Klage, Unterschrift, Datum)
7. Überprüfung der Antragsdaten (interne Überprüfung durch das Programm auf Vollständigkeit und Stimmigkeit); gleichzeitig werden die Daten in Form eines Barcodes verschlüsselt.
8. Ausdruck des Antrags, Unterschrift und Versand an das zentrale Mahngericht

In den Schritten 1 bis 6 werden die Antragsdaten erfasst. Die Schritte 7 und 8 dienen der Plausibilitätsprüfung und dem Ausdruck des Antrages.
Darüber hinaus sind noch verschiedene Zwischenschritte notwendig, die aber selbsterklärend sind, z. B. wird die Frage gestellt, wie man den Antrag versenden möchte, nämlich als Papierausdruck oder elektronisch über das Internet.

6.5 Kosten des Verfahrens

Die Inanspruchnahme des Mahngerichts ist nicht kostenlos. Das Gericht berechnet für die sogenannte Hauptforderung Gerichtskosten. Die Hauptforderung ist z. B. der Rechnungsbetrag oder eine ausstehende Mietzahlung. Die Höhe der Gerichtskosten steigt mit der Höhe der Hauptforderung (siehe nebenstehende Tabelle).

Forderungssumme bis ... €	Gerichtskosten in €
1.000,00	32,00
1.500,00	35,50
2.000,00	44,50
usw.	

Das Mahngericht berechnet die Kosten automatisch und rechnet sie der Hauptforderung hinzu, sodass letztlich der Schuldner die Kosten trägt.
Auch die **Mahnkosten** (im Mahnantrag „Auslagen" genannt), z. B. Verzugszinsen oder die Verzugspauschale (sofern der Schuldner ein Unternehmer ist), trägt der Schuldner. Das Mahngericht berechnet außerdem Zinsen für die Hauptforderung ab Zustellung des Mahnbescheids.

Zusammenfassung

Gerichtliches Mahnverfahren

Grundidee	Ablauf	Online-Mahnantrag	Kosten
▪ Einschaltung eines Gerichts ▪ Mahnbescheid ▪ Vollstreckungsbescheid ▪ Zwangsweiser Einzug der Forderung	▪ Wahl des Gerichts ▪ Mahnantrag ▪ Mahnbescheid ▪ Vollstreckungsbescheid ▪ Zustellung des Vollstreckungsbescheids ▪ Zwangsvollstreckung ▪ Widerspruch: → Überführung des Mahnverfahrens in ein Gerichtsverfahren	▪ Antragsteller? ▪ Daten Antragsteller ▪ Daten Schuldner ▪ Forderungshöhe ▪ Auslagen ▪ Allgemeine Angaben ▪ Plausibilitätsprüfung ▪ Ausdruck, Unterschrift, Versand	▪ Gerichtkosten, gestaffelt nach der Forderungssumme ▪ Automatisch vom Mahngericht eingerechnet ▪ Schuldner trägt die Kosten

7 Verjährung von Forderungen

➲ **Lernsituation 7: Die Verjährung von Forderungen verhindern**

Einem Schuldner kann nicht zugemutet werden, seine Unterlagen, z. B. Rechnungen oder Bankauszüge, für unbegrenzte Zeit aufzubewahren. Nach mehreren Jahren ist es oft schwierig, eine bestimmte Rechtslage noch eindeutig nachzuweisen.

> **BGB § 214 Wirkung der Verjährung**
>
> (1) Nach Eintritt der Verjährung ist der Schuldner berechtigt, die Leistung zu verweigern.

Ein Schuldner soll auch davor geschützt werden, dass er nach Jahren (oder sogar nach Jahrzehnten) mit einer Forderung konfrontiert wird, die er längst vergessen hat.
Deshalb hat der Gesetzgeber verschiedene **Verjährungsfristen** festgelegt. Das bedeutet, dass der **Schuldner** es ablehnen kann, nach Ablauf dieser Verjährungsfrist eine Schuld zu begleichen. Der Gläubiger kann sie dann auch nicht mehr gerichtlich einklagen. Der **Anspruch** des Gläubigers gegenüber dem Schuldner bleibt zwar bestehen, der Schuldner kann aber das Recht auf **Einrede der Verjährung** geltend machen, d. h., er kann die Leistung verweigern.
Zahlt ein Schuldner trotz bestehender Verjährung, macht er also von der Einrede der Verjährung keinen Gebrauch, kann er das Geld nicht mehr zurückfordern, weil der Gläubiger weiterhin einen Anspruch gegenüber dem Schuldner hat.

> → **Verjährung:** Recht des Schuldners, nach Ablauf einer bestimmten Frist die Begleichung einer bestehenden Schuld abzulehnen. Zwar bleibt der Anspruch des Gläubigers bestehen, er kann ihn aber nicht mehr durchsetzen

7.1 Verjährungsfristen

Schadenersatzansprüche, die auf der Verletzung von Leben, Gesundheit u. Ä. beruhen, verjähren nach 30 Jahren.

Ansprüche aus einem Arbeitsverhältnis unterliegen der Regelverjährung.

Im Bürgerlichen Gesetzbuch sind verschiedene **Verjährungsfristen** und der jeweilige Beginn der Fristen festgelegt:

Art	Anwendung	Dauer	Beginn
Regelmäßige Verjährungsfrist (Regelverjährung)	Sie gilt grundsätzlich für alle Ansprüche, sofern keine Ausnahmen bestehen (siehe nachfolgend). Wichtiges Beispiel: Zahlungsanspruch aus einem Kaufvertrag	3 Jahre	Am **Ende des Jahres**, in dem der Anspruch entstand (fällig wurde) (Begründung für die Jahresendbefristung: Die Fristen lassen sich dadurch besser überwachen.)
Sachmangelhaftung und Haftung aus Werkverträgen (Gewährleistung)	Mängelansprüche aus dem Kauf beweglicher Güter (Kaufverträge) oder aufgrund von Werkverträgen (z. B. Reparaturen)	2 Jahre	Mit der **Entstehung des Anspruchs**, d. h. mit der Übergabe der Ware oder Abnahme der vereinbarten Leistung (nicht ab Rechnungserstellung)
Sachmangelhaftung bei Bauwerken	Ansprüche aus Mängeln an Bauwerken	5 Jahre	Mit der Entstehung des Anspruchs
Rechte an Grundstücken	Kauf von Grundstücken, Aufnahme einer Hypothek u. a.	10 Jahre	Mit der Entstehung des Anspruchs
Rechtskräftige Entscheidungen	Ansprüche aus einem Gerichtsurteil u. a.	30 Jahre	Mit der Entstehung des Anspruchs (Rechtskraft der Entscheidung)

Beispiel: Regelverjährung

Die J. Exter GmbH liefert am 2. Dezember 20(0) Waren für 3.500,00 € an den Kunden Benjamin Grosser. Die Rechnung wurde am 5. Dezember 20(0) ausgestellt. Der Vorgang gerät in der J. Exter GmbH allerdings aufgrund organisatorischer Mängel in Vergessenheit.

Die Verjährung der Forderung beginnt mit dem Ende des Jahres, in dem der Anspruch entstand, also am 31. Dezember 20(0), 0:00 Uhr, und endet drei Jahre später, am 31. Dezember 20(+3), 00:00 Uhr. Ab dem 1. Januar 20(+4), 0:00 Uhr kann der Kunde die Zahlung des Betrages verweigern (durch die Einrede der Verjährung). Würde die J. Exter GmbH die Rechnung erst am 5. Januar 20(0) ausstellen, hätte das keinen Einfluss auf die Verjährung, weil der Zeitpunkt der Anspruchsentstehung maßgebend ist, nicht das Datum der Rechnungserstellung.

Beispiel: Sachmangelhaftung

Die Hochbau KG erstellt für den Kunden Haffner ein Einfamilienhaus. Am 25. Juni 20(0) wird das Gebäude vom Architekten und vom Bauherrn ohne Mängel und zur Zufriedenheit aller abgenommen. Die Hochbau KG kann diesen Auftrag aber erst vergessen, wenn die fünfjährige Verjährung von Mangelansprüchen abgelaufen ist, nämlich am 25. Juni 20(+5). Die Verjährung beginnt mit dem Tag der Anspruchsentstehung und endet nach fünf Jahren.

Am 28. September 20(+4) macht der Kunde einen Mangel an der Dachkonstruktion geltend, der auf einen Fehler der Hochbau KG zurückzuführen ist. Da die Verjährungsfrist noch nicht verstrichen ist, muss die Hochbau KG für diesen Fehler geradestehen. Für die neue Dachkonstruktion gilt wieder die fünfjährige Verjährungsfrist.

Kauf beweglicher Güter – Kauf von Gütern für ein Bauwerk

Die Antwort auf die Frage, ob die zweijährige oder die fünfjährige Verjährungsfrist für einen Kauf gilt, hängt davon ab, ob Güter für ein Bauwerk verwendet werden oder ob sie unabhängig vom Gebäude sind.

- Ein Kunde erwirbt einen Ventilator, der in einem Raum aufgestellt werden kann, um durch Luftbewegung Kühlung zu verbreiten. Ein Fehler an diesem Ventilator kann innerhalb von zwei Jahren nach dem Kauf geltend gemacht werden, weil es sich um ein bewegliches Gut handelt. Die Verjährungsfrist beträgt also zwei Jahre.
- Ein Kunde lässt eine Klimaanlage nachträglich in sein Haus einbauen. Die Anlage ist fest mit dem Haus verbunden. Die Verjährungsfrist beträgt fünf Jahre nach Fertigstellung (nach Abnahme).
- Baumaterialien, die in einem Baumarkt für die Erstellung eines Hauses gekauft werden, führen zu einem baulichen Mangel. Es gilt die fünfjährige Verjährungsfrist für die Mangelansprüche, beginnend mit dem Tag der Lieferung.

Gewährleistung – Verjährung

Gewährleistung und Verjährung sind begrifflich voneinander zu trennen.

> **Gewährleistung:** Gesetzliche Verpflichtung des Verkäufers, für Mängel zu haften, die zum Zeitpunkt des Kaufs bestanden haben

Die **Verjährung** gibt dem Schuldner das Recht, nach Ablauf der Verjährungsfrist, die Leistung zu verweigern. Beim Kauf beweglicher Güter decken sich die Gewährleistungszeit (= Pflicht des Verkäufers) und die Verjährungszeit aufgrund von Mangelansprüchen. Der Käufer hat demnach das Recht, bis zu zwei Jahre nach dem Kauf einen Mangel am Gut zu reklamieren. Die Übereinstimmung der Fristen ist notwendig, damit der Verkäufer seine Verpflichtung zur Mangelfreiheit erfüllen und der Käufer sein Recht auf Reklamation wahrnehmen kann.
Schuldet der Käufer hingegen die Begleichung des Rechnungsbetrages für das gekaufte Produkt, verjährt der Anspruch des Verkäufers **drei** Jahre nach dem Kauf, beginnend mit dem Ende des Jahres, in dem das Produkt gekauft worden ist (= Regelverjährung).

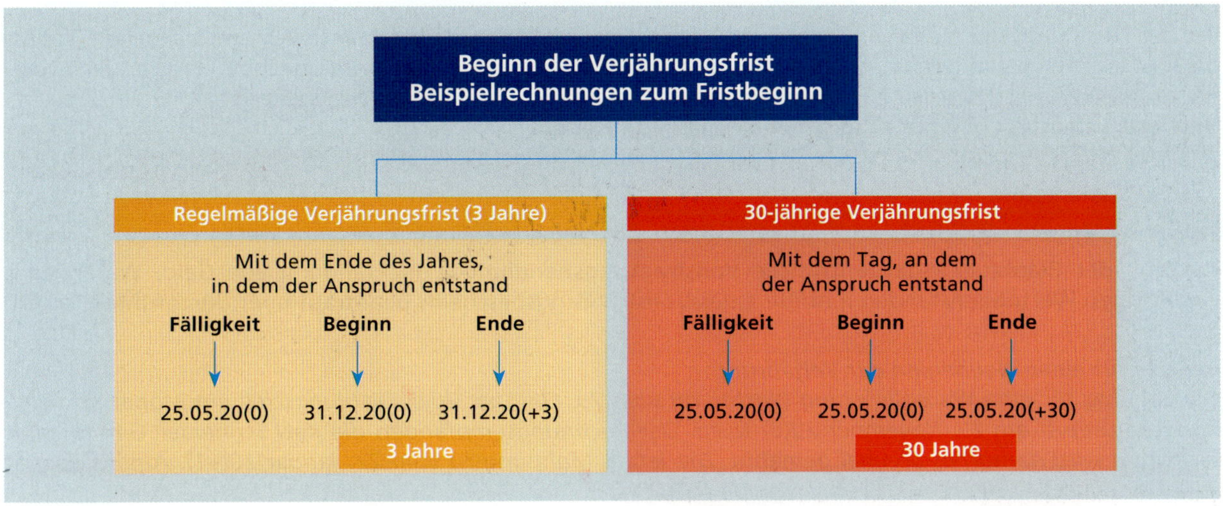

Vertragspartner (als Unternehmer) können die Verjährungsfristen durch Vereinbarung verlängern oder verkürzen.

7.2 Hemmung der Verjährung

Die Verjährungsfrist kann durch bestimmte Ereignisse **angehalten** (gehemmt) werden mit der Folge, dass die Zeit der Hemmung an die Verjährungsfrist angehängt wird. Je nach Hemmungsgrund verlängert sich die Verjährungsfrist um drei oder sechs Monate.

- **Verhandlungshemmung**
  Wenn der Gläubiger und der Schuldner über den Anspruch **verhandeln**, z. B. um über eine Ratenzahlung, Stundung oder über eine Verringerung der Forderung zu sprechen, wird die Verjährungsfrist für die Dauer der Verhandlung ausgesetzt.
- **Hemmung der Verjährung durch Rechtsverfolgung**
  Verschiedene Maßnahmen der Rechtsverfolgung können die Verjährungsfrist bis zu einer Dauer von **sechs Monaten** aussetzen, z. B.
  - wenn ein Mahnbescheid im gerichtlichen Mahnverfahren zugestellt ist,
  - wenn der Gläubiger eine Klage erhebt.

  Das kaufmännische Mahnverfahren führt nicht zu einer Hemmung der Verjährung.
- **Stillstand der Rechtspflege oder höhere Gewalt**
  Kann der Gläubiger bei **Stillstand der Rechtspflege** oder durch **höhere Gewalt** (Krieg, Katastrophe u. Ä.) in den letzten sechs Monaten der Verjährung die Rechte aus seinen Forderungen nicht geltend machen, verlängert sich die Verjährungsfrist um diese sechs Monate.

Beispiel für die Hemmung der Verjährung:
Die Zahlung für eine Warenlieferung (Rechnung vom 23. Oktober 20(0), Zahlungsziel: ein Monat nach Rechnungsdatum) ist am 23. November 20(0) fällig. Der Rechnungsempfänger, die Karl Schneider GmbH, zahlt nicht und wird daraufhin dreimal gemahnt. Die letzte Mahnung ist vom 22. Januar 20(+1). Der Gläubiger erwirkt am 30. Januar 20(+1) einen gerichtlichen Mahnbescheid, der dem Schuldner am 16. Februar 20(+1) zugestellt wird.

Die regelmäßige Verjährungsfrist beginnt am 31. Dezember 20(0) und beträgt drei Jahre.

Beginn	Regelmäßige Verjährungsfrist 3 Jahre	Ende	
31.12.20(0)		31.12.20(+3)	
	Mahnbescheid		
		6 Monate	30.06.20(+4)

Durch den Erlass des Mahnbescheids verlängert sich die Verjährungsfrist um sechs Monate.

→ **Verjährungshemmung:** Der Verlauf der Verjährung wird für eine bestimmte Zeit angehalten.

7.3 Neubeginn der Verjährung

Bei der Hemmung der Verjährung wird die Verjährungsfrist für eine bestimmte Zeit unterbrochen, sodass die Frist letztlich verlängert wird. Bei einem Neubeginn der Verjährung beginnt ab einem bestimmten Ereignis die Verjährungsfrist noch einmal von vorne, und zwar mit dem Eintritt des Ereignisses.
Die Verjährungsfrist beginnt in folgenden Fällen **von Neuem**:

- Wenn der **Schuldner** z. B. durch Anzahlung, Zinszahlung, Bitte um Stundung, Sicherheitsleistung die **Schuld anerkennt**.
- Wenn **Mängelansprüche** beim Kauf von Gütern durch Nacherfüllung anerkannt werden.
- Wenn der **Gläubiger** eine **gerichtliche Vollstreckungshandlung** z. B. Pfändung von Geld, Waren oder sonstigen Wertgegenständen mithilfe eines Vollstreckungsbescheids beantragt oder durchführen lässt.

Beispiel für einen Neubeginn der Verjährung:
Die Zahlung für eine Warenlieferung (Rechnung vom 23. Oktober 20(0), Zahlungsziel: ein Monat ab Rechnungsdatum) ist am 23. November 20(0) fällig. Der Rechnungsempfänger, die Karl Schneider GmbH, zahlt nicht und wird daraufhin dreimal gemahnt. Die letzte Mahnung ist vom 22. Januar 20(+1). Am 30. Januar 20(+1) zahlt der Kunde einen Teilbetrag von 500,00 €.
Der Kunde befand sich seit dem 23. November 20(0) in Zahlungsverzug. Die regelmäßige Verjährungsfrist beginnt am 31. Dezember 20(0) und würde nach drei Jahren am 31. Dezember 20(+3) enden.
Durch die Teilzahlung am 30. Januar 20(+1) beginnt die Verjährung von diesem Tag an neu zu laufen. Die neue dreijährige Verjährungsfrist endet demnach am 30. Januar 20(+4).

Beginn	Regelmäßige Verjährungsfrist von 3 Jahren	Ende
31.12.20(0)		31.12.20(+3)

Teilzahlung an 30.01.20(+1)
↓

	neue 3-jährige Verjährungsfrist	30.01.20(+4)

→ **Neubeginn der** Verjährung: Der Verlauf der Verjährung beginn erneut, und zwar ab dem Tag, an dem ein Ereignis eintritt, das den Neubeginn veranlasst.

Abwandlung des Beispiels:
Nimmt man an, dass gegen die Karl Schneider GmbH eine Klage geführt worden wäre, die am ***30. Januar*** *20(+1) mit einer rechtskräftigen Verurteilung zur Zahlung des Rechnungsbetrages endete, würde die Verjährungsfrist 30 Jahre betragen. Die Frist würde am 30. Januar 20(+1) beginnen und am* ***30. Januar*** *20(+31) enden. Den gleichen Effekt würde man erzielen, wenn gegen den Schuldner am 30. Januar 20(+1) ein Vollstreckungsbescheid beantragt worden wäre.*

Zusammenfassung

Verjährung		
Fristen	**Hemmung**	**Neubeginn**
▮ Regelmäßige Verjährung 3 Jahre ▮ Sachmangelhaftung 2 Jahre ▮ Sachmangelhaftung bei Bauwerken 5 Jahre ▮ Rechte an Grundstücken 10 Jahre ▮ Rechtskräftige Entscheidungen 30 Jahre **Beginn** ▮ Regelmäßige Verjährung: Jahresende ▮ Übrige: mit der Entstehung des Anspruchs	Durch: ▮ Verhandlungen ▮ Rechtsverfolgung ▮ Stillstand der Rechtspflege ▮ Höhere Gewalt Wirkung: Der Verlauf der Verjährung wird angehalten.	Durch (z. B.): ▮ Schuldanerkenntnis durch den Schuldner ▮ Anerkennung von Mängelansprüchen durch Nacherfüllung ▮ Gerichtliche Vollstreckungshandlung Wirkung: ▮ Die Verjährung beginnt von Neuem zu laufen.

8 Rechtsformen: Einzelunternehmung – Kommanditgesellschaft

➲ **Lernsituation 8: Eine Einzelunternehmung in eine KG umwandeln**

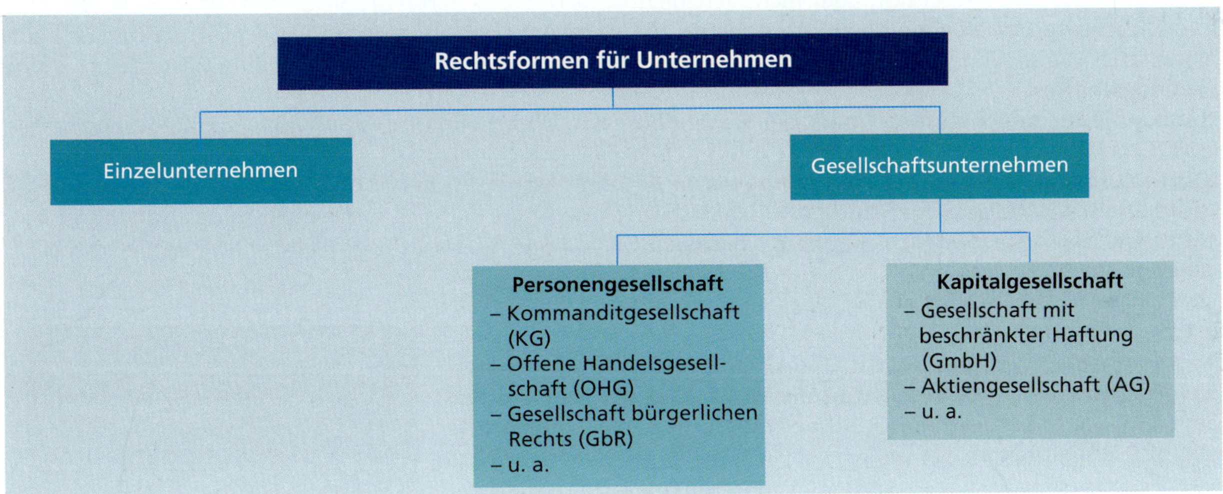

8.1 Rechtsgrundlagen

8.1.1 Kaufmannseigenschaft

Alle Gewerbetreibenden, unabhängig ihrer Zugehörigkeit zu einer Branche, sind Kaufleute nach HGB. Eine Ausnahme bilden kleine Unternehmen. Das HGB sagt:

- Kaufmann im Sinne des HGB ist, wer ein Handelsgewerbe betreibt.
- Handelsgewerbe ist jeder Gewerbebetrieb, es sei denn, dass das Unternehmen keinen Geschäftsbetrieb erfordert, der nach Art oder Umfang in kaufmännischer Weise geführt werden muss.

Der Begriff Handelsgewerbe bedeutet eine selbstständige, auf Dauer angelegte, für Außenstehende in Erscheinung tretende Tätigkeit mit Gewinnerzielungsabsichten. Ein Gewerbetreibender ist somit jemand, der diese Merkmale erfüllt.
Das heißt: Kaufmann nach HGB ist

- jeder Gewerbetreibende mit einer kaufmännischen Organisation (= **Istkaufmann**),
- jeder Gewerbetreibende ohne kaufmännische Organisation, wenn er sich freiwillig in das Handelsregister eingetragen hat (= **Kannkaufmann**),
- jede Kapitalgesellschaft, z. B. eine GmbH (= **Formkaufmann**).

Handelsregister, siehe Seite 61

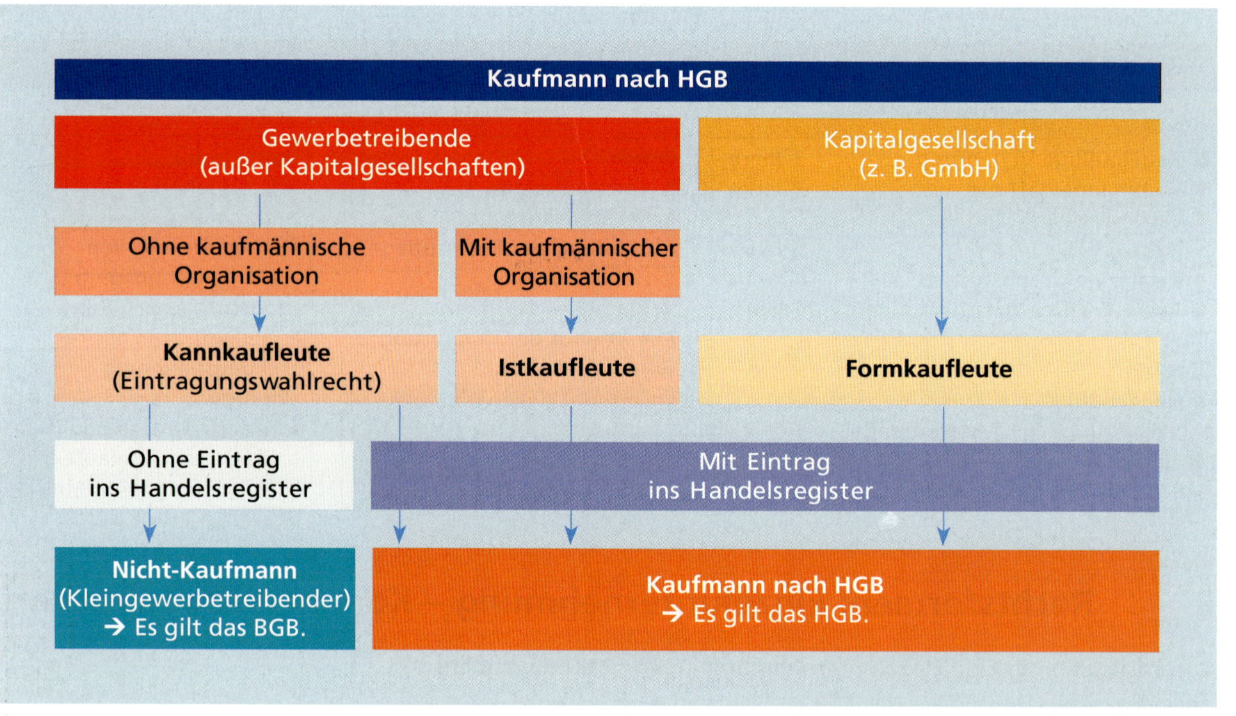

Kannkaufleute sind berechtigt, aber nicht verpflichtet, sich in das Handelsregister eintragen zu lassen. Dies sind **Kleingewerbetreibende**/Kleinunternehmer, die nach Art oder Umfang ihrer Geschäfte einen in kaufmännischer Weise eingerichteten Geschäftsbetrieb nicht benötigen (§ 2 HGB), z. B. kleine Gaststätten, kleine Ladengeschäfte.

Formkaufleute sind Kaufleute kraft der Rechtsform der Unternehmung, somit alle Kapitalgesellschaften (z. B. GmbH).

Nicht-Kaufmann ist jeder, der ein Kleingewerbe betreibt, **keinen** nach Art oder Umfang des Geschäftes in kaufmännischer Weise eingerichteten Geschäftsbetrieb benötigt und sich somit **nicht** in das Handelsregister eintragen lassen hat. Für Nicht-Kaufleute gilt das BGB.

8.1.2 Firma

Im Allgemeinen wird der Begriff „Firma" mit Betrieb/Unternehmen gleichgesetzt. Rechtlich gesehen ist die Firma aber der Name, unter dem ein Kaufmann ein Geschäft betreibt und seine Unterschrift abgibt (Handelsname).

→ **Firma:** Name, unter dem ein Kaufmann seine Geschäfte betreibt und seine Unterschrift abgibt.

Firmengrundsätze

Die Firma wird in das Handelsregister eingetragen (Grundsatz der **Firmenöffentlichkeit**). Sie ist durch den Eintrag geschützt, sodass kein anderer Kaufmann am gleichen Ort diese Firma verwenden darf (Grundsatz der **Firmenausschließlichkeit**, **Firmenunterscheidbarkeit**). Aus der Firma soll deutlich werden, welche Art von Geschäft der Inhaber betreibt (**Firmenklarheit**). Falsche Angaben oder Angaben, die bei einem Dritten falsche Vorstellungen wecken, sind nicht zulässig (**Firmenwahrheit**). So darf z. B. die Firma einer Einzelunternehmung nicht den Eindruck erwecken, es handele sich um ein Gesellschaftsunternehmen. Wenn aber z. B. aufgrund eines Inhaberwechsels (Verkauf des Unternehmens) ein eingeführter werbewirksamer Geschäftsname eigentlich geändert werden müsste, kann die alte Firma weitergeführt werden, wenn dies beim Handelsregister beantragt wird (**Firmenbeständigkeit**).

Firmenarten

Grundsätzlich kann der Kaufmann seinen Handelsnamen nach eigenen Vorstellungen bilden. Lediglich der Grundsatz der Firmenklarheit und die Verpflichtung, dass aus der Firma die Rechtsform des Unternehmens erkennbar sein muss, setzen Grenzen. Der Handelsname eines Unternehmens kann auf unterschiedliche Weise gebildet werden.

- **Personenfirma:** Eine Unternehmerin verwendet z. B. ihren Namen als Firma: Heike Schöller e. K.
- **Sachfirma:** Die Firma wird vom Sortiment oder von der Tätigkeit des Unternehmens geprägt: Hard- & Software GmbH
- **Mischfirma:** Der Handelsname wird als Mischform von Personen- und Sachfirma gebildet, z. B. Schöller Software OHG.
- **Fantasiefirma:** Der Klang des Namens, ohne Bezug zum Inhaber oder zur Unternehmenstätigkeit, steht im Vordergrund, z. B. Futura AG.

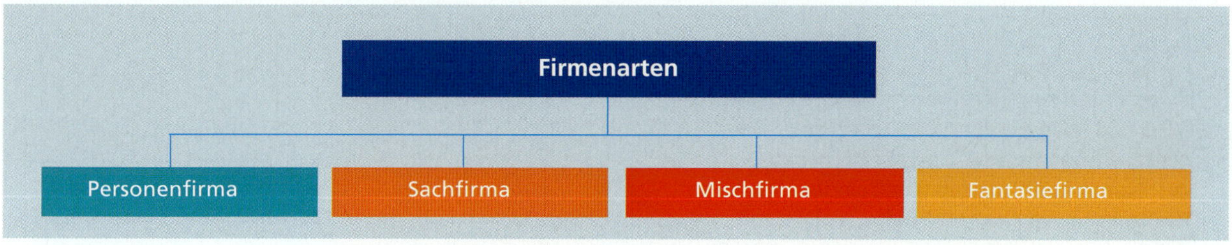

Die Firma verschiedener Rechtsformen von Unternehmen

Rechtsformen, siehe Seite 65

Grundsätzlich gilt, dass die Firma die Rechtsform des Unternehmens zum Ausdruck bringen muss. Für die Einzelunternehmung und für Personengesellschaften ist diese Pflicht im Handelsgesetzbuch festgelegt worden. Für Kapitalgesellschaften ergibt sich diese Verpflichtung aus den speziellen Gesetzen für diese Gesellschaftsformen (z. B. im GmbH-Gesetz).

Firmenangabe in der Geschäftspost

In ihrer Geschäftspost haben die Unternehmen die Rechtsform und die Handelsregister-Kennzeichnung ebenfalls deutlich zu machen.

Beispiel:

Gerrit Hansen e. K.	Bankverbindungen Hamburger Sparkasse IBAN: DE07 2005 0550 1120 2399 08 BIC: HASPDEHHXXX Postbank Hamburg IBAN: DE61 2001 0020 0064 0697 54 BIC: PBNKDEFFXXX	Handelsregister Amtsgericht Hamburg HR A 344 422

8.1.3 Handelsregister

HGB § 1

Amtsgerichte führen ein öffentliches, d. h. für jeden einsehbares Verzeichnis der Kaufleute nach HGB. Wer ein Handelsgewerbe betreibt, ist lt. HGB Kaufmann. Handelsgewerbe ist jedes gewerbliche Unternehmen, das nach Art und Umfang einen kaufmännischen Geschäftsbetrieb erfordert. Das Handelsregister hat die Aufgabe, die Öffentlichkeit über die Rechtsverhältnisse in Unternehmen zu informieren. Jeder kann sich auf Angaben, die im Handelsregister eingetragen worden sind, berufen.

> → **Handelsregister:** öffentliches Verzeichnis, das über wesentliche rechtliche und wirtschaftliche Verhältnisse von Unternehmen informiert

www.handelsregister.de
www.unternehmensregister.de

Das Register wird bei bestimmten Amtsgerichten (Registergerichten) geführt und steht im Internet zur Verfügung. Zusätzlich werden rechtlich relevante Daten aus dem Handelsregister zentral im **Unternehmensregister** veröffentlicht, auf das jeder Zugriff hat.
Eintragungen in das Handelsregister werden heute über einen Notar und elektronisch durchgeführt. Der Notar übermittelt die gewünschten Eintragungen mit einer Beglaubigung an das zuständige Amtsgericht, das dann die Eintragung vornimmt.
Das Handelsregister wird in zwei Abteilungen geführt.

- Abteilung A: Sie nimmt die Einzelkaufleute und Personengesellschaften auf.
- Abteilung B: Hier werden die Kapitalgesellschaften eingetragen.

Die nachfolgende Übersicht gibt die wesentlichen Inhalte wieder, die im Handelsregister veröffentlicht werden.

Inhalte des Handelsregisters	
Abteilung A	**Abteilung B**
Für – **eingetragene Kaufleute** e. K., e. Kfm., e. Kffr. – **Personengesellschaften** Offene Handelsgesellschaft (OHG), Kommanditgesellschaft (KG)	Für **Kapitalgesellschaften** Gesellschaft mit beschränkter Haftung (GmbH), Aktiengesellschaft (AG)
– Firma und Geschäftsort der Unternehmung – Einzelunternehmung: Name des Geschäftsinhabers OHG, KG: Namen der Gesellschafter GmbH: Name des/der Geschäftsführer(s) AG: Namen der Vorstandsmitglieder – Rechtsform des Unternehmens (e. K., OHG, KG, GmbH, AG) – KG: Einlagen der Kommanditisten, GmbH: Stammkapital, AG: Grundkapital – Erteilung oder Entziehung von Prokura – Eröffnung des Insolvenzverfahrens (Eintrag durch das Amtsgericht) – Auflösung des Unternehmens – u. a.	

Angaben, die gelöscht werden, sind nicht durchgestrichen, sondern rot unterstrichen, damit man immer nachvollziehen kann, welche Rechtsverhältnisse früher vorlagen.

Handelsregister A des Amtsgerichts Düsseldorf			Nummer der Firma:		**HRA 3806**
			Abruf vom 18.08.20(0) 16:15 Seite 1 von 1		
Nummer der Eintragung	**a) Firma** **b) Sitz, Niederlassung, inländische Geschäftsanschrift, Zweigniederlassungen** **c) Gegenstand des Unternehmens (bei jur. Personen)**	**a) Allgemeine Vertretungsregelung** **b) Inhaber, persönlich haftende Gesellschafter, Geschäftsführer, Vorstand, Vertretungsberechtigte und besondere Vertretungsbefugnis**	**Prokura**	**a) Rechtsform, Beginn und Satzung** **b) Sonstige Rechtsverhältnisse** **c) Kommanditisten, Mitglieder, Einlagen**	**a) Tag der Eintragung** **b) Bemerkungen**
1	2	3	4	5	6
1	a) Getränkehandel Schneider KG b) Düsseldorf, Dreherstraße 65, 40625 Düsseldorf	b) Persönlich haftende Gesellschafter: Schneider, Manuel, Düsseldorf *13.12.1974 Kemmler, Renate, geb. Schneider, Düsseldorf *24.02.1978	Einzelprokura: Horstwick, Jochen *13.06.1962	a) Kommanditgesellschaft Beginn: 01.01.2004 c) Kommanditisten: Schneider, Friedrich *30.09.1950 Einlage: 250.000,00 € Schneider, Kerstin *04.08.1976 Einlage: 60.000,00 €	a) 15.01.2004

Die Eintragungen ins Handelsregister können unterschiedliche Rechtswirkungen erzeugen:

- Kaufmann im Sinne des HGB ist jeder, der ein Handelsgewerbe betreibt. Die Eintragung in das Handelsregister macht diesen Sachverhalt lediglich öffentlich, deklariert ihn. Daher spricht man von der **deklaratorischen Wirkung** einer Handelsregistereintragung.
- Eine Kapitalgesellschaft wird erst durch den Eintrag in das Handelsregister mit der Kaufmannseigenschaft und einer eigenen Rechtspersönlichkeit ausgestattet. In diesem Fall ist der Eintrag rechtsbegründend (**konstitutive Wirkung**).

8.1.4 Vollmachten

Der Inhaber eines Unternehmens kann nur in seltenen Fällen alle anfallenden Aufgaben alleine erledigen und verantworten. In der Regel werden Mitarbeiter eingestellt und mit Vollmachten ausgestattet.
Die Übertragung von Aufgaben erfolgt durch die Erteilung von Handlungsvollmachten. Man unterscheidet nach dem Handelsgesetzbuch (HGB) dabei:

- **Einzelvollmacht:** Mit ihr darf man ein einzelnes Rechtsgeschäft einmalig ausführen.

  Beispiel:
  Ein Auszubildender erhält einmalig den Auftrag, Geld von der Bank abzuholen

- **Artvollmacht:** Mit ihr ist man berechtigt, bestimmte, regelmäßig durchzuführende Geschäfte dauerhaft zu erledigen.

  Beispiel:
  Verkauf von Waren oder alle Personalangelegenheiten

  Im Schriftverkehr unterzeichnet der Bevollmächtigte mit dem Zusatz „i. A." (im Auftrag).

- **Allgemeine Handlungsvollmacht:** Sie berechtigt zu allen **gewöhnlichen Geschäften**, die in einem Unternehmen anfallen.

  Beispiel:
  Waren einkaufen und verkaufen, Zahlungen vornehmen, Personal einstellen

  Der Bevollmächtigte unterzeichnet mit dem Zusatz „i. V." (in Vertretung).

- **Prokura:** Sie berechtigt neben den gewöhnlichen Geschäften auch zum Abschluss **außergewöhnlicher** Geschäfte.

  Beispiel:
  Kauf von Grundstücken, Aufnahme von Darlehen oder Führen von Prozessen.

  Sie stellt damit die umfassendste Vollmacht dar. Einige Geschäfte sind dem Prokuristen nicht erlaubt:
  - das Geschäft verkaufen
  - Insolvenz anmelden
  - neue Gesellschafter aufnehmen
  - Eintragungen in das Handelsregister beantragen
  - den handelsrechtlichen Namen des Unternehmens (die Firma) ändern
  - Prokura (an andere) erteilen
  - das Inventar oder die Bilanz unterschreiben
  - Grundstücke belasten oder verkaufen

Die Prokura wird als einzige Vollmacht ins **Handelsregister** eingetragen. Außenstehende können sich so ein Bild machen, wie die Vertretungsbefugnis bei ihren Geschäftspartnern geregelt ist und mit wem sie auch außergewöhnliche Rechtsgeschäfte abschließen können. Einschränkungen der Prokura, z.B. indem der Betriebsinhaber Grundstücksgeschäfte für sich vorbehält, gelten aus diesem Grund auch nur im Innenverhältnis. Führt der Prokurist diese Rechtsgeschäfte trotzdem aus, so sind sie gültig.
Im Schriftverkehr erkennt man die Unterschrift des Prokuristen am Zusatz „pp." oder „ppa." (per procura).
Allgemeine Handlungsvollmacht und Prokura können auch mehreren Personen gemeinschaftlich erteilt werden, sodass sie nur gemeinsam Rechtsgeschäfte tätigen dürfen. Man spricht dann von **Gesamtvollmacht bzw. Gesamtprokura**.
Die Prokura kann auch auf eine Filiale beschränkt werden (**Filialprokura**). Eine allgemeine Handlungsvollmacht wird vom Unternehmer oder vom Prokuristen erteilt.

Eine Vollmacht kann mündlich, schriftlich oder auch durch Duldung (stillschweigend) erteilt werden. Wer mit einer Vollmacht ausgestattet ist, kann wiederum nachrangige Vollmachten aussprechen.

Beispiel:

- *Der Inhaber einer allgemeinen Handlungsvollmacht kann Art- und Einzelvollmacht erteilen.*
- *Wer eine Artvollmacht besitzt, kann einen Mitarbeiter mit einer Einzelvollmacht ausstatten.*

Vollmachten

Einzelvollmacht	Artvollmacht	Allgemeine Handlungsvollmacht	Prokura
Für ein einzelnes Rechtsgeschäft	Für bestimmte, regelmäßig durchzuführende Rechtsgeschäfte	Für gewöhnliche Geschäfte in einem Unternehmen	Für gewöhnliche und außergewöhnliche Geschäfte (mit bestimmten Ausnahmen) – Einzelprokure – Filialprokura – Gesamtprokura

8.2 Auswahlgesichtspunkte für die Wahl einer Rechtsform

Bei der Gründung eines Unternehmens spielt die Wahl der Rechtsform eine entscheidende Rolle, weil durch die Rechtsform bestimmte Rahmenbedingungen eines Unternehmens, z.B. Haftung des Inhabers oder Vorschriften zum Mindestkapital, geregelt werden.

→ **Rechtsform:** Die Rechtsform bestimmt die gesetzlichen Rahmenbedingungen eines Unternehmens.

Folgende **Auswahlgesichtspunkte** können bei der Entscheidung für eine bestimmte Rechtsform hilfreich sein:

Leitung des Unternehmens

Ein Unternehmensgründer/eine Unternehmensgründerin sollte sich fragen, ob er/sie „Herr/Herrin im Haus" bleiben möchte oder er/sie sich eine Zusammenarbeit mit einem Partner in der Unternehmensführung vorstellen könnte. Das ist die Frage nach einer **Einzelunternehmung** oder einem **Gesellschaftsunternehmen**.
Eine weitere Frage ist, ob die Leitung des Unternehmens auf angestellte Manager übertragen oder nur deren Tätigkeit überwacht werden soll.
Die Leitung des Unternehmens gegenüber den Mitarbeitern bezeichnet man als **Geschäftsführung**. Tritt jemand gegenüber Außenstehenden, z. B. Kunden, Lieferanten, Behörden usw. als Unternehmensleiter auf, spricht man von **Vertretung**.

→ **Geschäftsführung:** Recht, die Abläufe in einem Unternehmen durch Anordnungen zu steuern. Die Geschäftsführung betrifft das Innenverhältnis eines Unternehmens.
Vertretung: Recht, das Unternehmen wirksam nach außen zu vertreten. Die Vertretung betrifft das Außenverhältnis eines Unternehmens.

Kapitalbeschaffung (Finanzierung)

Die Fragestellung lautet, wer das Eigenkapital des Unternehmens aufbringt. Das kann der Unternehmer allein, eine kleine Zahl von Partnern oder eine große Gruppe von Kapitalgebern sein.

Haftung

Hier lautet die Fragestellung, welches Haftungsrisiko ein Gesellschafter übernehmen will. Hierbei ist entscheidend, ob der Unternehmer mit seinem Geschäfts- und Privatvermögen oder nur mit seinem Geschäftskapital haftet.

Gewinn- und Verlustverteilung

Hier ist die Frage, wem der erwirtschaftete Gewinn zusteht und wer einen entstandenen Verlust tragen muss. Unter „Gewinn" wird hier verstanden:

- der Unternehmerlohn (für die Arbeit des Inhabers im Unternehmen),
- eine Risikoprämie (weil das Kapital nicht auf einem sicheren Bankkonto angelegt wird, sondern mit hohem Verlustrisiko im Unternehmen arbeitet),
- die Eigenkapitalverzinsung.

Wechsel der Rechtsform

Die Rechtsformenwahl ist gewöhnlich langfristig ausgerichtet, um stabile Rechtsverhältnisse in einem Unternehmen zu haben. Ein Wechsel der Rechtsform ist aber möglich und z. B. in folgenden Situationen sinnvoll:

- Durch Unternehmenswachstum entsteht Kapitalbedarf, der z. B. durch Aufnahme eines Gesellschafters erreicht werden kann.
- Dem Inhaber einer Einzelunternehmung erscheint das Haftungsrisiko zu hoch.
- Das Unternehmen soll schrittweise an Nachfolger (z. B. aus der Familie) übergeben werden.

Rechtsformen im Überblick

Einzelunternehmung – Gesellschaftsunternehmung
Kaufleute können ihre Geschäfte als Einzelunternehmer betreiben oder in Gesellschaften. In einer Einzelunternehmung gibt es nur einen Kapitalgeber. In einer Gesellschaftsunternehmung haben sich mehrere Kapitalgeber zusammengeschlossen. Die Gesellschaftsunternehmen lassen sich weiter unterteilen in Personengesellschaften und Kapitalgesellschaften.

Personengesellschaften
Mehrere Personen bringen Kapital und ihre Arbeitskraft in ein Unternehmen ein, das sie gemeinsam betreiben.

Beispiel:
Kommanditgesellschaft (KG)

Kapitalgesellschaften
Der Kapitaleinsatz mehrerer Personen für ein gemeinsames Unternehmen steht im Vordergrund. Der persönliche Einsatz der Gesellschafter ist möglich, in großen Unternehmen aber unüblich.

Beispiel:
Gesellschaft mit beschränkter Haftung (GmbH)

8.3 Einzelunternehmen

Die Einzelunternehmung ist die häufigste Unternehmungsform, weil viele Kleingewerbetriebe ohne kaufmännische Organisation diese Rechtsform wählen.
Die Gründung erfordert eine Anmeldung beim Gewerbeamt der zuständigen Kommune. Das Unternehmen läuft unter dem bürgerlichen Namen des Inhabers, häufig ergänzt um einen Hinweis auf die Tätigkeit oder Branche.

Beispiel:
Jochen Schmitt – Heizung und Sanitär

Kleingewerbetreibende können sich freiwillig ins **Handelsregister** eintragen lassen. Sie gelten dann als Kaufmann/Kauffrau, die den Zusatz „eingetragener Kaufmann/eingetragene Kauffrau" in der Firmenbezeichnung tragen müssen.
Wächst das Unternehmen und wird eine kaufmännische Organisation erforderlich, ist ein Eintrag ins Handelsregister verpflichtend, ebenso der Zusatz „e. K." (oder ähnlich) in der Firma.

> **Firma bei Einzelunternehmen**
> – frei wählbar
> – Zusatz „e. K." oder „e. Kfm./Kffr." oder „eingetragener Kaufmann/eingetragene Kauffrau" erforderlich

Beispiele für Geschäftsnamen:
Wagner e. K.
Catering Service e. Kfm.
Wager Catering e. K.

Die Einzelunternehmung wird vom Unternehmer allein geführt, d. h., er trägt die Verantwortung nach innen (**Geschäftsführung**) und nach außen (**Vertretung**). Allerdings kann er Aufgaben an Mitarbeiter delegieren. Der Einzelunternehmer **haftet** alleine für alle Schulden, und zwar unbegrenzt, das bedeutet, er muss auch mit seinem Privatvermögen haften.

Bei der **Finanzierung** seines Unternehmens muss das Eigenkapital ausschließlich durch den Einzelunternehmer aufgebracht werden. Weil die Eigenkapitalbasis häufig gering ist, fällt es vielfach schwer, ausreichend fremde Mittel (z. B. Bankkredite) zu bekommen. Ein Mindestkapital zur Gründung einer Einzelunternehmung ist nicht erforderlich.
Der erwirtschaftete **Gewinn** steht dem Unternehmer zu. Er muss allerdings auch Verluste alleine tragen.

→ **Einzelunternehmen:** Rechtsform, bei der das Eigenkapital von einer Person, dem Inhaber, aufgebracht wird

Warum ist die Einzelunternehmung so populär?

Vorteile

- Die Gründung einer Einzelunternehmung ist besonders einfach und an keine bestimmte Form gebunden.
- Es ist kein Mindestkapital erforderlich.
- Es kann rasch entschieden und flexibel reagiert werden, weil ein Unternehmer allein die Entscheidungen trifft.

Aber:

Nachteile

- Das Unternehmen ist abhängig von der Leistungsfähigkeit des Inhabers.
- Einzelunternehmen haben es oft schwer, Finanzmittel (z. B. über Kredite) zu beschaffen.
- Expansion oft wegen Kapitalmangel nicht möglich
- Der Einzelunternehmer haftet auch mit seinem Privatvermögen.

Die wichtigsten Merkmale einer Einzelunternehmung	
Geschäftsführung	durch den Unternehmer
Vertretung	durch den Unternehmer
Kapitalbeschaffung	allein durch den Unternehmer
Haftung	Geschäfts- und Privatvermögen
Gewinnverteilung	Gewinne erhält der Unternehmer, Verluste muss er alleine tragen

8.4 Personengesellschaft: Kommanditgesellschaft

Formvorschriften

Die KG ist eine Personengesellschaft, bei der sich mindestens zwei Personen (Gesellschafter) zu einer Gesellschaft zusammenschließen und unter einem gemeinsamen Namen (Firma) Geschäfte betreiben.
Die Zusammenarbeit der Gesellschafter wird in einem **Gesellschaftsvertrag** geregelt.
Die Gesellschaft ist in das **Handelsregister** einzutragen.

Baier Öko-Design KG
Gleimstraße 147
10437 Berlin

Firma

Die Firma kann frei gewählt werden, muss aber den Zusatz „Kommanditgesellschaft" oder „KG" enthalten. Zur Wahl steht eine Personen-, Sach-, Misch- oder Fantasiefirma.

Beispiele:

- *Personenfirma: Baier KG*
- *Sachfirma: Öko-Design Kommanditgesellschaft*
- *Mischfirma: Baier Öko-Design KG*
- *Fantasiefirma: Sarantos KG*

Kapitalbeschaffung

Das **Kapital** wird von den Gesellschaftern aufgebracht. Ein **Mindestkapital** ist für die Gesellschafter nicht vorgeschrieben.

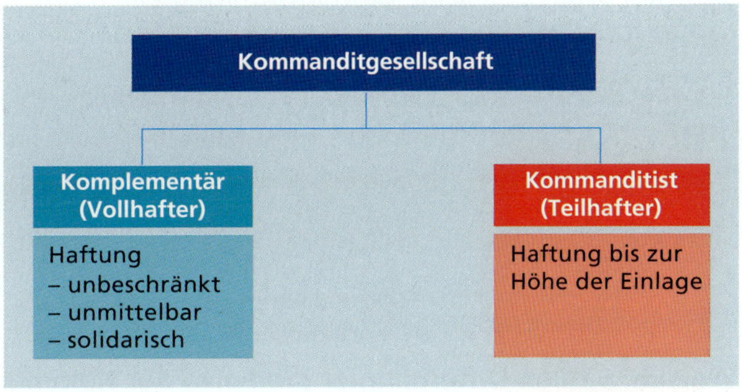

Haftung

Kennzeichnend für die KG ist die Unterscheidung der Gesellschafter in **Komplementäre** (Vollhafter) und **Kommanditisten** (Teilhafter).
Haftung des **Komplementärs:**

- Der Komplementär haftet mit seinem Geschäfts- und mit seinem Privatvermögen **unbeschränkt**.
- Er haftet **unmittelbar**, d. h., Gläubiger können sich mit ihren Forderungen auch direkt an jeden einzelnen Komplementär wenden.
- Der Komplementär haftet mit den anderen Gesellschaftern **solidarisch** (gesamtschuldnerisch): Jeder Gesellschafter haftet für die gesamten Schulden der KG. Der Einwand des Komplementärs, er hafte nur im Verhältnis seiner Einlage, ist daher nicht möglich.

Der **Kommanditist** hingegen haftet nur mit seiner Kapitaleinlage. Die Haftsumme des Kommanditisten ist ins Handelsregister einzutragen. Entsprechend nennt man den Komplementär auch **Vollhafter**, den Kommanditisten **Teilhafter**.
Änderungen dieser gesetzlichen Haftungsregelungen im Gesellschaftsvertrag gelten nur im Innenverhältnis.

> **Komplementär:** Teilhaber einer Kommanditgesellschaft, der mit seinem vollen Vermögen (Geschäfts- und Privatvermögen) haftet
> **Kommanditist:** Teilhaber einer Kommanditgesellschaft, der nur mit seinem Geschäftsvermögen haftet
> **Kommanditgesellschaft:** Personengesellschaft, die aus mindestens einem persönlich haftenden Gesellschafter (Komplementär) und aus mindestens einem Gesellschafter besteht, dessen Haftung auf die Einlage beschränkt ist (Kommanditist).

Geschäftsführung und Vertretung

Das HGB sieht vor, dass die Komplementäre das Unternehmen im Innen- und im Außenverhältnis leiten. Das Gesetz gestattet es aber den Komplementären, die Frage der Geschäftsführung im Innenbereich unter sich vertraglich zu regeln. Im Außenverhältnis gilt das so nicht. Jeder, der mit einem Komplementär z. B. einen Kaufvertrag abgeschlossen hat, kann davon ausgehen, dass der Komplementär die KG rechtswirksam vertreten durfte.
Kommanditisten sind von der Geschäftsführung ausgeschlossen. Bei außergewöhnlichen Geschäften ist ihre Zustimmung jedoch erforderlich. Sie verfügen zudem über ein Kontrollrecht: Auf Verlangen ist ihnen die Bilanz vorzulegen, deren Richtigkeit sie anhand der Handelsbücher und Papiere am Jahresende überprüfen können.
Die Einzelheiten der Zusammenarbeit werden (gewöhnlich schriftlich) in einem **Gesellschaftsvertrag** (KG-Vertrag) geregelt.

Gewinn- und Verlustverteilung

Der **Gewinn** wird gemäß HGB – nach Abzug einer Verzinsung der Kapitaleinlagen – in angemessenem Verhältnis verteilt. Im Gesellschaftsvertrag ist festzulegen, was als angemessen angesehen wird. Auch die Höhe der Kapitalverzinsung wird gewöhnlich im Gesellschaftsvertrag bestimmt, andernfalls gilt die HGB-Regelung von 4 %.
Für eingebrachte Arbeitsleistungen oder höhere Haftungsrisiken (der Komplementäre) wird gewöhnlich ein Vorausgewinnanteil vereinbart und der Restgewinn im Verhältnis der Kapitalanteile aufgeteilt. Ein Kommanditist hat erst dann ein Recht auf die Auszahlung seines Gewinnanteils, wenn sein Kapitalanteil voll eingezahlt ist.
Verluste werden von den Gesellschaftern im Verhältnis ihrer Kapitaleinlagen getragen; sie vermindern die Kapitaleinlagen der Gesellschafter. Die Verlustbeteiligung der Kommanditisten ist durch die Höhe ihrer Kapitaleinlage begrenzt.

Beispiel zur Gewinnverteilung:
Georg Walter ist Komplementär in der Walter Hochbau KG. Seine Kapitaleinlage beträgt 600.000,00 €. Seine Partnerin, Frau Kämmer, ist als Kommanditistin mit 200.000,00 € an der KG beteiligt.

Im laufenden Geschäftsjahr wurde ein Gewinn von 200.000,00 € erzielt. Der Gesellschaftsvertrag sieht vor, dass Herr Walter für seine Geschäftsführung einen Unternehmerlohn von 60.000,00 € erhält. Der jeweilige Kapitalanteil wird mit 4 % verzinst, der Restgewinn im Verhältnis der Kapitaleinlagen (3 : 1) verteilt.

Gesellschafter	Kapitaleinlage in €	Unternehmerlohn in €	Kapitalverzinsung 4 % in €	Restgewinn 3 : 1 in €	Gewinnanteil
Walter	600.000,00	60.000,00	24.000,00	81.000,00	165.000,00
Kämmer	200.000,00	0,00	8.000,00	27.000,00	35.000,00
	800.000,00	60.000,00	32.000,00	108.000,00	200.000,00

Warum wählen Unternehmer die Form der Kommanditgesellschaft?

Die KG hat vorzugsweise das Ziel, Geldgeber (Kommanditisten) an einem Unternehmen zu beteiligen, ohne dass der Komplementär in seiner Leitungsbefugnis wesentlich eingeschränkt wird.
Durch die Aufnahme von Gesellschaftern (Komplementäre und Kommanditisten)

- erweitert sich die Kapitalbasis,
- wird die unternehmerische Verantwortung auf eine breitere Basis gestellt,
- wird die Haftung ausgeweitet,
- werden Risiken auf mehrere Schultern verteilt.

Die wichtigsten Merkmale einer Kommanditgesellschaft	
Geschäftsführung	durch den/die Komplementär/-e
Vertretung	durch den/die Komplementär/-e
Kapitalbeschaffung	durch Komplementäre und Kommanditisten
Haftung	Komplementäre: Geschäfts- und Privatvermögen Kommanditisten: Geschäftsvermögen
Gewinnverteilung	– 4 % Einlagenverzinsung – Unternehmerlohn (Komplementäre) – Rest: anteilmäßig Gesellschaftsvertrag: abweichende Regelungen möglich

Offene Handelsgesellschaft (OHG)

Die OHG ist eine Personengesellschaft, bei der sich mindestens zwei Gesellschafter zusammenschließen und unter einer gemeinsamen Firma Geschäfte betreiben. Die Gesellschafter bringen gewöhnlich ihre Arbeitskraft in die OHG ein. Die Gesellschafter der OHG sind in ihren Rechten und Pflichten mit den Komplementären der KG vergleichbar.

BGB §§ 705 – 740

Gesellschaft bürgerlichen Rechts (GbR)

Schließen sich zwei oder mehrere Personen vorübergehend oder für längere Zeit formlos zusammen, um ein bestimmtes Geschäft gemeinsam zu betreiben, so spricht man von einer **Gesellschaft bürgerlichen Rechts** oder auch **BGB-Gesellschaft**. Diese Rechtsform wählen Handwerker häufig, wenn sie ein gemeinsames Bauvorhaben abwickeln wollen, Rechtsanwälte eine Anwaltskanzlei oder Ärzte eine Gemeinschaftspraxis betreiben.

Beispiel:
Straßenbauunternehmen gründen eine GbR, um gemeinsam einen Autobahnabschnitt zu bauen.

Die Gründung ist besonders einfach: kein Mindestkapital, keine Firma, kein Eintrag ins Handelsregister. Der Name leitet sich aus dem Bürgerlichen Gesetzbuch ab, in dem diese Rechtsform geregelt ist.

Zusammenfassung

Rechtsformen: Grundlagen

Kaufmannseigenschaft	Firma	Handelsregister	Vollmachten
▪ Istkaufmann ▪ Kannkaufmann ▪ Formkaufmann ▪ Nicht-Kaufmann	▪ Firmengrundsätze – Öffentlichkeit – Ausschließlichkeit – Unterscheidbarkeit – Klarheit – Wahrheit – Beständigkeit ▪ Arten – Personenfirma – Sachfirma – Mischfirma – Fantasiefirma	▪ Öffentliches Verzeichnis über Unternehmen ▪ Abteilung A: eingetragene Kaufleute und Personengesellschaften ▪ Abteilung B: Kapitalgesellschaften ▪ Inhalt, z. B. – Firma, Geschäftsort – Namen von Inhabern, Gesellschaftern oder Geschäftsführern – Rechtsform – Einlagen von Kommanditisten – Prokura	▪ Einzelvollmacht ▪ Artvollmacht ▪ Allgemeine Handlungsvollmacht ▪ Prokura – Einzel-, – Filial-, – Gesamtprokura

Rechtsformen: Merkmale

Auswahlgesichtspunkte	Einzelunternehmung	Kommanditgesellschaft	OHG / GbR
▪ Leitung des Unternehmens – Geschäftsführung – Vertretung ▪ Kapitalbeschaffung ▪ Haftung ▪ Gewinn- und Verlustverteilung	▪ Leitung: Geschäftsführung und Vertretung durch den Inhaber ▪ Kapitalbeschaffung: Inhaber ▪ Haftung: Inhaber ▪ Gewinn- und Verlustverteilung: Inhaber erhält den Gewinn und trägt den Verlust ▪ Handelsregister: – für Kleingewerbetreibende freiwillig – bei kaufm. Organisation Pflicht ▪ Firma: Zusatz e. K. oder ähnlich	▪ Gesellschafter – Komplementäre – Kommanditisten ▪ Leitung: Geschäftsführung und Vertretung durch die Komplementäre; Kontrollrecht für Kommanditisten ▪ Kapitalbeschaffung: Gesellschafter ▪ Haftung: – Komplementäre: Vollhafter – Kommanditisten: Teilhafter ▪ Gewinn- und Verlustverteilung: – 4 % Einlagenverzinsung – Unternehmerlohn (Komplementäre) Rest: anteilmäßig ▪ Gesellschaftsvertrag: abweichende Regelungen möglich ▪ Handelsregister: Pflicht ▪ Firma: Zusatz KG oder ähnlich	**OHG** ▪ Zusammenschluss von zwei Gesellschaftern ▪ Kapitalanteil und Arbeitskraft ▪ Vergleichbar mit Komplementären **GbR** ▪ Personengesellschaft ▪ Mindestens 2 Personen ▪ Häufig: gemeinsames, zeitbegrenztes Ziel ▪ Einfache Gründung

9 Rechtsform: Kapitalgesellschaft

➲ Lernsituation 9: Haftungsrisiken durch eine GmbH vermindern

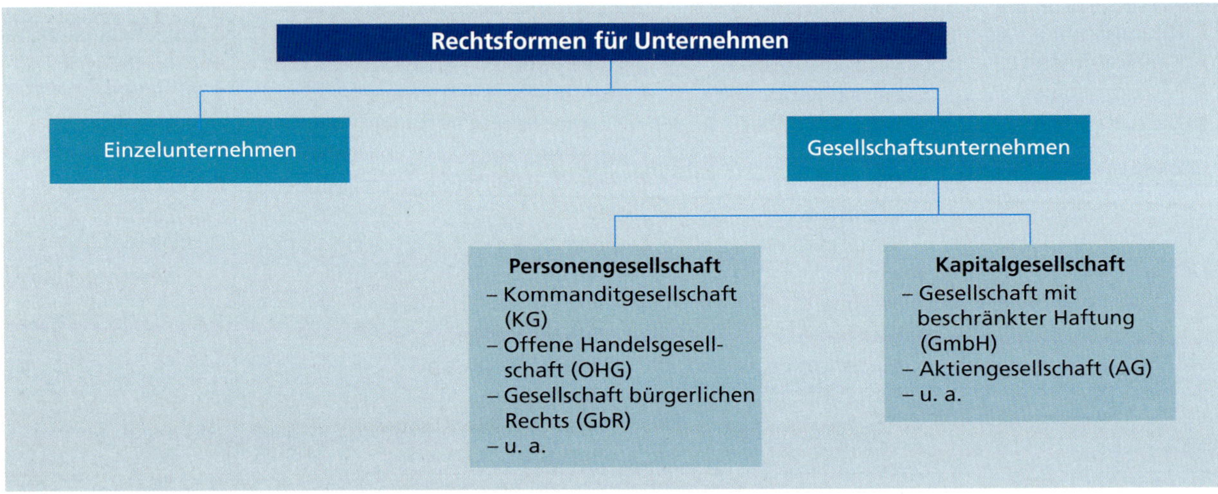

9.1 Kapitalgesellschaften

Bei den **Personengesellschaften** steht die Persönlichkeit des Unternehmers im Vordergrund. Er ist nicht nur Kapitalgeber, sondern ist in der Regel auch aktiv in die Geschäftsführung eingebunden. Schließlich geht er durch den Einsatz seines Privatvermögens (siehe Komplementär in der KG) auch ein hohes persönliches Risiko ein.

Im Gegensatz dazu ist bei **Kapitalgesellschaften** die kapitalmäßige Beteiligung am Unternehmen der zentrale Aspekt. Die persönliche Mitarbeit eines Kapitalgebers ist möglich, aber nicht erforderlich.

Siehe Kaufmannseigenschaft, Seite 59

Kapitalgesellschaften sind rechtsfähige juristische Personen und allein durch die Wahl der Rechtsform Kaufleute im Sinne des HGB (Formkaufleute). Eine Kapitalgesellschaft entsteht mit ihrer Eintragung in das Handelsregister.

→ **Kapitalgesellschaft:** juristische Person, deren Mitglieder Kapital in ein Unternehmen einbringen und damit einen gemeinsamen wirtschaftlichen Zweck verfolgen

9.2 Gesellschaft mit beschränkter Haftung (GmbH)

Gründung

Die **Gesellschaft mit beschränkter Haftung (GmbH)** ist eine beliebte Rechtsform vor allem für kleine und mittelgroße Unternehmen. Ursache sind das geringe Stammkapital, das für die Gründung erforderlich ist, und die Beschränkung der Haftung auf das Vermögen der GmbH.

Der Inhaber einer Einzelunternehmung oder die Gesellschafter eine Personengesellschaft (z. B. eine KG) können aber auch zu dem Schluss kommen, dass sie nicht mehr bereit sind, das gesamte unternehmerische Risiko auch mit ihrem Privatvermögen zu tragen. Dann liegt es nahe, die Rechtsform GmbH zu wählen.

Die GmbH ist eine Gesellschaft mit eigener Rechtspersönlichkeit, d. h., sie kann als juristische Person ihre Rechte und Pflichten wahrnehmen. Die GmbH, vertreten durch den Geschäftsführer, kann vor Gericht klagen und verklagt werden.

Die GmbH kann von einer (**Ein-Personen-GmbH**) oder mehreren Personen gegründet werden.

Der **Gesellschaftsvertrag** (Satzung) ist notariell zu beurkunden. Mit der erforderlichen Eintragung in das Handelsregister (Abteilung B) entsteht die GmbH als juristische Person.

Die Firmenbezeichnung kann eine Personen-, Sach-, Fantasie- oder Mischfirma sein. Der Zusatz „Gesellschaft mit beschränkter Haftung" oder „GmbH" ist notwendig.

→ **Firma bei einer GmbH**
- Frei wählbar
- Zusatz „Gesellschaft mit beschränkter Haftung" oder „GmbH"

Beispiele für Firmenbezeichnungen einer GmbH

- *Huber GmbH*
- *Manfred Huber – Maschinenbau – GmbH*
- *Huber Maschinenbaugesellschaft mbH*
- *MAHUBAU GmbH*

Kapitalaufbringung

Eine GmbH erfordert ein Mindestkapital von **25.000,00 € (Stammkapital)**. Die Gesellschafter können ihre Einlage **(= Stammeinlage)** in Form einer Geld- oder Sacheinlage (z. B. Gebäude, Lkw, Maschinen) einbringen. Die Mindesteinlage beträgt 1,00 €. Ein Gesellschafter kann bei der Gründung mehrere Anteile übernehmen. Durch die Aufnahme neuer Gesellschafter lässt sich die Kapitalbasis einer GmbH erweitern. Durch die Satzung können die Gesellschafter im Bedarfsfall auch zu **Nachschusszahlungen** verpflichtet werden.
Die Aufnahme von **Fremdkapital** ist allerdings durch die Haftungsbegrenzung einer GmbH erschwert. Kreditinstitute sichern sich bei Kreditvergabe gegenüber einer GmbH daher häufig ab, indem sie mit den Gesellschaftern eine zusätzliche persönliche Haftung vereinbaren.

GmbH: Rechtsform mit eigener Rechtspersönlichkeit, in der Gesellschafter durch ihre Stammeinlagen ein gemeinsames Stammkapital aufbringen; die Gesellschafter haften nur mit ihren Stammeinlagen; ihr Privatvermögen bleibt unberührt.

Geschäftsführung/Vertretung

Drei „Organe" sind für die Leitung einer GmbH verantwortlich.

Organe einer GmbH	
Geschäftsführung	Geschäftsführer (einer oder mehrere) führen die GmbH im Inneren und vertreten sie nach außen. Geschäftsführer sind entweder Gesellschafter oder dazu bestellte Personen. Sie sind Angestellte des Unternehmens und beziehen folglich ein Geschäftsführergehalt. Verfügt die GmbH über mehrere Geschäftsführer, kann jeder einzelne das Unternehmen nach innen leiten und nach außen vertreten. Im Gesellschaftsvertrag oder durch einen Beschluss der Gesellschafterversammlung (siehe unten) kann eine Gesamtgeschäftsführung vereinbart werden. Dann können die Geschäftsführer nur gemeinschaftlich handeln. Die Vertretungsbefugnis nach außen ist aber nicht einschränkbar. Geschäftsführer sind ins Handelsregister einzutragen und auf den Geschäftsbriefen anzugeben.
Gesellschafterversammlung	Über dieses Organ machen die Gesellschafter ihre Rechte als Teilhaber des Unternehmens geltend. Die Gesellschafterversammlung bestellt z. B. den/die Geschäftsführer, entscheidet über Satzungsänderungen oder die Auflösung der GmbH und stellt den Jahresabschluss sowie die Gewinnverwendung fest. Die Gesellschafterversammlung kann aber auch direkt Einfluss auf die Geschäftsführung nehmen. Beschlüsse werden nach dem Mehrheitsprinzip gefasst.
Aufsichtsrat	Hat eine GmbH mehr als 500 Arbeitnehmer oder sieht es die Satzung vor, ist ein Aufsichtsrat einzurichten. Er überwacht den/die Geschäftsführer und prüft den Jahresabschluss.

Haftung

Die GmbH haftet als juristische Person gegenüber ihren Gläubigern mit dem Gesellschaftsvermögen. Die Gesellschafter selbst haften, wie die Bezeichnung der Rechtsform schon andeutet, nur bis zur Höhe ihrer Stammeinlage.

Gewinn- und Verlustverteilung

Der Gewinn einer GmbH wird an die Gesellschafter im Verhältnis der Geschäftsanteile ausgeschüttet. Die Gesellschafterversammlung kann aber auch die Einstellung von Teilen des Gewinns in eine freiwillige Gewinnrücklage beschließen.
Ein Verlust kann durch die Auflösung der Gewinnrücklage ausgeglichen werden. Daneben besteht die Möglichkeit, Verluste durch Nachschüsse der Gesellschafter abzudecken.

GmbH & Co. KG

Diese weit verbreitete Rechtsform ist eine Sonderform der **Kommanditgesellschaft**. Die Besonderheit besteht darin, dass der normalerweise persönlich und unbegrenzt haftende Komplementär eine beschränkt haftende GmbH ist.
Die Gesellschafter der GmbH sind meist gleichzeitig die Kommanditisten der KG.
Eine GmbH & Co. KG wird gegründet, um die Haftungsrisiken der beteiligten Personen zu begrenzen.

Die wichtigsten Merkmale einer GmbH	
Geschäftsführung	durch den/die Geschäftsführer
Vertretung	durch den/die Geschäftsführer
Kapitalbeschaffung	mindestens 25.000,00 € Stammkapital durch die Gesellschafter
Haftung	– die GmbH mit ihrem Gesellschaftsvermögen – der Gesellschafter mit seiner Stammeinlage
Gewinnverteilung	an die Gesellschafter im Verhältnis ihrer Geschäftsanteile

9.3 Unternehmergesellschaft (haftungsbeschränkt)

Der Gesetzgeber hat eine Abwandlung der GmbH geschaffen, um die Gründung einer GmbH zu erleichtern und sie im Wettbewerb mit international ähnlichen Rechtsformen zu stärken. Existenzgründer und Kleinunternehmen sollen von dieser Variante Gebrauch machen.

Nur die beiden nebenstehenden Bezeichnungen sind zulässig.

Bei der **Unternehmergesellschaft (haftungsbeschränkt)** oder **UG (haftungsbeschränkt)** beträgt das Mindest-Stammkaptal 1,00 €. Erzielte Gewinne dürfen nicht voll ausgeschüttet werden. 25 % des Überschusses sind in eine Rücklage einzustellen, bis das Mindest-Stammkapital einer normalen GmbH (25.000,00 €) schrittweise „angespart" ist. Auf diese Weise kann aus einer UG (haftungsbeschränkt) im Laufe der Zeit eine normale GmbH werden.

Die UG (haftungsbeschränkt) wird auch als **Mini-GmbH** oder **Ein-Euro-GmbH** bezeichnet.

Als Anlage zum GmbH-Gesetz werden sogenannte Musterprotokolle zur Verfügung gestellt, die die Beurkundung des Gesellschaftsvertrages vereinfachen und sehr kostengünstig machen. Ein Eintrag ins Handelsregister ist notwendig.

→ **Unternehmergesellschaft (haftungsbeschränkt):** Rechtsform mit eigener Rechtspersönlichkeit, die eine Abwandlung der GmbH darstellt und mit einem Mindeststammkapital von 1,00 € gegründet werden kann.
Aktiengesellschaft: Rechtsform mit eigener Rechtspersönlichkeit, in der (in der Regel viele) Gesellschafter (Aktionäre) durch ihre Einlagen ein gemeinsames Grundkapital aufbringen, um Erträge zu erwirtschaften. Die Gesellschafter haften nur mit ihrem Anteil am Grundkapital.

Zusammenfassung

Kapitalgesellschaften

GmbH

Gründung
- Juristische Person
- Eine oder mehrere Personen
- Gesellschaftsvertrag
- Firma: frei wählbar
- Zusatz: GmbH oder Gesellschaft mit beschränkter Haftung
- Handelsregistereintrag notwendig (konstitutive Wirkung)

Kapitalbeschaffung
- Mindestkapital 25.000,00 €
- Stammkapital durch Gesellschafter aufgebracht
- Stammeinlagen der Gesellschafter
- Evtl. Nachschusszahlungen
- Schwierige Fremdkapitalbeschaffung

Geschäftsführung/Vertretung
- Zwei oder drei Organe
- Geschäftsführung: durch Gesellschafter oder Dritte
- Name(n) im Handelsregister und auf Geschäftsbriefen
- Gesellschafterversammlung: Interessenvertretung der Gesellschafter
- Aufsichtsrat:
  - ab 500 Mitarbeiter oder aufgrund der Satzung
  - kontrolliert die Geschäftsführung

Haftung
- GmbH: mit ihrem Geschäftsvermögen
- Gesellschafter: mit der Einlage

Gewinn- und Verlustverteilung
- Nach Geschäftsanteilen
- Gewinnrücklagen möglich
- Verlust: durch Rücklagen oder Nachschüsse gedeckt

GmbH & Co. KG
- Sonderform der KG
- GmbH ist Komplementär

UG (haftungsbeschränkt)
- Mindestkapital: 1,00 €
- Vereinfachte Gründung

AG
- Grundkapital durch Aktionäre
- Haftung bis zum Kapitalanteil

10 Investition und Finanzierung

➲ Lernsituation 10: Einen Bankkredit beantragen

Kaufleute, die die Absicht haben, ein Unternehmen zu gründen oder ihr bestehendes Unternehmen auszuweiten, benötigen Kapital für die Beschaffung von Maschinen, Betriebs- und Geschäftsausstattung, Materialvorräten, eventuell auch Grundstücken und Gebäuden. Der Vorgang der Kapitalbeschaffung wird **Finanzierung** genannt. Unter **Investition** versteht man die Kapitalverwendung, also die Umwandlung von Kapital in Vermögen.

> **Finanzierung:** Beschaffung von Kapital für ein Unternehmen
> **Investition:** Verwendung des durch die Finanzierung beschafften Kapitals

10.1 Investitionsplan

Bevor die Entscheidung über die zur Gründung des Unternehmens vorgesehenen Investitionen gefällt wird, ist ein Investitionsplan zu erstellen. Dafür sind die möglichst exakten Kosten für alle infrage kommenden Investitionen zu ermitteln und zusammenzustellen. Investitionsplan

> In einem **Investitionsplan** werden die einzelnen Bausteine der Investition (Grundstücke, BGA, Material usw.) übersichtlich dargestellt.

Dabei kann man sich an folgender Checkliste orientieren:

Checkliste zum Investitionsplan

- Beschaffung des Grundstücks
- Bauliche Investitionen: Neubau, Umbau, Erweiterung, Renovierung, Einbau, Installation
- Maschinen und Werkzeuge
- Betriebs- und Geschäftsausstattung
- Ladeneinrichtung
- Büromöbel, Büromaschinen, Büromaterial
- Hard- und Software für die EDV
- Telekommunikationsmittel
- Kraftfahrzeuge
- Mietvorauszahlung, Mietkaution

Die ermittelten Beträge finden nach getroffener Investitionsentscheidung Eingang in die **Kapitalbedarfsrechnung**. Sie dient der Ermittlung des Gesamtkapitalbedarfs für die Betriebsgründung und enthält sowohl den langfristigen als auch den kurzfristigen Kapitalbedarf. Der kurzfristige Kapitalbedarf bezieht sich auf das Waren- und Materiallager sowie auf die zur Finanzierung der laufenden Betriebstätigkeit für einen festgelegten Zeitraum erforderlichen Betriebsmittel. Der für die Berechnung des Betriebsmittelbedarfs zugrunde zu legende Anlaufzeitraum ist zu schätzen. Langfristiger Kapitalbedarf = Investitionsbedarf

Berechnung des Betriebsmittelbedarfs

1. Schätzung bzw. Planung der Vorbereitungszeit	
Vorbereitungszeit für die Gründung Zeitraum zwischen Betriebsbeginn und Zahlungseingang	..... Monate ..... Monate
= Anlaufzeit	..... Monate
2. Berechnung der Anlaufkosten einschließlich Privatentnahmen pro Monat	
Gesamtkosten (z. B. Raumkosten, Personalkosten, Sachkosten, Zinsen) pro Monat	.... €

+ Privatentnahmen pro Monat	.... €
= Anlaufkosten pro Monat	.... €
3. Berechnung des Betriebsmittelbedarfs	
Anlaufzeit in Monaten · Anlaufkosten pro Monat = Betriebsmitteldarf	.... €

Die Ermittlung des Betriebsmittelbedarfs ist Grundlage für die folgende **Kapitalbedarfsrechnung**.

Kapitalbedarfsrechnung

Investitionen	**€**	**€**
Grundstück		
Gebäude bzw. bauliche Maßnahme (Neubau, Umbau, Erweiterung, Renovierung, Einbau, Installation)		
Maschinen und Werkzeuge		
Betriebsausstattung		
Geschäftsausstattung		
Büroeinrichtung		
EDV-Anlage		
Telekommunikationsmittel		
Kraftfahrzeuge		
Mietkaution		
= Kapitalbedarf für Investitionen		
Grundausstattung für Material und Waren		
(Materialeinsatz pro Jahr/Umschlag des Materiallagers pro Jahr)		
= Kapitalbedarf für Material- und Warenbestand		
Betriebsmittelbedarf lt. Sonderberechnung (siehe oben)		
= Kapitalbedarf zur Vorfinanzierung betrieblicher Kosten, privater Ausgaben sowie der Vorfinanzierung der Außenstände		
= Gesamtkapitalbedarf		

Zusammenhang zwischen Investition und Finanzierung
Der Zusammenhang zwischen Finanzierung und Investition wird auch in der Bilanz dargestellt:

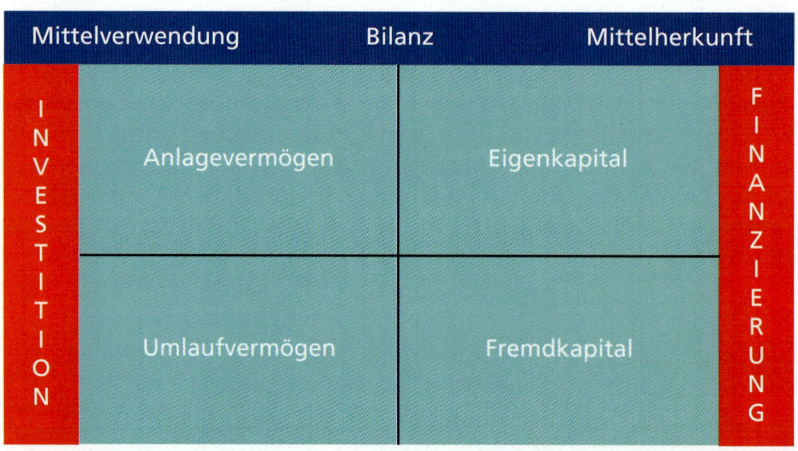

Die rechte Seite der Bilanz gibt Auskunft über die Herkunft der Mittel. Durch Eigenkapital des oder der Unternehmer und durch Fremdkapital, in der Regel von Kreditinstituten und Lieferanten, wird das Vermögen finanziert. Die linke Seite der Bilanz gibt Auskunft darüber, wie die Mittel verwendet werden bzw. in welche Vermögensteile investiert wird.

Aufgabe der Finanzierung ist es, das für die Investitionen benötigte Kapital zu beschaffen. Für die Kapitalbeschaffung stehen folgende Möglichkeiten zur Verfügung:

Kapitalfreisetzende Einnahmen	Kapitalzuführende Einnahmen
– Verkauf von Erzeugnissen – Rückzahlung von Kundenkrediten – Zinszahlungen der Kunden – Verkauf von Anlagegütern und Vorräten	– Erhöhung des Eigenkapitals – Aufnahme von Krediten – Einbehaltung des Gewinns

10.2 Investitionsarten

Bei der Unternehmensgründung sind verschiedene Arten von Investitionen zu tätigen. **Sachinvestitionen** werden benötigt für die Beschaffung von Anlagegütern, Roh-, Hilfs- und Betriebsstoffen, unfertigen und fertigen Erzeugnissen. Neben den Sachinvestitionen werden auch **Finanzinvestitionen** für flüssige Mittel und Forderungen benötigt. Sobald das Unternehmen seinen Betrieb aufnimmt, erfolgt eine ständige Umwandlung von Sachinvestitionen in Finanzinvestitionen und umgekehrt.
Man unterscheidet weitere Investitionsarten:

- **Erstinvestitionen**, die im Betrieb erstmalig getätigt werden aufgrund von Neugründungen, Sortimentserweiterungen oder neuen Produktionsverfahren;
- **Ersatzinvestitionen**, die dem Ersatz eines ausgemusterten Anlagegutes durch ein gleichartiges und gleichwertiges Gut dienen;
- **Erweiterungsinvestitionen**, die die Kapazität eines Unternehmens erhöhen;
- **Rationalisierungsinvestitionen**, die die Leistungsfähigkeit eines Unternehmens durch den Einsatz verbesserter anstelle veralteter Anlagen erhöhen.

Investitionen und Kapitalbeschaffungen sind jedoch nicht nur bei Unternehmensgründungen oder -erweiterungen zu beobachten, sondern auch im normalen Produktions- und Absatzprozess.

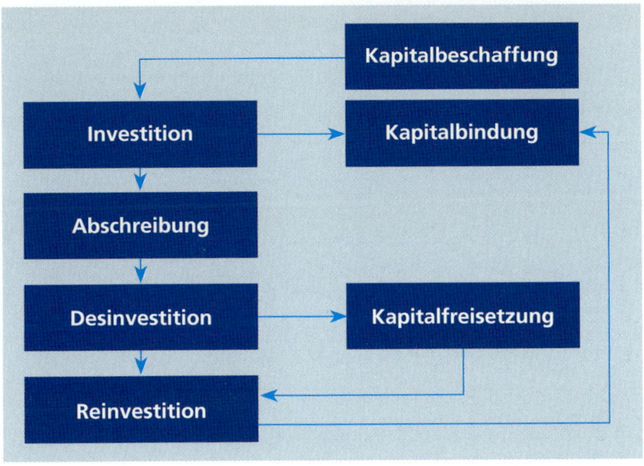

Für die Investition eines Anlagegutes, z. B. eine Geschäftsausstattung, werden Mittel beschafft. In dieser Geschäftsausstattung wird zunächst Kapital gebunden.
Das Anlagegut wird abgeschrieben. Der entsprechende Betrag wird in der Kalkulation von Produkten und Dienstleistungen berücksichtigt.
Über den vom Kunden gezahlten Kaufpreis werden bisher gebundene Mittel frei.
Die Desinvestition (= Verkauf von Vermögensgegenständen) bewirkt eine Kapitalfreisetzung.
Werden die auf diese Weise freigesetzten Mittel wieder verwendet, um die Investition neuer Anlagegüter zu finanzieren, handelt es sich um eine Reinvestition.

10.3 Finanzierungsarten

Nach der **Herkunft** des Kapitals unterscheidet man:

- **Außenfinanzierung**: Das Kapital wird von den Eigentümern des Unternehmens (**Beteiligungsfinanzierung**, ein neuer Gesellschafter wird mit einer Geschäftseinlage in die Gesellschaft aufgenommen) oder von Kreditgebern (**Kreditfinanzierung**) zur Verfügung gestellt, wenn z. B. die Hausbank für den Ankauf eines Grundstücks z. B. ein langfristiges Darlehen gewährt.
- **Innenfinanzierung**: Das Kapital stammt aus dem Unternehmen selbst, entweder aus zurückgehaltenen Unternehmensgewinnen (**Selbstfinanzierung**, der Jahresgewinn wird nicht in voller Höhe an die Unternehmer ausgeschüttet, sondern verbleibt im Unternehmen als Rücklage) oder durch den Verkauf von Vermögensteilen (**Finanzierung aus freigesetztem Kapital**), wenn die Transportfahrzeuge des Fuhrparks verkauft werden, weil Frachtführer den Transport günstiger besorgen können.

Nach der **Rechtsstellung** der Kapitalgeber unterscheidet man:

- **Eigenfinanzierung**: Das Unternehmen erhält Eigenkapital durch die Unternehmer selbst oder durch die Zurückhaltung von Gewinnen.
- **Fremdfinanzierung**: Das Unternehmen erhält Fremdkapital durch die Aufnahme von Krediten bei Banken oder Lieferanten.

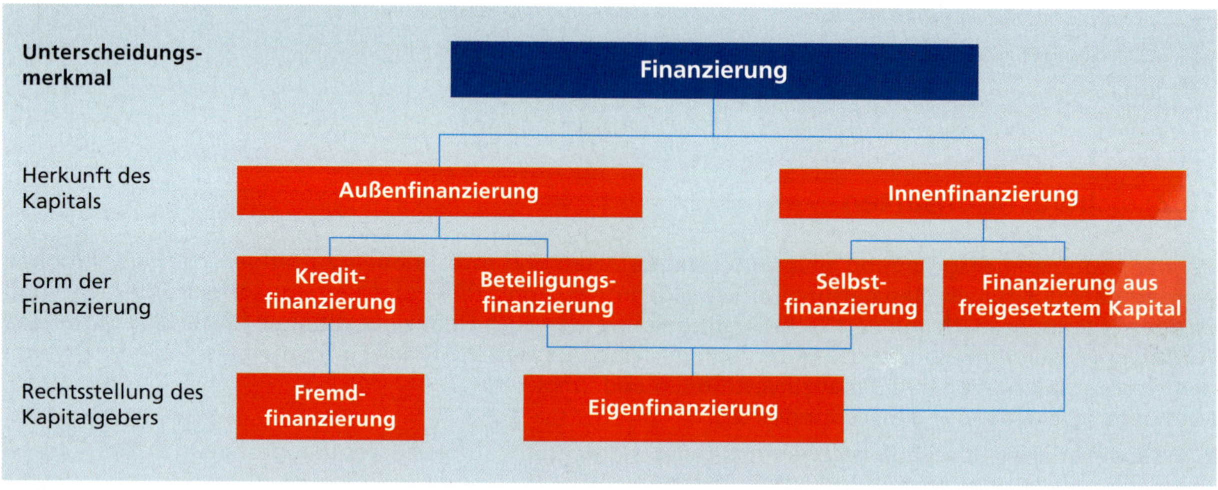

10.4 Finanzierungsplan

Wie oben aufgezeigt, benötigt der Existenzgründer zur Deckung seines Gesamtkapitalbedarfs eine Gesamtfinanzierung. Unter Berücksichtigung betriebswirtschaftlicher Finanzierungsregeln, der Arten der Finanzierung, der Kreditsicherheiten und unter Einbeziehung aller weiteren Finanzierungshilfen kann er einen Finanzierungsplan nach folgendem Schema erstellen.

→ In einem **Finanzierungsplan** werden die einzelnen Bausteine der Finanzierung (Eigenkapital, Darlehen usw.) übersichtlich dargestellt.

Schema für einen Finanzierungsplan

Finanzierungsplan	€	€
Eigenkapital		
Ersparnisse		
Eigenleistungen		
= Eigenfinanzierung		
Langfristiges Fremdkapital		
Darlehen der Hausbank		
Verwandtendarlehen		
Versicherungsdarlehen		
Darlehen aus Existenzgründungsprogrammen		
= Langfristige Fremdfinanzierung		
Kurzfristiges Fremdkapital		
Kontokorrentkredit der Hausbank		
Lieferantenkredite		
= Kurzfristige Fremdfinanzierung		
= Gesamtfinanzierung		

10.5 Eigenfinanzierung

Entschließt sich ein Kapitalgeber, einem Unternehmen über einen längeren Zeitraum Eigenkapital zuzuführen, so handelt es sich um eine **Eigenfinanzierung**. Der Kapitalgeber erwartet dafür die Erhaltung des realen Wertes seines eingesetzten Kapitals und eine Verzinsung des Kapitals in Form des Gewinns. Im Gegenzug ist er bereit, sein Kapital unbefristet und – in Abhängigkeit von der Rechtsform – unkündbar zur Verfügung zu stellen. Er will aber auch die Entscheidungen des Unternehmens beeinflussen, denn er haftet mit seinem Kapital für die Verbindlichkeiten des Unternehmens.

Wie im Schaubild auf Seite 76 dargestellt, zählt man zur Eigenfinanzierung auch die **Selbstfinanzierung**, die Nichtausschüttung von Gewinnen. Diese Form der **Innenfinanzierung** hat zur Folge, dass das Eigenkapital steigt. Bei Einzelunternehmen, OHG und beim Komplementär der KG erfolgt die Gutschrift nicht ausgeschütteter Gewinne auf den Kapitalkonten. Ein wesentlicher Vorteil liegt in der erhöhten Sicherheit und der damit einhergehenden Kreditwürdigkeit. Die Unabhängigkeit von Kreditgebern steigt somit. Bei Kapitalgesellschaften erfolgt die **offene Selbstfinanzierung** durch die Einstellung nicht ausgeschütteter Gewinne in Rücklagen, die auf der Passivseite der Bilanz erfasst werden.

Einzelunternehmung, siehe Seite 65
KG, siehe Seite 66

Zwischen dem Vorstand und der Hauptversammlung kommt es immer wieder zu Konflikten über die Höhe der Rücklagen einerseits und die Höhe der Dividende andererseits. Vorstände haben sich im Laufe der Zeit die Möglichkeit geschaffen, **stille Rücklagen** zu bilden. Diese **stille Selbstfinanzierung** erfolgt durch die Unterbewertung von Aktiva, indem z. B. Anlagegüter mit zu hohen Abschreibungen versehen werden, oder durch die Überbewertung von Passiva, indem z. B. zu hohe Rückstellungen für erwartete Schadenersatzforderungen getätigt werden.

Rückstellungen = Verbindlichkeiten, deren Höhe ungewiss ist.

Eine andere Form der Eigenfinanzierung ist die **Beteiligungsfinanzierung**. Bei einer Einzelunternehmung erfolgt die Beteiligung durch die Einbringung von Geld-, Sach- oder Rechtswerten. Aus dem Privatvermögen wird so das Eigenkapital des Unternehmens. In einer KG erfolgt die Beteiligungsfinanzierung durch eine Kapitalerhöhung der bisherigen oder durch Aufnahme neuer Gesellschafter, in Aktiengesellschaften hingegen durch die Ausgabe (Emission) junger Aktien.

→ **Eigenfinanzierung:** Finanzierung durch die Beschaffung bzw. Verwendung von Eigenkapital

10.6 Fremdfinanzierung

Unter Fremdfinanzierung versteht man die Zuführung von Fremdkapital von außen. Die Kapitalgeber (in der Regel Kreditinstitute und Lieferanten) sind Gläubiger und haben einen Anspruch auf Verzinsung ihres zur Verfügung gestellten Kapitals. Der Unternehmer als Schuldner hat darüber hinaus die Pflicht, das Geld pünktlich zurückzuzahlen.

→ **Fremdfinanzierung:** Finanzierung durch die Beschaffung bzw. Verwendung von Fremdkapital

10.7 Öffentliche Finanzhilfen für die Existenzgründung

Bund und Länder fördern die Neugründung von Betrieben und die Schaffung neuer Arbeitsplätze durch öffentliche Finanzierungshilfen. Die wichtigsten Programme sind

www.kfw.de

- ERP-Existenzgründungsdarlehen der KfW-Mittelstandsbank
- Eigenkapitalhilfe-Darlehen der KfW-Mittelstandsbank
- Existenzgründungsdarlehen der Bundesländer
- Öffentliches Beteiligungskapital
- Bürgschaften
- Überbrückungsgeld für Arbeitslose
- Existenzgründungszuschüsse für Arbeitslose

Alle öffentlichen Kreditprogramme zur Förderung von Existenzgründungen zeichnen sich durch günstige Zins- und Tilgungskonditionen aus. Die Anträge sind vor Investitionsbeginn zu stellen, und zwar bei den Hausbanken.

Dem Kredit sind in der Regel nachfolgende Unterlagen beizufügen:

10.8 Kredite

Wenn einem Unternehmen zur Finanzierung von Vermögensgegenständen von außen Kapital für einen begrenzten Zeitraum zur Verfügung gestellt wird, spricht man von einem Kredit.

→ **Kredit:** Überlassung von Kapital für einen begrenzten Zeitraum

Es gibt verschiedene Möglichkeiten, Kredite einzuteilen:

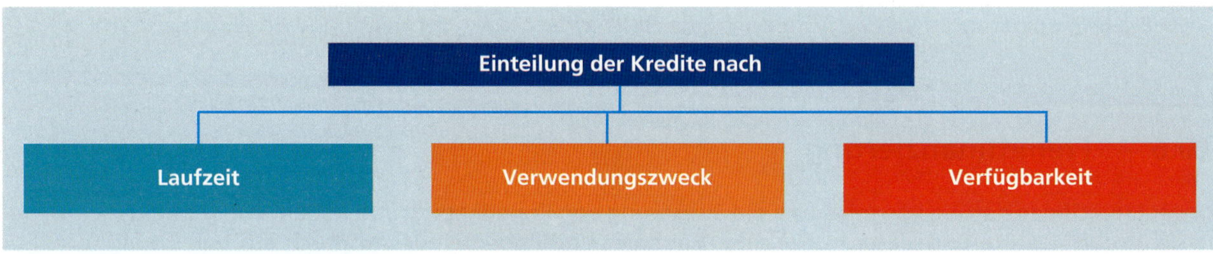

Nach der **Laufzeit** oder Fristigkeit unterscheidet man:

- **kurzfristige Kredite**: bis zu sechs Monaten Laufzeit;
- **mittelfristige Kredite**: zwischen sechs Monaten und vier Jahren Laufzeit;
- **langfristige Kredite**: ab vier Jahren Laufzeit.

Nach dem **Verwendungszweck** unterscheidet man:

- **Investitionskredite**, die zur Beschaffung von Anlagegütern verwendet werden;
- **Betriebsmittelkredite**, die der Finanzierung z. B. von Waren- oder Rohstoffbeständen dienen;
- **Überbrückungskredite**, die zur Überbrückung von Liquiditätsengpässen, z. B. bei Steuerterminen oder Lohn- und Gehaltszahlungen, gewährt werden;
- **Zwischenkredite**, die zur Vorfinanzierung eines zugesagten, meist langfristigen (häufig von Bausparkassen gewährten) Kredits beantragt werden;
- **Konsumentenkredite**, die von Endverbrauchern genutzt werden, um Konsumgüter zu finanzieren.

Nach der **Verfügbarkeit** unterscheidet man:

- **Darlehen**, also die Auszahlung einer bestimmten Kreditsumme, die in der Regel innerhalb einer befristeten Zeit zurückgezahlt werden muss, bei einem relativ geringen Zinssatz;
- **Kontokorrentkredit**, der in der Regel von Kreditinstituten gewährt, bis zu einer bestimmten Höhe in Anspruch genommen werden kann und in der Höhe schwankt. Der Sollzinssatz ist beim Kontokorrentkredit relativ hoch.

10.9 Abwicklung eines Kreditgeschäfts

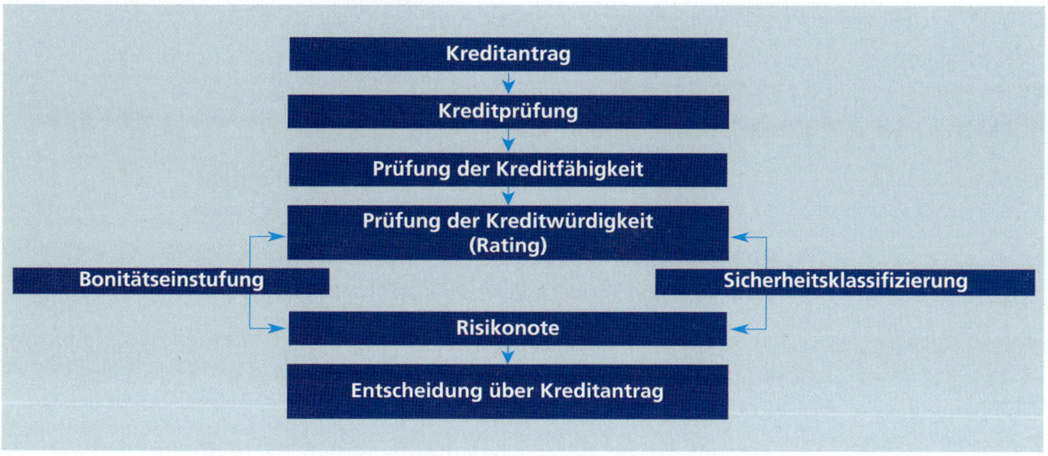

10.9.1 Überprüfung der Kreditfähigkeit

Kreditfähigkeit: Fähigkeit, rechtswirksam Kreditverträge abzuschließen

Zunächst prüft der Kreditsachbearbeiter die Kreditfähigkeit des Unternehmens. Das ist die Fähigkeit, rechtswirksam Kreditverträge abzuschließen. Folgende Personen/Unternehmen sind kreditfähig:

- natürliche Personen, die voll geschäftsfähig sind,
- beschränkt geschäftsfähige Personen mit Zustimmung des gesetzlichen Vertreters und des Vormundschaftsgerichtes,
- Personenhandelsgesellschaften (OHG, KG),
- juristische Personen (z. B. GmbH, Kommunen).

10.9.2 Überprüfung der Kreditwürdigkeit

Kreditwürdigkeit: Fähigkeit einer Person/eines Unternehmens, für einen aufgenommenen Kredit vereinbarungsgemäß Zinsen und Tilgung zu leisten

Im zweiten Schritt prüft die Bank, ob das Unternehmen in der Lage ist, den Kredit zu verzinsen und vereinbarungsgemäß zu tilgen (Kapitaldienstfähigkeit). Darüber hinaus versucht sie zu ermitteln, ob das Unternehmen ein zuverlässiger Kunde ist (persönliche Kreditwürdigkeit). Dazu greift der Kreditsachbearbeiter auf ein Kreditrating zurück, um anhand von Bonitätsklassen die Kreditwürdigkeit eines Antragstellers zu überprüfen. Das Rating setzt sich zusammen aus Ist-Zahlen, die Auskunft geben über die wirtschaftlichen Verhältnisse und die wirtschaftliche Entwicklung des Unternehmens. Hinzu kommt die Überprüfung sogenannter „weicher Faktoren“, die z. B. die Managementfähigkeiten des Unternehmers, aber auch dessen Marktverhalten betreffen.

Kredit-Rating: Bonitätsklassen der Kreditwürdigkeit	
Bonitätsklasse	**Kriterien**
Betriebsinhaber/ Management	– Fachkompetenz – Unternehmerische Qualifikation – Führungs- und Entscheidungsfähigkeit – Kreativität und Flexibilität
Markt/ Branche	– Marktbedingungen, -erwartungen, Branchenentwicklung – Konjunkturabhängigkeit – Breite, Tiefe, Qualität, Quantität, Anpassungsfähigkeit des betrieblichen Leistungsangebotes – Abnehmer- und Lieferantenstreuung – Konkurrenzintensität

Kredit-Rating: Bonitätsklassen der Kreditwürdigkeit	
Bonitätsklasse	**Kriterien**
Kundenbeziehungen zwischen Bank und Kreditnehmer	– Bisheriges Zahlungsverhalten des Kreditnehmers/Kontoführung – Einhaltung eingeräumter Kreditgrenzen – Informationsbereitschaft des Kreditnehmers
Wirtschaftliche Verhältnisse	– Zeitnahe Jahresabschluss- und Buchführungsunterlagen – Bewertung der bilanziellen Rentabilität und Liquidität – Auftragslage, Kooperationen, Zulieferer, Outsourcing – Übersicht über private Vermögensverhältnisse
Unternehmensentwicklung	– Vermögens-, Kapital- und Ergebnisprognosen (Unternehmensplanung) – Ertragsplanung und künftige Kapitaldienstfähigkeit – Auftragsvolumen und -entwicklung – Ausstattung der Unternehmensorganisation, Beschaffungs- und Vertriebswege – Besondere Unternehmensrisiken

Grundschuld, siehe Seite 90

Neben der Bonitätseinstufung nimmt der Kreditsachbearbeiter auch noch eine Sicherheitsklassifizierung vor, bei der die Kreditsicherheiten überprüft und ebenfalls eingestuft werden. Sind die Sicherheiten, die ein Kreditsuchender stellt, sehr gut (z. B. Grundschuldeintragungen), führt das in der Regel zu einem niedrigeren Zinssatz. Man kann sagen: Je risikoreicher die Sicherheit, umso höher der Zinssatz, den ein Kreditnehmer tragen muss. Um die wirtschaftlichen Verhältnisse zu überprüfen, benötigt der Sachbearbeiter einen Auszug aus dem Handelsregister, aktuelle Bilanzbücher, Erfolgsrechnungen und ggf. Geschäftsberichte der vergangenen Jahre. Die Analyse der Bilanz sowie die Bilanzkritik und der Vergleich der Kennzahlen mit Branchendurchschnittswerten geben wichtige Hinweise zur Kreditwürdigkeit.

Kennziffern zur Beurteilung von Unternehmen	Erläuterungen
$\textbf{Eigenfinanzierung} = \frac{\text{Eigenkapital} \cdot 100}{\text{Gesamtkapital}}$	Man kann an dieser Kennzahl erkennen, wie hoch der Anteil des Eigenkapitals am Gesamtkapital ist. Je höher das Eigenkapital, desto geringer der Fremdkapitalanteil und damit die Belastung mit Zins- und Tilgungszahlungen.
$\textbf{Anlagendeckung I} = \frac{\text{Eigenkapital} \cdot 100}{\text{Anlagevermögen}}$	Das Anlagevermögen soll möglichst langfristig finanziert werden, im Idealfall überwiegend durch Eigenkapital. Je höher die Kennzahl, desto besser ist das Unternehmen vor Zahlungsschwierigkeiten geschützt.
$\textbf{Anlagendeckung II} = \frac{(\text{EK} + \text{langfristiges FK}) \cdot 100}{\text{Anlagevermögen}}$	Auch das dem Unternehmen langfristig zur Verfügung stehende Fremdkapital kann zur Finanzierung des Anlagevermögens herangezogen werden. Darüber hinaus sollte auch der eiserne Bestand des Umlaufvermögens langfristig finanziert werden.
$\textbf{Kundenziel} = \frac{\text{Forderungen} \cdot 360}{\text{Umsatz}}$	Unter „Kundenziel" ist die Dauer der vom Kreditnehmer an seine Kunden gewährten Lieferantenkredite zu verstehen. Je geringer der Zeitraum, desto weniger muss das Unternehmen finanzieren.
$\textbf{Lieferantenziel} = \frac{\text{Verbindlichkeiten} \cdot 360}{\text{Materialaufwand bzw. Wareneinsatz}}$	Unter „Lieferantenziel" ist die Dauer der vom Lieferanten uns gewährten Lieferantenkredite zu verstehen. Je geringer der Zeitraum, desto eher begleichen wir unsere Verbindlichkeiten aus Lieferung und Leistung.
$\textbf{Umschlagshäufigkeit} = \frac{\text{Wareneinsatz}}{\text{durchschnittlicher Lagerbestand}}$ $\textbf{Lagerdauer} = \frac{360}{\text{Umschlagshäufigkeit}}$	Die Lagerkennzahlen geben Auskunft darüber, wie lange sich die Ware im Durchschnitt im Lager des Kreditnehmers befindet. Je höher die Umschlagshäufigkeit und je geringer die Lagerdauer, desto geringer sind die Kapitalbindung und damit die Kosten zur Finanzierung des Warenlagers.

Kennziffern zur Beurteilung von Unternehmen	Erläuterungen
Eigenkapitalrentabilität $= \frac{\text{Gewinn} \cdot 100}{\text{Eigenkapital}}$	Die Eigenkapitalrentabilität gibt an, wie hoch das im Unternehmen befindliche Eigenkapital verzinst wurde.
Gesamtkapitalrentabilität $= \frac{(\text{Jahresuberschuss} + \text{Zinsaufwendungen}) \cdot 100}{\text{Bilanzsumme}}$	Die Gesamtkapitalrentabilität gibt an, wie hoch das gesamte eingesetzte Kapital im Unternehmen verzinst wurde.

Kreditinstitute sind immer weniger bereit, Kredite allein auf der Basis der gestellten Sicherheiten auszugeben. Die Banken haben aufgrund des § 18 KWG (Kreditwesengesetz) die Pflicht, die Entwicklung der wirtschaftlichen Verhältnisse ihrer Kreditkunden ständig zu beobachten.

10.9.3 Auskunfteien

Neben diesen Unterlagen holt der Kreditsachbearbeiter weitere Informationen bei **Auskunfteien** ein. Für Kreditinstitute steht die **SCHUFA** (Schutzgemeinschaft für allgemeine Kreditsicherung) zur Verfügung. Sie erhält von ihren Mitgliedsinstituten Meldungen über deren Kunden (mit deren Zustimmung). Dazu zählen Höhe und Laufzeit eines Konsumentenkredites, die Tilgung solcher Kredite, die Nichteinlösung von Schecks usw. Auf Anfrage erteilt sie den Mitgliedern Auskunft über gespeicherte Daten. Bei der SCHUFA werden jedoch keine Firmendaten gespeichert.
Wenn ein Kreditinstitut Daten über einen Firmenkunden sucht, wendet es sich z. B. an die Auskunftei **Creditreform**. Sie erteilt jedoch auch Auskünfte an Privatpersonen oder gewerbliche Unternehmen, z. B. über das Internet (www.creditreform.de).

Zusammenfassung

Investition und Finanzierung				
Beschaffung und Verwendung von Kapital		Fremdfinanzierung		
Investitionsarten	Finanzierungsarten	Kreditarten	Kreditfähigkeit	Kreditwürdigkeit
▮ Erstinvestitionen ▮ Ersatzinvestitionen ▮ Erweiterungsinvestitionen ▮ Rationalisierungsinvestitionen	Nach der **Herkunft:** ▮ Außenfinanzierung ▮ Innenfinanzierung Nach der **Rechtsstellung:** ▮ Eigenfinanzierung ▮ Fremdfinanzierung	Nach der **Laufzeit:** ▮ Kurzfristige Kredite ▮ Mittelfristige Kredite ▮ Langfristige Kredite Nach dem **Verwendungszweck:** ▮ Investitionskredite ▮ Betriebsmittelkredite ▮ Zwischenkredite ▮ Konsumentenkredite Nach der **Verfügbarkeit:** ▮ Darlehen ▮ Kontokorrentkredit	**Natürliche Personen:** ▮ Voll geschäftsfähig ▮ Beschränkt geschäftsfähig + Zustimmung gesetzlicher Vertreter und Vormundschaftsgericht **Personengesellschaften** (OHG, KG) **Juristische Personen** (z. B. GmbH, Kommunen)	Lässt sich ermitteln durch ▮ Kredit-Rating ▮ Bilanzkennzahlen ▮ Auskunfteien

11 Kreditarten

➲ **Lernsituation 11: Ein Kreditangebot prüfen**

11.1 Kurzfristige Kredite

11.1.1 Kontokorrentkredit

Der wichtigste Kreditgeber ist in der Regel die Hausbank des Unternehmens. Für den täglichen Zahlungsverkehr mit Kunden und Lieferanten ist ein laufendes Konto unbedingt erforderlich. Auf diesem Konto besteht aber nicht immer ein Guthaben, sondern je nach Zahlungseingängen und -ausgängen unter Umständen auch zeitweise ein Soll-Bestand. In diesem Fall gewährt die Bank einen **Kontokorrentkredit**, der es dem Unternehmen erlaubt, das Konto bis zu einer vereinbarten Summe zu überziehen.

Kontokorrentkredit: kurzfristiger Bankkredit mit vereinbarter Maximalhöhe, der Schwankungen bei den Ein- und Auszahlungen auffangen soll

Für die Inanspruchnahme des Kredites müssen natürlich Zinsen gezahlt werden, deren Höhe bei Kontoeröffnung zwischen Bank und Kunde vereinbart worden sind. Befindet sich auf dem Konto ein Guthaben, zahlt die Bank – wenn auch einen geringen – Guthabenzins. Die Bank behält sich jedoch vor, je nach Wirtschaftslage die Zinsen zu erhöhen oder zu senken.
Die Zinsen für die Ausnutzung dieses Kontokorrentkredites nennt man Soll-Zinsen, weil sich das Unternehmen mit seinem Kontostand bei der Bank nicht mehr im (Gut-)**Haben,** sondern im **Soll** befindet.
Aus Sicht der Bank ist das Guthaben des Kunden eine Verbindlichkeit, die sie zurückzahlen muss. Buchhalterisch ist sie also auf der Haben-Seite des Kundenkontos zu erfassen. Erst wenn der Kunde sein Konto belastet, wird daraus eine Forderung, die er zurückzahlen muss. Diese Forderung wird auf der Soll-Seite des Kundenkontos erfasst.

Beispiel:
*Ein Unternehmen hat auf seinem Firmenkonto am 10. September ein Guthaben von **15.000,00 €**. Das Unternehmen benötigt nun dringend ein neues Computernetzwerk. Ein neues Netzwerk kostet jedoch 35.000,00 €. Nach einem Gespräch mit der Hausbank wird der Kontokorrentkredit auf **50.000,00 €** erhöht. Für die Ausnutzung des Kredits muss das Unternehmen **10,00 %** Soll-Zinsen bezahlen. Das Netzwerk wird am **15. September** gekauft. Der Rechnungsbetrag wird sofort überwiesen. Am **30. September** begleicht ein Kunde eine fällige Rechnung in Höhe von 50.000,00 € durch Überweisung auf das Bankkonto.*
1. *Wie viel Euro beträgt das Guthaben auf dem Firmen-Girokonto nach der Überweisung durch den Kunden?*
2. *Wie viel Euro Soll-Zinsen muss das Unternehmen für die Inanspruchnahme des Kontokorrentkredites zahlen?*

Lösung

Alter Kontostand:	*10. September*	*15.000,00 €*
Zahlungsausgang:	*15. September*	*35.000,00 €*
Zahlungseingang:	*30. September*	*50.000,00 €*
Neuer Kontostand:	*30. September*	***30.000,00 €***

Zeitraum der Inanspruchnahme des Kontokorrentkredites
Vom 15. September bis zum 30. September = **15 Tage**

$$\text{Soll-Zinsen} = \frac{\text{Kapital} \cdot \text{Prozentsatz} \cdot \text{Zeit (Tage)}}{100 \cdot 360}$$

$$\text{Soll-Zinsen} = \frac{20.000 \cdot 10 \cdot 15}{100 \cdot 360} = 83{,}33\ €$$

Die Soll-Zinsen werden nur für den Betrag berechnet, den das Unternehmen tatsächlich ausgenutzt hat, und nicht für den Betrag, den es hätte nutzen können. Der maximale Kreditbetrag wird **Limit** genannt. Das Limit wird in der Regel zwischen Kreditinstitut und Kunde vereinbart. Die Zahlungssituation von Unternehmen, aber auch von Privatpersonen ist aber manchmal so, dass dieses Limit überschritten wird. In diesem Fall spricht man von einem sogenannten Überziehungskredit, für den vom Kunden noch einmal ein deutlich höherer Zinssatz zu zahlen ist. Die Höhe dieses **Überziehungskredites** legt die Bank intern fest.

Privatpersonen verfügen in der Regel ebenfalls über ein laufendes Girokonto. Treffen auf dem Konto regelmäßig Zahlungen ein, gewährt die Bank oder Sparkasse auch diesen Kunden einen Kredit, der im allgemeinen Sprachgebrauch als **Dispositionskredit** bezeichnet wird. Häufig wird er zur Anschaffung größerer Konsumgüter genutzt. Durch die regelmäßigen Einnahmen, häufig sind dies Lohn- oder Gehaltszahlungen, wird der Kredit zurückgezahlt.

Dispositionskredit

11.1.2 Lieferantenkredit

Ein Lieferant gewährt dem Unternehmen einen Zahlungsaufschub (Kredit), damit dieser die Handelswaren/Rohstoffe möglichst schnell verkaufen (bzw. zu Produkten verarbeiten) und damit Umsatz erzielen kann. Mit den Umsatzerlösen kann das Unternehmen seine Schulden gegenüber dem Lieferanten z. B. 30 Tage begleichen. Da das Unternehmen für den Zahlungsaufschub keine extra Kosten tragen muss, spricht man auch von einem zinslosen Kredit.

Lieferantenkredit, siehe Seite 36

Lieferantenkredit: kurzfristiger Kredit des Lieferanten an seinen Kunden, indem für die Begleichung einer Rechnung ein Zahlungsziel gewährt wird

11.2 Mittel- bis langfristige Bankkredite

Während der Kontokorrentkredit vor allem der Finanzierung des Umlaufvermögens dient, wird das **Darlehen** häufig zur Beschaffung von neuen Anlagegütern verwendet. Hier handelt es sich in der Regel um einen zeitlich befristeten Kredit mit einer vertraglich vereinbarten Kreditsumme und einem für die Laufzeit festgelegten Zinssatz. Dieser liegt üblicherweise deutlich unter dem Zinssatz des Kontokorrentkredites.

Darlehen: Zeitlich befristeter Kredit, dessen Höhe, Laufzeit und Zinssatz vertraglich festgelegt werden.

Die Tilgung, das heißt die Rückzahlung des Kredites, kann je nach Vertrag unterschiedlich geregelt werden in Form von:

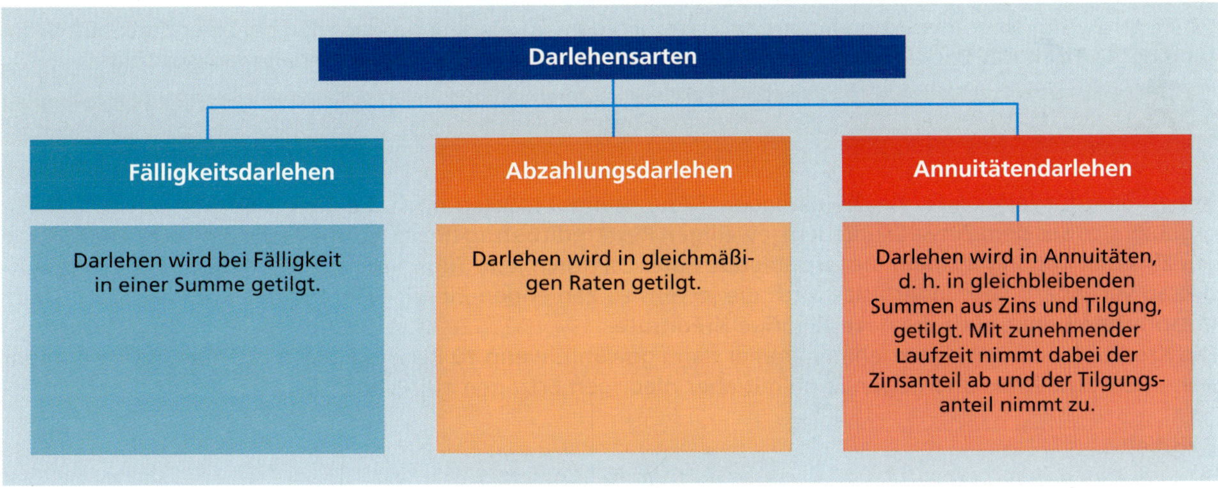

Beispiel:
Die Schreinerei Franz Schröder möchte eine neue Lagerhalle bauen. Die Kosten belaufen sich voraussichtlich auf 600.000,00 €. Circa 200.000,00 € kann das Unternehmen aus eigenen Mitteln aufbringen. Für die Restsumme von 400.000,00 € benötigt man einen langfristigen Kredit, der bei der Hausbank beantragt wird. Das Kreditinstitut benötigt zur Prüfung diverse Unterlagen und Informationen.

11.2.1 Fälligkeitsdarlehen

Merkmale des Fälligkeitsdarlehens:

- Keine laufende Tilgung, da die Tilgung am Ende der Laufzeit erfolgt
- Gleichbleibende Belastung, da sie nur aus Zinszahlungen besteht
- In der Regel während der Laufzeit des Darlehens laufende Einzahlungen auf einen Sparplan, um die für die Tilgung des Darlehens benötigen Mittel anzusparen

Für Finanzierung einer Investition nimmt ein Unternehmen ein Fälligkeitsdarlehen bei einer Bank auf. Während der Laufzeit des Darlehens werden nur die Zinsen bezahlt. Da das Darlehen nicht laufend getilgt wird, errechnen sich die Zinsen immer vom Anfangsbetrag. Die ist vor allem dann von Vorteil, wenn die Erträge aus einem Investitionsprojekt erst gegen Ende fließen. Durch das Wegfallen der Tilgungsleistung verschafft sich das Unternehmen den entsprechenden finanziellen Spielraum.

Beispiel:
Fälligkeitsdarlehen über 100.000 €, Laufzeit 10 Jahre, Zinssatz 5 % p. a., Tilgung am Ende der Laufzeit

Jahr	Darlehensbetrag	Zinsen	Tilgung	Jahresrate
1	100.000,00 €	5.000,00 €	0 €	5.000,00 €
2	100.000,00 €	5.000,00 €	0 €	5.000,00 €
3	100.000,00 €	5.000,00 €	0 €	5.000,00 €
4	100.000,00 €	5.000,00 €	0 €	5.000,00 €
5	100.000,00 €	5.000,00 €	0 €	5.000,00 €
6	100.000,00 €	5.000,00 €	0 €	5.000,00 €
7	100.000,00 €	5.000,00 €	0 €	5.000,00 €
8	100.000,00 €	5.000,00 €	0 €	5.000,00 €
9	100.000,00 €	5.000,00 €	0 €	5.000,00 €
10	100.000,00 €	5.000,00 €	100.000,00 €	105.000,00 €

11.2.2 Abzahlungsdarlehen (Tilgungsdarlehen)

Merkmale des Abzahlungsdarlehens:

- Gleichbleibende, laufende Tilgung während der Laufzeit
- Sinkende Zinsbelastung durch konstante Tilgungsleistungen
- Am Anfang der Laufzeit sehr hohe Belastung durch die Kreditrate, diese nimmt aber gegen Ende der Laufzeit kontinuierlich ab

Für Finanzierung einer Investition nimmt ein Unternehmen ein Abzahlungsdarlehen bei einer Bank auf. Während der Laufzeit des Darlehens werden Zins und Tilgung bezahlt. Die Tilgung erhält man wie folgt:

Kreditbetrag : Laufzeit

Neben dem für jedes Jahr gleichbleibenden Tilgungsanteil müssen noch die Zinsen gezahlt werden. Diese ergeben sich aus dem Zinssatz und dem jeweiligen Restkreditbetrag (Restkreditbetrag × Zinssatz). Die Summe aus Zins und Tilgung ist dann die zu zahlende Rate. Da durch jede Tilgungsleistung sich auch der Restkreditbetrag verringert, vermindern sich auch die jeweils zu zahlenden Zinsen während des Kreditverlaufs. Dementsprechend sinkt auch die dazugehörige Kreditrate.
Die Kreditart wird von Unternehmen immer dann gewählt, wenn zu Beginn einer Investition mit einem sehr hohen Ertragszufluss und gegen Ende mit eher niedrigen Erträgen zu rechnen ist.

Beispiel:
Abzahlungsdarlehen über 100.000 €, Laufzeit 10 Jahre, Zinssatz 5 % p. a.

Jahr	Darlehensbetrag	Zinsen	Tilgung	Jahresrate
1	100.000,00 €	5.000,00 €	10.000,00 €	15.000,00 €
2	90.000,00 €	4.500,00 €	10.000,00 €	14.500,00 €
3	80.000,00 €	4.000,00 €	10.000,00 €	14.000,00 €
4	70.000,00 €	3.500,00 €	10.000,00 €	13.500,00 €
5	60.000,00 €	3.000,00 €	10.000,00 €	13.000,00 €
6	50.000,00 €	2.500,00 €	10.000,00 €	12.500,00 €
7	40.000,00 €	2.000,00 €	10.000,00 €	12.000,00 €
8	30.000,00 €	1.500,00 €	10.000,00 €	11.500,00 €
9	20.000,00 €	1.000,00 €	10.000,00 €	11.000,00 €
10	10.000,00 €	500,00 €	10.000,00 €	10.500,00 €

11.2.3 Annuitätendarlehen

Merkmale des Annuitätendarlehens

- Gleichbleibende Rate während der Laufzeit
- Sinkende Zinsbelastung, regelmäßige Tilgungsleistungen
- Am Anfang der Laufzeit eine geringe Tilgungsleistung und dafür eine hohe Zinsbelastung
- Am Ende der Laufzeit eine hohe Tilgungsleistung und dafür eine geringe Zinsbelastung

Für Finanzierung einer Investition nimmt ein Unternehmen ein Annuitätendarlehen bei einer Bank auf. Während der Laufzeit des Darlehens werden sowohl Zins als auch Tilgung bezahlt. Die Rate, bestehend aus einem Zins- und Tilgungsanteil, bleibt bei dieser Darlehensform stets gleich. Im Idealfall ist diese bereits angegeben. Andernfalls kann diese mithilfe der sogenannten Annuitätenformel oder der anfänglichen Tilgung (z. B. 2 % vom Kreditbetrag) berechnet werden. Der in der Rate enthaltene Zinsanteil sinkt mit zunehmender Laufzeit, der Tilgungsanteil steigt.
Die Kreditart wird von Unternehmen immer dann gewählt, wenn während einer Investition mit (nahezu) konstanten Erträgen über die gesamte Laufzeit zu rechnen ist.

Berechnung der Annuität über die gleichnamige Formel

$$\text{Annuität} = \text{Kreditbetrag} \cdot \frac{\text{Zinssatz} \times (1 + \text{Zinssatz})^{\text{Laufzeit}}}{(1 + \text{Zinssatz})^{\text{Laufzeit}} - 1}$$

Berechnung der Annuität über die anfängliche Tilgung
Ist die anfängliche Tilgung bekannt (z. B. 2 % vom Kreditbetrag), so ergeben die Zinsen für das erste Jahr (Kreditbetrag · Zinssatz) + die anfängliche Tilgung die gesuchte Annuität, welche für die gesamte Laufzeit gleich bleibt.

Beispiel:
Annuitätendarlehen über 100.000,00 €, Laufzeit 10 Jahre, Zinssatz 5 % p. a.

Jahr	Darlehensbetrag	Zinsen	Tilgung	Jahresrate
1	100.000,00 €	5.000,00 €	7.950,46 €	12.950,46 €
2	92.049,54 €	4.602,48 €	8.347,98 €	12.950,46 €
3	83.701,56 €	4.185,08 €	8.765,38 €	12.950,46 €
4	74.936,18 €	3.746,81 €	9.203,65 €	12.950,46 €
5	65.732,53 €	3.286,63 €	9.663,83 €	12.950,46 €
6	56.068,70 €	2.803,44 €	10.147,02 €	12.950,46 €
7	45.921,68 €	2.296,08 €	10.654,37 €	12.950,46 €
8	35.267,31 €	1.763,37 €	11.187,09 €	12.950,46 €
9	24.080,22 €	1.204,01 €	11.746,45 €	12.950,46 €
10	12.333,77 €	616,69 €	12.333,77 €	12.950,46 €

11.3 Kreditvertrag

Kreditvertrag: Vertrag, durch den sich ein Kreditgeber (z. B. eine Bank) gegenüber einem Kreditnehmer (z. B. ein Unternehmen) zur Gewährung eines Kredits zu den zwischen beiden Parteien vereinbarten Konditionen verpflichtet

Ist das Kreditinstitut der Meinung, dass das Unternehmen kreditwürdig ist, kommt es zum Abschluss eines Kreditvertrages. Darin vereinbaren Kreditgeber und Kreditnehmer die Kredithöhe und -dauer, die Höhe der Zinsen, mögliche Provisionen und Gebühren, die Auszahlungshöhe, den Verwendungszweck, die Rückzahlung sowie die notwendigen Sicherheiten.

Beispiel: Kreditvertrag

Hansa Bank AG Kassel

Darlehensvertrag

Darlehensnehmer (Name, Anschrift, Geburtsdatum)	Bank
Franz Henkels KG Herzogstr. 4 34177 Kassel	Hansa Bank AG Markt 6 34177 Kassel

Darlehensnehmer und Bank schließen folgenden Vertrag in Euro:

1 Höhe des Darlehens:

Die Bank stellt dem Darlehensnehmer ein Darlehen zur Verfügung in Höhe von Betrag [400.000,00]

Der Darlehensnehmer ist verpflichtet, das Darlehen bis spätestens zum [ ] abzunehmen.

2 Verwendungszweck:

[ ]

3 Konditionen

3.1 Verzinsung: Das Darlehen ist ab dem Tag der Auszahlung mit [7,000] % jährlich zu verzinsen.

Dieser Zinssatz ist [ ] variabel [x] festgeschrieben bis zum [30.10.20(+6)]

Die Zinsen werden aus dem jeweiligen Darlehenssaldo berechnet.

Die Zinsen sind fällig ab [30. November 20(0)] eines jeden

[x] Monats [ ] Kalendervierteljahres [ ] Kalenderhalbjahres [ ] Kalenderjahres

3.2 Auszahlung: Das Darlehen wird zu einem Auszahlungskurs von [98,000] % ausgezahlt.

Das Disagio beträgt ./. Betrag [8.000,00]

Es ist fällig [x] in voller Höhe bei Auszahlung des Darlehens oder eines ersten Teilbetrags [ ] anteilig bei jeder Teilauszahlung [ ] unabhängig vom Tag der Auszahlung am

3.3 Kosten, Nebenleistungen, Nettokreditbetrag:

Nettokreditbetrag: Der Nettokreditbetrag wird dem Girokonto ./. Betrag [392.000,00]

Nr. [1002585900] ganz oder in Teilbeträgen gutgeschrieben.

4 Darlehensrückzahlung: Das Darlehen ist wie folgt zurückzuzahlen:

4.1 [x] in voller Höhe am [30.10.20(+6)]

5 Effektiver bzw. anfänglicher effektiver Jahreszins [7,86] %.

Hierbei wurde verrechnet:

2,000 % Disagio	auf einen Zeitraum von	5 Jahren 359 Tagen
1,5 % Bearbeitungsentgelt	auf einen Zeitraum von	5 Jahren 359 Tagen

Bei der Berechnung des effektiven bzw. anfänglichen effektiven Jahreszinses wurde eine Auszahlung

[ ] zu Beginn der auf den Abschluss des Darlehensvertrags folgenden Abrechnungsperiode [x] zum [1.11.20(0)] angenommen.

6 Gesamtbetrag: (Alle vom Darlehensnehmer zu leistenden Teilzahlungen einschließlich Tilgung, Zinsen und Kosten – soweit bezifferbar)

[576.000,00]

Ort, Datum	Darlehensnehmer
Ort, Datum	Bank Hansa Bank AG Kassel

11.4 Kosten des Darlehens

Bei einem Darlehen muss der Kreditnehmer mit folgenden Kosten rechnen:

- Für die Überlassung von Geld für mehrere Jahre verlangen Banken **Zinsen** (als Prozentsatz von der Kreditsumme).
- Manchmal ist der Auszahlungsbetrag etwas geringer als die vereinbarte Kreditsumme. Den Unterschied zwischen der Kreditsumme und dem Auszahlungsbetrag nennt man **Disagio** (Abgeld; Prozentsatz von der Kreditsumme).

Disagio

Beispiel:

Bei dem oben beschriebenen Darlehensvertrag ergeben sich folgende Kosten:

Zinsen für 6 Jahre $= \frac{\text{Kapital} \cdot \text{Zinssatz} \cdot \text{Jahre}}{100} = \frac{40.000,00 \cdot 7 \cdot 6}{100} =$	*168.000,00 €*
Disagio = 2 % von 400.000,00 €	*8.000,00 €*
Kreditkosten insgesamt	*176.000,00 €*

Will man den tatsächlichen Zinssatz (effektiver Zinssatz) berechnen, muss man den Auszahlungsbetrag sowie sämtliche Kreditkosten berücksichtigen. Dazu verwendet man die folgende Zinsformel:

$$\textbf{Effektivzinssatz} = \frac{\text{Kreditkosten} \cdot 100 \cdot 1}{\text{ausgezahlten Betrag} \cdot \text{Jahre}} = \frac{176.000,00 \cdot 100}{(400.000,00 - 8.000,00) \cdot 6} = 7,48\ \%$$

Zusammenfassung

Kreditarten

Kontokorrentkredit	Fälligkeitsdarlehen	Abzahlungsdarlehen	Annuitätendarlehen
Kurzfristiger Bankkredit mit vereinbarter Maximalhöhe ▪ Bereitstellung auf dem Kontokorrentkonto ▪ Relativ hoher Zinssatz ▪ Rückzahlung erfolgt durch Geleingänge auf dem Konto ▪ Unbefristete Laufzeit	Mittel- bis langfristiger Bankkredit mit fester Laufzeit und endfälliger Tilgung ▪ Fester Darlehensbetrag ▪ Feste Laufzeit ▪ Nur laufende Zinszahlung ▪ Tilgung am Ende der Laufzeit in einer Summe ▪ I. d. R. fester Zinssatz	Mittel- bis langfristiger Bankkredit mit fester Laufzeit und gleichbleibender Tilgung ▪ Fester Darlehensbetrag ▪ Feste Laufzeit ▪ Feste Tilgungsrate ▪ Laufende Zinszahlung ▪ Abnehmende Raten ▪ I. d. R. fester Zinssatz	Mittel- bis langfristiger Bankkredit mit fester Laufzeit und gleichbleibender Rate ▪ Fester Darlehensbetrag ▪ Feste Laufzeit ▪ Feste Darlehensrate ▪ Laufende Tilgung ▪ Laufende Zinszahlung ▪ Zunehmende Tilgung ▪ I. d. R. fester Zinssatz

12 Kreditsicherung

➲ **Lernsituation 12: Einen Kredit besichern**

12.1 Zession

Unter **Zession** versteht man die Abtretung von Forderungen, die der Kreditnehmer gegenüber einem Dritten hat, an den Kreditgeber.

Neben dem Kreditvertrag kommt zusätzlich ein Abtretungsvertrag (§ 398 ff. BGB) zustande. Die Kreditsicherung ergibt sich aus dem Anspruch des Kreditgebers gegenüber dem Drittschuldner. Er verfügt damit über zwei Forderungen, die er gegebenenfalls gerichtlich durchsetzen kann. Einerseits die Forderung aus dem Kreditvertrag gegen den Kreditnehmer, andererseits die Forderung aus dem Abtretungsvertrag gegen den Drittschuldner.

Wenn der Drittschuldner über den Abtretungsvertrag informiert wird, handelt es sich um eine **offene Zession**. Unterbleibt die Benachrichtigung, spricht man von einer **stillen Zession**. In diesem Fall sollte der Kreditgeber vom Kreditnehmer eine Blankoabtretungsanzeige verlangen, die er dem Drittschuldner vorlegen kann, wenn der Kreditnehmer mit der Weitergabe der Zahlungseingänge in Verzug gerät. So wird die stille in eine offene Zession umgewandelt.
Um das Risiko des Forderungsausfalls zu minimieren, wird üblicherweise eine Überdeckung des Kredites verlangt. Zum Beispiel müssen für einen Kredit von 3.500,00 € Forderungen in Höhe von 5.000,00 € abgetreten werden, was einem Beleihungswert von 70 % entspricht.

12.2 Wechselkredit

Ein **Wechsel** ist ein Wertpapier, das die unbedingte Anweisung des Ausstellers an den Bezogenen enthält, zu einem bestimmten Zeitpunkt oder innerhalb einer bestimmten Frist, einen festen Betrag auszuzahlen. Begünstigter der Zahlung kann entweder der Aussteller selbst oder eine dritte Person sein.

Grundlage eines Wechselkredits ist in der Regel ein Warengeschäft. Möchte der Käufer die Ware nicht sofort bezahlen und reicht ihm die Laufzeit des Lieferantenkredits nicht aus, so kann er den Gläubiger bitten, ihm einen Wechsel auszustellen. Durch seine Unterschrift (Akzept) erklärt sich der Schuldner bereit, am Fälligkeitstag die Wechselsumme zu zahlen. Neben die Forderung aus der Warenlieferung tritt die Wechselforderung. Es handelt sich gewissermaßen um einen Stundungskredit, der durch einen Wechsel gesichert wird. Der Kreditnehmer erhält vom Kreditgeber üblicherweise eine separate Rechnung über die Zinsen und Spesen, die er umgehend zu begleichen hat.
Der Kreditgeber kann den Wechsel am Fälligkeitstag vorlegen, er kann ihn als Zahlungsmittel an einen Gläubiger weitergeben oder als Sicherheit für einen Bankkredit bei seinem Kreditinstitut hinterlegen. Das Kreditinstitut legt dem Wechselschuldner am Fälligkeitstag den Wechsel zur Einlösung vor. Die Bank verlangt vom Wechselaussteller einen festgelegten Zins sowie eine Inkassoprovision und Spesen. Für den Aussteller handelt es sich dennoch um einen günstigen Kredit, weil er seinem Schuldner ebenfalls Finanzierungskosten berechnen kann.

12.3 Realkredit

Bei Zahlungsschwierigkeiten des Kreditnehmers ist der Aufwand für den Kreditgeber, einen Personalkredit zurückgezahlt zu bekommen, relativ groß. Kreditgeber greifen deshalb gerne auf **Realkredite** zurück, bei denen sie über bewegliche Vermögensgegenstände (z. B. Schmuck oder Wertpapiere) und unbewegliche Vermögensgegenstände (z. B. Grundstücke und Häuser) verfügen können, wenn der Kreditnehmer den Kredit nicht zurückzahlt. In der Regel handelt es sich – juristisch gesprochen – um *Sachen* oder *Rechte*, die der Kreditgeber leicht verwerten kann. Weil Realkredite mit Gegenständen abgesichert werden, spricht man auch von **dinglich gesicherten Krediten**. Zu den Realkrediten zählen der Lombardkredit, der Sicherungsübereignungskredit und der Grundpfandkredit.

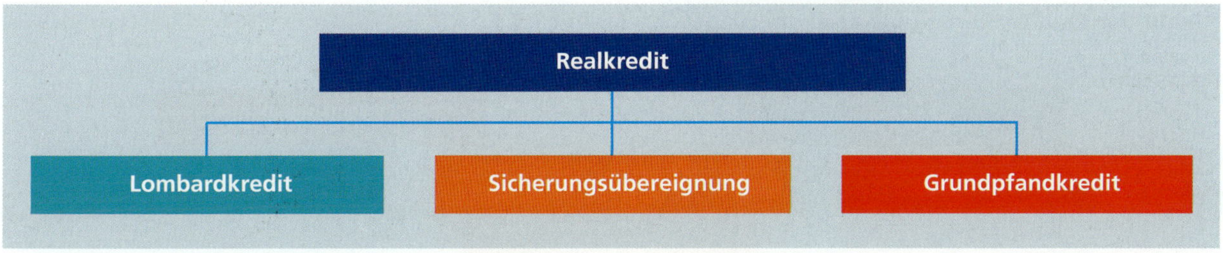

12.3.1 Pfandkredit (Lombardkredit)

Ein **Pfand** ist ein Gegenstand, der als Sicherheit für eine Geldforderung eingesetzt wird.

Der **Lombardkredit** wird auch **Faustpfandkredit** genannt, weil zur Sicherung des Kredites bewegliche und hochwertige Sachen (z. B. Aktien, Schmuck, Lebensversicherungen, Kunstwerke, Edelmetalle) verpfändet werden. Neben dem Kreditvertrag schließt der Kreditgeber mit dem Kreditnehmer noch einen Pfandvertrag, der dem Gläubiger das Recht einräumt, sich aus dem Pfand zu befriedigen, wenn der Schuldner seinen Zahlungsverpflichtungen aus dem Kreditvertrag nicht nachkommt. Lombardkredite finden meistens bei kurzfristigen Kreditverträgen Anwendung.

Ablauf der Kreditsicherung bei der Lombardierung

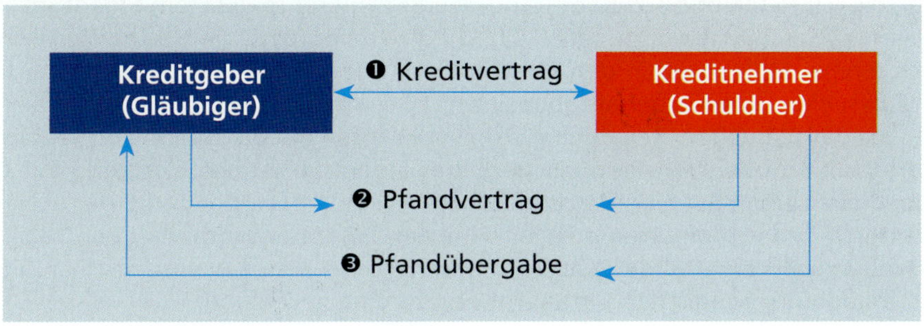

Beim Pfandvertrag wird der Kreditgeber zum **Besitzer** des Pfands, während der Kreditnehmer **Eigentümer** bleibt. Wenn also der Kreditvertrag geschlossen wurde, übergibt der Kreditnehmer dem Kreditgeber das Pfand als Sicherheit. Zahlt der Kreditnehmer den Kredit nicht zurück, hat der Kreditgeber das Recht, das Pfand zu versteigern und den Erlös für sich zu behalten.
Pfandkredite mit einem Lieferanten als Kreditgeber sind selten, mit einem Kreditinstitut dagegen häufiger. Diese Sicherungsform wird z. B. von Industrieunternehmen gewählt, um Spitzen im Kapitalbedarf bei Lohnzahlungen oder Steuerterminen zu decken. Meist werden als Pfänder Wertpapiere des Anlagevermögens, seltener des Umlaufvermögens verwendet.

12.3.2 Sicherungsübereignung

Sicherungsübereignung: Vertrag, durch den der Kreditnehmer dem Kreditgeber zur Sicherung einer Schuld das Eigentum an einer beweglichen Sache oder an einer Sachgesamtheit (z. B. Warenlager) überträgt, aber diese als Besitzer weiter nutzen darf.

Im Gegensatz zur Verpfändung wird bei der Sicherungsübereignung der Kreditgeber zum **Eigentümer**, während der Kreditnehmer unmittelbarer **Besitzer** der Sicherungsgegenstände bleibt.
Zur Sicherungsübereignung nimmt eine Bank häufig Warenvorräte oder Gegenstände des Anlagevermögens (Fuhrpark, Geschäftsausstattung) als Sicherungsmöglichkeit. Die Sicherungsgegenstände gehen dann ins Eigentum der Bank über, während der Kreditnehmer als Besitzer die Gegenstände weiter betrieblich nutzen kann. Diese Form der Kreditsicherung wird inzwischen häufig von Kreditinstituten der Autohersteller angeboten, die damit den Absatz ihrer Modelle fördern.

Ablauf der Kreditsicherung bei der Sicherungsübereignung

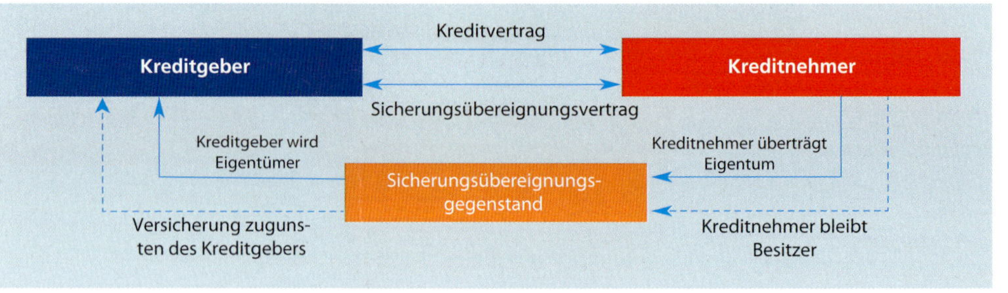

Bei Rohstoffen, die verpfändet werden, ist die Sache etwas komplizierter, denn sie werden zu Fertigerzeugnissen verarbeitet und sind der Verwertung durch den Kreditgeber entzogen. Aus diesem Grund wurde die Wirkung der Sicherungsübereignung verlängert. In den Verträgen findet sich entweder eine **Verarbeitungsklausel,** die die Übereignung der Fertigerzeugnisse entsprechend dem Wert der verarbeiteten Waren berücksichtigt. Oder es wird eine **Veräußerungsklausel** aufgenommen, mit der die aus dem Verkauf der Fertigerzeugnisse stammenden Forderungen an den Kreditgeber abgetreten werden.
Der Kreditgeber verlangt bei dieser Kreditsicherungsform neben den Zinsen und der üblichen Kreditprovision den Nachweis eines Versicherungsvertrages, der im Falle des Untergangs der Sachen die Rückzahlung des Kredites garantiert.

Eigentumsvorbehalt

Einfacher Eigentumsvorbehalt – verlängerter Eigentumsvorbehalt

Die Formulierung „die Ware bleibt bis zur vollständigen Bezahlung in unserem Eigentum" findet man häufig in den Allgemeinen Geschäftsbedingungen von Unternehmen bzw. als Bestandteil von Kaufverträgen, vielfach auch noch einmal als Hinweis in den Rechnungen. Dadurch werden Sachkredite, insbesondere Lieferantenkredite, durch Eigentumsvorbehalt abgesichert. Der Käufer wird nur Besitzer der Sache, während das Eigentum bis zur vollständigen Bezahlung beim Verkäufer bleibt. Durch gutgläubigen Erwerb bzw. durch Einbau, Vermischung oder Vermengung geht das Eigentum jedoch trotzdem auf den Käufer bzw. dessen Kunden über, auch wenn der Eigentumsvorbehalt vereinbart wurde. Verkäufer sichern sich für diesen Fall üblicherweise durch den verlängerten oder **erweiterten Eigentumsvorbehalt** ab. Dabei vereinbaren die Vertragspartner Folgendes: Verkauft der Käufer die erworbene Ware weiter, tritt er die Forderung, die dadurch entsteht, an den ursprünglichen Verkäufer ab (durch eine Zession).

Zession, siehe Seite 88

12.3.3 Grundpfandrechte

> Unter einem **Grundpfandrecht** versteht man das Pfandrecht an einem Grundstück, das sich der Kreditgeber als Sicherheit für den eingeräumten Kredit im Grundbuch durch den Kreditnehmer eintragen lässt.

Neben den beweglichen Sachen können zur Absicherung von Krediten auch unbewegliche Sachen wie Grundstücke und Gebäude herangezogen werden. Insbesondere bei langfristigen Krediten ist diese Form der Kreditsicherung weit verbreitet. Werden **Pfandrechte an Immobilien** zur Kreditsicherung herangezogen, so spricht man **von Grundpfandrechten**.
Grundpfandrechte werden in das **Grundbuch**, das amtliche Verzeichnis aller Grundstücke eines Amtsgerichtsbezirkes, eingetragen. Auf diese Weise kann man erfahren, wer Eigentümer eines Grundstücks ist und welche Lasten auf einem Grundstück ruhen.
Kreditinstitute bevorzugen die Kreditsicherung mit Grundpfandrechten, da der Wert von Grundstücken in der Regel beständig ist. Kredite werden aber selten in der Höhe des Grundstückswertes vergeben, sondern nur bis zu einem gewissen Prozentsatz. Zu unterscheiden sind bei den Grundpfandrechten die **Hypothek** und die **Grundschuld**.
Beide kommen durch eine **Einigung vor dem Notar** und die **Eintragung ins Grundbuch** zustande. Zusätzlich kann ein **Hypotheken-** oder **Grundschuldbrief** ausgestellt werden. Im Gegensatz zur Grundschuld ist die Entstehung einer Hypothek abhängig vom Bestehen einer Forderung. Die Sicherheit ergibt sich aus dem persönlichen Anspruch des Kreditgebers gegenüber dem Kreditnehmer und der dinglichen Haftung der Immobilie. Die Grundschuld dagegen entsteht auch, wenn eine Forderung des Kreditgebers nicht besteht. Sie wird in das Grundbuch eingetragen als Fremd- oder Eigentümergrundschuld. Die **Fremdgrundschuld** wird in der Regel zur Sicherung eines langfristigen Kredites eingetragen. Die **Eigentümergrundschuld** wird bevorzugt, wenn kurzfristige Überbrückungskredite oder Kontokorrentkredite abgesichert werden müssen. Sie kann in diesen Fällen leicht an den Kreditgeber abgetreten werden. Der Anspruch des Kreditgebers, zu dessen Gunsten eine Immobilie belastet wird, besteht grundsätzlich nur auf die Sache, also das Grundstück bzw. die darauf befindlichen Gebäude, nicht jedoch gegenüber dem Kreditnehmer persönlich.

Grundpfandrechte

Grundschuld	Hypothek
– Die Grundschuld ist ein Pfandrecht an einem Grundstück. – Die Grundschuld ist **abstrakt**, d. h. sie ist in ihrem Bestand von einer gesicherten Forderung unabhängig. Es besteht **kein gesetzlicher Zusammenhang** zwischen dem **persönlichen** Anspruch aus der Darlehensgewährung und dem **dinglichen Anspruch** aus Grundschuld.	– Die Hypothek ist ein Pfandrecht an einem Grundstück zu Sicherung einer bestimmten Forderung. – Die Hypothek ist **akzessorisch**, d. h., sie ist in ihrem Bestand von einer gesicherten Forderung abhängig. Es besteht ein **untrennbarer gesetzlicher Zusammenhang** zwischen dem **persönlichen Anspruch** aus dem Darlehen und dem dinglichen Anspruch **aus der Hypothek**.

In der Praxis greift man vermehrt auf die Grundschuld zurück, da diese nach der Rückzahlung eines Kredites wieder aufleben kann. Somit können damit auch zukünftige Darlehensforderungen gesichert werden. Gemäß § 1191 BGB ist die Grundschuld eine Belastung eines Grundstücks, die dem Begünstigten eine gewisse Geldsumme zusichert.
Im Grundbuch wird das Grundpfandrecht auf einem sogenannten **Rangplatz** festgehalten. Kreditinstitute verlangen in der Regel eine Absicherung ihrer Kredite auf dem ersten oder zweiten Rang. Das bedeutet, dass sie im Falle der Verwertung des Grundstücks – wenn der Kredit also nicht zurückgezahlt werden kann – zuerst aus der Erlössumme befriedigt werden. Sollte diese Summe höher liegen als die Hypothek oder Grundschuld im ersten Rang, können auch die Ansprüche auf den weiteren Rängen befriedigt werden. Üblicherweise verlangen Banken für Kredite, die nicht auf einem ersten Rang abgesichert werden, einen höheren Kreditzins.

Zusammenfassung

Kreditsicherheiten

Zession	Pfandrecht	Sicherungsübereignung	Grundpfandrecht
Als Sicherheit dienen Forderungen, welche der Kreditnehmer gegenüber einem Dritten hat. Zwei Varianten ▮ **Stille Zession** (Drittschuldner hat keine Kenntnis von der Abtretung) ▮ **Offene Zession** (Drittschuldner hat Kenntnis von der Abtretung)	Als Sicherheit dienen werthaltige Vermögensgegenstände, welche zur Sicherung des Kredits beim Kreditgeber hinterlegt werden. ▮ **Kreditgeber** wird **Besitzer** ▮ **Kreditnehmer** bleibt **Eigentümer**	Als Sicherheit dienen werthaltige Vermögensgegenstände, welche zur Sicherung des Kredits in das (treuhänderische) Eigentum des Kreditgebers übergehen. ▮ **Kreditgeber** wird (treuhänderischer) **Eigentümer** ▮ **Kreditnehmer** bleibt **Besitzer**	Als Sicherheit dienen Grundstücke/Gebäude, welche zur Sicherung des Kredits im Grundbuch mit einem Grundpfandrecht belastet werden. Zwei Varianten: ▮ **Hypothek** ist **akzessorisch**, d. h. untrennbarer Zusammenhang zwischen Sicherheit und Kredit ▮ **Grundschuld** ist **abstrakt**, d. h. kein unmittelbarer Zusammenhang zwischen Sicherheit und Kredit

13 Bürgschaft

➲ **Lernsituation 13: Einen Kredit mit einer Bürgschaft absichern**

13.1 Personalkredit

Der Personal- oder auch Blankokredit wird in der Form des Darlehens oder des Kontokorrentkredits vergeben. Der Kredit wird in diesem Fall durch die Person des Kreditnehmers und insbesondere seine Vermögenslage gesichert.
Kreditinstitute verlangen häufig eine der folgenden Erklärungen:

- **Ausschließlichkeitserklärung,** bei der sich der Kreditnehmer verpflichtet, nur bei diesem Kreditinstitut Konten zu unterhalten.
- **Negativerklärung,** bei der sich der Kreditnehmer verpflichtet, während der gesamten Kreditlaufzeit keinem anderen Kreditinstitut Sicherheiten zu überlassen.

Die Gewährung eines Blankokredits steht und fällt mit der Person des Eigentümers und hat deshalb nur für Einzelunternehmungen und Personengesellschaften eine Bedeutung. Da das Unternehmen durch die enge Bindung an ein Kreditinstitut in wirtschaftliche Abhängigkeit geraten kann, wird möglicherweise auch der Entscheidungsspielraum des Unternehmers eingeschränkt.

13.2 Verstärkte Personalkredite

Bei verstärkten Personalkrediten wird der Kredit durch das Vermögen Dritter (Bürgschaft), die Abtretung eines Teiles des Betriebsvermögens (Forderungsabtretung) oder durch ein Wertpapier (Wechsel) gesichert. Neben dem eigentlichen Schuldner können durch vertragliche Vereinbarungen andere Personen zur Zahlung verpflichtet werden, wenn der Kreditnehmer seinen Zahlungsverpflichtungen nicht nachkommt.

13.3 Bürgschaft

→ Die **Bürgschaft** ist ein einseitig verpflichtender Vertrag, durch den sich der Bürge gegenüber dem Gläubiger eines Dritten (des sogenannten Hauptschuldners) verpflichtet, für die Erfüllung der Verbindlichkeiten des Dritten einzustehen.

Beim Bürgschaftskredit werden zwei Verträge geschlossen: Einerseits der Kreditvertrag zwischen Kreditgeber und Kreditnehmer, andererseits der Bürgschaftsvertrag zwischen Kreditgeber und Bürge. Dieser verpflichtet sich zur Rückzahlung und Verzinsung des Kredites, wenn der Kreditnehmer seiner Rückzahlungspflicht nicht nachkommt. Für den Bürgen besteht das Risiko, den Betrag, den er anstelle des Hauptschuldners an den Kreditgeber gezahlt hat, vom Kreditnehmer nicht erstattet zu bekommen, wenn dieser zahlungsunfähig ist. Dadurch besteht die Gefahr des Forderungsausfalls. Ein Bürgschaftsvertrag wird normalerweise schriftlich abgeschlossen.

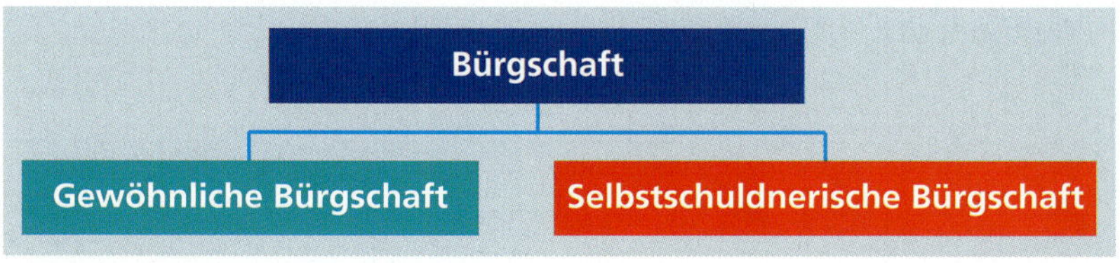

Aus § 767 (1) BGB ergibt sich eine Besonderheit der Bürgschaft: Sie ist streng akzessorisch, d. h., sie besteht nur, solange die zu sichernde Hauptforderung Bestand hat, und zwar im selben Umfang.
Man unterscheidet zwei Arten von Bürgschaften: die gewöhnliche und die selbstschuldnerische Bürgschaft.

13.3.1 Gewöhnliche Bürgschaft

Der Kreditgeber muss zunächst auf gerichtlichem Wege versuchen, die Schulden beim Kreditnehmer einzutreiben. Erst wenn der Kreditgeber beweisen kann, dass der Kreditnehmer nicht mehr in der Lage ist, den Kredit zurückzuzahlen, kann er den Bürgen zur Zahlung verpflichten.
Solange eine erfolglose Zwangsvollstreckung nicht stattgefunden hat, hat der Bürge das Recht der „Einrede der Vorausklage" (§ 771 BGB). Das heißt, er muss nicht sofort anstelle des Schuldners zahlen.

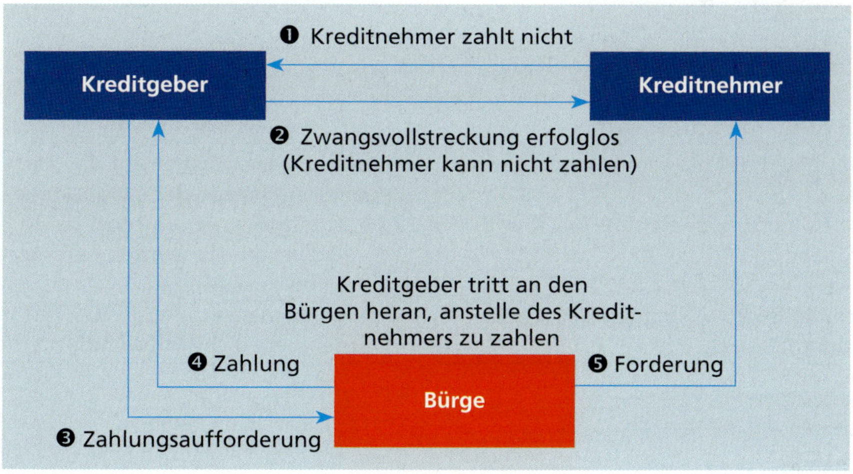

13.3.2 Selbstschuldnerische Bürgschaft

Da Banken bei mangelnder Zahlungsfähigkeit des Kreditnehmers sofort eine Rückzahlung erwarten, verlangen sie vom Bürgen in der Regel diese Form der Bürgschaft. Der Bürge **verzichtet** dabei auf das Recht der **Einrede der Vorausklage** (§ 773 BGB).

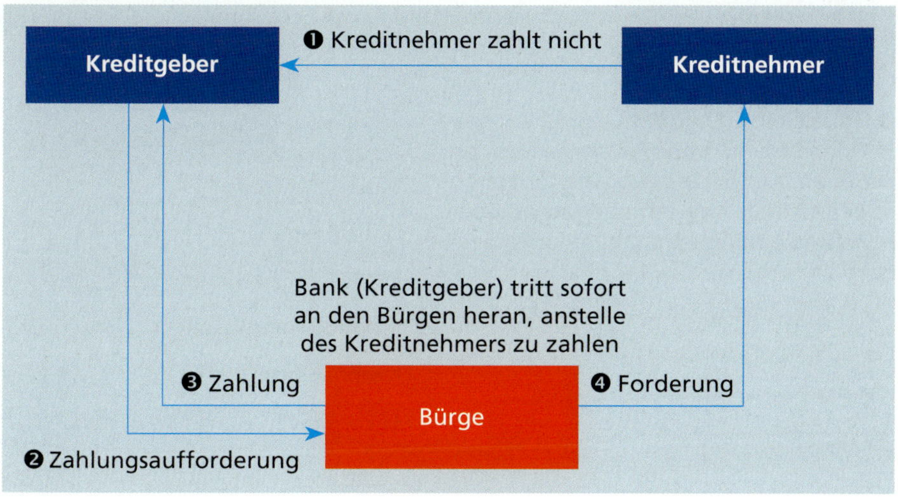

Das bedeutet für den Kreditgeber, dass er sich sofort bei Fälligkeit an den Bürgen wenden kann, ohne eine erfolglose Zwangsvollstreckung abwarten zu müssen.

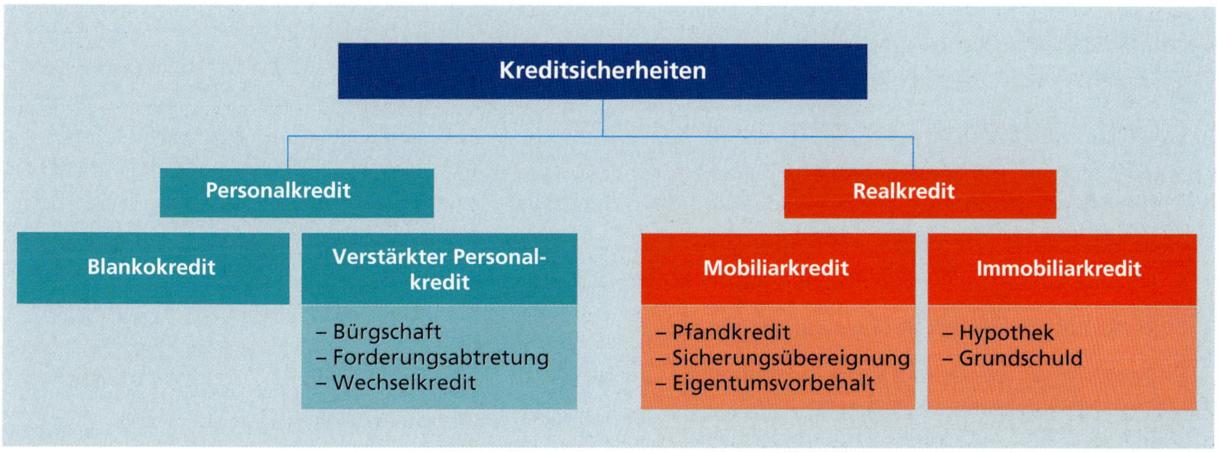

Zusammenfassung

Bürgschaft	
Gewöhnliche Bürgschaft	**Selbstschuldnerische Bürgschaft**
Der Bürge **hat das Recht** auf die sogenannte **Einrede der Vorausklage.** → Kreditgeber muss erst beweisen, dass der Kreditnehmer nicht mehr in der Lage ist, den Kredit zurückzuzahlen. **Zwangsvollstreckung** in das Vermögen des Kreditnehmers **notwendig**	Der Bürge **verzichtet** auf das Recht der sogenannten **Einrede der Vorausklage.** → Kreditgeber kann sofort bei Fälligkeit des Kredits an den Bürgen herantreten und Zahlung verlangen. **Zwangsvollstreckung** in das Vermögen des Kreditnehmers **nicht notwendig**

14 Leasing

➲ **Lernsituation 14: Leasen statt kaufen**

14.1 Ablauf des Leasings

→ Beim **Leasing** erwirbt der Leasingnehmer gegen Zahlung der Leasingprämie ein Nutzungsrecht (plus weitere Zusatzleistungen) an einem Vermögensgegenstand während der vereinbarten Laufzeit.

Neben der Kreditfinanzierung hat das Leasing als weitere Form der Finanzierung von Anlagegütern an Bedeutung gewonnen. Unter Leasing versteht man das Mieten und Vermieten von Anlagegütern über einen längeren Zeitraum durch Hersteller oder Leasinggesellschaften.

Was wird geleast?	
Straßenfahrzeuge	53 %
Geschäftsgebäude, Lagerhallen	17 %
EDV, Büromaschinen	11 %
Produktionsanlagen	7 %
Nachrichtentechnik	6 %
Lokomotiven, Transportmittel	5 %

Quelle: ifo

Ablauf von Leasingverträgen
1. Die Firma Franz Schröder plant die Beschaffung eines neuen Transporters für die Fahrten zur Baustelle.
2. Herr Schröder sucht nach einem Kfz-Händler, der das passende Fahrzeug anbietet.
3. Er wendet sich – häufig mithilfe des Kfz-Händlers – an einen Leasinggeber.
4. Dieser unterbreitet Herrn Schröder ein Leasingangebot.
5. Leasinggeber und Leasingnehmer schließen einen Leasingvertrag, in dem u. a. die Anzahlung, die Leasingrate, die Vertragslaufzeit und häufig der Restkaufwert für das Leasingobjekt nach Ablauf der Vertragsdauer festgehalten werden.
6. Parallel dazu schließen Händler und Käufer einen Kaufvertrag über das Transportfahrzeug ab.
7. Der Leasinggeber tritt in den Kaufvertrag ein.
8. Das Kraftfahrzeug wird an den Leasingnehmer ausgeliefert.
9. Der Leasinggeber begleicht die Rechnung nach Abnahmebestätigung durch den Leasingnehmer.
10. Der Leasingnehmer zahlt während der Laufzeit des Vertrages die vereinbarten Leasingraten an den Leasinggeber.
11. Nach Ablauf der Vertragslaufzeit entscheidet der Leasingnehmer über die weitere Verwendung des Leasingobjekts: Vertragsverlängerung, Kauf zum Restwert oder Rückgabe des Leasingobjekts.

> In einem Leasingvertrag wird die **unkündbare Grundmietzeit** festgelegt. Das ist der Zeitraum, über welchen ein Leasingnehmer ein Anlagegut leasen muss, ohne dass er den Vertrag vorher kündigen kann.

Die unkündbare Grundmietzeit beträgt zwischen 40 % und 90 % der betriebsgewöhnlichen Nutzungsdauer. Die betriebsgewöhnliche Nutzungsdauer orientiert sich an den sogenannten AfA-Tabellen. AfA-Tabellen werden von der Finanzverwaltung herausgegeben und geben an, wie lange ein Anlagegut in einem Unternehmen genutzt werden soll.

AfA = Absetzung für Abnutzung

Beispiel:
Die betriebsgewöhnliche Nutzungsdauer für einen Lkw beträgt 5 Jahre (= 60 Monate).
Unkündbare Grundmietzeit:
40 % von 60 Monaten = 24 Monate (mindestens)
90 % von 60 Monaten = 54 Monate (höchstens)
Die Laufzeit des Leasingvertrags beträgt also mindestens 24 Monate und höchstens 54 Monate.

14.2 Merkmale von Leasingverträgen

14.2.1 Rechtsbeziehungen

- Der **Leasinggeber ist Eigentümer** des Leasingobjekts.
- Der **Leasingnehmer ist Besitzer** des Leasingobjekts.
  - Er trägt sämtliche Unterhaltskosten (z. B. Versicherung) sowie Wartungs- und Reparaturkosten.
  - Der Leasingnehmer ist verpflichtet, das Leasingobjekt ausreichend zu versichern. Die Versicherungsansprüche werden an den Leasinggeber abgetreten.

Am Ende der Grundmietzeit endet die Nutzungsvereinbarung. Das Leasingobjekt ist in einem ordentlichen Zustand an den Leasinggeber zurückzugeben oder kann von diesem gegen Zahlung des Restwerts erworben werden.

14.2.2 Höhe der Leasingprämien

Die Höhe der Leasingprämien ist abhängig vom gegenwärtigen Zinsniveau sowie vom Wertverlust des jeweiligen Leasingobjekts über die Leasingdauer. Dieser kann bei Kraftfahrzeugen im Vergleich zu Spezialmaschinen unterschiedlich ausfallen. Der Wertverlust ist dabei die Differenz zwischen dem Kaufpreis und dem kalkulierten Restwert am Ende der Grundmietzeit. Die Kalkulation orientiert sich dabei an den Erfahrungen der Vergangenheit sowie beispielswiese bei Kraftfahrzeugen an den DAT- oder Schwacke-Listen.

14.2.3 Zahlung der Leasingprämien

Direkt zu Beginn mit dem Abschluss des Leasing-Vertrages besteht die Möglichkeit, eine Leasing-Sonderzahlung zu vereinbaren.

> Bei einer **Leasing-Sonderzahlung** handelt es sich um eine einmalige Zahlungsmöglichkeit, welche direkt zu Beginn der Leasinglaufzeit fällig wird.

Durch die Leistung einer Sonderzahlung können die zu leistenden Leasingraten deutlich niedriger ausfallen, denn der Betrag aus der Sonderzahlung wird mit dem Gesamtwert des Leasinggeschäftes verrechnet. Diese Sonderzahlung hat jedoch keine Auswirkungen auf den jeweiligen Restwert des Leasingobjektes. Die Leasing-Sonderzahlung ist vielmehr als eine Anzahlung/Vorauszahlung auf den Gesamtwert des Leasinggeschäftes zu verstehen.
Daneben muss der Leasingnehmer die monatliche Leasingrate leisten, deren Höhe zudem auch von der zuvor geleisteten Sonderzahlung abhängt (hohe Sonderzahlung – geringere monatliche Leasingrate; geringe Sonderzahlung – höhere monatliche Leasingrate).

14.2.4 Leasing mit Restwertabrechnung

Bei Leasingverträgen mit Restwertabrechnung muss der Leasingnehmer die Erzielung des kalkulierten Restwerts garantieren. Weist das Leasingobjekt also bei der Rückgabe an den Leasinggeber Beschädigungen auf, sind diese vom Leasingnehmer zu tragen. Zudem kann dem Leasingnehmer die Pflicht auferlegt werden, das Leasingobjekt nur von einer bestimmten Firma oder Firmengruppe in bestimmten Abständen warten zu lassen. Sollte der tatsächliche Wert des Leasingobjekts den kalkulierten Restwert übersteigen, wird der Leasingnehmer am Mehrerlös (z. B. mit 75 %) beteiligt. Ist der tatsächliche Wert – trotz sachgemäßer Behandlung und regelmäßiger Wartung – niedriger als der kalkulierte Restwert, muss der Leasingnehmer die Differenz ausgleichen. **Der Leasingnehmer trägt also das Restwertrisiko.**

14.2.5 Leasing mit Gesamtleistungsabrechnung

Bei Leasingverträgen mit Gesamtleistungsabrechnung wird vor Vertragsabschluss eine voraussichtliche Gesamtleistung (z. B. Kilometer, Anzahl Kopien) während der Laufzeit vereinbart. Sollte am Ende der Grundmietzeit die vereinbarte Gesamtleistung überschritten sein, erfolgt eine Nachberechnung zu Lasten des Leasingnehmers. Bleibt die vereinbarte Gesamtleistung während der Grundmietzeit unterschritten, erhält der Leasingnehmer eine Vergütung. In welcher Höhe dies erfolgt, wird in beiden Fällen im Vertrag festgehalten (z. B. 0,40 €/km). **Der Leasinggeber trägt also das Restwertrisiko.**

14.3 Leasing und Kreditfinanzierung im Vergleich

Beispiel:

Der Unternehmer Karl Castorf benötigt zur Auslieferung seiner Ware einen Transporter. Er verfügt über 4.550,00 € liquide Mittel auf seinem Bankkonto. Das Autohaus bietet ihm die zwei folgenden Angebote an.

Angebot 1	Barkauf des Fahrzeugs: 27.400,00 €
Angebot 2	Leasing mit Kilometerabrechnung bei der Interleasing AG – 6.600,00 € einmalige Sonderzahlung, monatliche Leasing-Raten 268,27 € – 15 000 km Fahrleistung pro Jahr – Laufzeit 36 Monate

Um den Barkauf durchführen zu können, benötigt Karl Castorf einen Kredit in Höhe von 22.850,00 € (27.400,00 € – 4.550,00 €).
Seine Hausbank macht ihm dazu folgendes Angebot:

Zinssatz: 8,00 % p.a.

Laufzeit: 36 Monate

Monatsrate: 705,54 €

Vergleich der beiden Alternativen

	Leasing		Kredit und Barkauf	
Monatliche Belastung	Leasingrate: 268,27 €		Kreditrate: 705,54 €	
Gesamtaufwand	Sonderzahlung +(268,27 € · 36) Summe	6.600,00 € 9.657,72 € 16.257,72 €	Eigenkapital +(705,54 € · 36) Summe	4.550,00 € 25.399,44 € 29.949,44 €

Der Mehraufwand bei der Kreditfinanzierung beträgt 13.691,72 €

Beim Leasing erwirbt Karl Castorf nur das Nutzungsrecht für 36 Monate am Fahrzeug. Bei der Kreditfinanzierung hingegen wird er Eigentümer des Fahrzeugs und kann dieses weiternutzen oder verkaufen. Um beurteilen zu können, welche Alternative günstiger ist, ist der Restwert des Transporters nach 36 Monaten entscheidend.

Restwert nach 36 Monaten > 13.691,72 € → Kreditfinanzierung vorteilhaft
Restwert nach 36 Monaten < 13.691,72 € → Leasing vorteilhaft

14.4 Vor- und Nachteile des Leasings

Vorteile	Nachteile
– Keine Eigenkapitalbindung – Eigenkapital kann besser im Umlaufvermögen eingesetzt werden – Leasingraten sind Fremdkapitalkosten, die steuerlich gesehen Betriebsausgaben darstellen und deshalb die Steuerbelastung mindern. – Schutz vor technischer Überalterung von Anlagen – Servicevorteil durch Beratung, Wartung und Reparatur des Leasingobjektes – Feste monatliche Leasingraten ermöglichen sichere Kalkulation – Leasingraten sind während der Vertragsdauer fest und von Preisänderungen unberührt.	– Hohe finanzielle Belastung mit fixen Kosten – Leasing ist teurer als Kreditkauf – Leasingnehmer ist während der Grundmietzeit vertraglich fest gebunden – Investitionsobjekte sind nicht im Eigentum des Nutzers – Investitionsobjekte können deshalb nach der Abschreibungszeit nicht kostenlos weiterarbeiten – Eine eventuell Gewinn bringende Verwertung des Leasingobjektes nach dem Ende der betrieblichen Nutzung liegt beim Leasinggeber

Zusammenfassung

Leasing	
Mit Restwertabrechnung	**Mit Gesamtleistungsabrechnung**
Kosten: ▮ Leasing-Sonderzahlung ▮ monatliche Leasingrate Dauer: ▮ vorher festgelegte Grundmietzeit (z. B. 36 Monate) Abrechnung am Ende der Laufzeit: **Leasingobjekt muss einen bestimmten Restwert erzielen.** Restwert < tatsächlicher Wert = Nachzahlung Restwert > tatsächlicher Wert = Vergütung **Der Leasingnehmer trägt also das Restwertrisiko.**	Kosten: ▮ Leasing-Sonderzahlung ▮ monatliche Leasingrate Dauer: ▮ vorher festgelegte Grundmietzeit (z. B. 36 Monate) Abrechnung am Ende der Laufzeit: Bei Vertragsabschluss wird eine max. Gesamtleistung vorgeschrieben. Tatsächliche Leistung < Gesamtleistung = Vergütung Tatsächliche Leistung > Gesamtleistung = Nachzahlung **Der Leasinggeber trägt also das Restwertrisiko.**

15 Factoring

➲ **Lernsituation 15: Factoring als Alternative zum eigenen Forderungsmanagement**

15.1 Ablauf des Factorings

Factoring ist der laufende Ankauf kurzfristiger Forderungen aus Lieferung und Leistung durch eine Factoring-Gesellschaft.

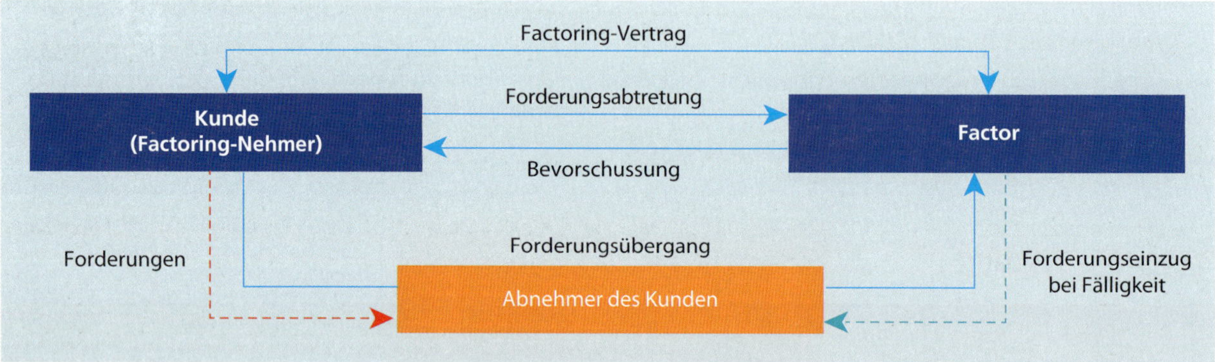

Der Factoring-Nehmer erhält dann von der Factoring-Gesellschaft den Rechnungswert abzüglich der Zinsen und einer Factoring-Provision sofort gutgeschrieben. Durch das Factoring werden betriebliche Funktionen aus dem Unternehmen ausgegliedert (Outsourcing). Factoring-Gesellschaften (Factor) zahlen in der Regel einen vorher festgelegten Prozentsatz der Forderungen an den Factoring-Nehmer aus, der Rest wird abzüglich der Provision und der Zinsen bis zum tatsächlichen Zahlungseingang als Sicherheit auf ein Sperrkonto eingezahlt, bis die Forderung bei der Factoring-Gesellschaft bezahlt worden ist. Der Hauptvorteil für den Factoring-Nehmer besteht darin, dass er vorzeitig über Geldmittel aus Forderungen verfügen kann, die erst später fällig werden. Factoring-Gesellschaften übernehmen gegen ein zusätzliches Entgelt (Delkredereprovision) auch das Risiko eines Forderungsausfalles.

Delkredererisiko: Risiko der Zahlungsunfähigkeit oder Zahlungsverweigerung von Schuldnern

15.2 Merkmale des Factorings

- Die Factoring-Gesellschaft ist nur bereit, Forderungen aus Lieferung und Leistung anzukaufen.
- Es werden grundsätzlich nur Forderungen gegenüber gewerblichen Abnehmern angekauft. Forderungen gegenüber Privatpersonen stellen die Ausnahme dar.
- Die Factoring-Gesellschaft stellt an ihre Kunden in der Regel bestimmte Bedingungen.
  - Tätig im Bereich Produktion und Handel
  - Mindestjahresumsatz (z. B. 1.500.000,00 €)
  - Umfassender Kreis von regelmäßigen Kunden
  - Gewährte Zahlungsziele dürfen nicht überschritten werden (max. 90 Tage)
  - Rechnungen über mindestens 1.000,00 €

Bilanzmäßig liegt beim Factoring ein Aktivtausch vor, da die Kundenforderungen gegen Bankguthaben getauscht werden.

15.3 Bonitätsprüfung der Abnehmer

Unter **Bonität** versteht man die Kreditwürdigkeit einer Person oder eines Unternehmens. Je besser die Bonität, desto größer ist die Sicherheit, dass der Kunde die finanzielle Verpflichtung pünktlich bezahlen wird.

Vor Abschluss des Factoring-Vertrages und während der gesamten Vertragslaufzeit prüft die Factoring-Gesellschaft in zeitlichen Abständen die Bonität der Debitoren. Dabei vergibt die Factoring-Gesellschaft anhand des Ergebnisses der Prüfung sogenannte Ankaufslimite, bis zu deren Höhe sie das Ausfallrisiko eines Debitors trägt. Für Forderungen, die über die Höhe des vergebenen Limits hinausgehen, trägt der Factoring-Kunde das Risiko selbst.

15.4 Funktionen der Factoring-Gesellschaft

Von echtem Factoring (auch Full-Service-Factoring oder Standard-Factoring genannt) wird gesprochen, wenn der Factor alle drei Funktionen übernimmt. Demgegenüber erfüllt der Factor im Rahmen des unechten Factoring lediglich die Dienstleistungs- und die Finanzierungsfunktion. Die Delkrederefunktion (das Delkredererisiko) verbleibt beim Kunden.

- **Finanzierungsfunktion**: In der Regel bietet der Factor die sofortige Auszahlung von 80 % bis 90 % der an ihn abgetretenen Forderungen an. Dies verbessert schnell die Liquidität des Unternehmens. Die Differenz zum vollen Rechnungsbetrag behält der Factor als Sicherheitsabschlag für Forderungsausfälle zurück.
- **Delkrederefunktion**: Der Factor befreit den Kunden vom Ausfallrisiko und verzichtet auf Regressansprüche.
- **Dienstleistungsfunktion**: Der Factor übernimmt neben der Bonitätsprüfung häufig auch die Debitorenbuchhaltung, das Mahnwesen und das Inkasso.

Als Gegenleistung erhält die Factoring-Gesellschaft eine Gebühr (1 % bis 2 % vom Umsatz), deren Höhe sich nach dem jeweiligen Leistungsumfang bestimmt und die mit der verkauften Forderung verrechnet wird.

15.5 Vor- und Nachteile des Factorings

Vorteile	Nachteile
– Verringerung des Kapitalbedarfs – Liquiditätserhöhung – Wegfall des Mahnverfahrens – Verringerung von Verwaltungsarbeiten, geringere Personalaufwendungen – Kein Risiko des Forderungsausfalls	– Factoring-Nehmer muss der Factoring-Gesellschaft Zinsen und Provision für Dienstleistungen zahlen – Unsichere Forderungen werden nicht angekauft – Eventuell aggressiver Umgang mit den Kunden des Factoring-Nehmers bei Nichtzahlung (Belastung der Kundenbeziehung)

Zusammenfassung

Factoring	
Echtes Factoring	**Unechtes Factoring**
▮ **Finanzierungsfunktion:** sofortige Auszahlung (80–90 %) der abgetretenen Forderungen ▮ **Dienstleitungsfunktion:** Übernahme der Bonitätsprüfung und der Debitorenbuchhaltung ▮ **Delkrederefunktion**: Factor übernimmt das Ausfallrisiko der Forderungen	▮ **Finanzierungsfunktion:** sofortige Auszahlung (80–90 %) der abgetretenen Forderungen ▮ **Dienstleitungsfunktion:** Übernahme der Bonitätsprüfung und der Debitorenbuchhaltung

Lernfeld 10
Wertschöpfungsprozesse erfolgsorientiert steuern

1 Abgrenzung von Geschäftsbuchführung und Kosten- und Leistungsrechnung

➲ **Lernsituation 1: Die Abgrenzungsrechnung durchführen**

1.1 Rechnungskreise

Der Kontenrahmen der Industrie (IKR) teilt das Rechnungswesen in die Bereiche:

1. **Geschäftsbuchführung** (Finanzbuchführung) in den Kontenklassen 9 bis 8 = **Rechnungskreis I**
2. **Kosten- und Leistungsrechnung** (Betriebsbuchführung) in der Kontenklasse 9 = **Rechnungskreis II**

Rechnungskreis I

Der Rechnungskreis I: Geschäftsbuchführung stellt ein **geschlossenen Buchführungssystem** dar, dessen **Bestandsrechnung** (Bestandskonten der Kontenklassen 0 bis 4) in die **Bilanz** fließt und dessen **Erfolgsrechnung** (Erfolgskonten der Kontenklassen 5 bis 7) in die **Gewinn- und Verlustrechnung** mündet.
Die Aufzeichnungen in der Geschäftsbuchführung zielen darauf ab, die Geschäftsvorgänge einer Rechnungsperiode, soweit sie mit der Veränderung von Werten durch Wertströme verbunden ist, zu erfassen und zu dokumentieren. So ist es am Ende der Rechnungsperiode möglich, den Jahreserfolg (Unternehmensergebnis) zu ermitteln und die Geschäftsentwicklung zu beurteilen.
Der Jahreserfolg des Unternehmens wird durch die Gegenüberstellung von Erträgen und Aufwendungen auf dem Konto Unternehmensergebnis (GuV) als Gesamtergebnis ermittelt.

Die Kosten- und Leistungsrechnung wird in der Praxis und in diesem Buch gewöhnlich tabellarisch durchgeführt.

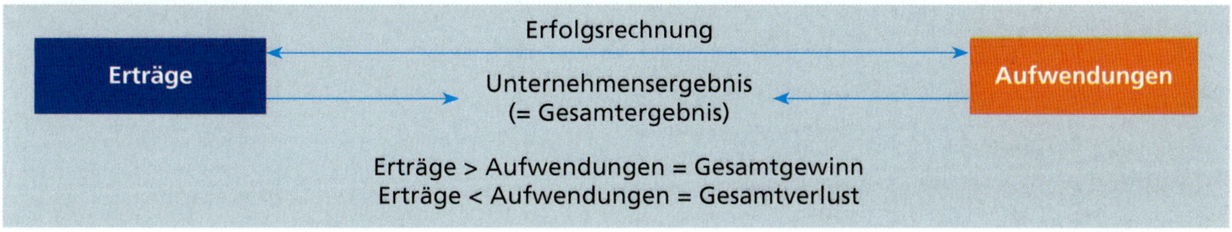

Im Rechnungskreis der Geschäftsbuchhaltung werden also die Beziehungen des Unternehmens mit der Außenwelt (externes Rechnungswesen) dargestellt.

Rechnungskreis I: Geschäftsbuchführung
Fortlaufende, lückenlose Aufzeichnung aller Geschäftsprozesse (Dokumentation)
Erstellung des Jahresabschlusses am Ende des Geschäftsjahres (Rechnungsperiode)
Erfolgsermittlung (Gesamtergebnis)
Rechenschaftslegung und Information für Bilanzadressaten (Stakeholder: Eigentümer, Banken (Kreditgeber), Finanzamt, Arbeitnehmer, Öffentlichkeit)
Unterliegt gesetzlichen Vorschriften
→ **Erfolgsgrößen: Aufwand und Ertrag**

Rechnungskreis II

Der Hauptzweck der **Kosten- und Leistungsrechnung** liegt darin, das **innerbetriebliche Geschehen** zu erfassen, zu dokumentieren und zu bewerten. Dazu bietet der Kontenrahmen der Industrie die Möglichkeit, im Rechnungskreis II in der Kontenklasse 9 eine **Betriebsbuchführung** aufzubauen, die auf **die speziellen Bedürfnisse des Unternehmens** ausgerichtet ist.
In der betrieblichen Praxis werden die Kosten und Leistungen eines Unternehmens in der Regel tabellarisch in **Ergebnistabellen** erfasst. Die tabellarische Kosten- und Leistungsrechnung ist übersichtlicher und nicht so arbeitsaufwendig wie die Erfassung auf Konten.

Die **Ausrichtung** des Rechnungskreises II: Kosten- und Leistungsrechnung auf das **innerbetriebliche Geschehen** führt in einem Industriebetrieb vor allem zu der Frage:

> Wie erfolgreich ist die Produktion der Erzeugnisse in dem Unternehmen bzw. wie wirtschaftlich ist die betriebliche Leistungserstellung?

Daher ist die **Hauptaufgabe der Kosten- und Leistungsrechnung**, nur die Aufwendungen und Erträge in der Betriebsbuchführung zu erfassen, die durch den **eigentlichen Betriebszweck eines Industriebetriebes**, d. h. die Produktion von Erzeugnissen, **verursacht** werden.
Der betriebliche Erfolg ergibt sich aus der Gegenüberstellung von **Leistungen** (Output) und **Kosten** (Input).

> **Leistungen** sind betriebsbedingte Erträge, die sich aus dem Wertzuwachs und den Verkauf betrieblicher Güter und Dienstleistungen ergeben.
> **Kosten** sind betriebsbedingte Aufwendungen, die sich aus dem Verbrauch von Gütern Dienstleistungen ergeben und für die betriebliche Leistungserstellung notwendig sind.

Ausdruck des **Erfolges der betrieblichen Leistungserstellung** (Produktion) ist das **Betriebsergebnis**. Das Betriebsergebnis des Unternehmens wird durch die Gegenüberstellung von Leistungen und Kosten ermittelt.

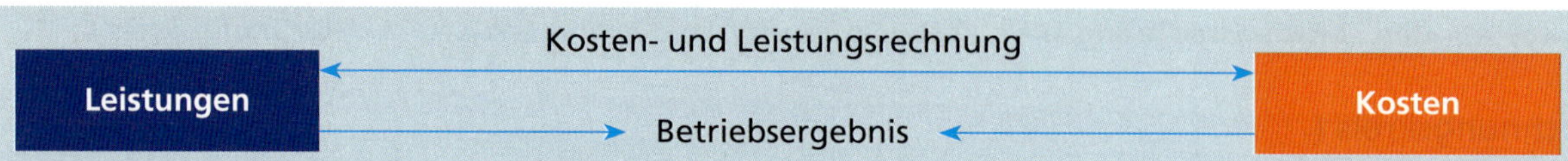

Leistungen > Kosten = Betriebsergebnis
Leistungen < Kosten = Betriebsverlust

Im Rechnungskreis der Betriebsbuchführung wird also das innerbetriebliche Geschehen des Unternehmens (internes Rechnungswesen) dargestellt.

Rechnungskreis II: Betriebsbuchführung
Ermittlung des Betriebsergebnisses
Kalkulation der Preise
Kontrolle der Wirtschaftlichkeit
Grundlage für Planungen und Entscheidungen
Unterliegt keinen gesetzlichen Vorschriften
→ **Erfolgsgrößen: Kosten und Leistungen**

1.2 Grundbegriffe der Kosten- und Leistungsrechnung (KLR)

Erfolgsrechnung, siehe Informationshandbuch des 2. Ausbildungsjahres, Seite 126 ff.

1.2.1 Erträge

In der **Erfolgsrechnung** der Geschäftsbuchführung werden Erträge als erfolgswirksame Wertzuwächse eines Unternehmens durch den Verkauf von Gütern und Dienstleistungen definiert. Diese Erträge lassen sich in Bezug auf den Betriebszweck in **betriebliche Erträge** und **neutrale Erträge** einteilen.

Betriebliche Erträge (Leistungen)

Betriebliche Erträge sind das Ergebnis der **betrieblichen Leistungserstellung** und Leistungsverwertung und stellen den **Wert der erstellten Produktionsleistung** des Industriebetriebes dar (Output).

Beispiel: Leistungspalette der Grit Hansen GmbH

- *Verkauf und Lieferung von Schreibtischen aus der eigenen Fertigung (Typ A, B und C)*
- *Verkauf und Lieferung von Handelswaren: Bürostühle, Konferenzstühle und Rollcontainer*

Neutrale Erträge

Neutrale Erträge stammen aus **betriebsfremden Geschäften,** die mit dem eigentlichen Zweck eines Unternehmens – der Herstellung und dem Vertrieb von Büromöbeln – nichts zu tun haben. Sie werden von den betrieblichen Erträgen abgegrenzt. Dasselbe gilt auch für erfolgswirksame Vorgänge, die zwar betriebsbedingt sind, ihren Ursprung aber in zurückliegenden Geschäftsperioden haben (**periodenfremd**), oder die ungewöhnlicher Natur (**außerordentlich**) sind. Auch sie werden als neutrale Erträge von den betrieblichen Erträgen abgegrenzt.

Neutrale Erträge finden durch die Abgrenzung **keinen Eingang in die Kosten- und Leistungsrechnung** und werden daher nicht in der Kalkulation berücksichtigt: Sie werden genauso wie die neutralen Aufwendungen „neutralisiert".

Abgrenzungsrechnung, siehe Kapitel 1.3, Seite 138

Neutrale Erträge

Betriebsfremde Erträge	Periodenfremde Erträge	Außergewöhnliche (außerordentliche) Erträge
Es besteht kein Zusammenhang zur betrieblichen Leistungserstellung. *Beispiele:* – Kursgewinn aus dem Verkauf von Aktien – Erträge aus Vermietung und Verpachtung – Zinserträge – Erträge aus dem Abgang von Vermögensgegenständen, z. B. Verkauf eines Lkw über Buchwert	Es handelt sich um betriebsbedingte Erträge, die jedoch einer früheren Rechnungsperiode zuzurechnen sind und deshalb nicht in die KLR des laufenden Jahres einbezogen werden dürfen. *Beispiele:* – Beitragsrückerstattung von im vergangenen Jahr gezahlter Kfz-Versicherung – Eingang bereits abgeschriebener Forderungen	Es handelt sich um betriebsbedingte Erträge. Die Erfassung dieser Erträge als betrieblicher Ertrag (= Leistung) würde aber wegen der außergewöhnlichen bzw. schwankenden Höhe die Aussagefähigkeit des Betriebsergebnisses verfälschen. *Beispiele:* Steuernachlass

In der **Geschäftsbuchführung** der Industrieunternehmen werden die Erträge auf Konten der Kontenklasse *5: Erträge* gebucht. Eine Unterscheidung nach betrieblichen Erträgen (Leistungen) und neutralen Erträgen findet nicht statt.
In der **Abgrenzungsrechnung** werden die neutralen Erträge von den betrieblichen Erträgen (Leistungen) getrennt. Sie werden nicht in die Kosten- und Leistungsrechnung übernommen.
Die **betrieblichen Erträge (Leistungen)** gehen **unverändert** in **die Kosten- und Leistungsrechnung** ein. Dort werden sie u. a. Gegenstand der Kalkulation.

Kontenklasse 5: Erträge			Kosten- und Leistungsrechnung
Neutrale Erträge			
5400	Sonstige betriebliche Erträge	→	**Keine Übernahme** in die **Kosten- und Leistungsrechnung,** da es sich um **neutrale Erträge** handelt
5490	Periodenfremde Erträge		
5710	Zinserträge		
5800	Außerordentliche Erträge		
Betriebliche Erträge = Leistungen			
5000	Umsatzerlöse für eigene Erzeugnisse	→	**Übernahme** in die **Kosten- und Leistungsrechnung,** da es sich um **betriebsbedingte Erträge = Leistungen** handelt
5100	Umsatzerlöse für Waren		
5200	Bestandsveränderungen		

1.2.2 Aufwendungen

Aufwendungen werden in der **Geschäftsbuchführung** erfasst. Immer dann, wenn ein Industrieunternehmen Güter und Dienstleistungen bei der Produktion und dem Vertrieb von Erzeugnissen verbraucht (Input), entstehen Aufwendungen. Die Aufwendungen lassen sich in Bezug auf den Betriebszweck in **betriebliche Aufwendungen (Zweckaufwand)** und **neutrale Aufwendungen** einteilen.

Zweckaufwendungen

Der Zweck eines Industriebetriebes ist es, Waren und Dienstleistungen zu produzieren und zu verkaufen, um dadurch bestimmte Unternehmensziele (z. B. hoher Gewinn, hoher Umsatz, bestimmter Marktanteil) zu erreichen. Bei der **Leistungserstellung** entstehen **betriebliche Aufwendungen** (z. B. Aufwendungen für Material und Handelswaren, Energie, Gehälter, Miete). Diese Aufwendungen, die **ursächlich mit dem betrieblichen Zweck des Unternehmens** verbunden sind, nennt man Zweckaufwand (oder Kosten). Sie sind die Grundlage für die Kosten- und Leistungsrechnung.

Zweckaufwendungen sind betrieblich verursachte Aufwendungen.

Beispiele:

- *Beschaffung von Rohstoffen und Fertigungsmaterial*
- *Inanspruchnahme fremder Leistungen z. B. Energie*
- *Einkauf von Handelswaren*
- *Zahlung von Löhnen und Gehältern*
- *Mieten usw.*

Neutrale Aufwendungen

Neutrale Aufwendungen sind **unternehmensbezogene Aufwendungen**. Ein Industrieunternehmen, das z. B. Wohnungen vermietet oder Wertpapiergeschäfte durchführt, geht **betriebsfremden Geschäften** nach, die mit dem eigentlichen Zweck des Unternehmens – der Produktion und Vertrieb von Erzeugnisse – nichts zu tun haben. Aufwendungen, die mit betriebsfremden Geschäften zusammenhängen, bezeichnet man daher als neutrale Aufwendungen. Ebenso müssen erfolgswirksame Vorgänge, die zwar betriebsbedingt sind, ihren Ursprung aber in zurückliegenden Geschäftsperioden haben (**periodenfremd**) oder die ungewöhnlicher Natur (**außerordentlich**) sind, als neutrale Aufwendungen von den betrieblichen Aufwendungen abgegrenzt werden.

Beispiel:
Für ein zurückliegendes Geschäftsjahr ist im laufenden Geschäftsjahr eine größere Steuernachzahlung zu leisten. Diese Steuernachzahlung wird in der GuV als Aufwand erfasst, senkt den Gewinn und damit die Steuerlast. Mit dem Ergebnis aus der laufenden Rechnungsperiode hat diese Nachzahlung aber nichts zu tun, deswegen ist sie bei der Ermittlung des Betriebsergebnisses für das laufende Geschäftsjahr neutral, da periodenfremder Aufwand.

Neutrale Aufwendungen finden **keinen Eingang in die Kosten- und Leistungsrechnung.** Sie werden von den betriebsbedingten Aufwendungen abgegrenzt und daher in der Kalkulation der Preise nicht berücksichtigt: Sie werden „neutralisiert".

Neutrale Aufwendungen

Betriebsfremde Aufwendungen	Periodenfremde Aufwendungen	Außergewöhnliche (außerordentliche) Aufwendungen
Es besteht kein Zusammenhang zur betrieblichen Leistungserstellung. *Beispiele:* – Spende für Lebenshilfe e. V. – Verluste aus dem Abgang von Vermögensgegenständen	Es handelt sich um betriebsbedingte Aufwendungen, die jedoch einer früheren Rechnungsperiode zuzurechnen sind und deshalb nicht in die KLR des laufenden Jahres einbezogen werden dürfen. *Beispiele:* – Nachzahlung der Gewerbesteuer für das vergangene Jahr – Lohn- und Provisionsnachzahlungen sowie Garantieverpflichtungen aus der Vorperiode	Es handelt sich um betriebsbedingte Aufwendungen. Die Erfassung dieser Aufwendungen als betrieblicher Zweckaufwand (= Kosten) würde aber wegen der außergewöhnlichen bzw. schwankenden Höhe die Aussagefähigkeit des Betriebsergebnisses verfälschen. *Beispiele:* – Unterversicherung bei Wasserschaden auf dem Rohstofflager oder nicht versicherte Schadensfälle durch Feuer und Sturm – Fehlbedienungen von Maschinen

Abgrenzungsrechnung, siehe Kapitel 1.3, Seite 105

In der **Geschäftsbuchführung** der Industrieunternehmen werden die Aufwendungen auf Konten der Kontenklasse *6: Betriebliche Aufwendungen* und *7: Weitere Aufwendungen* gebucht. Eine Unterscheidung nach betrieblichen Aufwendungen (Kosten) und neutralen Aufwendungen findet nicht statt.
In der **Abgrenzungsrechnung** werden die neutralen Aufwendungen von den betrieblichen Aufwendungen (Kosten) getrennt. Sie werden nicht in die Kosten- und Leistungsrechnung übernommen.

Die **betrieblichen Aufwendungen (Kosten)** gehen unverändert in die Kosten- und Leistungsrechnung ein. Dort werden sie u. a. Gegenstand der Kalkulation.

Kontenklasse 6 und 7: Aufwendungen			Kosten- und Leistungsrechnung
Neutrale Aufwendungen			
6960	Betriebsfremde Aufwendungen: Verluste aus dem Abgang von Vermögensgegenständen	→	**Keine Übernahme** in die **Kosten- und Leistungsrechnung,** da es sich um **neutrale Aufwendungen** handelt
6990	Periodenfremde Aufwendungen		
7600	Außerordentliche Aufwendungen		
Betriebliche Aufwendungen = Kosten			
6000	Aufwendungen für Material	→	**Übernahme** in die **Kosten- und Leistungsrechnung,** da es sich um **betriebsbedingte Aufwendungen = Zweckaufwand = Kosten** handelt
6080	Aufwendungen für Handelswaren		
6200	Löhne		
6300	Gehälter		
6700	Miete usw.		

1.3 Abgrenzungs- und Ergebnistabelle

Die Kosten- und Leistungsrechnung richtet sich nach den betriebswirtschaftlichen Erfordernissen des Unternehmens. Sie wird damit zum eigentlichen Instrument der Steuerung und Kontrolle der Leistungsprozesse und bildet die Grundlage für Planungen und Entscheidungen im Unternehmen.
Die Wirtschaftlichkeit der Produktion und des Vertriebs von Waren in einem Industrieunternehmen ist nur dann ersichtlich, wenn neutrale Vorgänge eines Geschäftsjahres vom Erfolg, der durch die eigentliche Betriebstätigkeit erzielt wurde, getrennt werden. Diese Abgrenzung zur **Ermittlung des Betriebsergebnisses** erfolgt in der **Abgrenzungs- und Ergebnistabelle** (siehe unten).
Die Ausgangsdaten der Abgrenzungstabelle liefert die Geschäftsbuchführung (siehe Abgrenzungstabelle unten, Spalten 1 bis 3). Die **Abgrenzungsrechnung** wirkt nun wie ein Filter zwischen **Geschäftsbuchführung und Kosten- und Leistungsrechnung**. Alle Daten, die nicht oder nur zu einem anderen Wert in die Kosten- und Leistungsrechnung übernommen werden sollen, werden „ausgefiltert". Einige der Ausgangsdaten sind Erfolgsgrößen, die sowohl in der Geschäftsbuchführung als auch in der Kosten- und Leistungsrechnung in gleicher Höhe angesetzt werden. Diese Erfolgsgrößen gehen ungehindert durch den „Filter" der Abgrenzungsrechnung und erscheinen unverändert (= in gleicher Höhe) in der Kosten- und Leistungsrechnung (Spalten 8 und 9). In den unternehmensbezogenen Abgrenzungen (Spalte 4 und 5) werden die neutralen Aufwendungen und Erträge „abgefiltert". Sie gelangen auf diese Weise nicht in die Kosten- und Leistungsrechnung. Weitere Abgrenzungen erfolgen in den kostenrechnerischen Korrekturen, auf die in Kapitel 2 auf der Seite 109 eingegangen wird.

Abgrenzungs- und Ergebnistabelle								
Geschäftsbuchführung			**Abgrenzungsrechnung**				**Kosten- und Leistungsrechnung**	
Erfolgsrechnung			Unternehmensbezogene Abgrenzungen		Kostenrechnerische Korrekturen		Betriebsergebnisrechnung	
1	2	3	4	5	6	7	8	9
Konto	Aufwand	Ertrag	Neutraler Aufwand	Neutraler Ertrag	Aufwand	Verrechnete Kosten	Kosten	Leistungen
Unternehmensergebnis			**Abgrenzungsergebnis**				**Betriebsergebnis**	
Geschäftsbuchführung			**Filter**				**Kosten- und Leistungsrechnung**	

Ergebnisse der Abgrenzung

Aufwendungen und Erträge

Auf dem GuV-Konto der Geschäftsbuchführung werden alle Aufwendungen und Erträge gegenübergestellt und das **Unternehmensergebnis** (Gesamtergebnis) als Gewinn oder Verlust ermittelt.

Erträge
– Aufwendungen
= Unternehmensergebnis

Neutrale Aufwendungen und neutrale Erträge

Die neutralen Aufwendungen und Erträge werden nicht in die Kosten- und Leistungsrechnung übernommen. Im Rahmen der Abgrenzungsrechnung (siehe nächster Abschnitt) werden neutrale Aufwendungen und Erträge von den betrieblichen Aufwendungen und Erträgen getrennt. Stellt man die neutralen Aufwendungen und Erträge gegenüber, erhält man das **Ergebnis der unternehmensbezogenen Abgrenzungen** (neutrales Ergebnis) als (neutralen) Gewinn oder Verlust.

Neutrale Erträge
– neutrale Aufwendungen
= Ergebnis der unternehmensbezogenen Abgrenzungen (neutrales Ergebnis)

Kosten und Leistungen

Durch die Produktion und den Verkauf von Erzeugnissen (Waren und Dienstleistungen) werden betriebliche Erträge erzielt. Dies sind im Sprachgebrauch der Kosten- und Leistungsrechnung die Leistungen eins Industrieunternehmens. Durch die Gegenüberstellung von Kosten und Leistungen wird das Ergebnis der eigentlichen betrieblichen Tätigkeit, das **Betriebsergebnis,** sichtbar. Entweder wurde ein **Betriebsgewinn** oder aber ein **Betriebsverlust** erwirtschaftet.

Leistungen
– Kosten
= Betriebsergebnis

1.4 Unternehmensbezogene Abgrenzung

1.4.1 Abgrenzung der neutralen Aufwendungen und Erträge

In der Abgrenzungsrechnung werden zunächst die neutralen Aufwendungen und Erträge von den gesamten Aufwendungen und Erträgen der Geschäftsbuchführung getrennt, damit sie nicht in die Kosten- und Leistungsrechnung gelangen.

Beispiel:

Abgrenzungs- und Ergebnistabelle					**(ohne kostenrechnerische Korrekturen)**		
Geschäftsbuchführung				**Abgrenzungsrechnung**		**Kosten- und Leistungsrechnung**	
Erfolgsrechnung				Unternehmensbezogene Abgrenzungen		Betriebsergebnisrechnung	
1		2	3	4	5	8	9
Konto		Aufwand	Ertrag	Neutraler Aufwand	Neutraler Ertrag	Kosten	Leistungen
5400	Betriebsfremde Erträge		20.700,00		20.700,00		
5490	Periodenfremde Erträge		10.300,00		10.300,00		
5800	Außerordentliche Erträge		2.700,00		2.700,00		
6960	Betriebsfremde Aufwendungen	54.500,00		54.500,00			
6990	Periodenfremde Aufwendungen	34.500,00		34.500,00			
7600	Außerordentliche Aufwendungen	3.000,00		3.000,00			
				92.000,00	33.700,00		
					58.300,00		
				92.000,00	92.000,00		
Unternehmensergebnis (Gesamtergebnis)				**Ergebnis der Abgrenzung**		**Betriebsergebnis**	

1.4.2 Übernahme der Leistungen und der aufwandsgleichen Kosten

Unmittelbar werden die Umsatzerlöse (Spalte 9) als betrieblich bedingt in die Kosten- und Leistungsrechnung übernommen.

Auch die **betrieblich bedingten Aufwendungen** der Kontenklasse 6 und 7 aus der Geschäftsbuchführung werden in die Kosten- und Leistungsrechnung (Spalte 8) übernommen. Sie stellen in gleicher Höhe Kosten dar. Man spricht von **aufwandsgleichen Kosten** oder auch **Grundkosten**. Die Grundkosten umfassen den betriebsbedingten Werteverzehr, der in gleicher Höhe in der Geschäftsbuchführung gebucht wurde.

Beispiel:

Abgrenzungs- und Ergebnistabelle					(ohne Kostenrechnerische Korrekturen)		
Geschäftsbuchführung				Abgrenzungsrechnung		Kosten- und Leistungsrechnung	
Erfolgsrechnung				Unternehmensbezogene Abgrenzungen		Betriebsergebnisrechnung	
1		2	3	4	5	8	9
Konto		Aufwand	Ertrag	Neutraler Aufwand	Neutraler Ertrag	Kosten	Leistungen
5 000	Umsatzerlöse		2.130.000,00				2.130.000,00
6 000	Aufwendungen für Roh- und Hilfsstoffe	478.000,00				478.000,00	
6 100	Aufwendungen für bezogene Leistungen	98.500,00.				98.500,00.	
6 200	Löhne und Lohnnebenkosten	301.000,00				301.000,00	
6 300	Gehälter und Gehaltsnebenkosten	255.000,00				255.000,00	
64–76 weiterer Aufwand		396.200,00				396.200,00	
						1.528.700,00	2.130.000,00
						601.300,00	
						2.130.000,00	2.130.000,00
Unternehmensergebnis (Gesamtergebnis)				Ergebnis der Abgrenzung		Betriebsergebnis	

Ergebnisberechnung		
	Ergebnis der Abgrenzung (siehe Seite 106)	– 58.300,00 €
+	Betriebsergebnis	601.300,00 €
=	Unternehmensergebnis (Gesamtergebnis)	543.000,00 €

Zusammenfassung

Abgrenzung von Geschäftsbuchführung und Kosten- und Leistungsrechnung				
Kontenkreise				
Rechnungskreis I		Abgrenzung		Rechnungskreis II
Geschäftsbuchführung				**Kosten- und Leistungsrechnung**
Erfolgsrechnung erfasst Aufwendungen und Erträge		Filter für neutrale Erträge und Aufwendungen → unternehmensbezogene Abgrenzung		→ Betriebsbuchführung: erfasst nur Leistungen und Kosten
Unternehmensergebnis (Gesamtergebnis)	=	Ergebnis aus unternehmensbezogenen Abgrenzungen	+	Betriebsergebnis

Begriffe der Abgrenzungsrechnung			
Betriebliche Aufwendungen	Betriebliche Erträge	Neutrale Aufwendungen	Neutrale Erträge
Aufwendungen, die mit dem Betriebszweck in Zusammenhang stehen (Kosten)	Erträge, die mit dem Betriebszweck in Zusammenhang stehen (Leistungen)	Betriebsfremde, periodenfremde oder außerordentliche Aufwenden	Betriebsfremde, periodenfremde oder außerordentliche Erträge

Unternehmensergebnis	Ergebnis der unternehmensbezogenen Abgrenzungen	Betriebsergebnis
Gegenüberstellung aller Aufwendungen und Erträge in der Geschäftsbuchführung auf dem Konto Gewinn und Verlust	Gegenüberstellung von neutralen Aufwendungen und Erträgen außerhalb der Geschäftsbuchführung in der Abgrenzungsrechnung	Ergebnis der betrieblichen Tätigkeit; es wird durch Gegenüberstellung von Kosten und Leistungen ermittelt. Dies geschieht außerhalb der Geschäftsbuchführung in der Abgrenzungsrechnung.

2 Abgrenzung der kalkulatorischen Kosten

➲ Lernsituation 2: Die kalkulatorische Kosten in der Abgrenzungsrechnung berücksichtigen

Die neutralen Vorgänge werden in den **unternehmensbezogenen Abgrenzungen** vom Unternehmensergebnis abgegrenzt, damit der durch die Produktion der industriellen Leistungen im Betrieb erwirtschaftete Erfolg (Betriebsergebnis) sichtbar wird. Vor allem darf die Kalkulation der Verkaufspreise nicht durch neutrale Aufwendungen und Erträge verfälscht werden. Das bedeutet, dass die Zahlen für die Kalkulation aus der Kosten- und Leistungsrechnung zu nehmen sind, neutrale Aufwendungen und Erträge also unberücksichtigt bleiben.

Abgrenzungs- und Ergebnistabelle								
Geschäftsbuchführung			Abgrenzungsrechnung				Kosten- und Leistungsrechnung	
Erfolgsrechnung			Unternehmensbezogene Abgrenzungen		Kostenrechnerische Korrekturen		Betriebsergebnisrechnung	
1	2	3	4	5	6	7	8	9
Konto	Aufwand	Ertrag	Neutraler Aufwand	Neutraler Ertrag	Aufwand	Verrechnete Kosten	Kosten	Leistungen

2.1 Kostenrechnerische Korrekturen

Die **kostenrechnerischen Korrekturen** werden notwendig, weil neben den **Grundkosten**, die als **aufwandsgleich** bezeichnet werden, auch solche Aufwendungen in der Geschäftsbuchführung erfasst wurden, die zwar betrieblich bedingt sind (= Kosten), aber aufgrund kalkulatorischer Überlegungen in anderer Höhe in die Kosten- und Leistungsrechnung eingehen. Man spricht in diesem Fall von **Anderskosten** oder **aufwandsungleichen Kosten**.

> **Grundkosten** sind die Kosten der Geschäftsbuchführung, die als **aufwandsgleiche** Kosten unverändert in die Kosten- und Leistungsrechnung übernommen werden.
> **Anderskosten** sind **aufwandsungleiche Kosten,** die in anderer Höhe in der Kosten- und Leistungsrechnung erfasst werden

Darüber hinaus gibt es auch Kosten, denen keine Aufwendungen in der Geschäftsbuchführung gegenüberstehen. Dennoch müssen sie u. a. aus kalkulatorischen Gründen in der Kosten- und Leistungsrechnung berücksichtigt werden. Man nennt diese Kosten daher **aufwandslose Kosten** oder **Zusatzkosten**.

> **Zusatzkosten** sind Kosten, denen keine Aufwendungen in der Geschäftsbuchführung gegenüberstehen.

Anderskosten und Zusatzkosten werden unter dem Begriff **kalkulatorische Kosten** zusammengefasst.

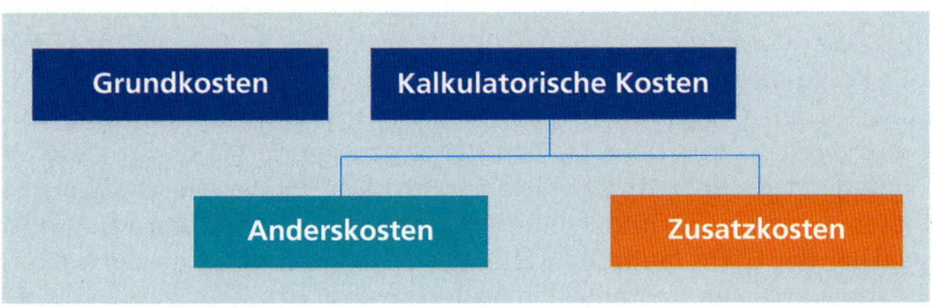

Kalkulatorische Kosten sind demnach Zusatz- oder Anderskosten, die abweichend von den Zahlen der Geschäftsbuchführung in die Kosten- und Leistungsrechnung eingebracht werden. Dadurch erhält man einen Überblick über die **Höhe aller Kosten**, die bei **der Leistungserstellung** entstehen und kalkuliert werden müssen. Dies schafft die Grundlage für eine realistische, an den betrieblichen Gegebenheiten orientierte Kalkulation der Verkaufspreise für industriellen Produkte und Dienstleistungen. Außerdem ist ein Branchenvergleich oft nur durch die Berücksichtigung kalkulatorischer Kosten möglich, damit ähnliche Ausgangsbedingungen geschaffen werden.

Die kalkulatorischen Kosten beeinflussen die Kosten- und Leistungsrechnung und die Spalten „kostenrechnerische Korrekturen". In der Kosten- und Leistungsrechnung wirken sie **kostenerhöhend**. Bei den kostenrechnerischen Korrekturen sind die **verrechneten Kosten und die entsprechenden Aufwendungen aus der Geschäftsbuchführung zu saldieren**. Das Ergebnis ist das Abgrenzungsergebnis (Gewinn oder Verlust). Die Geschäftsbuchführung bleibt von den Verrechnungen unberührt.

2.2 Kalkulatorische Abschreibungen

Anderskosten

In der Geschäftsbuchführung werden die Abschreibungen nach steuerlichen bzw. gewinnpolitischen Gesichtspunkten als Aufwendungen festgehalten **(bilanzmäßige Abschreibung).** Das Handelsgesetzbuch (HGB) und das Einkommenssteuergesetz (EStG) bestimmen im Wesentlichen die Methode und die Höhe des Abschreibungsbetrags. Folgende Bestimmungen werden wirksam:

- **Berechnungsbasis** sind die Anschaffungs- bzw. Herstellkosten des Anlagegutes,
- die **lineare Abschreibungsmethode** ist die grundsätzliche Abschreibungsmethode,
- die **leistungsbezogene Abschreibung** (z. B. Abschreibung nach Maschinenstunden).

Kalkulatorische Abschreibungen sollen den durch die betriebliche Nutzung tatsächlich eintretenden Werteverzehr der Anlageguter erfassen. Daher sind steuerliche Überlegungen wie bei der bilanziellen Abschreibung ohne Bedeutung.

Berechnung der kalkulatorischen Abschreibungen

Die **Berechnung** der kalkulatorischen Abschreibungen orientiert sich an:

- dem **tatsächlichen Werteverzehr** der Anlagegüter (z. B. gefahrene Kilometer eines Lkw) innerhalb der betriebsgewöhnlichen Nutzungsdauer,
- dem (geschätzten) **Wiederbeschaffungswert.**

Siehe Lernsituation 20, Jahrgangsband 2

Die kalkulatorischen Abschreibungen werden in die **Kalkulation der Preise** für die Produkte eines Industriebetriebes einbezogen. Daher verlangt die Kosten- und Leistungsrechnung **gleichmäßige Abschreibungsbeträge**, damit allzu große Kalkulationsschwankungen vermieden werden. Daraus ergibt sich, dass kalkulatorisch gewöhnlich linear abgeschrieben wird. Basis für die kalkulatorische Abschreibung ist der Wiederbeschaffungswert. Dadurch wird erreicht, dass über die Zeit der Nutzung und die damit erzielten Erlöse die Wiederbeschaffung dieses Anlagegutes finanziert werden kann. Der in der Geschäftsbuchführung angesetzte Aufwand wird aus diesem Grund nicht in derselben Höhe in die Kosten- und Leistungsrechnung übernommen, sondern in **abweichender Höhe (anderer Höhe)**. Daher bezeichnet man die kalkulatorischen Abschreibungen auch als **aufwandsungleiche Kosten** oder **Anderskosten.**

→ **Kalkulatorische Abschreibungen** stellen aufwandsungleiche Kosten oder Anderskosten dar.

Beispiel:
Am 15. Januar wird ein Lkw angeschafft. Die Anschaffungskosten betragen netto 120.000,00 €. Der Neuwert der Reifen in Höhe von netto 1.000,00 € ist in diesem Preis enthalten. Die betriebsgewöhnliche Nutzungsdauer des Lkw wird mit fünf Jahren angesetzt. In dieser Zeit verteuert sich ein Lkw gleicher Art um 7 %. Der Wiederbeschaffungswert beträgt somit 128.400,00 €. Der geschätzte Wiederverkaufswert für den Lkw nach Ablauf der betrieblichen Nutzungsdauer beträgt 2.600,00 €.

Bilanzielle Abschreibung
Grundlage für die Berechnung des Abschreibungsbetrages sind der Anschaffungswert und die Abschreibungsmethode (hier: lineare AfA):
Anschaffungswert: 120.000,00 €
Nutzungsdauer: 9 Jahre

$$\textbf{Bilanzielle Abschreibungen} = \frac{\text{Anschaffungswert}}{\text{Nutzungsdauer}} = \frac{117.000{,}00\ €}{9\ \text{Jahre}} = 13.000{,}00\ €$$

Kalkulatorische Abschreibung
Die Grundlage für die Berechnung der kalkulatorischen Abschreibung bilden der Wiederbeschaffungswert und der tatsächliche Werteverzehr (betriebsgewöhnliche Nutzungsdauer) des Anlagegutes.
Die Berechnungsgrundlage ergibt sich aus folgender Aufstellung.

Wiederbeschaffungskosten Lkw	128.400,00 €
– Wiederbeschaffungskosten Reifen	1.200,00 €
– Wiederverkaufserlös	2.600,00 €
= Berechnungsgrundlage für kalkulatorische Abschreibung	124.600,00 €
(Betriebsgewöhnliche) Nutzungsdauer: 5 Jahre	

$$\textbf{Kalkulatorische Abschreibungen} = \frac{\text{Wiederbeschaffungskosten}}{\text{Betriebliche Nutzungsdauer}} = \frac{124.600{,}00\ €}{5\ \text{Jahre}} = 24.900{,}00\ €$$

Bei einem Anschaffungswert von 117.000,00 € und einer betriebsgewöhnlichen Nutzungsdauer von neun Jahren werden jährlich **13.000,00 € bilanziell abgeschrieben.** Nach den neun Jahren der Nutzung sind damit über den Verkauf von industriellen Produkten nur 117.000,00 € für die Neuanschaffung eines Lkw in das Unternehmen zurückgeflossen. Der Betrag von 117.000,00 € reicht in der Regel aber nicht, um ein gleichartiges Ersatzfahrzeug zu kaufen, weil die Preise gestiegen sind. Wenn bei der Berechnung der kalkulatorischen Abschreibungen aber von den (geschätzten) Wiederbeschaffungskosten des Fahrzeuges in Höhe von 124.600,00 € ausgegangen wird, wird erreicht, dass jährlich **kalkulatorisch 24.920,00 €** abgeschrieben und in die Kalkulation der Verkaufspreise für die industriellen Produkte einkalkuliert werden. So werden über die Umsatzerlöse die **kalkulierten Abschreibungen verdient** und nach Ausscheiden des Fahrzeuges (Anlagegutes) kann ein entsprechender Ersatz beschafft werden. Auf diese Weise bleibt die Substanz des Unternehmens erhalten.

Abgrenzungs- und Ergebnistabelle

Geschäftsbuchführung			**Abgrenzungsrechnung**		**Kosten- und Leistungsrechnung**	
Erfolgsrechnung			Kostenrechnerische Korrekturen		Betriebsergebnis-rechnung	
1	2	3	6	7	8	9
Konto	Aufwand	Ertrag	Aufwand	Verrech-nete Kosten	Kosten	Leistun-gen
Bilanzielle Abschreibungen	**13.000,00**		**13.000,00**		-----	
Kalkulatorische Kosten: **Kalkulatorische Abschreibungen**				**24.920,00**	**24.920,00**	
	Zwischensumme		13.000,00	24.920,00		
	Ergebnis		**11.920,00**			
	Summe		24.920,00	24.920,00		

Ergebnis

1. In der Spalte 6 der kostenrechnerischen Korrekturen werden die in der Geschäftsbuchführung gebuchten **bilanziellen Abschreibungen „abgefiltert".** Sie gelangen nicht in die Kosten- und Leistungsrechnung.
2. Die kalkulatorischen Abschreibungen beeinflussen die Kosten- und Leistungsrechnung (Spalte 8) und den Bereich „Kostenrechnerische Korrekturen" (Spalte 7). In der Kosten- und Leistungsrechnung wirken sie **kostenerhöhend.** Bei den kostenrechnerischen Korrekturen sind die **verrechneten Kosten** (Spalte 7) und die entsprechenden **Aufwendungen aus der Geschäftsbuchführung** (Spalte 6) zu saldieren. Das Ergebnis der kostenrechnerischen Korrekturen ist ein Gewinn in Höhe von 11.920,00 €. Die Geschäftsbuchführung bleibt von den Verrechnungen unberührt.

	Verrechnete Kosten	Kalkulatorische Abschreibungen	24.920,00 €
–	Aufwendungen	Bilanzielle Abschreibungen	13.000,00 €
=	**Ergebnis der kostenrechnerischen Korrekturen**	**Gewinn**	**11.920,00 €**

3. Kalkulatorische Abschreibungen sind Anderskosten: Sie unterscheiden sich von den bilanziellen Abschreibungen um den Gewinn aus den kostenrechnerischen Korrekturen in Höhe von 11.920,00 €. Die kalkulatorischen Abschreibungen haben als Anderskosten **keinen Einfluss** auf das **Unternehmensergebnis.**

2.3 Kalkulatorische Zinsen

Anderskosten

Für Kredite, die dem Unternehmen als Fremdkapital überlassen wurden, erhält der Kapitalgeber eine entsprechende Entlohnung: die **Fremdkapitalzinsen.** Sie werden in der Geschäftsbuchführung als Aufwand in der Kontenklasse 7 im Konto *7510 Zinsaufwendungen* erfasst. Die Höhe dieser Aufwendungen hängt von der Höhe des Fremdkapitals ab. Für die Überlassung des Kapitals erhält der Kapitalgeber (z. B. Bank) also eine entsprechende **Entlohnung.**

Für die Produktion industrieller Erzeugnisse und Dienstleistungen steht aber nicht nur das Fremdkapital als Finanzierungsquelle zur Verfügung, sondern auch das **Eigenkapital.** Die Überlassung von Kapital durch den/die Eigentümer des Industrieunternehmens stellt sich aber anders dar. Eine direkte Entlohnung zu einem fest vereinbarten Zinssatz ist hier nicht vorgesehen. Wohl aber kann der Eigentümer erwarten, dass ihm eine angemessene **Verzinsung** seines Kapitals aus den Umsatzerlösen zufließt.

Deswegen müssen beide, sowohl Fremdkapital als auch Eigenkapital, in der Kalkulation berücksichtigt werden. Man spricht in diesem Zusammenhang vom **betriebsnotwendigen Kapital.** Als betriebsnotwendig wird das Kapital angesehen, das zur Finanzierung jener Vermögensteile (Anlage-/Umlaufvermögen) dient, die für die Erstellung der betrieblichen Leistungen erforderlich sind.

	Vermögen des Unternehmens (Anlagevermögen + Umlaufvermögen)
–	Nicht betriebsnotwendiges Vermögen (z. B. Wohnungen, Wertpapiere, nicht genutzte Grundstücke)
=	Betriebsnotwendiges Vermögen
–	Zinsfreies Fremdkapital (Verbindlichkeiten aus Lieferungen und Leistungen, Anzahlungen von Kunden)
=	**Betriebsnotwendiges Kapital**

In der Kosten- und Leistungsrechnung werden die betriebsbedingten Zinsen als **kalkulatorische Zinsen** erfasst. Als kalkulatorischer Zinssatz wird ein Zinssatz für langfristige Kapitalanlagen zugrunde gelegt.

Da sich gebuchter Zinsaufwand und kalkulatorische Zinsen unterscheiden, spricht man von **aufwandsungleichen Kosten** oder **Anderskosten.**

→ **Kalkulatorische Zinsen** stellen aufwandsungleiche Kosten oder Anderskosten dar.[1]

1) Die Definition der kalkulatorischen Zinsen formuliert die vorherrschende Auffassung der Praxis.

Berechnung der kalkulatorischen Zinsen

In der Kosten- und Leistungsrechnung werden also bei der Berechnung der (kalkulatorischen) Zinsen das gesamte in der Unternehmung eingesetzte Kapital (Eigen- und Fremdkapital = betriebsnotwendiges Kapital) berücksichtigt und über die kalkulierten Preise für die Erzeugnisse und Dienstleistungen (Umsatzerlöse) die kalkulatorischen Zinsen vom Kunden bezahlt. Neben den **Zinsaufwendungen für Fremdkapital** wird so auch der (kalkulatorische) Aufwand für die **Entlohnung des Eigenkapitals** berücksichtigt.

Für die Zinsberechnung wird mit einem **Zinssatz für langfristige Kapitalanlagen** gerechnet, um eine gleichmäßige Belastung der einzelnen Abrechnungsperioden mit Zinsen zu erreichen. Auf diese Weise wird vermieden, dass die aktuellen Zinsschwankungen auf den Kapitalmärkten die auf längere Sicht angelegte Kalkulation der Preise zu sehr beeinflussen.

Die kalkulatorischen Zinsen gehen **in anderer Höhe als die Zinsaufwendungen der Geschäftsbuchführung** in die Kostenrechnung ein. Sie werden daher als **Anderskosten** oder aufwandsungleiche Kosten bezeichnet.

Beispiel:
Die UNION GmbH berechnet ihr betriebsnotwendiges Kapital mit 4.205.230,00 €. Die tatsächlich gezahlten Zinsen für das Fremdkapital betragen im Geschäftsjahr 20(0) 189.000,00 €. Das Unternehmen rechnet mit einem kalkulatorischen Zinssatz von 8 %.

Kalkulatorische Zinsen	**= Betriebsnotwendiges Kapital**	**· Kalkulatorischer Zinssatz**	
Kalkulatorische Zinsen	= 4.205.230,00 €	· 8 %	= 336.418,00 €

Abgrenzungs- und Ergebnistabelle						
Geschäftsbuchführung			**Abgrenzungsrechnung**		**Kosten- und Leistungsrechnung**	
Erfolgsrechnung			Kostenrechnerische Korrekturen		Betriebsergebnis-rechnung	
1	2	3	6	7	8	9
Konto	Aufwand	Ertrag	Aufwand	Verrech-nete Kosten	Kosten	Leistun-gen
Zinsaufwendungen	**189.000,00**		**189.000,00**		-----	
Kalkulatorische Kosten: **Kalkulatorische Zinsen**				336.418,00	336.418,00	
	Zwischensumme		189.000,00	336.418,00		
	Ergebnis		**147.418,00**			
	Summe		336.418,00	336.418,00		

Ergebnis

1. In der Spalte 6 der Kostenrechnerischen Korrekturen werden die in der Geschäftsbuchführung **gebuchten Zinsaufwendungen „abgefiltert"**. Sie gelangen nicht in die Kosten- und Leistungsrechnung.
2. Die kalkulatorischen Zinsen beeinflussen die Kosten- und Leistungsrechnung (Spalte 8) und den Bereich „Kostenrechnerische Korrekturen" (Spalte 7). In der Kosten- und Leistungsrechnung wirken sie k**ostenerhöhend**. Bei den kostenrechnerischen Korrekturen sind die **verrechneten Kosten** (Spalte 7) und die entsprechenden **Aufwendungen aus der Geschäftsbuchführung** (Spalte 6) zu saldieren. Das Ergebnis der kostenrechnerischen Korrekturen ist ein Gewinn in Höhe von 147.418,00 €. Die Geschäftsbuchführung bleibt von den Verrechnungen unberührt.

	Verrechnete Kosten	Kalkulatorische Zinsen	336.418,00 €
–	Aufwendungen	Zinsaufwendungen	189.000,00 €
=	**Ergebnis der kostenrechnerischen Korrekturen**	**Gewinn**	**147.418,00 €**

3. Kalkulatorische Zinsen sind Anderskosten: Sie unterscheiden sich von den bilanziellen Abschreibungen um den Gewinn aus den kostenrechnerischen Korrekturen in Höhe von 147.418,00 €. Die kalkulatorischen Zinsen haben als Anderskosten **keinen Einfluss** auf das Unternehmensergebnis.

2.4 Kalkulatorischer Unternehmerlohn

Zusatzkosten in Einzelunternehmen und Personengesellschaften

Die **Geschäftsführer** einer GmbH und die **Vorstandsmitglieder** von Aktiengesellschaften erhalten für ihre Tätigkeit ein **Gehalt**, das in voller Höhe aus der Geschäftsbuchführung in die Kosten- und Leistungsrechnung übernommen werden kann, da es sich um **Grundkosten** handelt.
Der Inhaber einer **Einzelunternehmung** oder **mitarbeitende Gesellschafter** einer OHG bzw. KG aber erhalten kein Gehalt, da ihnen **der erwirtschaftete Gewinn** zusteht. Er dient als Verzinsung des eingesetzten Eigenkapitals, als **Vergütung für seine Arbeitsleistung (Unternehmerlohn)** und als Risikoprämie für das Eigenkapital, da es im Unternehmen weniger sicher angelegt ist als auf einer Bank. In der Geschäftsbuchführung darf daher für die Mitarbeit kein Aufwand gebucht werden.
Einzelunternehmen bzw. Personengesellschaften sind aber nur mit Kapitalgesellschaften vergleichbar, wenn auch die Mitarbeit des Einzelunternehmers bzw. Gesellschafters als Kosten in der Kalkulation erfasst wird. Auf diese Weise werden sie in der Selbstkostenberechnung und der Bestimmung des Betriebsergebnisses einander gleichgestellt.

Zusatzkosten in Einzelunternehmen und Personengesellschaften

Die Höhe des kalkulatorischen Unternehmerlohnes richtet sich nach dem Geschäftsführergehalt in vergleichbarer Position. Er wird in die Kosten- und Leistungsrechnung übernommen und in die Preise für die Produkte (Leistungen) einkalkuliert. Da der **Unternehmerlohn** in der Geschäftsbuchführung nicht als Aufwand erfasst wird, wohl aber aus kalkulatorischen Gesichtspunkten in der Kosten- und Leistungsrechnung, gehört auch er zu den **Zusatzkosten (aufwandslosen Kosten).**

→ Der **kalkulatorische Unternehmerlohn** stellt Zusatzkosten dar.

Beispiel:
Jens Sörensen führt den Industriebetrieb Jens Sörensen e. K. als Einzelunternehmung. Für seine unternehmerische (dispositive) Tätigkeit erhält er ein Gehalt von 5.000,00 € im Monat. Dieses Gehalt entspricht dem eines leitenden Angestellten in einem Unternehmen der Industriebranche gleicher Betriebsgröße (Branchenvergleich).

Unternehmerlohn = Jahresgehalt = 12 · 5.000,00 € = 60.000,00 €

Abgrenzungs- und Ergebnistabelle						
Geschäftsbuchführung			**Abgrenzungsrechnung**		**Kosten- und Leistungsrechnung**	
Erfolgsrechnung			Kostenrechnerische Korrekturen		Betriebsergebnisrechnung	
1	2	3	6	7	8	9
Konto	Aufwand	Ertrag	Aufwand	Verrechnete Kosten	Kosten	Leistungen
Kalkulatorische Kosten: Kalkulatorischer Unternehmerlohn				60.000,00	60.000,00	

Ergebnis
Der kalkulatorische Unternehmerlohn wird **ausschließlich in der Kosten- und Leistungsrechnung erfasst** und **in den kostenrechnerischen Korrekturen gegengebucht**. Auf das Unternehmensergebnis wirkt sich der Unternehmerlohn **erfolgsneutral** aus. Er wird nur aus kalkulatorischen Gesichtspunkten zusätzlich in die Kosten- und Leistungsrechnung aufgenommen **(Zusatzkosten).**

2.5 Kalkulatorische Miete

In einem Betrieb mit gemieteten Räumen erscheinen die gezahlten Mietbeträge als Aufwendungen der Kontenklasse 6 in der Gewinn- und Verlustrechnung und damit in der Kalkulation. Hat ein Unternehmen **eigene Geschäftsräume**, entstehen **keine Mietaufwendungen**, obwohl der Betriebsinhaber seine Räume für die Leistungserstellung des Betriebes bereithält. Statt der Mietzahlungen fallen aber unter Umständen folgende **Gebäudeaufwendungen** an:

- Abschreibungen auf Gebäude,
- Aufwendungen für Gebäudereparaturen,
- Grundsteuern,
- Hypothekenzinsen,
- Versicherungsprämien usw.

Anstelle der anfallenden Aufwendungen könnte das Unternehmen einen kalkulatorischen Mietwert ermitteln, der aber den tatsächlichen Aufwendungen (siehe oben) entgegengestellt werden müsste. Der **kalkulatorische Mietwert** stellt **dann Anderskosten** dar.
Da aber die wesentlichen Bestandteile der Gebäudekosten wie die Abschreibungen durch die kalkulatorischen Abschreibungen und die Hypothekenzinsen durch die kalkulatorischen Zinsen bereits in der Kosten- und Leistungsrechnung berücksichtigt wurden, wird in den meisten Unternehmen auf den Ansatz eines kalkulatorischen Mietwerts verzichtet.
Anders sieht der Fall aus, wenn ein **Einzelunternehmer** oder ein Gesellschafter einer **Personengesellschaft** dem Unternehmen aus seinem **privaten Vermögen unentgeltlich Räume zur Verfügung stellt.**
Will er eine angemessene Entschädigung für die **betriebliche Nutzung** der zur Verfügung gestellten eigenen Räume (Privaträume) erhalten, sind Mietkosten in vergleichbarer Höhe (ortsübliche Miete) anzusetzen und kalkulatorisch zu berücksichtigen. Hier spricht man dann von **aufwandslosen Kosten bzw. Zusatzkosten.**

2.6 Kalkulatorische Wagnisse

Jede unternehmerische Tätigkeit birgt verschiedene Wagnisse in sich. So kann es sein, dass z. B. bei einem Industrieunternehmen eine CNC-Fräse durch einen groben Bedienungsfehler einen erheblichen Schaden erleidet. Leider kann es auch passieren, dass Fertigteile durch Diebstahl aus dem Lager verschwinden. Manchmal sind auch Forderungen an Auftraggeber nicht mehr einzuholen und müssen abgeschrieben werden. Gegen manche dieser Wagnisse kann sich ein Unternehmen versichern, in diesem Fall erscheinen die zu zahlenden Versicherungsprämien in der Kontenklasse 6 als Kosten und werden als Grundkosten in die Kosten- und Leistungsrechnung übernommen.
Für die übrigen Risiken, gegen die sich die Unternehmung nicht versichern kann, sind im Rahmen der Kalkulation Wagniskosten zu berücksichtigen. So wird gewährleistet, dass die durch die Risiken auftretenden Aufwendungen gedeckt sind und über die Umsatzerlöse wieder in das Unternehmen zurückfließen.
Kalkulatorische Wagnisse sind **Zusatzkosten**, wenn ihnen in der Geschäftsbuchführung kein gebuchter Aufwand gegenübersteht. Sind aber beispielsweise Forderungsabschreibungen gebucht worden, werden die kalkulatorischen Wagnisse zu **Anderskosten**.

2.7 Auswertung der Abgrenzungs- und Ergebnistabelle

Die Abgrenzungsrechnung in tabellarischer Form ist auf der einen Seite als Bindeglied zwischen Geschäftsbuchführung und Kosten- und Leistungsrechnung die Vorstufe zur Kosten- und Leistungsrechnung. Als Ergebnistabelle ist sie aber auch ein vorzügliches Instrument der Analyse der Ergebnisse und damit auch ein Instrument der Steuerung des Leistungserstellungsprozesses.
Die Ergebnistabelle ermöglicht die Analyse der wichtigsten betriebswirtschaftlichen Zusammenhänge und zeigt, wie es zum Gesamtergebnis in der Geschäftsbuchführung gekommen ist.
Zur Auswertung der Betriebsergebnisrechnung (Kosten und Leistungen) werden u. a. folgende Berechnungen durchgeführt:

$$\text{Intensität der Materialkosten} = \frac{\text{Materialkosten} \cdot 100}{\text{Gesamtkosten}}$$

$$\text{Intensität der Abschreibungen} = \frac{\text{Kalkulatorische Abschreibungen} \cdot 100}{\text{Gesamtkosten}}$$

$$\text{Intensität der Personalkosten} = \frac{\text{Personalkosten} \cdot 100}{\text{Gesamtkosten}}$$

$$\text{Wirtschaftlichkeit} = \frac{\text{Leistungen}}{\text{Kosten}}$$

$$\text{Umsatzrentabilität} = \frac{\text{Betriebsgewinn} \cdot 100}{\text{Umsatzerlöse}}$$

Zusammenfassung

Kalkulatorische Abgrenzung

Kalkulatorische Kosten	Grundkosten	Anderskosten	Zusatzkosten
Die kalkulatorischen Kosten werden in **Zusatzkosten** und **Anderskosten** unterteilt.	Grundkosten sind die Kosten der Geschäftsbuchführung, die als **aufwandsgleiche Kosten** unverändert in die Kosten- und Leistungsrechnung übernommen werden.	Anderskosten sind **aufwandsungleiche Kosten,** die in anderer Höhe in der Kosten- und Leistungsrechnung erfasst werden: ▮ Kalkulatorische Abschreibungen ▮ Kalkulatorische Zinsen ▮ Kalkulatorische Miete ▮ Kalkulatorische Wagnisse	Zusatzkosten sind Kosten, denen **keine Aufwendungen in der Geschäftsbuchführung** gegenüberstehen: Unternehmerlohn ggf. Kalkulatorische Miete Kalkulatorische Wagnisse

3 Kostenartenrechnung: betriebswirtschaftliche Analyse der Kosten

➲ **Lernsituation 3: Die betriebswirtschaftliche Auswertung der Kostenarten vornehmen**

3.1 Grundlage der Kosten-und Leistungsrechnung (KLR)

Aus der Geschäftsbuchführung sind mithilfe der Abgrenzungsrechnung die durch den betrieblichen Leistungsprozess verursachten Kosten und Leistungen (Erlöse) so aufbereitet worden, dass sie nun in der Kosten- und Leistungsrechnung (KLR) als wichtige **Datenquelle für Steuerung und Kontrolle** der industriellen Leistungserstellungsprozesse (Produktion) zur Verfügung stehen. Die KLR ist Teil eines umfassenden Controlling- und Informationssystems, mit dem die **Wirtschaftlichkeit** des Unternehmens gesteuert werden kann. Die Kosten- und Leistungsrechnung muss dazu

- die **Entwicklungen der Vergangenheit** erkennen und aufzeigen,
- einen schnellen und sicheren Einblick in die gegenwärtige **wirtschaftliche Situation** des Unternehmens geben,
- Daten für die **zukunftsorientierten Entscheidungen** liefern,
- die exakte **Kalkulation der Preise** ermöglichen,
- **Instrumente zur Unternehmensführung** anbieten,
- u. a.

Die Kosten- und Leistungsrechnung erfüllt diese Anforderungen in den folgenden Bereichen:

Bereiche der Kostenrechnung		
Kostenartenrechnung	**Kostenstellenrechnung**	**Kostenträgerrechnung**
Welche Kosten sind entstanden?	**Wo** sind die Kosten verursacht worden?	**Wofür** sind Kosten angefallen?
Was verursacht Kosten? – Rohstoffe und Fertigteile – Personalkosten – Abschreibungen	An **welcher Stelle** wurden die Kosten **verursacht**? – Materialbereich – Fertigung – Verwaltung	**Durch wen** wurden Kosten **verursacht**? – Produkte – Aufträge – Dienstleistungen

Innerhalb der Kosten- und Leistungsrechnung dient die **Kostenartenrechnung** der vollständigen Erfassung der Arten von Kosten in einem Unternehmen während eines bestimmten Abrechnungszeitraums (z. B. Monat, Geschäftsjahr).

→ Die **Kostenartenrechnung** bildet den Ausgangspunkt für die gesamte Kostenrechnung. Sie gibt Auskunft über die Ursache der Entstehung von Kosten.

Auf die Frage, wodurch die **Kosten entstanden** sind, müssen die Unternehmen der Industriebranche nicht selbst eine Aufstellung der infrage kommenden Kosten vornehmen, sondern können sich am **Kontenrahmen** orientieren. Dort sind sie nach ihrer **Entstehungsursache** geordnet.
Im Kontenrahmen findt sich in den **Kontenklassen 6 und 7** in den verschiedenen Kontengruppen bereits eine Zusammenstellung der wichtigsten Gründe für die Entstehung von Kosten, z. B. *6200 Löhne, 6300 Gehälter, 6700 Mieten* usw.

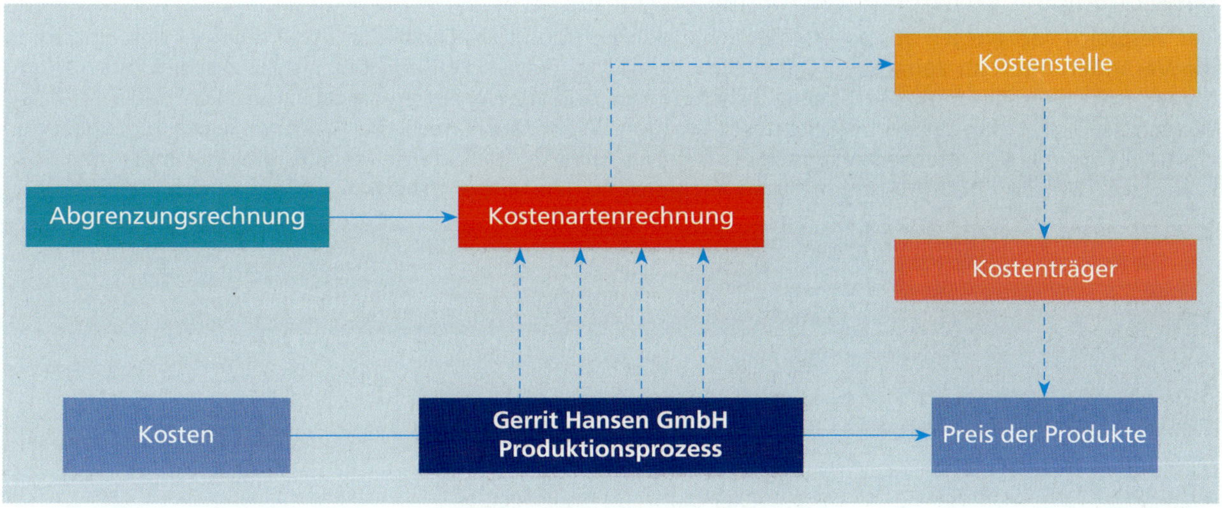

3.2 Betriebswirtschaftliche Auswertungen

Mit der Abgrenzung der Kosten und Leistungen von den Aufwendungen und Erträgen liegen der Gerrit Hansen GmbH alle Kosten nach der Art ihrer Entstehung vor. Sie werden in der Kostenartenrechnung unter der Fragestellung „Welche Kosten sind entstanden?" ausgewertet. Die betriebswirtschaftliche Auswertung zielt darauf, die wirtschaftliche Situation des Unternehmens und dabei besonders die Kostenstruktur zu beurteilen. Auf diese Weise dient die Kostenartenrechnung in der Kosten- und Leistungsrechnung der geforderten Kostenkontrolle.
Die in der Abgrenzungsrechnung ermittelten und in der **Ergebnisrechnung** bereitgestellten Kosten und Leistungen eines Geschäftsjahres können nun in ihrer **Entwicklung und Struktur** innerhalb eines Geschäftsjahres (statische Analyse) und **im Zeitvergleich** über mehrere Geschäftsjahre analysiert und für die Steuerung und Kontrolle des Unternehmens instrumentalisiert werden.
Mithilfe betriebswirtschaftlicher Auswertungen untersucht ein Unternehmen, in welchem **Umfang die Unternehmensziele** zu bestimmten Zeitpunkten erreicht wurden und **welche Entwicklungen die Kostenarten** genommen haben. Die folgende kurzfristige Ergebnisrechnung lässt sich als Schema für eine betriebswirtschaftliche Auswertung (BWA) auf verschiedenen Anwendungsgebieten und Anforderungen anpassen.

Gerrit Hansen GmbH Hamburg **Kurzfristige Ergebnisrechnung 20(-1) und 20(0)**		**Ausdruck 04.01.20(+1) 11:26:37**
Jahr	Vorjahr 20(-1)	Berichtsjahr 20(0)
	€	€
Umsatzerlöse	1.500.000,00	1.600.000,00
Betriebskosten	525.000,00	
davon für:		
Personalkosten		
.....	.....	
....	......	
Betriebsergebnis	**75.000,00**	

Die Kostenarten des Industriekontenrahmens können für die Auswertung zu Gruppen zusammengefasst werden:

- Materialkosten
- Personalkosten
- Übrige Kosten
- Kalkulatorische Kosten

Entwicklung der Kosten und Leistungen

Der Vergleich von Werten aus unterschiedlichen Jahren (Monaten, Quartalen usw.) eröffnet den Einblick in die Veränderungen im Zeitablauf. Daher spricht man in diesem Fall von einer **dynamischen Auswertung** (dynamische Betrachtung). Die Tabelle erhöht ihren Aussagewert, wenn noch zusätzlich neben den **Ist-Werten** auch die **Plan-Werte** berücksichtigt werden. Wenn auch noch die **Branchenwerte** hinzugezogen werden, wird aus der internen Analyse eine **externe Analyse**. Die externe Analyse gibt Auskunft über Stärken und Schwächen des Unternehmens im Vergleich zu den Mitbewerbern.

Gerrit Hansen GmbH Hamburg
Betriebswirtschaftliche Auswertung:
Entwicklung der Kosten und Leistungen 20(-1)–20(0) **Ausdruck 04.01.20(+1) 11:26:37**

	Vorjahr 20(–1)	Berichtsjahr 20(0)	Veränderung	
	€	€	€	%
	(1)	(2)	3 = (1) – (2)*	4 = (1) – (2)
Umsatzerlöse	1.500.000,00	1.600.000,00	100.000,00	6,67
Betriebskosten	525.000,00			
davon für:				
Personalkosten				
....				
Betriebsergebnis	**75.000,00**			

** (3) = (1) – (2) bedeutet: in der Spalte (3) wird der Inhalt der Spalte (1) mit dem Inhalt der Spalte (2) verglichen*

Anteil der Kostenarten an den Umsatzerlösen

Die Tabelle ermöglicht einerseits Einsichten in die **Struktur (Aufbau) der Kosten** innerhalb eines Geschäftsjahres (statische Betrachtung): Es zeigt beispielsweise den Anteil der Personalkosten an 100,00 € Umsatz. Andererseits wird ein Vergleich der **Strukturen im Zeitvergleich** möglich, weil die Kosten jeweils auf einen Umsatz von 100 % bezogen sind. Auf diese Weise können **Veränderungen in der Kostenstruktur** sichtbar gemacht werden.

Gerrit Hansen GmbH Hamburg
Betriebswirtschaftliche Auswertung:
Anteil der Kostenarten an den Umsatzerlösen 20(–1)–20(0) **Ausdruck 04.01.20(+1) 11:26:37**

	20(–1)	Anteil am Umsatz	20(0)	Anteil am Umsatz
	€	%	€	%
Umsatzerlöse	1.500.000,00	**100,0**	1.600.000,00	**100,0**
Betriebskosten	525.000,00	35,0		
davon für:				
Personalkosten	380.000,00	25,33		
....				
Betriebsergebnis	**75.000,00**	**5,0**		

Anteil der Kostenarten an den Gesamtkosten (Betriebskosten)

Grundlage für die Berechnungen sind die Betriebskosten (= Summe der Kostenarten), die mit 100 % gleichgesetzt werden. Die einzelnen Kostenarten werden als Prozentanteil an der Gesamtheit der Kostenarten (= Betriebskosten) ausgewiesen. Auf diese Weise wird die Kostenstruktur eines Geschäftsjahres sichtbar. Außerdem wird der Strukturvergleich mit anderen Geschäftsjahren möglich.

Gerrit Hansen GmbH Hamburg
Betriebswirtschaftliche Auswertung:
Anteil der Kostenarten an den Gesamtkosten (Betriebskosten) 20(–1)–20(0)
Ausdruck 04.01.20(+1) 11:26:37

	20(–1)	Anteil an den Betriebskosten	20(0)	Anteil an den Betriebskosten
	€	%	€	%
Umsatzerlöse	1.500.000,00		1.600.000,00	
Betriebskosten	525.000,00	**100,0**		**100,0**
davon für:				
Personalkosten	380.000,00	72,38		
....				
Betriebsergebnis	**75.000,00**	...		...

Die **betriebswirtschaftliche Auswertung (BWA)** ermöglicht in der **Analyse der Kostenarten** u. a. folgende Verfahren:

- Beobachtung der Entwicklung einzelner Kostenarten
- Vergleichsanalysen im Zeitablauf einer Rechnungsperiode oder im Periodenvergleich
- Vergleiche von Plan- und Ist-Daten der unterschiedlichen Abrechnungsperioden
- Offenlegung der Schwachstellen im Unternehmen durch die Kontrolle der Entwicklung der einzelnen Kostenarten

Geschäftsbericht

Die Auswertung der Ergebnisrechnungen von Vergleichsjahren bzw. die Auswertung von Kostenstrukturen eines Geschäftsjahres erfolgt oft in einem Geschäftsbericht. Ein Geschäftsbericht enthält auch Vorschläge, wie in Zukunft Ursachen von Fehlentwicklungen beseitigt oder positive Entwicklungen verstärkt werden können.

Weitere Angaben zur Präsentationstechnik, siehe Jahrgangsband 1, Seite 338

Präsentationsplan

In der Regel werden Geschäftsberichte nicht nur als Text in gedruckter Form vorgelegt, sondern auch einem interessierten Kreis (Geschäftsleitung, Abteilungsleiter, Mitarbeiter) medial aufbereitet in einer Präsentation vorgestellt
Die Ergebnisse der betriebswirtschaftlichen Auswertung (BWA) könnten nach folgendem Gliederungsschema erfolgen:

Präsentation der Ergebnisse: Gliederung	
1. Darstellung der Entwicklung der ▪ Umsätze ▪ Kostenarten	2. Analyse der Ergebnisse ...... 3. Grafiken

Zusammenfassung

Kostenartenrechnung: betriebswirtschaftliche Analyse der Kosten

Bereiche der Kostenrechnung	Kostenartenrechnung		Betriebswirtschaftliche Auswertungen
▪ Kostenartenrechnung ▪ Kostenstellenrechnung ▪ Kostenträgerrechnung	Die Kostenartenrechnung bildet den Ausgangspunkt für die gesamte Kostenrechnung	Auskunft über die Ursache der Entstehung von Kosten	▪ Kurzfristige Ergebnisrechnung ▪ Entwicklung der Kosten und Leistungen ▪ Anteil der Kostenarten an den Umsatzerlösen und den Gesamtkosten ▪ Geschäftsbericht und Präsentation der Ergebnisse

4 Kostenstellenrechnung: Betriebsabrechnungsbogen (BAB)

➲ **Lernsituation 4: Die Kosten mithilfe des BAB den Kostenstellen zuordnen**

4.1 Aufgabe der Kostenstellenrechnung

Die Kostenstellenrechnung verbindet die Kostenartenrechnung mit der Kostenträgerrechnung. Sie ist die **zweite Stufe** des Systems der Kosten- und Leistungsrechnung. Während die **Kostenartenrechnung** alle angefallenen **Kosten nach Art und Wert** ohne einen Bezug zu den Verantwortungsträgern erfasst, fragt die **Kostenstellenrechnung**,

- **an welchem Ort** (= Stelle; z. B. Abteilung, Funktionsbereich) die Kosten **entstanden** (Verursachungsprinzip) oder
- **wem** sie **zuzurechnen** sind.

→ Die **Kostenstellenrechnung** überwacht die Kosten einzelner Verbrauchsstellen.

Grundlage für die **Bildung von Kostenstellen** können **Funktionsbereiche** (Materialbereich, Fertigungsbereich usw.) oder **Verantwortungsbereiche** (Abteilungen, Produkte) sein. Die Kostenstellen müssen eindeutig voneinander abgegrenzt werden und eine organisatorische Einheit bilden, damit die Kosten beeinflusst werden können. Dazu muss festgelegt sein, wer die Verantwortung für die Kostenstelle trägt.
So liegt die besondere Bedeutung der Kostenstellenrechnung darin, die für die Kosten (und Leistungen) **Verantwortlichen** mit den **Ergebnissen** ihrer Entscheidungen bzw. ihres Handelns allgemein zu konfrontieren. Wenn die Kostenstellen zugleich auch Stellen der Leistungserstellung sind, ist es möglich, die Wirtschaftlichkeit der Kostenstelle zu kontrollieren:

$$\text{Wirtschaftlichkeit der Kostenstelle (= Verantwortungsbereich)} = \frac{\text{Leistung}}{\text{Kosten}}$$

Durch die Kostenstellenrechnung können die Kosten abteilungsgenau überwacht und nötigenfalls verändert werden. Jeder Kostenstelle werden den entstandenen Einzelkosten der Kostenstelle die anteiligen, von ihr verursachten Gemeinkosten zugerechnet (siehe BAB). Mit diesen Informationen können

- die **Kostenentwicklungen** in den einzelnen Kostenstellen kontrolliert werden,
- die **Wirtschaftlichkeit** des Leistungserstellungsprozesses überwacht und kontrolliert werden,
- die **Angebote** für Kundenaufträge **kalkuliert** werden,
- die **Abteilungsergebnisse** errechnet und analysiert werden.

Die Kostenstellenrechnung trägt dazu bei, **Kostenbewusstsein** bei den Verantwortlichen und Mitarbeitern herzustellen und bei ihnen die **Wirtschaftlichkeit** als Zielgröße für das Handeln zu verankern.

4.2 Bildung von Kostenstellen

Kostenstellen sind abgrenzbare Funktions- und Verantwortungsbereiche eines Unternehmens, in denen **Kosten** entstehen bzw. denen Kosten verursachungsgerecht zugerechnet werden können.

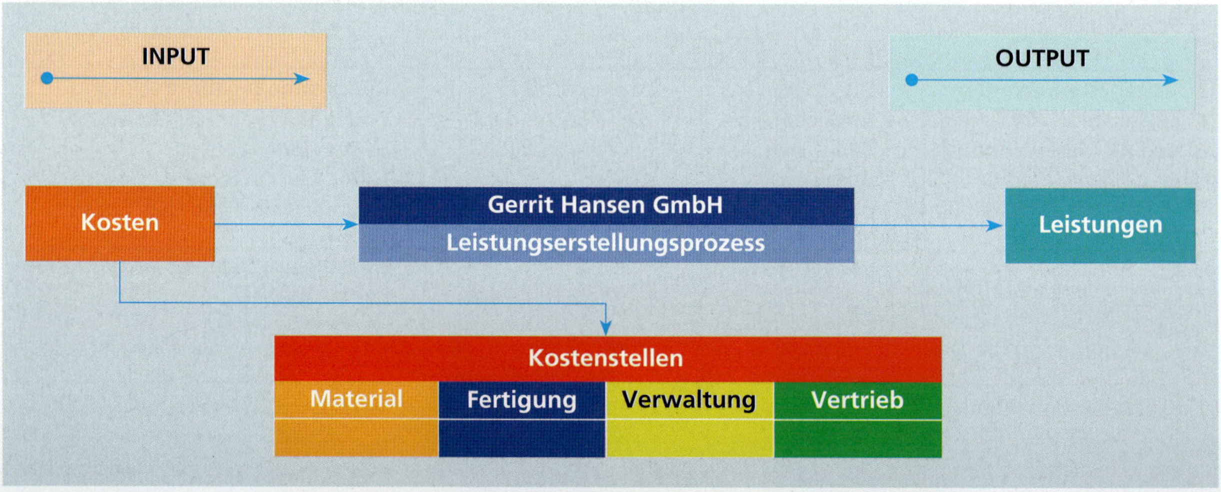

Für die **Bildung von Kostenstellen** bieten sich in Industrieunternehmen die Funktionsbereiche der Produktion an: Material, Fertigung, Verwaltung, Vertrieb.

Funktionsbereiche (Kostenbereiche)			
Materialbereich	**Fertigungsbereich**	**Verwaltungsbereich**	**Vertriebsbereich**
z. B. Einkauf Wareneingang Warenlager	z. B. Fräserei Dreherei Montage Verpackung	z. B. Kaufmännische Leitung Kalkulation Rechnungswesen Personalverwaltung	z. B. Marketing Verkauf/Kundenservice Fertiglager Versand

4.3 Zurechnung der Gemeinkosten auf Kostenstellen

Neben der Aufgabe der Kostenstellenrechnung als **Instrument der Kostenkontrolle** hat sie vor allem die Aufgabe der **Vorbereitung auf die Kostenträgerrechnung** (= Auftragskalkulation/Preisermittlung).

Kostenzuordnung

Während die Einzelkosten den Kostenträgern z. B. Kundenaufträgen, direkt zugeordnet werden können, müssen die Gemeinkosten, da ein direkter Zuordnungsnachweis auf einen Kostenträger fehlt, entsprechend dem Verursachungsprinzip zunächst den jeweiligen Kostenstellen zugewiesen werden.

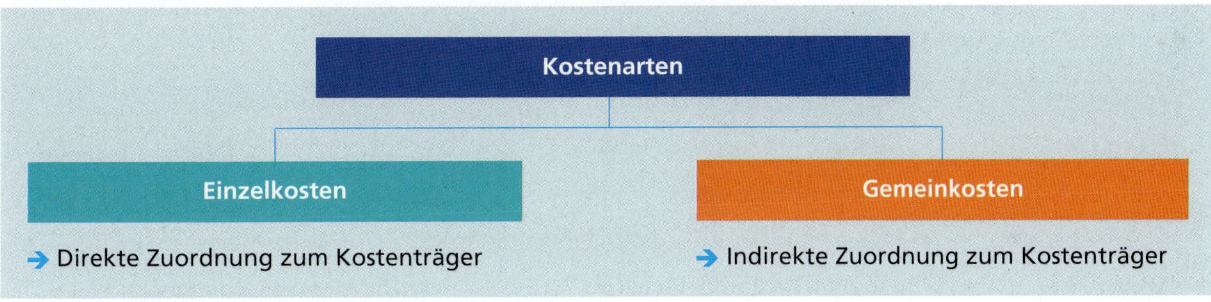

Die Aufstellung der Kostenarten als Ergebnis der Kostenartenrechnung dient dazu, die Trennung in Einzel- bzw. Gemeinkosten vorzunehmen.

Beispiel:

Kostenzuordnung 1. Quartal 20(0)			
Kostenarten	**Gesamt**	**Einzelkosten**	**Gemeinkosten**
Materialkosten			
Rohstoffe	1.500.000,00 €	1.500.000,00 €	
Hilfsstoffe	120.000,00 €		120.000,00 €
Betriebsstoffe/Energie	160.000,00 €		160.000,00 €
Fremdbauteile	180.000,00 €	180.000,00 €	
Summe Materialkosten	**1.960.000,00 €**	**1.680.000,00 €**	**280.000,00 €**

So werden in der Kostenstellenrechnung in der Praxis meist nur die **Gemeinkosten** den Kostenstellen zugeordnet. Wird die Kostenstellenrechnung aber auch als Analyseinstrument im Controlling verwendet, werden den Kostenstellen auch die Einzelkosten zugeordnet. Die Einzelkosten bilden dann die Basis für die Zuschlagssätze der Kalkulation von Aufträgen (siehe Kapitel 5).
Die Zuordnung der Gemeinkosten zu den einzelnen Kostenstellen erfolgt nach dem **Verursachungsprinzip**. Daher muss geprüft werden, was als **Grundlage für die Zuordnung** genutzt werden kann.

Hinsichtlich der Zuordnung der Gemeinkosten werden entweder **kostenstellenbezogene Belege** verwendet oder nach **geeigneten Zurechnungsbasen** bzw. Verteilungsschlüssel gesucht. Danach unterscheidet man:

- **Kostenstellen-Einzelkosten:** Für einige Gemeinkostenarten ist die Verteilung auf die Kostenstellen nicht schwierig, da sie aufgrund von Belegen den einzelnen Kostenstellen **direkt** zugeordnet werden können.

Kostenarten	Verteilungsgrundlage
Personalkosten	Lohn- und Gehaltslisten
Kommunikationskosten	Einzelnachweise des Telefonanbieters
Reparaturen	Auftragsscheine
Weiterbildung, Reisekosten	Einzelbelege

Kostenstelleneinzelkosten: Die Gemeinkosten können den Kostenstellen direkt zugeordnet werden.

- **Kostenstellen-Gemeinkosten:** Andere Gemeinkostenarten müssen allerdings nach einem festgelegten Schlüssel auf die Kostenstellen verteilt werden. Kernproblem der Kostenstellenrechnung ist es, einen geeigneten **Verteilungsschlüssel** zu finden, der die **Kostenverursachung widerspiegelt**. Unterstellt wird **Proportionalität** zwischen der **Zurechnungsbasis** und den zu **verteilenden Kosten.**

Beispiel:
Je größer die zu beheizende Fläche, umso größer der Verbrauch an Heizenergie.

Zu unterscheiden sind Mengenschlüssel und Wertschlüssel.

Kostenarten	Verteilungsgrundlagen	Schlüsselart
Energiekosten	Geschäftsfläche, nach installierter Wattzahl	Mengenschlüssel
Reinigungskosten	Nach der Raumfläche in m²	Mengenschlüssel
Abschreibungen	Nach Wert des Anlagevermögens, Inventarliste	Wertschlüssel
Miete	Nach der Raumfläche in m²	Mengenschlüssel
Werbekosten	Direkt oder nach Umsatz	Wertschlüssel
Fahrzeugkosten	Nach gefahrenen Kilometern	Mengenschlüssel
Gewerbesteuer	Nach Umsatz	Wertschlüssel
Zinsen	Nach betriebsnotwendigem Kapital	Wertschlüssel
Versicherungen	Nach Werten des Sachanlagevermögens lt. Inventar	Wertschlüssel
Unfallversicherung	Nach Anzahl der Beschäftigten je Kostenstelle	Mengenschlüssel

Kostenstellengemeinkosten: Die Gemeinkosten können den Kostenstellen nur indirekt über einen Verteilungsschlüssel zugeordnet werden.

Mithilfe der oben aufgeführten Zuordnungsgrundlagen können Verteilungsschlüssel gebildet werden.

4.4 Kostenstellenrechnung mithilfe des Betriebsabrechnungsbogens

Kostenträgerrechnung, siehe Kapitel 5, Seite 124

Die Verteilung der Gemeinkosten auf die Kostenstellen wird in tabellarischer Form im **Betriebsabrechnungsbogen (BAB)** durchgeführt. Er dient dazu, die Kosten der Gemeinkostenarten auf die Kostenstellen (Ort der Leistungserstellung und Kostenverursachung) zu verteilen. Neben der Überwachung und Kontrolle der Kosten in den Kostenstellen werden die Zuschlagssätze für die Kostenträgerrechnung (= Kalkulation) ermittelt.

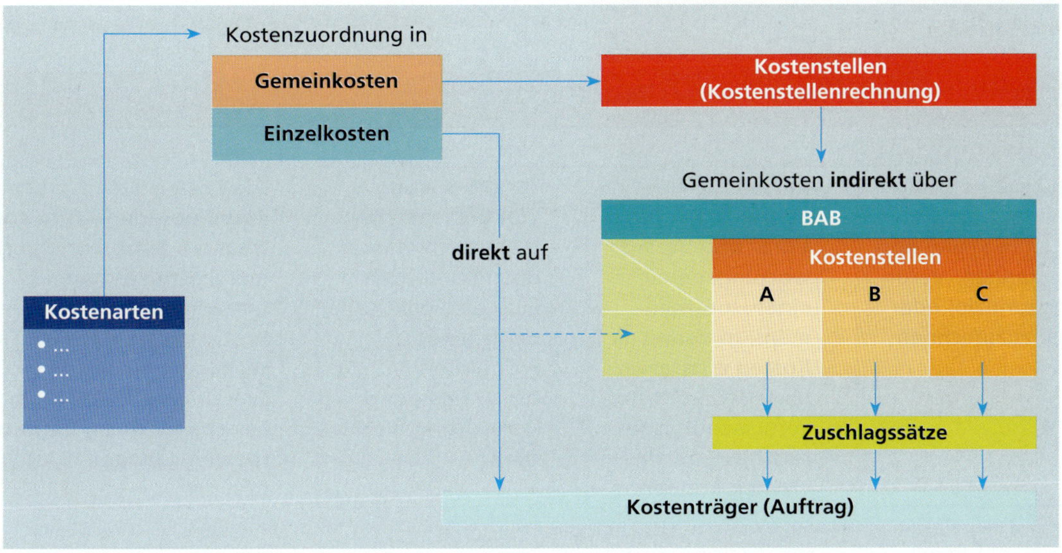

Der BAB enthält die Kostenstellen, z. B. Material oder Fertigung, auf die die Kosten anteilig und verursachungsgerecht verteilt werden. Aus der Abgrenzungsrechnung der Kostenartenrechnung werden die Gemeinkosten übernommen und mithilfe von Belegen oder Verteilungsschlüsseln (siehe oben) durch den BAB auf die Kostenstellen verteilt. Eine Darstellung der Kosten in vollen Euro ist gewöhnlich ausreichend (kaufmännisch runden).

Beispiel:

Betriebsabrechnungsbogen						
			Kostenstellen			
Gemeinkosten	**Summe**	**Verteilungs-grundlagen**	**I**	**II**	**III**	**IV**
Gemeinkostenart			**Material**	**Fertigung**	**Verwaltung**	**Vertrieb**
Hilfsstoffe	130.000,00	Verbrauch		130.000,00		
Betriebsstoffe/ Energie	135.700,00	Verbrauch	25.200,00	110.500,00		
Gehälter	263.700,00	Gehaltslisten	12.500,00		180.800,00	70.400,00
usw.	...	....	...	...	....	...
Summe	1.015.900,00	aufgeteilt:	120.400,00	520.100,00	260.200,00	110.300,00
			MGK	FGK	VwGK	VtGK

Der BAB wird in den folgenden Schritten erstellt (siehe dazu auch Schema unten):

Schritt 1: Die Gemeinkosten werden aus der Kostenartenrechnung in den BAB übertragen.
Schritt 2: Die Summe der Gemeinkosten wird ermittelt.
Schritt 3: Die einzelnen Gemeinkostenarten werden auf die Kostenstellen verteilt, entsprechend dem angegebenen bzw. noch festzulegenden Verteilungsschlüssel oder anhand von Belegen.
Schritt 4: Die Gemeinkosten je Kostenstelle werden ermittelt; dabei muss die Summe der einzelnen Gemeinkostenstellen mit der in Schritt 2 ermittelten Summe der Gemeinkosten übereinstimmen. Dies ist eine Kontrollrechnung, um weitere Fehler zu vermeiden.

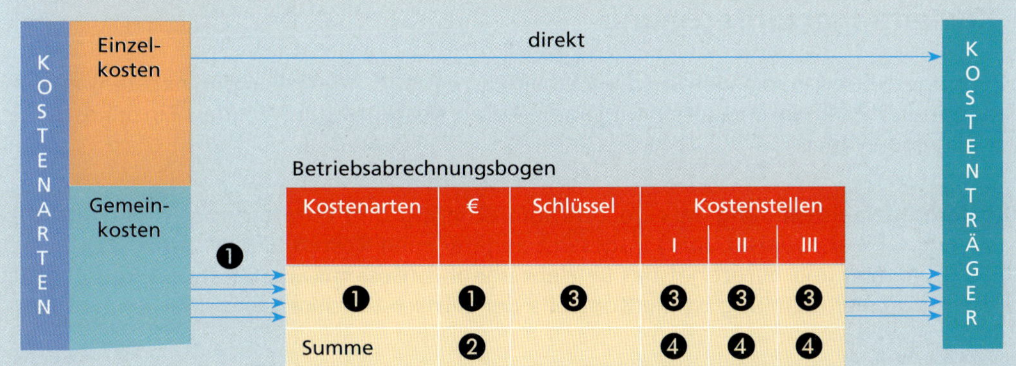

Zusammenfassung

Kostenstellenrechnung: Betriebsabrechnungsbogen (BAB)			
Kostenstellenrechnung	**Kostenstellen**		**Betriebsabrechnungsbogen**
Kostenstellenrechnung fragt danach, an welchem Ort (= Stelle) Kosten entstanden (Verursachungsprinzip) oder wem sie zuzurechnen sind.	**Kostenstellen** sind abgrenzbare Funktions- und Verantwortungsbereiche eines Unternehmens, in denen **Kosten entstehen** bzw. denen Kosten verursachungsgerecht zugerechnet werden können.	Für die **Bildung von Kostenstellen** bieten sich in Industrieunternehmen die Funktionsbereiche der Produktion an: Material, Fertigung, Verwaltung, Vertrieb.	Die Kostenarten werden nach ihrer Zuordnung zum Kostenträger in **Einzelkosten** und **Gemeinkosten** aufgeteilt. Die Gemeinkosten werden den Kostenstellen nach dem **Verursachungsprinzip** zugeordnet. Diese Verteilung wird in tabellarischer Form im **Betriebsabrechnungsbogen** (BAB)durchgeführt.

5 Kostenträgerrechnung: Kostenträgerzeitrechnung

➲ **Lernsituation 5: Kalkulationszuschlagssätze ermitteln**

Nach der Kostenarten- und der Kostenstellenrechnung bildet die Kostenträgerrechnung die letzte Stufe der Kostenrechnung.

Stufen der Kostenrechnung		
Stufe I	**Stufe II**	**Stufe III**
Kosten**arten**rechnung	Kosten**stellen**rechnung	Kosten**träger**rechnung
Welche *Kosten sind entstanden?*	***Wo*** *sind die Kosten verursacht worden?*	***Wofür*** *sind die Kosten angefallen?*
Erfassung und Gliederung aller Kosten aus dem Zahlenmaterial der Geschäftsbuchführung	Verteilung der Kosten auf die Kostenstellen mithilfe des BAB und Ermittlung der Gemeinkosten der Kostenstellen	Ermittlung der Kosten einzelner Kostenträger (Selbstkosten je Kostenträger)

Siehe Kostenstellenrechnung Seite 124

In der **Kostenträgerrechnung** wird ermittelt, in welcher Höhe Kosten für den einzelnen Kostenträger angefallen sind. Zugerechnet werden den Kostenträgern:

1. die **Einzelkosten** und
2. die in der Kostenstellenrechnung verteilten **Gemeinkosten**.

Als **Kostenträger** kommen einzelne Produkte, Aufträge oder Produktgruppen infrage.
In der Kostenträgerrechnung ist zwischen der Kostenträgerzeit- und -stückrechnung zu unterscheiden:

Gesamtkalkulation: siehe dazu Handelskalkulation, Jahrgangsband 2, Informationshandbuch Seite 61

- **Kostenträgerzeitrechnung:** Die gesamten, in einer Abrechnungsperiode in den Kostenstellen angefallenen Gemeinkosten werden in einer **Gesamtkalkulation** den Einzelkosten zugerechnet.
- **Kostenträgerstückrechnung:** Die Selbstkosten eines einzelnen Kostenträgers (z. B. Auftrag) werden in einer **Stückkalkulation** ermittelt.

5.1 Kostenträgerzeitrechnung

In der Kostenträgerzeitrechnung werden die Gemeinkosten (z. B. Materialgemeinkosten) aus der Kostenstellenrechnung übernommen und in einem sogenannten **Kostenträgerblatt** den Einzelkosten (z. B. Fertigungsmaterial) zugerechnet.

→ Die **Kostenträgerzeitrechnung** ist eine **Zeitraumrechnung** und ermittelt die in der Abrechnungsperiode (z. B. Monat, Quartal, Jahr) insgesamt angefallenen Kosten (Einzelkosten und Gemeinkosten = Selbstkosten) und berechnet das Betriebsergebnis (Gesamtkalkulation des Betriebes). Zweck der Kostenträgerzeitrechnung ist die **Kontrolle der Wirtschaftlichkeit** einzelner Kostenträger.

Das Kostenträgerblatt

Im **Kostenträgerblatt** werden die Einzelkosten und die Gemeinkosten (BAB) einer Rechnungsperiode den einzelnen Kostenträgern zugrechnet (Gesamtkalkulation) und das **Betriebsergebnis** des Abrechnungszeitraums **pro Kostenträger** errechnet.

Beispiel: Kostenträgerblatt der MF Rational Küchen GmbH

Kostenträgerblatt				
			Kostenträger	
			Typ 1	Typ 2
1.	Fertigungsmaterial	FM		
2.	+ Materialgemeinkosten	MGK		
3.	**= Materialkosten**	MK		
4.	Fertigungslöhne	FL		
5.	+ Fertigungsgemeinkosten	FGK		
6.	**= Fertigungskosten**	FK		
7.	Materialkosten (Zeile 3)	MK		
8.	+ Fertigungskosten (Zeile 6)	FK		
9.	**= Herstellkosten**	HK		
10.	+ Verwaltungsgemeinkosten	VwGK		
11.	+ Vertriebsgemeinkosten	VtGK		
12.	**= Selbstkosten**			
13	**Umsatzerlöse** (aus FIBU)			
14	**Betriebsergebnis**			

Kostenstellen	Kostenträger
Material	**Küche Typ 1** **Küche Typ 2**
Fertigung	
Verwaltung	
Vertrieb	

Fertigungsmaterial (FM): Kosten für Material, die einem Kostenträger direkt zuzurechnen sind (Einzelkosten).
Fertigungslöhne (FL): Sie sind ebenfalls einem einzelnen Produkt direkt zurechenbar und damit als Einzelkosten anzusehen.
Materialgemeinkosten (MGK): Sie entstehen bei der Materialbewirtschaftung, z. B. Annahme, Lagerung, Ausgabe des Materials (siehe BAB: Kostenstelle Material).
Fertigungsgemeinkosten (FGK): Die Kosten fallen im Fertigungsprozess an, z. B. Gehälter von Meistern und technischen Angestellten (siehe BAB: Kostenstelle Fertigung).
Verwaltungsgemeinkosten (VwGK): Kosten, die durch die kaufmännische Verwaltung eines Betriebes entstehen, z. B. die Gehälter der kaufmännischen Angestellten (siehe BAB: Kostenstelle Verwaltung).
Vertriebsgemeinkosten (VtGK): Kosten, die beim Vertrieb der Produkte anfallen, z. B. Verpackungs- und Versandkosten. Sie sind von den Herstellkosten zu berechnen (siehe BAB: Kostenstelle Vertrieb).

Das Kostenträgerblatt wird auch als Betriebsabrechnungsbogen II (BAB II) bezeichnet. Am Ende einer Periode wird mit dem BAB II der Periodenerfolg der Kostenträger ermittelt und analysiert.

Siehe dazu Kapitel 8.2, Seite 136

Berechnung der Kalkulationssätze

Alle **verkauften Produkte** müssen die **Gemeinkosten**, die für die Materialbewirtschaftung, die Fertigung der Produkte, die Verwaltung des Betriebes und den Vertrieb der Produkte insgesamt anfallen, **„tragen"**. Daher werden im **Kostenträgerblatt** die entstandenen Gemeinkosten den Einzelkosten zugerechnet und aus dem Verhältnis der Einzelkosten zu den Gemeinkosten Zuschläge in Prozent ermittelt. Mit diesen **Zuschlägen** wird in der Kalkulation der Preise der Produkte bzw. Aufträge jedes einzelne Produkt mit einem **Anteilsbetrag** der Gemeinkosten „belastet". Das Kostenträgerblatt dient also auch als Grundlage zur **Ermittlung der Kalkulationszuschlagssätze** (Zuschlagskalkulation) für die **Auftragskalkulation (Stückkalkulation)**.

Zuschlagskalkulation (Stückkalkulation) siehe Kapitel 6, Seite 129

In der **Zuschlagskalkulation** werden die Selbstkosten eines Kostenträgers (Produkt, Auftrag) durch prozentuale Zuschläge der Gemeinkosten auf die Einzelkosten ermittelt.

Die **Berechnung der Zuschlagssätze** für die **Kalkulation der Kundenaufträge** in der Stückkalkulation erfolgt in folgenden Schritten:

Schritt 1

Für die Berechnung der Zuschlagssätze werden die Einzelkosten aus der Kostenartenrechnung und die Gemeinkosten aus dem BAB der Kostenstellenrechnung entnommen und in das **Schema der Gesamtkalkulation** eingetragen.

Beispiel: Ermittlung der Kalkulationszuschlagssätze in der MF Rational Küchen GmbH

BAB aus der Kostenstellenrechnung

Kostenarten	€	Schlüssel	Material	Fertigung	Verwaltung	Vertrieb
Hilfslöhne	10.000,00	→	1.000,00	7.000,00	1.000,00	1.000,00
Gehälter	200.000,00	→	20.000,00	130.000,00	40.000,00	10.000,00
Energie	80.000,00	→	10.000,00	40.000,00	20.000,00	10.000,00
Mieten	60.000,00	→	15.000,00	30.000,00	10.000,00	5.000,00
Abschreibungen	30.000,00	→	5.000,00	5.000,00	10.000,00	10.000,00
Gewerbesteuer	20.000,00	→	4.000,00	8.000,00	4.000,00	4.000,00
Zinsen	70.000,00	→	25.000,00	30.000,00	10.000,00	5.000,00
Übrige Kosten	90.000,00	→	10.000,00	50.000,00	25.000,00	5.000,00
Summe Gemeinkosten	560.000,00		90.000,00	300.000,00	120.000,00	50.000,00

Kostenträgerzeitrechnung im Kostenträgerblatt

Gesamtkalkulation	Einzel- und Gemeinkosten	Zuschläge %
Fertigungsmaterial (FM)	900.000,00	
+ Materialgemeinkosten	90.000,00	
= Materialkosten (MK)	990.000,00	
+ Fertigungslöhne (FL)	600.000,00	
+ Fertigungsgemeinkosten (FGK)	300.000,00	
= Fertigungskosten (FK)	900.000,00	
Herstellkosten	1.890.000,00	
+ Verwaltungsgemeinkosten (VwGK)	120.000,00	
+ Vertriebsgemeinkosten (VtGK)	50.000,00	
= Selbstkosten	2.060.000,00	

Schritt 2

In einem zweiten Schritt werden die Zuschlagssätze für die Zurechnung der Gemeinkosten berechnet. Grundlage für die Zurechnung der Gemeinkosten sind die angefallenen Einzelkosten.

Materialgemeinkostenzuschlag (MGKZ)

Die **Materialgemeinkosten** werden durch einen **prozentualen Aufschlag** (= Materialgemeinkostenzuschlag) dem **Fertigungsmaterial** (Rohstoffverbrauch = Einzelkosten) zugeschlagen. Das Berechnungsverfahren unterstellt, dass sich die Materialgemeinkosten in gleicher Weise wie das Fertigungsmaterial verändern.

Beispiel:

Küchenmöbel:

Fertigungsmaterial	*900.000,00 € =*	*100 %*
+ Materialgemeinkosten	*90.000,00 € =*	*x %*

$$\text{Materialgemeinkostenzuschlag (MGKZ)} = \frac{100 \cdot 90.000,00\ €}{900.000,00\ €} = 10\ \%$$

$$\textbf{Materialgemeinkostenzuschlagssatz} = \frac{\text{Materialkosten} \cdot 100}{\text{Fertigungsmaterial}}$$

Die errechneten Materialgemeinkosen werden zum Fertigungsmaterial addiert:

Fertigungsmaterial
+ Fertigungsgemeinkosten
= **Materialkosten**

Fertigungsgemeinkostenzuschlag (FGKZ)
Die Fertigungsgemeinkosten werden durch einen **prozentualen Aufschlag** (= Fertigungsgemeinkostenzuschlag) den Fertigungslöhnen (= Einzelkosten) zugeschlagen. Das Berechnungsverfahren unterstellt, dass sich die Fertigungsgemeinkosten in gleicher Weise wie die Fertigungslöhne verändern.

Beispiel:
Küchenmöbel: *Fertigungslöhne 600.000,00 € = 100 %*
+ Fertigungsgemeinkosten 300.000,00 € = x %

$$\text{Fertigungsgemeinkostenzuschlag(FGKZ)} = \frac{100 \cdot 300.000{,}00\ €}{600.000{,}00\ €} = 50\ \%$$

$$\textbf{Fertigungsgemeinkostenzuschlagssatz} = \frac{\text{Fertigungsgemeinkosten} \cdot 100}{\text{Fertigungslöhne}}$$

Die errechneten Fertigungsgemeinkosen werden zu den Fertigungslöhnen addiert:

Fertigungslöhne
+ Fertigungsgemeinkosten
= **Fertigungskosten**

Die Addition der Materialkosten und Fertigungskosten ergeben die Herstellkosten:

Fertigungsmaterial (FM)	900.000,00		**Zuschlagssatz**	
+ Materialgemeinkosten (MGK)	90.000,00		MGKZ	10 %
= Materialkosten (MK)		990.000,00		
Fertigungslöhne (FL)	600.000,00			
+ Fertigungsgemeinkosten (FGK)	300.000,00		FGKZ	50 %
= Fertigungskosten (FK)		900.000,00		
Herstellkosten (HK)*		**1.890.000,00**		

* *Bestandsveränderungen bleiben laut Lehrplan unberücksichtigt.*

Verwaltungs- und Vertriebsgemeinkostenzuschlag (VwKGZ bzw. VtGKZ)
Die Materialgemeinkosten und die Fertigungsgemeinkosten sind unmittelbar abhängig von der Herstellung der Produkte. Dagegen sind die Gemeinkosten der Kostenstellen „Verwaltung" und „Vertrieb" nicht unmittelbar am Herstellungsprozess der Produkte beteiligt, sondern betreffen den Absatz der Produkte. Daher werden die (gesamten) Herstellkosten als Zuschlagsbasis für die Berechnung der Zuschläge verwendet.

$$\textbf{Verwaltungsgemeinkostenzuschlagssatz} = \frac{\text{Verwaltungsgemeinkosten} \cdot 100}{\text{Herstellkosten}}$$

$$\textbf{Vertriebsgemeinkostenzuschlagssatz} = \frac{\text{Vertriebsgemeinkosten} \cdot 100}{\text{Herstellkosten}}$$

Die Addition der Verwaltungs- und Vertriebsgemeinkosten mit den Herstellkosten ergeben die **Selbstkosten**.

Gesamtkalkulation				
Fertigungsmaterial (FM)	1.563.728,00		**Zuschlagsätze**	
+ Materialgemeinkosten (MGK)	90.000,00		MGKZ	10 %
= Materialkosten (MK)		990.000,00		

Gesamtkalkulation				
Fertigungslöhne (FL)	600.000,00			
+ Fertigungsgemeinkosten (FGK)	300.000,00		FGKZ	50 %
= Fertigungskosten (FK)		900.000,00		
Herstellkosten (HK)		**1.890.000,00**		
+ Verwaltungsgemeinkosten (VwGK)		120.000,00	VwGKZ	6,35 %
+ Vertriebsgemeinkosten (VtGK)		50.000,00	VtGKZ	2,35 %
= Selbstkosten		**2.060.000,00**		

5.2 Normalisierung der Kalkulationssätze

Die Kalkulationssätze, die mithilfe der Gesamtkalkulation ermittelt wurden, sind Ist-Kalkulationssätze. Sie wurden aus den Gemeinkosten des Betriebsabrechnungsbogen (BAB) der letzten Abrechnungsperiode errechnet und spiegeln den tatsächlichen Ist-Zustand der letzten Abrechnungsperiode wider.
Allerdings bleiben die Gemeinkosten in der Regel nicht konstant. Durch Preisänderungen der Hilfs- und Betriebsstoffe, Erhöhung der Personalkosten oder einmalige Kostenschwankungen usw. ändern sich die Gemeinkosten in den Abrechnungsperioden ständig. Als Ausgleich von schwankenden Gemeinkosten werden über mehrere Abrechnungsperioden Durchschnittswerte der Kalkulationssätze gebildet. Die Durchschnittswerte werden als Normal-Kalkulationssätze oder Normalkostensätze bezeichnet. Die Kalkulation der Kundenaufträge erfolgt mit diesen Normalkostensätzen.

Beispiel:

Zuschlagskalkulation (Stückkalkulation) siehe Kapitel 6, Seite 129

Ermittlung der Normal-Kalkulationssätze für Oktober 20(0)				
	Zuschlagssätze für			
	Materialgemeinkosten	Fertigungsgemeinkosten	Verwaltungsgemeinkosten	Vertriebsgemeinkosten
Ist-Kalkulationssätze Juli	8,56	95,89	10,72	5,19
Ist-Kalkulationssätze August	8,51	93,45	10,84	5,42
Ist-Kalkulationssätze September	8,48	90,76	10,96	5,67
Normal-Kalkulationssatz für Oktober	**8,52**	**93,37**	**10,84**	**5,43**

Die ermittelten Normal-Kalkulationssätze werden für die Angebotskalkulation für den Monat Oktober verwendet, um die für diesen Monat erwarteten Gemeinkosten den einzelnen Kostenträgern (Produkte, Aufträge) zuzurechnen.

Zusammenfassung

Kostenträgerrechnung: Zuschlagskalkulation

Kostenträgerrechnung

Die gesamten, in einer Abrechnungsperiode für einen Kostenträger angefallenen Kosten werden in einer Gesamtkalkulation berechnet.

Kostenträgerstückrechnung

Die Selbstkosten eines Kostenträgers werden in einer Stückkalkulation ermittelt.

Kostenträgerzeitrechnung

Ist eine Periodenrechnung und ermittelt die in der Abrechnungsperiode (z. B. Monat, Quartal, Jahr) insgesamt angefallenen Kosten. Zweck der Kostenträgerzeitrechnung ist die Kontrolle der Wirtschaftlichkeit einzelner Kostenträger.

Kostenträgerblatt

Im Kostenträgerblatt werden die Einzelkosten und die Gemeinkosten (BAB) einer Rechnungsperiode den einzelnen Kostenträgern zugrechnet und das Betriebsergebnis des Abrechnungszeitraums pro Kostenträger errechnet.

Zuschlagssätze

In der Zuschlagskalkulation werden die Selbstkosten eines Kostenträgers (Produkt, Auftrag) durch prozentuale Zuschläge der Gemeinkosten auf die Einzelkosten ermittelt.
Die Zuschlagssätze werden aus dem Verhältnis der Einzelkosten zu den Gemeinkosten in Prozent errechnet.

6 Kostenträgerrechnung: Kostenträgerstückrechnung

➲ Lernsituation 6: Kundenangebote kalkulieren

Im Gegensatz zur Kostenträgerzeitrechnung (Gesamtkalkulation → Betriebsergebnis) ermittelt die Kostenträgerstückrechnung Kosten und Preise pro Produkt bzw. Auftrag (Kalkulation → Preis).

> Die **Kostenträgerzeitrechnung** ist die Basis für die zukünftige Kalkulation der einzelnen Produkte, Aufträge oder Produktgruppen.
> In der **Kostenträgerstückrechnung** ermittelt man die Selbstkosten für die einzelnen Produkte bzw. Aufträge eines Industrieunternehmens.

Grundlage für die Berechnung ist der BAB, der zwar die Gesamtkosten (Einzelkosten und Gemeinkosten) in den Kostenstellen ausweist, aber damit kann nicht gesagt werden, in welcher Höhe der einzelne Auftrag Kosten verursacht hat. Daher muss zunächst die Kalkulation der Selbstkosten als Gesamtkalkulation in einem Kostenträgerblatt durchgeführt werden.
Auf der Grundlage der Gesamtkalkulation werden die **Zuschlagssätze** errechnet, mit denen die gesamten Kosten **auf die einzelnen Aufträge verteilt** werden (Stückkalkulation).

Stückkalkulation, siehe Lernfeld 5, Seite 125

> In der **Zuschlagskalkulation** werden die Gemeinkosten durch prozentuale Zuschläge (= Gemeinkostenzuschlagssätze) auf die Einzelkosten eines Auftrags umgelegt. Voraussetzung für die Zuschlagskalkulation ist die Trennung der Gesamtkosten in Einzelkosten und Gemeinkosten.

Zusammenhang von Gesamtkalkulation und Stückkalkulation

Gesamtkalkulation: Kostenträgerblatt		Zuschlagssatz in %	Stückkalkulation: Zuschlagskalkulation	
Fertigungsmaterial	900.000,00 €		Fertigungsmaterial des Auftrags (Einzelkosten)	150,00 €
Materialgemeinkosten	90.000,00 €	10,00	Zuschlag für anteilige Materialgemeinkosten	15,00 €
Materialkosten	990.000,00 €		**Materialkosten/Stück**	165,00 €
Fertigungslöhne	600.000,00 €		Fertigungslöhne des Auftrags (Einzelkosten)	200,00 €
Fertigungsgemeinkosten	300.000,00 €	50,00	Zuschlag für anteilige Fertigungsgemeinkosten	100,00 €
Fertigungskosten	900.000,00 €		**Fertigungskosten/Stück**	300,00 €
Materialkosten	990.000,00 €		Materialkosten	165,00 €
Fertigungskosten	900.000,00 €		Fertigungskosten	300,00 €
= Herstellkosten	1.890.000,00 €		**= Herstellkosten/Stück**	465,00 €
Verwaltungsgemeinkosten	120.000,00 €	6,35	Zuschlag für anteilige Verwaltungsgemeinkosten	29,53 €
Vertriebsgemeinkosten	50.000,00 €	2,65	Zuschlag für anteilige Vertriebsgemeinkosten	12,32 €
Selbstkosten	2.060.000,00 €		**Selbstkostenpreis**	506,85 €

Anmerkung: Die Pfeilspitzen zeigen auf den Grundwert = 100 %

Kalkulation auf Vollkostenbasis

Kalkulieren heißt, Preise zu bestimmen. In der Stückkalkulation ermittelt ein Unternehmen die Selbstkosten für ein Produkt bzw. einen Auftrag. Diese Selbstkosten versucht das Unternehmen in voller Höhe im Selbstkostenpreis an die Kunden weiterzugeben. Da die Kalkulation die gesamten Kosten in die Preisbildung einbezieht, spricht man von einer **Preisbildung auf Vollkostenbasis.**
Der **berechnete Preis** muss einmal die **Einzelkosten** eines Produktes bzw. eines Auftrags und darüber hinaus einen **Anteil an den Gemeinkosten abdecken**. Kein Unternehmen wird auf die Idee kommen, seine Produkte zu Preisen unter den Selbstkosten anzubieten, ohne in Gefahr der Insolvenz zu geraten. Die Selbstkosten stellen daher die Preisuntergrenze dar. Der kalkulierte Verkaufspreis enthält außerdem noch einen angemessenen Gewinn (siehe weiter unten: Kalkulation des Barverkaufspreises).

Preisbildung auf Teilkostenbasis, siehe Kapitel 9 Seite 143

> Die **Vorwärtskalkulation** dient dazu, zunächst in der Angebotskalkulation den Selbstkostenpreis und dann in der Verkaufskalkulation den Listenverkaufspreis zu berechnen. Man spricht von „Vorwärtskalkulation", weil stufenweise vom Fertigungsmaterial zum Verkaufspreis „vorwärts" gerechnet wird.

Kalkulation des Selbstkostenpreises: Angebotskalkulation

In der Regel werden Angebotskalkulationen auf konkrete Anfragen von Kunden vorgenommen. Zunächst müssen auf der Grundlage der Anfrage die Einzelkosten des Auftrags ermittelt werden. Die Fertigungsabteilung kann zu dem Materialeinsatz und zu den anfallenden Fertigungslöhnen detaillierte Angaben machen.
Sobald die Einzelkosten eines Auftrags vorliegen, können die Gemeinkosten mithilfe der errechneten Gemeinkostenzuschläge berechnet und der Selbstkostenpreis des Produktes bestimmt werden.

Beispiel:
Die MF Rational Küchen GmbH führt die Kalkulation eines Küchen-Unterschranks mit Schubladen für ein Möbelhaus durch:
Einzelkosten lt. Fertigung: Material 150,00 €, Löhne 200,00 €

Industriekalkulation				
Kalkulation eines Küchen-Unterschrankes			**Zuschlagssatz in %**	**€**
1.	Fertigungsmaterial	FM		150,00
2.	+ Materialgemeinkosten	MGK	10,0	15,00
3.	**= Materialkosten**	MK		**165,00**
4.	Fertigungslöhne	FL		200,00
5.	+ Fertigungsgemeinkosten	FGK	50,0	100,00
6.	**= Fertigungskosten**	FK		**300,00**
7.	Materialkosten (Zeile 3)	MK		165,00
8.	+ Fertigungskosten (Zeile 6)	FK		300,00
9.	**= Herstellkosten**	HK		**465,00**
10.	+ Verwaltungsgemeinkosten	VwGK	6,35	29,53
11.	+ Vertriebsgemeinkosten	VtGK	2,65	12,32
12.	**= Selbstkostenpreis**			**506,85**

Kalkulation des Barverkaufspreises

Das Kalkulationsschema wird – wie in der Handelskalkulation – mit dem Gewinnzuschlag fortgesetzt.

Kalkulation eines Küchen-Unterschrankes			**Zuschlagssatz in %**	**€**
Fortsetzung:				
	Selbstkostenpreis			506,85
	+ Gewinnzuschlag		19,9	100,86
	= Bar-(Listen-)Verkaufspreis			607,71

Der Selbstkostenpreis stellt aus Sicht der Vollkostendeckung die absolute Preisuntergrenze dar. Neben der Deckung der Selbstkosten erwartet ein Unternehmen aber, dass durch den Verkauf der Produkte auch ein Gewinn erzielt wird. Der Verkaufspreis muss also so kalkuliert werden, dass auf den Selbstkostenpreis ein Gewinnzuschlag berechnet wird (siehe Gesamtkalkulation). Die Höhe des (geplanten) Gewinns ist einmal von dem Wunsch getragen, möglichst viel Gewinn zu erzielen. Auf der anderen Seite wird der (geplante) Gewinn aber auch davon bestimmt, dass er eine Mindesthöhe erreichen muss.

Mindestgewinn

Der Gewinn soll so hoch sein, dass

- die Arbeitsleistung des Inhabers entlohnt,
- das eingesetzte Eigenkapital ausreichend verzinst und
- eine Risikoprämie für das Eigenkapital gewährleistet ist, da es im Unternehmen weniger sicher angelegt ist als auf einer Bank.

Der Mindestgewinn sichert den Fortbestand des Unternehmens.

Beispiel:

Unternehmerlohn:	*monatlich 3.000,00 · 12*	*= 36.000,00*
Eigenkapitalverzinsung:	*Eigenkapital 100.000,00 zu Zinssatz von 4 %*	*= 4.000,00*
Risikoprämie:	*2 % vom Eigenkapital*	*= 2.000,00*
Mindestgewinnhöhe		*= 42.000,00*

Für die Bestimmung des Gewinnzuschlages wird entweder der Unternehmensgewinn aus dem Konto GuV der Finanzbuchhaltung oder das Betriebsergebnis der Kosten- und Leistungsrechnung zugrunde gelegt.

Gesamtkalkulation: Kostenträgerblatt			Stückkalkulation: Zuschlagskalkulation	
Selbstkosten	2.060.000,00 €		Selbstkostenpreis	506,85 €
Betriebsergebnis	410.000,00 € →	19,90 →	Gewinnzuschlag	100,86 €
Umsatzerlöse	2.470.000,00 €		Bar-(Listen-)Verkaufspreis	607,71 €

Beispiel: Berechnung des Gewinnzuschlagssatzes

Selbstkosten: *2.060.000,00 € → 100 %*

Gewinn (Betriebsergebnis): *410.000,00 € → x %*

Gewinnzuschlagssatz: $\frac{410.000{,}00\ €}{2.060.000{,}00\ €} \cdot 100\ \% = 19{,}9\ \%$

Siehe Kapitel 5, Seite 126

Die Angebotskalkulation ist eine Vorkalkulation. Sie unterstellt, dass die kalkulierten Kosten (Plankosten) für ein Produkt auch tatsächlich während der Produktion in der angenommenen Höhe anfallen. Erst in der **Nachkalkulation** wird anschließend der reale Preis mit den realen Kosten **(Ist-Kosten)** verglichen.

Kundenorientierte Kalkulation: Verkaufskalkulation

Bei der Preisbildung verfolgen Unternehmen unterschiedliche Preisstrategien gegenüber ihren Kunden. Besonders hervorzuheben sind im Zusammenhang mit der marktorientierten Preisbildung die Strategien

- der Preisdifferenzierung und
- die Konditionenstrategie.

Diese Strategievarianten sind insofern kundenorientiert, als sie individuelle Verhaltensweisen des Kunden berücksichtigen.
Für die **Kalkulation der Verkaufspreise** ist vor allem die **Rabattpolitik** von Bedeutung. Rabatte werden oft eher eingesetzt als „echte" Preissenkungen, da diese nur sehr schwer rückgängig zu machen sind. Für Rabatte werden von den Kunden Gegenleistungen erwartet und sie können durchaus zeitlich begrenzt sein.

Preisstrategien, siehe Jahrgangsband 2, Informationshandbuch Seite 58

Beispiele:
Mengenrabatte, Treuerabatte, Skonti, Boni und Leistungsrabatte

Rabatt und Skonto müssen in der Kalkulation der Verkaufspreise als „Zuschlag" berücksichtigt werden, wenn der Barverkaufspreis sichergestellt werden soll. Unternehmen planen in ihrer Kalkulation einen bestimmten Gewinn ein. Nachlässe vom kalkulierten Barverkaufspreis würden diesen Plangewinn schmälern. Daher werden absehbare Preisminderungen, die z. B. in Form von Kundenrabatt und Kundenskonto gewährt werden, von vornherein in der Kalkulation berücksichtigt. Dabei werden die Nachlässe so einkalkuliert, dass nach Abzug der Preisnachlässe jener Erlös zur Verfügung steht, der zur Erreichung des Plangewinns erforderlich ist. In der Preiskalkulation (Vorwärtskalkulation) werden zunächst Skonto und dann Rabatt einkalkuliert. Je nach Verkaufskonditionen werden Kundenskonto und Kundenrabatt in den Listenverkaufspreis eingerechnet, und zwar durch eine Im-Hundert-Rechnung.

Kalkulation eines Küchen-Hängeschrankes			**Zuschlagssatz in %**	**€**
Fortsetzung:				
	= Bar-(Listen-)Verkaufspreis			**554,98**
	+ Kundenskonto (im Hundert)		2,0	11,33
.	= Zielverkaufspreis			566,31
.	+ Kundenrabatt (im Hundert)		5,0	29,81
.	**= Netto-(Listen-)Verkaufspreis**			**596,12**

Die Reihenfolge von Rabatt- und Skontoabzug ergibt sich aus der Sicht des Kunden vom Endpreis her. Ihm wird zunächst Rabatt auf einen Listenpreis eingeräumt, der zum Zielverkaufspreis führt. Zahlt der Kunde vorzeitig, darf er zusätzlich Skonto abziehen. Dabei ist außerdem zu berücksichtigen, dass in der Rechnung auf den Nettoverkaufspreis Umsatzsteuer aufgeschlagen wird. Auf der Rechnung für den Kunden ergibt sich folgendes Bild:

Beispiel: Rechnung für einen Küchen-Unterschrank

Rechnung

Menge	**Artikel-Nr.**	**Bezeichnung**	**Einzelpreis/€**	**Gesamtpreis/€**
1	1248	Küchen-Unterschrank mit 2 Schubladen	596,12	596,12
		./. Rabatt 5 %		29,81
		Nettobetrag		566,31
		+ Umsatzsteuer 19 %		107,60
		Rechnungsbetrag		**673,91**

Zahlungsziel von 30 Tagen nach Rechnungsdatum. Bei Zahlung innerhalb von 10 Tagen 2 % Skonto.

Mit der Preiskalkulation in der Kostenträgerstückrechnung endet die Vollkostenrechnung. Die folgende Grafik zeigt noch einmal die Stufen der Vollkostenrechnung:

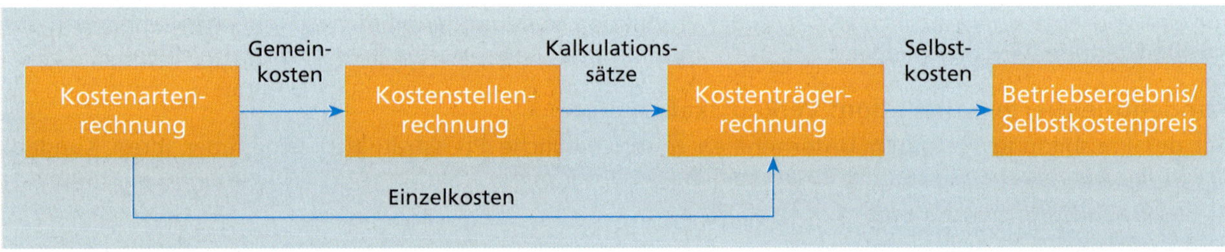

Zusammenfassung

Kostenträgerrechnung: Kostenträgerstückrechnung

Vollkostenrechnung	**Kostenträgerrechnung**		**Stückkalkulation**
In der Vollkostenrechnung werden **sämtliche Kosten dem Kostenträger zugerechnet.** Sie ist ein kostenrechnerisches Verfahren bei dem sämtliche Kosten, d. h. alle Einzelkosten und alle Gemeinkosten, im Wege der Kostenartenrechnung erfasst, in der Kostenstellenrechnung verteilt und in der Kostenträgerrechnung auf die Kostenträger zugerechnet werden.	Die **Kostenträgerzeitrechnung** ist die **Basis für die Kalkulation** der einzelnen Produkte, Aufträge oder Produktgruppen.	In der **Kostenträgerstückrechnung** ermittelt man die **Selbstkosten** für die **einzelnen Produkte** bzw. **Aufträge** eines Industrieunternehmens.	In der Zuschlagskalkulation werden die Gemeinkosten durch prozentuale Zuschläge (= Gemeinkostenzuschlagssätze) auf die Einzelkosten umgelegt. Voraussetzung für die Zuschlagskalkulation ist die Trennung der Gesamtkosten in Einzelkosten und Gemeinkosten.

7 Kalkulationsanpassung durch Marktvorgaben

Lernsituation 7: Die Kalkulation an die Marktsituation anpassen

Der Vorteil der Preiskalkulation auf Vollkostenbasis in Form der Zuschlagskalkulation liegt vor allem in der einfachen Handhabung und dem geringen zusätzlichem Informationsbedarf über Marktdaten usw. für die Preisbildung. Ebenso einfach kann auf diese Weise der Selbstkostenpreis als Preisuntergrenze bestimmt werden.

Vorteil der Kalkulation auf Vollkostenbasis: Der kalkulierte Verkaufspreis deckt alle durch die Produktion entstandenen Kosten in voller Höhe und den geplanten Gewinn.

Der wesentlicher Nachteil der (Zuschlags-)Kalkulation auf Vollkostenbasis ist die Ungewissheit, ob der kalkulierte Preis auch vom Markt akzeptiert wird. Letztlich entscheidet der Markt mit den Angeboten der Konkurrenz und den Vorstellungen der Kunden, zu welchem Preis das Produkt verkauft werden kann.
So besteht die Gefahr, dass der kalkulierte Preis entweder unter dem Marktpreis liegt und damit auf Gewinn verzichtet wird oder er liegt oberhalb des Marktpreises, sodass niemand bereit ist, das Produkt zu diesem Preis zu kaufen.

Nachteil der Kalkulation auf Vollkostenbasis (Zuschlagskalkulation) ist die Ungewissheit, ob der kalkulierte Preis auch vom Markt akzeptiert wird.

Der durch die Preisbestimmung auf Vollkostenbasis **„festgelegte" Preis** hindert Industrieunternehmen wie die Gerrit Hansen GmbH daran, flexibel auf besondere Marktsituationen zu reagieren und Preisdifferenzen zuzulassen. Der Markt verlangt aber in Situationen der Einführung neuer Produkte, bei notwendigen Sonderaktionen oder Preissenkungen der Mitbewerber eine flexible Vorgehensweise und eine Anpassung der Preise.

Vorgabe des Marktpreises: Differenzkalkulation

Gelingt es einem Unternehmen nicht, den in der Vorwärtskalkulation kalkulierten Preis für ein Produkt bzw. einen Auftrag beim Kunden durchzusetzen, kann das Unternehmen den Auftrag des Kunden ablehnen oder auf den vorgegebenen Preis des Kunden einsteigen. Bei Übernahme des Vorgabepreises muss die Kalkulation auf die neue Situation hin angepasst werden.
Den geplanten Selbstkostenpreis wird das Unternehmen in der Regel nicht antasten wollen, da sonst die gesamten Kosten für das Produkt bzw. den Auftrag nicht mehr voll gedeckt sind. Es bleibt bei einem festgesetzten Listenverkaufspreis nur der Verzicht auf einen Teil des geplanten Gewinns. Bevor also ein Unternehmen auf den vorgegebenen Preis eines Kunden eingeht, muss das Unternehmen prüfen, ob der Verkauf des Produkts auch noch einen angemessenen Gewinn abwirft.
Die Überprüfung, ob ein Produkt bzw. ein Auftrag ausreichend Gewinn „abwirft", wird mit der Differenzkalkulation durchgeführt.

Die **Differenzkalkulation** ist eine Kombination von Vorwärtskalkulation (Fertigungsmaterial → Selbstkosten) und Rückwärtskalkulation (Listenverkaufspreis → Barverkaufspreis). Die Differenz zwischen Selbstkosten und Barverkaufspreis ist der (verbleibende) Gewinn.

Diesen Gewinn ermittelt das Unternehmen mithilfe der Differenzkalkulation:

Beispiel:
Ein Unternehmen produziert eine Ware, für die Fertigungsmaterial in Höhe von 10.500,00 € und Fertigungslöhne in Höhe von 6.000,00 € anfallen. Der Kalkulation liegen ein Materialgemeinkostenzuschlagssatz von 10 % und ein Fertigungsgemeinkostenzuschlagssatz in Höhe von 120 % zugrunde. Das Unternehmen kann das Produkt bei 3 % Kundenskonto und 10 % Kundenrabatt für 32.100,00 € verkaufen (Listenverkaufspreis).

Lösungsweg
Zunächst stellt man das Kalkulationsschema für die Stückkalkulation auf und rechnet ausgehend vom Fertigungsmaterial vorwärts hin zum Selbstkostenpreis. In einem zweiten Schritt setzt man den (vorgegebenen) Verkaufspreis in das Kalkulationsschema ein und rechnet rückwärts zum Barverkaufspreis. Die Differenz zwischen Barverkaufspreis und Selbstkostenpreis ist der verbleibende Gewinn.

Rechenschema

	Differenzkalkulation	Zuschläge % satz in %	€		
1.	Fertigungsmaterial	(gegeben)	10.500,00	100 %	**Vorwärtskalkulation**
2.	+ Materialgemeinkosten	10	1.050,00	10 %	
3.	**= Materialkosten**		**11.550,00**	110 %	
4.	Fertigungslöhne		6.000,00		100 %
5.	+ Fertigungsgemeinkosten	120	8.400,00		120 % ❷
6.	**= Fertigungskosten**		**14.400,00**		220 %
7.	Materialkosten (Zeile 3)		11.550,00		
❶ 8.	+ Fertigungskosten (Zeile 6)		14.400,00		
9.	**= Herstellkosten**		**25.950,00**	100 %	100 %
10.	+ Verwaltungsgemeinkosten	8	2.076,00	8 %	
11.	+ Vertriebsgemeinkosten	4	1.038,00		4 %
12.	**= Selbstkostenpreis**		**29.064,00**		
13.	+ Gewinnzuschlag	?	← ❺	**1.040,70**	**Differenz** ← ❹
14.	**= Bar-(Listen-)Verkaufspreis**		**28.023,30**		97 %
15.	+ Kundenskonto	**3**	**866,70**		3 %
16.	= Zielverkaufspreis		**28.890,00**	90 %	100 % ❸
17.	+ Kundenrabatt	**10**	**3.210,00**	10 %	
18.	**= Listenverkaufspreis (netto)**	**(geben)**	**32.100,00**	100 %	**Rückwärtskalkulation**

❶	Kalkulatonsschema aufstellem
❷	Vom Fertigungsmaterial (gegeben) bis zum Selbstkostenpreis vorwarts rechnen
❸	Den Verkaufspreis (z. B. Listenverkaufspreis) einsetzen und zum Barverkaufspreis zurückrechnen
❹	Den Gewinn in € als Differenz zwischen Selbstkostenpreis und Barverkaufspreis berechnen
❺	Den Gewinn in % (Selbstkosten = 100 %) berechnen*

* Siehe Ende Punkt 5

Berechnung

Die Differenz zwischen Selbstkostenpreis und Barverkaufspreis (= Gewinn) kann auch in Prozent als Zuschlagssatz auf die Selbstkosten ausgedrückt werden:

Selbstkostenpreis: *29.064,00 € → 100 %*

Gewinn: *1.040,70 € → x %*

Zuschlagssatz: $\frac{1.040,70}{29.064,00} \cdot 100\ \% = 3,71\ \%$

Zusammenfassung

Kalkulationsanpassung durch Marktvorgaben

Vorteil der Kalkulation auf Vollkostenbasis	Nachteile der Kalkulation auf Vollkostenbasis	Divisionskalkulation
Der kalkulierte Verkaufspreis deckt alle durch die Produktion entstandenen Kosten in voller Höhe und den geplanten Gewinn.	Nachteil der Kalkulation auf Vollkostenbasis (Zuschlagskalkulation) ist die Ungewissheit, ob der kalkulierte Preis auch vom Markt akzeptiert wird.	Differenzkalkulation ist eine Kombination von Vorwärtskalkulation (Fertigungsmaterial → Selbstkosten) und Rückwärtskalkulation (Listenverkaufspreis → Barverkaufspreis). Die Differenz zwischen Selbstkosten und Barverkaufspreis ist der (verbleibende) Gewinn.

8 Erfolg der Auftragsabwicklung

In der Kostenträgerrechnung werden den einzelnen Kostenträgern (Produkten oder Aufträgen) genau die Kosten zugeordnet, die sie verursacht haben. Auf der Grundlage dieser Zuordnung werden für jeden einzelnen Kostenträger die verursachten Kosten (Selbstkostenpreis) und der Verkaufspreis kalkuliert (Vorkalkulation). Inwieweit aber die kalkulierten Preise die tatsächlich angefallenen Kosten und den geplanten Gewinn decken, muss nach Abschluss des Auftrags in der **Nachkalkulation** geprüft werden.
Neben der Frage, ob der einzelne Auftrag erfolgreich abgewickelt werden konnte, muss auch festgestellt werden, ob der Betrieb insgesamt erfolgreich war. Dazu werden für die gesamte Abrechnungsperiode (Monat, Quartal, Jahr) die Summen aller Kosten und aller Erlöse gegenübergestellt und das **Betriebsergebnis** ermittelt.

8.1 Nachkalkulation

➲ **Lernsituation 8.1: Die Nachkalkulation von Aufträgen durchführen**

→ In der **Nachkalkulation** werden die Abweichungen zur Angebotskalkulation (Vorkalkulation) dargestellt und überprüft, ob ein Unternehmen kostendeckend wirtschaftet und der geplante Gewinn erzielt werden konnte.

Die angefallenen Kosten können exakt erst nach der Abwicklung eines Auftrags ermittelt werden. Erst dann stehen die tatsächlich entstandenen Materialverbräuche und die Höhe der Fertigungslöhne fest. Außerdem rechnet die Nachkalkulation mit den Ist-Gemeinkosten (BAB der letzten Periode). Aufgrund von höherem Materialverbrauch, längeren Arbeitszeiten u. a. weichen die Normalgemeinkosten oft von den Ist-Gemeinkosten ab.
Die **tatsächlich angefallenen Ist-Kosten** werden den folgenden Quellen entnommen:

- Ist-Kalkulationssätze: letzter/neuester BAB I
- Fertigungsmaterial: Aufzeichnungen der Fertigung (Materialentnahmescheine, ggf. Eingangsrechnungen)
- Lohnkosten: Aufzeichnungen der Fertigung (Lohnscheine)
- Preis: (verbindliches) Angebot, Zahlungseingang (Kontoauszug)

Beispiel:
Die Elektro Mölders GmbH, Elektro-Installationen erhält von der Walther Wiedemann KG einen Auftrag über die Fertigung von zwei Schaltkästen nach Zeichnung. Der Preis für das verbindliche Angebot wurde mit 6.567,17 € kalkuliert. Die Lieferung und der Einbau wurden am 12. November 20(0) durchgeführt. Der Zahlungseingang erfolgte am 15. November unter Abzug von 2 % Skonto.

Nachkalkulation: Auftrag Wiedemann vom 22.10.20(0)						
		Vorkalkulation (Soll)		Nachkalkulation (Ist)		
Kalkulation Schaltschrank		Normal-Zuschlagssatz	€	Ist-Zuschlagssatz	€	Kosten-über/unter-deckung
1.	Fertigungsmaterial		1.500,00		1.530,00	
2.	+ Materialgemeinkosten	5,52 %	82,80	5,35 %	81,86	+ 0,94 €
3.	**= Materialkosten**		**1.582,80**		**1.611,86**	
4.	Fertigungslöhne		1.850,00		1.910,00	
5.	+ Fertigungsgemeinkosten	52,7 %	974,95	53,10 %	1.014,21	– 39,26 €
6.	**= Fertigungskosten**		**2.824,95**		**2.924,21**	
7.	Materialkosten		1.582,80		1.611,86	
8.	+ Fertigungskosten		2.824,95		2.924,21	
9.	**= Herstellkosten**		**4.407,75**		**4.536,07**	
10.	+ Verwaltungsgemeinkosten	8,84 %	389,65	8,26 %	374,68	+ 14,97 €
11.	+ Vertriebsgemeinkosten	5,43 %	239,34	5,58	253,11	– 13,77

Nachkalkulation: Auftrag Wiedemann vom 22.10.20(0)						
		Vorkalkulation (Soll)		Nachkalkulation (Ist)		
Kalkulation Schaltschrank		Normal-Zuschlags-satz	€	Ist-Zuschlagssatz	€	Kosten-über/unter-deckung
12.	**= Selbstkosten**		**5.036,74**		**5.163,86**	
13.	+ Gewinnzuschlag	15,00 %	755,51	12,17 %	628,39	
14.	= Barverkaufspreis		**5.792,25**	⟶	**5.792,25**	
15.	+ Kundenskonto	2,00 %	118,21			
16.	= Zielverkaufspreis		5.910,46			
17.	+ Kundenrabatt	10,0 %	656,72			
18.	**= Listenverkaufspreis**		**6.567,17**			

Die Nachkalkulation zeigt, ob die Normalzuschläge aus der Vorkalkulation ausreichen, um die tatsächlich entstandenen Kosten abzudecken und den geplanten Gewinn zu erzielen. Eine **Kostenüberdeckung** liegt vor, wenn die Ist-Kosten geringer sind als die Normalkosten. Bei einer **Kostenunterdeckung** reichen die Normalkosten nicht aus, um die Ist-Kosten aufzufangen.

8.2 Betriebsergebnis

➲ **Lernsituation 8.2: Das Betriebsergebnis ermitteln und analysieren**

Siehe Kapitel 5, Seite 136

Das Kostenträgerblatt (BAB II) ist zum einen Grundlage für die Gesamtkalkulation und die Berechnung der Gemeinkostenzuschlagssätze. Zum anderen wird im BAB II das Betriebsergebnis der einzelnen Kostenträger (Produkte, Aufträge) eines Abrechnungszeitraum (Monat, Quartal, Jahr) errechnet.

→ Im **Kostenträgerblatt** erfolgt die Kostenträgerzeitrechnung. Sie liefert die Grundlage zur Kontrolle der Wirtschaftlichkeit (Betriebsergebnis) eines Unternehmens.

Betriebsergebnisrechnung

Am Ende einer Abrechnungsperiode (Monat, Quartal, Jahr) wird in der Betriebsergebnisrechnung (erweitertes Kostenträgerblatt, siehe unten) durch die Gegenüberstellung von erwarteten Kosten (Normalkosten) und tatsächlich angefallenen Kosten (Ist-Kosten) überprüft, mit welchem Ergebnis (Gewinn/Verlust) die Abrechnungsperiode abschließt und ob eine Kostenunter- oder -überdeckung vorliegt:
Die Betriebsergebnisrechnung ermittelt den Erfolg (Gewinn/Verlust) der einzelnen Kostenträger in drei Schritten:

1. **Ermittlung des Umsatzergebnisses mit Normalkosten:**

   Die geplanten Kosten (Normalkosten) aus den abgewickelten Aufträgen der Abrechnungsperiode werden für jeden Kostenträger gesondert addiert und in das Kostenträgerblatt entsprechend eingetragen. Die Differenz aus den Umsatzerlösen und den Selbstkosten (Normalkosten) ist das **Umsatzergebnis** (erwarteter Erfolg).

2. **Ermittlung des Betriebsergebnisses mit Ist-Kosten:**

   Die von den Kostenträgern tatsächlich verursachten Ist-Kosten sind am Ende der Abrechnungsperiode bekannt. Sie können dem aktuellen BAB I der abgelaufenen Rechnungsperiode und ggf. Rechnungen entnommen werden. Die Differenz aus den Umsatzerlösen und den Selbstkosten (Ist-Kosten) ist das tatsächlich erwirtschaftete **Betriebsergebnis**

3. **Ermittlung der Kostenunter-/-überdeckung im Soll-Ist-Vergleich:**

   Gewöhnlich weichen die Normalkosten (Soll) von den Ist-Kosten ab. Durch die Gegenüberstellung der Kosten im Soll-Ist-Vergleich wird (aus der Sicht der Normalkostenrechnung) die Kostenunter- bzw. -überdeckung deutlich.

→ **Kostenunterdeckung:** Normalkosten der Abrechnungsperiode < Ist-Kosten → Die Ist-Kosten waren höher als die geplanten Kosten (Soll).
Kostenüberdeckung: Normalkosten der Abrechnungsperiode > Ist-Kosten → Die Ist-Kosten waren geringer als die geplanten Kosten (Soll).

Beispiel:

Betriebsergebnisrechnung: Kostenträgerblatt (BAB II) für den Monat Februar 20(0)							
		Normalkosten				Ist-Kosten	Kosten-über/-unterdeckung
		Produkt 1	Produkt 2	Produkt 3	Summen	Summen	
1.	Fertigungsmaterial (MK)	80.000,00	100.000,00	60.000,00	240.000,00	239.000,00	
2.	+ Materialgemeinkosten (MGK)	16.000,00	20.000,00	12.000,00	48.000,00	47.300,00	
3.	**= Materialkosten (MK)**	**96.000,00**	**120.000,00**	**72.000,00**	**288.000,00**	**286.300,00**	**1.700,00**
4.	Fertigungslöhne (FL)	120.000,00	90.000,00	80.000,00	290.000,00	292.000,00	
5.	+ Fertigungsgemeinkosten (FGK)	132.000,00	99.000,00	88.000,00	319.000,00	320.000,00	
6.	**= Fertigungskosten (FK)**	**252.000,00**	**189.000,00**	**168.000,00**	**609.000,00**	**612.000,00**	**−3.000,00**
9.	**= Herstellkosten (HK)**	**348.000,00**	**309.000,00**	**240.000,00**	**897.000,00**	**898.300,00**	**−1.300,00**
10.	+ Verwaltungsgemeinkosten (VwGK)	23.200,00	20.600,00	12.000,00	55.800,00	55.300,00	
11.	+ Vertriebsgemeinkosten (VtGK)	11.600,00	10.300,00	8.000,00	29.900,00	30.100,00	
12.	**= Selbstkosten (SK)**	**382.800,00**	**339.900,00**	**264.000,00**	**986.700,00**	**983.700,00**	**3.000,00**
13.	**Umsatzerlöse**	**420.000,00**	**345.000,00**	**266.000,00**	**1.031.000,00**	**1.034.000,00**	
14.	**Umsatzergebnis/ Betriebsergebnis**	**37.200,00**	**5.100,00**	**2.000,00**	**44.300,00**	**50.300,00**	

Kostenkontrolle

Die Notwendigkeit der stetigen Kontrolle der Normalkosten und der Kostenunter- bzw. überdeckung hat ihren Grund in den fortlaufenden **Veränderungen der Gemeinkosten**. Ursache für die Veränderungen sind:

- **Innerbetriebliche Vorgänge**: Veränderungen der Personalkosten (Zulagen, Urlaubs- und Weihnachtsgeld), zusätzliche (ungeplante) Reparaturkosten, Rationalisierung der Fertigungsprozesse, Schwankungen in der Auftragslage (Beschäftigungsgrad)
- **Außerbetriebliche Vorgänge:** Preisänderungen bei Hilfs- und Betriebsstoffen, allgemeine Lohn- und Gehaltserhöhungen

Die Veränderungen der Gemeinkosten werden durch die Kalkulation mit Normalzuschlagssätzen verstetigt. In der Betriebsergebnisrechnung werden die Normalgemeinkosten bzw. Normalzuschlagssätze nach jedem neuen BAB I mit den Ist-Gemeinkosten bzw. den Ist-Zuschlagssätzen gegenübergestellt (Soll-Ist-Vergleich). Ergeben diese Kostenkontrollen erhebliche Abweichungen, muss einmal nach den Ursachen geforscht werden und ggf. die Normalzuschlagssätze geändert werden.

Zusammenfassung

Erfolg der Auftragsabwicklung	
Nachkalkulation	**Betriebsergebnisrechnung**
Die Nachkalkulation rechnet mit den **Ist-Gemeinkosten**. Aufgrund von höherem Materialverbrauch, längeren Arbeitszeiten u. a. weichen die Normalgemeinkosten oft von den Ist-Gemeinkosten ab. Die Nachkalkulation zeigt, ob die **Normalzuschläge** aus der Vorkalkulation ausreichten, um die tatsächlich entstandenen **Kosten abzudecken** und den geplanten **Gewinn zu erzielen**.	Im Kostenträgerblatt erfolgt die **Kostenträgerzeitrechnung**. Sie liefert die Grundlage zur Kontrolle der **Wirtschaftlichkeit** (Betriebsergebnis) eines Unternehmens. Am **Ende einer Abrechnungsperiode** wird in der Betriebsergebnisrechnung durch die Gegenüberstellung von Normal- und Ist-Gemeinkosten ermittelt ein Unternehmen die **Kostenüberdeckung oder Kostenunterdeckung.** Überdeckung liegt vor, wenn die Normalgemeinkosten höher als die Ist-Gemeinkosten sind. Unterdeckung liegt vor, wenn die Normalgemeinkosten niedriger als die Ist-Gemeinkosten sind.

9 Unternehmenssteuerung durch Deckungsbeitragsrechnung

Lernsituation 9: Die Deckungsbeitragsrechnung für die Unternehmensführung einsetzen

9.1 Kritik an der Vollkostenrechnung

Im Rahmen der Kostenstellenrechnung wurden neben den Einzelkosten (z. B. Fertigungsmaterial) alle („vollen“) Gemeinkosten direkt oder indirekt durch geeignete Verteilungsschlüssel den Kostenstellen Material, Fertigung, Verwaltung und Vertrieb im BAB zugeordnet und anschließend in der Kostenträgerrechnung auf die Produkte bzw. Aufträge verrechnet.
Zu den so ermittelten Kosten je Kostenträger wird der geplante Gewinn zugeschlagen und damit der Verkaufspreis ermittelt. Dieses als Vollkostenrechnung bezeichnete Verfahren, das in der Regel mit dem BAB abgewickelt wird, ist jedoch sehr zeitaufwendig, vor allem, wenn man die Kosten- und Leistungsrechnung zur zeitnahen Überwachung des Betriebes monatlich durchführen möchte. Außerdem ist die indirekte Verteilung der Kosten mit Verteilungsschlüsseln mehr oder weniger willkürlich und damit ungenau. Das hat zur Folge, dass nicht exakt erkennbar ist, welchen Gewinn oder Verlust ein Kostenträger wirklich erwirtschaftet hat.
Hinzu kommt, dass diese in der Vollkostenrechnung ermittelten Preise vom Markt akzeptiert werden müssen. Das geschieht selten, weil bei starkem Wettbewerb das einzelne Unternehmen nicht in der Lage ist, den Preis zu bestimmen. Der Markt bestimmt den Preis für die angebotene Leistung.
Allerdings muss ein Unternehmen immer sicherstellen, dass alle anfallenden Kosten zumindest langfristig voll auf die Leistungen verrechnet werden, damit die Existenz des Unternehmens auf Dauer gesichert ist; d. h., letztendlich muss eine aussagefähige Kontrollrechnung des Betriebsgeschehens auf genauen und vollständigen Kosten- und Leistungswerten basieren.
Aber die kurzfristige Anpassung der Preise, des Auftragsvolumens und des angebotenen Leistungssortiments an bestehende Marktverhältnisse verlangt eine Teilkostenrechnung.

9.2 Teilkostenrechnung

Die Teilkostenrechnung setzt voraus, dass alle Kosten eines Betriebes in beschäftigungsunabhängige, d. h. **fixe Kosten** und beschäftigungsabhängige, d. h. **variable Kosten** unterteilt werden. Damit wird die Abhängigkeit der Kosten vom Beschäftigungsgrad erkennbar.

Fixe Kosten

Fixe Kosten sind Kosten, die unabhängig vom Grad der Beschäftigung eines Betriebes sind. Sie fallen auch bei Schwankungen der Beschäftigung in konstanter Höhe (= fix) an.

Fixe Kosten werden auch Kosten der Betriebsbereitschaft genannt, weil sie durch die Bereitstellung einer bestimmten Betriebsgröße (Kapazität) verursacht werden.

Beispiele für fixe Kosten:

- *Gehälter für das kaufmännische Personal*
- *Miete*
- *Versicherungsbeiträge*
- *Zinsen*

Beispiel:
Die Gerrit Hansen GmbH hat im Bereich der Fertigung und des Vertriebs eine Kapazität geschaffen, mit der ein monatlicher Umsatz in Höhe von 500.000,00 € abgewickelt werden kann. Die Fertigung ist dabei auf eine Leistung von 1 500 Fertigungsstunden angelegt. Das Bereithalten dieses Leistungsvermögens verursacht monatlich Fixkosten in Höhe von 90.000,00 €.

In einer Grafik stellt sich dieser Sachverhalt im Verlauf der fixen Gesamtkosten folgendermaßen dar:

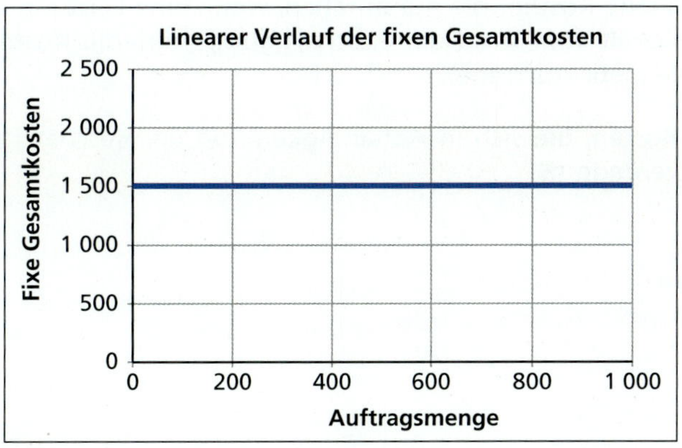

Entscheidungen über die Betriebsgröße sind langfristiger Natur. Für viele kurzfristig zu treffende Entscheidungen sind diese Kosten fest (fix) vorgegeben. Sie stellen das wesentliche Risiko des Betriebsinhabers dar, weil die fixen Kosten kurzfristig nur schwer zu reduzieren sind. Es bestehen z. B. langfristige Mietverträge, Einhaltung von Fristen bei der Kündigung von Mitarbeitern u. Ä.

Fixkostendegression

In der Kalkulation der Preise in der Auftragskalkulation kommt den fixen Kosten in Bezug auf den Beschäftigungsgrad eine besondere Bedeutung zu.

Beispiel:

Im Vertrieb eines Industrieunternehmens ist ein Sattelzug zur Auslieferung der Waren beim Kunden eingesetzt. Der Lkw wird in der Unternehmung bei einem Beschäftigungsgrad von 100 % im Jahr insgesamt 150 000 km (maximale Auslastung) eingesetzt. Die jährlich anfallende Kfz-Versicherung beträgt für das Fahrzeug 4.500,00 €.
Die Berechnung des Kostenanteils für die Versicherung des Lkw pro Einsatz-km in der Auslieferung muss folgenden Sachverhalt berücksichtigen:

Beschäftigungsgrad in %	Km-Leistung	Kfz-Versicherung pro Jahr in €	Anteil der Kfz-Versicherung je km
70	105 000	4.500,00	0,0428
80	120 000	4.500,00	0,0375
90	135 000	4.500,00	0,0333
100	150 000	4.500,00	0,0300

Die Tabelle zeigt, dass der Anteil der Kfz-Steuer je Einsatz-km mit steigendem Beschäftigungsgrad fällt.

Fixkostendegression
Allgemein gilt:
→ Bei der Umlage von fixen Kosten auf eine Leistungseinheit (Auftrag, km-Leistung usw.) ergeben sich bei steigendem Beschäftigungsgrad fallende Fixkosten-Anteile.

oder

→ Bei der Umlage von fixen Kosten auf eine Leistungseinheit (Auftrag, km-Leistung usw.) ergeben sich bei sinkendem Beschäftigungsgrad steigende Fixkosten-Anteile.

Die folgende Grafik verdeutlicht den Zusammenhang zwischen Beschäftigung und Fixkosten folgendermaßen:

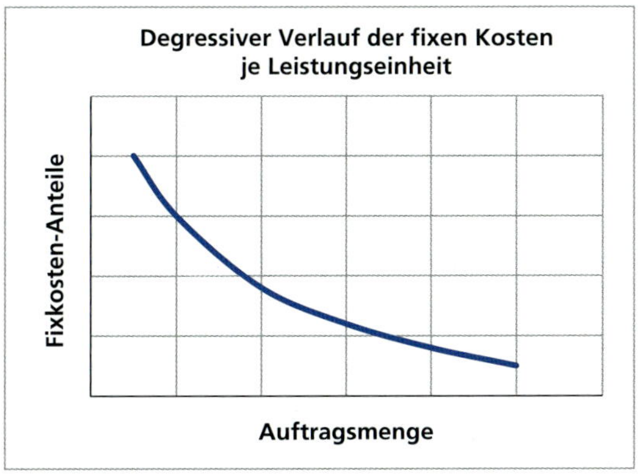

Variable Kosten

Als variabel bezeichnet man jene Kosten, die nur anfallen, wenn eine Leistung erbracht wird. Variable Kosten ändern sich in Abhängigkeit vom Grad der Beschäftigung. Variable Kosten nehmen zu, je mehr die Beschäftigung zunimmt (= je mehr Aufträge).

→ **Variable Kosten** sind Kosten, die sich in Abhängigkeit von der Beschäftigung des Unternehmens (Beschäftigungsgrad) verändern.

Beispiele für variable Kosten

- *Fertigungsmaterial*
- *Fertigungslöhne*
- *Verkaufsprovisionen*
- *Ausgangsfrachten*

Entscheidungen, die unter der Voraussetzung einer gegebenen Betriebsgröße zu treffen sind, beeinflussen nur die variablen Kosten. Folglich sind auch nur sie **entscheidungsrelevant**. Die Aufspaltung der Kosten in fixe und variable stellt sicher, dass nur solche Kosten in einem Entscheidungsprozess betrachtet werden, die von der Entscheidung selbst betroffen sind.

Beispiel:
Mit sich verbessernder Konjunkturlage gehen in der Gerrit Hansen GmbH wieder mehr Aufträge ein: Die Beschäftigung steigt. Das hat zur Folge, dass auch die Maschinen in der Fertigung wieder stärker ausgelastet werden und die Produktion steigt. Die nun mehr produzierten Schreibtische führen über den gestiegenen Verbrauch an Material und Fertigungsstunden zu höheren Kosten. Die variablen Gesamtkosten nehmen im gleichen Maß zu, wie auch die Produktionsleistung zunimmt, d. h., eine Verdoppelung der Produktionsleistung führt zu einer Verdoppelung der Fertigungskosten (= proportional → linearer Kostenverlauf).

Die folgende Grafik verdeutlicht den Zusammenhang zwischen Beschäftigung und variablen Gesamtkosten folgendermaßen:

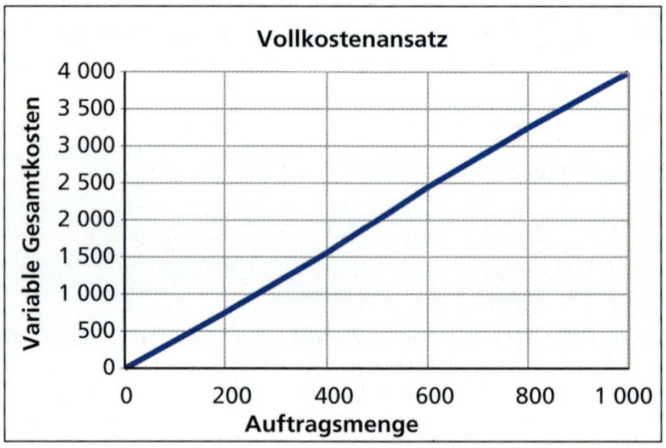

Mischkosten

Die meisten Kostenarten enthalten sowohl fixe als auch variable Bestandteile. Die Aufspaltung ist teilweise nur durch Schätzung möglich.

Beispiel: Fahrzeugkosten

- *Fixe Kosten: Kfz-Steuern, Kfz-Versicherung, TÜV-Hauptuntersuchung; diese Kosten fallen für die Betriebsbereitschaft des Fahrzeugs an. Auch wenn es nicht fährt, sind diese Kosten zu tragen.*
- *Variable Kosten: Benzin, Wartungskosten für intervallbezogene Inspektionen und verschleißbedingte Reparaturen*
- *Überwiegend variabel sind z. B. Energiekosten, Fahrzeugkosten und Gewerbesteuer*
- *Überwiegend fix sind z. B. Abschreibungen auf Anlagen, Büromaterial, Werbung und Zinsen*

9.3 Teilkostenrechnung als Deckungsbeitragsrechnung

Die Teilkostenrechnung beruht vor allem auf zwei Grundgedanken: Jedes Unternehmen muss einmal Zeiten auf seinen Absatzmärkten überbrücken, in denen die erzielbaren Preise nicht alle Selbstkosten decken, die bei einer Vollkostenrechnung kalkuliert werden. Will man sich am Markt behaupten, muss man unter

Umständen zufrieden sein, wenn der vom Kunden gezahlte Preis neben den variablen Kosten wenigstens einen Teil der fixen Kosten deckt.
Ein zusätzlicher Umsatz, der seine Vollkosten nicht deckt, erhöht aber den Beschäftigungsgrad, auch wenn er keinen Gewinn bringt. Ein solcher Umsatz sorgt für die Verteilung der ohnehin anfallenden fixen Kosten auf mehr Kostenträger und senkt damit den Fixkostenanteil je Kostenträger. In dieser Situation muss kurzfristig das Gewinnstreben zurücktreten.
Zur **Ermittlung der Selbstkosten** verrechnet eine Zuschlagskalkulation auf Vollkostenbasis (siehe BAB) zwei verschiedene Kostenarten auf die Kostenträger.

- Kosten, die von den Kostenträgern direkt verursacht werden und daher beschäftigungsabhängig sind. Weil diese variablen Kosten (Rohstoffkosten = Einzelkosten) den Kostenträgern direkt zugerechnet werden können, werden sie auch **direkte Kosten** (direct costs) genannt.
- Kosten, die zeitabhängig und nicht beschäftigungsabhängig sind. Diese **fixen Kosten** werden den Kostenträgern mithilfe von Gemeinkostenzuschlagssätzen anteilig (siehe BAB) zugeschlagen.

Das führt zwangsläufig zu fehlerhafter Zurechnung von fixen Kosten auf einzelne Kostenträger. Es gibt keinen Kostenschlüssel, der beispielsweise das Gehalt der Personalchefs, die Miete für die Kantine oder die Heizungskosten für das Verwaltungsgebäude verursachungsgerecht auf einen einzelnen Kostenträger verteilen könnte.
Daher kann sich die Kalkulation darauf beschränken, die variablen Kosten für jeden Kostenträger genau zu erfassen. Werden diese variablen (direkten) Kosten vom Erlös für eine Leistung abgezogen, so bleibt ein Betrag übrig, der einen Beitrag zur Deckung der Fixkosten und – in der Regel auch – des Betriebsgewinns einer Abrechnungsperiode leistet.
Die folgende grafische Gegenüberstellung der Kalkulation mit Vollkosten und mit Teilkosten veranschaulicht die Unterschiede. Es wird in beiden Grafiken der gleiche Marktpreis für eine Leistung zugrunde gelegt.

Unterschied der Kalkulation zu Vollkosten und Teilkosten

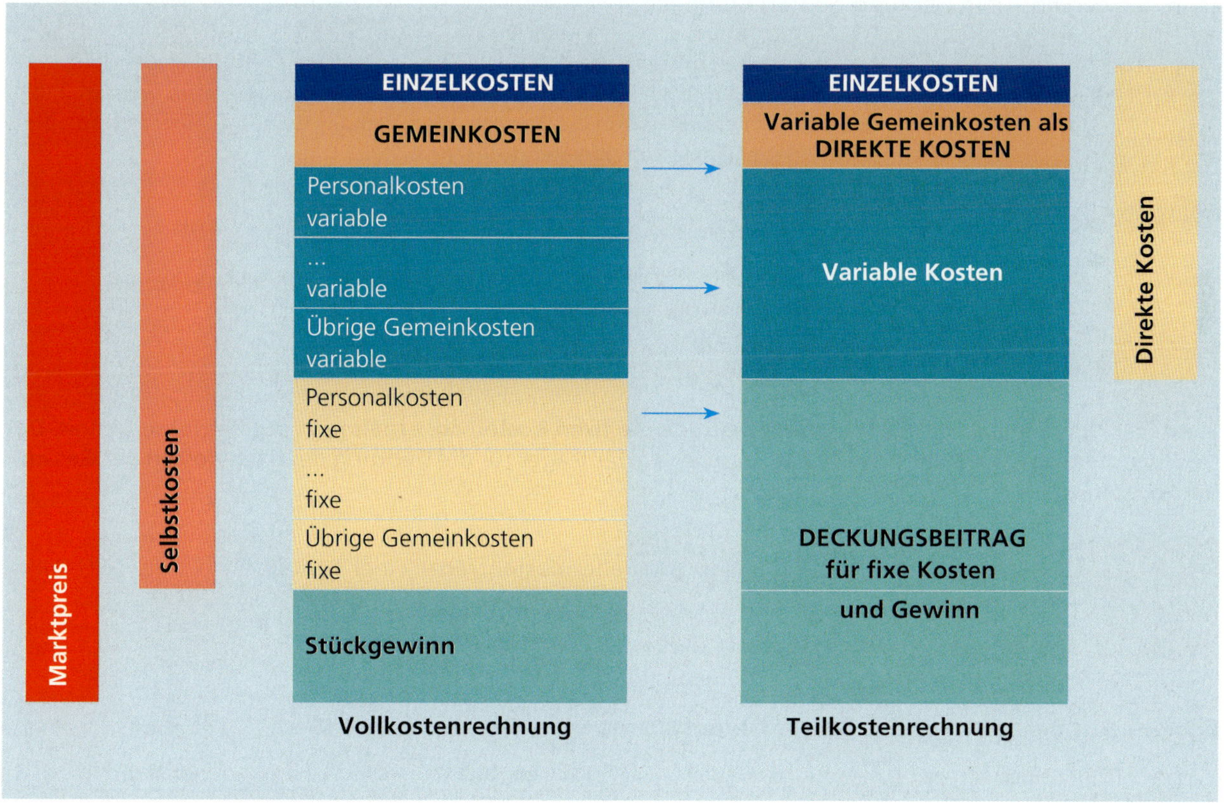

9.4 Deckungsbeitrag

Die Deckungsbeitragsrechnung geht von dem Grundsatz aus, Kosten nur **direkt** auf die Kostenträger zu verteilen, d. h. nur solche Kosten dem Kostenträger zuzuordnen, die auch tatsächlich durch ihn entstanden sind. Damit werden nicht alle, sondern nur ein Teil der Kosten auf die Kostenträger verteilt (Teilkostenrechnung).

→ In der **Teilkostenrechnung** werden nur die variablen Kosten dem Kostenträger zugeordnet.

Da die variablen Kosten dem jeweiligen Kostenträger (Aufträge, Produkte) direkt zugeordnet werden, besteht die Möglichkeit, die Kosten zu beeinflussen. Das schafft klar abgegrenzte Verantwortungsbereiche, und die Mitarbeiter werden motiviert, Kosten niedrig zu halten.
Die Fixkosten sind nicht dem einzelnen Kostenträger zuzuordnen. Sie betreffen im vollen Umfang die gesamten Kostenträger (Kosten der Betriebsbereitschaft) und werden zum Fixkostenblock zusammengefasst.

→ Die **Fixkosten** werden den einzelnen Kostenträgern nicht direkt zugerechnet.

In der Teilkostenrechnung ist es nicht möglich, den mit dem Umsatzerlös der einzelnen Kostenträger (Produkte, Aufträge) erzielten Gewinn auszuweisen. Stattdessen wird der Deckungsbeitrag eines Kostenträgers aus der Differenz der Umsatzerlöse und den variablen Kosten berechnet. Der Deckungsbetrag gibt an, in welchem Umfang der Kostenträger (Produkt, Auftrag) zur Deckung der Fixkosten und zur Erzielung des Gewinns beiträgt.

→ Der **Deckungsbeitrag** ist die Differenz zwischen Umsatzerlösen und variablen Kosten eines Kostenträgers. Er gibt an, welchen Beitrag der jeweilige Kostenträger zur Deckung der fixen Kosten leistet.

Den Deckungsbeitrag kann man als einen Deckungsbeitrag pro Stück (db) oder als Deckungsbeitrag pro Periode (Gesamtdeckungsbeitrag DB) darstellen:

Stückdeckungsbeitrag (db) = Stückerlöse – Variable Stückkosten
Gesamtdeckungsbetrag (DB) = Gesamterlöse – Variable Gesamtkosten

Der Deckungsbeitrag dient als Maßstab, um die Ertragskraft eines Kostenträgers zu beurteilen. Er ist damit Grundlage für eine ertragsorientierte Unternehmensführung, weil man gezielt jene Kostenträger fördern kann, die den höchsten Deckungsbeitrag erbringen.

Umsatzerlöse **./. variable Kosten**	Aus den Deckungsbeiträgen der einzelnen Kostenträger (Produkte, Produktgruppen usw.) müssen die fixen Kosten und der Gewinn bestritten werden. Ein Gewinn wird erzielt, wenn die Summe aller Deckungsbeiträge einer Periode die entstandenen Fixkosten übersteigt.
Deckungsbeitrag **./. fixe Kosten**	
Gewinn	

Deckungsbeitrag > fixe Kosten → Gewinn
Deckungsbeitrag < fixe Kosten → Verlust

Zieht man von der Summe aller Deckungsbeiträge die fixen Kosten ab, erhält man das Betriebsergebnis. Der Deckungsbeitrag ist demnach der Betrag, den der Kostenträger für die Deckung der fixen Kosten des Gesamtbetriebes leistet:

Summe der Deckungsbeiträge aller Kostenträger einer Periode
– Fixkosten der Periode
= Betriebserfolg (Betriebsgewinn/Betriebsverlust)

Schema zur Berechnung des Betriebsergebnisses

	Umsatzerlöse (netto)
–	Variable Einzelkosten
=	Rohergebnis
–	Variable Gemeinkosten
=	**Deckungsbeitrag**
–	Fixe Kosten
=	**Betriebsergebnis**

oder verkürzt:

	Umsatzerlöse
–	Variable Kosten
	a) Einzelkosten
	b) Gemeinkosten
=	**Deckungsbeitrag**
–	Fixe Kosten
=	**Betriebsergebnis**

oder:

	Umsatzerlöse
–	Variable Kosten
=	**Deckungsbeitrag**
–	Fixe Kosten
=	**Betriebsergebnis**

Beispiel: Berechnung des Betriebsergebnisses

	Produktgruppe I	Produktgruppe II	Gesamt
Umsatzerlöse	400.000,00	600.000,00	1.000.000,00
–Variable Einzelkosten	210.000,00	420.000,00	630.000,00
Rohergebnis	190.000,00	180.000,00	370.000,00
–Variable Gemeinkosten	27.000,00	10.000,00	37.000,00
= Deckungsbeitrag	**163.000,00**	**170.000,00**	**333.000,00**
–Fixe Kosten			**253.000,00**
= Betriebsergebnis			**80.000,00**

Übersicht: Zusammenhang von Vollkostenrechnung und Teilkostenrechnung

Vollkostenrechnung			Produktgruppe A	Produktgruppe B	Teilkostenrechnung	Produktgruppe A	Produktgruppe B
Umsatzerlöse			400.000,00	600.000,00	Umsatzerlöse	400.000,00	600.000,00
–Variable Einzelkosten			210.000,00	420.000,00	–Variable Einzelkosten	210.000,00	420.000,00
Rohergebnis			190.000,00	180.000,00	Rohergebnis	190.000,00	180.000,00
–Gemeinkosten							
Betriebsabrechnungsbogen							
Kostenarten	€	Schlüssel			–Variable Gemeinkosten	27.000,00	10.000,00
Gehälter	50.000,00	→	20.000,00	30.000,00	Deckungsbeiträge	163.000,00	170.000,00
Miete	18.000,00	→	12.000,00	6.000,00		↳	163.000,00
Werbung	5.000,00	→	3.000,00	2.000,00	Summe Deckungsbeiträge		333.000,00
Kfz-Kosten	4.000,00	→	3.000,00	1.000,00			
Zinsen	20.000,00	→	12.000,00	8.000,00	–Fixe Kosten		90.000,00
Übrige Kosten	30.000,00	→	12.000,00	18.000,00			
Summe	127.000,00	→					
Betriebsergebnis Produktgruppe			128.000,00	115.000,00			
			↳	128.000,00			
Betriebsergebnis				243.000,00	Betriebsergebnis		243.000,00

9.5 Deckungsbeitrag und Preisuntergrenze

9.5.1 Auftragsannahme an der Preisuntergrenze

Die Preisuntergrenze entspricht dem Verkaufspreis (netto), der von den Auftraggebern (Kunden) verlangt werden muss, wenn ein Unternehmen im Wettbewerb bestehen will. Man unterscheidet in diesem Zusammenhang zwischen langfristiger und kurzfristiger Preisuntergrenze.

Langfristig müssen die Umsatzerlöse **höher** liegen als die gesamten Kosten, damit ein Gewinn erwirtschaftet wird, der das Überleben eines Betriebes sichert.

→ **Langfristige Preisuntergrenze:** Verkaufspreis (netto) deckt variable und fixe Kosten.

Bei der Vollkostenrechnung fragt man, ob die Umsatzerlöse die gesamten Kosten übersteigen, in der Deckungsbeitragsrechnung (Teilkostenrechnung) muss die Summe aller Deckungsbeiträge über den fixen Kosten liegen.

Beispiel:

Vollkostenrechnung	
Umsatzerlöse	100.000,00 €
–Kosten	90.000,00 €
Gewinn	**10.000,00 €**

Teilkostenrechnung	
Umsatzerlöse	100.000,00 €
–Variable Kosten	60.000,00 €
Deckungsbeitrag	40.000,00 €
–Fixe Kosten	30.000,00 €
Gewinn	**10.000,00 €**

Kurzfristig kann man davon ausgehen, dass bei einer gegebenen Betriebsgröße fixe Kosten in bestimmter Höhe anfallen. Jeder Auftrag, der einen positiven Deckungsbeitrag aufweist, trägt zur Deckung der fixen Kosten bei. Es ist daher sinnvoll, Preise zu akzeptieren, die unter der vollen Kostendeckung liegen, wenn man an der Betriebsgröße festhalten will. Kurzfristig kann ein Unternehmen den Preis eines Produktes sogar bis zur Höhe der variablen Kosten senken. In dem Fall erwirtschaftet das Unternehmen keinen Deckungsbeitrag. Es ergibt sich dann zwar zwangsläufig in Höhe der nicht gedeckten fixen Kosten ein betrieblicher Verlust, der aber nur kurzfristig in Zeiten starken Wettbewerbs hingenommen werden kann. Auf Dauer führen diese Verluste zur Insolvenz des Unternehmens.

→ **Kurzfristige Preisuntergrenze:** Verkaufspreis (netto) deckt die variablen Kosten. Die absolute Preisuntergrenze liegt in Höhe der variablen Kosten, weil an der Stelle kein Deckungsbeitrag erwirtschaftet wird.

Beispiel:
Die Xenox AG produziert Gartenpumpen verschiedener Größen. Zur Ermittlung der Preisuntergrenzen der Pumpen von Typ A bis C hat das Unternehmen die folgenden Zahlen zusammengestellt:

	Typ A	**Typ B**	**Typ C**	**Gesamt**
Pumpen	€	€	€	
Verkaufspreis (netto) pro Stück	21,10	395,50	490,00	
Anzahl der Aufträge	780	120	85	
Variable Kosten pro Stück	16,00	220,00	420,00	
Fixe Kosten				20.796,00

Der Geschäftsleitung der Xenox AG geht es nun darum festzustellen,
1. *bei welchen Verkaufspreisen die kurzfristige Preisuntergrenze für die einzelnen Pumpentypen liegt,*
2. *wie hoch das Betriebsergebnis auf der Grundlage der Deckungsbeitragsrechnung ausfällt,*
3. *welche Auswirkungen eine zu erwartende Senkung des Preisniveaus um 10 % auf die Deckungsbeiträge und das Betriebsergebnis haben könnte.*

Lösung

Kurzfristige Preisuntergrenze:	**Typ A**	**Typ B**	**Typ C**
Variable Kosten pro Stück	16,00	220,00	420,00

Ermittlung des Betriebsergebnisses	**Typ A**	**Typ B**	**Typ C**	Summe
	€	€	€	€
Verkaufspreis (netto) pro Stück	21,50	395,00	490,00	
Variable Kosten pro Stück	16,00	220,00	420,00	
Anzahl der Aufträge	780,00	120,00	85,00	
Umsatzerlöse	16.770,00	47.400,00	41.650,00	105.820,00
Variable Kosten	12.480,00	26.400,00	35.700,00	74.580,00
Deckungsbeitrag	4.290,00	21.000,00	5.950,00	31.240,00
Fixe Kosten				19.796,00
Ergebnis				**11.444,00**

Ermittlung der Ergebnisse bei Preissenkung	**Typ A**	**Typ B**	**Typ C**	Summe
	€	€	€	€
Verkaufspreis (netto) pro Stück	**19,35**	**355,00**	**441,00**	
Variable Kosten pro Stück	16,00	220,00	420,00	
Anzahl der Aufträge	780	120	85	
Umsatzerlöse	15.093,00	42.600,00	37.485,00	95.178,00
Variable Kosten	12.480,00	26.400,00	35.700,00	74.580,00
Deckungsbeitrag	2.613,00	16.200,00	1.785,00	20.598,00
Fixe Kosten				19.796,00
Ergebnis				**802,00**

Die Verkaufspreise für die Kostenträger (Produkte, Aufträge) decken auch nach der erwarteten Preissenkung die Kosten und erzielen einen (kleinen) Gewinn. Hier ist also die langfristige Preisuntergrenze noch nicht erreicht.
Daher ist der Verkauf von Produkten bzw. die Annahme von **Aufträgen zu Marktpreisen** (= Preise unterhalb des kalkulierten Preises) aus **Sicht der Teilkostenrechnung** immer dann sinnvoll, wenn

1. **ein positiver Deckungsbeitrag erzielt werden kann und**
2. **das Unternehmen noch über freie Kapazitäten für die Fertigung der Produkte verfügt.**

Die Auftragsannahme an der Preisuntergrenze hat folgende Vorteile für ein Unternehmen:

- Verbesserte Auslastung der Kapazitäten
- Vermeidung von Mitarbeiterkündigungen
- Sicherung von Marktanteilen
- Absicherung von Rabatten bei Zulieferern

9.5.2 Annahme von Zusatzaufträgen

Die kurzfristige Preisuntergrenze ist für die Annahme von Zusatzaufträgen, die zur Auslastung freier Fertigungskapazitäten angenommen werden sollen, von Bedeutung. Da diese Aufträge meist nicht den kalkulierten Verkaufspreis erzielen, muss über die Auftragsannahme aus der Sicht der Deckungsbeitragsrechnung entschieden werden.
Unter dem Gesichtspunkt der Deckungsbeitragsrechnung ist die Annahme oder Ablehnung eines Zusatzauftrages davon abhängig, ob der Zusatzauftrag einen positiven Deckungsbeitrag erbringt. Jeder Deckungsbeitrag > 0 trägt zur Deckung der sowieso anfallenden fixen Kosten und damit zur Verbesserung des Betriebsergebnisses bei.

Beispiel:
Ein Industrieunternehmen befindet sich in einer Verlustphase, erwartet aber in naher Zukunft wieder ein positives Betriebsergebnis. Es möchte daher kein Personal entlassen oder Teile des Anlagevermögens verkaufen, um die Betriebsgröße zu verändern. Vielmehr will es die „Durststrecke“ überbrücken und ist bereit, wenig lukrative Aufträge anzunehmen, z. B. einen Auftrag mit folgenden Konditionen: Erlös 10.000,00 €, bei variablen Kosten in Höhe von 8.000,00 €. Die fixen Kosten bleiben durch den Auftrag unverändert.
Ergebnisrechnung für den Monat August 20(0)

Ergebnisrechnung ohne Zusatzauftrag	
Umsatzerlöse	250.000,00 €
–Variable Kosten	160.000,00 €
Deckungsbeitrag	90.000,00 €
–Fixe Kosten	110.000,00 €
Verlust	20.000,00 €

Ergebnisrechnung mit Zusatzauftrag (Erlös 10.000,00 €)	
Umsatzerlöse	260.000,00 €
–Variable Kosten	168.000,00 €
Deckungsbeitrag	92.000,00 €
–Fixe Kosten	110.000,00 €
Verlust	18.000,00 €

Der zusätzliche Auftrag trägt mit 2.000,00 € zur Deckung der fixen Kosten bei. Der Verlust verringert sich in gleicher Höhe.

Liquiditätsorientierte Preisuntergrenze

In den Industrieunternehmen ist die Ermittlung von kostenorientierten Preisuntergrenzen häufig nicht ausreichend, da der Gesichtspunkt der Liquidität hierbei nicht ausreichend berücksichtigt wird. Geht man bei der Preisfindung bzw. Auftragsannahme von der kurzfristigen Preisuntergrenze aus, kann das Unternehmen leicht in Zahlungsschwierigkeiten gelangen, weil eventuell einige nicht gedeckte Fixkostenarten zu kurzfristigen Ausgaben führen (Liquiditätsabflüsse). Daher sollten diese kurzfristigen Ausgaben möglichst zusätzlich zu den variablen Kosten von den Umsatzerlösen gedeckt werden.
Zu den fixen Kosen, die kurzfristig zu Ausgaben führen können, gehören Mietaufwendungen, betriebliche Steuern, Gehälter und Löhne.

→ **Liquiditätsorientierte Preisuntergrenze:** Verkaufspreis (netto) deckt variable Kosten plus ausgabewirksame fixe Kosten.

9.6 Berechnung der Gewinnschwelle

Die **Deckungsbeitragsrechnung** beruht auf dem **Prinzip der Kostentrennung** der Gesamtkosten in fixe und variable Kosten. Sie ist ein wirksames Instrument für betriebswirtschaftliche Entscheidungen (siehe oben):

- Feststellung von Preisuntergrenzen
- Entscheidungen über Zusatzaufträge

In diesem Zusammenhang ist immer von Bedeutung, ob letztlich – auf eine Abrechnungsperiode bezogen – die Summe der Deckungsbeiträge aus den Aufträgen die angefallenen Gesamtkosten decken konnte und zusätzlich der geplante Gewinn erwirtschaftet wurde. Daher muss die Deckungsbeitragsrechnung auch die Frage beantworten, ab welcher Auftragsmenge/Umsatzmenge das Unternehmen aus der Verlustzone in die Gewinnzone gelangt. Dieser Punkt ist erreicht, wenn die Höhe der Umsatzerlöse gleich der Höhe der Gesamtkosten ist.

Gewinnschwelle (Break-Even-Point): Umsatzerlöse = Gesamtkosten
Oder anders ausgedrückt: Summe der Deckungsbeiträge = Summe der fixen Kosten

Beispiel:
Das Controlling der Betonwerk Südwest GmbH hat folgende Werte ermittelt:

Bezeichnung		€
	Umsatzerlöse	5.000.000,00
–	Variable Kosten	3.000.000,00
=	Deckungsbeitrag	2.000.000,00
–	Fixe Kosten	1.500.000,00
=	Betriebsergebnis	500.000,00

Es wurden 5 000 Aufträge ausgeführt, die jeweils 1.000,00 € Erlöse brachten und variable Kosten von 600,00 € verursachten.

Die Gewinnschwelle für die der Betonwerke Südwest GmbH lässt sich auf grafische und auf mathematische Weise ermitteln.

Grafische Lösung

1. Zeichnen eines Koordinatensystem mit X-Achse für die Auftragsmenge/Beschäftigungsgrad und Y-Achse mit Umsatzerlösen in Mio. € und den Kosten in Mio. €
2. Die Linie in Höhe von 1,5 Mio. €, parallel zur X-Achse verlaufend, kennzeichnet die fixen Kosten.
3. Die variablen Kosten werden vom Schnittpunkt der fixen Kosten mit der Y-Achse nach rechts oben über den fixen Kosten aufgetragen.
4. Die Gesamtkostenlinie (fixe und variable Kosten) verläuft nach oben zu dem Punkt von 4,5 Mio. €.
5. Die Umsatzerlöslinie beginnt im Nullpunkt und endet bei 5,0 Mio. €.

6. Die Gesamtkostenlinie schneidet die Umsatzerlöslinie im Break-Even-Point, der bei der Verkaufsmenge von 937 500 Einheiten oder bei einem Beschäftigungsgrad von 75 % bzw. einem Umsatzerlös von 3,75 Mio. € liegt.
7. Das Dreieck aus Gesamtkostenlinie, der Umsatzerlöslinie und der Y-Achse stellt unterhalb des Break-Even-Points die Verlustzone und oberhalb des Break-Even-Points die Gewinnzone dar.

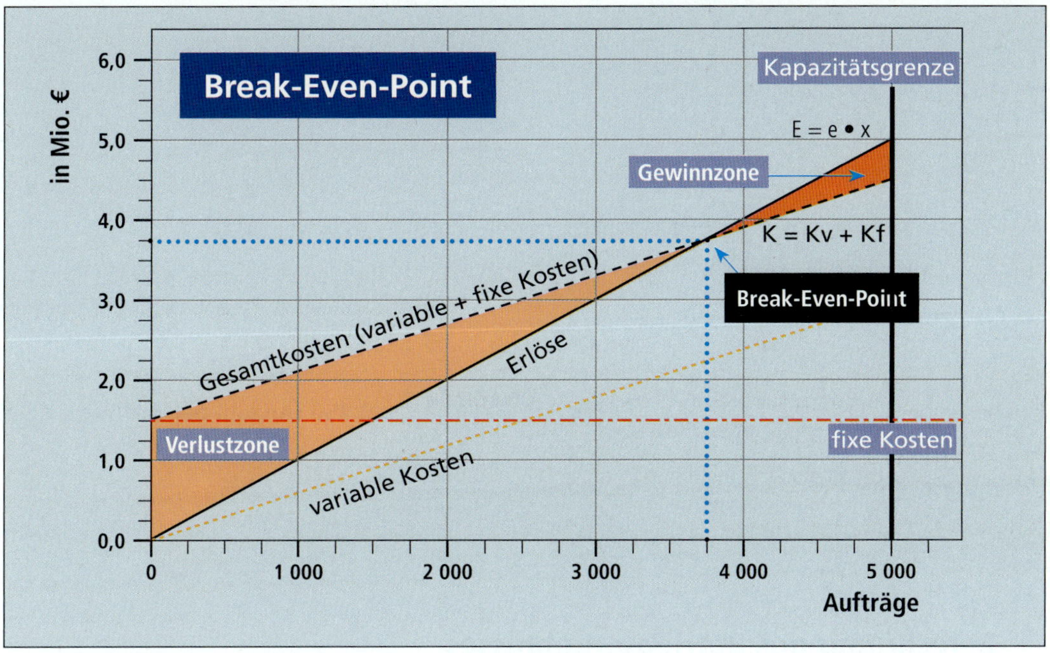

Erläuterungen zur Grafik
Fixkosten: Die **Aufrechterhaltung der Betriebsbereitschaft** der Betonwerk Südwest GmbH verursacht Kosten: Personalkosten, Mietkosten, Verwaltungskosten usw. Diese Kosten bleiben **in ihrer Höhe unverändert**, unabhängig davon, ob nun Aufträge der Kunden eingehen oder nicht. Die Kosten sind fix. Die Gerade der fixen Kosten verläuft daher parallel zur Achse der Auftragsmenge bzw. Beschäftigungsmenge (x-Achse).
Variable Kosten: Mit zunehmender Menge an Aufträgen der Kunden steigen auch Kosten, z. B. Rohstoffkosten (Einzelkosten), Kfz-kosten, Kommunikationskosten usw. Die Gerade der variablen Kosten beginnt daher im Nullpunkt des Koordinatenkreuzes (= kein Auftrag) und steigt dann mit jedem erledigten Auftrag.
Gesamtkosten: Addiert man fixe Kosten und variable Kosten, ergeben sich die Gesamtkosten. Die Gesamtkostengerade beginnt daher im Schnittpunkt der Fixkostengerade mit der senkrechten Betragsachse (kein Auftrag, aber dennoch fixe Kosten) und steigt dann mit zunehmender Auftragsmenge, wegen der damit entstehenden variablen Kosten
Erlöse: Mit den erledigten Kundenaufträgen erhält die Betonwerke Südwest GmbH nun das vereinbarte Entgelt (Erlöse) für die Leistungen. Mit jedem Auftrag steigt die Erlösgerade vom Nullpunkt an und schneidet die Gesamtkostengerade in dem Punkt, in dem die Höhe der Gesamtkosten gleich der Höhe der Gesamterlöse ist. Dieser Schnittpunkt der Geraden wird als Break-Even-Point bezeichnet. Er stellt die Schwelle von der Verlustzone zur Gewinnzone dar (= Gewinnschwelle).

Break-Even-Point : Erlöse = Gesamtkosten

Verlustzone: Im Bereich vor dem Schnittpunkt von Gesamtkostengeraden und Erlösgeraden (Break-Even-Point) sind die Kosten höher als die Erlöse. Dieser Bereich wird als Verlustzone bezeichnet.
Gewinnzone: Im Bereich hinter dem Schnittpunkt von Gesamtkostengeraden und Erlösgeraden (Break-Even-Point) sind die Erlöse höher als die Kosten. Dieser Bereich wird als Gewinnzone bezeichnet.
Kapazitätsgrenze: Die Betonwerk Südwest GmbH hat aufgrund ihrer Ausstattung mit Fertigungsstraßen, Büroarbeitsplätzen, Umschlagsflächen und -geräten sowie der Anzahl der Spezial-Tieflader, aber auch aufgrund des beschäftigten Personal usw. eine fest umgrenzte Kapazität. Diese Kapazität ist die Grundlage und der Rahmen für die Produktion von Betonfertigteilen und gleichzeitig auch die Grenze der Kapazitätsauslastung (Kapazitätsgrenze). An der Kapazitätsgrenze ist der Abstand zwischen Erlösgerade und Gesamtkostengerade am größten. Das heißt, an der Kapazitätsgrenze erreicht die Betonwerk Südwest GmbH mit der ihr zur Verfügung stehenden Kapazität den maximalen Betriebsgewinn (Gewinnmaximum). Der Gewinn ist deshalb maximal, weil der Fixkostenblock auf immer mehr Aufträge (hier: maximale Anzahl) verteilt wird und damit die Fixkosten pro Auftrag sinken (= Fixkostendegression).
Wenn die Betonwerk Südwest GmbH diese Kapazität durch Annahme zusätzlicher Aufträge überschreitet, entstehen zusätzliche Kosten, z. B. durch Überstunden. Das hätte zur Folge, dass der Gewinn wieder sinkt.

Siehe auch Kapitel 9.7, Seite 148

Mathematische Lösung

Am Punkt der Gewinnschwelle gilt folgende Gleichung:

Σ der Erlöse	=	Σ der Kosten	
$x \cdot e$	=	$x \cdot kv + Kf$	Umgeformt ergibt sich:
$x \cdot e - x \cdot kv$	=	Kf	Durch Ausklammern von x erhält man:
$x (e - kv)$	=	Kf	Daraus folgt für x:
x	=	$\frac{Kf}{e - kv}$	
x	=	$\frac{1.500.000,00\ €}{1.000,00\ € - 600,00\ €}$	Werte aus dem Beispiel:
x	=	3.750	x = Anzahl der Aufträge beim Break-Even-Point

$$\textbf{Gewinnschwelle} = \frac{\text{Fixkosten}}{\text{Deckungsbeitrag/Auftrag}} = \frac{1.500.000,00\ €}{400} = 3\ 750 \text{ (Anzahl der Aufträge beim BEP)}$$

$$\textbf{Beschäftigungsgrad} = \frac{\text{Break-Even-Umsatz}}{\text{Umsatzerlöse}} \cdot 100 = \frac{3.750.000,00\ €}{5.000.000,00\ €} \cdot 100 = 75\ \%$$

9.7 Berechnung des Betriebsergebnisses

In der Vollkostenrechnung dient das Kostenträgerblatt (BAB II) als Berechnungsgrundlage für die Ermittlung und Auswertung des Betriebsergebnisses. Ebenso kann in der Teilkostenrechnung mithilfe der Deckungsbeitragsrechnung der tatsächliche Erfolg einer Abrechnungsperiode ermittelt und ausgewertet werden. Das Betriebsergebnis wird in beiden Fällen unterschiedlich berechnet, muss aber identisch sein.

Beispiel: Berechnung des Betriebsergebnisses
Die Betonwerk Südwest GmbH hat in den Produktgruppen Industriebau, Brückenbau und Wohnbau die Werte der folgenden Tabelle für den Monat Mai vorgelegt:

Monat Mai 20(0)		Industriebau	Brückenbau	Wohnbau	Summe
	Umsatzerlöse	3.670.000,00	1.760.000,00	1.249.000,00	6.679.000,00
–	Variable Kosten (Einzelkosten)	1.165.440,00	1.452.280,00	584.350,00	3.202.070,00
=	Rohergebnis	2.504.560,00	307.720,00	664.650,00	3.476.930,00
./.	Variable Gemeinkosten	850.000,00	320.000,00	200.175,00	1.370.175,00
=	Deckungsbeitrag	1.654.560,00	–12.280,00	464.475,00	2.106.755,00
–	Fixe Kosten				1.946.334,00
=	**Betriebsergebnis**				**160.421,00**

Die Berechnung des Betriebsergebnisses mithilfe der Deckungsbeitragsrechnung ist sehr vorteilhaft für das Unternehmen. Am Ende einer Rechnungsperiode (Monat, Quartal, Jahr) kann es feststellen, welches Ergebnis erzielt wurde und in welcher Höhe jede Produktgruppe (Kostenträger) einen Beitrag zur Deckung der fixen Kosten geleistet hat.

Auswertung
Die Tabelle zeigt, dass die Auftragslage der Betonwerk Südwest GmbH ausgesprochen befriedigend ist. Nach Angaben der Controlling-Abteilung ist die Kapazität aber noch nicht ausgeschöpft. Es zeigt sich aber, dass nicht mehr alle Aufträge uneingeschränkt angenommen werden können. Daher überlegt die Geschäftsleitung, für welche Abteilung weitere Aufträge angenommen werden sollen.

Lösung

Die Rangfolge der Zusatzaufträge ergibt sich aus dem Ranking der Deckungsbeiträge der Produktgruppen:

Monat Mai 20(0)		Industriebau	Brückenbau	Wohnbau
	Deckungsbeitrag pro Abteilung	1.654.560,00	−12.280,00	464.475,00
	Deckungsbeitrag pro Auftrag	360,00	− 5,00	275,00
	Deckungsbeitrag in % der Umsatzerlöse	45,08	− 0,70	37,19
	Rangfolge der Aufträge	①	③	②

Vorrang hat die Produktgruppe Industriebau, weil jeder weitere Auftrag einen Beitrag zur Deckung der fixen Kosten und zur Erhöhung des Ergebnisses in Höhe von 360,00 € leistet. An zweiter Stelle sollte die Abteilung Wohnbau gefördert werden, die einen Beitrag zur Deckung der fixen Kosten in Höhe von 275,00 € pro Auftrag leistet. Die Abteilung Brückenbau verkauft ihre Produkte unter den variablen Kosten. Wenn in dieser Abteilung weitere Aufträge abgeschlossen würden, hätte das Ergebnisverschlechterungen von 5,00 € pro Auftrag zur Folge.

Außerdem beunruhigt die Geschäftsleitung, dass trotz der guten Auslastung der Abteilung Brückenbau die Ertragslage dort nicht zufriedenstellend ist. Sie erwägt, wegen des negativen Deckungsbeitrags die Abteilung zu schließen. Man könnte ca. 15.500,00 € Fixkosten im Monat einsparen und erhofft sich dadurch eine Verbesserung der Ertragslage.

Wenn auf die Produktgruppe Brückenbau verzichtet werden soll, ergibt sich folgendes Bild:

Monat Mai 20(0)		Mit Produktgruppe Brückenbau	Ohne Produktgruppe Brückenbau
	Deckungsbeitrag Brückenbau	−12.280,00	--
+	Deckungsbeitrag Industriebau	1.654.560,00	1.654.560,00
+	Deckungsbeitrag Wohnungsbau	464.475,00	464.475,00
=	Deckungsbeitrag gesamt	2.106.755,00	2.119.035,00
./.	Fixkosten gesamt	1.946.334,00	1.930.834,00
=	Ergebnis	160.421,00	188.201,00
	Ergebnisverbesserung		+27.780,00

Setzt man die Deckungsbeiträge mithilfe der Prozentrechnung zu den Umsätzen in Beziehung, erhält man eine Information darüber, welcher Kostenträger pro 100,00 € Umsatz den besten Deckungsbeitrag erwirtschaftet. Diese **relativen** Deckungsbeiträge spiegeln die Ertragskraft eines Kostenträgers besonders gut wider.

Im nachfolgenden Beispiel wäre der Kostenträger II mit seinen Leistungen aufgrund des höchsten **absoluten Deckungsbeitrages** besonders förderungswürdig. Der **relative Deckungsbeitrag** in Höhe von 55 % weist den Kostenträger III aber als besonders ertragsstark aus. Umsatzzuwächse beim Kostenträger III erbringen demnach eine größere Steigerung bei den Deckungsbeiträgen als eine gleich hohe Umsatzausweitung der Abteilung II.

Beispiel:

		Kostenträger I	Kostenträger II	Kostenträger III
	Umsatzerlöse	400.000,00	600.000,00	200.000,00
./.	Rohstoffe	210.000,00	420.000,00	70.000,00
=	Rohergebnis	190.000,00	180.000,00	130.000,00
./.	Variable Kosten	27.000,00	10.000,00	20.000,00
=	Deckungsbeitrag	163.000,00	170.000,00	110.000,00
	Deckungsbeitrag in % der Umsatzerlöse	② 40,75 %	③ 28,33 %	① 55 %

Eine angenommene Umsatzsteigerung von 100.000,00 € würde beim Kostenträger I zu einem Zuwachs des Deckungsbeitrages von 55.000,00 € (55 % von 100.000,00 €) führen. Beim Kostenträger I wird dagegen der Zuwachs in Höhe von 40.780,00 € und bei Kostenträger II in Höhe von 23.330,00 € geringer ausfallen.

Zusammenfassung

Deckungsbeitragsrechnung

Teilkostenrechnung

Die Teilkostenrechnung setzt voraus, dass alle Kosten eines Betriebes in beschäftigungsunabhängige, d. h. fixe Kosten und beschäftigungsabhängige, d. h. variable Kosten unterteilt werden. Damit wird die Abhängigkeit der Kosten vom Beschäftigungsgrad erkennbar.

Kostentrennung

- **Fixe Kosten:** unabhängig vom Grad der Beschäftigung eines Betriebes.
- **Variable Kosten**: abhängig von der Beschäftigung des Betriebes.

Deckungsbeitrag

Jedes Unternehmen muss einmal Zeiten auf seinen Absatzmärkten überbrücken, in denen die erzielbaren Preise nicht alle Selbstkosten decken, die bei einer Vollkostenrechnung kalkuliert werden.
Will man sich am Markt behaupten, muss man u. U. zufrieden sein, wenn der vom Kunden gezahlte Preis neben den variablen Kosten wenigstens einen Teil der fixen Kosten deckt.

Kalkulation

In der Teilkostenrechnung
- werden nur die variablen Kosten dem Kostenträger zugeordnet;
- werden die Fixkosten den einzelnen Kostenträgern nicht direkt zugerechnet.

Differenz zwischen Umsatzerlösen und variablen Kosten eines Kostenträgers ist der Deckungsbeitrag. Er gibt an, welchen Beitrag der jeweilige Kostenträger zur Deckung der fixen Kosten beiträgt.
Deckungsbeitrag > fixe Kosten → Gewinn
Deckungsbeitrag < fixe Kosten → Verlust

Anwendungen

Preisuntergrenze:
Langfristige Preisuntergrenze = Verkaufspreis (netto) deckt variable und fixe Kosten
Kurzfristige Preisuntergrenze = Verkaufspreis (netto) deckt die variablen Kosten. Die absolute Preisuntergrenze liegt in Höhe der variablen Kosten, weil an der Stelle kein Deckungsbeitrag erwirtschaftet wird.

Auftragsannahme:
(Zusatzauftrag)
Immer dann sinnvoll, wenn ein positiver Deckungsbeitrag erzielt werden kann und das Unternehmen noch über freie Kapazitäten für die Fertigung der Produkte verfügt.

Gewinnschwelle:
(Break-Even-Point)
Umsatzerlöse = Gesamtkosten
oder:
Summe der Deckungsbeiträge = Summe der fixen Kosten

Lernfeld 11
Geschäftsprozesse darstellen und optimieren

1 Geschäftsprozesse

➲ Lernsituation 1: Geschäftsprozesse einordnen

1.1 Anforderungen an Unternehmen

Die wichtigsten aktuellen Anforderungen an Unternehmen lassen sich wie folgt beschreiben:

- Das wirtschaftliche Umfeld von Unternehmen ist heute durch eine hohe **Dynamik** geprägt. Wer am Markt Erfolg haben möchte, muss flexibel auf Veränderungen, z.B. bei den Ansprüchen von Kunden, reagieren können.
- Der schnelle **technologische Wandel**, z.B. im Bereich der Informations- und Kommunikationstechniken, verlangt ständige organisatorische Anpassungen in den Unternehmen.
- Oftmals global tätige Mitbewerber, deren Produkte den Kunden über das Internet leicht zugänglich sind, bringen Unternehmen in eine verschärfte **Wettbewerbssituation**.
- Die Veränderung der **Altersstruktur** (Demografie) in der Bevölkerung macht es zunehmend schwierig, geeignete Mitarbeiter zu finden, damit der Bestand an qualifizierten Fach- und Führungskräften langfristig gesichert ist.

Angemessene Reaktionen

→ Unternehmen, die die richtigen Dinge tun, handeln **effektiv.**
Unternehmen, die die Dinge richtig tun, handeln **effizient.**

Vgl. Schmelzer, H. J./Sesselmann, W.: Geschäftsprozessmanagement in der Praxis, 8. Aufl., München 2013

Unternehmen können auf die beschriebenen Anforderungen in zweierlei Weise reagieren:

Sie müssen die richtigen Dinge tun
Unternehmen müssen sich im Rahmen ihrer **Marketingplanung** vor allem darüber informieren,

- welche Probleme und Erwartungen ihre Kunden haben und
- wie die Marktsituation beschaffen ist (Marktanalyse).

Marketingplanung, siehe Informationshandbuch des 2. Ausbildungsjahres, Lernfeld 5

Auf dieser Grundlage ist eine **Entscheidung** darüber zu treffen, auf welchen Teilmärkten das Unternehmen tätig sein will (Marktsegmentierung) und welches Produkt- und Dienstleistungsangebot für diese Teilmärkte bereitgestellt werden soll.
Neben diesen Marketingüberlegungen müssen sich Unternehmen aber auch Klarheit darüber verschaffen, wie die innerbetrieblichen **Geschäftsprozesse** in ihren Unternehmen ablaufen und ob die Prozesse die gewünschten Marketingziele unterstützen. Unternehmen sollten sich auch darüber im Klaren sein, welchen Beitrag die einzelnen Teilprozesse zum **Erfolg** des Unternehmens leisten.

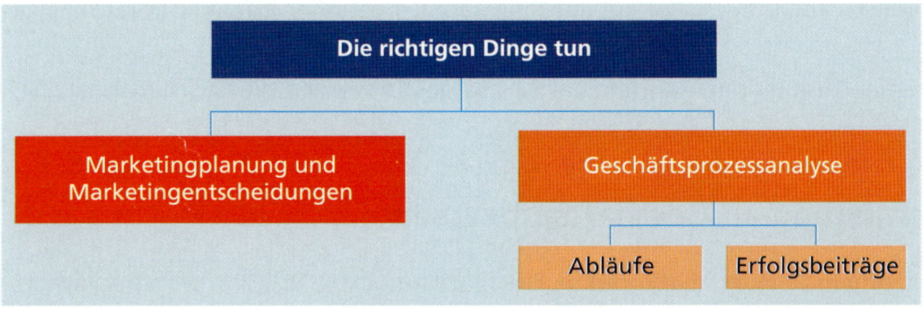

Versäumen es Unternehmen, die richtigen (notwendigen) Dinge zu tun, führt das zu Unzufriedenheit bei den Kunden mit entsprechenden Auswirkungen auf den Umsatz und den Erfolg des Unternehmens. Klare Entscheidungen und Zielvorgaben, in die die Mitarbeiter einbezogen werden, fördern außerdem die Leistungsbereitschaft der Mitarbeiter, was wiederum den unternehmerischen Erfolg unterstützt.

Siehe Lernsituationsband des 2. Ausbildungsjahres, Lernfelder 5 und 8

Beispiel: Modellunternehmen Rosner GmbH
Die Rosner GmbH hat den Markt für E-Bikes analysiert (Marktstruktur, Marktentwicklung, Potenzialanalyse, Konkurrenzanalyse usw.). Auf der Grundlage der Marktanalyse hat das Unternehmen eine Wettbewerbsstrategie entwickelt (Nischenstrategie unter Betonung der eigenen Fachwerkstatt). Weiterhin wurden eine Zielgruppe definiert und Marketingziele festgelegt (Absatzsteigerung der E-Bikes von 68 auf 123 Stück).
Die Geschäftsprozessanalyse hat ergeben, dass im Verkauf nicht genug Mitarbeiter vorhanden sind, die Fachwissen über E-Bikes besitzen. Darum wurde eine neue Mitarbeiterin eingestellt und ein Werkstattmitarbeiter für den Verkauf fortgebildet.
Aufgrund der hohen Preise für E-Bikes erwartet die Rosner GmbH von dieser Warengruppe einen deutlichen Beitrag zum Unternehmenserfolg.

Sie müssen die Dinge richtig tun
Die Dinge richtig zu tun heißt, die definierten Unternehmensziele mit einem möglichst geringen Mitteleinsatz zu realisieren. Dies wird erreicht, indem

Minimalprinzip, siehe Informationshandbuch des 1. Ausbildungsjahres Lernfeld 1

- die betriebswirtschaftlichen **Produktionsfaktoren** (in Industrie und Handwerk, z. B. Betriebsmittel, Werkstoffe und Arbeitskräfte) möglichst wirksam (effizient) eingesetzt und
- die Abläufe (**Prozesse**) im Unternehmen optimal gestaltet werden.

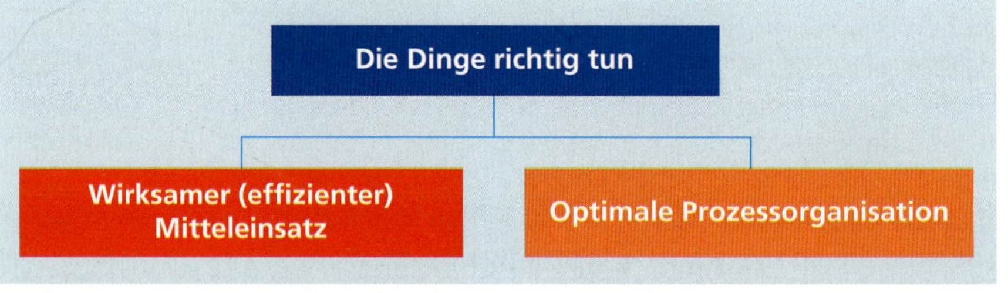

Unternehmen reagieren auf wirtschaftliche Probleme in der Regel mit Kostensenkungsmaßnahmen, vorzugsweise im Bereich der Personalkosten. Regelmäßig ist in den Medien zu lesen, dass in Not geratene Unternehmen Tausende von Arbeitsplätzen abbauen wollen, um ihre wirtschaftliche Lage zu verbessern. Das ist aber oft nur eine kurzfristige Maßnahme, die die eigentliche Problemursache nicht angeht. Vielfach sind es nämlich **Mängel in den Prozessabläufen**, die zu einer Schieflage des Unternehmens führen.
Dabei hat eine unzureichende Prozessorganisation nicht nur negative Auswirkungen auf die Produktivität des Unternehmens, sondern beeinflusst z. B. auch die Produktqualität und das Lieferverhalten negativ.

Produktivität = Verhältnis von Produktionsergebnis (Output) zu den eingesetzten Mitteln (Input)

Geschäftsprozessmanagement
Unternehmen wird deshalb empfohlen,
- alle Geschäftsprozesse zu erfassen,
- sie auf ihren Erfolgsbeitrag hin einzuordnen und
- die Abläufe kritisch zu überprüfen und – falls erforderlich – zu optimieren.

> **Geschäftsprozessmanagement:** alle Aktivitäten eines Unternehmens, die das Ziel haben, Geschäftsprozesse optimal ablaufen zu lassen, d. h. mit möglichst hoher Effektivität und Effizienz

Ablauforganisation, siehe Seite 174

In diesem und den nachfolgenden Kapiteln des Lernfeldes 11 werden die Geschäftsprozesse in Unternehmen näher betrachtet.

1.2 Orientierung an Geschäftsprozessen

Unternehmen erbringen Leistungen (Produkte, Dienstleistungen = Output) für ihre Kunden durch den Einsatz von Produktionsfaktoren (= Input). Die Leistungen werden erbracht, indem bestimmte Arbeitsschritte sinnvoll miteinander verknüpft werden, z. B. vom Materialeinkauf über die Fertigung bis zum Verkauf. Leistungen werden folglich durch Prozesse erzeugt. In allgemeiner Form lässt sich ein Prozess wie folgt definieren:

> **Prozess:** Abfolge von Arbeitsschritten, die aus einem bestimmten Input einen gewünschten Output erzeugen

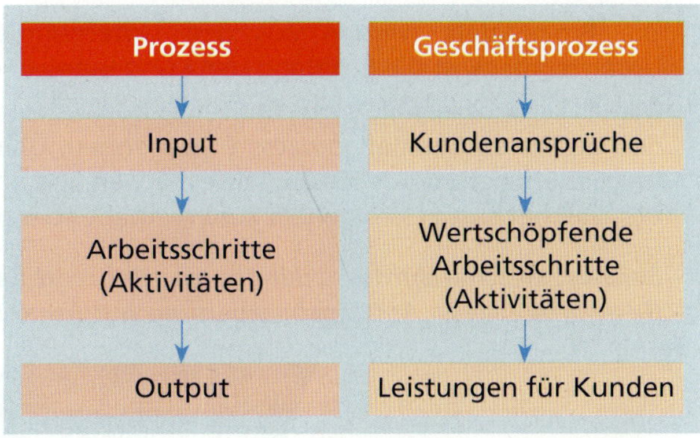

Diese Definition bringt nicht zum Ausdruck, dass ein Unternehmen Leistungen für seine Kunden auf der Grundlage der Kundenansprüche mit dem Ziel erstellt, eine möglichst hohe Kundenzufriedenheit zu erreichen. Es wird auch nicht sichtbar, dass durch einen Prozess ein Ergebnis von Wert für den Kunden erzeugt wird. Nach der allgemeinen Prozessdefinition ist jede Verknüpfung von Tätigkeiten ein Prozess.

Unternehmensziele, siehe Seite 156

Beispiel:
Ein Mitarbeiter, der eine Münze in einen Kaffeeautomaten wirft und nach dem Brühvorgang dem Automaten einen Becher mit Kaffee entnimmt, hat einen Prozess mit definiertem Input und Output in Gang gesetzt. Der Prozess ist aber für Kunden nicht relevant (nicht wertschöpfend).

Wertschöpfung, siehe Seite 157

Der allgemeine Prozessbegriff ist daher um die Kundenorientierung und das wertschöpfende Ergebnis des Prozesses zu erweitern. Man spricht dann von Geschäftsprozessen.

→ **Geschäftsprozess:** Abfolge von wertschöpfenden Arbeitsschritten (Aktivitäten), die kundengerechte Leistungen erzeugen

Merkmale von Geschäftsprozessen

Die oben stehende Definition beschreibt einen Geschäftsprozess noch sehr abstrakt. Konkreter gefasst, zeichnen sich Geschäftsprozesse durch folgende wesentliche Merkmale aus:

- Geschäftsprozesse haben das Ziel, **Ansprüche von Kunden** zu erfüllen.
- Am Anfang eines Geschäftsprozesses steht der Kundenanspruch, am Ende die Leistung für den Kunden, d. h., Geschäftsprozesse **beginnen und enden beim Kunden** (siehe Abbildung, Seite 154). Man spricht auch von einem **End-to-end-Prozess**.
- Die **Leistungen** eines Geschäftsprozesses bestehen demnach aus Produkten und/oder Dienstleistungen für Kunden.
- Die Aktivitäten eines Geschäftsprozesses werden von **verschiedenen Abteilungen** (Funktionen) des Unternehmens erbracht, aber ganzheitlich gebündelt und gesteuert. Der Geschäftsprozess durchbricht folglich die aufbauorganisatorischen Grenzen eines Unternehmens, er ist **funktionsübergreifend** angelegt (siehe nachfolgende Ausführungen zur Funktionsorientierung).
- Geschäftsprozesse sind auf **Wiederholung** angelegt. Den Anstoß liefert ein auslösendes Ereignis (**Startereignis**), z. B. ein Kundenauftrag. Den Abschluss bildet ein **Endereignis**, z. B. die Annahme des erstellten Produktes durch den Kunden.
- Geschäftsprozesse sind wertschöpfungsorientiert, d. h., wünschenswert sind alle Teilprozesse, die dem Kunden Nutzen bringen und dadurch für ihn einen Wert darstellen. Aktivitäten ohne **Wertschöpfung** sind möglichst zu vermeiden (siehe unten).
- Ein Geschäftsprozess erfordert **Inputs** in Form von Personal, finanziellen Mitteln, Materialien, Dienstleistungen und Informationen (z. B. Vorschriften, Baupläne). Diese werden von externen und internen Lieferanten zur Verfügung gestellt. Interne Lieferanten sind z. B. andere Abteilungen des Unternehmens.
- Durch **Prozessziele** und **Prozesskennzahlen** werden Geschäftsprozesse gesteuert.

Ansprüche sind Erwartungen von Kunden an ein Produkt oder eine Dienstleistung, siehe Informationshandbuch des 2. Ausbildungsjahres, Lernfeld 7, Kapitel 2

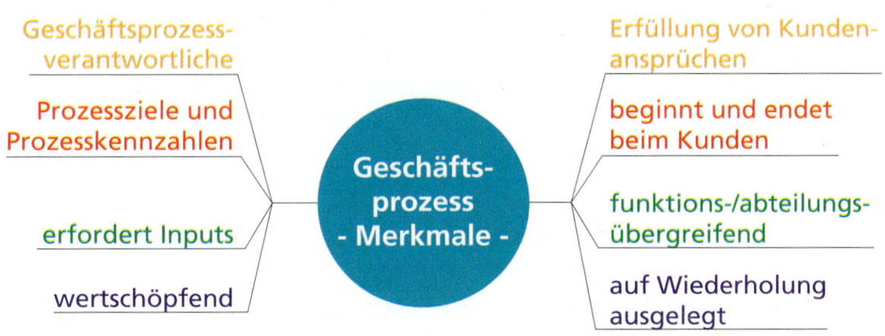

Beispiele:
- *Prozessziel: Höchstmaß an Kundenzufriedenheit*
- *Prozesskennzahlen: Kosten, Durchlaufzeit, Qualität (z. B. in Form einer geringen Fehler- oder Reklamationsquote)*

Die Prozessziele werden aus den Unternehmenszielen abgeleitet. Vorrangiges Ziel eines jeden Unternehmens ist die Erfüllung der Kundenansprüche (siehe unten).

- Damit die Prozessziele erreicht werden, ist es notwendig, einen **Geschäftsprozessverantwortlichen** für den gesamten Geschäftsprozess zu benennen. Über die Prozesskennzahlen kann er sich laufend ein Bild von der Effizienz der Prozessabläufe machen und im Bedarfsfall eingreifen. Auch die ständige **Optimierung** des Geschäftsprozesses gehört zum Aufgabenbereich des Geschäftsprozessverantwortlichen.

Siehe Informationshandbuch des 1. Ausbildungsjahres, Lernfeld 3, Kapitel 5

Beispiel: Geschäftsprozess der Thomas Behrend Gebäudeservice e. K.
Geschäftsprozess: Auftragsbearbeitung aufgrund einer schriftlichen Anfrage

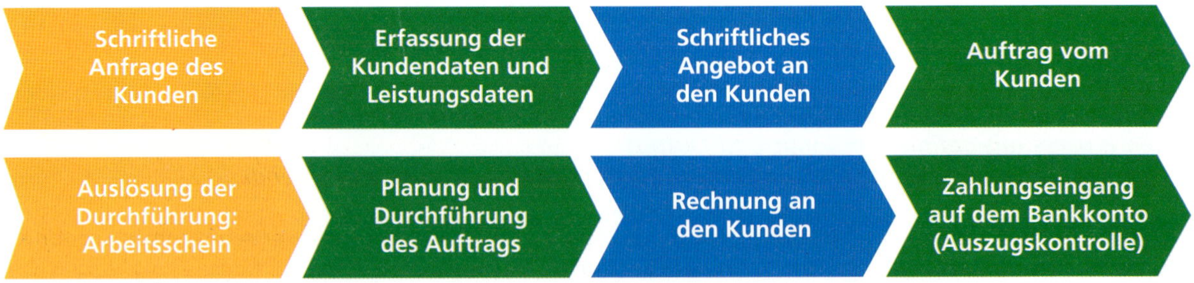

Der Prozess hat das Ziel, den in der Anfrage geäußerten Kundenwunsch zu erfüllen.
Der Prozess beginnt beim Kunden (Anfrage) und endet beim Kunden (Bezahlung). Im Prozess wird eine Dienstleistung für einen Kunden erbracht.
Im Verlauf des Prozesses werden die Leistungen verschiedener Abteilungen (Funktionen) in Anspruch genommen, nämlich aus der Abteilung „Verwaltung" die Kundenberatung, die Auftragsbearbeitung und das Rechnungswesen. Sollten für den Auftrag spezielle Reinigungsmittel notwendig sein, wird evtl. die Unterabteilung „Beschaffung" tätig.
Der anzustoßende Prozess „Unterhaltsreinigung" ist standardisiert und damit auf Wiederholung ausgelegt.
Im Regelfall löst eine Kundenanfrage den Prozess aus. Das Endereignis ist die Begleichung der Kundenrechnung.
Der Prozess trägt zur Wertschöpfung des Unternehmens bei.
Als Inputs sind vorzugsweise Mitarbeiterleistungen sowie Reinigungsmaschinen und Reinigungsmaterialien erforderlich.
Als Prozessziel wird eine möglichst reklamationsfreie Reinigung angestrebt unter Einhaltung der Vorgabezeiten aus der Auftragskalkulation.
Geschäftsprozessverantwortlicher ist Herr Klaßen; er kooperiert mit dem Objektleiter der zuständigen Region.

Aufbauorganisation, siehe Seite 164

Funktionsorientierung – Prozessorientierung

Funktionsorientierung

Traditionell sind Unternehmen in ihrer Aufbauorganisation nach vertikalen Abteilungen gegliedert. Diese Abteilungen können auch als Funktionen bezeichnet werden, weil sie bestimmte Aufgaben (Funktionen), z. B. die Beschaffung, erledigen. Bei der Erstellung von Produkten und Dienstleistungen für die Kunden bearbeiten die Abteilungen jeweils einen bestimmten Ausschnitt der Gesamtleistung.

> **Funktionen:** Organisatorische Einheiten eines Unternehmens, die auf bestimmte Aufgaben (Verrichtungen), z. B. Beschaffung, Produktion und Absatz, bezogen sind. Ihnen fehlt oft der direkte Kundenbezug.

Betrachtet man beispielsweise die Erledigung eines Kundenauftrages in einem Unternehmen mit funktionsorientiertem Aufbau, so „durchwandert" der Auftrag verschiedene Abteilungen und nimmt deren Leistungen in Anspruch. Die Abteilungen und ihre Unterabteilungen sind vertikal gegliedert. Jede Abteilung ist darauf fixiert, ihren **Aufgabenbereich** (ihre Funktion) optimal zu erfüllen. Ein direkter Bezug zu den Kundenanforderungen und der Blick auf den gesamten Verlauf der Auftragsabwicklung fehlen in der Regel. Der Auftrag ist in einzelne isolierte Arbeitsschritte zerstückelt.
Dementsprechend überblickt der **Mitarbeiter** einer Abteilung auch nur einen kleinen Ausschnitt im Wertschöpfungsprozess. Vor allem sieht er nicht, inwieweit das Endergebnis der gemeinsamen Bemühungen die Kundenforderungen erfüllt. Der Mitarbeiter ist auch nur für seinen Tätigkeitsausschnitt verantwortlich; für die Gesamtleistung, die Erfüllung des Kundenwunsches, fühlt sich oft niemand verantwortlich.

Beispiel: Funktionsorientierte Auftragsabwicklung
Aufgrund der Aktivitäten der ~~Marketingabteilung kommt es zu einem Kundenauftrag. Die~~ Auftragsdaten werden der Abteilung „Produktion" übermittelt, die die Produkte entwirft. Fehlende Werkstoffe und Handelswaren werden von der Abteilung „Beschaffung" eingekauft. Anschließend wandert der Auftrag in

die Fertigung und dann in den Vertrieb (Auslieferung). Mit der Rechnungserstellung und der Erfassung des Rechnungsausgleichs in der Verwaltung ist der Vorgang abgeschlossen.

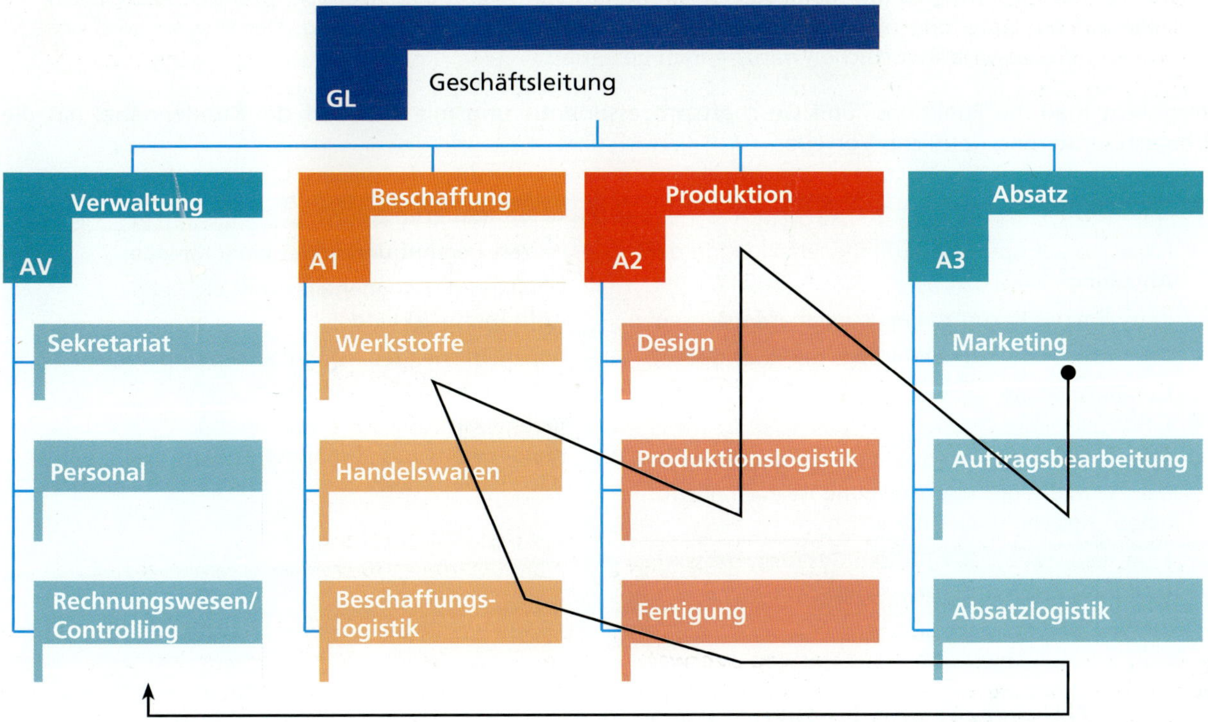

Prozessorientierung

Bei einer prozessorientierten Organisation beginnt der Prozess beim Kunden und endet bei ihm. Die Abwicklung des Auftrages ist auf die Erfüllung der Kundenansprüche ausgerichtet. Aus der vertikalen funktionsbezogenen Organisation wird eine horizontale geschäftsprozessorientierte Abwicklung.

Beispiel: Prozessorientierte Auftragsabwicklung

Der Geschäftsprozessverantwortliche erfährt durch den Kundenauftrag die Ansprüche des Kunden. Er organisiert daraufhin durch wertschöpfende Aktivitäten die Produktion der vom Kunden erwarteten Leistung. Die erforderlichen Inputs erhält er von externen und internen Lieferanten.

Der Verantwortungsbereich des Geschäftsprozessverantwortlichen erstreckt sich über die gesamte Prozesskette.

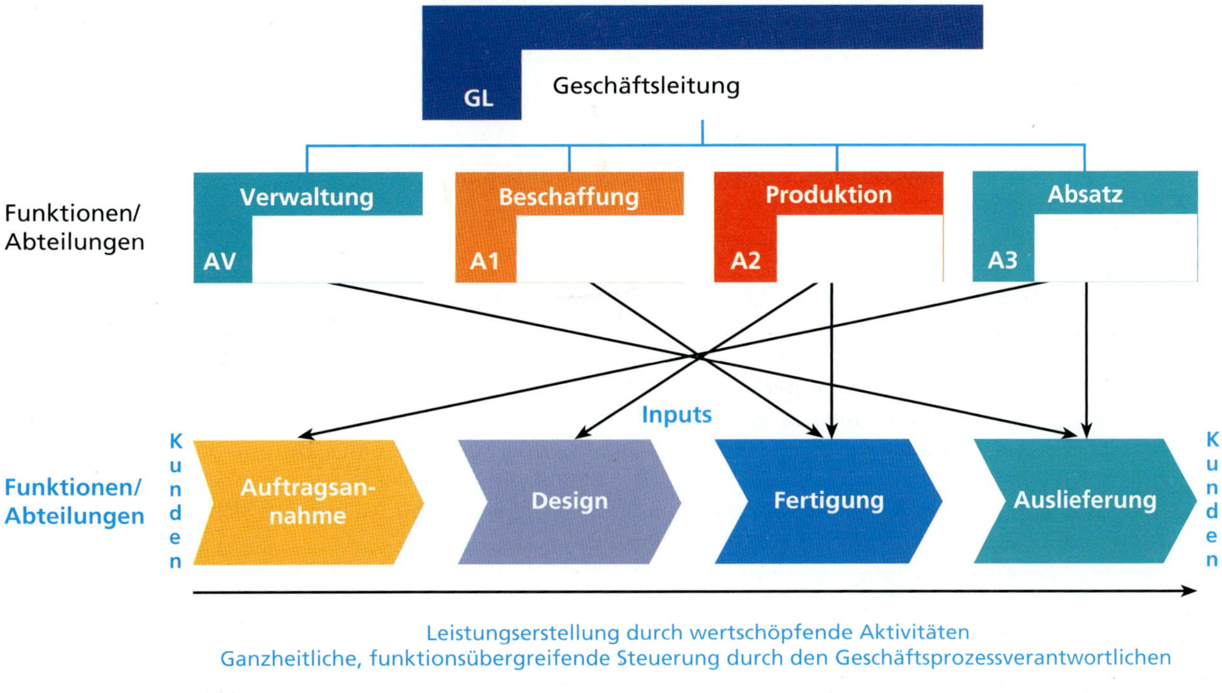

Funktionsorientierung ist die Organisation eines Unternehmens nach Tätigkeitsbereichen ohne direkten Kundenbezug.
Prozessorientierung ist die funktionsübergreifende Bündelung aller wertschöpfenden Aktivitäten, die auf die Erstellung einer bestimmten Kundenleistung ausgerichtet sind. Der Prozess wird von einem Prozessverantwortlichen ganzheitlich gesteuert.

Vergleicht man die Funktions- und Geschäftsprozessorientierung mit Blick auf die Kundennähe, hat die Prozessorientierung deutliche Vorteile:

Funktionsorientierung	Prozessorientierung
– Fixierung auf optimale Aufgabenerfüllung in der Abteilung – Kein direkter Bezug zu den Kundenanforderungen – Zerstückelung (Fragmentierung) des Auftrages – Gesamtüberblick über die Auftragsabwicklung fehlt – Mitarbeiter sieht nur einen kleinen Ausschnitt aus dem Wertschöpfungsprozess und ist auch nur für diesen Ausschnitt verantwortlich – Kein Verantwortlicher für den Gesamtprozess (Erfüllung des Kundenwunsches)	– Prozess beginnt und endet beim Kunden – Erfüllung des Kundenwunsches als Ziel der Auftragsabwicklung – Ganzheitliche Steuerung des Gesamtprozesses durch den Prozessverantwortlichen – Verantwortlicher für Erfüllung des Kundenwunsches vorhanden

1.3 Zielsystem von Unternehmen

Kundenorientierung

In entwickelten Volkswirtschaften lässt sich die Marktsituation wie folgt beschreiben:

- Die Ausstattung der Menschen mit Gütern und Dienstleistungen befindet sich auf einem hohen Niveau (gesättigte Märkte).
- Es herrscht ein intensiver Wettbewerb zwischen den Marktanbietern.
- Der Kunde kann sich auf einfache Weise einen Marktüberblick verschaffen (z. B. über das Internet).

Aufgrund dieser Ausgangslage steht der Kunde im Mittelpunkt des Interesses. Er entscheidet über den Markterfolg von Produkten und Dienstleistungen. Die Leistungen der Unternehmen müssen daher den Ansprüchen der Kunden entsprechen, wenn Unternehmen weiterhin am Marktgeschehen teilnehmen wollen.
Die **Steigerung der Kundenzufriedenheit** muss daher ein zentrales Anliegen eines Unternehmens sein.
Kundenorientierung kann im Einzelnen bedeuten:

- Ansprüche der Kunden jederzeit kennen;
- Ziele des Unternehmens auf die Erwartungen der Kunden ausrichten;
- Kundenansprüche zu einem zentralen Thema im Unternehmen machen;
- Kundenzufriedenheit messen (z. B. durch Kundenbefragungen oder Feedbackmöglichkeiten) und auf die Ergebnisse reagieren;
- Kundenbeziehungen systematisch pflegen.

Kundenorientierung: Ausrichtung der unternehmerischen Entscheidungen und der Unternehmensorganisation auf die Ansprüche der Kunden

Gerade die **Geschäftsprozesse** bieten Gelegenheit, die Kundenzufriedenheit kontinuierlich zu steigern, weil der Kunde Ausgangs- und Endpunkt eines Geschäftsprozesses darstellt (End-to-end-Prozess). Über das Geschäftsprozessmanagement kann das gesamte Denken und Handeln eines Unternehmens auf Kunden ausgerichtet werden.
In dem Maße, wie die Geschäftsprozesse die Kundenansprüche erfüllen, verbessern sich die Zufriedenheit der Kunden und letztlich auch der Unternehmenserfolg.
Man kann daher sagen, auch die **Geschäftsprozessorientierung** ist Teil des Zielsystems eines modern geführten Unternehmens.

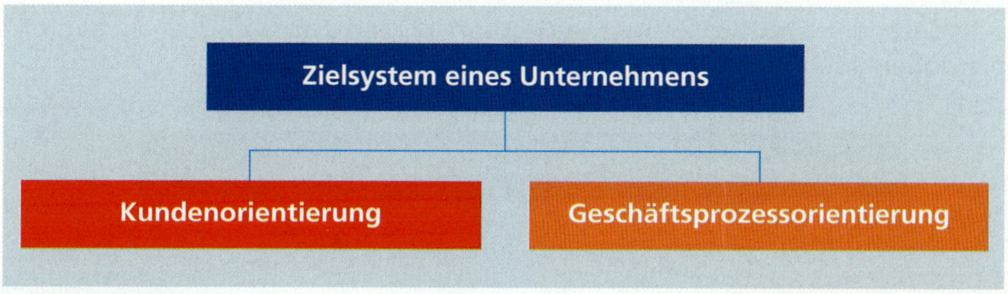

Externe und interne Kunden

In Geschäftsprozessen werden zwei Typen von Kunden unterschieden:

- **Externe Kunden** sind die Endabnehmer (Endkunden) von Produkten und Dienstleistungen eines Unternehmens.
- Ein **interner Kunde** ist ein Prozessschritt, der den Output eines **vorangehenden** Prozessschrittes als Input weiterverarbeitet. Gleichzeitig ist jeder interne Kunde auch interner Lieferant für **nachfolgende** Teilprozesse.

Beispiel:
Bei der Produktion eines Pkw sind die verschweißten Bleche (Teilprozess A) in der Lackiererei weiterzuverarbeiten (Teilprozess B). Die Lackiererei ist interner Kunde der Schweißerei.

Es stellt sich die Frage, warum innerhalb der Prozesskette bereits von „Kunden" gesprochen wird, obwohl das Endprodukt für den Kunden noch nicht fertiggestellt worden ist. Kundenorientierung soll auf allen Ebenen des Unternehmens sichergestellt werden. Der interne Lieferant soll seine Teilergebnisse mit der gleichen Qualität erstellen, wie sie auch der externe Kunde erwartet. Dementsprechend muss der interne Kunde seine Anforderungen an den internen Lieferanten präzise formulieren. Bei Abweichungen wird der interne Lieferant über die Qualitätsmängel informiert, damit sie abgestellt werden können.

Externe Lieferanten: Lieferer außerhalb des Unternehmens

Letztlich soll über das Konzept des internen Kunden unternehmerisches Denken auf allen Ebenen des Unternehmens eingeführt werden.

> **Externe Kunden:** Endabnehmer von Produkten und Dienstleistungen
> **Interner Kunde:** Prozessschritt, der den Output eines vorangegangenen Prozessschrittes als Input für den nächsten Prozessschritt verwendet
> Jeder Mitarbeiter ist sowohl interner Lieferant als auch interner Kunde.

Kunden-Lieferanten-Beziehung

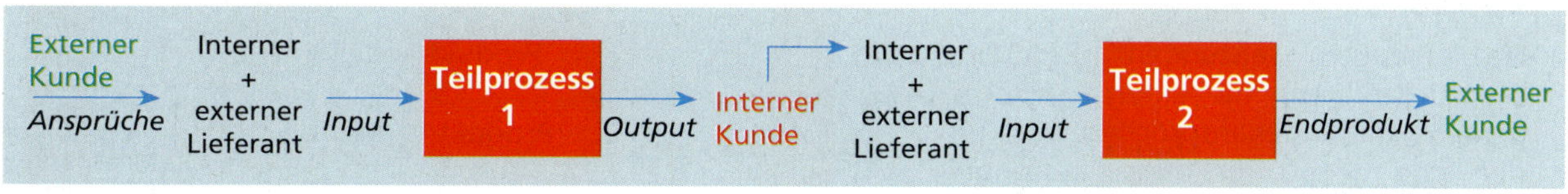

1.4 Wertschöpfung

Ein Unternehmen, das Betriebsmittel und Werkstoffe einkauft, um mithilfe der Mitarbeiter Produkte zu fertigen, erhöht durch den Bearbeitungsprozess den Wert der eingesetzten Produktionsfaktoren, es betreibt Wertschöpfung. Auch ein Handelsunternehmen erhöht den Wert der eingekauften Waren, z. B. durch deren Aufbereitung für den Verkauf und die Beratungsleistung der Mitarbeiter. Der Verkaufspreis der Produkte ist im Regelfall höher als der Bezugspreis.
Auf die Gesamtleistung eines Unternehmens bezogen bemisst sich die Wertschöpfung aus der Differenz zwischen Gesamtleistung des Unternehmens und den eingekauften Vorleistungen.

> **Wertschöpfung:** Differenz zwischen Gesamtleistung und Vorleistung

Da Geschäftsprozesse auf die Leistungen für Kunden ausgerichtet sind, wird im Geschäftsprozessmanagement nur dann von Wertschöpfung gesprochen, wenn ein Prozess direkten Nutzen für den Kunden schafft, also eine Wertsteigerung für den Kunden vorliegt.

Diese Sichtweise ist besonders wichtig, wenn man Geschäftsprozesse daraufhin analysiert, ob sie den Nutzen für den Kunden erhöhen. Man unterscheidet dann drei Möglichkeiten:

1. **Wertschöpfende Prozesse** (weil nützlich für den Kunden)

   Beispiele:
   Produktentwicklung, Fertigung, Auftragsbearbeitung, Service

2. **Nicht wertschöpfende**, aber notwendige **Prozesse**

   Beispiele:
   Personalwesen, Rechnungswesen, Informationstechnologie

3. **Unnütze Prozesse** (Verschwendung)

   Beispiele:
   Erstellen von Statistiken, die niemand liest; Nachbearbeitungen

Das Geschäftsprozessmanagement hat die wichtige Aufgabe, durch eine stetige Prozessverbesserung wertschöpfende Prozesse zu fördern und nicht wertschöpfende (und vor allem unnütze) Prozesse zu minimieren oder auszuschalten. Denn nicht wertschöpfende Aktivitäten stellen **Verschwendung** dar. Dazu ist es aber zunächst erforderlich, die wertschöpfenden Geschäftsprozesse zu **identifizieren**.

1.5 Geschäftsprozessarten

Kernprozesse werden auch als Primärprozesse bezeichnet; Unterstützungs- und Managementprozesse als Sekundärprozesse.

Geschäftsprozesse erzeugen Leistungen (Nutzen) für Kunden und beeinflussen den Unternehmenserfolg. Je nach Art des Geschäftsprozesses fallen dieser Kundennutzen und damit der Einfluss auf den Unternehmenserfolg aber unterschiedlich aus. Man unterscheidet drei Arten von Geschäftsprozessen:

1. Kernprozesse

Sie erzeugen Leistungen (Produkte/Dienstleistungen) für externe Kunden gemäß den Kundenansprüchen. Die Kunden sind bereit, für diese Leistungen einen Preis zu bezahlen. Der Geschäftserfolg und die Wettbewerbsfähigkeit eines Unternehmens hängen entscheidend von der Leistungsfähigkeit der Kernprozesse ab. Kernprozesse stellen den eigentlichen Unternehmenszweck dar.

Beispiele:
- *Automobilproduktion: Design – Produktion – Vermarktung – Auslieferung*
- *Bank: Kreditgewährung, Handel mit Wertpapieren*
- *Versorgungsunternehmen: Erzeugung und Verteilung von Strom, Gas, Wasser*

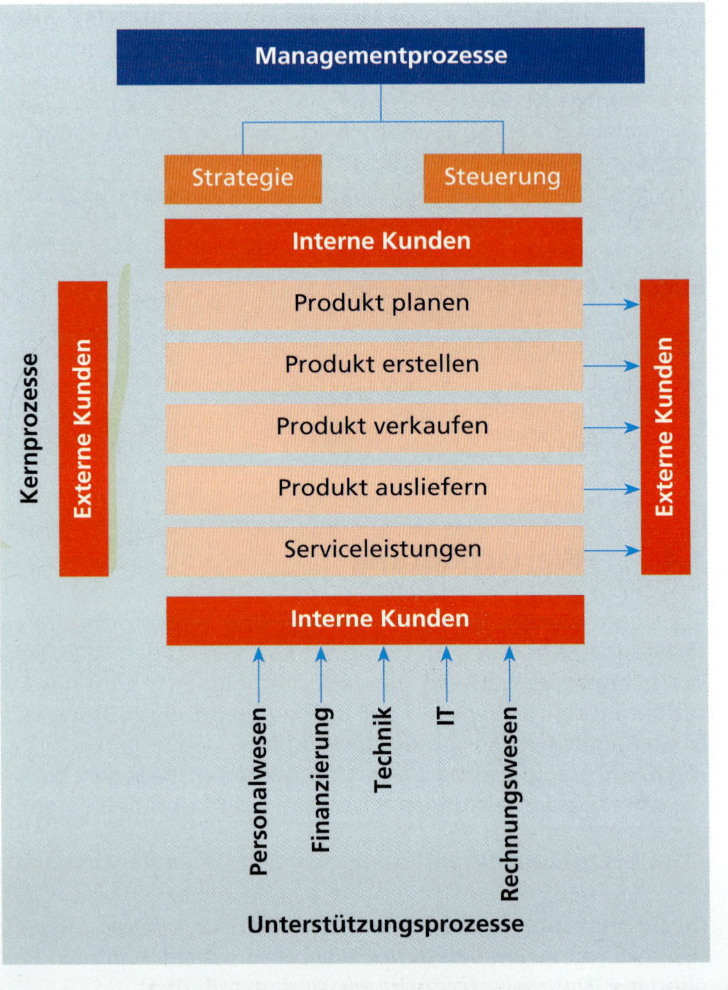

2. **Unterstützungsprozesse**

Damit Kernprozesse funktionstüchtig und effizient ablaufen, benötigen sie Unterstützung von anderen Geschäftsprozessen. Diese Unterstützungsprozesse haben keinen direkten Kundenbezug und sind damit auch nicht unmittelbar am Wertschöpfungsprozess beteiligt.

Beispiele:
- *Personalwesen*
- *Rechnungswesen*
- *Datenverarbeitung*

3. **Managementprozesse**

Managementprozesse (Unternehmenssteuerungsprozesse) sorgen dafür, dass die langfristigen (strategischen) und kurzfristen (operativen) Ziele eines Unternehmens systematisch geplant und ihre Umsetzung kontrolliert wird.

Planung + Kontrolle

Die Kernprozesse fordern die Management- und Unterstützungsprozesse an und nutzen sie für die Bewältigung ihrer Geschäftsprozesse. Die Kernprozesse treten damit als **interne Kunden** auf.

> **Kernprozesse:** Geschäftsprozesse, die Leistungen für externe Kunden erzeugen
> **Unterstützungsprozesse:** Geschäftsprozesse, die den Kernprozessen behilflich sind, ihre Leistung zu erbringen
> **Managementprozesse:** Festlegung der strategischen und operativen Ziele eines Unternehmens sowie deren Umsetzung und Überwachung

Abgrenzungsproblematik

Die Abgrenzung zwischen den Geschäftsprozessarten ist nicht eindeutig und hängt vom Leistungsangebot eines Unternehmens ab.

Beispiel: Textilherstellung

Ein weltweit tätiger Hersteller aktueller Mode sieht die Stärke seines Geschäftsmodells darin, alle Stufen der Produktion vom Design bis zum Vertrieb selber auszuführen, um so flexibel auf sich ändernde Kundenansprüche reagieren zu können. Für dieses Unternehmen sind alle Teil-Geschäftsprozesse Kernprozesse, weil jeder Prozess dazu beiträgt, durch schnelle Marktanpassung die Kundenansprüche zu erfüllen.

Ein Mitbewerber verfolgt die Strategie, nur das Design sowie das Marketing und den Vertrieb in eigenen Händen zu halten, weil diese Geschäftsprozesse als maßgebend für die Kundennähe und damit für den Geschäftserfolg angesehen werden. Alle übrigen Geschäftsprozesse werden als Unterstützungsprozesse eingestuft, die von anderen Unternehmen ausgeführt werden. Outsourcing, sieheSeite 161

Jedes Unternehmen muss folglich selbst entscheiden, welche Geschäftsprozesse es als die wesentlichen, d. h. die Kernprozesse ansieht.

Konzentration auf Kernprozesse

In Kernprozessen findet die eigentliche Wertschöpfung eines Unternehmens statt, d. h. die direkte Entwicklung und Vermarktung von Produkten und/oder Dienstleistungen für externe Kunden. Kernprozesse schaffen einen unmittelbaren Kundennutzen. Der Kunde ist die Erfolgsquelle für ein Unternehmen. Gleichzeitig entscheiden Kernprozesse in hohem Maße über die Wettbewerbsfähigkeit und damit über die Überlebensfähigkeit eines Unternehmens.

Kunde = Erfolgsquelle

Es lohnt sich daher, den Kernprozessen besondere Aufmerksamkeit zu schenken.
Dazu sind aber zunächst aus der Fülle der Geschäftsprozesse die Kernprozesse zu identifizieren.
Mögliche Fragestellungen zur Bestimmung von Kernprozessen:

- Welche Prozesse weisen eine hohe Kundennähe aus?
- Welche Prozesse sind für Kunden besonders wichtig, weil sie deren Ansprüche erfüllen?
- Welche Prozesse sind unmittelbar erfolgswirksam, weil sie eine große Wertschöpfung aufweisen und zu hohen Erlösen führen?
- Hat ein Prozess eine langfristige (strategische) Bedeutung für das Unternehmen?
- Welche Prozesse erfordern einen besonders hohen Input, z. B. in Form von Personal?

Beispiel:
Für das Unternehmen Thomas Behrend Gebäudeservice e. K. könnten diese Überlegungen zu folgendem Ergebnis führen:

Siehe Unternehmensbeschreibung im Informationshandbuch des 1. Ausbildungsjahres

Glasreinigung	*Kernprozesse*
Sonderreinigung	
Industriereinigung	
Hausmeisterservice	
Unterhaltsreinigung	
Kundenberatung	*Unterstützungsprozesse*
Auftragsbearbeitung	
Rechnungswesen	
Controlling	
Beschaffung	
Lager	
Fahrzeuge und Maschinen	
IT-Implementierung und -Wartung	
Geschäftsleitung	*Managementprozesse*

Man kann diese subjektive Einschätzung der Prozesse objektivieren, wenn man z. B. fragt, welche Prozesse die meisten Mitarbeiter binden. Mithilfe einer abgewandelten ABC-Analyse kann dann zwischen A-(Kern-) und B-(Unterstützungs-) Prozessen unterschieden werden.

ABC-Analyse, siehe Informationshandbuch des 1. Ausbildungsjahres, Lernfeld 4

ABC-Analyse aufgrund der Mitarbeiterzahl

Rang	*Prozess*	*Mitarbeiter Zahl*	*Mitarbeiter in %*	*Mitarbeiter in % summiert*	*Kategorie A oder B*
1	*Glasreinigung*	*10*	*21,28*	*21,28*	*A*
2	*Sonderreinigung*	*9*	*19,15*	*40,43*	*A*
3	*Industriereinigung*	*8*	*17,02*	*57,45*	*A*
4	*Hausmeisterservice*	*5*	*10,64*	*68,09*	*A*
5	*Unterhaltsreinigung*	*5*	*10,64*	*78,72*	*A*
6	*Kundenberatung*	*2*	*4,26*	*82,98*	*B*
7	*Auftragsbearbeitung*	*2*	*4,26*	*87,23*	*B*
8	*Rechnungswesen*	*1*	*2,13*	*89,36*	*B*
9	*Controlling*	*1*	*2,13*	*91,49*	*B*
10	*Beschaffung*	*1*	*2,13*	*93,62*	*B*
11	*Lager*	*1*	*2,13*	*95,74*	*B*
12	*Fahrzeuge und Maschinen*	*1*	*2,13*	*97,87*	*B*
13	*IT-Implementierung und -Wartung*	*1*	*2,13*	*100,00*	*B*
		47	*100*		

Die ABC-Analyse ergibt, dass die Prozesse 1–5 fast 80 % der Mitarbeiterkapazität in Anspruch nehmen. Damit können diese Prozesse als A-Prozesse bzw. Kernprozesse bezeichnet werden. Die restlichen acht Prozesse beanspruchen nur noch rund 20 % der Mitarbeiter.

Die ABC-Analyse führt demnach zum gleichen Ergebnis wie die Einschätzung nach der Kundennähe und der Ertragsstärke.

Vorteile der Abgrenzung von Kernprozessen

Sind die Kernprozesse identifiziert, ergeben sich folgende Vorteile für das Geschäftsprozessmanagement:

- Die Geschäftsprozesse eines Unternehmens werden übersichtlicher.
- Die isoliert vorliegenden Kernprozesse können speziell betrachtet werden, um sie kontinuierlich zu optimieren. Den Mitarbeitern in den Kernprozessen könnte z. B. auferlegt werden, über alle Phasen des Prozesses Kontakt mit den Kunden zu halten und sie laufend zu informieren.
- Werden die Kernprozesse jeweils komplett in die Hand eines Mitarbeiterteams gegeben, führt das häufig zu schlankeren, einfacheren Prozessabläufen.
- Die Mitarbeitermotivation lässt sich steigern, wenn die Leistung der Mitarbeiter direkt dem Kernprozess zugeordnet werden kann.

Auch die **Unterstützungsprozesse** sind durch die Identifizierung der Kernprozesse besser erkennbar. Sie können der Frage unterworfen werden, inwieweit sie tatsächlich für die Kernprozesse wichtig sind. Eventuell ist es sinnvoll, die Prozesse in andere (spezialisierte) Unternehmen auszulagern (Outsourcing). Vielfach wird bei genauerem Hinsehen deutlich, dass Teilprozesse als unnütz einzustufen sind **(Verschwendung).**

1.6 Outsourcing von Unterstützungsprozessen

Als Outsourcing bezeichnet man die Verlagerung von Geschäftsprozessen auf externe Dienstleister. Im Regelfall werden Outsourcing-Überlegungen bei Unterstützungsprozessen angestellt, die keine strategische Bedeutung für ein Unternehmen haben. Es betrifft vor allem folgende Prozesse:

- IT-Management, z. B. Verwaltung eines Rechenzentrums, Systemadministration, Mitarbeiterschulung
- Personalmanagement, z. B. Lohn- und Gehaltsabrechnung, Personalbeschaffung, Mitarbeiterqualifizierung
- Rechnungswesen, z. B. Kreditoren- und Debitorenbuchhaltung
- Retourenmanagement
- Gebäudemanagement
- Lagerhaltung
- Vertrieb

Zunehmend holen Unternehmen ausgelagerte Prozesse wieder zurück. Man spricht dann von **Insourcing**.

Outsourcing: Verlagerung von Geschäftsprozessen auf externe Dienstleister

Die Auslagerung von Geschäftsprozessen kann für das auslagernde Unternehmen viele Vorteile bedeuten, Outsourcing birgt aber auch Risiken.

Vorteile		Risiken	
Produktivitätssteigerung	Spezialisierte Dienstleister erbringen häufig höhere Leistungen bei gleichbleibendem oder sogar geringerem Mitteleinsatz.	**Abhängigkeit**	Gewöhnlich werden die verlagerten Leistungen an einen einzigen Anbieter vergeben. Man wird von der Qualität der Arbeit des Anbieters abhängig, ohne dessen Arbeitsabläufe direkt beeinflussen zu können.
Kosteneinsparungen	Die Dienstleister können ihre höhere Produktivität in Form günstiger Preise an ihre Kunden („outsourcendes" Unternehmen) weitergeben.	**Lange Vertragslaufzeit**	Vorherrschend sind Vertragslaufzeiten von fünf Jahren und mehr. Treten Probleme in der Zusammenarbeit auf, kann eine Vertragslösung schwierig werden.

Vorteile		Risiken	
Umwandlung von Fixkosten in variable Kosten	Die Einrichtung und Unterhaltung, z. B. eines Lagers, erfordern hohe Fixkosten für das Gebäude und die Lagermitarbeiter. Diese Kosten entstehen unabhängig von der Auslastung des Lagers. Überträgt man die Lagerhaltung einer Spedition, muss man nur noch für die tatsächlich in Anspruch genommene Lagerfläche bezahlen. Diese Kosten sind variabel.	**Hoher Kommunikationsaufwand**	Häufig ist ein Datenaustausch zwischen den Unternehmen notwendig. Er gestaltet sich mit Fremdunternehmen in der Regel schwieriger als die Kommunikation im eigenen Unternehmen.
Geringere Kapitalbindung	Durch Outsourcing kann z. B. auf den Bau eines Lagers verzichtet werden oder man setzt durch den Verkauf eines vorhandenen Lagers Kapital frei.	**Kompetenzverlust**	Personal, das die ausgelagerten Prozesse bisher bearbeitet hat, muss mit anderen Arbeiten beschäftigt werden. Manchmal wird es auch vom Fremdanbieter übernommen. In beiden Fällen geht Wissen verloren.
Verlagerung von Risiken	Bei der Lagerhaltung trägt das Auslastungsrisiko für das Lager der Spediteur. In wirtschaftlich schwierigen Zeiten wird das Unternehmen nicht mit hohen fixen Lagerkosten belastet.	**Datenschutz**	Der fremde Dienstleister bekommt zwangsläufig Einblick in betriebsinterne Abläufe des outsourcenden Unternehmens. Unklar ist auch, inwieweit die eigenen Daten im fremden Unternehmen geschützt sind.
Zugang zu spezialisierten Unternehmen	Die Informationstechnologie verändert sich z. B. rasant. Vor allem kleine und mittelgroße Unternehmen haben Schwierigkeiten, technisch auf dem neuesten Stand zu bleiben. Spezialisierte IT-Unternehmen halten die Informationstechnologie des outsourcenden Unternehmens aktuell.	**Schlechte Leistungen**	Stimmt die Leistungsqualität des Fremdanbieters nicht, fällt das auf das outsourcende Unternehmen zurück, weil man gegenüber seinen Kunden auch für die ausgelagerten Leistungen die Verantwortung trägt.
Mehr Flexibilität	Beim Outsourcing des Lagers kann die Inanspruchnahme von Lagerfläche beim Spediteur beliebig variiert werden, abhängig von der wirtschaftlichen Lage des Unternehmens.	**Betriebsklima**	Mitarbeiter können von Auslagerungen stark betroffen sein (Umschulung, Entlassung usw.). Dies führt zu Misstrauen und schlechter Motivation in der Belegschaft.
Entlastungen (Mitarbeiter, Management)	Wenn sich z. B. externe Dienstleister um die Reinigung und Unterhaltung der Betriebsgebäude kümmern und die Buchhaltung sowie die Lohn- und Gehaltsabrechnungen von einem Steuerberater übernommen werden, kann sich das outsourcende Unternehmen verstärkt um die Kernprozesse kümmern. Es findet eine Konzentration auf die **Kernkompetenz** des Unternehmens statt.		

Outsourcing

Vorteile	Nachteile
Produktivitätssteigerung	Abhängigkeit
Kosteneinsparungen	Vertragslaufzeit
Fixkosten → variable Kosten	Kommunikation
Kapitalbindung	Kompetenzverlust
Risikoverlagerung	Datenschutz
Flexibilität	Leistungen
Entlastung	Betriebsklima

Zusammenfassung

Geschäftsprozesse				
Anforderungen an Unternehmen	**Orientierung an Geschäftsprozessen**	**Zielsystem**	**Arten**	**Outsourcing**
▪ Dynamik ▪ Technologischer Wandel ▪ Wettbewerbssituation ▪ Demografischer Wandel ▪ Reaktionen: – die richtigen Dinge tun – die Dinge richtig tun – Geschäftsprozessmanagement	▪ Merkmale – Erfüllung von Kundenansprüchen – beginnen und enden beim Kunden – funktionsübergreifend – auf Wiederholung angelegt – wertschöpfend – erfordern Inputs – Prozessziele und Prozesskennzahlen – Verantwortliche ▪ Funktionsorientierung ▪ Prozessorientierung	▪ Kundenorientierung ▪ Steigerung der Kundenzufriedenheit ▪ Externe und interne Kunden **Wertschöpfung** ▪ Prozesse – wertschöpfend – nicht wertschöpfend – unnütz (Verschwendung)	1. Kernprozess 2. Unterstützungsprozess 3. Managementprozess ▪ Abgrenzung firmenindividuell ▪ Konzentration auf die Kernprozesse	Unterstützungsprozesse ▪ Vorteile, z. B. – höhere Produktivität – Kostensenkung – Flexibilität – Risikoverlagerung ▪ Nachteile, z. B. – Abhängigkeit – Kompetenzverlust – Datenschutz

2 Aufbauorganisation

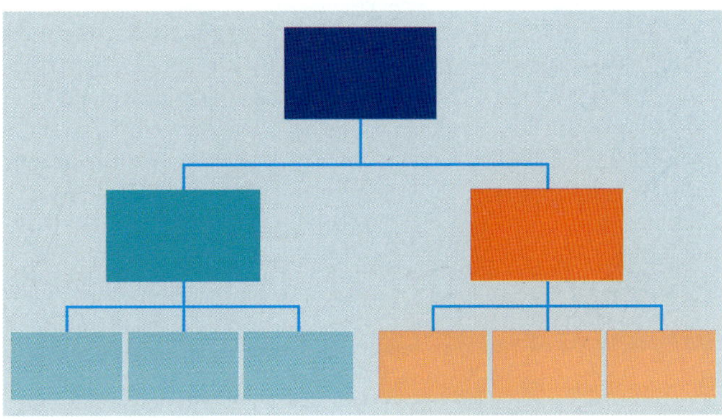

➲ Lernsituation 2: Die Einrichtung einer Matrix-Organisation prüfen

Damit ein Unternehmen Güter und Dienstleistungen erzeugen kann, ist im Regelfall die Zusammenarbeit vieler Mitarbeiterinnen und Mitarbeiter erforderlich. Damit dies möglichst reibungslos geschieht, ist für das Unternehmen eine Organisationsstruktur erforderlich. Diese legt z. B. fest:

- welche organisatorischen Einheiten (Stellen, Abteilungen) existieren,
- wie die Aufgaben verteilt sind (Zuständigkeiten, Verantwortung),

- wie die Beteiligten miteinander kommunizieren,
- welche Weisungsbefugnisse (Leitungsbefugnisse) zwischen den Beteiligten bestehen.

Eine solche Organisationsstruktur bezeichnet man als **Aufbauorganisation**.

> **Aufbauorganisation:** Organisationsstruktur (Gerüst) einer Unternehmung (oder einer Verwaltung), die ein Unternehmen in arbeitsteilige Einheiten einteilt und durch Weisungsbefugnisse koordiniert.

Der organisatorische Aufbau eines Unternehmens kann in einem Organisationsdiagramm (Kurzform: Organigramm) dargestellt werden.

> **Organigramm:** Grafische Darstellung der Grundelemente einer Organisationstruktur

2.1 Ziele der Aufbauorganisation

Bei der Planung einer Aufbauorganisation hat ein Unternehmen zunächst festzulegen, welche Ziele mit der Organisationsstruktur verbunden sind. Drei Interessengruppen sind zu berücksichtigen.

Unternehmen

Sie wollen gewöhnlich langfristig am Markt tätig sein. Das erfordert eine hohe **Wertschöpfung** und ausreichende **Gewinne**, um die **Zukunftsfähigkeit** des Unternehmens zu sichern. Die Unternehmensleitung hat ein Interesse daran, dass die Arbeitsabläufe **reibungslos** vonstattengehen und jederzeit **kontrollierbar** sind (Transparenz). Außerdem soll das Unternehmen auf Veränderungen **flexibel** reagieren können.

Kunden

Kunden wünschen in der Regel Produkte mit hoher **Qualität** zu einem günstigen **Preis** mit kurzen **Lieferzeiten** und hoher **Liefertreue**. Dabei sollten die Produkte möglichst gut auf die **individuellen Ansprüche** des Kunden zugeschnitten sein. Eindeutige **Ansprechpartner** mit hoher **Beratungskompetenz** fördern die Kundenzufriedenheit.

Mitarbeiter

Die meisten Arbeitnehmer wünschen, dass ihnen die Arbeit **Freude** macht. Dies wird erreicht, wenn Arbeitnehmer **abwechslungsreiche** Tätigkeiten ausüben können, die **anspruchsvoll** und mit **Entscheidungskompetenz** ausgestattet sind und in einem **harmonischen** Arbeitsumfeld stattfinden. Ein weiterer wesentlicher Punkt für Arbeitnehmer ist die **Sicherheit**. Zum einen die Sicherheit des Arbeitsplatzes generell, aber auch Sicherheit durch klare **Zuständigkeiten**, ausreichende **Information** und eindeutig formulierte **Anforderungen**. **Aufstiegschancen** fördern die Arbeitszufriedenheit zusätzlich.

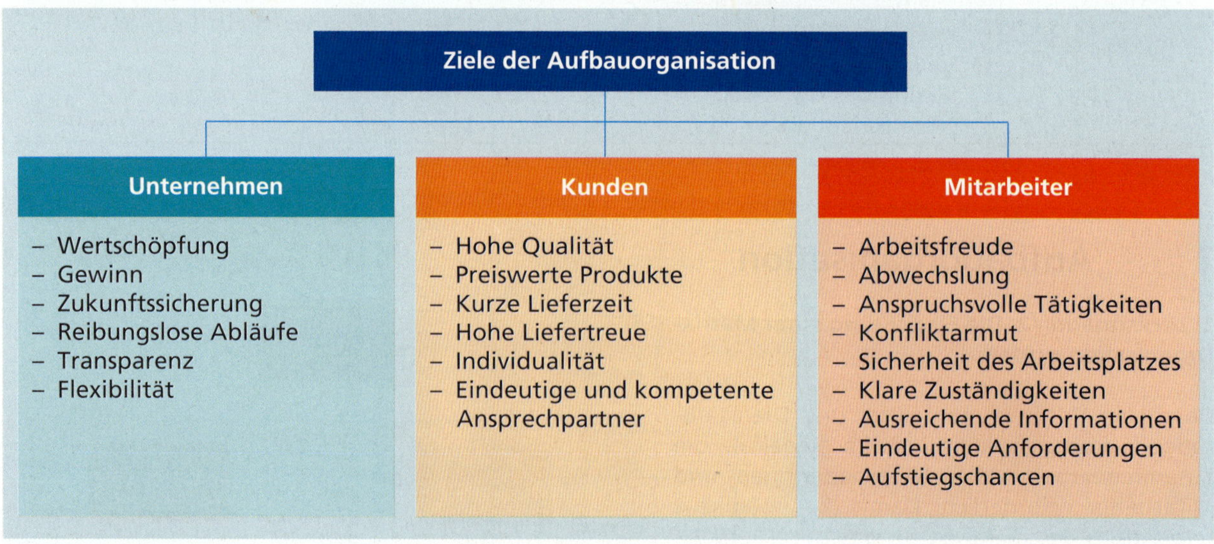

2.2 Aufgabenanalyse

In einem weiteren Schritt wird die Gesamtaufgabe eines Unternehmens analysiert, in Teilaufgaben zerlegt und gegliedert.

Beispiel: Rosner GmbH
Die Gesamtaufgabe des Unternehmens ist der Vertrieb und die Montage von Fahrrädern.

Für die Analyse der Gesamtaufgabe stehen verschiedene Möglichkeiten (Merkmale) zur Verfügung. Hier sollen die zwei wichtigsten vorgestellt werden.

1. **Funktion (Verrichtung, Tätigkeiten)**

   Beispiele:
   Einkaufen, Herstellen, Verkaufen

2. **Objekt (Gegenstände)**

   Beispiele:
   Produkt A, Produkt B, Produkt C

Aufgabenanalyse nach Funktionen

Die **Funktionsanalyse** fragt, **was** getan werden muss, um die Gesamtaufgabe zu erfüllen.
Betrachtet man beispielhaft die unternehmerische Aufgabe „Einkaufen“, so lassen sich im Rahmen der Aufgabenanalyse verschiedene Teilaufgaben bündeln und letztlich zu der Funktion „Einkaufen“ zusammenfassen.

Teilaufgaben „Einkaufen“	Aufgabe/Funktion
– Bestände überprüfen/Bestellvorschläge des Warenwirtschaftssystems abrufen – Waren bei vorhandenen Lieferanten nachbestellen – Alternativ: Angebote einholen – Angebote vergleichen – usw.	Einkaufen

Vielfach sind Roh- und Hilfsstoffe einzukaufen, zu einem neuen Produkt umzuformen und zu verkaufen, sodass sich in vielen Unternehmen typische Funktionen wiederfinden:

Einkauf	Produktion	Absatz

Beispiel: Rosner GmbH
Das Unternehmen hat sich für folgende Teilaufgaben entschieden, wobei die Funktion „Kaufmännische Verwaltung“ den Einkauf einschließt.

Kaufmännische Verwaltung	*Werkstatt/Montage*	*Verkauf*

Aufgabenanalyse nach Objekten

Die Analyse nach dem Merkmal **„Objekt“** fragt, **woran** etwas getan werden soll. Das sind häufig Produktgruppen eines Unternehmens.

Beispiel: Rosner GmbH
Das Unternehmen hätte die Organisation auch nach bestimmten Produktgruppen organisieren können.

City-Räder	*Rennsport*	*E-Bikes*	*Bekleidung*

Weitere Einteilungsmöglichkeiten sind z. B.:

- Regionen (Nord, Mitte, Süd; Inland, Ausland; Europa, Asien, Amerika),
- Kundengruppen (Geschäftskunden, Privatkunden).

Man spricht in diesem Falle auch von **Spartenorganisation**, weil das Unternehmen in der zweiten Linie nach Geschäftsbereichen (Sparten) gegliedert ist.

Aufgabenanalyse: Zerlegung und Gliederung einer Gesamtaufgabe in Teilaufgaben

2.3 Aufgabensynthese

Synthese = Zusammenfügung einzelner Teile zu einem Ganzen

In der Aufgabensynthese werden die Teilaufgaben in sinnvolle, zusammenhängende Aufgaben gebündelt und Stellen zugewiesen. Die Bündelung geschieht im Regelfall wie bei der Aufgabenanalyse nach den Merkmalen „Funktion" (Verrichtung) oder „Objekt".

Aufgabensynthese: Bündelung von Teilaufgaben zu zusammengehörigen Aufgaben

Das Ergebnis der Aufgabensynthese ist die Aufbauorganisation eines Unternehmens.
Das nebenstehende Organigramm zeigt ein Unternehmen, das nach betrieblichen **Funktionen** aufgebaut ist.

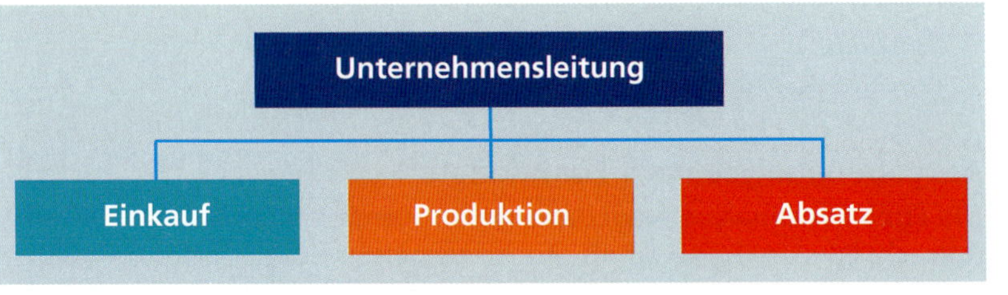

Eine **objektorientierte** Organisationsstruktur nach Produktgruppen hätte beispielsweise das nebenstehende Aussehen.

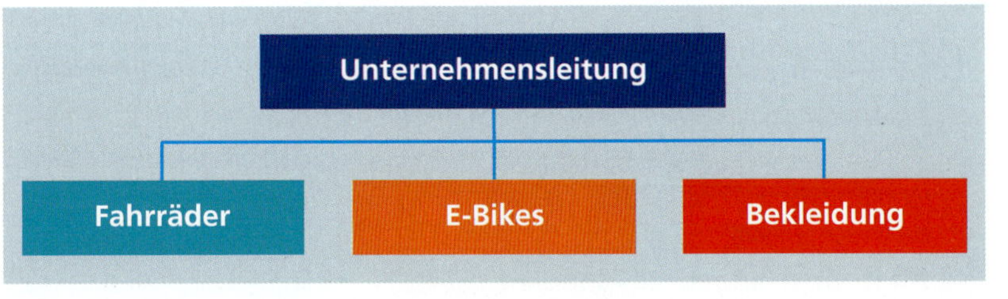

Werden weitere Ebenen im Organigramm gebildet, können funktions- und objektorientierte Strukturen auch gemischt werden. Diese Vorgehensweise ist aber größeren Unternehmen vorbehalten.

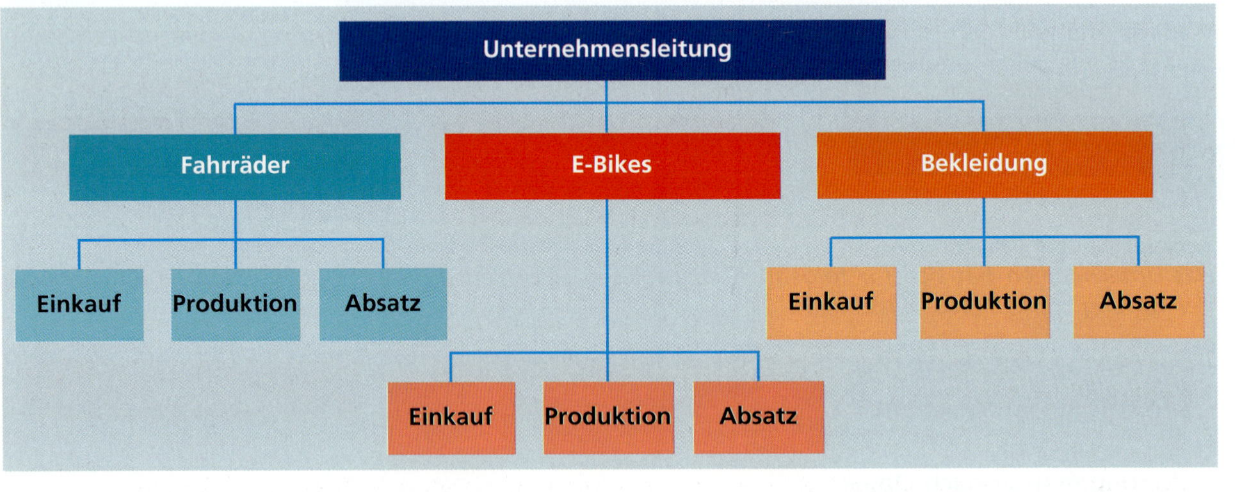

Aufgabenanalyse – Aufgabensynthese – Stellenbildung

Durch die Aufgabenanalyse wird die Gesamtaufgabe eines Unternehmens in Teilaufgaben gegliedert, die wieder zu Stellen zusammengefasst werden. Mehrere Stellen bilden eine Abteilung. Am Ende entsteht ein hierarchisches Gefüge, in dem einzelne Stellen und Abteilungen miteinander in Beziehung stehen (= Aufbauorganisation).

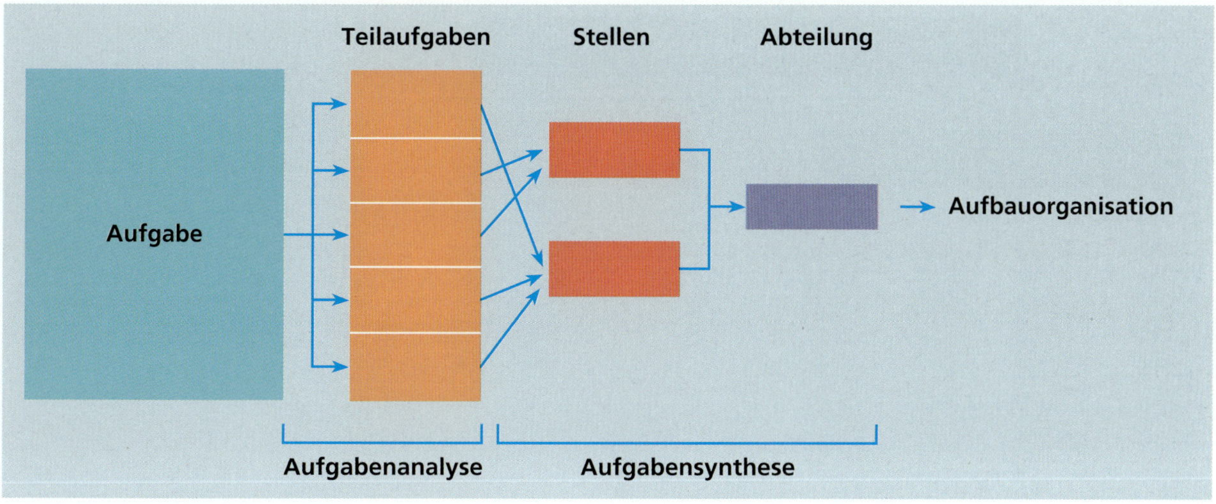

2.4 Hierarchiebildung

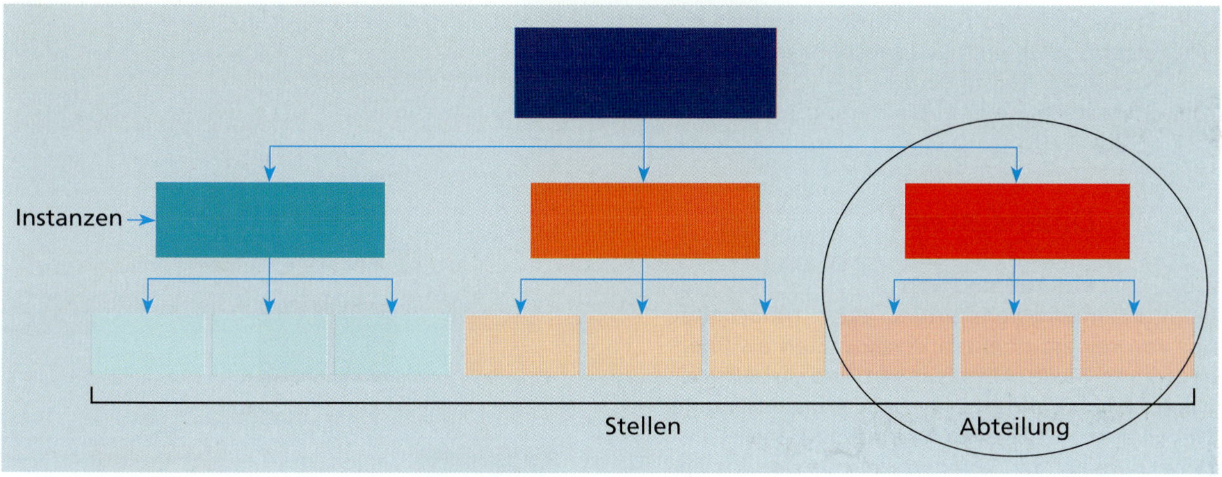

Die Aufbauorganisation gliedert ein Unternehmen in Aufgabenbereiche und bestimmt, welche Stellen und Abteilungen diese Aufgabenbereiche bearbeiten sollen. Das Ergebnis ist ein Organigramm mit einer vertikal geprägten hierarchischen Struktur.

- Die **Stelle** ist die kleinste organisatorische Einheit im Organigramm. Sie beschreibt die Aufgaben und die Kompetenzen des Stelleninhabers. Stellen führen im Regelfall nur Weisungen aus; sie haben Ausführungsaufgaben. Stellen können aber auch mit Leitungsbefugnissen ausgestattet sein.
- Eine **Instanz** ist ebenfalls eine Stelle, allerdings mit Leitungsbefugnis gegenüber den nachgeordneten Stellen. Man spricht daher auch von einer Leitungsstelle.
- In einer **Abteilung** werden Stellen nach einem bestimmten Kriterium zusammengefasst, z. B. die Abteilung „Verwaltung".

Beispiel: Rosner GmbH

Der Auszug aus dem Organigramm zeigt folgende Organisationsstruktur für einen Teilbereich:

- *Die Geschäftsleitung bildet die obere Leitungsebene. Es handelt sich um eine Stelle, die mit Leitungsbefugnis ausgestattet ist.*
- *Ihr unterstellt ist die Instanz „Kaufmännische Verwaltung".*
- *Unterhalb der Instanz befinden sich die vier Stellen (Beschaffung, Marketing usw.).*
- *Die Instanz „Kaufmännische Verwaltung" und die untergeordneten vier Stellen bilden zusammen die Abteilung „Kaufmännische Verwaltung".*
- *Die Instanz hat Leitungsbefugnis gegenüber den vier Stellen, kann also Entscheidungen treffen und Anweisungen geben. Die untergeordneten Stellen erledigen Ausführungsaufgaben.*

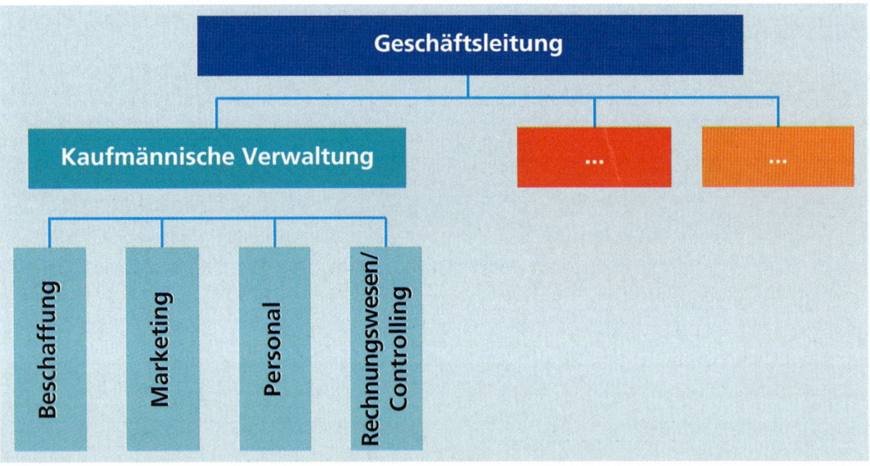

Einen Sonderfall bilden **Stabsstellen**. Sie unterstützen die Leitungsstellen, indem sie Entscheidungen vorbereiten, Informationen sammeln, Berichte erstellen usw. Stabsstellen können auf der Ebene der oberen Leitungsstelle, aber auch auf der Ebene der Instanzen angesiedelt sein.

Stelle: kleinste organisatorische Einheit im Organigramm; häufig ohne Leitungsbefugnis
Instanz: Stelle mit Leitungsbefugnis
Abteilung: Zusammenfassung von Stellen nach einem bestimmten Kriterium
Stabsstelle: unterstützt Leitungsstellen, ohne eigene Leitungsbefugnis

2.5 Liniensysteme

2.5.1 Einliniensystem

Beim Einliniensystem erhält jeder Mitarbeiter nur von seinem direkten Vorgesetzten als übergeordnete Stelle Anweisungen und Arbeitsaufträge. Vom Grundsatz her sollen gleichrangige Stellen auch nur über ihre vorgesetzte Stelle (Instanz) miteinander kommunizieren. Der Instanzen- oder Dienstweg ist einzuhalten. In der Praxis findet die Kommunikation aber auch direkt (quer) mit nebengeordneten Stellen statt.
Einliniensysteme findet man vorzugsweise in kleinen und mittleren Unternehmen sowie in neu gegründeten Unternehmen. Es ist auch das vorherrschende Organisationskonzept für öffentliche Verwaltungen.

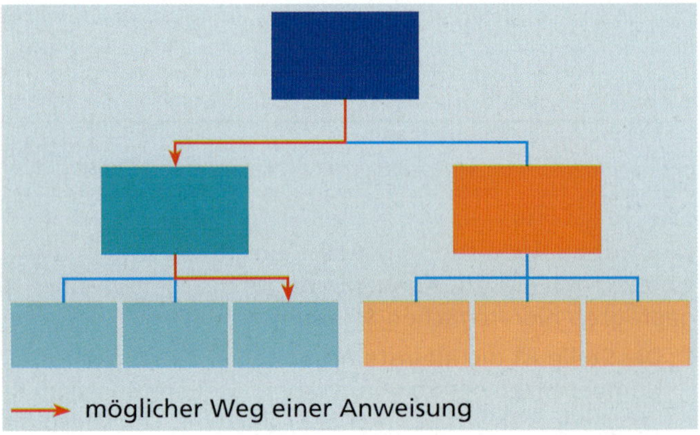

Einliniensystem: Jeder Mitarbeiter hat nur einen Vorgesetzten (Prinzip der Einheit in der Auftragserteilung).

Einliniensystem	
Vorteile	**Nachteile**
Stabile Organisationsstruktur mit eindeutigen Leitungswegen	Lange Dienstwege, weil Weisungen und Informationen im Prinzip immer der Linie folgen müssen
Einfache und übersichtliche Organisation	Gefahr von Verfälschung von Informationen auf diesem (langen) Dienstweg (Stille-Post-Effekt)
Klare Abgrenzung der Verantwortungsbereiche und Dienstwege (Zuständigkeiten), sodass sich die Umsetzung von Entscheidungen gut verfolgen und kontrollieren lässt	Straffe Hierarchie führt zu Bürokratisierung (Überorganisation)
Keine Kompetenzstreitigkeiten	Schnelle Überbelastung von Führungskräfte, da alle Informationen und Weisungen über die Führungsebene laufen
Einfache Steuerung der Mitarbeiter	Zusammenarbeit unter den Mitarbeiter wird erschwert

Einliniensystem	
Vorteile	**Nachteile**
	Motivationsverlust auf der unteren Ebene
	Nachteile bekommen mit zunehmender Unternehmensgröße ein immer stärkeres Gewicht

2.5.2 Mehrliniensystem

Im Mehrliniensystem hat jede Stelle mehrere Vorgesetzte. Arbeitsaufträge und Weisungen kommen demnach von verschiedenen übergeordneten Instanzen. Eine Instanz kann sich daher direkt an jede untergeordnete Stelle wenden und muss nicht den Weg über andere Instanzen nehmen wie im Einliniensystem.

Mehrliniensysteme werden eingerichtet, wenn die Betriebsgröße zunimmt und für die einzelnen Funktionen des Betriebes **Spezialisten** notwendig werden. Diese haben dann ein Weisungsrecht an alle untergeordneten Stellen.

Im Vordergrund eines Mehrliniensystems steht die Fachkompetenz der Vorgesetzten. Das hierarchische Denken (Denken in Zuständigkeiten) wird verringert. Mehrliniensysteme findet man vorzugsweise in kleineren Unternehmen (z. B. in einem Handwerksbetrieb).

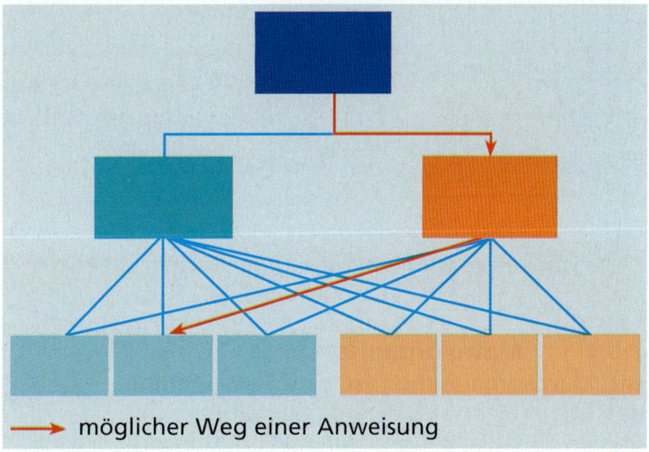

Beispiel: Elektro-Böhmer GmbH

Der Betrieb ist in eine kaufmännische und technische Abteilung aufgeteilt. Die Leiterin der kaufmännischen Abteilung hat ein Weisungsrecht für alle Stellen im Unternehmen. Sie muss z. B. in einer Personalangelegenheit nicht den Weg über die Leitung der technischen Abteilung wählen, sondern kann sich direkt an eine untergeordnete Stelle in der technischen Abteilung wenden.

Mehrliniensystem: Jede Stelle hat mehrere Vorgesetzte. Es gilt das Prinzip des kürzesten Weges.

Mehrliniensystem	
Vorteile	**Nachteile**
– Sehr kurze Dienstwege durch direkte Weisungen und Informationen	– Keine klare Abgrenzung der Verantwortungsbereiche
	– Organisationsstruktur ist unübersichtlich
– Entlastung der oberen Instanzen	– Schwierigkeiten mit Überschneidungen bei Absprachen
– Spezialisierung der oberen Instanzen und damit Stärkung ihrer Fachkompetenz	– Gefahr, dass mehrere Vorgesetzte unterschiedliche Anweisungen bezüglich einer Sache geben
	– Unsicherheit auf der unteren Ebene über Dringlichkeit und Reihenfolge von Aufgaben
	– Schwierige Kontrolle der zu tätigenden Arbeit seitens der Vorgesetzten

2.5.3 Stabliniensystem

Die Stabsstellen übernehmen Beratungs- und Unterstützungsaufgaben gegenüber der Geschäftsführung. Stäbe sind für grundlegende Probleme im Unternehmen zuständig, können aber auch zentrale Dienstleistungen übernehmen (z. B. IT, Rechtsberatung, Statistik, Datenschutz, Gleichstellungsbeauftragte).

Sie können anderen Stellen gegenüber nichts anordnen, dienen aber durch ihre besonderen Kenntnisse der ganzen Unternehmung (z. B. Assistent/-in der Geschäftsleitung).

Stabstellen können auch auf der Ebene der Instanzen eingerichtet werden.

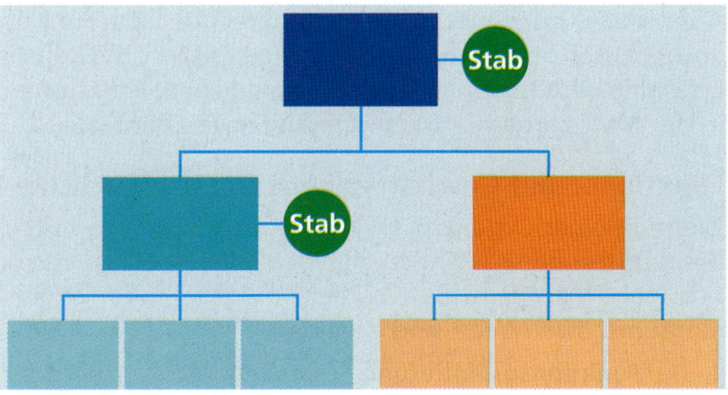

Stabliniensystem	
Vorteile	**Nachteile**
Entlastung der Geschäftsleitung (und evtl. der Instanzen)	– Gefahr der Bildung eines „Wasserkopfes" im Stab → hohe Personalkosten
Entscheidungen werden sorgfältiger vorbereitet und damit fachlich sicherer	– Konflikte zwischen dem Stab und den Instanzen möglich
	– Gefahr der Abhängigkeit der Geschäftsleitung und Instanzen von den Stäben
	– Verzögerung von Entscheidungen
	– Einseitige Entscheidungen aus Sicht der Stab-Spezialisten; Praxiserfahrung der Instanzen wird übergangen
	– Zusätzliche Kosten für das Personal im Stab

Stabliniensystem: Beratung der Leitungsebene(n) durch spezialisierte Mitarbeiter (Stäbe)

2.5.4 Matrixorganisation

Funktionen, z. B. Einkauf, Produktion, Absatz

Objekte, z. B. Produkte, Regionen, Kundengruppen

Die Matrixorganisation ist eine Abwandlung des Mehrliniensystems. Man kombiniert mit diesem Organisationsmodell die **Funktionsorientierung** mit der **Objektorientierung**.
Die Funktionen (im nebenstehenden Schaubild: Einkauf, Produktion, Absatz) werden dabei senkrecht angeordnet, die Objekte (Produkt A, B, C) waagerecht. Der **Funktionsmanager** ist für die optimale Organisation seiner Abteilung verantwortlich, der **Produktmanager** (oder z. B. ein Regionalmanager) organisiert den Produktionsprozess nach den Wünschen der Kunden.
Die Stelleninhaber nehmen gleichberechtigte Weisungen von funktionsbezogenen Abteilungsleitern und von objektbezogenen Produktmanagern entgegen. Dies macht die Matrix-Organisation zu einem Mehrliniensystem.

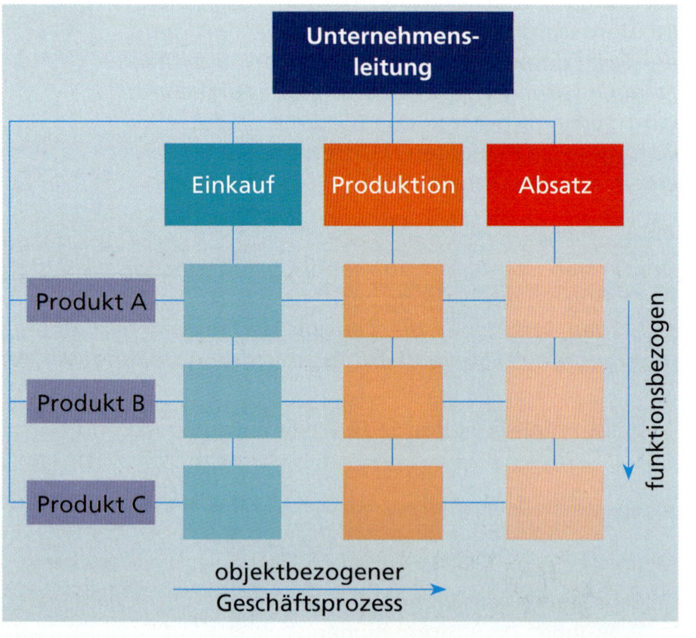

Matrixorganisation: Mehrliniensystem mit gleichzeitiger Funktions- und Objektgliederung

Ziel der Matrixorganisation

Funktions- und Prozessorientierung, siehe Seite 164

Die Matrix-Organisation entstand aus der Kritik an der funktionsorientierten Aufbauorganisation, bei der die Mitarbeiter einer Abteilung nur einen kleinen Ausschnitt des Wertschöpfungsprozesses überschauen können. Die Mitarbeiter sehen nicht, inwieweit ihre Arbeit die Kundenforderungen erfüllt. Dementsprechend fehlt jemand, der die Gesamtleistung, nämlich die Erfüllung des Kundenwunsches im Auge hat. Letztlich fehlt es an einer Ausrichtung der Aufbauorganisation an **Geschäftsprozessen**.
Aus diesem Grund werden in die senkrechte, nach Funktionen ausgerichtete Aufbauorganisation waagerecht ausgerichtete Produktmanager „eingezogen", die den Gesamtprozess der Produktherstellung und damit die Erfüllung der Kundenansprüche überwachen. Funktions- und Geschäftsprozessorientierung werden demnach in der Matrixorganisation miteinander verzahnt.

Funktions- und Geschäftsprozessverantwortliche: Wer hat das Sagen?

Wenn in einer Organisation zwei Verantwortliche miteinander kooperieren sollen, kann es wegen der sich überkreuzenden Zuständigkeiten leicht zu einer Konkurrenzbeziehung mit entsprechenden Reibungsverlusten kommen. Man kann das Problem mildern, indem man einem der Verantwortlichen eine Vorrangstellung einräumt. Zwei Wege sind denkbar:

1. Der **Funktionsorientierung** (in der Senkrechten) wird der Vorrang gegeben und der Funktionsverantwortliche mit der stärkeren Position ausgestattet. Er könnte z. B. Mitarbeiter für eine bestimmte Zeit für die Produktmanager (Objekt- oder Geschäftsprozessorientierung) freistellen.

2. Wegen der überragenden Bedeutung der Geschäftsprozesse für die Kundenbeziehung wird die **Geschäftsprozessorientierung** in den Vordergrund gestellt und damit der Geschäftsprozessverantwortliche an die erste Stelle gesetzt. Vieles spricht für diesen Weg, weil die Verantwortung für die Kundenleistungen bei den Geschäftsprozessen in einer Hand liegt und die Geschäftsprozesse entscheidend für den Unternehmenserfolg sind.

Prozessorientierte Aufbauorganisation

Verfolgt man den zweiten Weg weiter, so könnte sich eine prozessorientierte Aufbauorganisation als Matrixorganisation wie folgt darstellen:

- Die Funktionen (z. B. Einkauf, Produktion, Absatz) bleiben erhalten.
- Es gibt eigenständige, funktionsübergreifende Geschäftsprozesse (End-to-end-Geschäftsprozesse), die die Erfüllung von Kundenansprüchen zum Ziel haben (z. B. Produkt A, B, C). Der Geschäftsprozessverantwortliche ist mit eindeutiger Weisungsbefugnis ausgestattet und kann weitgehend autonom arbeiten.
- Jeder Geschäftsprozess fordert von den Funktionen Leistungen für die Herstellung der Produkte entsprechend den Kundenwünschen an.
- Zwischen Funktionen und Prozessen besteht eine Lieferanten-Kunden-Beziehung. Der Geschäftsprozessverantwortliche steuert den Geschäftsprozess. Dazu gehört auch der Einkauf von Waren und Dienstleistungen bei externen Lieferanten.

Beispiel: Rosner GmbH

Annahmen:

- *Die Rosner GmbH hat sich für eine Matrix-Organisation entschieden.*
- *Die Funktionen (Instanzen) lauten „Kaufmännische Verwaltung" (mit den Stellen „Beschaffung", „Marketing", „Personal", „Rechnungswesen/Controlling"), „Werkstatt/Montage" und „Verkauf".*

- *Als Objekte gelten die Warengruppen „City-Räder", „Rennsport", „E-Bikes" und „Bekleidung".*
- *Für jede Warengruppe wird ein/-e Produktmanager/-in bestimmt, der/die die Verantwortung für eine Warengruppe hat, und zwar von der ersten Kontaktaufnahme mit dem Kunden bis zur Auslieferung und der Nachbetreuung.*

Karsten Moritz ist der Produktmanager für die Warengruppe „Rennsport" und damit der Geschäftsprozessverantwortliche für die Rennsportartikel. In seiner Eigenschaft hat er vor allem folgende Aufgaben zu erledigen:

- *Er fordert die Abteilung „Kaufmännische Verwaltung" auf, bei den Werbemaßnahmen Rennsportartikel angemessen herauszustellen. Ferner soll bei der Einstellung von Mitarbeitern bedacht werden, dass sie über eigene Rennsporterfahrung verfügen. Auch bei der Beschaffung von Rennsportartikeln (bei externen Lieferanten) legt er die Anforderungen maßgeblich fest.*
- *Aufgrund der Betriebsgröße ist Karsten Moritz selbst im Verkauf tätig. Die Abteilung „Verkauf" unterstützt ihn aber durch Verkaufsgespräche und Kundenbetreuung.*
- *Sobald die Kundenwünsche an die Ausstattung eines Rennrades in einem Verkaufsgespräch erfasst worden sind, gibt Herr Moritz einen Montageauftrag an die Abteilung „Werkstatt/Montage". Nach der Fertigstellung gleicht Herr Moritz das montierte Rennrad mit den Kundenwünschen ab.*
- *Zum vereinbarten Termin wird dem Kunden das Fahrrad durch einen Verkaufsmitarbeiter übergeben. Herr Moritz macht mit dem Kunden einen Termin ca. vier Wochen nach dem Kauf aus, bei dem noch einmal alle Funktionen getestet und die Zufriedenheit des Kunden überprüft wird.*

Herr Moritz bleibt der Prozessverantwortliche für den Kunden von der ersten Kontaktaufnahme bis zur weiteren Betreuung des Kunden nach einem Kauf. Die Abteilungen sind für ihn interne Lieferanten; er ist interner Kunde der Abteilungen. Da Rennsportartikel einen wesentlichen Beitrag zum Erfolg des Unternehmens beitragen, hat Herr Moritz als Geschäftsprozessverantwortlicher eine wichtige Position im Unternehmen.

Matrixorganisation	
Vorteile	**Nachteile**
Kurze Kommunikationswege zwischen dem Geschäftsprozess- und Funktionsverantwortlichen	Kompetenzkonflikte, weil Funktionsverantwortliche und ihre Mitarbeiter mit dem Prozessverantwortlichen zusammenarbeiten
Große Kunden- und Marktnähe durch den Geschäftsprozessverantwortlichen, dadurch flexibles Reagieren auf Marktveränderungen möglich	Jeder Mitarbeiter hat zwei Vorgesetzte; es kann zu Anforderungen kommen, die nicht vereinbar sind (überkreuzende Zuständigkeiten).
Entlastung der oberen Leitungsebene	Hoher Kommunikationsaufwand zwischen den Beteiligten
Enge Steuerung der Mitarbeiter auf der horizontalen Ebene (Geschäftsprozess); gleichzeitig steht auf der funktionalen Ebene ein permanenter Ansprechpartner zur Verfügung	Schwerfällige Entscheidungsfindung
	Zurechnungsprobleme sowohl bei positiven wie bei negativen Ergebnissen
Förderung von Teamarbeit wegen eines hohen Kommunikationsbedarfs	Großer Bedarf an qualifizierten Mitarbeitern: Produktmanager benötigt ein breites Wissen über alle Funktionen hinweg; auf der Ebene der Funktionen sind Spezialisten erforderlich.

2.5.5 Projektorganisation

Näheres zum Projekt, siehe Lernfeld 13, Seite 253

Projekte sind einmalige, zeitlich befristete und innovative Vorhaben, die sich durch große Komplexität auszeichnen. Diese Besonderheiten von Projekten machen gewöhnlich eine eigene Projektorganisation notwendig. Für die Eingliederung von Projekten in die Aufbauorganisation eines Unternehmens stehen drei Wege zur Verfügung.

Reine (autonome) Projektorganisation

Mitarbeiter werden aus der Unternehmensorganisation ausgegliedert und zu einem Projektteam zusammengestellt. Der Projektleiter hat die Weisungs- und Entscheidungsbefugnis gegenüber den Mitarbeitern. In einer Linienorganisation wäre das Projektteam eine eigene Linie. Der wesentliche Vorteil dieser Form der Projektorganisation besteht darin, dass sich die Projektmitglieder voll auf ihre Aufgabe konzentrieren können.

Stab-Projektorganisation

Hier hat der Projektleiter eine Stabsfunktion inne und ist der Unternehmensleitung direkt unterstellt. Als Mitglied des Stabs hat der Projektleiter aber keine Weisungsbefugnisse gegenüber den Projektmitarbeitern, die weiterhin in ihren Linien verbleiben und den Abteilungsleitern unterstellt sind. Hauptvorteile sind die einfache Bildung eines solchen Projektes und die flexible Arbeitsweise, weil die Unternehmensorganisation weitgehend erhalten bleibt.

Matrix-Projektorganisation

In diesem Fall erhält der Projektleiter für die Dauer des Projekts eine eigene unabhängige Position im Unternehmen. Der Projektleiter stellt sein Team aus verschiedenen Abteilungen des Unternehmens zusammen. Die Teammitglieder bleiben allerdings in ihren Linienstrukturen. Sie sind dort ihren Abteilungsleitern weiterhin unterstellt. Damit ergibt sich die für eine Matrixorganisation typische Situation: Die Projektmitarbeiter sind sowohl ihren Abteilungsleitern als auch dem Projektleiter unterstellt. Vor allem ist der Projektleiter auf die Kooperation der Abteilungsleiter angewiesen.
Hauptvorteil: Die Projektmitarbeiter können flexibel sowohl in ihrer Linie als auch im Projekt eingesetzt werden.

Projektorganisation: Form der Aufbauorganisation, bei der Mitarbeiter ausschließlich oder teilweise an einem zeitlich befristeten Projekt mitarbeiten.

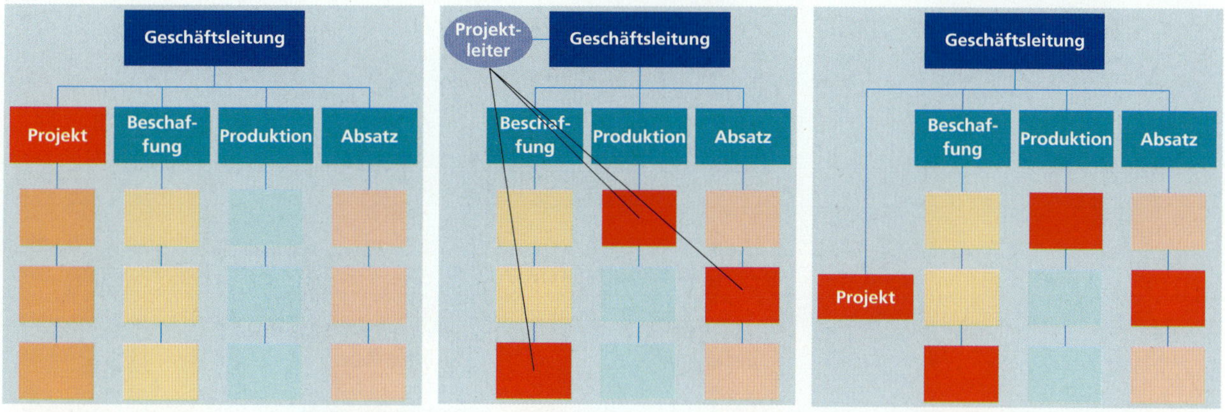

Reine Projektorganisation *Stab-Projektorganisation* *Matrix-Projektorganisation*

Zusammenfassung

Aufbauorganisation

Ziele	Vorgehensweise	Liniensysteme	Prozessorientierung in der Matrixorganisation
▮ Unternehmen – hohe Wertschöpfung – Gewinn – Zukunftsfähigkeit – reibungslose Abläufe – Kontrolle – Flexibilität ▮ Kunden – hohe Qualität – preisgünstig – kurze Lieferzeiten – Liefertreue – Individualität – kompetenter Ansprechpartner ▮ Mitarbeiter – Arbeitsfreude – abwechslungsreiche, anspruchsvolle Tätigkeiten – Harmonie – Sicherheit	▮ Aufgabenanalyse – Funktion – Objekt ▮ Aufgabensynthese – funktionsorientiert – objektorientiert ▮ Hierarchiebildung – Stelle – Instanz – Abteilung – Stabsstelle	▮ Einliniensystem (nur ein Vorgesetzter) ▮ Mehrliniensystem (mehrere Vorgesetzte) ▮ Stabliniensystem (zusätzliche Stabsstelle) ▮ Matrixorganisation (Funktions- und Objektgliederung) ▮ Projektorganisation – rein – Stab – Matrix	▮ Funktionsstellen bleiben erhalten ▮ Eigenständige funktionsübergreifende Geschäftsprozesse ▮ Geschäftsprozessverantwortlicher ▮ Kundenorientierung ▮ Lieferanten-Kunden-Beziehung

3 Ablauforganisation

➲ **Lernsituation 3: Arbeits- und Geschäftsprozesse darstellen**

3.1 Definition und Ziele

Märkte entwickeln sich dynamisch, weil sich Kundenansprüche verändern, die Produktvielfalt zunimmt und Unternehmen sich zunehmend global ausrichten. Unternehmen müssen sich diesen Veränderungen stellen, indem sie unternehmensinterne Organisation ständig überdenken und an die Markterfordernisse anpassen. Viele Unternehmen haben daher ihre **Aufbauorganisation** auf ihre Kunden ausgerichtet und prozessorientiert gestaltet.

Siehe Kapitel 2, Seite 163

Parallel dazu müssen auch die unternehmensinternen **Abläufe** der Marktentwicklung folgen. Dazu werden die Arbeitsprozesse im Unternehmen systematisch beschrieben und permanent angepasst.

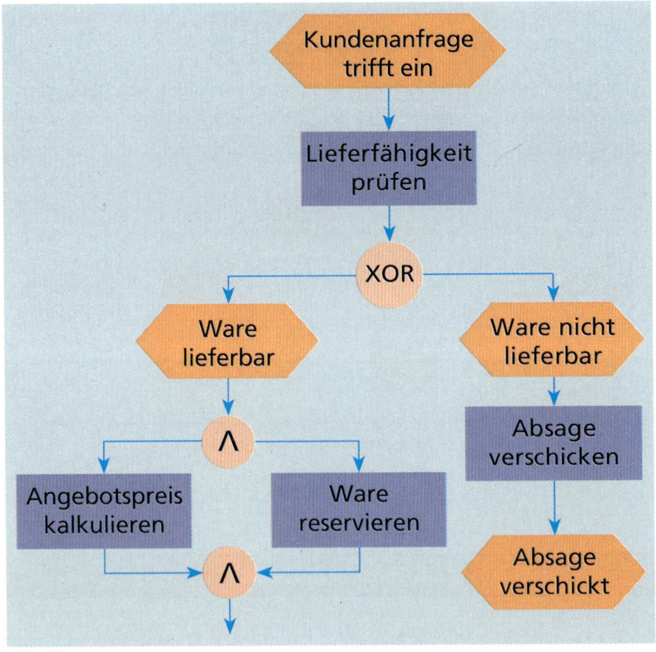

Abläufe sind Arbeitsvorgänge, die der Erfüllung betrieblicher Teilaufgaben dienen. Sie verlaufen zeitlich und räumlich hinter- oder nebeneinander.

Arbeitsvorgänge müssen in einem Unternehmen geordnet und für die Mitarbeiter nachvollziehbar ablaufen. Darum werden die betrieblichen Abläufe in Modellen abgebildet und damit transparent gemacht. Die Beschreibung dieser Modelle bezeichnet man als Ablauforganisation.

Ablauforganisation: Beschreibung dynamischer Arbeitsprozesse, in denen Teilaufgaben verkettet werden

Geschäftsprozessmanagement, siehe Kapitel 1, Seite 152

Heute wird anstelle des Begriffs „Ablauforganisation" vielfach der Begriff **Geschäftsprozessmanagement** verwendet. Nachfolgend wird daher anstelle von Arbeitsvorgängen/Arbeitsprozessen von Geschäftsprozessen gesprochen.
Eine effizient gestaltete Ablauforganisation verfolgt vor allem folgende **Ziele**:

- Optimale Ausnutzung vorhandener Kapazitäten (Ressourcen),
- Minimierung von Bearbeitungszeiten, insbesondere Verringerung von Verteil-, Durchlauf-, Warte- und Leerzeiten,
- Verringerung der Bearbeitungs- und Durchlaufkosten,
- Verbesserung der Qualität der Vorgangsbearbeitung.

Es geht also darum, Abläufe (Prozesse) so zu planen, dass sie mit geringem Ressourcenverbrauch, kurzen Prozesszeiten und hoher Prozessqualität bei möglichst niedrigen Kosten ablaufen.

Aufbauorganisation – Ablauforganisation

Beide betrachten die Organisation eines Betriebes. Während aber die Aufbauorganisation die (statische) Struktur eines Unternehmens in Form von Abteilungen und Stellen betrachtet, beschäftigt sich die Ablauforganisation mit den dynamisch verlaufenden Geschäftsprozessen.

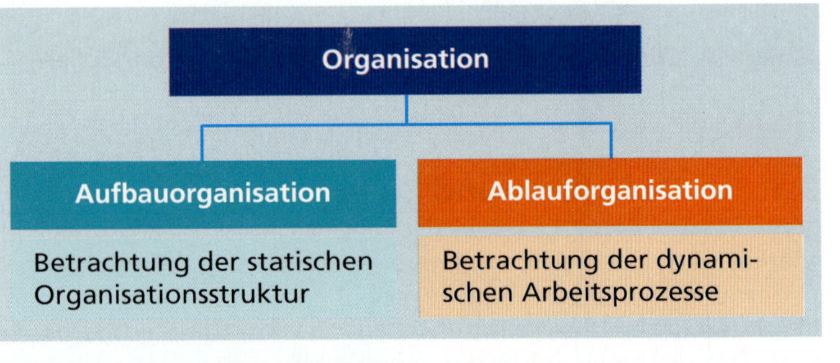

3.2 Prozessmodellierung

Qualitätsmanagement, siehe Seite 196
Prozessverbesserung, siehe Seite 192

Mit der Modellierung von Geschäftsprozessen werden zwei wesentliche Ziele verfolgt:

1. Eine **Bestandsaufnahme** der vorhandenen Geschäftsprozesse, um ihre Abläufe genau zu erkennen: Die Ergebnisse dieser Bestandsaufnahme können z. B. im Qualitätsmanagement des Unternehmens verwendet werden.
2. Die **Optimierung** der Geschäftsprozesse, d. h. die Beseitigung von Schwachstellen im Prozessablauf.

Geschäftsprozesse werden vorzugsweise durch standardisierte grafische Symbole beschrieben (modelliert). Dabei werden Reihenfolgen von Teilprozessen logisch miteinander in Beziehung gesetzt, und zwar auf der Basis von „UND“ und „ODER“. Mit sieben Grundformen lassen sich alle Prozessabläufe darstellen:

- UND-Verkettung
- UND-Verzweigung
- UND-Verknüpfung
- UND-Rückkopplung
- ODER-Verzweigung
- ODER-Verknüpfung
- ODER-Rückkopplung

Beispiele

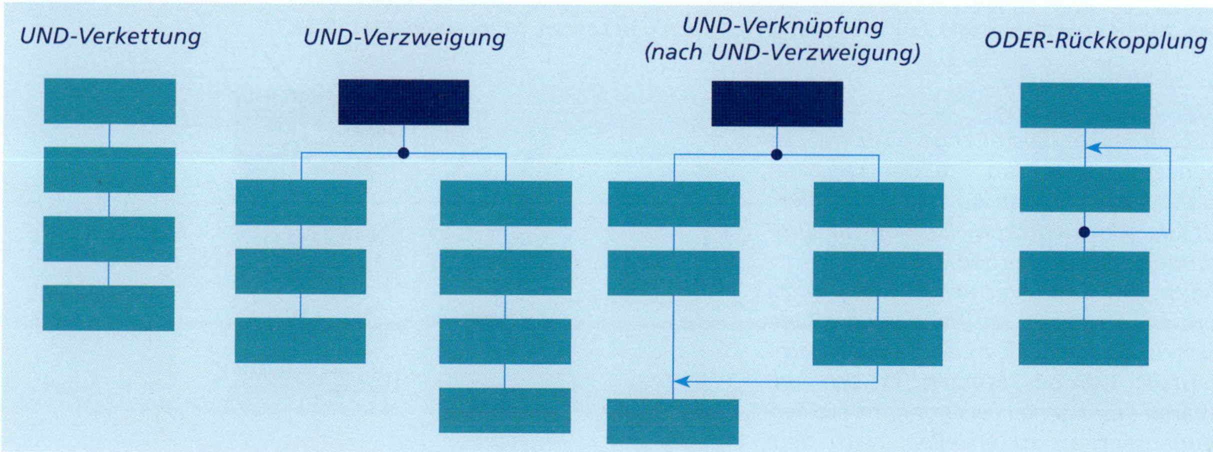

Für die Prozessmodellierung gibt es verschiedene Standards. An dieser Stelle sollen drei vorgestellt werden:

- Flussdiagramme
- Arbeitsablaufdiagramme
- Ereignisgesteuerte Prozessketten (EPK)

Für die Umsetzung stehen spezielle Programme zur Verfügung (z. B. Visio). Aber auch die Standardprogramme von Microsoft (Word, Excel, PowerPoint) ermöglichen es, Prozessmodelle auf einfache Weise zu erstellen.

Siehe Anhang, Seite 175

3.3 Flussdiagramm

Mithilfe von Flussdiagrammen können Prozessverläufe durch eine definierte Anzahl von Symbolen grafisch dargestellt werden. Das Werkzeug eignet sich vor allem für einfache Abläufe, weil Flussdiagramme nur den reinen Ablauf (die Tätigkeiten) darstellen und keine weiteren Informationen geben.

Flussdiagramm (Flowchart, Programmablaufplan): Modellierungswerkzeug für den Ablauf von Tätigkeiten in Geschäftsprozessen mithilfe einer festgelegten Anzahl von Symbolen.

Die wichtigsten Symbole für ein Flussdiagramm sind folgende:

Symbol	Bezeichnung	Erläuterungen
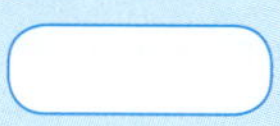	Start, Ende	Das Symbol (Rechteck mit gerundeten Ecken) steht jeweils am Anfang und am Ende eines Flussdiagramms.
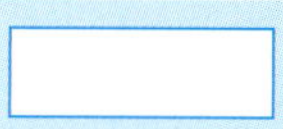	Tätigkeit, Bearbeitung	Operation, Prozess; das Feld enthält die konkrete Beschreibung eines Vorgangs.
	Flussrichtung (senkrecht); Ablauflinien	Pfeile und Linien verbinden die Arbeitsschritte und machen dadurch die Reihenfolge der Bearbeitung deutlich.
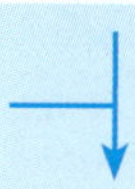	Zusammenführen	Eine waagerechte Ablauflinie trifft auf eine senkrechte Ablauflinie (mit Pfeil).

Symbol	Bezeichnung	Erläuterungen
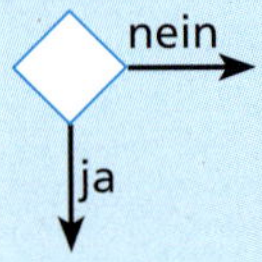	Verzweigung	Die Verzweigung erfordert eine Ja-Nein-Entscheidung.
	Sprungstelle	Mit diesem Symbol wird auf den Start zurückgesprungen.

Vgl. Zell, H.: Die Grundlagen der Organisation – Lernen und Lehren, Norderstedt 2011, S. 66 ff.

Beispiel: Bestellung
Ablaufbeschreibung
Sobald eine Bestellung eintrifft, ist zunächst zu prüfen, ob der Lagerbestand ausreicht, den Auftrag zu erfüllen. Ist die Ware vorrätig, können die Produkte versandt werden.
Reicht der Warenvorrat nicht aus, ist zu prüfen, ob es sich um Handelsware handelt. Ist dies der Fall, muss die Ware nachbestellt werden. Handelt es sich um Waren aus eigener Fertigung, ist ein Fertigungsauftrag zu erstellen. Nach dem Wareneingang der bestellten Ware oder nach Abschluss des Fertigungsvorgangs kann die bestellte Ware versandt werden.
Aus dieser Ablaufbeschreibung können einzelne Arbeitsschritte abgeleitet werden.

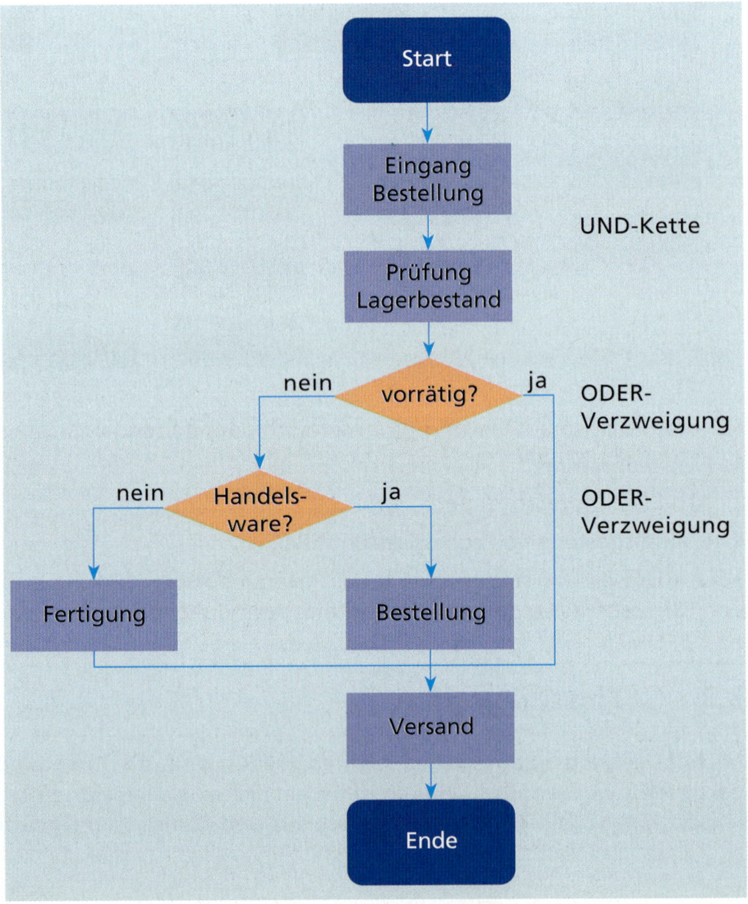

Arbeitsschritte

1. Eingang Bestellung
2. Prüfung Lagerbestand
2.1 Ja: Versand
2.2 Nein: Prüfung Handelsware
3.1 Ja: Bestellung
3.2 Nein: Fertigung
4 Versand

Aus der Arbeitsschrittfolge lässt sich nun ein Flussdiagramm erstellen (siehe oben rechts).

3.4 Arbeitsablaufdiagramm

Das Arbeitsablaufdiagramm beschreibt einzelne Arbeitsschritte eines Geschäftsprozesses und weist den Arbeitsschritten je nach Art der Tätigkeit bestimmte Symbole zu. Arbeitsablaufdiagramme haben das Ziel, Arbeitsschritte zu veranschaulichen, sie zu bewerten und Schwachstellen im organisatorischen Ablauf sichtbar zu machen.
Fünf Grundsymbole reichen aus, um den Ablauf eines Prozesses darzustellen.

Symbol	Bedeutung
	Bearbeitung/Tätigkeit
	Kontrolle
	Verzögerung/Warten

Symbol	Bedeutung
	Transport/Weiterleitung
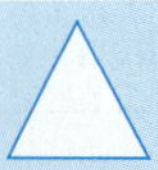	Lagerung/Ablage

Arbeitsablaufdiagramm: Darstellung der einzelnen Arbeitsschritte eines Geschäftsprozesses mit Zuweisung eines Symbols, das die Art der Tätigkeit wiedergibt

Beispiel: Einlagerung – Kommissionierung – Auslagerung

Ein Lkw hat im Durchschnitt 30 Paletten geladen. Die Zeiten und Wege beziehen sich jeweils auf diese Anzahl.

Arbeitsablaufdiagramm				
Arbeitsablauf:	Einlagerung – Kommissionierung – Auslagerung			
Abteilung:	Lager			
Lfd. Nr.	**Stufen des Arbeitsablaufs**	**Symbole**	**Zeit (Min.)**	**Weg (m)**
1	Erfassung der Lkw-Ankunft im Lagerbüro und Abgleich von Lagerauftrag und Frachtbrief	●	5	
2	Eingabe der Güter ins Lagerverwaltungsprogramm	●	10	
3	Erstellen eines Einlagerungsbelegs	●	5	
4	Beleg in das Postfach des Lagerpersonals	➡	2	10
5	Warten, bis der Beleg abgeholt wird	◗	15	
6	Abholen des Belegs und Paletten entladen	➡	40	300
7	Paletten nach Menge und äußerem Zustand überprüfen und mit dem Einlagerungsbeleg vergleichen	■	5	
8	Paletten zu den benannten Stellplätzen befördern	➡	120	1 500
9	Paletten aus dem Lager in die Kommissionierzone befördern	➡	90	1 200
10	Lagerbüro: Auftrag zur Auslagerung mit den Beständen überprüfen	■	5	
11	Erstellen eines Kommissionierbelegs	●	5	
12	Auslagerungsauftrag aufgrund des Kommissionierbelegs in der Kommissionierzone zusammenstellen	➡	180	2 600
13	Kommissionierte Güter im Warenausgang abstellen	➡	5	30
14	Auf das Eintreffen des Lkw warten	◗	60	
15	Lkw mit den kommissionierten Gütern beladen	➡	50	300
16	Kommissionierbeleg mit Erledigungsvermerk zum Lagerbüro bringen	➡	5	20
17	Buchung des Warenausgangs im Lagerverwaltungsprogramm	●	5	
18	Archivierung der Belege	▼	10	
	Summen:		617	5 960

Das Ablaufdiagramm zeigt an zwei Stellen Wartezeiten:

1. Wartezeit

4	Beleg in das Postfach des Lagerpersonals	○ **➡** □ D ▽	2	10
5	Warten, bis der Beleg abgeholt wird	○ ⇨ □ **D** ▽	15	
6	Abholen des Belegs und Paletten entladen	○ **➡** □ D ▽	40	300

2. Wartezeit

13	Kommissionierte Güter im Warenausgang abstellen	○ **➡** □ D ▽	5	30
14	Auf das Eintreffen des Lkw warten	○ ⇨ □ **D** ▽	60	
15	Lkw mit den kommissionierten Gütern beladen	○ **➡** □ D ▽	50	300

Wenn es gelänge, den Einlagerungsbeleg auf elektronischem Wege an das Lagerpersonal zu übermitteln, ließe sich die Wartezeit eventuell verringern oder ganz vermeiden.
Das Gleiche gilt für Zeile 14: Würde das Lagerpersonal das voraussichtliche Ende der Kommissionierung an das Lagerbüro mitteilen, könnte der Lkw so bestellt werden, dass er unmittelbar nach Abschluss der Kommissionierung zur Verfügung stände.
An beiden Beispielen wird sichtbar, dass ein Arbeitsablaufdiagramm Leerzeiten sichtbar machen kann, die sich durch organisatorische Maßnahmen vermeiden ließen.

→ **Arbeitsauflaufdiagramme** decken Schwachstellen in Arbeitsabläufen auf, z. B. Wartezeiten, nicht produktive Tätigkeiten und nicht notwendige Wege.

3.5 Ereignisgesteuerte Prozesskette (EPK)

Vgl. Staud, J. L.: Ereignisgesteuerte Prozessketten, Offenbach 2014

Auch die ereignisgesteuerte Prozesskette (EPK) ist ein Modellierungswerkzeug für Geschäftsprozesse. EPKs können aber mehr darstellen als z. B. Flussdiagramme, die lediglich den Verlauf eines Geschäftsprozesses darlegen. EPKs beschreiben folgende Aspekte:

Betrachtete Aspekte	Basis-Element in der EPK
Das auslösende Ereignis (**Wann** beginnt eine Aktivität?)	Ereignis
Die Art der Tätigkeit (**Was** wird getan?)	Funktion
Die Akteure (**Wer** wird handelnd tätig?)	Organisationseinheit
Die benutzten oder erzeugten Informationen (**Womit** arbeiten/was erzeugen die Beteiligten im Geschäftsprozess?)	Informationsobjekt

Die Basis-Elemente werden ergänzt durch UND-ODER-Verknüpfungen (**Operatoren**), die die Elemente miteinander verbinden und in Verzweigungen oder Zusammenführungen münden. Der Verlauf eines Geschäftsprozesses wird durch Pfeile sichtbar gemacht. Diese Ablaufbeschreibung nennt man **Kontrollfluss**.

Mit diesen Werkzeugen können Geschäftsprozesse analysiert und beschrieben werden. Vor allem aber können innerhalb eines Prozesses Entscheidungen getroffen werden, sodass die Dynamik, die den Geschäftsprozessen innewohnt, sichtbar gemacht werden kann.

→ **Ereignis:** Betriebswirtschaftlich bedeutsamer Vorgang, der die Abläufe im Unternehmen beeinflusst und steuert
Funktion: Tätigkeit innerhalb eines Geschäftsprozesses
Organisationseinheit: Abteilung, Stelle o. Ä., die eine Tätigkeit (Funktion) durchführt
Informationsobjekt: Datenbestände, die im Rahmen einer Tätigkeit (Funktion) benötigt oder erzeugt werden

Ereignisgesteuerte Prozesskette (EPK): Modellierungswerkzeug für die Analyse (wann, was, wer, womit) und Beschreibung von Geschäftsprozessen, das es ermöglicht, Entscheidungen in der Prozesskette sichtbar zu machen und die Dynamik eines Prozesses abzubilden

EPK-Symbole

Symbol/Bezeichnung	Wichtige Regeln
Basis-Elemente	
Ereignis	– Geschäftsprozess beginnt mit Startereignis und endet mit Endereignis – Ereignisse lösen Funktionen aus und sind auch das Ergebnis von Funktionen – Schreibweise: Substantiv + Partizip (z. B. Stammdatensatz angelegt) ***Beispiele:*** *Anfrage ist eingetroffen, Auftrag ist eingegangen, Bewerbungen liegen vor*
Funktion	– Eindeutige Formulierung durch Substantiv mit Verb – Durchführung einer Funktion führt immer zu einem Ereignis – Ereignis und Funktion wechseln einander ab – Funktion darf nur einen Ein- und Ausgang haben (gilt auch für Ereignis) – Schreibweise: Substantiv + Verb (z. B. Stammdatensatz anlegen) ***Beispiele:*** *Bestellung annehmen, Kalkulation erstellen, Rechnung versenden*
Organisationseinheit	– Formulierung lehnt sich gewöhnlich an Aufbauorganisation an – Ist ausschließlich mit einer Funktion verbunden (durch eine einfache Linie) – Werden aufeinander folgende Funktionen von derselben Organisationseinheit erledigt, wird in der Regel auf Wiederholung verzichtet ***Beispiele:*** *Verkauf, Sachbearbeiter/-in, Beschaffung, Buchhaltung*
Informationsobjekt	– Informationsobjekte werden ausschließlich Funktionen zugeordnet (durch eine Linie mit Pfeil) – Werden geholt/benutzt oder entstehen im Rahmen der Funktion – Pfeile zwischen den Elementen drücken die Fließrichtung der Informationen aus ***Beispiele:*** *Konditionen, Kundendaten, Angebotsinhalte*

Operatoren	
$\wedge$ = UND V = ODER XOR = exklusives ODER	Wenn mehrere Tätigkeiten parallel erledigt werden müssen, um ein Ziel zu erreichen, kommt es zu einer Verzweigung oder Zusammenführung im Tätigkeitsfluss (Pfad). Das Gleiche gilt, wenn alternative Wege zum Ziel führen. Operatoren bestimmen die Art der Verzweigung/Zusammenführung. Operatoren verknüpfen immer mindestens zwei Elemente, und zwar ausschließlich ▪ Ereignisse mit Ereignissen oder ▪ Funktionen mit Funktionen.

Die Operatoren werden auch als Konnektoren bezeichnet.

Verknüpfung von Ereignissen

UND Alle verknüpften Ereignisse müssen eintreten, damit der Geschäftsprozess weiterlaufen kann.

Beispiel:
Der Kunde eines Mietwagenunternehmens muss seinen Führerschein und seine Kreditkarte vorlegen, damit der Sachbearbeiter weitere Vertragsdaten aufnehmen kann.

ODER Mindestens eines der verknüpften Ereignisse muss für die Fortsetzung des Prozesses eintreten.

Beispiel:
Bei der Rückgabe eines Mietwagens ist das Fahrzeug zu prüfen (Beschädigt? Sauber? Tank gefüllt?). Ist mindestens einer der Mängel festgestellt worden, muss die Mangelbeseitigung eingeleitet werden, bevor das Fahrzeug wieder als vermietbar eingestuft werden kann.

XOR (XODER) Genau eines (und nur eines) der verknüpften Ereignisse muss eintreten.

Beispiel:
Beim Abschluss einer Versicherung für den Mietwagen muss sich der Kunde entscheiden, ob er eine Vollkasko- oder Teilkaskoversicherung abschließen will.

Bei der Verknüpfung von **Funktionen** gelten die Regeln entsprechend.

Beispiel: UND
UND Alle verknüpften Funktionen müssen ausgeführt werden, damit der Prozess weitergehen kann.

Grafische Verknüpfungsbeispiele anhand des Operators UND

<table>
<tr><th></th><th colspan="2">Ereignisverknüpfung</th><th colspan="2">Funktionsverknüpfung</th></tr>
<tr><th></th><th>Auslösendes Ereignis</th><th>Erzeugtes Ereignis</th><th>Auslösendes Ereignis</th><th>Erzeugtes Ereignis</th></tr>
<tr><td>UND</td><td>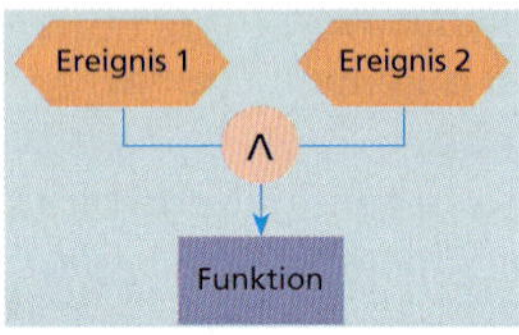
</td><td>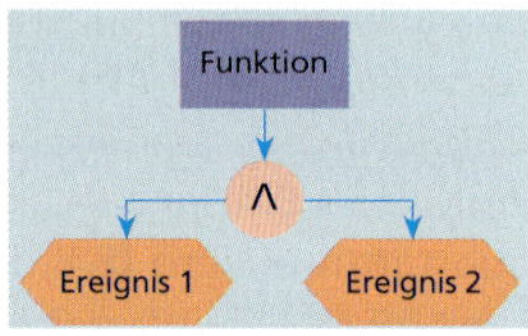
</td><td>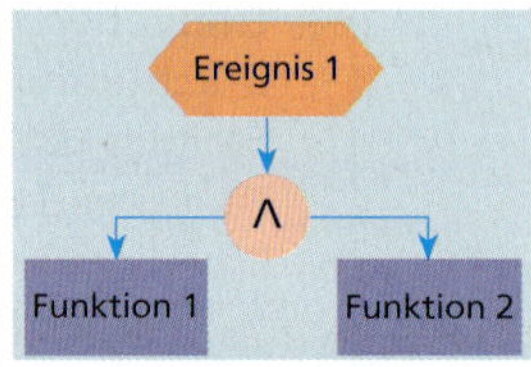
</td><td>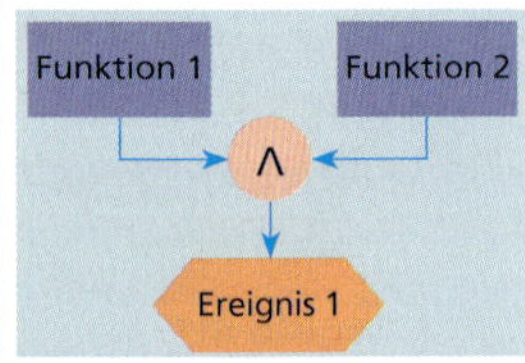
</td></tr>
<tr><td></td><td>(1) Die Funktion wird erst ausgeführt, wenn die Ereignisse 1 und 2 (durch UND verknüpft) eingetreten sind.</td><td>(2) Nach Abschluss der Funktion treten beide Ereignisse ein. Der Operator UND verknüpft die Ereignisse 1 und 2.</td><td>(3) Sobald das Ereignis eintritt, werden zwei Funktionen angestoßen. Ereignis → ODER bzw. XOR ist hier nicht möglich (siehe Regeln).</td><td>(4) Das Ereignis wird erst dann erzeugt, wenn beide Funktionen erfolgreich abgewickelt worden sind.</td></tr>
</table>

Regeln für Operatoren

- Jedes Ereignis und jede Funktion darf nur einen Operator im Eingang bzw. im Ausgang haben.
- Verzweigungen und Zusammenführungen im Datenfluss (Kontrollfluss, siehe unten) können nur über Operatoren führen.
- Entscheidungen werden über Operatoren umgesetzt.
- Da Ereignisse keine Entscheidungen treffen können, darf nach einem auslösenden Ereignis kein ODER- bzw. XOR-Operator folgen. Die Abfolgen Ereignis → ODER bzw. XOR → Funktion 1 + Funktion 2 sind daher z. B. nicht möglich.
- Abläufe, die durch Operatoren verzweigt worden sind, werden durch den gleichen Operator wieder zusammengeführt.
- Operatoren dürfen direkt aufeinanderfolgen.

→ **Operatoren:** Symbole, durch die Ereignisse und Funktionen jeweils miteinander verknüpft werden. Es gibt die Operatoren UND, ODER sowie XODER (XOR). Operatoren ermöglichen es, komplexe Prozesszusammenhänge darzustellen.

Weitere EPK-Elemente

Element	Beschreibung
Kontrollfluss →	Die in einem Geschäftsprozess aufeinanderfolgenden Ereignisse und Funktionen (ergänzt durch Operatoren) werden durch Pfeillinien miteinander verbunden. Diese Pfeillinien geben der EPK eine Richtung, nämlich vom Start- zum Schlussereignis. Das logische Zusammenwirken von Ereignissen und Funktionen (einschließlich der Operatoren) wird Kontrollfluss genannt. Der häufig lineare Ablauf (von oben nach unten) kann aber auch verzweigt und zusammengeführt werden.

Element	Beschreibung
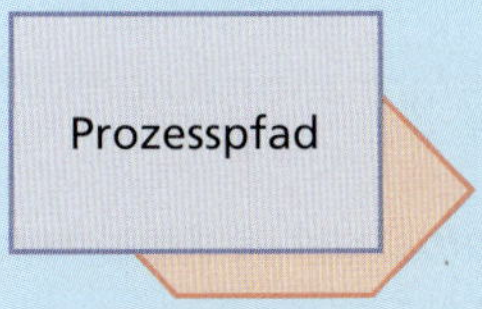	Dieses Element macht deutlich, dass innerhalb eines Geschäftsprozesses Teilprozesse erforderlich sind, die aber aus Gründen der Übersichtlichkeit nicht näher ausgeführt werden. ***Beispiel:*** *Im Rahmen einer Angebotserstellung ist eine Kalkulation erforderlich. Der Prozess der Kalkulation kann in der Prozessdarstellung ausgespart werden; auf ihn wird durch einen Prozesswegweiser verwiesen.* Das Element besteht aus einem Funktionssymbol mit hinterlegtem Ereignissymbol.

Kontrollfluss: Logischer Zusammenhang von Ereignissen, Funktionen und Operatoren in einem Geschäftsprozess
Prozesswegweiser: Symbol zur Verknüpfung von Geschäftsprozessen. Es steht im Kontrollfluss der EPK anstelle einer Funktion, folgt demnach auf ein Ereignis.

Beispiel: EPK – Auftragsbearbeitung
Die Rostocker Agrargenossenschaft bietet für Blumengeschäfte Herbstpflanzen als Saisonware an, die aus dem Bestand heraus verkauft werden. Eine Nachbestellung ist nicht möglich. Bei Kundenanfragen ist demnach zunächst festzustellen, ob die gewünschte Ware lieferbar ist.

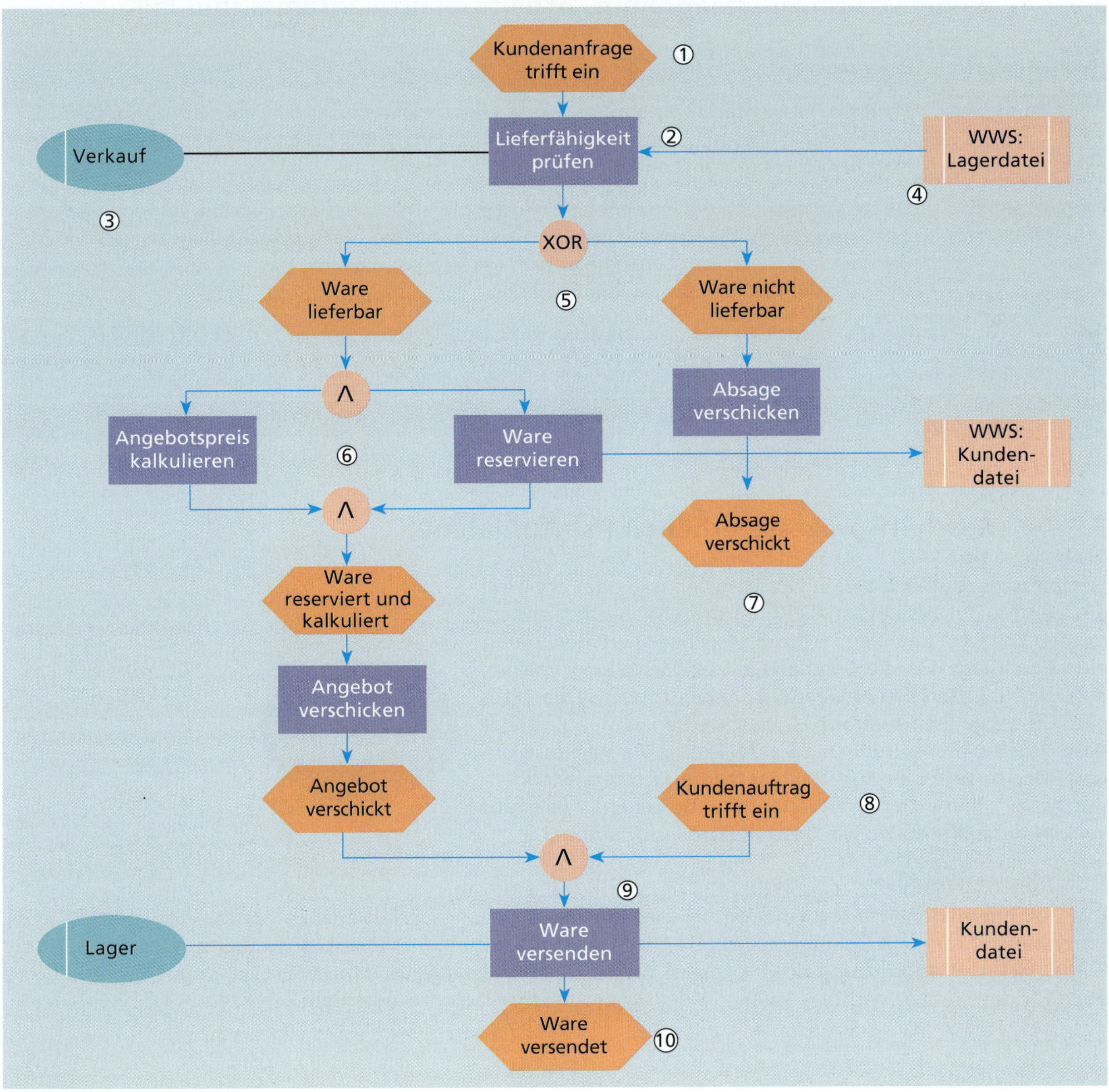

① *Jede EPK beginnt mit einem Startereignis.*

② *Ereignis und Funktion im Wechsel*

③ *Die Organisationseinheit „Verkauf" erledigt die Funktion.*

④ *Aus dem Informationsobjekt „Lagerdatei" (Warenwirtschaftssystem) wird eine Information eingeholt (Pfeil nach links).*

⑤ *Zwei Ereignisse werden durch den Operator XOR miteinander verknüpft. Genau eines der verknüpften Ereignisse muss eintreten, bevor der Prozess fortgesetzt wird.*

⑥ *Das Ereignis „Ware lieferbar" führt zu zwei Funktionen, die durch UND verknüpft sind. Beide Funktionen müssen erledigt werden. Die öffnende UND-Verknüpfung wird durch einen weiteren UND-Operator geschlossen.*

⑦ *Der Teilprozess endet hier.*

⑧ *Ein Ereignis wird in den Prozess eingebunden.*

⑨ *Wenn beide Ereignisse erfüllt sind (Angebot verschickt, Kundenauftrag tritt ein), kann die nächste Funktion bearbeitet werden (UND-Operator).*

⑩ *Jede EPK endet mit einem Schlussereignis.*

3.6 Vergleich von Flussdiagramm, Arbeitsablaufdiagramm und EPK

Diagrammart	Eigenschaften
Flussdiagramm	Stellt die Tätigkeiten in einem Geschäftsprozess mithilfe einer bestimmten Anzahl von Symbolen dar. Flussdiagramme lassen Verzweigungen und Zusammenführungen zu, geben aber keine weiteren Informationen.
Arbeitsablauf-diagramm	Sie stellen ebenfalls die einzelnen Ablaufschritte eines Geschäftsprozesses dar und verwenden Symbole, um die Art der Tätigkeit zu kennzeichnen. Arbeitsablaufdiagramme können Bearbeitungszeiten und zurückgelegte Wege sichtbar machen. Das erlaubt auch, Schwachstellen in Arbeitsabläufen zu identifizieren.
EPK	Ein EPK beschreibt nicht nur Geschäftsprozesse, sondern gibt auch Auskunft darüber, wann eine Aktivität beginnt, was gemacht wird, wer die Aktivität ausführt und womit gearbeitet wird bzw. was durch die Tätigkeit erzeugt wird. Durch Operatoren können Entscheidungen in einem Prozess sichtbar gemacht werden.

3.7 Geschäftsprozesse erheben (Ist-Aufnahme)

Optimierung von Geschäftsprozessen, siehe Seite 192

Geschäftsprozesse, die z. B. in Flussdiagrammen oder ereignisgesteuerten Prozessketten (EPK) dargestellt werden sollen, müssen zunächst detailliert erforscht (erhoben) werden, damit eine Grundlage für die Geschäftsprozessdarstellung vorhanden ist. Die Daten dienen aber auch dazu, zunächst die aktuelle Situation (Ist-Situation) zu beschreiben, um auf dieser Basis Prozessverbesserungen zu entwickeln. Die Verbesserungen können sich z. B. auf Durchlaufzeiten, Kosten, Mengendurchsatz und Durchlaufvarianten beziehen. Es gibt verschiedene Methoden zur Geschäftsprozessdiagnose:

Dokumentenanalyse

Die Dokumentenanalyse steht häufig am Anfang des Erhebungsverfahrens. Im Idealfall existiert zu jeder Prozessausführung ein Dokument, z. B. ein Flussdiagramm mit einer Prozessbeschreibung. Wesentlich ist die Frage nach der Abgrenzung des Prozesses: Wo ist der Prozessanfang, wo das Prozessende? Eventuell sind auch für den Verlauf wichtige Stellen in der Prozessbeschreibung zu erkennen.

Oft existiert in Unternehmen aber keine zusammenhängende Dokumentation. Dann wird die Datenrecherche schwierig, weil Prozesse aus verschiedenen Informationsquellen zusammen-gestellt werden müssen.

Dokumentenanalyse	
Vorteile	**Nachteile**
– Wenig Aufwand – Betriebsablauf wird kaum gestört	– Unterlagen häufig unvollständig oder veraltet – Daten für Interpretationen zugänglich

Unklar ist manchmal auch die Aktualität der erhobenen Daten. Daher ist es oft sinnvoll, sich zunächst durch eine Dokumentenanalyse einen Überblick zu verschaffen, der durch andere Erhebungsmethoden verfeinert wird.

→ **Dokumentenanalyse:** Erhebungstechnik für Daten, die bereits in schriftlicher oder elektronischer Form vorliegen, z. B. Arbeitsablaufdiagramme, Flussdiagramme, EPK

Selbstaufschreibung

Bei einer Selbstaufschreibung wird ein Geschäftsprozess durch den betroffenen Mitarbeiter selbst beschrieben, im Regelfall auf der Grundlage von vorbereiteten Formularen.

Selbstaufschreibung	
Vorteile	**Nachteile**
– Berücksichtigt werden nur die tatsächlich anfallenden Aufgaben und Tätigkeiten – Intensive Beteiligung der Betroffenen	– Zusätzliche Belastung der Betroffenen – Qualität der Arbeit nicht erfasst – Manipulationsmöglichkeiten durch die Mitarbeiter

Neben den Abläufen können auch Arbeitszeiten, Fallzahlen sowie verwendete Informationen, Sachmittel (Formulare, Programme usw.) und Prozessbeteiligte erhoben werden. Das Verfahren lässt es auch zu, typische Unterbrechungen und Störungen im Prozessablauf zu erfassen.
Da es sich um eine Eigenerhebung handelt, ist eine Überprüfung der Daten durch eine andere Person notwendig.

→ **Selbstaufschreibung:** Erhebungstechnik, bei der die Prozessdaten vom betroffenen Mitarbeiter erfasst und schriftlich festgehalten werden

Eine Abwandlung der Selbstaufschreibung ist das **Laufzettelverfahren**. Bei diesem Verfahren werden die Daten eines Geschäftsprozesses von allen Prozessbeteiligten in einem vorbereiteten Formular aufgenommen. Der Laufzettel begleitet dabei einen Vorgang, z. B. einen Auftrag, durch alle aufeinanderfolgenden Bearbeitungsstufen.
Das Verfahren erhebt nur die Tätigkeiten, die beim jeweiligen Prozess anfallen, nicht alle Aufgaben der Prozessbeteiligten.

Teilnehmende Beobachtung

Ein Außenstehender (z. B. ein Vorgesetzter) begleitet den Mitarbeiter in diesem Falle bei allen Prozessschritten. Es besteht die Möglichkeit, sich detaillierte Informationen über den Vorgang zu beschaffen, vor allem, indem man den Mitarbeiter z. B. nach einzelnen Prozessschritten befragt und Begründungen für seine Arbeitsweise einholt.

Teilnehmende Beobachtung	
Vorteile	**Nachteile**
– Detaillierte Prozesserhebung – Begründungen für Prozessschritte können eingeholt werden – Enger Kontakt zum Betroffenen – Neuer Blick auf eingefahrene Abläufe	– Mitarbeiter fühlen sich kontrolliert – Mitarbeiter kann seine Arbeitsweise für die Zeit der Beobachtung ändern. – Hoher Zeit- und Personalaufwand

Vielfach sind Arbeitsabläufe in der Praxis durch Routine gekennzeichnet, dem Mitarbeiter fallen z. B. Doppelarbeiten oder unnötige Verzögerungen nicht mehr auf, weil er „betriebsblind" geworden ist. Der teilnehmende Beobachter hingegen hat einen unvoreingenommenen Blick auf die Prozessabläufe und kann dadurch Schwachstellen besser erkennen.
Die betroffenen Mitarbeiter empfinden die Beobachtung allerdings im Regelfall nicht als positiv, weil sie sich kontrolliert fühlen. Daher ist es notwendig, den Betroffenen über die Ziele der Beobachtung, nämlich die personenunabhängige Erfassung von Prozessabläufen, zu informieren und ihm immer wieder klar zu

machen, dass die Informationen neutral verwendet werden. Der Mitarbeiter könnte seine Arbeitsweise auch für die Dauer der Beobachtung verändern, sodass die Objektivität der Erhebung leidet.

Teilnehmende Beobachtung: Erhebungsverfahren, bei dem ein Außenstehender Mitarbeiter bei der Bearbeitung der Prozessschritte begleitet.

Durch die teilnehmende Beobachtung wird ein Mitarbeiter im Regelfall für eine längere Zeit begleitet. Man kann daher auch von einer **Dauerbeobachtung** sprechen. Zwangsläufig ergibt sich daher bei diesem Verfahren ein hoher Zeit- und Personalaufwand.

Multimomentaufnahme

Es handelt sich hierbei um eine Abwandlung der teilnehmenden Beobachtung. Man spricht auch von „Stichprobenverfahren", weil hier die Beobachtung von Mitarbeitern auf kurze Beobachtungen zu ausgewählten Zeitpunkten und zu zuvor festgelegten Ereignissen beschränkt ist.

Multimomentaufnahme	
Vorteile	**Nachteile**
– Zeit- und Kostenersparnis – Schnelle Auswertung	– Vorzugsweise auf zeitliche Abläufe beschränkt – Keine Ursachenanalyse

Die Multimomentaufnahme wird als Rundgang entlang der definierten Prozesse organisiert. Der beobachtete Mitarbeiter bleibt passiv und wird in seinem Arbeitsgang beispielsweise nicht durch Fragen unterbrochen.
Die Ergebnisse der Erhebungen werden mithilfe von statistischen Verfahren ermittelt.

Beispiel:
Wird bei mehreren Stichpunkt-Beobachtungen die Zeit gemessen, in der ein Mitarbeiter telefoniert, kann man mathematisch berechnen (z. B. durch eine Durchschnittsrechnung), wie lange dieser Mitarbeiter durchschnittlich an seinem Arbeitsplatz telefoniert.

Gegenstand der Kurzzeitbeobachtungen ist vor allem die zeitliche Struktur von Prozessabläufen. Die Beobachtungsergebnisse lassen sich dadurch schnell auswerten. Andererseits lässt dieser Beobachtungsschwerpunkt keine Rückschlüsse auf die Ursachen für beobachtete Sachverhalte zu.

Multimomentaufnahme: Methode zur Erhebung von Prozessdaten durch Beobachtungen von Mitarbeitern in bestimmten Zeitabständen

Workshop

Kommunikationstechniken, siehe Informationshandbuch des 2. Ausbildungsjahres, Lernfeld 7

Teamarbeit, siehe Informationshandbuch des 1. Ausbildungsjahres, Anhang

In Workshops setzen sich kleinere Gruppen für eine begrenzte Zeit intensiv mit einem Thema auseinander. Der Schwerpunkt der Arbeit liegt darin, ein bestimmtes Ziel kooperativ und unter Leitung eines Moderators zu erreichen.
Als Erhebungsmethode hat ein Workshop zwei Ziele:

1. Der Moderator möchte schnell und präzise über den oder die betrachteten Geschäftsprozess(e) informiert werden und erste Informationen über Problemstellen im Prozess erfahren.
2. Die Teilnehmer des Workshops können ihre Erwartungen an die Geschäftsprozesse formulieren und bereits erste Verbesserungsvorschläge einbringen. Der Moderator kann dadurch verschiedene Sichtweisen auf den Prozess erkennen und die Teilnehmer motivieren, sich auf eine gemeinsame Anstrengung zur Optimierung der Geschäftsprozesse einzulassen.

Ein Workshop geht damit über die reine Erhebung von Daten hinaus und leitet bereits den angestrebten Optimierungsprozess ein.
Der Moderator muss allerdings geschickt operieren, um eine offene Diskussion sicherzustellen, damit die Ist-Situation des Geschäftsprozesses realistisch erfasst wird. Schließlich fürchten sich viele Mitarbeiter vor Veränderungen ihres gewohnten Arbeitsumfeldes, sodass sie sich eventuell nicht kooperativ verhalten.
Die Ergebnisse einer jeden Sitzung sollte der Moderator in einem Geschäftsprozessmodell (z. B. einer EPK) festhalten und in der folgenden Sitzung wieder zur Diskussion stellen. So entsteht im Verlauf des Workshops eine Prozessdarstellung, die der betrieblichen Realität entspricht und von den Beteiligten auch so wahrgenommen wird.

Workshop: Erhebungsmethode, bei der Mitarbeiter in Gruppenarbeit Geschäftsprozesse aus Sicht ihrer beruflichen Tätigkeit gemeinsam modellieren.

Workshop	
Vorteile	**Nachteile**
– Die Mitarbeiter werden aktiv in die Erhebung einbezogen (höhere Akzeptanz). – Auch Vorschläge zur Prozessverbesserung werden von den Mitarbeitern besser unterstützt. – Die gemeinsame Betrachtung eines Geschäftsprozesses führt zu einer intensiven Durchleuchtung der Prozessstrukturen.	– Das Verfahren ist zeitaufwendig. – Es bindet die Arbeitskraft der Mitarbeiter. – Der/die Moderator/-in benötigt viel Erfahrung und Kenntnisse in Moderationstechniken.

Interview

Bei einem Interview werden Personen mündlich befragt mit dem Ziel, bestimmte Informationen zu gewinnen. Es ist eines der wichtigsten Erhebungsmethoden, weil sich Daten gezielt und damit sehr effizient ermitteln lassen.

Während die Mitglieder eines Workshops immer einem gewissen Gruppendruck ausgesetzt sind, können sich Mitarbeiter in einem Interview frei äußern (sofern der Interviewte über die Ziele der Erhebung aufgeklärt worden ist und es gelungen ist, ein Vertrauensverhältnis zwischen den Beteiligten aufzubauen).

Fragetechniken, siehe Informationshandbuch des 2. Ausbildungsjahres, Lernfeld 5, Kapitel 1.6

Grundsätzlich sind zwei Arten von Befragungen möglich: die mündliche und die schriftliche Befragung.

Das **mündliche Interview** bietet besondere Vorteile, weil man die Befragungssituation individuell gestalten kann. Nachfragen und Klärungen sind möglich; emotionale Widerstände des Mitarbeiters kann man erkennen und darauf eingehen. Auf diese Weise erhält man nicht nur eine Fülle von Sachinformationen, sondern auch einen Eindruck von der Stimmung der Prozessbeteiligten. Dafür ist das Verfahren aber arbeits- und zeitaufwendig.

Das **schriftliche Interview** wird mithilfe eines **Fragebogens** durchgeführt. In diesem Falle ist der Verlauf des Interviews stark reglementiert. Das engt den Interviewten zwar bei den Antwortmöglichkeiten ein, ermöglicht aber eine einfachere Auswertung anhand von standardisierten Fragen.

→ **Interview:** Erhebungsmethode, bei der Prozessbeteiligte mündlich befragt werden, um bestimmte Informationen gezielt zu gewinnen. Interviews können mündlich oder schriftlich durchgeführt werden.

Interview	
Vorteile	**Nachteile**
Mündliches Interview	
– Individuell gestaltbarer Verlauf – Hohe Flexibilität, lebendig, mitarbeiternah – Sachinformationen und Stimmungen und Einstellungen der Mitarbeiter	Arbeits- und zeitaufwendig
Schriftliches Interview	
– Geringer Arbeits- und Zeitaufwand – Einfache Auswertung	– Aufwendige Entwicklung eines Fragebogens erforderlich – Starke Reglementierung des Interviewten

Zusammenfassung

Ablauforganisation				
Definition/Ziele	**Prozessmodulierung**	**Arbeitsablaufdiagramm**	**Ereignisgesteuerte Prozesskette**	**Ist-Erhebung**
▮ Beschreibung dynamischer und verketteter Arbeitsprozesse ▮ Ziele – optimale Ressourcennutzung – minimale Bearbeitungszeiten – Kostenreduktion – Qualitätsverbesserung	▮ UND-Verkettung ▮ UND-/ODER-Verzweigung ▮ UND-/ODER-Verknüpfung ▮ UND-/ODER-Rückkopplung **Flussdiagramm** ▮ Modellierungswerkzeug für Tätigkeitsbeschreibungen ▮ Standardisierte Symbole	▮ Arbeitsschritte eines Geschäftsprozesses, gekennzeichnet nach Art der Tätigkeit ▮ Symbole – Bearbeitung – Kontrolle – Verzögerung – Transport – Lagerung/Ablage	▮ Dynamische Abbildung von Geschäftsprozessen ▮ Tätigkeitsanalyse (wann, was, wer, womit) ▮ Macht Entscheidungen sichtbar ▮ Standardisierte Symbole (Ereignis, Funktion usw.) ▮ Operatoren ▮ Kontrollfluss ▮ Prozesswegweiser	▮ Dokumentenanalyse ▮ Selbstaufschreibung ▮ teilnehmende Beobachtung ▮ Multimomentaufnahme ▮ Workshop ▮ Interview

4 Geschäftsprozessoptimierung

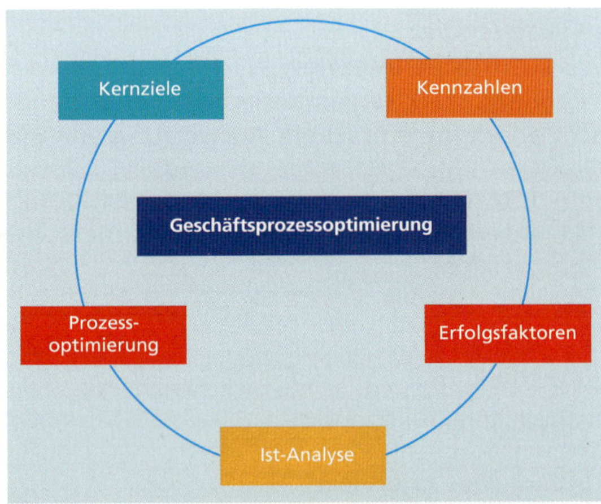

➲ **Lernsituation 4: Die Auftragsabwicklung bei Handelswaren optimieren**

Effektivität/Effizienz, siehe Seite 151

Das Geschäftsprozessmanagement hat als wichtigstes Ziel, die Effektivität und Effizienz der Geschäftsprozesse zu verbessern, um die Geschäftsziele zu erreichen.
Bestimmte Voraussetzungen müssen dafür vorliegen:

- Die Geschäftsziele sind eindeutig formuliert.
- Es existieren Kennzahlen, die das Erreichen der Ziele deutlich machen.
- Die Zielerreichung wird regelmäßig kontrolliert.
- Bei Zielabweichungen werden Gegenmaßnahmen eingeleitet.

Geschäftsprozess: Abfolge von wertschöpfenden Arbeitsschritten (Aktivitäten), die kundengerechte Leistungen erzeugen
Geschäftsprozessoptimierung: Gesamtheit aller Aktivitäten zur Verbesserung von Geschäftsprozessen

4.1 Die fünf Kernziele in Geschäftsprozessen

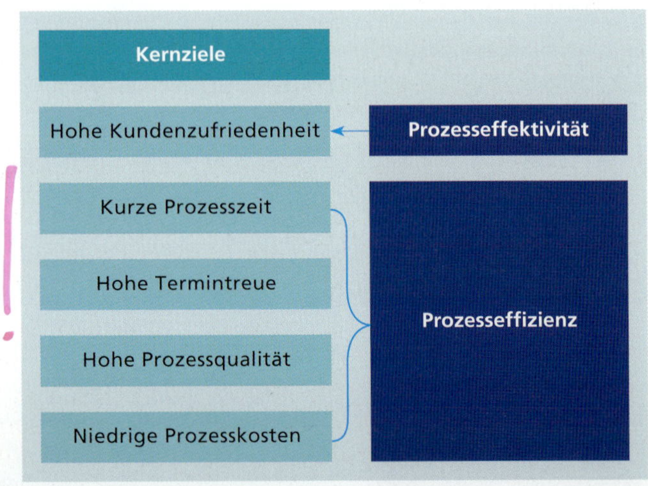

Im Mittelpunkt von Geschäftsprozessen stehen die Kunden. Ihre Ansprüche sollen durch die Prozessaktivitäten zufriedenstellend erfüllt werden. Hohe **Kundenzufriedenheit** dient auch dem Unternehmen, weil zufriedene Kunden die angebotenen Produkte kaufen und damit zum Markterfolg des Unternehmens beitragen.
Die Kundenleistungen müssen aber auch wirtschaftlich erstellt werden. Dazu gehört, dass

- die **Prozesszeit** möglichst kurz ist,
- Termine möglichst exakt eingehalten werden (**Termintreue**),
- durch eine hohe **Prozessqualität** hochwertige Produkte erzeugt werden und
- die **Prozesskosten** möglichst gering sind.

Im Mittelpunkt der **Prozesseffektivität** („Die richtigen Dinge tun“) steht der Kunde, weil die Anforderungen der Kunden durch die Geschäftsprozesse möglichst zufriedenstellend (effektiv) erfüllt werden sollen. Die **Prozesseffizienz** („Die Dinge richtig tun“) zeigt, wie wirtschaftlich die Kundenleistungen erstellt werden. Prozesszeit, Termintreue, Prozessqualität und die Prozesskosten beeinflussen die Prozesseffizienz.

4.2 Kennzahlen

Prozesskennzahlen sollten eine direkte Verbindung zu den Prozesszielen haben. Im Idealfall hat jedes (Kern-) Ziel eine Kennzahl, die den Zielerreichungsgrad misst (Ist-Werte). Das Ergebnis kann mit den Soll-Werten verglichen werden. Sind Abweichungen zwischen den Ist- und Soll-Werten festzustellen, sind die Ursachen für die Abweichungen ausfindig zu machen. Sie geben den Anstoß für Verbesserungsmaßnahmen.

Skalafrage, siehe Informationshandbuch des 1. Ausbildungsjahres, Lernfeld 5

Kernziel	Hohe Kundenzufriedenheit
Prozesskennzahl	**Kundenloyalität** Die Kundenzufriedenheit lässt sich z. B. messen, indem man die Loyalität des Kunden zum Unternehmen ermittelt. Sobald ein Kundenauftrag abgewickelt worden ist, wird der Kunde angerufen und ihm folgende Skalafrage gestellt: Frage: „Wie wahrscheinlich ist es, dass Sie unsere Produkte weiterempfehlen werden?" Dem Kunden werden dazu folgende Auswahlantworten vorgestellt: – Äußerst wahrscheinlich – Sehr wahrscheinlich – Wahrscheinlich – Weniger wahrscheinlich – Unwahrscheinlich Ein Unternehmen könnte sich z. B. zum Ziel setzen, dass 60 % der Kunden mit „Äußerst wahrscheinlich" und „Sehr wahrscheinlich" antworten. Bei kritischer Rückmeldung besteht die Möglichkeit, nach den Ursachen für das ungünstige Meinungsbild zu fragen. **Beurteilung der Kennzahl** Die Aussagekraft der Frage ist nicht besonders hoch, weil z. B. aus der Antwort keine Defizite einzelner Geschäftsprozesse abgeleitet werden können. Erst weitere Nachfragen würden konkretere Hinweise zutage bringen. Andererseits sind die Erhebung und Auswertung der Skalafrage sehr einfach.
Berechnung	Die Anzahl der Antworten „Äußerst wahrscheinlich" und „Sehr wahrscheinlich" werden addiert und als Prozentzahl der Summe aller Antworten ausgedrückt.
Beispiel	*Die Kundenbefragungen des Monats November erbrachten folgende Ergebnisse:*

Antworten	*Anzahl*	Berechnung
Äußerst wahrscheinlich	*12*	65 = 100 %
Sehr wahrscheinlich	*33*	(12 + 33) = X %
Wahrscheinlich	*10*	
Weniger wahrscheinlich	*7*	$X = \frac{45 \cdot 100}{65} = \mathbf{69{,}23}$ %
Unwahrscheinlich	*3*	Das Ziel von mindestens 60 % wurde übertroffen.
Summe	*65*	

Kernziel	Kurze Prozesszeit
Prozesskennzahl	**Durchlaufzeit** Die Durchlaufzeit gibt an, wie lange ein Prozess vom Beginn bis zum Ende dauert. Kurze Prozesszeiten machen ein Unternehmen flexibel und kundennah. Frage: Wie schnell können wir die von den Kunden erwarteten Leistungen bereitstellen?
Berechnung	Die Zeiten für die einzelnen Prozessschritte (in Minuten, Stunden, Tage) werden addiert.
Beispiel	*Betrachteter Prozess: Bereitstellung eines Telefonanschlusses durch ein Telekommunikationsunternehmen nach Anbieterwechsel* *Das Unternehmen verspricht seinen Kunden, dass sie bei einem Anbieterwechsel nach 48 Stunden über einen neuen Anschluss verfügen. Alle Teilschritte (z. B. Erfassung der Kundendaten, Kündigung beim bisherigen Anbieter, technische Einbindung in das eigene System, Herstellung des Kundenanschlusses) müssen folglich in diesem Zeitraum erledigt werden.*

Kernziel	Hohe Termintreue
Prozesskennzahl	**Termintreue** Die Kennzahl gibt den Anteil der abgeschlossenen Prozesse ohne Terminabweichung an. Im Vordergrund steht die Einhaltung zugesagter Termine. Frage: Wie gut sind wir in der Lage, Terminvereinbarungen mit Kunden einzuhalten?
Berechnung	$\text{Termintreue} = \frac{\text{Anzahl abgeschlossener Prozesse ohne Terminverzug} \cdot 100}{\text{Anzahl aller abgeschlossenen Prozesse}}$
Beispiel	*In der Ostermann KG wurde im Monat Oktober 248 Kundenaufträge erledigt, davon wurden 238 termingerecht abgewickelt. Das Unternehmen hat für diese Kennzahl eine Zielgröße von 98 % gesetzt.* $\text{Termintreue} = \frac{238 \cdot 100}{248} = 95{,}97\ \%$ *Die angestrebte Termintreue von 98 % wurde im Monat Oktober nicht erreicht.*

Fehlerfreiheitsrate = First Pass Yield (FPY)

Kernziel	Hohe Prozessqualität
Prozesskennzahl	**Fehlerfreiheitsrate** Die Prozesskennzahl gibt den Anteil abgeschlossener Prozesse ohne Nacharbeit an der Summe aller Prozesse wieder. Kunden wünschen eine hohe Produktqualität. Die gute Qualität eines Produktes ist das Ergebnis einer guten Prozessqualität. Frage: Wie vollständig und fehlerfrei erfüllen die Prozessergebnisse die Ansprüche der Kunden?
Berechnung	$\text{Fehlerfreiheitsrate} = \frac{\text{Anzahl abgeschlossener Prozesse ohne Nacharbeit} \cdot 100}{\text{Anzahl aller abgeschlossenen Prozesse}}$
Beispiel	*In der Ostermann KG wurden im Monat Oktober 248 Kundenaufträge erledigt, davon wurden 243 fehlerfrei abgewickelt. Das Unternehmen hat für diese Kennzahl eine Zielgröße von 98 % gesetzt.* $\text{Fehlerfreiheitsrate} = \frac{243 \cdot 100}{248} = 97{,}98\ \%$ *Die angestrebte Fehlerfreiheitsrate von 98 % wurde im Monat Oktober (fast) erreicht.*

Kernziel	Niedrige Prozesskosten
Prozesskennzahl	**Prozesskosten** Die Kennzahl drückt die Prozesskosten für abgeschlossene Prozesse aus. Frage: Welche Kosten sind notwendig, um die Leistungen für die Kunden zu erstellen?
Berechnung	Jeder einzelne Prozessschritt wird erfasst, um festzustellen, welche Kosten (Fertigungsmaterial, Fertigungslöhne usw.) für jeden Schritt entstanden sind.
Beispiel	*Die Prozesskostenrechnung wird hier nicht näher betrachtet. Benötigte Werte werden vorgegeben.*

Weitere prozessbezogene Kennzahlen

Die oben erläuterten Kennzahlen sind unmittelbar an die fünf Kernziele gekoppelt und weisen eine hohe Kundenorientierung auf. Sie sollen das Ausmaß der Zielerreichung regelmäßig dokumentieren. Es gibt aber weitere Kennzahlen, die ebenfalls prozessnahe Aussagen treffen.

Kennzahl	Erläuterung/Berechnung
Lieferbereitschaftsgrad	Wahrscheinlichkeit in Prozent, mit der eine Bestellung ohne Verzögerung und vollständig aus dem vorhandenen Lagerbestand abgewickelt werden kann. $\text{Lieferbereitschaftsgrad} = \frac{\text{Anzahl vollständig ausgelieferter Bestellungen} \cdot 100}{\text{Anzahl der gesamten Bestellungen}}$
Fehlerhäufigkeit	Die Kennzahl drückt aus, wie viele Prozesse im Vergleich zur Gesamtzahl aller Prozesse fehlerhaft ausgeführt worden sind. Die Kennzahl ist das Gegenstück zur Fehlerfreiheitsrate (siehe oben). $\text{Fehlerhäufigkeit} = \frac{\text{Anzahl fehlerhaft ausgeführter Prozesse} \cdot 100}{\text{Anzahl der gesamten Prozesse}}$
Reklamationsrate	Vergleichbar mit der Kennzahl „Fehlerhäufigkeit", allerdings werden hier die von Kunden reklamierten Fehler betrachtet. $\text{Reklamationsrate} = \frac{\text{Anzahl Kundenreklamationen} \cdot 100}{\text{Anzahl aller erledigten Aufträge}}$

Kontrolle der Zielerreichung

Es ergibt nur Sinn, sich Ziele zu setzen, wenn auch regelmäßig überprüft wird, inwieweit die Ziele erreicht worden sind, um daraus neue Ziele für die Zukunft abzuleiten. Für die Überprüfung von Zielen stehen zwei Verfahren zur Verfügung.

- **Prozessanalysen**: Sie dienen dazu, Schwachstellen in Prozessen aufzudecken, zu bewerten und die Ursachen zu ermitteln.
- **Prozess-Benchmarking**: Dabei vergleicht man Prozesse im eigenen Unternehmen mit den Geschäftsprozessen in anderen Teilen des eigenen Unternehmens (internes Benchmarking) oder mit fremden Unternehmen (externes Benchmarking). Für den Vergleich werden Referenzprozesse herangezogen, die sich als besonders effektiv und effizient herausgestellt haben (Vergleich mit den Besten, „Best Practice" = bestes Verfahren). Man fragt sich, was die anderen besser machen und was man tun kann, um den gleichen Leistungsstand zu erreichen.
  Dazu sind zunächst die besten Prozesse ausfindig zu machen und ihre Stärken zu erkennen. Auf dieser Grundlage lassen sich die Stärken und Schwächen der eigenen Prozesse bewerten. Durch Anlehnung an die Best-Practice-Prozesse will man dann die eigenen Prozesse verbessern.

Benchmark = (engl.) Maßstab

→ **Prozess-Benchmarking:** Managementmethode, bei der durch den kontinuierlichen Vergleich mit Best-Practice-Prozessen die eigenen Geschäftsprozesse analysiert und an die Referenzprozesse angepasst werden

4.3 Erfolgsfaktoren

Erfolgsfaktoren sind Schlüsselgrößen eines Unternehmens, die über den Erfolg des Unternehmens (= Erreichung der Unternehmensziele) in besonderer Weise entscheiden. Welche Faktoren für ein Unternehmen wichtig sind, hängt von den Gegebenheiten im Unternehmen ab.

Beispiele für typische Erfolgsfaktoren

- *Produktqualität (das Unternehmen profiliert sich bei seinen Kunden durch eine Spitzenqualität)*
- *Preis-Leistungs-Verhältnis (preisgünstige und gute Produkte)*
- *Produktinnovationen*
- *Lieferzeiten und Liefertreue*
- *Kundenservice*
- *Produktionsprogramm (Produktvielfalt für den Kunden oder ein Spezialprogramm für bestimmte Ansprüche)*

Sind von den Erfolgsfaktoren eines Unternehmens einige (wenige) besonders wichtig für den Unternehmenserfolg, spricht man von **kritischen Erfolgsfaktoren**.

→ **Erfolgsfaktoren:** Schlüsselgrößen, die für die Erreichung der Gesamtziele einer Unternehmung von zentraler Bedeutung sind.

Die Kenntnis der Erfolgsfaktoren, vor allem auch der kritischen Erfolgsfaktoren, ist wichtig für das Geschäftsprozessmanagement, weil dann jene Geschäftsprozesse in besonderer Weise zu optimieren sind, die die Erfolgsfaktoren beeinflussen. Es findet also eine **Priorisierung** der Geschäftsprozesse statt, indem die erfolgskritischen Geschäftsprozesse bevorzugt einem Optimierungsprozess unterworfen werden.

Erfolgsfaktoren		Kritische Erfolgsfaktoren		Priorisierte Geschäftsprozesse
Produktqualität	→	Produktqualität	→	Produktionsprozess
Preis-Leistungs-Verhältnis				
Produktinnovation				
Lieferzeiten und Liefertreue	→	Lieferzeiten und Liefertreue	→	Auftragsbearbeitung
Kundenservice				
Produktionsprogramm				

Beispiel: IT-Unternehmen

Das Unternehmen hat den Kundenservice als den entscheidenden (kritischen) Erfolgsfaktor identifiziert. Alle Geschäftsprozesse, die Dienstleistungen für Kunden erbringen, sind daher regelmäßig im Rahmen von kontinuierlichen Verbesserungsprozessen zu optimieren.

Kontinuierlicher Verbesserungsprozess, siehe Seite 192

4.4 Ist-Aufnahme: Schwachstellenanalyse

Bevor Geschäftsprozesse optimiert werden können, ist in einer Ist-Aufnahme zunächst festzustellen, welche Probleme ausgewählte Prozessabläufe aufweisen. Erst dann können Verbesserungsmaßnahmen geplant werden, damit die angestrebten Unternehmensziele (hier vor allem die Kernziele) auch erreicht werden.

Schwachstellenanalyse: Untersuchung eines Geschäftsprozesses mit dem Ziel, Schwachstellen aufzudecken, damit der Prozess optimiert werden kann.

Welche Schwachstellen in einem Prozess auftreten, ist zunächst von den Besonderheiten des jeweiligen Geschäftsprozesses abhängig und damit sehr vielfältig. In der Praxis sind aber bestimmte Probleme immer wieder feststellbar. Sie sollen nachfolgend vorgestellt werden.

Schwachstellen	Erläuterungen
Fehlende Berücksichtigung von Kundeninteressen	Kundenzufriedenheit wird nicht regelmäßig überprüft. Erst im Beschwerdefall erfährt die Geschäftsleitung, wie in einzelnen Abteilungen mit Kunden umgegangen wird. ***Beispiel:*** *Kunden, die in der Abteilung „Verkauf" um ein Angebot bitten, müssen im Regelfall mehrmals nachfragen, bis sie schließlich ein Angebot erhalten.*
Prozesse oder Teilprozesse sind nicht wertschöpfend	Wertschöpfend sind jene Prozesse, die das Prozessergebnis aus Sicht des Kunden erhöhen (siehe unten). ***Beispiel:*** *Nachlieferung aufgrund einer Kundenreklamation*
Systembruch	Daten werden in verschiedenen Systemen verwaltet, die nicht miteinander ausgetauscht werden können. ***Beispiel:*** *Kundenbestellung wird im Warenwirtschaftssystem erfasst. Die Zahlungsüberwachung geschieht durch ein separates Buchführungsprogramm.*
Organisationsbruch	Zusammenhängende Prozessschritte werden von verschiedenen Abteilungen/Stellen durchgeführt. Es entstehen **Schnittstellen** (siehe unten). Jede Schnittstelle ist eine Fehlerquelle. ***Beispiel:*** *Eine Auftragsbearbeitung durchläuft alle Abteilungen eines Unternehmens, folglich sind viele Mitarbeiter an diesem Prozess beteiligt.*
Medienbruch	Daten werden in einer anderen Form weitergereicht, als man sie erhalten hat. ***Beispiel:*** *Übernahme von Daten aus einer Liste (Papier) in ein ERP-System (elektronische Erfassung)*
Doppelarbeit	Gleiche Prozesse werden an unterschiedlichen Stellen im Unternehmen ausgeführt. ***Beispiel:*** *In einem Krankenhaus werden Patientendaten in der Zentrale erfasst und dann noch einmal auf der zuständigen Station.*
Schwachstellen bei Kontrollarbeiten	Arbeitsabläufe können zu oft, zu wenig oder auch zu spät geprüft werden. Fehlerhafte Abläufe können kontrollierende Rückfragen zur Folge haben. ***Beispiel:*** *Genehmigung auch von kleinen Anschaffungen durch den Vorgesetzten*
Nacharbeit	Fehler in der Prozessdurchführung erfordern Wiederholungsarbeiten. ***Beispiel:*** *Bei der abschließenden Qualitätskontrolle werden Fehler festgestellt. Das Produkt muss erneut in den Produktionsprozess.*
Fehlende Parallelisierung	Prozessschritte verlaufen hintereinander, obwohl eine parallele Bearbeitung möglich wäre. In der Folge entstehen Zeitverluste. ***Beispiel:*** *Ein Investitionsplan wird zunächst der Abteilung Controlling und dann der betroffenen Abteilung Produktion zur Genehmigung vorgelegt.*

Schwachstellen	Erläuterungen
Wartezeiten/ Liegezeiten/ lange Wege	Zeiten, in denen Mitarbeiter nicht produktiv tätig sein können ***Beispiel:*** *Für die Bearbeitung eines Vorgangs ist eine Rückfrage bei einem Mitarbeiter erforderlich. Die Antwort verzögert sich.*
Mitarbeiter nicht ausreichend motiviert	Durch Fehlbesetzung (über- oder unterforderte Mitarbeiter) sowie durch Ausschluss von Informationen oder Entscheidungsbefugnis fehlt es an Mitarbeitermotivation.

Schnittstellen

Unternehmen, die in ihrer Aufbauorganisation nach Funktionen (Abteilungen) aufgebaut sind, erzeugen durch die notwendige Arbeitsteilung bei der Erbringung von Leistungen für Kunden zwangsläufig (interne) Schnittstellen. Das sind die Nahtstellen zwischen den einzelnen Funktionsbereichen (Abteilungen, Personen). Schnittstellen existieren aber auch im Verhältnis des Unternehmens zu seinen Lieferanten und Kunden (externe Schnittstellen). An Schnittstellen entsteht Kommunikations-, Koordinations- und Kontrollaufwand, um die unterschiedlichen Interessen und Ziele aufeinander abzustimmen.

Siehe Aufbauorganisation, Seite 163

Schnittstellen: Nahtstellen zwischen den Funktionsbereichen (Abteilungen, Personen) in der Aufbauorganisation

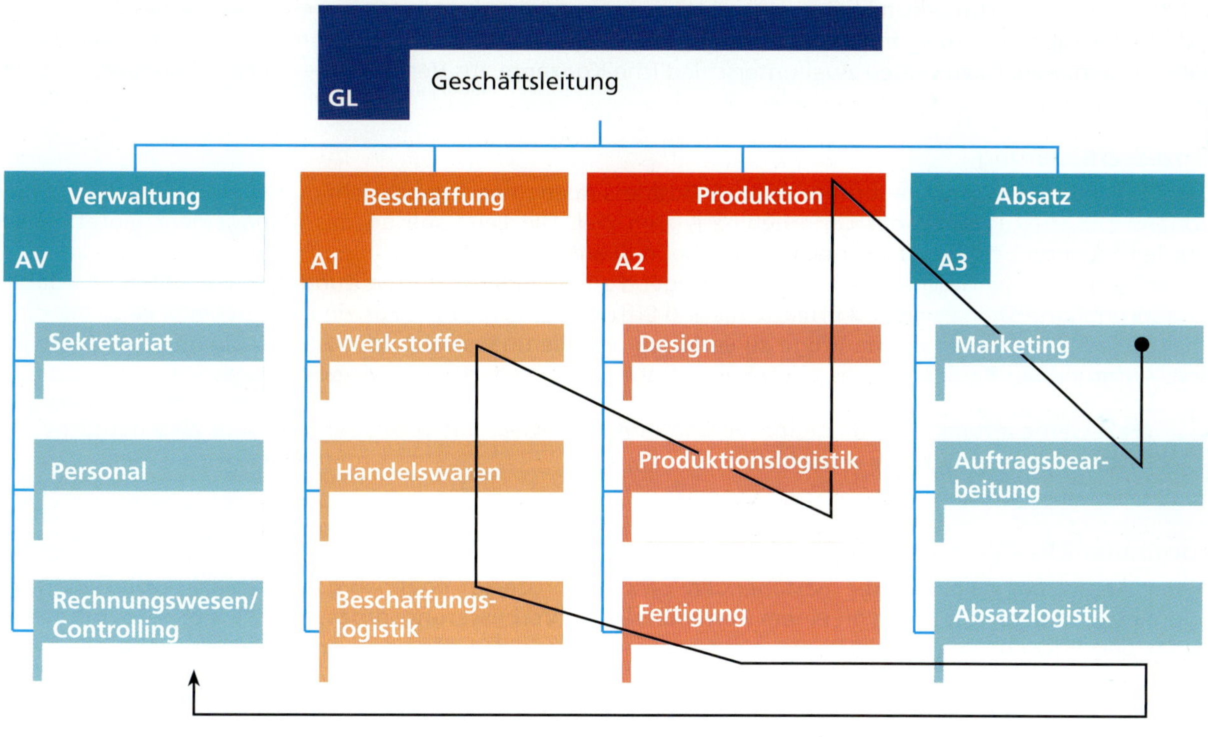

Schnittstellen = Fehlerquellen
- Zeitverlust
- Informationsverlust
- Verantwortungsverlust

Betrachtet man eine funktionsorientierte Auftragsabwicklung (siehe Abbildung oben), wird deutlich, dass von diesem Prozess alle Abteilungen des Unternehmens und damit viele Personen betroffen sind. Es existieren folglich auch zahlreiche Schnittstellen. Und jede Schnittstelle ist eine Fehlerquelle, weil bei der Übergabe **Informationen** verloren gehen, der Ablauf durch **Liegezeiten** unterbrochen wird und die Zuordnung der organisatorischen **Verantwortlichkeit** erschwert wird (Wer ist für einen Fehler verantwortlich, wenn er erst am Ende eines Prozesses entdeckt wird?).

Siehe auch funktionsorientierte Auftragsabwicklung, Seite 154

Durch eine **Schnittstellreduktion** verspricht man sich eine Verringerung dieser Fehler.

Leistungsergebnis von Prozessen

Bei der Schwachstellenanalyse ist auch zu fragen, ob Prozesse, wie sie z. B. in einem Flussdiagramm abgebildet werden, überhaupt wertschöpfend sind, also den Wert des Prozessergebnisses für den Kunden erhöhen (Kaizen: „Nur was dem Kunden nützt, hat Wert.“). Dabei ist es hilfreich, die Prozesse wie folgt zu unterscheiden:

Kaizen: japanisches Managementkonzept zur kontinuierlichen Prozessverbesserung

Leistungsarten	Erläuterung	*Beispiele*
Nutzleistungen	Tragen aus Sicht der Kunden zur Wertsteigerung bei	– *Montage von Fahrrädern* – *Erstellung eines Angebotes*
Stützleistungen	Tragen nur indirekt zur Wertsteigerung bei und werden vom Kunden nicht wahrgenommen	– *Produktionsplanung* – *Innerbetrieblicher Gütertransport* – *Erstellen einer Verkaufsstatistik*
Blindleistungen	Treten ungeplant auf und sind nicht wertschöpfend; sollten eliminiert werden	– *Mehrfacharbeit* – *Ungeplanter Produktionsstillstand* – *Nachlieferung aufgrund einer Kundenreklamation*
Fehlleistungen	Waren als Nutz- und Stützleistung geplant; konnten aufgrund eines Fehlers aber nicht realisiert werden	– *Mangelhafte Produkte* – *Falschauslieferungen* – *Ungültiges Angebot wegen Überschreitung des Abgabetermins*

Im Rahmen der Prozessoptimierung sind alle nicht wertsteigernden Teilprozesse auf ein Mindestmaß zu begrenzen.

4.5 Prozessoptimierung

4.5.1 Optimierungskonzepte

Das Geschäftsprozessmanagement hat zum Ziel, die Effektivität und Effizienz von Geschäftsprozessen nachhaltig zu erhöhen. Dazu stehen zwei unterschiedliche Konzepte zur Verfügung – ein revolutionäres und ein evolutionäres.

Prozesserneuerung

Das Konzept der Prozesserneuerung, auch als **Business Reengineering** bezeichnet, hat eine radikale (revolutionäre) Umstrukturierung des Unternehmens zum Ziel. Die Leitfrage an das Management lautet: „Wie würden Sie vorgehen, wenn wir noch einmal bei null anfangen könnten?"

Angestrebt wird, die Geschäftsprozesse grundlegend zu verändern, auf die Kunden auszurichten und dabei eine sprunghafte Steigerung von Effektivität und Effizienz zu erreichen. Für ein Unternehmen kann das eine Chance bedeuten, eingefahrene Wege zu verlassen und die unausweichliche Betriebsblindheit zu überwinden. Aufgrund der Radikalität des Vorgehens ist aber ein Scheitern nicht ausgeschlossen.

> **Prozesserneuerung:** Grundlegende Veränderung von Geschäftsprozessen mit dem Ziel, deutliche Leistungssteigerungen zu erreichen.

Kontinuierlicher Verbesserungsprozess (KVP)

Dieser Ansatz hat zum Ziel, die bestehenden Geschäftsprozesse regelmäßig (allmählich, evolutionär) zu optimieren. Man spricht auch von einem **Kontinuierlichen Verbesserungsprozess** (KVP). Ziel ist es, die Effektivität und Effizienz von Geschäftsprozessen, ausgedrückt in den fünf Kernprozesszielen (siehe oben), zu steigern.

Man möchte auf diese Weise die Wettbewerbsfähigkeit des Unternehmens verbessern, vor allem durch die Ausrichtung aller wichtigen Geschäftsprozesse auf den Kunden und seine Ansprüche. Im Mittelpunkt von KVP stehen daher solche Prozesse, die vom Kunden in Gang gesetzt werden (z. B. Bestellungen, Rechnungsausgleich, Reklamationen). Da Verbesserungen in der Praxis oft nur von kurzer Dauer sind, weil vielfach nicht die Ursachen von Problemen behoben werden, zielt die Prozessverbesserung auf eine **nachhaltige** Beseitigung von Problemstellen.

> **Kontinuierlicher Verbesserungsprozess (KVP):** Regelmäßige und nachhaltige Optimierung von Geschäftsprozessen, vor allem jener Prozesse, die von Kunden ausgelöst werden.

Verbesserungskreislauf

Es gibt verschiedene Vorschläge, kontinuierliche Verbesserungsprozesse zu organisieren, z. B. das japanische **Kaizen**, das eng mit KVP verwandt ist. Diese Vorschläge haben eine gemeinsame Problemlösungstechnik, die sich in vier Schritten darstellt und **PDCA-Zyklus** genannt wird.

Problemlösungstechnik	PDCA-Zyklus
1. Ist-Situation wird analysiert und Verbesserungen werden geplant	1. **Plan**
2. Verbesserungen werden ausgeführt	2. **Do**
3. Überprüfung der Wirkungen der durchgeführten Verbesserungen	3. **Check**
4. Zyklus-Wiederholung, wenn die Ziele nicht erreicht worden sind; waren die Verbesserungen erfolgreich, wird der Prozess als Standard-Prozess definiert	4. **Act**

Die vier Schritte zeigen, dass ein kontinuierlicher Verbesserungsprozess ein „ewiger" Prozess ist, denn auch Standardprozesse werden regelmäßig überprüft und für weitere Verbesserungen geöffnet.

Beispiel: Gästeservice im Hotelrestaurant

Der Ablauf „Restaurantservice" im Hotel Am Markt ist einer genaueren Analyse unterzogen worden. Etwas vereinfacht, denn die Servicekraft bedient nicht nur einen Gast, lässt sich der Geschäftsprozess wie folgt in einem Arbeitsablaufdiagrammdarstellen:

Arbeitsablaufdiagramm

Arbeitsablauf: Restaurantservice

Abteilung: Restaurant

Lfd. Nr.	Stufen des Arbeitsablaufs	Symbole					Zeit (Min.)	Weg (m)
		○	⇨	□	D	▽		
1	Gast wählt einen Tisch im Restaurant				x		1	
2	Servicekraft bringt die Karte zum Gast		x				1	10
3	Rückkehr zur Bedientheke		x				1	10
4	Servicekraft geht zum Tisch		x				1	10
5	Gast wählt Getränk aus; Servicekraft nimmt die Bestellung auf	x					1	
6	Rückkehr zur Bedientheke		x				1	10
7	Zubereitung des Getränks	x					3	
8	Servicekraft bringt das Getränk		x				1	10
9	Gast wählt Gericht aus; Servicekraft nimmt die Bestellung auf	x					1	
10	Servicekraft leitet die Bestellung an die Küche weiter		x				1	10
11	Zubereitung des Gerichts in der Küche; Servicekraft bedient andere Gäste	x					15	
12	Servicekraft serviert das Gericht am Tisch		x				1	10
13	Gast isst; Servicekraft bedient andere Gäste	x					30	
14	Gast ruft die Servicekraft; Servicekraft geht zum Tisch		x				1	10
15	Gast wünscht Rechnung; Servicekraft geht zur Bedientheke		x				1	10
16	Servicekraft erstellt die Rechnung	x					2	
17	Servicekraft geht zum Tisch und bringt die Rechnung		x				1	10
18	Servicekraft kassiert und verabschiedet den Gast	x					2	
19	Servicekraft geht zur Bedientheke, der Gast verlässt das Restaurant		x				1	10
20	Servicekraft geht zum Tisch und räumt auf		x				2	10
21	Rückkehr zur Bedientheke		x				1	10
	Summen:						69	130

Auf diesen Ablauf kann nun der PDCA-Zyklus angewendet werden.

Beispiel: PDCA-Zyklus

Problemlösungstechnik PDCA-Zyklus		Erläuterungen
1. Ist-Situation wird analysiert und Verbesserungen werden geplant	Plan	Die Analyse der Ist-Situation, wie sie im Arbeitsablaufplan dargestellt worden ist, ergibt, dass die Servicekraft häufig zwischen dem Gast und der Bedientheke hin und her pendelt. Es gibt mobile Bestellsysteme, die alle Eingaben sofort an das Kassensystem und an den Küchendrucker senden. Die Servicekraft kann mit dem Gerät auch die Rechnung ausdrucken. (Die als überflüssig erscheinenden Arbeitsschritte sind im Arbeitsablaufplan farbig hervorgehoben worden.)
2. Verbesserungen werden ausgeführt	Do	Eine Servicekraft wird mit dem mobilen Bestellsystem ausgestattet; Kassensystem und Küchendrucker werden umgestellt.
3. Überprüfung der Wirkungen der durchgeführten Verbesserungen	Check	Der Einsatz des Systems hat gezeigt, dass pro Gast ca. sechs Minuten Zeit und 60 Meter Wegstrecke eingespart werden können. Gäste und Servicekräfte waren mit dem neuen System sehr zufrieden.
4. Zyklus-Wiederholung, wenn Ziele nicht erreicht worden sind; waren Verbesserungen erfolgreich, wird der Prozess als Standard-Prozess definiert	Act	Der Restaurantservice wird für alle Servicekräfte auf das mobile Bestellsystem umgestellt (= Standard-Prozess).

Die Verbesserungen haben sich positiv auf die Kernziele des Geschäftsprozesses „Restaurantservice" ausgewirkt:

- *Kunden haben sich sehr positiv über die zügige Abwicklung der Bestellungen und der Abrechnung geäußert (hohe **Kundenzufriedenheit**, hohe **Prozessqualität**).*
- *Das mobile Bestellsystem führte zu deutlichen Zeiteinsparungen (kurze **Prozesszeit**).*
- *Die Servicekräfte konnten während ihrer Arbeitszeit mehr Gäste bedienen als vor der Einführung des neuen Systems. Die Lohnkosten verteilten sich folglich auf mehr Gäste (geringe **Prozesskosten**).*
- *Im weiteren Sinne wird auch die **Termintreue** positiv beeinflusst, weil Kunden erwarten, dass ein Gericht in längstens 30 Minuten zubereitet ist.*

*Darüber hinaus ist die **Mitarbeiterzufriedenheit** gestiegen, weil Wege eingespart werden konnten und mehr Gäste auch einen Zuwachs an Trinkgeld mit sich bringen.*

4.5.2 Maßnahmen zur Prozessoptimierung

Sobald die Ist-Analyse eines Geschäftsprozesses durchgeführt wurde und die Probleme identifiziert worden sind, können Maßnahmen entwickelt werden, um die Schwachstellen zu mindern oder zu beseitigen. Ziel ist es, die Effektivität und Effizienz der Geschäftsprozesse (siehe die fünf Kernziele, Seite 186) zu steigern. Folgende Maßnahmen sind häufig geeignet, Geschäftsprozesse zu optimieren:

Maßnahmen	Erläuterungen/Beispiele
Weglassen	Medienbrüche, entbehrliche Prüfarbeiten, Prozesse, die keine Wertschöpfung leisten oder keine Leistungen für Kunden erbringen, unnötige Berichte und Statistiken, auch aktuell nicht nachgefragte Warenvorräte, Nachrechnen von Kalkulationen, unnötige Unterschriften von Vorgesetzten *Beispiel für unnötige Unterschriften:* *Über Beschaffungen bis 1.000,00 € kann ein Mitarbeiter eigenständig entscheiden; darüber hinausgehende Anschaffungen muss der Vorgesetzte gegenzeichnen.*
Beschleunigen (Durchlaufzeiten verkürzen)	Warte- und Liegezeiten vermeiden, moderne Arbeitsmittel nutzen (elektronisches Formular anstelle eines Papierformulars); Automatisieren, Kontrollen im Prozessverlauf reduzieren (durch Selbstkontrollen ersetzen), weniger/keine Rückfragen (Schleifen im Flussdiagramm reduzieren), Zwischenlagerungen verringern, unnötige Transporte (von Material und Informationen) vermeiden *Beispiel:* *Büros, die an einem gemeinsamen Prozess beteiligt sind, werden räumlich nah zueinander angeordnet.*

Maßnahmen	Erläuterungen/Beispiele
Zusammenfassen	Aktivitäten, die bisher von mehreren Mitarbeitern erledigt wurden, in die Hand eines Mitarbeiters legen, um Schnittstellen zu reduzieren.
Parallelisieren	Den Prozessverlauf prüfen, ob die Aktivitäten unbedingt hintereinander erledigt werden müssen. Ist das nicht der Fall, eignen sich diese Prozessschritte für eine parallele Bearbeitung.
Auslagern	Aktivitäten an spezialisierte Dienstleister outsourcen, um die eigene Organisation zu entlasten und die Qualität zu verbessern.
Verlagern	Aktivitäten aus der Schlussphase nach vorne verlagern und z. B. parallel bearbeiten lassen.
Ergänzen	Hinzufügen von Prozessschritten, um die Prozessqualität zu verbessern.
Mitarbeitermotivation steigern	Komplexere Aufgaben durch Zusammenlegen von Tätigkeiten, mehr Entscheidungskompetenz und Gestaltungsmöglichkeiten für den Mitarbeiter; Arbeitsbedingungen verbessern ***Beispiele für die Verbesserung von Arbeitsbedingungen:*** *Ergonomie am Arbeitsplatz optimieren, arbeitnehmerfreundliche Pausenregelungen, Mitsprache bei der Arbeitsplatzgestaltung*

Die Maßnahmen überschneiden sich gelegentlich. Das Weglassen von Prüfarbeiten beschleunigt beispielsweise im Regelfall auch die Durchlaufzeit.

Umsetzung der Verbesserungsprozesse

In der Praxis wird häufig ein **Steuerkreis** auf Geschäftsleitungsebene eingerichtet, der die gesamten Aktivitäten im Geschäftsprozessmanagement koordiniert. Für jeden Kernprozess werden dann **Prozessteams** gebildet, die sich um die Verbesserung ihres Prozesses kümmern. In diesen Teams sollten die betroffenen Mitarbeiter vertreten sein, weil sie die beste Prozesskenntnis besitzen.

Kernprozess, sieheSeite 158

Über die beschlossenen Maßnahmen zur Prozessoptimierung sollte **Protokoll** geführt werden, damit sie im Rahmen des PDCA-Zyklus nachvollziehbar sind. Durch **Prozessberichte** wird festgestellt, inwieweit die Prozessziele (Kernziele) erreicht worden sind.

PDCA-Zyklus, siehe Seite 192

Zusammenfassung

Geschäftsprozessoptimierung

Kernziele	Kennzahlen	Erfolgsfaktoren	Schwachstellenanalyse	Prozessoptimierung
▪ Hohe Kundenzufriedenheit ▪ Kurze Prozesszeit ▪ Hohe Termintreue ▪ Hohe Prozessqualität ▪ Niedrige Prozesskosten	▪ Kundenloyalität ▪ Durchlaufzeit ▪ Termintreue ▪ Fehlerfreiheitsrate ▪ Prozesskosten ▪ Lieferbereitschaftsgrad ▪ Fehlerhäufigkeit ▪ Reklamationsrate	▪ Schlüsselgrößen zur Erreichung der Gesamtziele ▪ Beispiele: – Produktqualität – Preis-Leistungs-Verhältnis – Produktinnovationen – Serviceleistungen – Produktionsprogramm **Optimierungskonzepte** ▪ Prozesserneuerung ▪ Prozessverbesserung ▪ PDCA-Zyklus	▪ Unberücksichtigte Kundeninteressen ▪ Nicht wertschöpfend ▪ Systembruch ▪ Organisationsbruch ▪ Medienbruch ▪ Doppelarbeit/ Nacharbeit ▪ Fehlende Parallelisierung ▪ Wartezeiten, Liegezeiten, lange Wege ▪ Schlecht motivierte Mitarbeiter ▪ Schnittstellen	▪ Weglassen ▪ Beschleunigen ▪ Zusammenfassen ▪ Parallelisieren ▪ Auslagern ▪ Verlagern ▪ Ergänzen ▪ Motivation steigern

5 Qualitätsmanagement

Lernsituation 5: Eine Verfahrensanweisung entwerfen

Geschäftsprozessmanagement, siehe Seite 152

Kernziel Kundenzufriedenheit	
Qualitätsmanagement:	WAS ist zu tun?
Geschäftsprozessmanagement:	WIE ist es zu tun?

Das Geschäftsprozessmanagement eines Unternehmens hat das Ziel, Prozesse so zu gestalten, dass sie effektiv, d.h. kundenorientiert, sind und dass sie effizient, d.h. wirtschaftlich, ablaufen. Dabei steht die Kundenzufriedenheit immer im Mittelpunkt. Das Geschäftsprozessmanagement gibt Antwort auf die Frage, **wie** Prozesse organisiert werden müssen. Das Qualitätsmanagement hat die gleiche Zielrichtung: Auch hier steht die **Kundenzufriedenheit** an erster Stelle. Das Qualitätsmanagement fragt allerdings, **was** zu tun ist, damit dieses Ziel erreicht wird. Geschäftsprozessmanagement und Qualitätsmanagement sind daher eng miteinander verbunden. Das Qualitätsmanagement ist wie das Geschäftsprozessmanagement **prozessorientiert**.

5.1 Definitionen

Qualitätsbegriff

In den Normen zum Qualitätsmanagement (ISO 9000 ff., siehe unten) wird festgelegt, was ganz allgemein unter „Qualität" zu verstehen ist.

> **Qualität** ist der Grad, in dem ein Produkt oder eine Dienstleistung gestellte Anforderungen erfüllt.

Siehe auch Erfolgsfaktoren, Seite 189

Aus dieser Definition wird sichtbar, dass Qualität nicht etwas ist, das man exakt aus einer Norm ablesen kann. Qualität liegt vor, wenn die erbrachten Produkte und Dienstleistungen mit den Qualitätsansprüchen der Kunden übereinstimmen. Die Ansprüche von Kunden sind sehr unterschiedlich. Grundsätzlich haben Kunden vor allem folgende Anforderungen an Produkte und Dienstleistungen:

- Verwendung hochwertiger Materialien, attraktives Design, hohe Zuverlässigkeit, leichte Bedienbarkeit, fehlerfrei, umweltverträglich
- Gutes Preis-Leistungs-Verhältnis
- Regelmäßige Produkt- und Dienstleistungsinnovationen
- Kurze und verlässliche Lieferzeiten
- Leistungsstarker Kundenservice
- Vielfältiges Produktions-/Leistungsprogramm

Qualitätsmanagement

> **Qualitätsmanagement (QM):** Alle Bemühungen der Führung eines Unternehmens, die Qualität von Produkten, Leistungen und Prozessen gezielt zu verbessern; dies geschieht z. B. durch Qualitätsplanung, Qualitätslenkung und Qualitätssicherung.

Als **Qualitätsmanagementsystem** bezeichnet man eine Methode der Unternehmensführung, an der sich das Qualitätsmanagement orientiert. Damit soll sichergestellt werden, dass die Geschäftsprozesse zuverlässig geprüft und verbessert werden. Der Begriff „System" bedeutet an dieser Stelle, dass hier ein umfangreiches Anforderungsprofil entwickelt worden ist. Letztlich geht es darum, die Aufbau- und Ablauforganisation eines Unternehmens systematisch zu dokumentieren.

> **Qualitätsmanagementsystem:** Methode zur Unternehmensführung mit dem Ziel, das Qualitätsmanagement als systematische und dauerhafte Aufgabe zu organisieren

Von **Total Quality Management** (TQM) spricht man, wenn die Unternehmensleitung anstrebt, alle Bereiche des Unternehmens durchgängig und fortlaufend einem kontinuierlichen Verbesserungsprozess zu unterziehen und die Qualität zu einer zentralen Zielgröße zu machen.

5.2 Gründe für ein Qualitätsmanagement

Die Produkte und Dienstleistungen von Unternehmen sind häufig Bestandteil von Produktionsprozessen anderer Unternehmen. Die Käufer verlangen daher, dass genau definierte Qualitätsstandards eingehalten werden, denn auch die Käufer haben ihren jeweiligen Kunden eine bestimmte Qualität ihrer Produkte und Dienstleistungen zugesichert.

Beispiel:
Der Zulieferer eines Automobilherstellers, der Beleuchtungssysteme herstellt, muss genau bestimmte Qualitätsmerkmale erfüllen, bevor ein Auftrag erteilt wird. Und auch die laufenden Lieferungen werden regelmäßig auf Einhaltung der Qualitätsstandards überprüft.

Unabhängig von der Einzelprüfung eines Produktes benötigen Unternehmen ein anerkanntes Verfahren, mit dem sie anderen Unternehmen nachweisen können, dass ihre Produkte unter Produktionsbedingungen hergestellt werden, die eine gleichbleibende Produktqualität gewährleisten. Dies geschieht, indem in einem Unternehmen ein Qualitätsmanagementsystem eingerichtet wird, das über unabhängige Prüfverfahren nach außen nachgewiesen werden kann (Zertifizierung). Automobilhersteller verlangen z. B. von ihren Zulieferern, dass sie zertifiziert sind.

Siehe Zertifizierung Seite 201

Neben **gewerblichen Kunden** sind es natürlich auch **Endverbraucher**, die eine hohe Produktqualität verlangen. Aber auch **Lieferanten, Behörden, Mitarbeiter** und z. B. **Aktionäre** werden im Rahmen des Qualitätsmanagements als „relevante interessierte Parteien" eingestuft.

Beispiel:
Die regelmäßigen umfangreichen Rückrufaktionen der Automobilindustrie zeigen, dass die mit den Qualitätsmängeln verbundenen Verkehrsgefahren auch für Behörden von Interesse sind und zu Forderungen nach nachweisbarer Qualität führen.

Letztlich ist es im Interesse eines jeden Unternehmens, eine hohe Produktqualität anzustreben, damit sich der gewünschte Unternehmenserfolg einstellt. Dieser Zusammenhang lässt sich wie folgt beschreiben:

Von der Systemqualität zum Unternehmenserfolg

Der Erfolg eines Unternehmens, der sich z. B. in bestimmten Gewinn- oder Umsatzzielen ausdrückt, kann nur erreicht werden, wenn es gelingt, die Ansprüche der Kunden zu erfüllen. Dies setzt wiederum eine hohe Produktqualität voraus, die sich z. B. im hohen Produktnutzen darstellt. Eine hohe Produktqualität ist aber eng mit der Prozessqualität verbunden, d. h. mit den Produktionsbedingungen, unter denen die Produkte hergestellt werden. Damit diese Prozessqualität entsteht, erfordert es ein Management, das ein Qualitätsmanagementsystem einrichtet und aufrechterhält (Systemqualität). Die Systemqualität ist somit Ausgangspunkt für die **Zukunftssicherheit** eines Unternehmens.

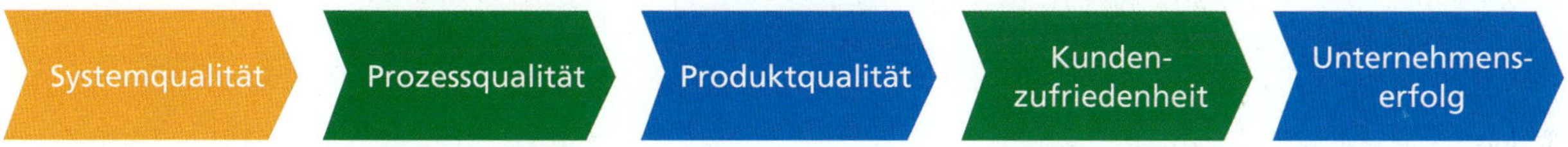

Angesichts der Bedeutung des Qualitätsmanagements für den Unternehmenserfolg sind Betriebe bereit, die hohen Kosten und den Zeitaufwand für die Einrichtung und Erhaltung eines funktionierenden Qualitätsmanagements in Kauf zu nehmen.

5.3 Nachweis der Qualitätssicherung

In der Vergangenheit zeigte sich der Qualitätsruf eines Unternehmens an der Zuverlässigkeit des Endproduktes oder der erbrachten Dienstleistung. Danach trat ein völlig neuer Gedanke in den Vordergrund: Unternehmen mussten ihren Kunden **nachweisen**, dass sie bestimmte Qualitätsanforderungen (Zuverlässigkeit, Pünktlichkeit, Sicherheit) erfüllen können, und zwar nicht, indem man erstklassige Produkte vorzeigte oder einige Probeaufträge zur Zufriedenheit erledigte, sondern durch eine **Dokumentation** über ein bestehendes Qualitätsmanagementsystem. In einheitlichen Normen wurde festgelegt, wie ein Qualitätsmanagementsystem aufzubauen und zu unterhalten ist. Maßgebend ist eine bestimmte Gruppe (Normfamilie) von DIN-Vorschriften:

DIN	**EN**	**ISO**	**9000:**	**2015**	
DIN					**D**eutsche **I**ndustrie **N**orm
	EN				**E**uropäische **N**orm
		ISO			**I**nternational **O**rganization for **S**tandardization (Internationale Organisation für Normung)
			9000		9000er-Norm-Familie, die sich aus den Normen 9000, 9001 und 9004 zusammensetzt
				2015	Fassung der ISO-Norm aus dem Jahre 2015

Die DIN EN ISO 9000 legen fest, welche Anforderungen an ein Qualitätsmanagementsystem gestellt werden, wie es einzurichten ist, aktiv zu steuern ist und systematisch verbessert werden kann.

5.4 Die Normfamilie DIN EN ISO 9000

Das Regelwerk besteht aus den Normen 9000, 9001 und 9004.

DIN EN ISO 9000	DIN EN ISO 9001	DIN EN ISO 9004
Diese Norm beschreibt die Grundlagen für Qualitätsmanagementsysteme und legt die Begriffe fest.	Diese Norm definiert die Anforderungen an ein QM-System vor allem mit dem Ziel der Zertifizierung.	Diese Norm gibt Anleitungen für das Ziel, über die Anforderungen der ISO 9001 hinauszugehen und ein Unternehmen auf Total Quality Management (TQM) auszurichten.

Wesentlich sind die Normen DIN EN ISO 9000 und 9001. Insbesondere die DIN EN ISO 9001 gibt an, welche Forderungen ein Unternehmen zu erfüllen hat, damit es die Bedingungen eines qualitätszertifizierten Unternehmens erfüllt.

Aufbau der DIN EN ISO 9001

PDCA-Zyklus, siehe Seite 192

Die Norm ist entsprechend dem PDCA-Kreislauf aufgebaut. Die nachfolgende Übersicht zeigt, dass die ersten drei Abschnitte eine grundlegende Einleitung der Norm darstellen. Die Abschnitte 4 bis 7 beziehen sich auf die Planung des Qualitätsmanagementprozesses. Abschnitt 8 stellt die Durchführung („Betrieb") dar, während der Abschnitt 9 dem „Check" und Abschnitt 10 dem „ACT" im PDCA-Zyklus entspricht. Damit wird die ausgeprägte Prozessorientierung der Norm deutlich.

Aufbau der DIN EN ISO 9001

1. Anwendungsbereich 2. Normative Leistungen 3. Begriffe	Grundlegende Einleitung	
4. Kontext (Umfeld) der Organisation 5. Führung 6. Planungen 7. Unterstützung	Plan	P
8. Betrieb (Durchführung)	DO	D
9. Bewertung der Leistungen	CHECK	C
10. Verbesserung	ACT	A

5.5 Dokumentation des Qualitätsmanagementsystems

Das Qualitätsmanagementsystem eines Unternehmens schlägt sich nieder in einer umfangreichen Dokumentation. Vor allem folgende Arten von Dokumenten unterscheidet die ISO 9000:

Dokument	Beschreibung/Inhalt
Qualitätsmanagementhandbuch (QMH) (im engeren Sinne)	Stellt Informationen über das Qualitätsmanagementsystem nach innen und außen zur Verfügung
Verfahrensanweisungen	Anweisungen, die sich über mehrere Bereiche eines Unternehmens erstrecken, z. B. für alle Unternehmensbereiche, die selbstständig Einkäufe veranlassen können, oder für gleichartige Arbeitsplätze, die z. B. mit Montagearbeiten betraut sind
Arbeitsanleitungen	Anweisungen, die sich detailliert auf einen Arbeitsplatz beziehen
Mitgeltende Unterlagen	Dokumente, die einen objektiven Nachweis über ausgeübte Tätigkeiten oder erreichte Ergebnisse liefern

QMH im weiteren Sinne	Alle Dokumente, die Gesamtheit der Aufzeichnungen

5.5.1 Qualitätsmanagementhandbuch

Das Handbuch beschreibt das Qualitätsmanagementsystem eines Unternehmens, das von der Leitung entwickelt, in Kraft gesetzt und dessen praktische Anwendung laufend überwacht und angepasst wird. Es handelt sich damit um ein Dokument mit Weisungscharakter. Es bezieht sich auf das Unternehmen als Ganzes. Es kann in Papierform oder elektronisch angelegt sein. Im engeren Sinne gibt das Qualitätsmanagementhandbuch (QMH) lediglich einen Überblick über die Qualitätsziele eines Unternehmens und die Funktionsweise des QM-Systems. Im weiteren Sinne ist das QMH die komplette Dokumentation des Qualitätsmanagementsystems.

5.5.2 Verfahrensanweisungen

In Verfahrensanweisungen werden Grundzüge von organisatorischen Abläufen festgelegt. Sie richten sich an die Abteilungen eines Unternehmens, umfassen also mehrere Arbeitsbereiche. Mithilfe von Verfahrensanweisungen wird auch dem einzelnen Mitarbeiter das Unternehmen transparent gemacht. Er kann dadurch seinen Platz im Gesamtbetrieb erkennen und die Bedeutung seiner qualitätsgerechten Aufgabenerfüllung einschätzen (siehe Beispiele unten und als Flussdiagramm auf Seite 200).

5.5.3 Arbeitsanweisungen

Während eine Verfahrensanweisung z. B. die Beschaffungsvorgänge (nicht nur für Bürobedarf) in allgemeiner Form beschreibt (Lieferantenauswahl, Anforderungen an Lieferanten, Instanzenweg usw.), regeln Arbeitsanweisungen detailliert, wie bestimmte Arbeitsaufgaben durchzuführen sind. Arbeitsanweisungen gelten für einen konkreten Arbeitsplatz. Sie sind ein Hilfswerkzeug für jeden Mitarbeiter, damit er seine Aufgaben qualitätsgerecht erfüllen kann. Eine Arbeitsanweisung für den Einkauf von Bürobedarf würde dem Mitarbeiter deutlich machen, welchen Entscheidungsweg und welche Formalien er zu beachten hat, wenn Bürobedarf (nach-)bestellt werden soll (siehe Beispiel, Seite 200). Wie bei der Verfahrensanweisung werden auch hier die einzelnen Arbeitsschritte häufig in Flussdiagrammen festgehalten.

Beispiel: Verfahrensanweisung Beschaffung

Gerrit Hansen GmbH	Verfahrensanweisung Beschaffung	QM-Element: 08 QM-V-Nr. 8.1 Freigegeben: Frau Hansen

1. Zweck
Diese Verfahrensanweisung soll sicherstellen, dass bei der Beschaffung von Gütern festgelegte Forderungen erfüllt werden.

2. Begriffe
Liste zugelassener Lieferanten: Von der Geschäftsleitung genehmigte Auflistung von Lieferanten

3. Vorgehensweise
Lieferanten von qualitätswirksamen Gütern und Dienstleistungen sind einmal jährlich durch die Abteilungsleitung Beschaffung zu bewerten. Die Bewertung ist mithilfe von Checklisten durchzuführen und zu dokumentieren. Die Dokumentation ist aufzubewahren.
Lieferanten von Produkten oder Dienstleistungen werden nach folgenden Kriterien beurteilt:

- Qualität
- Zuverlässigkeit
- Preis
- Lieferbedingungen
- Zahlungsbedingungen

Lieferanten, die als geeignet bewertet wurden, werden in der Liste der zugelassenen Lieferanten geführt. Die Liste enthält mindestens zwei Lieferanten für das gleiche Produkt oder die gleiche Dienstleistung. Lieferanten, die die Kriterien nicht erfüllen, werden nachverhandelt oder ausgelistet.
Die Beschaffung von Anlagegegenständen und Gebrauchsgütern ist bei der Geschäftsleitung zu beantragen. Dies gilt nicht für Verbrauchsgüter des täglichen Bedarfs (Bürobedarf).
Für die Überwachung des Verfahrens ist die Abteilung Verwaltung zuständig.

4. Mitgeltende Unterlagen
Arbeitsanweisungen:
- Beschaffung von Anlagegegenständen und Gebrauchsgütern
- Beschaffung von Verbrauchsgütern (Bürobedarf)

Checklisten
Liste zugelassener Lieferanten

Revision:	Änderungsdatum:	Seite 1 von 1

Beispiel: Arbeitsanweisung für die Beschaffung von Bürobedarf

Gerrit Hansen GmbH	Arbeitsanweisung Beschaffung Bürobedarf	QM-Element: 08 QM-A-Nr. 8.1 Freigegeben: Frau Hansen

1. Zweck
Diese Arbeitsanweisung beschreibt die Vorgehensweise bei der Beschaffung von Bürobedarf (Verbrauchsgüter).

2. Anwendungsbereich
Sekretariat

3. Begriffe
Beschaffungsantrag: Formular, mit dem die Beschaffung von Bürobedarfsartikeln zu beantragen ist.

4. Vorgehensweise/Zuständigkeiten
Benötigter Bürobedarf bis zum Einkaufsbetrag von 500,00 € wird von der Abteilungsleitung geprüft und genehmigt. Der Vorgang ist im Beschaffungsantrag zu dokumentieren. Der Antrag enthält alle notwendigen Daten für den Bestellungsvorgang durch die zuständige Stelle (Handelswaren).
Beschaffungen mit höheren Beträgen werden von der Abteilungsleitung mithilfe des Beschaffungsantrages bei der Verwaltung beantragt und dort geprüft und genehmigt.
Erstellen des Beschaffungsantrages: Abteilungsleiter/-in

5. Mitgeltende Unterlagen
Verfahrensanweisung Nr. QM-V-8.1
Liste zugelassener Lieferanten
Beschaffungsantrag

Revision:	Änderungsdatum:	Seite 1 von 1

Beispiel: Verfahrensanweisung „Beschaffung" als Flussdiagramm

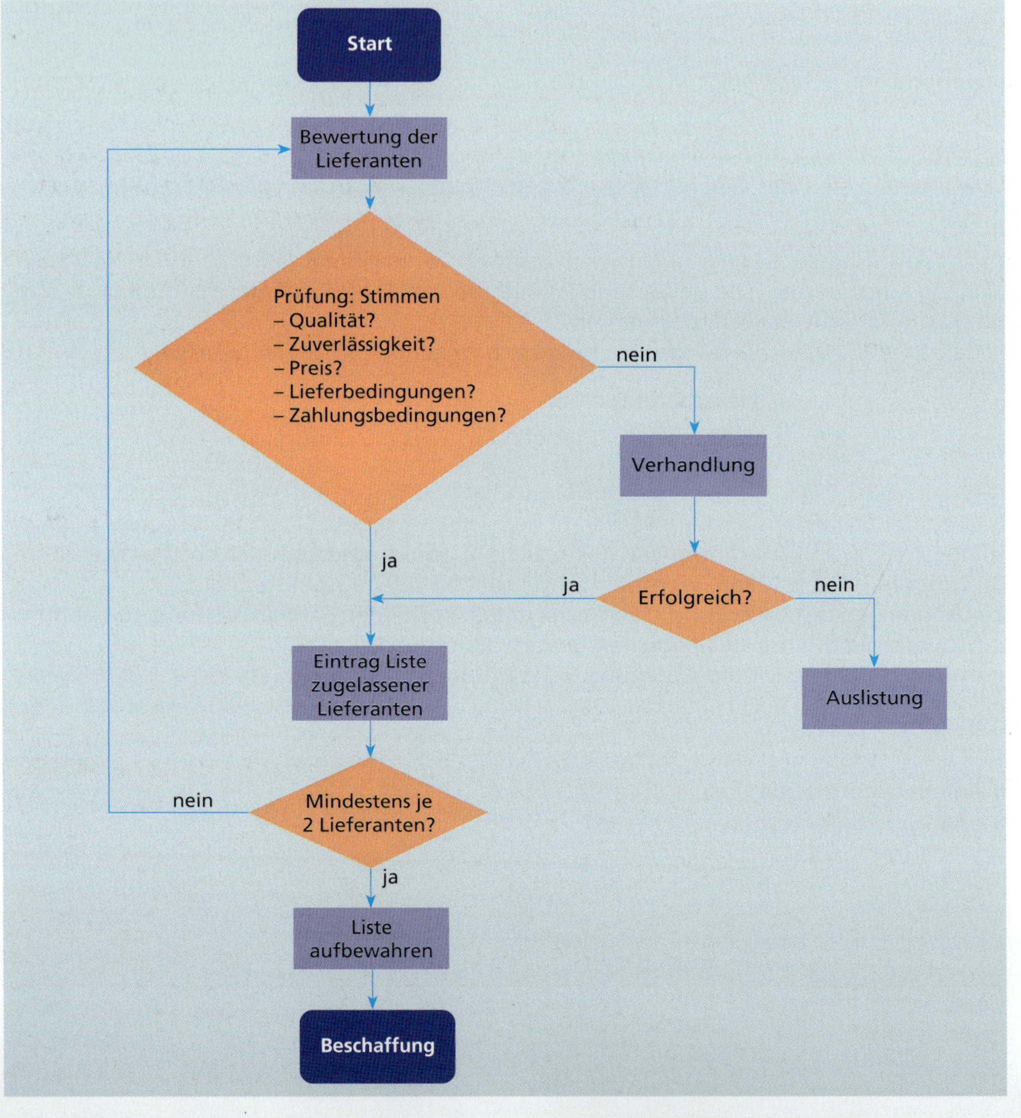

5.6 Zertifizierung

Bei der Zertifizierung handelt es sich um die Begutachtung eines Qualitätsmanagementsystems in einem speziellen Verfahren durch einen unabhängigen Dritten (**externes Qualitätsaudit**), z. B. durch den TÜV. So wie bei einer Kfz-Hauptuntersuchung die Funktionsfähigkeit eines Fahrzeugs überprüft wird, stellt hierbei ein Team von Fachleuten fest, ob ein funktionsfähiges QM-System existiert. Dazu befragen die Fachleute (das sogenannte „Audit-Team") die Unternehmensleitung, werten das QM-Handbuch aus und vergleichen in Stichproben die in Verfahrens- und Arbeitsanweisungen beschriebenen Abläufe mit den Vorgängen in der Praxis. Abweichungen zwischen den schriftlichen Unterlagen und der Realität werden protokolliert und müssen vom Unternehmen überarbeitet werden. Sind alle Korrekturen durchgeführt worden, wird ein Zertifikat für die Dauer von drei Jahren erteilt. Während dieser Zeit wird in Zwischenprüfungen festgestellt, ob der im Zertifikat bescheinigte Qualitätsstandard auch eingehalten wird.

audire (lat.) = hören

Externes Audit: Untersuchungsverfahren, mit dem durch unabhängige Dritte festgestellt werden soll, ob geforderte Standards auch eingehalten werden
Zertifizierung: Verfahren, mit dem die Einhaltung bestimmter Anforderungen an ein Qualitätsmanagementsystem nachgewiesen wird

5.7 Entwicklung eines Qualitätsmanagementsystems

Ein Qualitätsmanagementsystem aufzubauen ist eine komplexe Aufgabe, die eine Herausforderung für das gesamte Unternehmen darstellt. Folgende Aufbauschritte sind gewöhnlich festzustellen:

1. Die Unternehmensleitung entschließt sich, ein QM-System zu entwickeln.
2. Die Qualitätsanforderungen der Kunden werden erfasst.
3. Die betriebliche Ausgangslage wird ausgelotet. Zu diesem Zweck wird eine Projektorganisation unter der Leitung eines Qualitätsbeauftragten ins Leben gerufen. Dieser wiederum stellt Arbeitsgruppen zusammen, in denen jede Abteilung des Unternehmens vertreten ist.
4. Die Projektorganisation entwickelt ein Konzept, das der Unternehmensleitung vorzulegen und von ihr zu genehmigen ist.
5. Nach der Genehmigung können das QM-Handbuch sowie die Verfahrens- und Arbeitsanweisungen entworfen werden. Dazu tragen die Mitarbeiter die in ihrem Aufgabenbereich vorhandenen Unterlagen zusammen, entwickeln daraus Beschreibungen der organisatorischen Abläufe und stimmen sie untereinander ab. Die Anweisungen werden schließlich nach den Elementen der DIN-EN-ISO-Norm gegliedert.
6. Sobald die Dokumentation erstellt ist, kann das QM-System im Unternehmen umgesetzt werden. Die Veränderungen in den Arbeitsabläufen und in den Kommunikationswegen machen oftmals eine Schulung der Mitarbeiter notwendig. Ganz wichtig ist es auch, bei allen Mitarbeitern die Motivation für das neue Qualitätsbewusstsein zu erzeugen.
7. Die Zertifizierung wird beantragt.

5.8 Qualitätsmanagement als permanente Aufgabe

Mit der Zertifizierung sind die Aufgaben des Qualitätsmanagements nicht erledigt. Die DIN EN ISO 9000 hat zum Ziel, die Produktqualität permanent zu verbessern und die Arbeitsabläufe immer wirksamer zu machen. Der Qualitätsverantwortliche hat dazu **interne Qualitätsaudits** durchzuführen, in denen die Mitarbeiter regelmäßig befragt werden mit dem Ziel,

- die Wirksamkeit des QM-Systems zu überprüfen,
- Abweichungen zu dokumentieren und Korrekturen zu veranlassen sowie
- Verbesserungsvorschläge aufzugreifen und umzusetzen.

Wie beim externen Qualitätsaudit (bei der Zertifizierung) wird auch intern gewöhnlich mit Fragebogen gearbeitet.

Beispiel:

Fragen für ein internes Qualitätsaudit
1. Wird das Anforderungsprofil des Kunden in irgendeiner Form festgehalten?
2. Werden Vereinbarungen mit den Kunden bestätigt?
3. Werden Änderungen in der Absprache kenntlich gemacht?
4. Werden die Fachabteilungen über Neukunden informiert?
5. Werden Kundenbefragungen durchgeführt?
6. Werden Anregungen aus Kundenbefragungen umgesetzt?
7. Macht das Büro einen sauberen und aufgeräumten Eindruck?
8. Macht die Werkstatt/Produktionsanlage einen gepflegten Eindruck?

Review (engl.) = Bewertung

Die Ergebnisse der internen Audits fließen ein in das **Management-Review**. Dabei handelt es sich um ein Bewertungsverfahren der Unternehmensleitung, bei dem der Stand und die Angemessenheit des Qualitätsmanagementsystems in Bezug auf die Qualitätspolitik des Unternehmens bewertet werden. Dieses umfassende Review wird gewöhnlich zweimal jährlich durchgeführt. Gegenstände der Betrachtung sind

- Ergebnisse externer Audits (wenn Fremde in Befragungen eingebunden worden sind),
- Ergebnisse interner Audits,
- Analysen von Kundenreklamationen und korrigierenden Maßnahmen,
- die Effizienz bestehender Verfahrens- und Arbeitsanweisungen,
- die Feststellung des Bedarfs an Aus- und Weiterbildung.

> **Internes Audit:** Untersuchungsverfahren, mit dem durch die Befragung der eigenen Mitarbeiter festgestellt werden soll, ob geforderte Standards auch eingehalten werden.

5.9 Beurteilung eines QM-Systems

Obwohl sich die Zertifizierung von Unternehmen immer mehr durchsetzt, nicht zuletzt auch deshalb, weil Großunternehmen als Auftraggeber die Zertifizierung verlangen, steht das Qualitätsmanagement in der Kritik. Dabei wird natürlich nicht der Grundgedanke, also das Streben nach einem möglichst hohen Qualitätsniveau, kritisiert, sondern der hohe Aufwand, der mit der Einrichtung (Implementierung) eines QM-Systems verbunden ist (Bürokratisierung). Auch befürchten viele, ein einmal festgelegtes Anforderungsprofil, wie es im QM-System dokumentiert ist, neige auf Dauer zur Starrheit und verhindere eine flexible Anpassung des Unternehmens an neue technische und ökonomische Erfordernisse. Außerdem wird zu bedenken gegeben, dass die Qualität von Dienstleistungen nur sehr schwer zu erfassen sei.
Diesen Kritikpunkten ist allerdings entgegenzuhalten:

- Der Aufbau eines QM-Systems schafft ein hohes Maß an Transparenz für alle betrieblichen Abläufe.
- Oft werden erstmals im Rahmen eines QM-Systems die Geschäftsprozesse systematisch durchleuchtet und schriftlich fixiert.
- Dadurch, dass Zuständigkeiten, Rechte und Pflichten der Mitarbeiter festgehalten werden, ist die Organisation eines Unternehmens personenunabhängig funktionsfähig.
- Fehlerquellen werden im Anfangsstadium erkannt. Die Fehlervermeidung erhält Vorrang vor der Fehlerbeseitigung. Und nur durch eine systematische Durchleuchtung des Unternehmens kann der hohe Anspruch, möglichst fehlerfrei zu arbeiten (**Null-Fehler-Produktion**), erreicht werden.
- Eine geringere Fehlerquote spart zudem Kosten ein und führt zu mehr Kundenzufriedenheit.
- Vor allem aber wird das Firmenimage aufgewertet, weil die Zertifizierung werbewirksam herausgestellt werden kann.
- Letztlich wird auch die Zukunftssicherheit eines Unternehmens durch ein von allen Mitarbeitern angewandtes Qualitätsmanagementsystem (vor allem in Verbindung mit einem wirksamen Geschäftsprozessmanagement) gefördert.

5.10 Qualitätsmanagement und Umweltschutz

5.10.1 ISO 14001

Unternehmen, die sich als umweltbewusst, z. B. gegenüber ihren Kunden, darstellen wollen, haben die Möglichkeit, ein Umweltmanagementsystem nach **DIN EN ISO 14001:2015-11** einzurichten. Die Zeitangabe im Normtitel verweist auf die letzte Revision im November 2015.
Nach dem Grundgedanken der Norm soll sich ein Unternehmen eigene Umweltziele setzen, ein Umweltprogramm festlegen und ein Managementsystem aufbauen, dass die Zielerreichung sicherstellt. Die Norm macht keine Vorgaben; jedes Unternehmen bestimmt sein Umweltengagement selbst.

Beispiele für Umweltziele:

- *Den Energieverbrauch innerhalb einer bestimmten Zeit auf eine festgesetzte Größe reduzieren*
- *Den Ressourcenverbrauch (Material, Rohstoffe) innerhalb eines Jahres auf eine bestimmte Menge begrenzen*
- *Eine bestimmte Recyclingquote in einem bestimmten Zeitraum erreichen*
- *Einen bestimmten Anteil grüner (erneuerbarer) Energie im Unternehmen einzusetzen*

Das Umweltmanagement soll auch einen kontinuierlichen Verbesserungsprozess als PDCA-Zyklus organisieren.

PDCA-Zyklus, siehe Seite 192

> Die **DIN EN ISO 14001:2015-11** ist eine international anerkannte Umweltnorm, die bestimmte Anforderungen an ein Umweltmanagementsystem festlegt, zu konkreten Umweltzielen aber keine Vorgaben macht.

5.10.2 EMAS

EMAS (Eco-Management and Audit Scheme) hat die Norm ISO 14001 als Grundlage, setzt aber darüber hinaus verschärfte Bedingungen. Unternehmen, Behörden oder Vereine, die eine Zertifizierung nach EMAS anstreben, müssen insbesondere folgende Verpflichtungen erfüllen:

Siehe ausführlich im Informationshandbuch des 1. Ausbildungsjahres

- Die Umweltleistungen (z. B. Energie-, Abwasser-, Abfalleinsparungen, Emissionen) müssen messbar sein und kontinuierlich verbessert werden.
- Es ist eine jährliche **Umwelterklärung** abzugeben, in der die Öffentlichkeit über die eigenen Umweltaktivitäten informiert wird.
- Mitarbeiter sind in den Prozess der kontinuierlichen Verbesserung einzubeziehen.
- Man muss nachweisen, dass die gesetzlichen Umweltvorschriften eingehalten werden.
- Staatlich zugelassene Umweltgutachter überprüfen die EMAS-Unternehmen jährlich.

Fällt das Gutachten positiv aus, kann ein Unternehmen sich über die IHK/Handwerkskammer in das EMAS-Register eintragen lassen und ein **EMAS-Logo** drei Jahre für Marketingzwecke nutzen.
Für kleine und mittlere Unternehmen gelten großzügigere Pflichten: Überprüfung im Zwei-Jahresrhythmus, Registrierungsdauer vier Jahre.

> **EMAS (Eco-Management and Audit Scheme):** Europäische Umweltnorm, die Unternehmen (und andere Organisationen) dabei unterstützt, ihre Umweltleistungen kontinuierlich zu verbessern. Wer eine Zertifizierung anstrebt, muss bestimmte Vorgaben erfüllen.

> **Vergleich ISO 14001 und EMAS**
> **ISO 14001:** international ausgerichtet, aber unverbindlich
> **EMAS:** europäisch orientiert, aber mit verbindlichen Vorgaben

Zusammenfassung

Qualitätsmanagement				
Definitionen	**Gründe**	**Qualitätsnachweis**	**Dokumentation**	**Zertifizierung**
▪ Qualität = Grad der Anforderungserfüllung ▪ Qualitätsmanagement = alle Bemühungen eines Unternehmens zur Leistungsverbesserung ▪ TQM = alle Bereiche des Unternehmens kontinuierlich verbessern	▪ Kundenforderung ▪ Forderung interessierter Parteien: – Endverbraucher – Lieferanten – Behörden – Aktionäre ▪ Zukunftssicherung des Unternehmens	▪ DIN EN ISO 9000 ▪ ISO 9001: definiert die Anforderungen an ein QM-System ▪ Ziel: Zertifizierung ▪ Aufbau nach PDAC-Zyklus **Nachweis für Umweltschutzmaßnahmen** ▪ DIN EN ISO 14001 = Umweltmanagementsystem (unverbindlich) ▪ EMAS = Umweltmanagementsystem mit verbindlichen Vorgaben Umwelterklärung notwendig EMAS-Logo	▪ Qualitätsmanagementhandbuch ▪ Verfahrensanweisungen (für mehrere Arbeitsbereiche) ▪ Arbeitsanweisungen (bezogen auf einen Arbeitsplatz) ▪ Mitgeltende Unterlagen ▪ Abläufe als Flussdiagramm	▪ Nachweis über eingehaltene Anforderungen z. B. durch den TÜV ▪ Externes Qualitätsaudit ▪ Permanente Qualitätsverbesserung durch einen kontinuierlichen Verbesserungsprozess

Lernfeld 12
Veranstaltungen und Geschäftsreisen organisieren

1 Voraussetzungen für die Planung von Veranstaltungen

➲ **Lernsituation 1: Die Rahmenbedingungen für eine Tagung festlegen**

1.1 Ziele von Veranstaltungen

→ **Veranstaltung:** geplantes und zeitlich begrenztes Ereignis mit strukturiertem und zielorientiertem Verlauf

Jede Veranstaltung dient einem bestimmten Zweck. Beteiligt sich der Unternehmer an einer solchen Veranstaltung oder will er selber eine Veranstaltung organisieren, wägt er zuvor im Rahmen einer **Kosten-Nutzen-Analyse** ab, ob diese Veranstaltung einen **ökonomischen Nutzen** verspricht. Sind die Kosten im Verhältnis zum Nutzen zu hoch, wird das Unternehmen vermutlich nicht an einer solchen Veranstaltung interessiert sein.
Aber nicht immer lässt sich der **ökonomische Erfolg** einer Veranstaltung eindeutig beziffern. So zum Beispiel kann ein **Image-Gewinn** nicht direkt in Euros umgerechnet werden. Aber Veranstaltungen, die dazu dienen, den Bekanntheitsgrad zu verbessern, helfen neue Kunden zu gewinnen und damit die Umsätze zu steigern. Ein ergänzendes Ziel zum gewünschten Imagegewinn kann zum Beispiel die Festigung der Kundenbindung sein.

Bei der Zielsetzung bestimmter Veranstaltungen sollten die sogenannten **SMART-Kriterien** beachtet werden. Sie helfen, Ziele so zu formulieren, dass der daraus zu erwartende Nutzen maximiert wird.

S = Spezifisch	M = Messbar	A = Akzeptabel	R = Realistisch	T = Terminiert
Das Ziel muss konkret und unmissverständlich formuliert werden. ***Beispiel:*** *Wir wollen nach der Messe eine um 10 % gesteigerte Nachfrage auf dem Markt spüren.*	Das Ziel muss so definiert werden, dass später objektiv zu erkennen ist, ob das Ziel erreicht wurde oder nicht. ***Beispiel:*** *Vor der Messe wurden 100 Kunden beliefert, nach der Messe werden 110 Kunden beliefert.*	Das Ziel soll für alle beteiligten Mitarbeiter attraktiv erscheinen und damit akzeptabel sein. ***Beispiel:*** *Die Mitarbeiter erhalten eine um 2 % höhere Provision, wenn sie neue Kunden für das Unternehmen gewinnen können.*	Ziele müssen so formuliert sein, dass sie durch den Mitarbeiter beeinflusst und auch erreicht werden können. ***Beispiel:*** *Jeder Mitarbeiter bekommt eine um 2 % höhere Provision, wenn er mindestens zwei neue Kunden für das Unternehmen gewinnen kann.*	Es muss ein konkreter Zeitpunkt genannt werden, wann das Ziel erreicht sein soll. ***Beispiel:*** *Eine Woche nach der Messe soll die Nachfrage um 10 % gestiegen sein.*

Um den SMART-Kriterien gerecht zu werden, müssen also folgende Fragen gestellt werden (**operationalisierte** Zielsetzung):

- **Was** soll erreicht werden? (Bestimmung der genauen Inhalte)
- **Wie** soll etwas erreicht werden? (Festlegung der nötigen Maßnahmen zur Zielerreichung)
- **Wie viel** soll erreicht werden? (Bestimmung der Mengen oder Werte, die erreicht werden sollen)
- **Bis wann** soll etwas erreicht werden? (Festlegung des Zeitraumes)

Bei der Zielsetzung solcher Veranstaltungen darf aber niemals die Gesamt-Zielsetzung des Unternehmens außer Acht gelassen werden. Die größtmögliche Zielharmonie muss angestrebt werden.

1.2 Teilnehmer einer Veranstaltung

Werden die Ziele, die Inhalte und die Art der Veranstaltung bestimmt, wird damit letztendlich auch die Zielgruppe, also der Teilnehmerkreis festgelegt. Jede Veranstaltung fordert ihre eigene Zielgruppe, wobei jedes Mitglied einer solchen Zielgruppe spezifische Merkmale zeigt. Dabei sollten vor allem **fünf Merkmale** beachtet werden, die einen Einfluss auf die Planung einer Veranstaltung haben.

Alter

Werden zum Beispiel junge Menschen, vor allem Kinder eingeladen, ist darauf zu achten, dass die Aufmerksamkeit verloren geht, wenn ein Vortrag zu lange dauert. Es sind entsprechende Pausenzeiten einzuplanen.
Ältere Menschen sehen und hören oft schlechter. Bei einer visuellen Präsentation, z. B. mit PowerPoint, sollte eine entsprechende Schriftgröße gewählt werden und evtl. eine größere Lautstärke bei Beschallungsanlagen.

Geschlecht

Wurde ein Thema für eine Veranstaltung gewählt, das einen höheren Frauenanteil in der Zielgruppe bewirkt, kann das beispielsweise die Auswahl und die Gestaltung der Veranstaltungsräume beeinflussen.

Wertmaßstäbe

Sie haben in vielerlei Hinsicht Auswirkungen auf die Planung einer Veranstaltung. So haben beispielsweise die ökologischen Wertvorstellungen heute einen ganz anderen Stellenwert bekommen. Mehr Menschen versuchen in ihrem Handeln, der Umwelt gerecht zu werden. Das könnte bedeuten, dass bei Veranstaltungen kein Ein-Weg-Geschirr und nur recyceltes Papier verwendet und ebenso nur Lebensmittel aus ökologischem Anbau angeboten werden.

Sitten und Gebräuche

Diversity Management, siehe Informationshandbuch des 1. Ausbildungsjahres, Seite 68

Aufgrund des Diversity Managements und des globalisierten Handels ist immer mit einer kulturellen Vielfalt unter den Teilnehmern einer Veranstaltung zu rechnen. Das heißt, dass auch besondere Sitten und Gebräuche der Teilnehmer zu berücksichtigen sind. Das kann sich beispielsweise in einem besonderen Essverhalten oder der Einhaltung von Gebets- oder Fastenzeiten zeigen.

Funktion im Unternehmen

Die Funktion eines Teilnehmers gibt Auskunft über den Aufgabenbereich und damit über den Rang in einem Unternehmen. Die Beachtung des Rangs wirkt sich eventuell auf die Festlegung der Sitzordnung aus.

1.3 Veranstaltungsarten

Bestimmte Veranstaltungen, z. B. Sitzungen, Konferenzen oder auch Videokonferenzen, werden allgemein genutzt, um inner- und überbetriebliche Informationen auszutauschen und Probleme zu besprechen. Andere Veranstaltungen wie Seminare, Kongresse haben primär die **Wissensvermittlung** oder den Wissensaustausch zum Ziel. Leider gibt es (abgesehen von dem Begriff „Messe“) keine einheitlichen Normen oder Definitionen für die verschiedenen Veranstaltungsarten. Was der eine als Tagung bezeichnet, ist bei einem anderen eine Konferenz. Eine Abgrenzung der Begriffe untereinander kann aber anhand bestimmter Merkmale erfolgen, die sich in der Fülle der Literatur zum Thema „Veranstaltungsmanagement“ immer wieder zeigen.
Die nachfolgende Tabelle zeigt einen Ausschnitt aus der Vielzahl der Veranstaltungsarten.

Veranstaltungen		
Art	**Merkmale**	**Ziele**
Besprechung	▪ Meist spontan ▪ Geringer organisatorischer Aufwand ▪ Gespräch mit betrieblichem Inhalt ▪ Kleine Gruppegröße ▪ Einladung auch mündlich möglich	▪ Klärung betrieblicher Probleme ▪ Austausch relevanter betrieblicher Informationen
Sitzung	▪ Geplanter Ablauf ▪ Festlegung der Tagesordnungspunkte ▪ Schriftliche Einladung ▪ Bestimmen eines Sitzungsleiters ▪ Bestimmen eines Protokollführers ▪ Meist kleinere Gruppengröße	▪ Austausch relevanter betrieblicher Informationen ▪ Erörterung betrieblicher Probleme ▪ Diskussion möglicher Lösungen
Tagung	▪ Frühzeitige detaillierte Planung des Tagungsablaufs ▪ Größere Teilnehmerzahl (100 bis 200 Teilnehmer) ▪ Dauer: meist ganztägig, kann auch mehrtägig sein ▪ Meist Fachveranstaltung mit Vorträgen von Experten	▪ Austausch überbetrieblicher Erfahrungen ▪ Austausch von Informationen über fachspezifische Themen
Kongress	▪ Weist dieselbe Planungsstruktur und ähnliche Inhalte wie eine Tagung auf ▪ Langfristige Planung ▪ Dauert meist mehrere Tage ▪ Zusammenkunft einer größeren Teilnehmerzahl (100 und mehr Teilnehmer) ▪ Meist wird ein internationaler Teilnehmerkreis angesprochen ▪ Wesentlicher Inhalt sind Fachvorträge mit entsprechenden Diskussionen	▪ Austausch von Information über die Entwicklung in unterschiedlichen Fachrichtungen ▪ Austausch von wissenschaftlichen Erkenntnissen und Erfahrungen
Konferenz	▪ Geringere Vorbereitungszeit ▪ Weniger aufwendige Vorbereitung ▪ Dauert in der Regel einen Tag ▪ Schriftliche Einladung mit Info über Tagesordnung ▪ Bestimmen eines Protokollführers ▪ Geringe Teilnehmerzahl (bis 50 Teilnehmer)	▪ Austausch von Informationen zu einem bestimmten Thema ▪ Diskussion der Themen ▪ Suchen nach Lösungen ▪ Abschließende Beschlussfassung
Videokonferenz 	▪ Diskussion per Telefon und gleichzeitiger Bildübertragung (Teilnehmer der Konferenz hören und sehen sich) ▪ Videoübertragung, z. B. mit der Webcam über das Internet ▪ Teilnehmer können sich somit an unterschiedlichen Orten befinden, während sie an der Konferenz teilnehmen ▪ Renommierte Telefondienstleister bieten die Möglichkeit einer Großkonferenz (bis zu 50 Teilnehmer) per Videoübertragung	▪ Austausch von Informationen zu einem bestimmten Thema ▪ Diskussion der Themen ▪ Suchen nach Lösungen ▪ Abschließende Beschlussfassung

congressus (lat.) = Zusammenkunft

conferre (lat.) = zusammentragen, vergleichen, zusammenbringen seminare (lat.) = erzeugen, säen

World Wide Web (WWW) = weltweites Netz, durch die weltweite Verknüpfung von Computern entsteht das sog. Internet, das auch als Netzwerk bezeichnet wird

Seminar oder Lehrgang bzw. Lehrveranstaltung	▮ Organisation eines Raumes mit entsprechender technischer Ausstattung (Präsentationsmedien wie Beamer etc.) ▮ Höherer Planungsaufwand ▮ Systematische Wissensvermittlung ▮ Kurze Dauer, meist ein bis zwei Tage ▮ Teilnehmerzahl gering (bis zu 30 Teilnehmer)	▮ Interaktive Wissensvermittlung ▮ Erweiterung und Vertiefung von Kenntnissen
„Webinar" (Webseminar) 	▮ Lehrveranstaltung, die über das Internet durchgeführt wird ▮ Teilnehmer kann von jedem Ort aus, der einen Internetzugang ermöglicht, an diesem Seminar teilhaben ▮ Teilnehmer können meist per Mikrofon bzw. Headset (Kombination aus Kopfhörer und Mikrofon) mit dem Dozenten kommunizieren ▮ Per Down- oder Upload können Informationen ausgetauscht werden	▮ Interaktive Wissensvermittlung ▮ Erweiterung und Vertiefung von Kenntnissen
Tag der offenen Tür	▮ Aufwendige Organisation ▮ Frühzeitige Planung nötig ▮ Planung eines Rahmenprogramms ▮ Inhalte: Präsentationen, Betriebsbesichtigungen etc. ▮ Ein Unternehmen öffnet an einem bestimmten Tag die Türen für interessierte Bürger	▮ Imagepflege ▮ Steigerung des Bekanntheitsgrades ▮ Kundenpflege ▮ Schaffung neuer Beziehungen
Messe	**§ 64 Gewerbeordnung (GewO)** (1) Eine Messe ist eine zeitlich begrenzte, im Allgemeinen regelmäßig wiederkehrende Veranstaltung, auf der eine Vielzahl von Ausstellern das wesentliche Angebot eines [Branchenmesse] oder mehrerer Wirtschaftszweige ausstellt und überwiegend nach Muster an gewerbliche Wiederverkäufer, gewerbliche Verbraucher oder Großabnehmer vertreibt. (2) Der Veranstalter kann in beschränktem Umfang an einzelnen Tagen während bestimmter Öffnungszeiten Letztverbraucher zum Kauf zulassen. ▮ Sowohl nationale als auch internationale Besucher ▮ Umfangreiche Vorbereitungsmaßnahmen	▮ Präsentation von Neuheiten ▮ Gewinnung neuer Kunden ▮ Verkauf von Waren
Hausmesse/ Hausausstellungen	▮ Präsentation eines Unternehmens meist im eigenen Betrieb (Haus) ▮ Auch als Verkaufsmesse möglich ▮ Auch hier umfangreiche Vorbereitungen nötig ▮ Bei reinen Ausstellungen werden die präsentierten Waren nicht verkauft	▮ Präsentation von Produkten, insbesondere von Neuheiten ▮ Gewinnung neuer Kunden ▮ Eventuell auch Verkauf von Waren

1.4 Ressourcenverfügbarkeit

Ressource = französisch, Mittel, Quelle

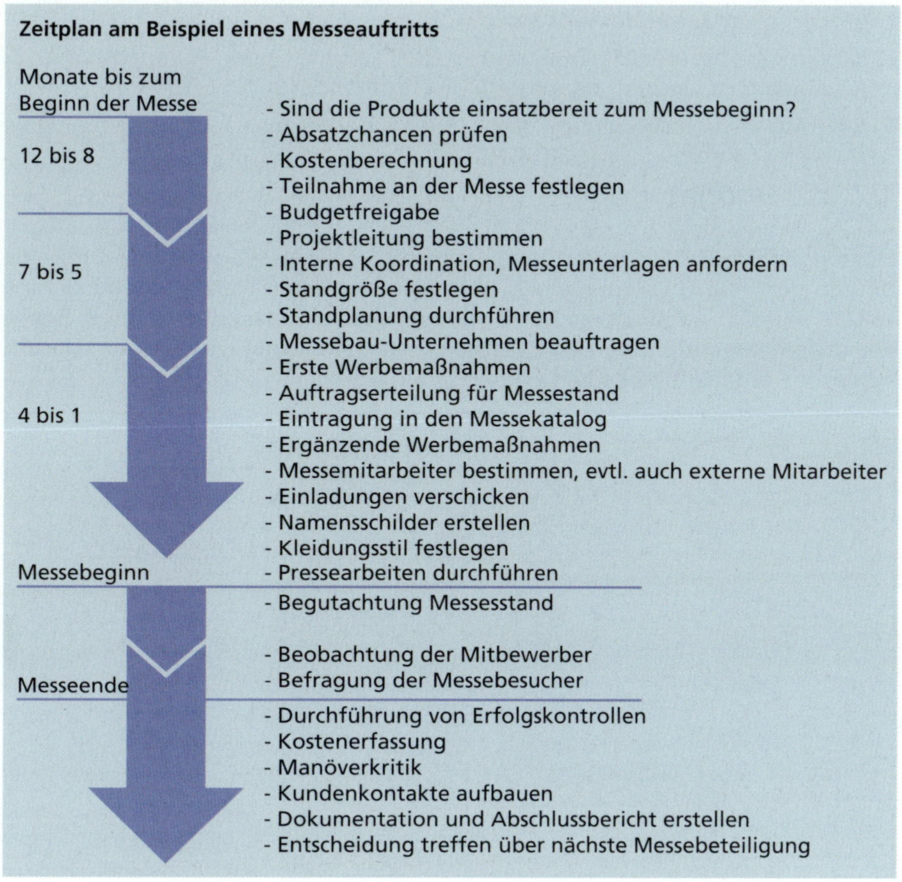

Veranstaltungen sollten stets gut vorbereitet sein, abgesehen von spontanen Besprechungen, die aber im betrieblichen Ablauf immer wieder vorkommen. Je größer eine Veranstaltung ist, desto größer wird der Planungsaufwand sein. Dabei spielt die Ressource **„Zeit"** eine wesentliche Rolle.
Messeauftritte beispielsweise fordern einen Planungszeitraum von bis zu einem Jahr. Ort, Größe und Dauer der Messeveranstaltung beeinflussen den Planungszeitraum maßgeblich.
Neben der Vorbereitungszeit benötigt das Unternehmen die entsprechende Anzahl **Mitarbeiter,** die sich mit der Vorbereitung befasst. So ist etwa zu fragen, ob Mitarbeiter für die Messeplanung, Durchführung und Nachbereitung freigestellt werden können oder Zeitreserven für die beteiligten Mitarbeiter geschaffen werden müssen.
Außerdem stellt sich an dieser Stelle die Frage, ob die Mitarbeiter über die notwendigen Kenntnisse und Erfahrungen verfügen. Ebenso müssen die räumlichen und technischen Ressourcen geprüft werden, z. B. die mediale Ausstattung eines Seminarraumes.

1.5 Qualität und Risiken

Fehlen Kenntnisse und vor allem Erfahrungen im Bereich des Veranstaltungsmanagements, kann die Planung einer Veranstaltung (z. B. eines Messeauftritts) schnell zu einem Misserfolg werden. Eine fehlerhafte Kalkulation der Kosten könnte dabei nachrangig sein. Vielmehr kann ein misslungener Werbeauftritt, z. B. in Form einer Messeveranstaltung, völlig nutzlos gewesen sein und im schlimmsten Fall ein Negativ-Image erzeugt haben.

1.6 Kosten

Die Kosten für eine Veranstaltung hängen von unterschiedlichen Faktoren ab. Je nach Art der Veranstaltung kann eine **interne** oder externe **Durchführung** sinnvoll sein. Interne Veranstaltungen sind in der Regel günstiger. Das hat folgende Gründe:

- Kosten für die Miete eines Seminarraumes entfallen,
- vorhandene Medien wie Smart-Boards müssen nicht angemietet werden,
- ein teures Catering kann entfallen, wenn eine eigene Kantine existiert.

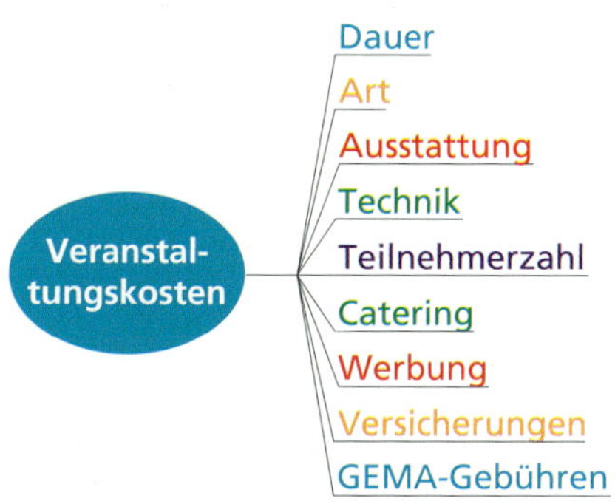

Außerdem bietet diese Form der Veranstaltung den Vorteil, dass Mitarbeiter im Notfall jederzeit verfügbar sind. Die Durchführung einer Veranstaltung an einem Ort außerhalb des Unternehmens, z. B. in einem Seminarhotel (Seminarhaus, Tagungshotel etc.), erhöht die Kosten durch

- eventuell längere Anfahrtswege für die Teilnehmer,
- höhere Übernachtungskosten,
- größeren Organisationsaufwand,
- Kosten für die mediale Ausstattung der Tagungs- oder Seminarräume, z.B. für Tageslichtprojektoren (Overheadprojektoren) oder interaktive Whiteboards (Smartboards),
- Catering (Mehrverpflegungskosten durch längere Abwesenheitszeiten von zu Hause).

1.7 Budget

Letztendlich stellt das zur Verfügung stehende Budget die wichtigste Größe bei der Planung von Veranstaltungen dar. Alle Überlegungen zur Organisation einer Veranstaltung ohne eine vorherige Budgetierung wären hinfällig, wenn sich im Nachhinein herausstellt, dass die Kosten (z.B. einer geplanten Messe) den von der Unternehmensleitung dafür festgelegten Geldbetrag übersteigen. Darum ist es wichtig, zunächst alle möglichen anfallenden Kosten detailliert aufzustellen.

Budget = Summe aller zu erwartenden Kosten

Gerrit Hansen GmbH

Geplantes Seminar: Konfliktmanagement

	Plan-Kosten	Ist-Kosten
Raummiete	845,00 €	
Medien	115,00 €	
Verpflegung	315,00	
Übernachtung	1.200,00 €	
Honorar Referentin	750,00 €	
Info-Material	110,00 €	
Nötiges Budget	3.335,00 €	

Diese Budgetierung muss dann Grundlage für die nachfolgenden Planungen der Veranstaltung sein. Sie hilft, die Kosten in einem für das Unternehmen vertretbaren Rahmen zu halten. Nach der Durchführung der Veranstaltung können dann die tatsächlich entstandenen Kosten mit den geplanten Kosten abgeglichen werden.

Zusammenfassung

Voraussetzungen für die Planung von Veranstaltungen

Ziele

Kosten-Nutzen-Analyse
→ **Angestrebte Ziele:**
- Imagegewinn
- Gewinnung neuer Kunden
- Erhöhung des Bekanntheitsgrades
- Austausch von Informationen
- Festigung der Kundenbindung
- Erhöhung der Handlungskompetenzen der Mitarbeiter

SMART-Kriterien:
- spezifisch
- messbar
- akzeptabel
- realistisch
- terminiert

→ **Operationalisierte Ziele**: Was, wie, wie viel, bis wann

Teilnehmer
- Alter
- Geschlecht
- Wertmaßstäbe
- Sitten und Gebräuche
- Funktion im Unternehmen

Veranstaltungsarten
- Besprechung
- Sitzungen
- Tagung
- Kongress
- Konferenz
- Videokonferenz
- Seminar
- Webinar
- Tag der offenen Tür
- Messe
- Hausmesse/Hausausstellungen

Ressourcenverfügbarkeit
- Zeit
- Mitarbeiter mit entsprechenden Kenntnissen und Erfahrungen

Qualität und Risiken
- Fehlende Kenntnisse
- Fehlende Erfahrungen
- **Folgen:** Misserfolg, Negativ-Image

Kosten

Abhängig von:
- interner Durchführung
- externer Durchführung

Kostenarten:
- Dauer
- Ort
- Ausstattung
- Technik
- Catering
- Werbung
- Versicherungen
- GEMA-Gebühren
- Teilnehmerzahl

Budget

Zur Verfügung stehender Betrag (Summe aller zu erwartenden Kosten)

2 Planung von Veranstaltungen

➲ **Lernsituation 2: Eine Veranstaltung planen**

2.1 Organisation von Veranstaltungen durch externe Dienstleister

Entscheidet sich der Unternehmer für die Beauftragung eines externen Dienstleisters, der sich auf das Veranstaltungsmanagement spezialisiert hat, kann das unter anderem folgende Gründe haben:

- fehlende personelle Ressourcen;
- fehlende Kenntnisse in bestimmten Bereichen der Veranstaltungsplanung;
- Mitarbeiter können sich auf die Kerngeschäfte des Unternehmens konzentrieren;
- die dauerhafte Beschäftigung einer Fachkraft für Veranstaltungsmanagement wäre unwirtschaftlich, weil zu selten Veranstaltungen geplant werden müssen.

Um einen externen Dienstleister zu beauftragen, muss zunächst ein Briefing erstellt werden.

> **Briefing**: Information über wichtige Details (wie Budgetierung, Zielgruppe, Anzahl der Teilnehmer, Ziel der Veranstaltung, eventuell Art der Veranstaltung, Dauer, Zeitpunkt usw.), die dem Dienstleister als Basis für die Erstellung eines Konzeptes dient

Nach der Erstellung dieses Briefings muss nun nach einem passenden Dienstleister (Eventagentur) recherchiert werden. Unternehmen, die regelmäßig solche Agenturen beauftragen, greifen auf bereits vorhandene Daten in Form einer Dienstleisterdatei zurück (interne Informationsquelle).
Gibt es eine solche Datensammlung nicht, müssen externe Datenquellen genutzt werden. Der alternative Blick ins Internet zeigt schnell, wie groß die Zahl solcher Agenturen ist. Verschiedene Portale des Internets wie www.guxme.de oder www.memo-media.de bieten hier den Vorteil, dass sie gezielt Dienstleister rund um das Thema „Veranstaltungsmanagement" präsentieren.
Wurde eine erste Vorauswahl getroffen, wird eine Anfrage inklusive Briefing an diese Agentur verschickt. Die dann erhaltenen Angebote (Grobkonzepte, auch in Form eines Pitches) werden geprüft und bewertet.

Event (engl.) = Veranstaltung

Pitch (engl.) = Präsentation eines Konzeptes, das anhand eines Briefings erstellt wird

Ablauf der Suche nach einer geeigneten Event-Agentur

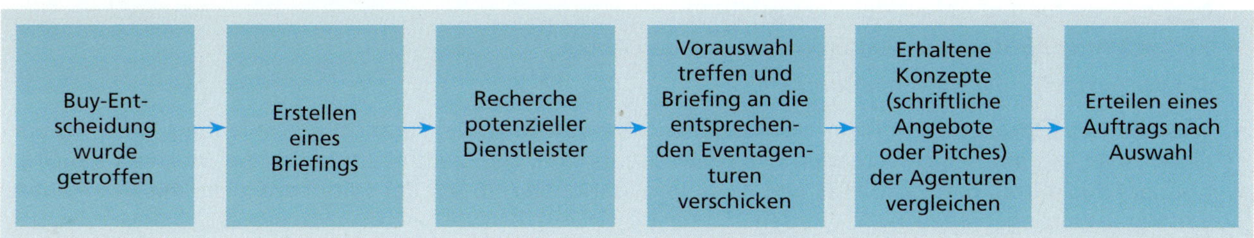

2.2 Interne Organisation von Veranstaltungen

In vielen Unternehmen ist es üblich, dass das Sekretariat Veranstaltungen vorbereitet, die weniger Organisationsbedarf haben, z. B. Abteilungssitzungen. Müssen jedoch regelmäßig auch große Veranstaltungen selber geplant werden, verfügen Unternehmen meist über eine spezielle Abteilung oder eine Fachkraft, die sich mit der Organisation solcher Veranstaltungen befasst. Für die Planung der Veranstaltungen werden betriebseigene Organisationsunterlagen, also **Zeit- und Arbeitspläne,** genutzt bzw. entwickelt und bei Bedarf angepasst. Diese Pläne beschreiben unter anderem

- Aufgabenbereiche und die einzelnen Tätigkeiten,
- Zuständigkeiten,
- Verantwortlichkeiten,
- Start- und Endzeit,
- Status.

Sie sollen helfen, mehr Sicherheit bei der Planung, Durchführung und damit auch bei der Nachbereitung zu erreichen. Solche Unterlagen sind beispielsweise

- Terminplaner,
- Raumbelegungsplan,
- Personalplan,
- Evaluationsbogen (Beurteilungsbogen für Veranstaltungsteilnehmer).

Interne und externe Informationskanäle
- Internet (E-Mail)
- Intranet
- Telefon
- Fax
- Herkömmliche Briefpost
- SMS/MMS
- WhatsApp

Methoden der Strukturierung, siehe Informationshandbuch des 1. Ausbildungsjahres, Lernfeld 2, Seite 81

Die Erstellung solcher Pläne verlangt die Berücksichtigung der Priorität, also die Wichtigkeit der jeweiligen Aufgabe. Dabei helfen Techniken wie das Pareto-Prinzip, die ABC-Analyse, die ALPEN-Methode und das Eisenhower-Prinzip. Diese Pläne sollten auch Zeitfenster für Unvorhergesehenes enthalten.
Zeitfallen und **Zeitdiebe** sollten aber im Vorhinein weitestgehend ausgeschaltet werden. Solche Diebe zeigen sich in fehlenden Plänen, fehlender oder unzureichender Kommunikation.
Um die Kommunikation untereinander zu optimieren, sollten alle Wege des Informationsaustauschs genutzt werden. Jeder betroffene Mitarbeiter muss jederzeit Zugang zu diesen Informationen bekommen. Aber auch externe Dienstleister, die an dieser Veranstaltung beteiligt sind, müssen Zugriff auf die für sie nötigen Daten bekommen oder darüber informiert werden.
Zu diesen Unterlagen gehören in jedem Fall auch **Checklisten**, die viele **Vorteile** bieten:

- Man kann Arbeitsvorgänge strukturieren (die Reihenfolge eindeutig festlegen).
- Man läuft nicht mehr so schnell Gefahr, etwas zu vergessen.
- Man muss sich in einen Arbeitsvorgang nicht immer wieder hineindenken.
- Man kann Aufgaben leichter delegieren.
- Abläufe können zügiger abgearbeitet werden.
- Durch das Abhaken der einzelnen Arbeitsvorgänge wird effektiv kontrolliert und auch dokumentiert.
- Strukturiertes und schnelles Arbeiten führt in der Regel zu einer Kostenersparnis.

> **Checklisten** sind Vordrucke, die anhand von Fragen oder Begriffen Prozesse (z. B. Geschäftsreisen) in einer strukturierten Darstellung in ihrer Ganzheit abbilden.

Solche Checklisten sind beispielsweise:

- Checkliste der vorbereitenden Maßnahmen,
- Checklisten für den Aufbau,
- Checkliste für die mediale Ausstattung von Räumen,
- Checkliste für den Ablauf der Veranstaltung,
- Checklisten für das Veranstaltungsende und den Abbau,
- Checklisten für die Nachbereitung etc.

Wie alle Ablaufprozesse in einem Unternehmen verlangt auch die Veranstaltungsplanung immer wieder eine Anpassung an die sich verändernden Marktsituationen. Das stellt einen hohen Anspruch an die Organisationfähigkeiten, die Flexibilität und das Improvisationsvermögen der Mitarbeiter, die mit der Planung von Veranstaltungen beauftragt wurden.

2.2.1 Berücksichtigung von Formalitäten bei der Planung

Bei der Durchführung einer Veranstaltung sind in Deutschland bestimmte rechtlich vorgeschriebene Formalitäten zu beachten. Wird ein externer Dienstleister beauftragt, wird er sich um nötige Genehmigungen, Anmeldungen, Beiträge und Versicherungen kümmern. Hat der Unternehmer jedoch die Entscheidung getroffen, eine Veranstaltung in Eigenregie durchzuführen, hat er die Verantwortung für die Beachtung dieser Formalitäten.

Gesetzliche Vorschriften und Genehmigungen

Anmeldepflicht

Laut Grundgesetz (GG) besteht in Deutschland Gewerbefreiheit. Diese Gewerbefreiheit wird explizit in der Gewerbeordnung (GewO) bundeseinheitlich geregelt. Allerdings haben die einzelnen Bundesländer das Recht, abweichende Regelungen zu erlassen, sodass faktisch keine Einheitlichkeit für Deutschland besteht. Letztendlich muss also der Veranstalter bei der zuständigen Behörde (Gewerbe- oder Ordnungsamt) vor Ort die Anmeldepflicht prüfen lassen. Messen unterliegen beispielsweise der allgemeinen behördlichen Genehmigungspflicht.

Lärmschutzverordnung

Jeder Veranstalter ist dafür verantwortlich, dass die gesetzlichen Vorgaben zum Lärmschutz eingehalten werden. Er hat darum geeignete Maßnahmen zu treffen, die diesen Schutz gewährleisten. Das betrifft einerseits das Verhalten der Teilnehmer solcher Veranstaltungen und andererseits die verwendete Tontechnik (z. B. Musikanlagen und Musikgeräte). Neben den rechtlichen Grundlagen (Landesimmissionsschutzgesetz, LImschG) muss die jeweilige Lärmschutzregelung (auch Sondergenehmigungen) der zuständigen Behörde (z. B. Ordnungsamt, Umweltamt) beachtet werden.

Versammlungsstättenverordnung (VStättVO)

Diese Verordnung regelt die Sicherheitsaspekte am jeweiligen Veranstaltungsort. Das sind beispielsweise

- die maximal zulässige Besucherzahl,
- die Bestuhlung,
- die Bemessung und Führung der Rettungswege,
- Absperrgitter, Drängelgitter,
- der Brandschutz.

Die Anwendbarkeit der VStättVO wird unter anderem vom Fassungsvermögen eines Veranstaltungsraumes bzw. -ortes hinsichtlich seiner Besucher abhängig gemacht. So gilt z. B. für Veranstaltungen:

- in geschlossenen Räumen: mehr als 200 Besucher;
- im Freien (Outdoor): mehr als 1 000 Besucher.

Zu beachten sind hier landesspezifische Unterschiede und andere Sonderregelungen, da diese Verordnung kein bundeseinheitliches Recht ist.

Gebühren und Beiträge

Gebühren

Auf vielen Veranstaltungen wird Musik abgespielt, die dem Urheberrecht unterliegt. Dieses Recht bedeutet, dass der Schöpfer dieses Werkes das alleinige **Verwertungsrecht** hat, es sei denn, er hätte dieses Recht grundsätzlich abgetreten. Viele Urheber beauftragen sogenannte Verwertungsgesellschaften, z. B. die **GEMA** (Gesellschaft für musikalische Aufführungs- und mechanische Vervielfältigungsrechte), in ihrem Namen kostenpflichtige **Lizenzen** (Nutzungsrechte) zu vergeben. Die GEMA-Gebühren für solche Lizenzen werden in Abhängigkeit von der Größe des Veranstaltungsraumes und dem erhobenen Eintrittsgeld berechnet.

Die Höhe der GEMA-Gebühren kann auf der Internetseite www.gema.de abgerufen werden.

Beiträge

Werden freiberuflich arbeitende Künstler und Autoren für das Rahmenprogramm einer Veranstaltung engagiert, ist der Auftraggeber (nicht der Künstler selbst) in bestimmten Fällen nach dem **Künstlersozialversicherungsgesetz** (KSVG) verpflichtet, Beiträge zur Sozialversicherung an die sogenannte Künstlersozialkasse zu zahlen. Ob ein Beitrag vom Auftraggeber zu zahlen ist, hängt von einigen Faktoren ab. Das sind unter anderem:

- Es muss in jedem Fall eine **öffentliche Veranstaltung** sein (rein betriebsinterne Veranstaltungen fallen nicht unter die Abgabepflicht).
- Es muss eine gewisse **Regelmäßigkeit** bei der Beauftragung des Künstlers vorliegen.
- Die **Summe der Entgelte** an Künstler oder Autoren muss einen bestimmten Betrag im Jahr übersteigen.

Näheres zur Künstlersozialkasse unter www.kuenstlersozialkasse.de

Versicherungen

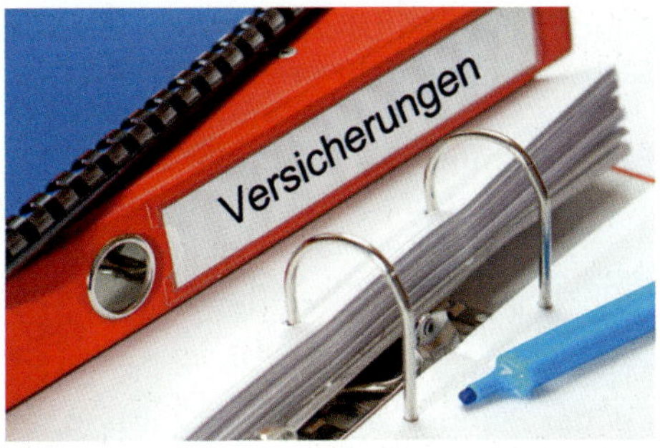

Während einer Veranstaltung kann es aus verschiedenen Gründen zu Sach- und Personenschäden kommen. Das veranstaltende Unternehmen sollte sich in jedem Fall gegen solche Risiken versichern. Zuvor muss geprüft werden, inwieweit bestehende Versicherungen hier greifen, ansonsten sind die nachfolgenden Versicherungen als Mindestschutz zu empfehlen:

- **Veranstaltungshaftpflicht**

  Organisiert der Unternehmer eher selten eigene Veranstaltungen, ist zu überlegen, ob eine ganzjährige Versicherung zu hohe Kosten verursacht. In solchen Fällen sollte eine **Veranstalter-Haftpflichtversicherung** abgeschlossen werden. Sie erstreckt sich lediglich über den Zeitraum der Veranstaltung (Aufbau, Durchführung und Abbau). Eine solche Versicherung greift bei Schäden, die

- durch Kraftfahrzeuge oder auch Arbeitsmaschinen entstanden sind,
- aus der Verletzung der Verkehrssicherungspflicht resultieren,
- beim Auf- und Abbau des Veranstaltungsequipments (Technik, Stühle, Tische, Dekoration etc.) entstanden sind,
- an gemieteten Gebäuden entstanden sind.

- **Veranstaltungsausfallversicherung**

  Es gibt viele Ursachen, die der Veranstalter nicht zu vertreten hat, die aber zum Ausfall einer Veranstaltung führen können. Auch gegen solche Fälle kann der Unternehmer sich versichern. Solche Gründe können beispielsweise sein:
  - Die eingeladenen Referenten und Vertreter erscheinen nicht.
  - Wegen eines Unwetters kann die Veranstaltung im Freien nicht durchgeführt werden.
  - Wegen eines behördlichen Eingriffs kann die Veranstaltung nicht stattfinden.
  - Der Veranstaltungsort muss verlegt werden, weil ein Unwetter das Gebäude zerstört hat.

- **Brandversicherung**

  Feuer ist ein sehr häufiger Grund für Schadensersatzforderungen Dritter. Um sich gegen solche Forderungen zu schützen, sollte in jedem Fall eine Brandversicherung abgeschlossen werden.

- **Diebstahlversicherung**

  Nicht selten werden versicherte Gegenstände (vor allem Geräte der Veranstaltungstechnik) während oder außerhalb der Öffnungszeiten (z. B. bei mehrtägigen Messen) einer Veranstaltung gestohlen. Das kann zu hohen Kosten führen.

2.2.2 Terminplanung

Eine Vielzahl unterschiedlicher Faktoren beeinflusst die Auswahl eines passenden Termins für eine Veranstaltung. Das sind sowohl interne als auch externe Größen. Alle wichtigen Termine müssen genau aufeinander abgestimmt, anschließend in einen Terminplaner eingetragen und den betroffenen Mitarbeitern mitgeteilt werden. Vor allem dann, wenn Mitarbeiter verpflichtet wurden, Aufgaben für die Veranstaltung zu übernehmen (z. B. Erstellen von Präsentationsunterlagen), müssen sie rechtzeitig darüber informiert werden. Je größer eine Veranstaltung und je mehr Teilnehmer vorgesehen sind, umso mehr Zeit sollte für die Planung eingerechnet werden.

Interne Größen

Urlaubsanträge der Mitarbeiter

Sollen Mitarbeiter verpflichtet werden, an einer Veranstaltung teilzunehmen, müssen bereits eingereichte Urlaubsanträge der Mitarbeiter berücksichtigt werden. Ein betrieblicher Urlaubsterminplaner verschafft den nötigen Überblick.

Betriebsferien

In manchen Unternehmen werden sogenannte Betriebs- bzw. Werksferien vorgeschrieben. In dieser Zeit sind alle oder ein Teil der Mitarbeiter dann zwangsläufig im Urlaub.

Terminplanungen der Mitarbeiter

In jedem Fall müssen die Terminplanungen der betroffenen Mitarbeiter beachtet werden. Das können z. B. Sitzungen, Geschäftsessen oder auch Geschäftsreisen sein.

Externe Größen

Feiertage

Zu berücksichtigen sind sowohl regionale als auch nationale Feiertage. Nicht alle Feiertage werden in jedem Bundesland gesetzlich als solche anerkannt. Der Buß- und Bettag beispielsweise ist nur noch im Bundesland Sachsen ein gesetzlicher Feiertag.

Ferienordnung der Bundesländer

Auch der nationale Ferienkalender für Schulen sollte Beachtung finden. Nicht nur Mitarbeiter des eigenen Betriebes, sondern auch geladene externe Gäste der geplanten Veranstaltung könnten aufgrund ihrer Kinder und der zeitlichen Lage der Schulferien eventuell nicht an der Veranstaltung teilnehmen.

Messetermine

Bei der Planung einer Veranstaltung, bei der viele externe Gäste erwartet werden (z. B. bei Messen), muss abgeklärt werden, ob andere Veranstaltungen (vor allem der gleichen Branche) stattfinden. Das könnte nämlich bedeuten, dass die erwartete Besucherzahl ausbleibt und die Veranstaltung damit nicht ihr Ziel erreicht.

Großveranstaltungen
Findet mit der geplanten Veranstaltung am selben Ort zeitgleich eine Großveranstaltung statt, könnte das zu verschiedenen Problemen führen. Übernachtungsmöglichkeiten (z. B. Hotelzimmer) werden knapp, die Preise dafür steigen in die Höhe, Parkplätze sind begrenzt, öffentliche Verkehrsmittel sind überfüllt etc.

2.2.3 Planung des Einsatzes von Referenten

Je nach Art und Inhalt der Veranstaltung (z. B. Seminar) müssen Referenten eingeladen werden, die als Experten bestimmte fachliche Inhalte vermitteln. Dabei müssen folgende Vorbereitungen getroffen werden:

- Die Referenten und mögliche Vertreter (im Falle einer Erkrankung des ersten Referenten) müssen frühzeitig eingeladen werden, um einen gemeinsamen Termin zu finden.
- Mit der Einladung müssen Informationen zu dieser Veranstaltung verdeutlicht werden (vor allem das Ziel der Veranstaltung und damit der Zweck des Vortrages).
- Ebenso müssen das Honorar und weitere anfallende Kosten (Anfahrts-, Verpflegungs- und Übernachtungskosten) mit dem jeweiligen Referenten verhandelt werden. Das Entgelt und andere wesentliche Inhalte dieser Vertragsverhandlungen sollten in jedem Fall schriftlich festgehalten werden.
- Mit den jeweiligen Referenten sollte abgeklärt werden, welche Medien (z. B. Beamer etc.) für die Präsentation zur Verfügung stehen müssen.

2.2.4 Raumplanung

Verfügt ein Unternehmen über eigene Veranstaltungsräume, ist zu prüfen, ob diese den Anforderungen der geplanten Veranstaltung genügen. Dabei sind die Anzahl, die Größe und die Ausstattung der Räume, vorhandene Sanitäranlagen und die Lage wesentliche Merkmale. Aber auch wenn geeignete Räumlichkeiten im eigenen Betrieb zur Verfügung stehen, kann es bei internen Veranstaltungen (z. B. bei einem Fortbildungsseminar) vorteilhaft sein, einen externen Veranstaltungsraum fern ab vom betrieblichen Geschehen zu wählen, sofern es das Budget zulässt. **Vorteile** können sein:

- Mitarbeiter werden nicht bei jeder noch so kleinen betrieblichen Störung aus der Veranstaltung herausgeholt.
- Mitarbeiter lernen sich bei gemeinsamen Aktivitäten nach der Veranstaltung (z. B. Abendessen etc.) besser kennen.
- Das stärkt das Wir-Gefühl des Teilnehmerkreises.

Entscheidet man sich für die betriebseigenen Räume, müssen diese rechtzeitig reserviert und in einem Raumbelegungsplan vermerkt werden.
Bei **externer Durchführung** muss auf der Basis des Veranstaltungskonzeptes und der Anzahl der Teilnehmer nach passenden Räumlichkeiten recherchiert werden. Die daraufhin angeforderten Angebote werden mit Blick auf das zulässige Budget geprüft und das geeignetste Angebot umgehend gebucht.

Raumgestaltung

Die Gestaltung des Raumes wird von verschiedenen Faktoren beeinflusst.

Tische und Stühle
Die Zahl der Teilnehmenden bestimmt letztendlich, wie viele Stühle und Tische benötigt werden. Die Art der Stühle sollte in Abhängigkeit von der Dauer des Sitzens gewählt werden. Stühle, die nicht ergonomisch geformt sind, sind in keinem Fall für Veranstaltungen mit mehrtägiger Dauer geeignet. Tische – falls nötig – müssen ausreichend Platz für Informations- und Schreibunterlagen sowie Getränke bieten.

Sitzordnungen
Die Anordnung der Tische und Stühle ergibt sich aus der Art der Veranstaltung und damit aus den Inhalten. Steht in der Veranstaltung die Diskussion im Vordergrund und bedarf es keiner visuellen Darstellung (z. B. Leinwandprojektion), ist der runde Tisch besonders geeignet. Sollen Inhalte einer Veranstaltung visuell unterstrichen bzw. verdeutlicht werden, sind offene Sitzordnungen wie die parlamentarische oder die U-Form sinnvoll.
Ist es wichtig, dass Teilnehmer einen bestimmten Platz erhalten, sollte ein Sitzplan erstellt und Namensschilder aufgestellt werden. Solche Schilder erleichtern nicht nur die Zuweisung eines Sitzplatzes, sondern auch das Kennenlernen der Teilnehmer untereinander.
In jedem Fall ist auf eine ausreichende Breite der Fluchtwege zu achten, die in Abhängigkeit von der Besucherzahl und der Größe eines Veranstaltungsraumes zu sehen ist. Rechtliche Vorschriften dazu finden sich unter anderem in der Versammlungsstättenverordnung (VStättVO) und in der DIN EN 13200.

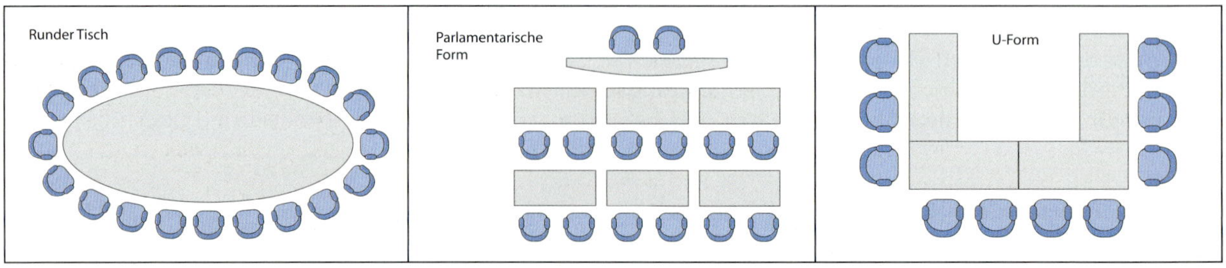

Runder Tisch *Parlamentarische Sitzordnung* *U-Form*

Technische Ausstattung allgemein
Neben einer ausreichenden Zahl an elektrischen Anschlüssen für mediale Geräte (z. B. Tageslichtprojektor) sollte auch eine Klimaanlage vorhanden sein. Mit ihr kann besonders an heißen Tagen eine empfohlene Raumtemperatur von 20 °C bis 22 °C erreicht werden.

Dekoration
Nicht zuletzt hängt es vom Teilnehmerkreis ab, welche Dekoration (schlicht bis aufwendig) gewählt wird. Mithilfe der Dekoration kann eine bestimmte Atmosphäre (z. B. Wohlfühlstimmung) geschaffen werden, die eventuell das jeweilige Thema einer Veranstaltung unterstreicht.

Konferenzmappe
Je nach Art der Veranstaltung werden für die Teilnehmenden sogenannte Konferenzmappen zusammengestellt. Solche Mappen beinhalten wesentliche Informationen zur Veranstaltung. Das sind unter anderem:
- Tagesordnung
- Informationen über das Rahmenprogramm
- Informationen über Referenten und Kurzfassungen ihrer Vorträge
- Ansteckbares Namensschild

Sonstige Informationen
Damit Teilnehmer sich in den Räumlichkeiten zurechtfinden (vor allem bei Großveranstaltungen), müssen entsprechende Informations- bzw. Hinweisschilder aufgestellt werden.

Mediale Ausstattung

visuell (lat.) = das Sehen betreffend, **auditiv** (lat.) = das Hören betreffend

Die Aussage „Bilder sagen mehr als tausend Worte" hat im Zeitalter moderner Kommunikation eine immer größere Bedeutung bekommen. Heute stehen technische Mittel zur Verfügung, die einen bloßen Vortrag zu einer Multi-Effekt-Show machen können. Dabei werden Geräte eingesetzt, die den Inhalt des Vortrags visuell, aber auch auditiv unterstützen. Welche Geräte für eine Veranstaltung zur Verfügung stehen sollen, muss im Vorhinein mit den Referenten abgesprochen werden. Solche Geräte sind:

Plasma (altgriech.) = Gebilde

Beamer
Projektionsgerät, das statt eines Monitors (oder zusätzlich) an einen Computer angeschlossen wird und das Bild im Großformat auf eine (Lein-)Wand projiziert.

Plasmadisplay
Bildschirmtyp, der ebenfalls als Monitor eines Computers dienen kann. Solche Displays sind größer dimensioniert als übliche Computermonitore.

Smart-Board/interaktives Whiteboard
Über einen Beamer wird ein Bild, z. B. eine Grafik, auf ein weißes Board (Tafel) projiziert. Mit einem speziellen Stift kann nun handschriftlich auf diesem Board in diese Grafik geschrieben und gemalt werden. Das so erzeugte Bild kann ausgedruckt, abgespeichert und jeder Zeit wieder abgerufen und bearbeitet werden. Die Weiterführung ist das interaktive Whiteboard, das mit weiteren Funktionen ausgestattet wurde, z. B. kann es wie ein Touchscreen genutzt werden.

Over-Head-Projektor (OHP)/Tageslichtprojektor
Dieser Projektor wirft beschriebene Folien mittels Licht über einen Spiegel auf eine Wandfläche oder Leinwand. Folien können im Vorhinein oder während der Präsentation beschrieben werden.

Laserpointer
Moderner Lesestock, mit dem der Vortragende während der Präsentation mithilfe eines roten Lichtpunktes auf das Bild oder die Textstelle an der Leinwand hinweisen kann.

Flipchart
Großer Papierblock, der hängend an einem Ständer befestigt ist. Die einzelnen beschriebenen Blätter können wegen der Perforierung leicht vom Block abgetrennt oder einfach nach oben umgeblättert werden.

Moderationskoffer/-material
Nicht immer sind elektronisch-technische Hilfsmittel das effektivste Mittel, um Inhalte und Ziele eines Themas zu erarbeiten. Ideen der Teilnehmer können beispielsweise auf bunten Karten mithilfe von Filzstiften gesammelt und an einer Pinnwand mit Pinnnadeln visualisiert werden. Moderationskoffer sollten darum mit solchen bunten Karten in unterschiedlicher Größe, mit Nadeln für die Pinnwand, Stiften, Klebestiften, Scheren etc. bestückt sein.

Mikrofon und Lautsprecher
Räume, die ein eine schlechte Akustik aufweisen oder zu groß sind, um die bloße Stimme des Redners bis in die hinterste Reihe der Zuhörer zu tragen, sollten mit einer Beschallungsanlage (Mikrofon und Lautsprecher) ausgestattet werden.
Während der Planung muss geklärt werden, wer für die technische Ausstattung der Räume zuständig und verantwortlich ist. Die betreffende Person muss dann in jedem Fall vor Beginn der Veranstaltung die Funktionsfähigkeit aller Geräte prüfen.

2.2.5 Planung der Bewirtung der Teilnehmer

Der Umfang der Bewirtung aller Teilnehmer hängt vom Typ der Veranstaltung ab. Bei Kleinveranstaltungen wie Besprechungen oder Sitzungen werden meist nur Getränke (Kaffee, Kaltgetränke etc.) und vielleicht auch Gebäck oder belegte Brotscheiben gereicht. Erstreckt sich eine Veranstaltung über mehrere Stunden oder gar über einen Tag, wird neben den üblichen Kaffeepausen auch Zeit für ein Mittag- und eventuell auch ein Abendessen eingeplant.
Unternehmen mit eigener Kantine werden diese Mahlzeiten und Getränke von den eigenen Mitarbeitern zubereiten und bereitstellen lassen. Kann oder soll die Bewirtung nicht in Eigenleistung erbracht werden, muss ein externer Dienstleister mit dem Catering beauftragt werden.
Auch hier müssen passende Dienstleister recherchiert, eine Vorauswahl getroffen und entsprechende Angebote eingeholt werden. Unter Beachtung eines vorgegebenen Budgets für die Bewirtung wird dann das beste Angebot ausgewählt und frühzeitig bestellt.

Catering: Caterer sind Dienstleistungsunternehmen, die sich auf eine professionelle Bewirtung von Endverbrauchern und Unternehmen spezialisiert haben.

Bei der Planung der Bewirtung sollte bedacht werden, dass heute mehr denn je die vegetarische und auch die vegane Ernährung gefragt sind. In jedem Fall sollte also zur Normalkost immer auch eine Alternativkost für die Teilnehmer angeboten werden. Wurden Gäste aus anderen Ländern und Kulturkreisen eingeladen, sollten Besonderheiten erfragt und berücksichtigt werden.
Aber bei allen Überlegungen zur Bewirtung muss auch hier stets der Blick auf die unternehmerischen Zielsetzungen gerichtet bleiben. Das sind neben den ökonomischen immer auch die ökologischen Ziele, also die Umwelt zu schützen und die Nachhaltigkeit zu sichern. Das gilt auch für die Bewirtung. Das kann bedeuten, dass

- nur biologische Lebensmittel verarbeitet werden,
- am besten regionale Produkte verwendet werden, die keine langen Transportwege bedingen,
- nur Mehrwegverpackungen für den Transport genutzt werden,
- kein Einweggeschirr verwendet wird.

Diese Zielsetzung sollte aber auch bei der Auswahl eines Caterers Berücksichtigung finden. Denn: Will ein Unternehmen sein ökologisches Handeln auch bis zum letzten Glied in der Kette fortführen, darf es letztendlich nur externe Dienstleister auswählen, die die ökologische Verantwortung für die nachfolgenden Generationen übernehmen.

2.2.6 Tagesablaufplanung

Veranstaltungen, die über einen längeren Zeitraum gehen, z. B: über einen Tag, müssen zeitlich so präzise wie möglich geplant werden. Dabei sind aber nicht nur Anfang und Ende der Veranstaltung genau zu bestimmen.
Um den Ablauf eines einzelnen Tages oder mehrerer Tage darzustellen, muss **der jeweilige Zeitbedarf** der Tages- oder Programmpunkte ermittelt werden. Die Redezeit eines Referenten und die anschließende Diskussionsdauer kann natürlich erfragt bzw. abgesprochen werden, in anderen Fällen jedoch unterliegt der Zeitbedarf der Schätzung des planenden Mitarbeiters.
Bei der Festlegung der chronologischen Ordnung einer Veranstaltung sind neben den Programmzeiten auch die

Beispiel:

Die nachfolgende Tagesordnung zeigt den Verlauf einer eher rein betrieblichen Sitzung. Die einzelnen Programmpunkte müssen bei Bedarf der jeweiligen Veranstaltungsart entsprechend angepasst werden.

1. *Begrüßung (Eröffnung)*
2. *Feststellung der Anwesenheit und Beschlussfähigkeit*
3. *Bestimmen des Protokollführers*
4. *Berichterstattung*
5. *Diskussionen*
6. *Stellen der Anträge*
7. *Verschiedenes*

Inhalte der Programmpunkte gut aufeinander abzustimmen. Dabei sollte ein Veranstaltungsprogramm für den Teilnehmer in seinem Verlauf immer wieder Spannungsmomente beinhalten und nicht das Beste für den Schluss aufgehoben werden.

Tagesordnung = Leitfaden durch die Veranstaltung

Ist eine Veranstaltung noch so spannend und interessant, müssen dennoch regelmäßige **Pausen** für Reflexionen und Entspannung eingebaut werden, denn die Leistungs- und Aufnahmefähigkeit der Teilnehmenden fällt mit zunehmender Dauer eines Programmpunktes ab.

Je nach Art und Dauer der Veranstaltung wird neben dem fachlichen Programm auch ein **Rahmenprogramm** stattfinden. Das fördert den Austausch und das Kennenlernen der Teilnehmer über die fachlichen Interessen hinaus. Es sollte versucht werden, alle Wünsche und Besonderheiten der Teilnehmer zu berücksichtigen, also auch Sitten und Gebräuche der Gäste aus anderen Kulturkreisen. Alle Teilnehmer einer Veranstaltung werden über diesen Tagesablauf mit der offiziellen Einladung anhand eines Tagungsprogramms informiert.

Zusammenfassung

Vorbereitung von Veranstaltungen

Beauftragung externer Dienstleister

- Briefing erstellen
- Recherche nach geeigneten Dienstleistern
- Vorauswahl treffen
- Briefing an die Agenturen verschicken
- Erhaltene Angebote vergleichen
- Erteilen des Auftrags

Interne Organisation von Veranstaltungen

Zeit- und Arbeitspläne

Sie beschreiben:
- Aufgabenbereiche
- Zuständigkeiten
- Verantwortlichkeiten
- Start- und Endzeit
- Status

Dazu gehören:
- Terminplaner
- Raumbelegungsplan
- Personalplan
- Evaluationsbogen
- diverse Checklisten

Formalitäten bei der Planung

Gesetzlich Vorschriften und Genehmigungen:
- Anmeldepflicht
- Lärmschutzverordnung
- Versammlungsstättenverordnung

Gebühren und Beiträge:
- GEMA-Gebühren
- Künstlersozialkasse

Versicherungen:
- Veranstaltungshaftpflicht
- Veranstaltungsausfallversicherung
- Brandversicherung
- Diebstahlversicherung

Terminplanung

Interne Größen:
- Urlaubsanträge der Mitarbeiter
- Betriebsferien
- Terminplanungen der Mitarbeiter

Externe Größen:
- Feiertage
- Ferienordnung der Bundesländer
- Messetermine
- Großveranstaltungen

Referenten

- Terminabsprache mit den Referenten
- Ziel der Veranstaltung mitteilen
- Zweck des Vortrages verdeutlichen
- Honorare und sonstige Vereinbarungen schriftlich festhalten
- Mediale Ausstattung abklären

Interne Organisation von Veranstaltungen

Raumplanung

Prüfen: eigene oder fremde Räume nutzen?

Raumgestaltung:
- Tische und Stühle
- Sitzordnung
- Technische Ausstattung allgemein (elektr. Anschlüsse, Klimaanlage, Medien etc.)
- Dekoration
- Konferenzmappe

Mediale Ausstattung:
- Beamer
- Plasmadisplay
- Smartboard/interaktives Whiteboard
- Tageslichtprojektor
- Laserpointer
- Flipchart
- Moderationskoffer
- Mikrofon und Lautsprecher

Vor Beginn der Veranstaltung:
- für Räume und Technik zuständigen Mitarbeiter bestimmen

Bewirtung

Kleine Veranstaltungen:
- Getränke und Imbiss

Große Veranstaltungen:
- kleine Pausensnacks
- Mittag- und Abendessen

Eigene Bewirtung:
- wenn kleine Snacks
- wenn eigene Kantine vorhanden

Fremdbewirtung/Caterer (Beauftragung eines Dritten):
Auswahl des Dienstleisters nach
- ökonomischen und
- ökologischen Gesichtspunkten

Tagesablaufplan

Tagesablaufplan (Tagesordnung) beschreibt
- den chronologischen Ablauf,
- die Inhalte einer Veranstaltung,
- Pausenzeiten,
- Rahmenprogramm,

Inhalte einer Tagesordnung:
1. Begrüßung (Eröffnung)
2. Feststellung der Anwesenheit und Beschlussfähigkeit
3. Bestimmen des Protokollführers
4. Berichterstattung
5. Diskussionen
6. Stellen der Anträge
7. Verschiedenes

3 Entscheidungen treffen

➲ Lernsituation 3: Über die Umsetzung einer Planung entscheiden

Im Prozess der Planung ergeben sich oft alternative Wege, die zum Ziel führen. Darum muss am Ende eines Planungsprozesses eine Entscheidung für den endgültigen Ablauf getroffen werden. Unterschiedliche Faktoren haben dabei einen mehr oder weniger starken Einfluss auf den Entscheidungsprozess.
Diese Faktoren sind:

- die Erfahrungen und Kenntnisse zur Planung und Durchführung von Veranstaltungen,
- die Budgetierung,
- die Ressourcenverfügbarkeit, dazu zählen vor allem die Zeit, die Zahl der Mitarbeiter, die Zahl der Räume etc.

Schritte der Organisation

1. Ziele definieren
2. Planen
3. Entscheidungen treffen
4. Durchführen
5. Kontrollieren

Make-or-Buy-Entscheidungen

Make or Buy stellt eine entscheidende Frage im Ablauf der Organisation einer Veranstaltung dar: Ob man etwas selber macht (make) oder ob man etwas einkauft (buy), z. B. eine Dienstleistung.

In der Planungsphase der Organisation einer Veranstaltung werden aufgrund der Vorgabe eines Budgets sämtliche Kosten für die gewünschte Veranstaltungsart ermittelt.
Das sind unter anderem:

- Raumkosten,
- Übernachtungskosten,
- Kosten für die mediale Ausstattung,
- Kosten für die Verpflegung,
- Kosten für die Werbung,
- Kosten für Informationsmaterial,
- Kosten für Referenten.

Kann das Unternehmen die Veranstaltung innerhalb des vorgegebenen Budgets nicht realisieren (Budgetabweichung), muss geprüft werden, wo Einsparungspotenziale gegeben sind.
Dafür muss die sogenannte Ressourcenverfügbarkeit genauer unter die Lupe genommen werden, um festzustellen, inwieweit bestimmte Leistungen selber erbracht werden können. So könnte beispielsweise bei der Planung eines Seminars das Mieten eines externen Seminarraumes verworfen werden. Stattdessen würde vielleicht ein – wenn auch nicht vollständig geeigneter – betriebseigener Raum für die Veranstaltung genutzt werden.
Bei solchen Überlegungen sollte aber möglichst berücksichtigt werden:

1. Welche Veranstaltungsart wurde gewählt?
2. Welche Ziele werden letztendlich damit verfolgt?
3. Welcher Personenkreis soll damit erreicht werden?

Die Beantwortung der Frage, ob ein Unternehmen eine Veranstaltung bzw. Teilbereiche einer Veranstaltung selbst organisiert **(Make-Entscheidung)** oder ob ein externer Dienstleister damit beauftragt wird **(Buy-Entscheidung)**, sollte aber letztendlich nicht allein von den Kosten abhängig gemacht werden.
Fehlendes Know-how, Zeitmangel, ungeeignete Räume etc. erhöhen das Risiko, eine Veranstaltung zum Fiasko werden zu lassen. Eine völlig misslungene Veranstaltung, die nur der Ersparnis wegen in Eigenregie durchgeführt würde, kann Negativ-Effekte zur Folge haben, z. B. ein schlechtes Image. Eine negative Außenwirkung führt dazu, dass das Unternehmen Kunden verliert, dass die Umsätze zurückgehen, dass dann wahrscheinlich Mitarbeiter entlassen werden müssen etc.

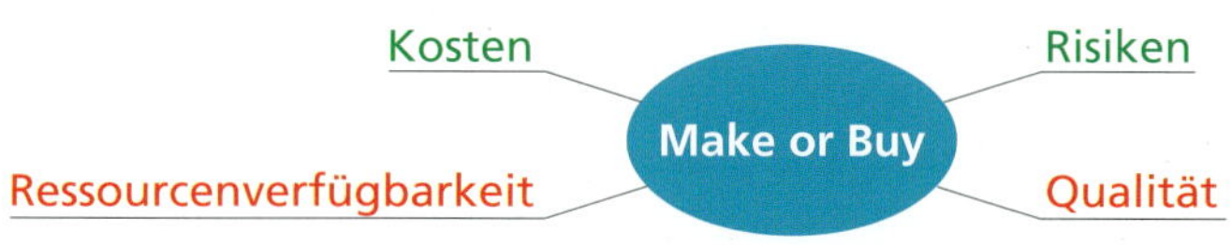

Um also einen positiven Werbeeffekt nach innen und nach außen zu erzielen, sollte auf die Qualität der Veranstaltung geachtet werden. Qualität verlangt ein optimales Zusammenspiel aller Größen.

Zusammenfassung

Entscheidungen treffen	
Organisation	**Make-or-Buy-Entscheidungen**
Schritte der Organisation: ▮ Ziele definieren ▮ Planen ▮ Entscheidungen treffen ▮ Durchführen ▮ Kontrollieren **Entscheidungen werden beeinflusst durch:** ▮ Erfahrungen und Kenntnisse zur Planung und Durchführung von Veranstaltungen ▮ Budgetierung ▮ Ressourcenverfügbarkeit	**Budgetierung als Vorgabe zur Planung der Veranstaltung:** Bestimmung des Budgets durch Betrachtung folgender **Kosten:** ▮ Raumkosten ▮ Übernachtungskosten ▮ Kosten für die mediale Ausstattung ▮ Kosten für die Verpflegung ▮ Kosten für die Werbung ▮ Kosten für Informationsmaterial ▮ Kosten für Referenten Bei **Budgetabweichung** → Einsparungspotenziale prüfen **Make or Buy** wird beeinflusst durch: ▮ Kosten ▮ Risiken ▮ Qualitätsanspruch ▮ Ressourcenverfügbarkeit

4 Umsetzung der Planung

➲ **Lernsituation 4: Eine Veranstaltung durchführen**

4.1 Vor der Veranstaltung

Bestimmte Aufgaben, die aus der Planung resultieren, sind schon vor dem eigentlichen Start und nicht erst am Tage der Veranstaltung zu erledigen, z.B. die Raumgestaltung (siehe Checkliste). Je früher etwas erledigt werden kann, desto mehr Zeitreserven verbleiben, um auf Störungen entsprechend reagieren zu können.
Vor Beginn der Veranstaltung treffen sich noch einmal alle beteiligten Mitarbeiter zur finalen Besprechung. Die zuständigen Mitarbeiter müssen Kenntnisse haben über

- den Veranstaltungsablauf,
- den eigenen Einsatzbereich,
- die Verantwortlichkeiten,
- die teilnehmenden Personen,
- die örtlichen Gegebenheiten
- und die Maßnahmen bei unerwarteten Situationen.

Bei der Besprechung werden sowohl der Stand der Dinge als auch das weitere Vorgehen noch einmal aufeinander abgestimmt.

Checkliste: Durchführung Raumgestaltung vor Beginn der Veranstaltung (z. B. Seminar)	
1. Anzahl der Tische und Stühle prüfen	☑
2. Sitzordnung herstellen	☑
3. Benötigte Veranstaltungstechnik prüfen	☑
4. Namensschilder aufstellen	☐
5. Dekoration anbringen	☐
6. Pflanzengruppen aufstellen	☐
7. Veranstaltungsunterlagen austeilen ▮ Arbeitsmaterialien ▮ Tagungsprogramm ▮ Teilnehmerliste ▮ Prospekte ▮ Schreibutensilien	☐
8. Elektr. Rollladen auf Funktionalität prüfen	☐
9. Raumschilder befestigen	☐
10. Wegweiser zu den Räumlichkeiten anbringen	☐

Erstellung wichtiger Informationsmaterialien und anderer Schriftstücke

Jede gut organisierte Veranstaltung verlangt in der Vorbereitung, in der Durchführung und auch in der Nachbereitung das Erstellen wichtiger schriftlicher Informationstexte und Unterlagen. Bei der Formulierung solcher Informationsschriftstücke ist auf eine präzise, aber einfache Sprache zu achten.

Einladungsschreiben und Anmeldungen

Wurden Zweck, Inhalte, Ort, Teilnehmerkreis, Datum und Dauer der Veranstaltung festgelegt, muss eine Einladung geschrieben und rechtzeitig an die Teilnehmer verschickt werden. Je größer der Teilnehmerkreis ist, umso früher sollten Einladungen versendet werden. Werden Teilnehmer eingeladen, die nicht Deutsch sprechen, sollte die Einladung möglichst in der entsprechenden Landessprache, ansonsten in Englisch verfasst werden. Solche Einladungen sollten folgende Inhalte aufweisen:

- Anlass und Themen
- Datum, Beginn und voraussichtliche Dauer
- Adresse, E-Mail-Adresse, Telefonnummer, Bezeichnung des Gebäudes und des Tagungsraumes
- Anfahrtsbeschreibung zum Tagungsort (sowohl für Pkw als auch für öffentliche Verkehrsmittel), Parkmöglichkeiten, Stadtplan
- Tagesordnung
- Programm und Rahmenprogramm
- Referenten- und Teilnehmerliste
- Unterkunftsregelungen
- Klärung der Kostenübernahme
- Höhe der Teilnahmegebühren (inklusive Zahlungsart, Bankverbindung)
- Anmeldeformular (inkl. Anmeldeschluss)
  Dieses Anmeldeformular, das mit der Einladung verschickt wird, dient auch dazu, wichtige Informationen über die Teilnehmenden zu erhalten. Unter anderem sollten folgende Fragen und auch Wünsche geklärt werden:
  - Welche Art der Unterbringung (Einzel- oder Doppelzimmer) wünscht der Teilnehmer?
  - Hat der Teilnehmer besondere Wünsche hinsichtlich seiner Ernährung (vegan, vegetarisch etc.)?
  - Mit welchem Verkehrsmittel reist der Teilnehmer an?

Erstellen der Teilnehmerliste, Namensschilder und Wegweiser

Sobald die Anmeldungen eingehen, kann eine Teilnehmerliste erstellt werden, die alle wichtigen Daten der Teilnehmenden enthalten sollte. Das sind Name, Anschrift, Telefonnummer(n), E-Mail-Adresse, eventuell Firma, aber auch die besonderen Wünsche hinsichtlich der Unterbringung, des Essens etc. Je nach Veranstaltungsart werden diese so erstellten Teilnehmerlisten (oder in angepasster Form) als Anwesenheitsliste verwendet. Wurden zu einer Veranstaltung auch fremde Gäste, also nicht nur Mitarbeiter eingeladen, sollten Namensschilder erstellt werden. Sie erleichtern die Kommunikation und das Kennenlernen untereinander.
Wie zuvor bei der Raumplanung erwähnt, müssen je nach Veranstaltung Hinweisschilder erstellt und an den entsprechenden Stellen angebracht werden. Das betrifft die direkte Raumkennzeichnung und entsprechende Informationsschilder innerhalb des Gebäudes oder auf dem Weg dorthin.

4.2 Am Tag der Veranstaltung

Am Tag der Veranstaltung sollten alle beteiligten Mitarbeiter vor Eintreffen der Teilnehmer anwesend sein, denn bevor die Veranstaltung beginnt, sind noch wichtige Arbeiten zu erledigen.
So ist beispielsweise zu prüfen, ob die Raumtemperatur richtig eingestellt ist. Am angenehmsten wäre eine Temperatur zwischen 21 °C und 22 °C. Ebenso müssen die Getränke (z. B. frisch gebrühter Kaffee in Thermoskannen) und der Imbiss (z. B. belegte Brötchen) auf den Tischen der Tagungs- oder Pausenräume bereitgestellt werden. Wurde ein externer Caterer beauftragt, ist dieser bei Eintreffen am Tagungsort hinsichtlich der Räumlichkeiten entsprechend zu instruieren.
Üblicherweise erscheinen auch die Referenten früher am Veranstaltungsort als die Teilnehmenden selbst, weil sie entweder ihr eigenes Präsentationsequipment anschließen und testen oder die vorhandene Technik auf Funktionalität prüfen wollen. Bei Bedarf muss die Veranstaltungsleitung den Referenten zur Seite stehen.

Während der Veranstaltung

Schon in der Planungsphase der Veranstaltung wurden Mitarbeiter bestimmt, die für die Betreuung der Gäste während der Veranstaltung verantwortlich sind, dabei haben sie folgende Funktionen:

- Hilfestellung geben,
- Beschwerden entgegennehmen,
- Probleme erfassen und diese – wenn möglich – beseitigen,
- Erfrischungen bereitstellen,
- in den Pausen für frische Luft in den Veranstaltungsräumen sorgen und
- Protokolle erstellen.

Sobald also die Gäste einer Veranstaltung eintreffen, werden sie von den verantwortlichen Mitarbeitern begrüßt und bei Bedarf ihre Anwesenheit festgehalten (Anwesenheitsliste). Sie geben den Teilnehmenden bei Fragen die nötige Auskunft, weisen bei Bedarf die Plätze an und machen gegebenenfalls die Teilnehmenden miteinander bekannt. Sie achten auf die Einhaltung sämtlicher Planungen.

Kreativitätstechniken, siehe Lernfeld 13, Kapitel 1.5, Seite 256

Wichtig!
Störungen müssen genau wie die Spontan-Lösungen später in der Nachbesprechung berücksichtigt und bewertet werden. Sie können Einfluss auf die Planungen nachfolgender Veranstaltungen haben.

Trotz einer guten Planung kann es zu Störungen, Problemen und Engpässen kommen. In solchen Fällen müssen die Mitarbeiter gemeinsam adäquate (Spontan-)Lösungen finden. Hierzu nutzen sie Kreativitätstechniken wie das Brainstorming etc.

4.3 Auftreten und Dress-Code

Viele Unternehmen versuchen über die Kleidung ein Wir-Gefühl unter den Mitarbeitern zu erzeugen und damit das Bild einer Familie, eines starken Zusammenhalts nach außen zu tragen. Wenn auch kein einheitlicher Dress-Code vorgeschrieben wird, sollte auf eine angemessene Business-Kleidung geachtet werden, die durch ein gepflegtes Äußeres (z. B. keine dreckigen Fingernägel) unterstrichen wird.

Dress-Code (Kleiderordnung): Manche Unternehmen schreiben eine bestimmte Bekleidung für Mitarbeiter vor, um die Idee der Corporate Identity gegenüber Dritten zu verstärken.

Corporate Identity (engl.) = Summe aller Merkmale, die ein Unternehmen auf besondere Weise kennzeichnen und von anderen unterscheidbar machen

Auch wenn Kleidung in der heutigen Zeit noch immer einen besonderen Stellenwert hat, sollte das Auftreten nicht weniger Beachtung finden.

Acht Verhaltensregeln für Veranstaltungen
1. Begrüßen Sie die Gäste mit einem Lächeln.
2. Sprechen Sie Gäste – wenn möglich – mit Namen und Titel an.
3. Seien Sie immer höflich zu den Gästen, auch wenn Sie selbst nicht so höflich erscheinen.
4. Bleiben Sie immer aufmerksam gegenüber Ihren Gästen, aber wahren Sie eine angemessene Distanz.
5. Fragen Sie nach den Wünschen der Gäste.
6. Gehen Sie – wenn möglich – auf die Wünsche der Gäste ein.
7. Beginnen Sie in jedem Fall pünktlich mit der Veranstaltung.
8. Achten Sie darauf, dass das eigene Handy während der Veranstaltung leise oder stumm geschaltet ist.

Kommunizieren

Grundlagen der Kommunikation, siehe Informationshandbuch des 2. Ausbildungsjahres, Lernfeld 7

Eine angemessene Bekleidung der Mitarbeiter unterstreicht in jedem Fall das positive Bild eines Betriebes. Aber nicht weniger beachtet werden sollte die Kommunikation der Mitarbeiter gegenüber den Gästen. Es ist wichtig, dass Mitarbeiter, die Kontakt zu den Teilnehmern einer Veranstaltung haben, die Regeln der richtigen Kommunikation kennen. Dabei ist es nicht von Bedeutung, ob der Teilnehmer nur eine allgemeine Auskunft verlangt, Small Talk betreiben, ein Fachgespräch oder aber Vertragsverhandlungen führen will.

Zehn Regeln guter Kommunikation:
1. Schaffen Sie eine gute Gesprächsatmosphäre.
2. Achten Sie auf die richtige Distanzzone.
3. Nehmen Sie sich die nötige Zeit für dieses Gespräch.
4. Widmen Sie Ihrem Gesprächspartner die ungeteilte Aufmerksamkeit.
5. Seien Sie empathisch. Versetzen Sie sich in die Lage Ihres Gesprächspartners.
6. Lassen Sie den Gesprächspartner ausreden.
7. Versuchen Sie nicht, gleichzeitig zuzuhören und selbst zu sprechen.
8. Nutzen Sie Kritik konstruktiv.
9. Denken Sie daran, dass jede Aussage vier Seiten hat: Sachebene, Appellebene, Beziehungsebene und Selbstoffenbarungsebene.
10. Seien Sie kritisch, aber äußern Sie dies angemessen.

Interkulturelle Kompetenz

Wurden ausländische Gäste eingeladen, sollte man sich schon in der Vorbereitung über die Besonderheiten der Kommunikation des jeweiligen Landes informieren (interkulturelle Kompetenz). So läuft man nicht Gefahr, jemanden zu verärgern oder gar einen Kunden zu verlieren.

Beispiele:

- ***Japaner** machen ungewöhnlich lange Pausen im Wortwechsel, weil sie den Gesprächspartner nicht unterbrechen wollen. Aber auch weil sie ihm zeigen wollen, dass sie zuhören und dass sie über das Gesagte nachdenken.*
- ***Niederländer** sprechen mit fremden Leuten sehr ungern über eigene politische und religiöse Ansichten, auch nicht über das eigene Vermögen.*
- ***Russen** lieben es, wenn man kleine Anekdoten oder Witze in ein Gespräch einfließen lässt.*

Verhandlungen führen

Mitarbeiter, die auf Veranstaltungen auch Verhandlungen führen müssen, sollten sich vorher ebenso systematisch auf solche Gespräche vorbereiten. Das umfasst nicht nur die zehn Regeln der guten Kommunikation, dazu zählen auch Frage- und Gesprächstechniken, z. B.:

- Wahl der richtigen Sprechgeschwindigkeit
- Gezielte Sprechpausen setzen
- Verwenden von Fachbegriffen
- Adäquate Lautstärke der Stimme wählen

Außerdem kann der Verhandlungsstil entscheidend sein für den Ausgang eines Gesprächs. Man unterscheidet dabei vor allem zwei Typen:

Distributiver Verhandlungsstil	Dieser Verhandlungsstil wird oft auch mit „Auge um Auge und Zahn um Zahn“ umschrieben. In einer Verhandlung wird primär der größten Nutzen für einen selbst angestrebt. Das Ergebnis für den Verhandlungspartner spielt dabei keine Rolle.
Integrativer Verhandlungsstil	Dieser Stil hingegen will eine sogenannte „Win-win-Situation“ schaffen. Das bedeutet, dass sowohl für den Verhandlungspartner als auch für einen selbst der größtmögliche Nutzen und zugleich der geringste Verlust erzielt werden sollen. Gegebenenfalls müssen Kompromisse eingegangen werden. Letztendlich müssen beide Parteien aus einer Vielzahl gemeinsam erarbeiteter Lösungen die beste Alternative auswählen.

4.4 Nach der Veranstaltung

4.4.1 Evaluationsbogen (Feedbackbogen)

Als wichtiges Instrument der Organisation von guten Veranstaltungen sollte die Kritik der Teilnehmer gesehen werden. Allerdings ist es natürlich auch immer eine Frage des Geschmacks, ob bestimmte Dinge gefallen. Darum sollte man nicht erwarten, es jedem recht machen zu können. Dennoch können solche Befragungsbogen helfen, grundlegende Dinge in der Planung zu optimieren. Ein solcher Feedbackbogen wird den Teilnehmern schon zu Beginn mit den Veranstaltungsunterlagen überreicht. Er sollte dann am Ende der Veranstaltung eingesammelt und später ausgewertet werden.

4.4.2 Teilnahmebescheinigungen

Nach Beendigung bestimmter Veranstaltungen wünschen oder verlangen die Teilnehmenden eventuell eine Teilnahmebescheinigung. Das ist etwa der Fall, wenn die Veranstaltung der Weiterbildung dient. Dem Teilnehmer werden damit Kenntnisse und Fertigkeiten bescheinigt, die er für sein berufliches Weiterkommen nutzen kann. Solche Bescheinigungen dienen aber auch dem Nachweis gegenüber dem Arbeitgeber. Der Mitarbeiter kann beweisen, dass er während der Arbeitszeit tatsächlich dort gewesen ist.

Beispiel:

Frau Müller hat an einem einwöchigen Computerkurs teilgenommen, der ihr vom Arbeitgeber vorgeschrieben wurde. Am Ende des Kurses erhält Frau Müller eine Teilnahmebescheinigung, die sie ihrem Arbeitgeber als Nachweis vorlegen muss.

4.4.3 Verabschiedung

Je nach Art der Veranstaltung und nach Wichtigkeit der Gäste findet nach dem offiziellen Ende entweder eine allgemeine oder eine pwrsönliche Verabschiedung statt. Man bedankt sich höflich für das Erscheinen und das rege Interesse an dieser Veranstaltung. Die Leitung dankt natürlich auch den Referenten und verabschiedet diese persönlich.

4.4.4 Arbeiten unmittelbar nach der Veranstaltung

Ist die Veranstaltung beendet, müssen weitere Arbeiten koordiniert und überwacht werden. Es ist darauf zu achten, dass sie zügig erledigt werden, denn jede Verzögerung könnte unnötige Kosten verursachen. Zu diesen Arbeiten zählen:

Abbau und Rücktransport von Installationen technischer und anderer Art

Beispiel:
Das Reiseunternehmen „Auf und davon" hat auf einer Messe in Köln einen zehn Meter hohen Eiffelturm aus Gasbeton aufgestellt, der nun abgebaut und dann ins betriebseigene Lager nach Krefeld-Uerdingen transportiert werden muss. Dafür hat sie einen entsprechenden Kleintransporter gemietet. Außerdem hat das Reiseunternehmen Lautsprecher, einen Beamer und eine Großleinwand bei der Event-Equipment GmbH in Krefeld gemietet. Die Geräte müssen spätestens am nächsten Tag um 8:00 Uhr in Krefeld-Hüls sein.

Endreinigung und Entsorgung des Mülls

Beispiel:
Leider lässt sich Müll nicht immer vermeiden, vor allem dann nicht, wenn viele Menschen zusammenkommen. Das musste auch die Contech GmbH feststellen. Sie hatte über 80 Gäste zu einer Fachtagung in betriebseigenen Räumen eingeladen. Die Tagung dauerte zwei volle Tage. Mit der Endreinigung und Entsorgung wurde ein externes Reinigungsunternehmen beauftragt, das regelmäßig die Geschäftsräume der Contech GmbH reinigt.

Fundsachen

Wurden bei der Reinigung der Räume private Dinge von Teilnehmern der Veranstaltung gefunden, die unbeabsichtigt liegen gelassen wurden, sollten sie – wenn möglich – dem Teilnehmer mit einem netten Schreiben zugeschickt werden. Übrig gebliebene Prospekte, Schreibutensilien etc. sollten schon im Vorhinein von den Veranstaltungsmitarbeitern eingesammelt werden.

Feststellen von Schwund, Schäden (Bruch)

Wurden Gegenstände gestohlen oder beschädigt, müssen diese unverzüglich der Veranstaltungsleitung gemeldet werden. Die Leitung hat dies dann der zuständigen Stelle mitzuteilen, z. B. der Versicherung.

Beispiel:
Beim Abbau der gemieteten Großleinwand hat der Mitarbeiter des Reiseunternehmens „Auf und davon" festgestellt, dass sie einen Riss aufweist. Der Mitarbeiter teilt dies umgehend seinem Vorgesetzten mit. Daraufhin ruft der Vorgesetzte sofort bei dem Gerätevermieter, also bei der Event-Equipment GmbH an und teilt ihr den Schaden mit.

4.4.5 Dokumentation einer Veranstaltung

Dossier (franz.) = Akte, Sammelmappe, die mehrere Schriftstücke zu einem Thema enthält

Jede Veranstaltung sollte in angemessener Weise dokumentiert werden. Das könnte ein einfaches Protokoll für eine simple Sitzung oder aber auch ein aufwendiges Dossier für eine mehrtägige Veranstaltung sein. Ebenso könnten Fotos und Videos zur Dokumentation gemacht werden, die vielleicht auch der Öffentlichkeit über das Fernsehen oder über Printmedien präsentiert werden. Letztendlich muss der Unternehmer sich aus ökonomischer Sicht die Frage stellen, welches Ziel mit der Dokumentation verfolgt wird. Dabei können folgende Fragestellungen helfen:

Non-Printmedien = Radio und Fernsehen

- Sollen die Teilnehmer einer Sitzung lediglich eine Zusammenfassung über die wesentlichen Inhalte erhalten? Dann würde ein Ergebnisprotokoll reichen.
- Sollen die Teilnehmer eine Erinnerung an schöne Momente einer internen Veranstaltung erhalten? Dann könnten Fotos mit der betriebseigenen Kamera geschossen werden.
- Soll die Öffentlichkeit über wichtige Inhalte (Reden, Bilder) einer Veranstaltung informiert werden, um das Image eines Unternehmens zu stärken?
  Dann könnten Journalisten eingeladen werden, die in Print- und Non-Printmedien darüber berichten.

In der Vorbereitung einer Veranstaltung sollte also die Bedeutung und damit die Form der Dokumentation klar herausgestellt werden. Ist diese Frage geklärt, müssen Mitarbeiter bestimmt werden, die für die Dokumentation verantwortlich sind. Bei der Verwendung des Dokumentationsmaterials sind einige rechtliche Dinge zu beachten. Nicht in jedem Fall dürfen beispielsweise Fotos veröffentlicht werden.

Rechte am eigenen Bild

Nach Auffassung der deutschen Gerichtshöfe ist das Recht am eigenen Bild eine besondere Form des allgemeinen Persönlichkeitsrechts. Und nach dem **Gesetz betreffend das Urheberrecht an Werken der bildenden Künste und der Photographie (KunstUrhG)** ist es grundsätzlich nur mit Zustimmung der abgebildeten Person zulässig, Fotos und anderes Bildmaterial zu veröffentlichen. Dieser Schutz durch das Gesetz gilt sogar zehn Jahre über den Tod des Abgebildeten hinaus.
Der § 23 KunstUrhG lässt allerdings Ausnahmen zu. So ist für „Bilder von Versammlungen, Aufzügen und ähnlichen Vorgängen, an denen die dargestellten Personen teilgenommen haben", keine Einwilligung erforderlich, wenn diese veröffentlicht werden. Es muss sich dabei aber um öffentliche Veranstaltungen handeln, also Kongresse, Messen etc. Dabei dürfen solche Veranstaltungsfotos aber in der Hauptsache nicht nur Personen abbilden, es sei denn, es wären Nahaufnahmen von den Rednern. Die Abgrenzung ist hier rechtlich leider nicht eindeutig und damit schwierig.

Rechte des Urhebers

Jeder, der Schöpfer eines Werkes ist, hat sogenannte **Verwertungsrechte**. Diese umfassen nach dem **Gesetz über Urheberrecht und verwandte Schutzrechte (Urheberrechtsgesetz, UrhG)** allgemein unter anderem das Recht auf:

- Vervielfältigung
- Verbreitung
- Ausstellung

Zu diesen Werken gehören Schriftwerke wie Reden, Computerprogramme, Tabellen, Zeichnungen, aber auch musikalische Werke, Lichtbildwerke und anderes. Die Verwertungsrechte erlöschen nach deutscher Rechtsprechung spätestens 70 Jahre nach dem Tod des Urhebers.

Zusammenfassung

Umsetzung der Planung		
Vor der Veranstaltung	**Am Tag der Veranstaltung**	**Nach der Veranstaltung**
Erstellung wichtiger Schriftstücke: ▪ Einladungen ▪ Anmeldungen ▪ Teilnehmerliste ▪ Namensschilder ▪ Wegweiser **Arbeiten unmittelbar vor Beginn der Veranstaltung:** ▪ Anzahl Tische/Stühle prüfen ▪ Sitzordnung herstellen ▪ Technik prüfen ▪ Namensschilder aufstellen ▪ Dekoration anbringen ▪ Unterlagen austeilen ▪ Raumschilder befestigen ▪ Wegweiser anbringen **Mitarbeiter müssen Kenntnisse haben über:** ▪ Veranstaltungsablauf ▪ eigenen Einsatzbereich ▪ Verantwortlichkeiten ▪ teilnehmende Personen ▪ örtliche Gegebenheiten ▪ Maßnahmen bei unerwarteten Situationen	**Vor Eintreffen der Gäste:** ▪ Raumtemperatur prüfen ▪ Getränke/Imbiss bereitstellen ▪ Referenten einweisen ▪ evtl. Caterer einweisen **Während der Veranstaltung: Aufgaben der Mitarbeiter:** ▪ Hilfestellung geben ▪ Beschwerden entgegennehmen ▪ Probleme erfassen und abstellen ▪ Erfrischungen bereitstellen ▪ Protokolle erstellen ▪ Erfassung der Anwesenheit **Auftreten und Dress-Code:** ▪ vorgeschriebene Kleidung tragen ▪ Verhaltensregeln beachten **Kommunikation:** ▪ Regeln der Kommunikation beachten ▪ Sitten und Gebräuche anderer Kulturen beachten ▪ bei Verhandlungen Frage- und Gesprächstechniken beachten ▪ mögliche Verhandlungsstile: distributiv oder integrativ	**Feedback-/Evaluationsbogen:** Einsammeln und später analysieren **Teilnahmebescheinigungen:** Müssen ausgestellt werden, um ▪ erworbene Kenntnisse und Fertigkeiten und ▪ die Anwesenheit zu bescheinigen. **Verabschiedung:** Neben den Referenten müssen auch wichtige Gäste persönlich verabschiedet werden. **Arbeiten nach der Veranstaltung:** ▪ Abbau und Rücktransport von Installationen ▪ Endreinigung ▪ Entsorgung des Mülls ▪ Fundsachen zurückgeben ▪ Feststellen von Schwund und Schäden **Dokumentation der Veranstaltung:** ▪ Fotos, Videos, Medienauswahl (Fernsehen, Zeitung etc.) ▪ Rechte am eigenen Bild (UrhG) ▪ Verwertungsrechte (erlöschen 70 Jahre nach dem Tod): – Vervielfältigung – Verbreitung – Ausstellung

5 Nachbereitung von Veranstaltungen

➲ Lernsituation 5: Den Verlauf einer Tagung nacharbeiten

Auch wenn die angemieteten Räume gereinigt, die installierte Technik abgebaut und zurücktransportiert und der Müll entsorgt wurde, sind noch nicht alle Abschlussarbeiten erledigt. Eine Vielzahl weiterer Arbeiten ist nötig.

Bei der Erfassung der Einzelkosten müssen stets Belege vorliegen. Ist dies nicht möglich (z. B. anteilige Stromkosten), muss ein Eigenbeleg erstellt werden, siehe auch Kapitel 8.1, Seite 245

5.1 Abrechnung der Veranstaltung

Ist die Veranstaltung beendet, müssen alle entstandenen Kosten exakt erfasst werden. Das sind im Einzelnen:

- Fahrtkosten (auch Shuttleservice, Parkplatzmiete)
- Übernachtungskosten
- Honorare, Spesen, Geschenke (z. B. für Referenten, Künstler)
- Bewirtungskosten
- Raummieten
- Gerätemieten (z. B. für Großleinwand, Beschallungsanlage)
- Warenlieferungen (z. B. Flyer, Kugelschreiber mit Logo)
- Dienstleistungen (z. B. für die Endreinigung)

Wurden die tatsächlichen Einzelkosten und damit auch die Gesamtkosten ermittelt, können diese mit den Soll-Kosten (Plankosten) verglichen werden. Durch eine tabellarische Gegenüberstellung der Kosten (z. B. mit Excel) werden Abweichungen schnell sichtbar.

5.2 Beurteilung der Veranstaltung

Beurteilung des Verlaufs

In der Vorbereitung einer Veranstaltung wurde der genaue Ablauf (auch in zeitlicher Hinsicht) festgelegt. Alle beteiligten Mitarbeiter wurden rechtzeitig darüber informiert, sodass jeder während der Veranstaltung weiß, wann etwas zu passieren hat.

Werden im Verlaufe einer Veranstaltung Kritiken von Teilnehmern geäußert oder Mängel auf andere Weise deutlich, ist es Aufgabe der Mitarbeiter, diese wahrzunehmen und entsprechend zu reagieren. Störungen, Abweichungen, Mängel, Fehler oder Kritiken jeglicher Art müssen ausreichend dokumentiert und im Nachhinein, also nach Abschluss der Veranstaltung, in die Beurteilung einfließen. Sie sind ein wichtiges Instrument zur Verbesserung der Organisation. Nur durch den Vergleich des geplanten Ablaufs mit dem tatsächlichen Verlauf können Fehler oder Schwächen aufgedeckt werden.

Beurteilung aus Sicht der Teilnehmer

Nicht bei jeder Veranstaltung erhält der Veranstalter von allen Teilnehmern ein Feedback. Außerdem ist die Aussagekraft eines Feedbacks unterschiedlich zu bewerten. Denn jedes Feedback verlangt natürlich die ehrliche Meinung eines Teilnehmers. So ist aber ein mündliches Feedback kritisch zu betrachten. Der Befragte könnte sich unter Druck gesetzt fühlen, könnte Angst haben, dass sich Nachteile daraus ergeben, wenn er ehrlich seine Meinung kundtut. Darum sollte eine mündliche Befragung bei den Gästen nur bedingt stattfinden. Ein schriftliches Feedback hat zwar auch seine Schwächen (unklare Formulierungen etc.), erhöht aber die Wahrscheinlichkeit der Objektivität der Aussage. Die Feedbackbogen (auch Evaluationsbogen genannt) müssen nach Erhalt zügig ausgewertet werden, denn sie fließen in die Gesamtbewertung des Erfolges ein.

Beispiel: Feedbackbogen (Ausschnitt)

Bitte beurteilen Sie an dieser Stelle die nachfolgenden Aussagen zur Präsentation „Umweltschutz im Unternehmen“, und zwar zum gewählten Stil der Präsentation, zur medialen Auswahl und zu den entsprechenden Räumlichkeiten.	Trifft voll zu	Trifft zu	Trifft bedingt zu	Trifft eher nicht zu	Trifft gar nicht zu
Der Präsentationsstil war gut.					
Die Gestaltung des Raumes ließ eine gute Akustik zu.					
Die verwendeten Präsentationsmaterialien trugen zu einem besseren Verständnis bei.					
Das verwendete Präsentationsmaterial war zeitgemäß.					
Die Präsentation der Inhalte war sehr übersichtlich gestaltet und verständlich.					
Der Referent bezog die Zuhörer mit ein.					
Die mündliche Präsentation war ausreichend laut.					
Die Ausdrucksweise war gut auf die Zielgruppe ausgerichtet.					
Das Tempo der Präsentation war gut.					

Beurteilung aus betrieblicher Sicht

Im Rückblick einer Veranstaltung stellt sich die alles entscheidende Frage: War die Veranstaltung erfolgreich? Natürlich kann man sagen, dass es ein großer Erfolg ist, wenn die Teilnehmer mit einem Lächeln nach Hause gehen und wenn die Beurteilung, also das Feedback aller Teilnehmer okay ist. Aus Sicht des Unternehmers sind aber noch andere Kriterien wichtig, die einen echten Erfolg definieren. Das sind beispielsweise:

- Kann das Unternehmen durch eine solche Veranstaltung neue Kunden gewinnen?
- Haben die eigenen Mitarbeiter (z. B. bei einer Fortbildung) wichtige Fertigkeiten erlernt, die dem Unternehmer einen Nutzen bringen?
- Kann das Unternehmen einen Imagegewinn verzeichnen?
- Wiegt der erzielte Nutzen/Gewinn die Kosten für diese Veranstaltung auf?
- Rechtfertigt der Organisationsaufwand den Erfolg der Veranstaltung?

SMART-Kriterien, siehe Seite 205

Darum ist es wichtig, schon in der Vorbereitung einen Zielkatalog im Sinne der SMART-Kriterien zu erstellen, sodass ein Soll-Ist-Vergleich im Nachhinein möglich wird. Alle Zielverfehlungen können so erkannt, diskutiert und behoben werden. Jede Abweichung und jeder Verbesserungsvorschlag müssen aufgeschrieben und als Grundlage für die nächste Planung genutzt werden.

5.3 Dokumentation der Veranstaltung

Die Dokumentation ist ein wesentlicher Beitrag zur Optimierung von Veranstaltungen, denn sie informiert vor allem über

- die Qualität einer Veranstaltung,
- die nötigen Verbesserungen einer Veranstaltung,
- die Kosten einer Veranstaltung,
- den Ablauf einer Veranstaltung,
- die Inhalte einer Veranstaltung,
- die Zielerreichung der Veranstaltung.

Dankschreiben

In jedem Fall werden im Nachhinein noch einmal Dankschreiben an die Sponsoren und die Referenten verschickt. Sie gehören zur guten Umgangsform eines Unternehmens. Außerdem kann die Auswertung der Feedbackbogen, also die Beurteilung durch die Teilnehmer in einem solchen Schreiben den Referenten mitgeteilt werden. Bei einer guten Bewertung könnte dann auch der Wunsch nach einer weiteren Zusammenarbeit mit dem Referenten zum Ausdruck gebracht werden.

Schadensmeldungen

Sind Schäden am eigenen betrieblichen Sachvermögen entstanden, ist zunächst ein innerbetrieblicher Vordruck zur Schadensmeldung auszufüllen. Liegt ein Versicherungsfall vor, ist eine entsprechende Korrespondenz mit der Versicherungsgesellschaft nötig.

Protokolle

Zur Dokumentation einer Veranstaltung gehört in jedem Fall auch das Protokoll. Es spiegelt wichtige Inhalte wider. Welche Form eines Protokolls gewählt wird, hängt vom jeweiligen Anlass der Veranstaltung ab. Bei der Erstellung solcher Protokolle ist auf die **Form** und natürlich auf eine gute **sprachliche Gestaltung** der Texte zu achten. Ein Protokoll ist meist in drei Abschnitte unterteilt. Das sind der Protokollkopf, der Hauptteil eines Protokolls und der Schluss.

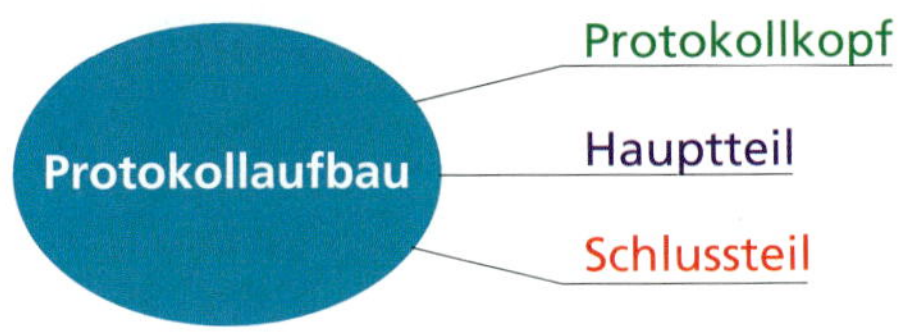

Das Protokoll gibt im Einzelnen unter anderem Auskunft über:

Protokollarten, siehe Informationshandbuch des 1. Ausbildungsjahres, Lernfeld 2, Kapitel 7

- den Ort,
- das Datum,
- die Dauer,
- das Thema,
- Teilnehmer und Abwesende,
- die Tagesordnung,
- den Verlauf, die Beschlüsse, die Ergebnisse und
- den Protokollanten.

Wichtige Protokollarten
- Verlaufsprotokoll
- Ergebnisprotokoll
- Kurzprotokoll

Nach der Erstellung der Protokolle müssen sie dem Vorgesetzten zur Durchsicht und Unterschrift vorgelegt werden. Anschließend werden sie kopiert und an Teilnehmer verschickt.

Abschlussbericht

Der Abschlussbericht enthält alle wichtigen Details einer Veranstaltung und ist als Fazit, also als Gesamtergebnis dieses Ereignisses zu sehen. Es werden Fragen geklärt wie:

- Was war die Zielsetzung und wurde sie erreicht?
- Kann man von einer erfolgreichen Veranstaltung sprechen?
- Wie wurde der Erfolg gemessen?
- Wie hoch war das geplante Budget?
- Wie hoch waren die tatsächlichen Kosten?
- Welche Kritik hatten die Teilnehmenden?
- Was kann als besonders positiv gewertet werden?

Der Abschlussbericht stellt dann mit den gemachten Fotos, den Protokollen, Feedbackbogen etc. eine Gesamtdokumentation und eine Beurteilung der Veranstaltung dar. Sie wird kopiert, an den Vorgesetzten weitergeleitet und archiviert. So kann in der nächsten Planung einer neuen Veranstaltung auf diese Dokumentation als Vorbereitungsgrundlage zurückgegriffen werden.

Zusammenfassung

<table>
<tr><th colspan="5">Nachbereitung von Veranstaltungen</th></tr>
<tr><th>Abrechnung der Veranstaltung</th><th>Beurteilung der Veranstaltung</th><th colspan="3">Dokumentation</th></tr>
<tr><td rowspan="3">Kosten einer Veranstaltung:
▮ Fahrtkosten
▮ Übernachtungskosten
▮ Honorare, Spesen, Geschenke
▮ Bewirtungskosten
▮ Raummieten
▮ Gerätemieten
▮ Warenlieferungen
▮ Dienstleistungen

▮ Ermittlung der tatsächlichen Kosten (Ist-Kosten) anhand von Belegen

▮ Vergleich der Ist-Kosten mit den Soll-Kosten</td><td rowspan="3">Beurteilung des Verlaufs:
▮ Mängel im Ablauf zeigen sich durch:
– Kritik der Teilnehmer
– Abgleich der Ablaufpläne mit dem tatsächlichen Verlauf
Beurteilung aus Sicht der Teilnehmer:
▮ Auswertung der Feedbackbogen

Beurteilung aus betrieblicher Sicht:
Abgleich des Zielkatalogs mit den erreichten Zielen</td><td colspan="3">Anhand der Dokumentation wird informiert über:
▮ Qualität einer Veranstaltung
▮ die nötigen Verbesserungen einer Veranstaltung
▮ Kosten einer Veranstaltung
▮ Ablauf einer Veranstaltung
▮ Inhalte einer Veranstaltung
▮ Zielerreichung der Veranstaltung</td></tr>
<tr><th>Dankschreiben/ Schadensmeldungen</th><th>Protokoll</th><th>Abschlussbericht</th></tr>
<tr><td>Dankschreiben an:
▮ Referenten
▮ Teilnehmer

Schadensmeldungen:
▮ unverzüglich an den Vorgesetzten weiterleiten, im Versicherungsfall Meldung an Versicherungsgesellschaft</td><td>Erfasst wesentliche Inhalte einer Veranstaltung

Aufbau:
▮ Protokollkopf
▮ Hauptteil
▮ Schlussteil

Protokollarten:
▮ Verlaufsprotokoll
▮ Ergebnisprotokoll
▮ Kurzprotokoll

Inhalte:
▮ Ort
▮ Datum
▮ Dauer
▮ Thema
▮ Teilnehmer und Abwesende
▮ Tagesordnung
▮ Verlauf, Beschlüsse und Ergebnisse
▮ Protokollant</td><td>Fazit einer Veranstaltung umfasst:
▮ alle Protokolle
▮ die Analyse des Feedbacks
▮ Vergleich der Soll- und Ist-Werte
▮ Kostenanalyse
▮ Gesamtbeurteilung der Veranstaltung
Dient als Grundlage für die nächste Planung</td></tr>
</table>

6 Grundlagen des Geschäftsreisemanagements

➲ **Lernsituation 6: Reiserichtlinien erstellen**

6.1 Rechtliche Grundlagen

Das Einkommensteuergesetz (EStG) spricht von der beruflich veranlassten Auswärtstätigkeit, statt von einer Geschäfts- oder Dienstreise. Eine berufliche veranlasste **Auswärtstätigkeit** liegt vor, wenn der Arbeitnehmer vorübergehend außerhalb seiner Wohnung und nicht an seiner ersten Tätigkeitsstätte beruflich tätig wird. Der Begriff der „ersten Tätigkeitsstätte" wird nach § 9 Abs. 4 des Einkommenssteuergesetzes definiert als „die ortsfeste Einrichtung des Arbeitgebers, der der Arbeitnehmer dauerhaft zugeordnet ist".

Erste Tätigkeitsstätte siehe Kapitel 8, Seite 245

→ **Geschäftsreisen** bzw. Dienstreisen sind berufsbedingte Auswärtstätigkeiten fernab von der ersten Tätigkeitsstätte und der Wohnung des Reisenden.

6.2 Nachhaltigkeit von Geschäftsreisen

Im Zeitalter globalisierter Märkte sind Geschäftsreisen ein wesentlicher und notwendiger Bestandteil der wirtschaftlichen Aktivität eines Unternehmens geworden. Sie haben aber nicht nur in ökonomischer Hinsicht an Bedeutung gewonnen, vielmehr zeigen die **geschäftlichen Reisen** der Unternehmen eine zunehmende **negative Wirkung** auf die gesamte Umwelt. Die verkehrsbedingten CO_2-Emissionen sind in den letzten Jahren deutlich angestiegen. Da sich das Nachfrageverhalten der Kunden seit geraumer Zeit in der Weise verändert, dass sie ein nachhaltigeres Handeln der Hersteller fordern, sollten Unternehmen, die neben ökonomischen auch ökologische und soziale Ziele verfolgen, ein verantwortungsbewusstes und nachhaltiges Geschäftsreisemanagement entwickeln.

EMAS = Europäisches Eco-Management and Audit Scheme; freiwilliges Gemeinschaftssystem für Umweltmanagement und Umweltbetriebsprüfung, siehe Kapitel 5.10.2, Seite 203, auch Informationshandbuch 1. Ausbildungsjahr

In ein bereits bestehendes Umweltmanagement (z. B. EMAS) kann ein Reisemanagement integriert werden. Bei der Entwicklung und Umsetzung solcher **Managementsysteme** können gezielte Fragestellungen helfen. Das können beispielsweise folgende Fragen sein:

- Wie lassen sich Geschäftsreisen mit einem möglichst geringen CO_2-Ausstoß realisieren?
- Welche Möglichkeiten bieten sich an, durch moderne Kommunikationsmittel Geschäftsreisen zu vermeiden?
- Wie können Mitarbeiter motiviert werden, nachhaltige, emissionsarme Verkehrsmittel für ihre Reisen zu wählen?
- Wie können alle durch Dienstreisen entstehenden CO_2-Emissionen erfasst werden?
- Welche Möglichkeiten hat ein Unternehmen, durch Geschäftsreisen verursachte Emissionen anderweitig auszugleichen?

Ein nachhaltiges Management dieser Art verbessert einerseits das Image und andererseits auch die Wettbewerbsfähigkeit eines Unternehmens.

Ökobilanz = Wirkungen eines Produktes auf die Umwelt vom Zeitpunkt der Entstehung bis zur Vernichtung

Treibhausgase – Wirkung unterschiedlicher Verkehrsmittel

Das Flugzeug schneidet in der Ökobilanz am schlechtesten ab, denn es setzt nicht nur Kohlendioxid (CO_2) frei, sondern auch Stickoxide, Wasserdampf und Rußpartikel. Das wirkt sich negativ auf das Klima aus und verstärkt damit den Treibhauseffekt. Um eine realistischere und aussagekräftigere Ökobilanz darstellen zu können, müssen diese Abgase mit in die CO_2-Rechnung einbezogen werden.

Der CO_2-Ausstoß im Vergleich
CO_2-Ausstoß pro Person und je Kilometer

Den niedrigsten Wert von ca. **20 Gramm** je Kilometer weisen Busse auf.	In diversen Studien zeigte die Bahn sich mit ca. **40 Gramm** als zweitbestes Verkehrsmittel hinsichtlich des CO_2-Ausstoßes.	Bei einem Mittelklassewagen liegt der Ausstoß durchschnittlich bei **150 Gramm**.	Bei einer Kapazitätsauslastung von 72 % je Flugzeug werden durchschnittlich **380 Gramm** CO_2 ausgestoßen.

6.3 Richtlinien zur Organisation von Geschäftsreisen

Um eine **Standardisierung** betrieblicher Prozesse zu erreichen, werden Regelwerke verfasst, die eine Gleichartigkeit der unternehmerischen Abläufe ermöglichen. Diese Standards, die auf Ausführungs- und Verhaltensanweisungen basieren, sollen helfen, eine gleichbleibende Qualität der Prozesse und damit ihrer Ergebnisse zu sichern.

→ **Reiserichtlinien** bilden ein Regelwerk, das die Organisation von Geschäftsreisen im Betrieb vereinheitlicht und damit kontrollierbarer macht.

Einen solchen Richtlinienkatalog beinhaltet auch das unter dem Namen DIN EN ISO 9000 veröffentliche Regelwerk, das dem betrieblichen **Qualitätsmanagement** dient. Im Rahmen eines Geschäftsreisemanagements sollten also Reiserichtlinien festgelegt werden, die eine Standardisierung ermöglichen und Reiseplanungen für die Zukunft transparenter und effizienter gestalten.

Wie umfangreich eine solche Reiserichtlinie ist, hängt erfahrungsgemäß von der Größe des Unternehmens und der Anzahl der Reisen ab. Allerdings sollten sich auch kleinere Unternehmen bestimmten Standards unterwerfen, da auch sie Vorteile daraus ziehen können.
Die Erarbeitung einer Richtlinie sollte von verschiedenen Abteilungen des Unternehmens begleitet werden. Dazu zählen vor allem der Betriebsrat, die Buchhaltung, das Personalmanagement, die Rechtsabteilung und natürlich die zuständige Stelle für die Vorbereitung und Buchungen der Reisen.
Folgende **Mindestinhalte** sollte eine Reiserichtlinie enthalten:

Beantragung und Genehmigung der Geschäftsreise

Je nach Umfang und Häufigkeit der Reisen können Geschäftsreisen von den entsprechenden Mitarbeitern selbst geplant werden. Allerdings sollte in Abhängigkeit von der Höhe der zu erwartenden Kosten für die Reise (z. B. ab 1.000,00 € brutto) vorgeschrieben werden, dass der Mitarbeiter die Reise beim direkten Vorgesetzten zu beantragen und seine Zustimmung einzuholen hat.

Buchung der Reise

Um eine Einheitlichkeit und auch Planungssicherheit bei den Buchungen zu erreichen, könnten Buchungen über Reisebüros oder Reisevermittler erfolgen, die bereits als zuverlässig und eventuell auch preisgünstig bekannt sind. Oft werden mit solchen Dienstleistern wegen regelmäßiger Geschäfte Rabatte vereinbart. Eine entsprechende Anweisung könnte dann vorgeben, bei welchem Reisebüro vorzugsweise oder grundsätzlich Reisen zu buchen sind.

Hotelbuchungen

Um die Kosten für Übernachtungen während der Geschäftsreise zu minimieren, legen Unternehmen oft eine Preisobergrenze fest (z. B. 90,00 € brutto inklusive Frühstück). Allerdings können Preise für Hotels saisonbedingt variieren (z. B. während einer Messe). In solchen Fällen könnten zusätzliche Regelungen getroffen werden, höhere Übernachtungspreise zuvor mit Vorgesetzten abzuklären.
Außerdem erstellen Unternehmen mit hohem Geschäftsreiseaufkommen (digitale) **Hotelkarteien**. Sie enthalten die wichtigsten Informationen rund um ein Hotel; vor allem geben sie Auskunft über Preisabsprachen und über positive und negative Erfahrungswerte zu den gebuchten Hotels.
Reiserichtlinien zwingen Mitarbeiter dann, Unterkünfte zu buchen, die aufgrund besonderer Vereinbarungen mit diesen Hotels geringere Kosten verursachen.

M

Hotel Moselblick

Anschrift:	Enderplatz 18, 56812 Cochem
Ansprechpartner:	Petra Wallmeyer
Tel./Fax:	+49 (0) 2671 2200-0/-4
E-Mail:	info@moselblick.de
Lage:	Cochem, 0,7 km zum Bahnhof
Allg. Beschreibung:	Tagungshotel, 4 Tagungsräume, Fitnessraum, Sauna, Schwimmbad, Tiefgarage, Shuttle-Service
Kategorie:	3 Sterne
Verpflegung:	Frühstück, HP, VP
Preise:	26 EZ ab 75,00 €, 38 DZ ab 115,00 €
Vereinbarungen:	Einzelbuchungen 12 % Rabatt Tagungen 15,5 % Rabatt

Mitarbeiter	Datum	Bemerkungen
Peter Weber	20.08.20(0)	Hotel insgesamt empfehlenswert, gute Anbindung an die Bahn, Service ausgezeichnet

Bevorzugte Verkehrsmittel – Ökologie und Ökonomie

Wird die Nachhaltigkeit wegen der ökologischen Zielsetzung des Unternehmens in das Reisemanagement integriert, ist bei der Buchung von Reisemitteln zu berücksichtigen, welche und wie viele Schadstoffe das jeweilige Reisemittel freisetzt.

Eine Richtlinie, die z.B. vorgibt, dass Flugreisen erst ab einer bestimmten Entfernung (z.B. von 1 200 km) zulässig sind, würde der ökologischen Zielsetzung entsprechen. Da Busse den geringsten CO_2-Ausstoß pro Kilometer und Person verursachen, wenn eine entsprechende Zahl an Sitzplätzen belegt ist, sollten sie stets als erste Wahl unter den Verkehrsmitteln vorgeschrieben werden. Ebenso könnte eine Richtlinie die Nutzung öffentlicher Verkehrsmittel grundsätzlich vorschreiben. Neben einer Vorschrift für den Umweltschutz könnte an dieser Stelle auch eine Regelung zur Kostenminimierung stehen. Eine solche Regel würde beispielsweise lauten, dass der Mitarbeiter sowohl im Zug als auch im Flugzeug grundsätzlich nur 2. Klasse reisen darf.

Miet-, Dienst- oder Privatwagen
Ist die Nutzung öffentlicher Verkehrsmittel nicht oder nur mit erheblichem Zeitaufwand möglich, sollte für Geschäftsreisen ein Taxi, Miet- bzw. Dienstwagen genutzt werden. Reiserichtlinien mancher Unternehmen lassen Fahrten mit dem Privat-Pkw nur in Ausnahmefällen zu. Für die Buchung von Mietwagen werden meist bestimmte Anbieter vorgegeben, vor allem dann, wenn mit den Mietwagenanbietern spezielle Konditionen vereinbart wurden.

Treten Schäden am gemieteten Fahrzeug auf, sollte der Mitarbeiter verpflichtet werden, den Schaden unverzüglich dem Vermieter zu melden. Bei einem Schaden am Dienstfahrzeug sollte eine sofortige Meldung an das zuständige Sekretariat erfolgen. Außerdem könnte eine Vereinbarung getroffen werden, dass Mitarbeiter Bußgelder, gebührenpflichtige Verwarnungen, Abschleppkosten und andere Strafzahlungen selbst zu tragen haben.
Viele Unternehmen verlangen von ihren Mitarbeitern, die regelmäßig mit einem Miet- oder Dienstwagen fahren, zweimal jährlich ihren Führerschein vorzulegen, um prüfen zu können, ob dieser noch gültig ist.

Parkgebühren
Fallen im Rahmen einer Dienstreise oder eines auswärtigen Termins für den Privat-, Dienst- oder Mietwagen Parkgebühren an, sollte anhand einer Richtlinie ein täglicher Höchstbetrag (z.B. 25,00 €) oder ein Höchstbetrag für die gesamte Reise (z.B. 100,00 €) vereinbart werden.

„BahnCard" für Mitarbeiter
Für reisende Mitarbeiter bietet die Deutsche Bahn unterschiedliche „BahnCards" an, die an die jeweilige Größe der Unternehmen angepasst sind. Die „BahnCard" ermöglicht nicht nur das Reisen mit der Bahn, vielmehr kann der Kunde in vielen Städten auch den öffentlichen Personennahverkehr (ÖPNV) nutzen. Je nach Art der gewählten „BahnCard" ist auch eine Kreditkartenfunktion (bargeldloses Zahlen) integriert. Außerdem können spezielle Reiseversicherungen hinzugebucht werden. An vielen Bahnhöfen kann der Reisende mit der „BahnCard" ein Fahrrad mieten („Call a Bike"), ohne sich speziell anmelden zu müssen. Ebenso ist der Gepäckservice bei der „BahnCard 100" kostenlos. Er umfasst unter anderem das Abholen und den Transport des Gepäcks zum Zielort. Wurde eine „BahnCard" für das Unternehmen gebucht, sollte eine Reiserichtlinie Mitarbeiter verpflichten, Bahnreisen über die Karte abzuwickeln. Das spart nicht nur Zeit, sondern auch Geld.

Kreditkarte, Bankkarte und Reisekostenvorschuss

Während manche Betriebe einen Reisekostenvorschuss leisten, erhalten Mitarbeiter anderer Unternehmen für die Zeit der Reise eine Bank- oder Kreditkarte, mit der sie alle während der Reise anfallenden Rechnungen bezahlen können. Vorschüsse werden meist auf ein Kreditorenkonto des Mitarbeiters gebucht. Mit Einreichung der Reisekostenabrechnung durch den Mitarbeiter werden Vorschüsse dann verrechnet.

Bewirtung und Trinkgeld

Auch Regelungen, die die Kosten für ein Geschäftsessen und für ein angemessenes Trinkgeld betreffen, findet man in den Reiserichtlinien. So könnte eine Richtlinie ein Trinkgeld von z.B. maximal 10 % des Gesamtbetrages zulassen und bei einem Gesamtbetrag ab z.B. 500,00 € ein Trinkgeld von höchstens 5 % erlauben.

Verpflegungskosten

Bei Abwesenheit von zu Hause entstehen für den reisenden Mitarbeiter Mehrkosten für die tägliche Verpflegung (Verpflegungsmehraufwendungen). Um diesen Mehraufwand abzugelten, zahlen Arbeitgeber Pauschalen, die nach dem Einkommenssteuergesetz (EStG) bis zu einer bestimmten Höhe steuerfrei erstattet werden können. Eine Richtlinie, die diese Gesetzgebung umsetzt, erhöht die Transparenz für die Kostenabrechnung.

Reisekostenabrechnung und Kostenerstattung

Nach Abschluss der Dienstreise hat der Mitarbeiter die zur Reisekostenabrechnung erforderlichen Angaben und Belege vorzulegen. Dies sollte in einem angemessenen Zeitraum geschehen, z.B. innerhalb von vier Wochen. Alle Belege müssen den Namen und die Anschrift des Unternehmens und den Namen des reisenden Mitarbeiters bzw. der reisenden Mitarbeiterin enthalten. Sollte kein Originalbeleg zur Verfügung stehen, muss ein Eigenbeleg erstellt werden, z. B. für Parkgebühren.

Reiseversicherungen

Nach § 618 des Bürgerlichen Gesetzbuches (BGB) und nach § 3 und anderen des Arbeitsschutzgesetzes (ArbSchG) hat der Arbeitgeber eine **Fürsorgepflicht** gegenüber seinen Mitarbeitern. Das heißt, dass der Arbeitgeber verpflichtet ist, seine Mitarbeiter in Ausübung ihrer Tätigkeit gegen Gefahren für Leben und Gesundheit zu schützen. Missachtet der Arbeitgeber diese Rechte des Arbeitnehmers, kann es zu Schadensersatzansprüchen nach den für unerlaubte Handlungen geltenden Vorschriften der §§ 842 bis 846 BGB kommen.

Folgende Gefahren zeigen sich immer wieder bei Reisen im In- und Ausland:

Versicherungsträger bieten hierfür maßgeschneiderte „Kombi-Versicherungen" an, die nicht nur die Gefahren in besonderer Weise berücksichtigen. Vielmehr informieren sie Reisende umfangreich vor Antritt der Geschäftsreise über die zahlreichen Gefahren. Zu den Leistungen dieser Versicherungen gehören unter anderem:

- Deutschsprachige Notfall-Hotline rund um die Uhr
- Aktive Hilfe vor Ort, z.B. deutschsprachige Ärzte
- Übernahme der Kosten bei Unfällen und Erkrankungen und direkte Abrechnung mit dem Krankenhaus
- Keine Leistungsbegrenzung aufgrund bestimmter Gebührenordnung
- Kranken-Rücktransport auch dann, wenn eine Behandlung vor Ort möglich wäre
- Übernahme der Kosten bei einem unverschuldeten Rücktritt von der Reise

Solche Reise-Versicherungen sind unter anderem:

Reiserücktrittskostenversicherungen
Sie greifen immer dann, wenn Geschäftsreisen aufgrund bestimmter Gründe nicht angetreten werden können. Das kann beispielsweise ein Unfall oder eine Krankheit sein. Dieser Versicherungsschutz sollte so viele Schadensursachen wie möglich einschließen. Ohne eine solche Versicherung würde das Unternehmen entweder gar nichts oder nur einen Bruchteil der Reisekosten (Hotel-, Flugkosten und andere) erstattet bekommen. Allerdings ist eine solche Versicherung nur dann sinnvoll, wenn eine teure Reise in ferner Zukunft liegt, denn in solchen Fällen lassen sich die Risiken des Ausfalls weniger abschätzen.

Auslandsreisekrankenversicherung
Der Schutz, den viele (gesetzliche) Krankenversicherungen im Inland bieten, ist im Ausland meist stark eingeschränkt. Oft werden bestimmte Behandlungen durch ausländische Ärzte von der eigenen Krankenversicherung nur zum Teil oder gar nicht getragen. Die Kostenübernahme für Behandlungen orientiert sich dabei an den Standards des jeweiligen Reiselandes. Eine Auslandsreisekrankenversicherung hingegen übernimmt deutlich höhere Behandlungskosten. Außerdem bieten solche Versicherungen die Möglichkeit, einen bestimmten Facharzt und die gewünschte Unterbringung frei zu wählen. Auch der Rücktransport des Kranken oder Verletzten wird ermöglicht, selbst dann, wenn eine Behandlung vor Ort, also auch im Ausland möglich wäre.

Reisegepäckversicherung
Leider ist es keine Seltenheit, dass Koffer bei Flugreisen verspätet, beschädigt oder gar nicht ankommen. Das kann für Geschäftsreisende zu einem Problem werden, wenn von der Unternehmensleitung ein Dress-Code im Sinne des Corporate Clothing vorgegeben wird. Im schlimmsten Fall muss der Reisende sich neu einkleiden, wenn der Koffer nicht rechtzeitig oder gar nicht am Bestimmungsort ankommt. Reisegepäckversicherungen ersetzen in solchen Fällen den Verlust des Koffers oder die verspätete Anlieferung des Reisegepäcks.

Dress-Code = Regeln zur erwünschten Kleidung in Unternehmen

Corporate Clothing = einheitlicher Kleidungsstil in einem Unternehmen

Reiseabbruchversicherung

Reiserücktrittsversicherungen gelten meist nur vor Beginn der Reise und viele Reisekrankenversicherungen oder auch Reiseunfallversicherungen zahlen keine Entschädigung, wenn eine Reise vorzeitig beendet werden muss. In solchen Fällen greift die Reiseabbruchversicherung. Sie zahlt die durch den Abbruch entstehenden Mehrkosten (unter anderem Rückflug) und oft auch Entschädigungen für nicht in Anspruch genommene Reiseleistungen.

Viele Versicherer bieten Komplettpakete, sogenannte All-in-one-Versicherungen an, die die zuvor genannten und weitere Leistungen beinhalten und damit einen Rund-um-Schutz versprechen. Eine Reiserichtlinie, die einen Schutz dieser Art dem reisenden Mitarbeiter bietet, würde die gesetzliche Fürsorgepflicht des Arbeitgebers gegenüber seinen Mitarbeitern ausdrücken und das Betriebsklima fördern.

Missachtung der Reiserichtlinien

Werden Reisekostenabrechnungen zu spät und fehlerhaft eingereicht, bedeutet dies für die Buchhaltung zusätzliche Arbeit. Um Störungen dieser Art zu vermeiden, werden disziplinarische Maßnahmen definiert. So kann beispielsweise der direkte Vorgesetzte als erste Prüfstelle eingerichtet werden. Wird auch nur der kleinste Fehler vom Vorgesetzten entdeckt, geht die Reisekostenabrechnung zur Korrektur sofort an den betroffenen Mitarbeiter zurück. Damit verzögert sich die Rückzahlung der Reisekosten an den Mitarbeiter. Vor allem wenn Reisekostenabrechnungen zu spät eingereicht werden, könnte durch entsprechende Richtlinien die Rückerstattung der Kosten ausgeschlossen werden. Ebenso könnte eine Regelung zu fehlenden Belegen die Erstattung durch den Arbeitgeber ausschließen. Hat der Arbeitgeber eine angemessene Frist zur Einreichung einer Reisekostenabrechnung vereinbart, ist der **Ausschluss der Erstattung** nach einem Urteil des Bundesarbeitsgerichts (BAG) zulässig.

6.4 Zeitverschiebung

Bei der Planung von Auslandsreisen bzw. Geschäftsterminen im Ausland müssen sowohl die **Zeitzonen** als auch die **Sommerzeit** beachtet werden.

→ **Zeitzonen:** Aufteilung der Erdoberfläche in Zonen, in denen die gleiche Uhrzeit und das gleiche Datum Gültigkeit haben

MEZ = mitteleuropäische Zeit

→ **Sommerzeit:** Am letzten Sonntag im März wird vor allem in den Ländern der Europäischen Union die Normalzeit (Winterzeit) auf Sommerzeit umgestellt, d. h., dass in der Nacht zum Sonntag die Uhrzeit um eine Stunde, also von 2:00 Uhr MEZ auf 3:00 Uhr umgestellt wird.

Da viele Staaten nicht an dieser Zeitumstellung teilnehmen oder in einem anderen Zeitraum diese Umstellung der Winter- auf Sommerzeit vornehmen (dazu gehören z. B. Länder Afrikas, Asiens und der USA), muss bei der Planung von Terminen unbedingt darauf geachtet werden.

Beispiel:
Frau Müller von der Wojzek KG aus Dresden hat am 19. Juli 20(0) einen dringenden Termin in Tunesien, und zwar um 19:00 Uhr in Ariana. Bei der zeitlichen Planung ist nun zu berücksichtigen, dass Ariana zwar in derselben Zeitzone liegt (+ 1 Stunde), da aber anders als in Deutschland Tunesien keine Umstellung auf die Sommerzeit vornimmt, ist es in Tunesien 19:00 Uhr, während die Uhr in Deutschland schon 20:00 Uhr anzeigt.

Zusammenfassung

Grundlagen des Geschäftsreisemanagements				
Rechtliche Grundlagen	Nachhaltigkeit	Reiserichtlinien		Zeitverschiebung
		Grundlagen	Mindestinhalte	
▪ Einkommenssteuergesetz (EStG), Geschäftsreise als beruflich veranlasste Auswärtstätigkeit ▪ Auswärtstätigkeit muss fernab der ersten Tätigkeitsstätte stattfinden ▪ Als erste Tätigkeitsstätte gilt die ortsfeste Einrichtung eines Arbeitsplatzes, dem der Arbeitnehmer dauerhaft zugeordnet ist	▪ Reiseverkehrsmittel belasten die Umwelt ▪ Unterschiedliche Ökobilanzen der Verkehrsmittel beachten ▪ CO_2-Ökobilanzen: (absteigend) Bus, Zug, Auto Flugzeug ▪ Einbindung eines nachhaltigen Reisemanagements in die Gesamtorganisation	▪ Regelwerk zur Organisation von Geschäftsreisen ▪ Teil des Qualitätsmanagements Reiserichtlinien bewirken: ▪ Handlungssicherheit ▪ Einsparungseffekte ▪ mehr Effizienz in der Prozessabwicklung ▪ gleichbleibende Qualität ▪ Standardisierung der Unternehmensprozesse	▪ Beantragung und Genehmigung der Reise ▪ Buchung der Reise ▪ Hotelbuchungen ▪ Bevorzugte Verkehrsmittel ▪ „BahnCard" ▪ Kreditkarte, Bankkarte ▪ Verpflegungskosten ▪ Reisekostenabrechnung ▪ Reiseversicherungen ▪ Folgen der Missachtung einer Richtlinie	Zeitliche Planung der Geschäftsreisen wird beeinflusst durch: ▪ Zeitzonen ▪ Sommerzeit Bestimmte Staaten ohne Umstellung auf Sommerzeit

7 Geschäftsreisen organisieren

➲ **Lernsituation 7: Eine Geschäftsreise ins Ausland planen**

Werden Geschäftsreisen in großem Umfang regelmäßig selber geplant, vereinfacht eine genaue Dokumentation die Planung, Durchführung und auch die Abrechnung.

7.1 Vorbereitungen für die Geschäftsreise

Um eine erfolgreiche Planung der Reise durchführen zu können, sollten zuvor einige Fragen geklärt werden:

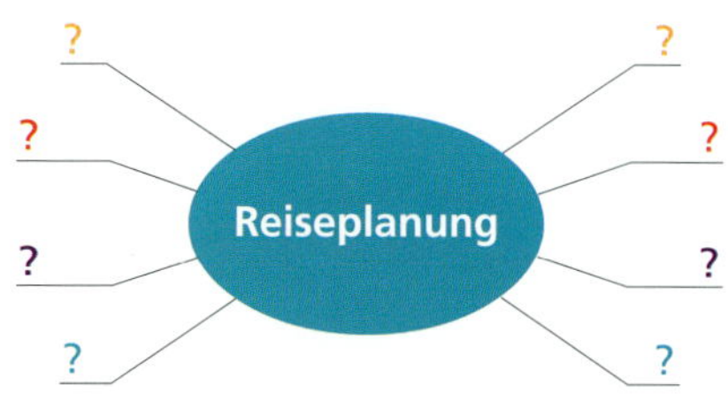

- **Wer** verreist?
  Neben der Anzahl der Reisenden spielt auch die Stellung der Geschäftsreisenden im Betrieb eine wesentliche Rolle. Handelt es sich um Mitarbeiter in leitender Stellung, muss in jedem Fall abgeklärt werden, welche Vollmachten erteilt werden müssen. Grundsätzlich müssen auch Vertretungsregelungen getroffen werden. Ebenso können mögliche Präferenzen der Reisenden geklärt werden.
  Werden Geschäftsreisen von einem Mitarbeiter zentral organisiert, sollte in jedem Fall für jeden reisenden Mitarbeiter eine Karteikarte/Datei angelegt werden, die die wichtigsten Daten zur jeweiligen Person enthält. So können Wünsche der reisenden Mitarbeiter besser berücksichtigt werden. Zudem müssen wichtige Daten nicht immer wieder erfragt werden.

Wesentliche Daten zu den Geschäftsreisenden

- Vollständiger Name
- Wohnort
- Geburtsdatum
- Gültigkeitsdauer des Führerscheins, Nummer
- Internationaler Führerschein, Nummer
- Nummer der Firmenkreditkarte, Gültigkeitsdauer
- Personalausweisnummer, Gültigkeitsdauer
- Reisepassnummer, Gültigkeitsdauer
- Bevorzugte Verpflegungsart (z. B. Veganer)

- **Warum** soll diese Reise durchgeführt werden?

  Vor einer Reise sollte die Frage gestellt werden, ob eine Reise überhaupt nötig ist. In vielen Fällen können Video- oder Telefonkonferenzen genutzt werden, um geschäftliche Dinge zu klären.
- **Wohin** soll die Reise gehen?

  Das Reiseziel hat eine wesentliche Bedeutung für die Vorbereitung der Reise. In bestimmten Fällen müssen frühzeitig Reisepapiere beantragt werden, z. B. Visa und Impfbescheinigungen. Zuvor kann sich der Reisende auch mit den Sitten eines Landes befassen.
- **Wer sind die Gesprächspartner** auf dieser Reise?

  Es ist immer gut zu wissen, wen man auf einer solchen Reise besucht, damit man keine Überraschungen erlebt und sich gezielter auf einen solchen Gesprächstermin vorbereiten kann.
- **Welche Gesprächstermine** wurden vereinbart?

  Gesprächstermine müssen rechtzeitig mit den Geschäftspartnern vereinbart und den entsprechenden Vertretern mitgeteilt werden. Sind mehrere Gesprächstermine für eine Reise vorgesehen, sollten sie möglichst in einer geografisch sinnvollen Reihenfolge organisiert werden, um unnötige Fahrtstrecken zu vermeiden.
- **Wie lange** wird die Reise voraussichtlich dauern und **wann** findet die Reise statt?

  Je früher Verkehrsmittel und Hotels für Geschäftsreisen gebucht werden können, umso günstiger sind meist die Tarife. Bei kurzfristigen Buchungen besteht die Gefahr, dass am Zielort Veranstaltungen wie Messen stattfinden, sodass Hotels, Pensionen etc. ausgebucht sind oder Gästezimmer nur noch zu sehr hohen Preisen gebucht werden können.
- **Welche Verkehrsmittel** sollen genutzt werden?

  Bei der Planung der Verkehrsmittel müssen die Vorgaben durch Reiserichtlinien des Arbeitgebers hinsichtlich der Kosten und der Nachhaltigkeit beachtet werden. Dabei sollten möglichst auch die Wünsche des Reisenden Berücksichtigung finden. Bei der Planung der Reiserouten und damit der Beförderungsmittel sollten immer auch Alternativrouten und -verkehrsmittel bestimmt werden, denn nicht selten fallen Flüge oder auch Züge aus.
- **Welche Unterlagen** werden benötigt?

  Neben Buchungsbelegen, Visa und Pässen muss auch an wichtige Geschäftsunterlagen wie Kaufverträge und Präsentationsunterlagen gedacht werden.

7.2 Informationsbeschaffung

Viele wichtige Informationen, wie Abfahrts- und Ankunftszeiten verschiedener Verkehrsmittel, Informationen zur Visumspflicht oder Versicherungspflicht müssen beschafft werden, um eine Geschäftsreise erfolgreich zu planen. Dazu können unterschiedliche Informationsquellen genutzt werden:

- Internet
- Hotelkartei/-datei
- Versicherungen
- Reiseführer
- Reiseauskunft des ADAC
- (Elektronische) Hotelführer
- Konsulate
- IHK/DIHK
- Schiffs-/Bahn-/ Fluggesellschaften
- Prospekte von Hotels
- Reisebüros
- Auswärtiges Amt
- Zollämter
- Elektronische Fahrplanauskunft
- Autovermietungen

7.3 Verkehrsmittel

Bei der Auswahl eines Reiseverkehrsmittels müssen innerbetriebliche Reiserichtlinien berücksichtigt werden. Neben diesen Richtlinien müssen aber auch andere Kriterien beachtet werden:

- Verfügbare Zeitreserven
- Gepäck
- Zuverlässigkeit
- Entfernung
- Erreichbarkeit des Zielortes
- Flexibilität
- Wirtschaftlichkeit der Reise

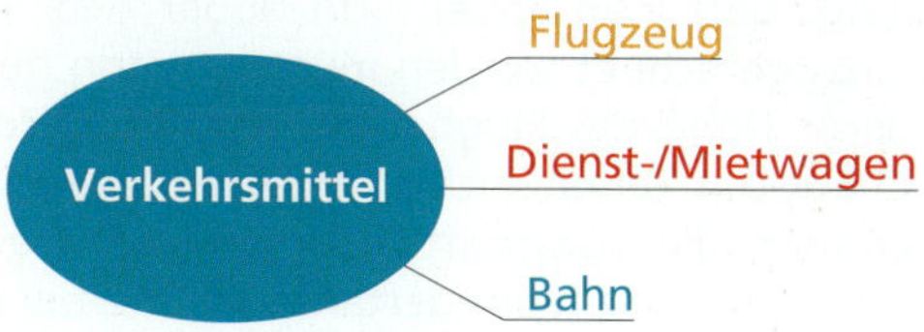

Autobahnvignette = Aufkleber für ein Fahrzeug als Beweis für die Bezahlung einer fälligen Maut zur Benutzung des Autobahnnetzes des jeweiligen Landes (z. B. für die Schweiz)

Internationaler Führerschein, siehe Seite 241

Und nicht zuletzt sollten auch die Wünsche des Reisenden berücksichtigt werden, soweit sie mit den Reiserichtlinien und dem betrieblichen Verständnis für nachhaltiges Reisen vereinbar sind.

7.3.1 Dienstwagen/Mietwagen

Das häufigste Verkehrsmittel für Geschäftsreisen bleibt das Automobil. Bei einer Geschäftsreise mit dem betriebseigenen **Dienstwagen** ist Folgendes zu beachten:

Checkliste Dienstwagen:

1. Der Fuhrparkleitung Datum und Uhrzeit für den benötigten Dienstwagen rechtzeitig mitteilen.
2. Benötigte Autopapiere:
   - Zulassungsbescheinigung Teil 1
   - Auslandsschutzbrief (z. B. ADAC)
   - Evtl. grüne Versicherungskarte (z. B. für Russland empfohlen)
   - Autobahnvignette
3. Evtl. Internationaler Führerschein
4. Evtl. Tankkarte
5. Navigationsgerät mit aktuellem Kartenmaterial
6. Adressen von Vertragswerkstätten

Soll am Zielort ein **Mietwagen** bereitstehen, muss auch hier frühzeitig eine Buchung erfolgen, denn bei Bestellung eines Mietfahrzeugs am Zielort besteht die Gefahr, dass nicht immer sofort ein Auto verfügbar ist. Neben den direkten Anbietern von Mietwagen gibt es auch verschiedene Vertragspartner (Automobilclubs, Deutsche Bahn AG und diverse Fluggesellschaften), über die solche Fahrzeuge gebucht werden können. Bei den Vertragskonditionen für Mietfahrzeuge gibt es beachtenswerte Unterschiede, darum empfiehlt es sich immer, die Geschäftsbedingungen genauer zu lesen. Folgende Punkte spielen dabei immer wieder eine wesentliche Rolle, die die **Gesamtkosten** der Miete beeinflussen:

- Gefahrene Kilometer
- Eigenanteil an der Kaskoversicherung (Teil- und Vollkasko)
- Alter des Fahrers (Zusatzgebühr bei Fahrern unter 23 Jahre)
- Mietdauer

Bei regelmäßiger Nutzung von Mietwagen empfiehlt es sich außerdem, mit den entsprechenden Vertragspartnern Sonderkonditionen für die Miete auszuhandeln.

Auto (Miet- oder Dienstwagen)	
Vorteile	**Nachteile**
Hoher Grad an Flexibilität	Gefahr der Verzögerungen durch Staus groß
Kein Transfer nötig	Risikobehaftetes Verkehrsmittel
Nicht an Abfahrtszeiten gebunden	Parkplatzsuche kann problematisch sein
Große Gepäckmengen können je nach Fahrzeug transportiert werden	Reisender kann während der Fahrt nicht entspannen (Staus können stressen)
Auf kurzen Strecken schnelles Beförderungsmittel	Parkplätze können zusätzlich hohe Kosten verursachen

7.3.2 Flugzeug

Ist der Zielort einer Geschäftsreise sehr weit entfernt, ist das Flugzeug in den meisten Unternehmen das Verkehrsmittel erster Wahl. Kein anderes Transportmittel ist auf Langstrecken schneller. Allerdings darf man dabei nicht außer Acht lassen, dass **Transferzeiten** hinzugerechnet werden müssen, wenn der Zielort nicht in unmittelbarer Nähe des Flughafens liegt. Außerdem dürfen **Check-in- und Check-out-Zeiten** nicht vergessen werden, die erheblich variieren können. Für Geschäftsreisende und Vielflieger bieten Fluggesellschaften sehr oft Sondertarife an, die bei der Reiseplanung beachtet werden sollten. Wird auf solchen Dienstreisen viel oder besonderes Gepäck benötigt (Werbematerial, Prototypen, chemische Flüssigkeiten, sperriges Gut etc.), müssen in jedem Fall die **Beförderungsbedingungen und -verbote** beachtet werden. Auch Übergewicht und Übergrößen beim Gepäck können sehr schnell die Kosten für den Flug in die Höhe treiben.

Flugzeug	
Vorteile	**Nachteile**
Sicheres Reisen	Transfer nötig
Aktenstudium während des Fluges möglich	An Abflugzeiten gebunden
Zeitersparnis bei großen Entfernungen	Keine Flexibilität
Telefonieren während des Fluges bedingt möglich (je nach Fluggebiet und -gesellschaft)	Begrenzung der Gepäckmenge bzw. hohe Kosten bei Übergepäck (und Verbote für bestimmte Flüssigkeiten etc.)

7.3.3 Bahn

IC = Intercity, **ICE** = Intercity Express

Sowohl beim öffentlichen Personennahverkehr (ÖPNV) als auch beim Fernverkehr ist die Bahn ein beliebtes Reisemittel für Geschäftsreisende. Durch moderne Züge wie den **ICE-Sprinter** der Deutschen Bahn AG (DB) können auch Fernziele mit wenigen Zwischenstopps schnell erreicht werden. Im Gegensatz zum Intercity verbindet der **Eurocity** die deutschen Großstädte mit vielen Großstädten in ganz Europa. Um ferne Städte ausgeschlafen erreichen zu können, bietet die Deutsche Bundesbahn Fahrten mit dem **City Night Line** an. Bei der Reiseplanung muss bedacht werden, dass Fahrten mit dem ICE-Sprinter oder dem City Night Line reservierungspflichtig sind.

„BahnCard", siehe Seite 231

Für Geschäftsreisende bietet die Deutsche Bahn AG unterschiedliche „BahnCards" an. In Abhängigkeit vom Reiseaufkommen eines Unternehmens kann zwischen den **BahnCards Business 25, 50** oder **100** gewählt werden. Bei der Nutzung einer solchen Karte erhält der Reisende also 25 % bis 100 % Rabatt auf den Normalpreis für innerdeutsche Bahnfahrten.

Bei der „BahnCard Business 100" bekommt das Unternehmen sogar 25 % Ermäßigung auf den Preis für Auslandsfahrten in 29 Ländern. Ebenso darf speziell mit dieser „BahnCard" in 119 Städten Deutschlands der öffentliche Nahverkehr genutzt werden. Zudem ist die „BahnCard Business 100" mit einer kostenlosen Kreditkartenfunktion ausgestattet.

Full Service (engl.) = **„volle** Dienstleistung"; Kundendienst, der alle anfallenden Arbeiten übernimmt

Mit dem Firmenkundenprogramm **„bahn.corporate"** der Deutschen Bahn AG, insbesondere mit dem **Online Business Travel (OBT),** hat die Deutsche Bahn ein komplettes Reisemanagementsystem für kleine und mittelständische Unternehmen in ihr Angebot aufgenommen. Damit kann ein Unternehmen den Full Service der Bahn AG wie in einem Reisebüro nutzen, d. h., die Bahnfahrt, der Flug, das Hotel und der Mietwagen, also die gesamten Buchungen werden aus einer Hand ermöglicht. Alle gebuchten Leistungen werden dann online in einem **Reiseplan** dargestellt, sodass der Kunde sich jederzeit über die Leistungen und den chronologischen Ablauf informieren kann.

Weitere Leistungen der Bahn sind:

- **Park & Rail**: Fernverkehrsreisende der Deutschen Bahn können ihre Autos zu günstigeren Konditionen an Bahnhöfen parken.
- **DB Gepäckservice** weltweit mit Sendungsverfolgung: Um dem Reisenden den lästigen Transport, insbesondere schwerer Gepäckstücke, zu ersparen, bietet die DB einen Gepäckservice an, bei dem das Gepäck zu Hause abgeholt und an den Reisezielort gebracht wird. Mit der Online-Sendungsverfolgung kann sich der Reisende jederzeit darüber informieren, wo sich das Gepäck gerade befindet.

Bahn	
Vorteile	**Nachteile**
Sicheres Reisemittel	Transfer nötig
Aktenstudium während der Fahrt möglich	An Abfahrtzeiten gebunden
Entspanntes Reisen	Bedingte Flexibilität
Telefonieren mit dem Handy durch optimierten Empfang in separaten Wagen der DB möglich	Bei Verspätungen besteht die Gefahr, den Anschlusszug zu verpassen

7.4 Unterkünfte

Bei der Auswahl der Unterkunft für den Reisenden müssen gegebenenfalls durch Reiserichtlinien vorgegebene Höchstbeträge für Übernachtungen beachtet werden. Wünsche des Mitarbeiters sollten so weit wie möglich in die Geschäftsreiseplanung einfließen, das fördert das Betriebsklima und bindet den Mitarbeiter langfristig an das Unternehmen.

Angebote einholen

Um Angebote für solche Reiseunterkünfte einzuholen, greifen Unternehmen auf verschiedene Quellen zurück:

- Hotelkartei/-datei
- Reisebüros
- Hotelführer in Buchform
- Internet (Online-Hotelführer)

Internetbasierte Hotelführer

Hotelportale wie HRS.de oder Booking.com bieten einige Vorteile gegenüber herkömmlichen Hotelführern. Sie zeigen nicht nur die aktuellsten Preise der Unterkunftsarten, sondern auch die Verfügbarkeit von Gästezimmern. Außerdem geben sie Auskunft über besondere Dienstleistungen der Hotels, z.B. einen hoteleigenen Parkplatz, Fitnessraum, Weckdienste etc. Leider findet man als Reisender die Bedingungen in dem ausgewählten Hotel nicht immer so vor, wie der Anbieter selbst sie beschrieben hat. Seriöse Online-Hotelführer bieten ihren Kunden die Möglichkeit einer Bewertung, die für Dritte einsehbar ist, sodass man sich vor Buchung einer Unterkunft einen ersten Eindruck über das Hotel verschaffen kann.

Stornierung

Bei der Buchung von Unterkünften sollte in jedem Fall auch geprüft werden, welche vertraglichen Bedingungen zur Stornierung bestehen. Nicht selten passiert es reisenden Mitarbeitern, dass teure Hotelzimmer gebucht wurden, die dann leider wegen einer plötzlichen Erkrankung oder einer Terminverschiebung nicht mehr benötigt werden. Im schlimmsten Fall verlangen Hotels den vollen Preis, obwohl die Leistung nicht beansprucht wurde.
Weitere Kriterien können die Wahl der Unterkunft beeinflussen:

- Nähe zum Ort des Geschäftstermins
- Leistungen des Anbieters
- Bestehende Geschäftsbeziehungen zum Anbieter
- Reiserichtlinien des Arbeitgebers
- Preise
- Nachhaltiges Management des Anbieters
- Wünsche des Reisenden
- Lage des Hotels

In einer **Nutzwertanalyse** können solche Kriterien verwendet werden, um vorliegende Angebote besser miteinander vergleichen zu können.

Buchungsbestätigung

Es ist darauf zu achten, dass nach der Buchung eine Buchungsbestätigung vom Hotel erfolgt. In den meisten Fällen werden solche Bestätigungen, vor allem bei Online-Buchungen, per E-Mail verschickt. Diese E-Mail sollte ausgedruckt und in die **Reisemappe** gelegt werden, sodass der Mitarbeiter dann bei Ankunft im Hotel seine Buchung belegen kann.

Reisemappe, siehe Seite 242

7.5 Zahlungsmittel

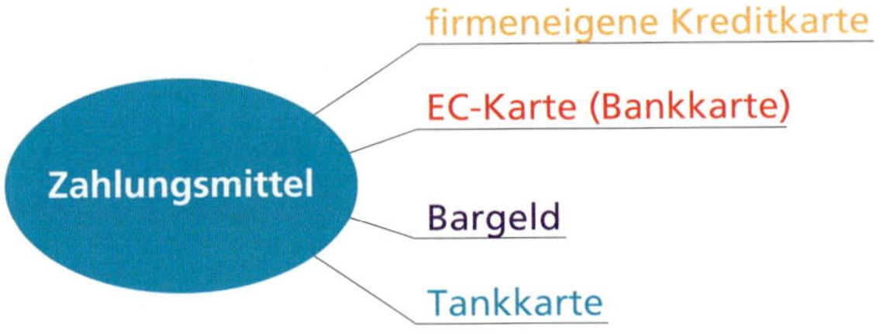

Für jeden Reisenden ist es empfehlenswert, unterschiedliche Zahlungsmittel mitzuführen. Auch wenn das bargeldlose Zahlen für die meisten Menschen die wohl bequemste Art des Begleichens von Rechnungen ist, sollte der Geschäftsreisende immer Bargeld in seinem Portemonnaie haben. Nicht immer werden Kreditkarten akzeptiert und manchmal kommt es vor, dass die Daten der EC-Karten vom Lesegerät nicht korrekt erfasst werden können, sodass nur noch die Barzahlung bleibt.

Firmeneigene Kreditkarte

Damit Mitarbeiter nicht mit ihrer privaten Kredit- oder Bankkarte Zahlungen leisten müssen, die geschäftlich bedingt sind, sollte der Arbeitgeber dem Reisenden eine firmeneigene Kreditkarte zur Verfügung stellen. Damit kann er bargeldlos zahlen oder auch Bargeld abheben, wenn dies notwendig ist. Viele Banken und Kreditkarteninstitute wie American Express und Barclaycard bieten den Unternehmen Kreditkarten mit besonderen zusätzlichen Leistungen an, z. B.

- verlängerte zinsfreie Rückzahlungszeiträume (bis zu zwei Monate),
- Reiserücktrittskosten-Versicherungen,
- Auslandsreise-Krankenversicherungen,
- Nachlässe bei entsprechenden Hotelbuchungen,
- Nachlässe bei bestimmten Autovermietern,
- kostenlosen Internetzugang weltweit.

EC-Karte

Leider ist die Kreditkarte oft mit höheren Kosten für den Reisenden verbunden, wenn er Bargeld benötigt. Viele Banken verlangen bei Kreditkarten eine Mindestgebühr für geringe Abhebungsbeträge und eine Gebühr von bis zu 4 % auf höhere Auszahlungssummen. Darum sollte der Mitarbeiter in jedem Fall auch eine gültige EC-Karte (Bankkarte) auf seiner Geschäftsreise mitnehmen. Selbst im europäischen Ausland sind Geldabhebungen an Bankautomaten fremder Anbieter meist günstiger als mit der Kreditkarte. Im fernen Ausland hingegen, z. B. in den USA, sind die Gebühren für das Abheben des Geldes mit Kreditkarte an den Automaten geringer. Außerdem findet man dort seltener Geldautomaten, die eine EC-Karte akzeptieren.

Tankkarte

Ist der Reisende regelmäßig mit dem Firmenfahrzeug oder einem Mietwagen unterwegs, stellen Arbeitgeber oftmals Tankkarten zur Verfügung. Mit der Tankkarte kann bargeldlos an vielen Tankstellen (je nach Karte bis zu 18 000 Stationen europaweit) getankt werden. Damit wird das Risiko des Bargeldverlustes reduziert. Außerdem können damit auch Mautgebühren für Straßen, Brücken und Tunnel bezahlt werden. Eine weitere Leistung ist ein spezieller Reparatur- und Pannenservice, der für ganz Europa gewährleistet wird.

Bargeld

Die Wichtigkeit des Bargeldes zeigt sich spätestens dann, wenn eine Karte vom Automaten nicht mehr gelesen werden kann oder eine Kartenzahlung nicht akzeptiert wird. Das gilt etwa für viele Taxi-Dienstleister. Bargeld wird aber oft auch für diverse Trinkgelder und Parkautomaten benötigt. Geht die Geschäftsreise in Länder, die nicht der Euro-Zone angehören, sollte man bereits vorher Geld in die entsprechende Fremdwährung umtauschen lassen. Das gilt nicht nur für Amerika oder Asien. Auch in Europa wird der Euro nicht in jedem Land akzeptiert. So kann beispielsweise in der Schweiz oder in Schweden in der Regel nur in der jeweiligen Landeswährung bezahlt werden.

7.6 Reiseunterlagen

Auf jeder Geschäftsreise werden diverse Papiere und Dokumente benötigt, die frühzeitig kontrolliert und gegebenenfalls neu oder grundsätzlich beschafft werden müssen.

7.6.1 Reisedokumente

Um Länder der Europäischen Union bereisen zu können, werden keine besonderen Dokumente benötigt. Hier reicht ein **gültiger Personalausweis**. Für Länder außerhalb der EU, z. B. für die USA, müssen deutsche Geschäftsleute einen **gültigen (biometrischen) Reisepass** mitführen. Da Deutschland dem Programm für visumfreies Reisen (Visa-Waiver-Travelers) angeschlossen ist, können deutsche Reisende ohne Visum in die USA einreisen, allerdings muss eine gültige, online beantragte ESTA-Genehmigung vorliegen.

ESTA = Electronic System for Travel Authorization; internetbasiertes Reisegenehmigungsverfahren, das vom U. S. Department of Homeland Security angeboten wird

Biometrischer Reisepass

Er wird auch als elektronischer Pass (ePass) bezeichnet, weil er mit einem Speicherchip ausgestattet ist, auf dem ein digitales Gesichtsbild, Fingerabdrücke und andere persönliche Daten gespeichert sind. Durch bestimmte Sicherheitsmechanismen wird das Fälschen von Pässen schwieriger und die Einreise mit gefälschten Pässen erschwert.

Visum

Wer länger als 90 Tage in den USA bleiben will, benötigt zusätzlich ein Visum. In manchen Ländern wird bei Einreise grundsätzlich ein Visum verlangt. Das gilt beispielsweise für die Russische Föderation. Bei der Beantragung eines Visums sollte in jedem Fall genügend Zeit eingeplant werden, da die zuständigen Stellen für die Erstellung solcher Visa Zeitspannen angeben, die drei Wochen und mehr umfassen. Visa können direkt bei den Konsulaten oder sogar über das Internet bei Visa-Service-Dienstleistern bestellt werden.

Impfpass

Manchmal müssen Geschäftsleute sogar einen Impfpass vorlegen, um einreisen zu dürfen. Zu den Ländern, die einen solchen Pass mit einem Impfnachweis gegen Gelbfieber in jedem Fall verlangen, gehören beispielsweise Angola, Togo und Mali.

Führerschein

Für eine Reise mit dem Dienstwagen muss ein gültiger Führerschein vorliegen. In der Reiserichtlinie des Unternehmens sollte eine Verpflichtung zur regelmäßigen Überprüfung der Gültigkeit (mindestens zweimal jährlich) vermerkt sein. In bestimmten Staaten wird das Mitführen eines internationalen Führerscheins empfohlen (z. B. in Russland und in der Ukraine) oder auch vorgeschrieben (z. B. in Bolivien und in Kenia). Der **internationale Führerschein** kann bei den sogenannten Führerscheinstellen am jeweiligen Wohnort beantragt werden.

Bahn-, Flug- und Hoteltickets

Für die Reise mit der Bahn oder dem Flugzeug müssen rechtzeitig Tickets geordert werden. Hat der reisende Mitarbeiter Wünsche hinsichtlich der Platzauswahl (z. B. einen Fensterplatz), sollte dieser zeitgleich reserviert werden. Auch Hotelbuchungen sollten frühzeitig erfolgen. Im Anschluss an die Buchung erhält man eine Bestätigung, die als Nachweis über diese Buchung dient und genauso wie die Tickets auf der Reise mitzuführen ist.

Versicherungspapiere

Bei Reisen ins Ausland, vor allem ins außereuropäische Ausland, raten nicht nur Krankenkassen den Reisenden, eine Auslandskrankenversicherung abzuschließen, um dem möglichen hohen Eigenanteil an den Behandlungskosten zu entgehen. Dieser Eigenanteil kann im schlimmsten Fall auch mehrere 10.000,00 € betragen. Darum ist es wichtig, einen Nachweis über eine solche Versicherung den Reisepapieren hinzuzufügen.

Reiseversicherungen, siehe Seite 233

Sonstige Unterlagen

Neben allen Buchungsunterlagen, Ausweisen und Versicherungsnachweisen benötigt der Reisende oft noch andere Reisepapiere. Das sind unter anderem:

- Stadtpläne und Straßenkarten,
- Kopien wichtiger Dokumente (z. B. Vertragsunterlagen),
- Präsentationsunterlagen (z. B. für ein Produkt),
- Informationen über Sitten und Gebräuche im jeweiligen Reiseland,
- Info über aktuelle Währungskurse,
- Reiseplan,
- Kontaktdaten der Gesprächspartner und der Stellvertreter der Reisenden.

7.6.2 Reiseplan

Um mehr Sicherheit im Ablauf einer Reise zu erreichen, sollte ein Reiseplan erstellt werden. Er beschreibt den Ablauf der Reise in chronologischer Reihenfolge. Er enthält

- sämtliche Verkehrsverbindungen,
- die Abfahrts- und Ankunftszeiten von Bahn oder Flugzeug inklusive der Nummern,
- alle Termine (Besprechungen etc.),
- den jeweiligen Grund für die Besprechungen,
- Anschriften der Geschäftspartner, der Besprechungs- oder Tagungsorte und der Hotels,
- Vermerke über Unterlagen und Anlagen,
- Telefonnummern.

Eine Kopie des Reiseplans (siehe nachfolgendes Beispiel) muss auch allen Mitarbeitern zur Verfügung gestellt werden, die über den Aufenthaltsort des Reisenden informiert sein müssen.
Alle zuvor genannten Dokumente werden nun in geordneter Weise in eine **Reisemappe** gelegt, sodass der Reisende die entsprechenden Unterlagen jederzeit griffbereit hat.

Beispiel: Reiseplan

Reiseplan für Herrn Gerrit Hansen vom 22.06.20(0) bis 24.06.20(0)					
Lfd. Nr.	**Datum**	**Ort**	**Uhrzeit**	**Ablauf**	**Unterlagen/Bemerkungen**
1.	22.06.20(0)	Hamburg	08:30	Ab Hauptsitz mit dem Taxi zum Hauptbahnhof Hamburg	
1.1		Hamburg Hbf. nach München Hbf.	Abfahrt 09:27 Ankunft 15:55	ICE 883, 1. Klasse, Bordrestaurant	„BahnCard", Bahnticket, Sitzplatzreservierung in Reisemappe
1.2		München Hbf.	16:25	Abholen des Mietwagens bei CarRent am Bahnhof, Weiterfahrt mit Mietwagen nach München-Schwabing	Reservierungsbestätigung in Reisemappe
1.3		München-Schwabing	17:00	Meeting mit Herrn Kha Bgn Nuy im Eurostar Hotel, Raum Wien, Emanuelstr. 105, Tel. 089/ 274 633 88 Übernachtung im Hotel Eurostar	Akte 145/A2 Reservierungsbestätigung in Reisemappe
2.	23.06.20(0)	München-Ludwigsvorstadt	08:30	Besichtigung der Zweigstelle Ludwigsvorstadt, Zenettistraße 223, Tel. 089 544 899-0 (Sekretärin Frau Löbig-Kunz anrufen)	Akte 3435/B45 Termin mit der Unternehmerin Tanja Haase
2.1		München-Ludwigsvorstadt	12:00	Mit dem Taxi zum Flughafen	Taxi-Call, Tel: 089 300300
2.2		Flughafen München Flughafen Wien	Abflug 13:50 Ankunft 14:55	Flug nach Wien (Lufthansa 2377)	Flugtickets in der Reisemappe
2.3		Wien	17:00	Vorstandssitzung im Parkhotel, Raum 23, Himmelpfortgasse 178, Tel. 00431 5386-0	Akte 646/A55

Reiseplan für Herrn Gerrit Hansen vom 22.06.20(0) bis 24.06.20(0)					
Lfd. Nr.	**Datum**	**Ort**	**Uhrzeit**	**Ablauf**	**Unterlagen/Bemerkungen**
2.4		Wien	19:30	Ab Hotel mit dem Taxi zum Hbf.	
2.5		Wien Hbf. Salzburg Hbf.	Abfahrt 20:00 Ankunft 22:56	Railjet 42 Ab Hbf. mit dem Taxi zum Hotel Balster, Kampstr. 54, Tel. 0662 89 89-0 Übernachtung im Hotel Balster	Bahnticket in Reisemappe Reservierungsbestätigung in Reisemappe
3.	24.06.20(0)	Salzburg	09:00 – 17:00	Frühstück und Informationsveranstaltung in den Heitbacher Werken	Termin mit Herrn Dagdelen Tel. 0662 75 923-2

Zusammenfassung

Geschäftsreisen organisieren				
Vorbereitungen	**Informationsbeschaffung**	**Unterkünfte**	**Zahlungs-mittel**	**Reiseunterlagen**
Klären: ▮ Wer verreist? ▮ Warum soll die Reise stattfinden? ▮ Wohin geht die Reise? ▮ Wer sind die Gesprächspartner? ▮ Welche Gesprächstermine wurden vereinbart? ▮ Wie lange dauert die Reise? ▮ Welche Verkehrsmittel werden genutzt? ▮ Welche Unterlagen werden benötigt?	**Beschaffung über:** ▮ Internet ▮ Versicherungen ▮ Hoteldatei/-kartei ▮ IHK ▮ Zollämter ▮ Auswärtiges Amt ▮ Schiffs-, Bahn- und Fluggesellschaften ▮ Konsulate ▮ Elektronische Hotelführer ▮ Reiseführer ▮ Reisebüros ▮ Elektronische Fahrplanauskunft ▮ Reiseauskunft ADAC	**Angebote einholen:** Quellen für solche Angebote sind: ▮ Hotelkartei/-datei ▮ Reisebüros ▮ Hotelführer in Buchform ▮ Internet **Kriterien für die Auswahl:** ▮ Nähe zum Ort des Geschäftstermins ▮ Preise ▮ Leistungen des Anbieters ▮ Nachhaltiges Management des Anbieters ▮ Bestehende Geschäftsbeziehungen zum Anbieter ▮ Wünsche des Reisenden ▮ Reiserichtlinien des Arbeitgebers ▮ Lage des Hotels **Stornierung:** Je nach Vereinbarung können die kompletten Gebühren erhoben werden **Buchungsbestätigung:** in die Reisemappe legen	▮ Firmeneigene Kreditkarte ▮ EC-Karte (Bankkarte) ▮ Tankkarte ▮ Bargeld ▮ „BahnCard" (als Kreditkarte)	**Reisedokumente:** ▮ Biometrischer Reisepass ▮ Visum ▮ Impfpass ▮ Führerschein ▮ Bahn-, Flug- und Hoteltickets ▮ Versicherungspapiere **Sonstige Unterlagen:** ▮ Kopien wichtiger Geschäftspapiere ▮ Stadtpläne ▮ Präsentationsunterlagen ▮ Kontaktdaten ▮ Infos über Sitten und Gebräuche des Ziellandes ▮ Reiseplan ▮ Reiseunterlagen geordnet in die Reisemappe legen

Verkehrsmittel		
Wichtige Kriterien für die Auswahl von Verkehrsmitteln:		**Mögliche Verkehrsmittel:**
▮ Verfügbare Zeitreserven ▮ Gepäck ▮ Zuverlässigkeit ▮ Entfernung	▮ Erreichbarkeit des Zielortes ▮ Flexibilität ▮ Wirtschaftlichkeit der Reise	▮ Dienstwagen ▮ Mietwagen ▮ Flugzeug ▮ Bahn

8 Nachbereitung der Geschäftsreisen

➲ Lernsituation 8: Eine Reisekostenabrechnung erstellen

Ist der Mitarbeiter von seiner Geschäftsreise zurückgekehrt, müssen alle mitgebrachten Unterlagen geprüft, bearbeitet und erfasst werden. Das beinhaltet:

- Erstellen von Kopien
- Prüfen von Verträgen und Bestellungen
- Erfassen und Weiterleiten von Terminvereinbarungen
- Prüfen von Reklamationen
- Erstellen von Protokollen, Aktennotizen und Reiseberichten
- Ergänzen der Hotelkartei
- Abheften der erledigten Schriftstücke
- Erfassen aller Belege für die Reisekostenabrechnung
- Erstellen der Reisekostenabrechnung
- Dankschreiben an die Geschäftspartner

Wichtige Unterlagen müssen umgehend kopiert und an die verantwortlichen Abteilungen weitergeleitet werden. Nach Prüfung der Verträge und der Bestellungen sind die zuständigen Stellen für die Umsetzung verantwortlich. Ebenso müssen nötige Schritte bei berechtigten Reklamationen eingeleitet werden. Terminvereinbarungen, die der Reisende mit den Kunden getroffen hat, müssen mit schon bestehenden Terminen abgeglichen werden, um Überschneidungen zu vermeiden.
In der **Nachbesprechung** der Reise werden alle positiven und negativen Erfahrungen (**Feedback**) der Reisenden und Aspekte des Reiseverlaufs verdeutlicht und nötige Änderungen diskutiert. Das kann dazu führen, dass betriebliche Reiserichtlinien angepasst werden müssen, um das Reisemanagement zu verbessern.

8.1 Reisekostenabrechnung

Ziele der Reisekostenabrechnung

Zunächst geht es bei der Kostenabrechnung um die Bestimmung der Gesamtkosten für das Unternehmen. In Betrieben mit großem Geschäftsreiseaufkommen können dadurch beträchtliche Summen entstehen. Hier ist also eine detaillierte Betrachtung nötig, um die Kosten auf ein gewünschtes Minimum zu beschränken. Manchmal müssen Beträge an Mitarbeiter zurückgezahlt werden, die sie während der Reise aus dem eigenen Portemonnaie finanziert haben. Dieser Erstattungsbetrag wird durch die Reisekostenabrechnung ermittelt.

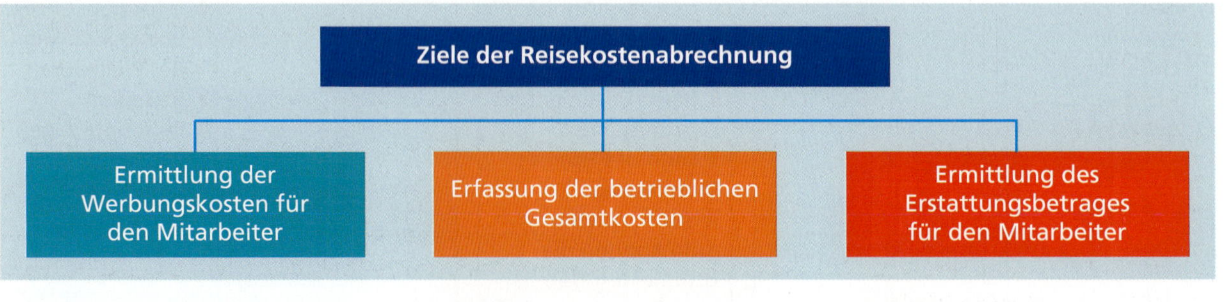

Werbungskosten = nach dem EStG Aufwendungen zum Erwerb, zur Sicherung des Einkommens eines Arbeitnehmers

Aber nicht immer übernehmen Arbeitgeber alle Kosten, die durch eine Geschäftsreise entstehen. In solchen Fällen kann der Arbeitnehmer diese Reisekosten als **Werbungskosten** bei seiner Einkommenssteuererklärung geltend machen. Ob die Kosten durch den Arbeitgeber übernommen werden, wird meist im Arbeitsvertrag oder auch über betriebliche Reiserichtlinien geregelt. Für den Arbeitnehmer gibt es grundsätzlich keinen rechtlichen Anspruch auf Übernahme der Reisekosten durch den Arbeitgeber.

Reisekostenabrechnung: Sie ist die systematische Erfassung und Offenlegung aller Kosten, die durch eine Geschäftsreise für ein Unternehmen entstanden sind.

Kostenarten

Um eine für das Finanzamt rechtlich einwandfreie Reisekostenabrechnung durchführen zu können, muss hier auf das **Einkommensteuergesetz** (EStG) und die **Lohnsteuerrichtlinien** (LStR) verwiesen werden. Danach werden **vier Kostenarten** unterschieden, die in einer Reisekostenabrechnung grundsätzlich zugelassen sind.

- Fahrtkosten
- Verpflegungskosten (Verpflegungsmehraufwand)
- Übernachtungskosten
- Reisenebenkosten

Die Kostenarten werden in den folgenden Kapiteln verdeutlicht.

Erste Tätigkeitsstätte

Bei der Ermittlung der Reisekosten muss zuvor eindeutig bestimmt werden, welcher Ort für den reisenden Mitarbeiter als erste Tätigkeitsstätte gilt. Nach § 9 Abs. 4 des Einkommensteuergesetzes ist dies eine **ortsfeste betriebliche Einrichtung**

- des Arbeitgebers,
- eines verbundenen Unternehmens (Tochterunternehmen)
- oder eines vom Arbeitgeber bestimmten Dritten (Kunde des Unternehmens).

Dieser Tätigkeitsstätte muss der Arbeitnehmer **dauerhaft** zugeordnet sein. Der Arbeitgeber bestimmt nach dem Einkommensteuergesetz diesen Ort.

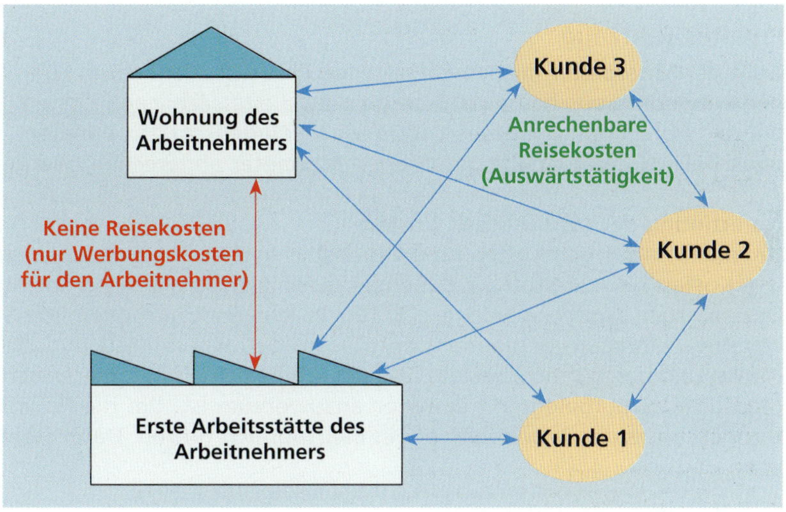

Belege

Um eine Reisekostenabrechnung ordnungsgemäß erstellen zu können, muss der Mitarbeiter nach Rückkehr von seiner Reise alle erhaltenen Quittungen und Belege einreichen. Unter anderem müssen der **vollständige Name und die Anschrift des Leistungsempfängers** (Kunden) in der Rechnung genannt sein. Nur so ist ein **Vorsteuerabzug** für das Unternehmen möglich.

Bei sogenannten **Kleinbetragsrechnungen**, die einen Gesamtbetrag (brutto) von 150,00 € nicht übersteigen, muss der Name des Leistungsempfängers **nicht** genannt sein. Die Firma und die Adresse des Leistungserbringers jedoch müssen genannt werden. Ebenso muss eine solche Rechnung in jedem Fall den Rechnungsbetrag und die Summe des Steuerbetrags in Euro oder den Steuersatz von 7 oder 19 % für die erbrachte Leistung enthalten.

Notwendige Bestandteile einer **Kleinbetragsrechnung** nach § 33 der UStVD (Umsatzsteuer-Durchführungsverordnung):
- Vollständiger Namen und die vollständige Anschrift des leistenden Unternehmens
- Ausstellungsdatum
- Menge und die Art der gelieferten Gegenstände oder den Umfang und die Art der sonstigen Leistung
- Entgelt
- Den auf das Entgelt entfallenden Steuerbetrag für die Lieferung oder sonstige Leistung in einer Summe sowie den anzuwendenden Steuersatz
- Oder im Fall einer Steuerbefreiung: Hinweis darauf, dass für die Lieferung oder sonstige Leistung eine Steuerbefreiung gilt

Eigenbelege

Gehen Original-Belege auf der Reise verloren, erlaubt das Finanzamt ausnahmsweise das Erstellen von Eigenbelegen. Bei Kleinbeträgen wie Trinkgelder und Garderobengebühren muss der Unternehmer der Steuerbehörde ohnehin

Eigenbeleg Nr. ***4*** Beleg ist auszufüllen bei fehlendem Original-Beleg.

Zahlung an: Stadt Münster (Parkautomat), Lönsstraße, 48145 Münster

für: Parken auf öffentlichem, kostenpflichtigem Parkplatz

Betrag: 3,70 € Betrag in Worten: drei Euro siebzig cents

Datum: 12.08.20(0) Unterschrift: Tanja Winkler

einen Eigenbeleg vorlegen, da in diesen Fällen keine Belege vom Zahlungsempfänger ausgestellt werden. Der Gesetzgeber schreibt hierfür keine besondere Form und auch keine Inhalte vor. Der Bundesverband der Bilanzbuchhalter und Controller e. V. (BVBC) rät aber dazu, bestimmte Angaben auf diesem Beleg zu machen:

Mit Eigenbelegen ist grundsätzlich **kein Vorsteuerabzug** möglich.

- Grund der Zahlung
- Betrag
- Datum der Zahlung
- Zahlungsempfänger
- Datum der Belegerstellung
- Erläuterungen zum Sachverhalt

8.1.1 Fahrtkosten bei Geschäftsreisen

Die anrechenbaren Fahrtkosten, die durch eine Geschäftsreise entstehen, werden vom jeweiligen Verkehrsmittel bestimmt. Diese Kosten können nur für Fahrten, die **nicht** zwischen Wohnung und erster Tätigkeitsstätte stattfinden, berechnet werden.

Pendlerpauschale = Für Fahrten von der Wohnung zur ersten Tätigkeitsstelle darf der Arbeitnehmer für die einfache Strecke, also für jeden Kilometer zur Arbeit (gilt somit nicht für den Rückweg), eine Pauschale von 0,30 € als Werbungskosten geltend machen.

Privates Fahrzeug

Geht der Mitarbeiter mit seinem privaten Pkw auf Dienstreise, können entweder pauschalisierte Beträge oder die tatsächlichen Kosten bei der Abrechnung angesetzt werden. Im Gegensatz zur **Pendlerpauschale** dürfen hier alle gefahrenen Kilometer abgerechnet werden.

Abrechnung der tatsächlichen Kosten

Um die tatsächlichen Kosten für die dienstlich gefahrene Strecke zu ermitteln, muss der Arbeitnehmer neben den Kosten für Kraftstoffe, z. B. Benzin, auch anteilig alle weiteren Aufwendungen für das Auto bestimmen. Dazu werden sämtliche Belege, z. B. für die Kfz-Versicherungen, Kfz-Steuern, Reparaturen, Inspektionen, für das Privatfahrzeug, gesammelt, der Gesamtbetrag ermittelt und auf die insgesamt gefahrenen Kilometer (privat und geschäftlich) verteilt. Daraus ergibt sich ein Kilometersatz (Euro pro Kilometer), der dann auf die dienstlich zurückgelegten Kilometer anzuwenden ist. Um die Privatfahrten von den Dienstfahrten klar zu trennen, muss der Arbeitnehmer ein **Fahrtenbuch** führen. Darin steht unter anderem:

- Datum der Fahrt
- Ausgangspunkt und Reiseziel
- Angabe des Kilometerstandes zu Beginn und zum Schluss der Geschäftsreise

Pauschalisierte Abrechnung der gefahrenen Kilometer

Im Gegensatz zur Ermittlung der tatsächlichen Kosten mithilfe von Belegen ist die pauschalisierte Abrechnung weniger aufwendig. Hier werden Pauschalen für jeden gefahrenen Kilometer angewendet, die vom Gesetzgeber vorgegeben werden. Diese Pauschalen sollen alle Fahrtkosten für eine Geschäftsreise abdecken, die sonst anhand von Belegen zu beweisen sind.
Seit 2014 sind das folgende Pauschalbeträge:

- **0,30 €** für Fahrten mit einem Kraftfahrzeug, z. B. Pkw
- **0,20 €** für Fahrten mit anderen motorisierten Fahrzeugen, z. B. Motorrad, Motorroller

Die vom Arbeitgeber erstatteten pauschalisierten Fahrtkosten für einen Privat-Pkw sind nicht lohnsteuerpflichtig.

Dienstwagen

Nutzt der Mitarbeiter den Dienstwagen des Arbeitgebers für seine Geschäftsreise, müssen alle tatsächlich angefallenen Fahrtkosten für das Dienstfahrzeug mithilfe der Belege, z. B. Tankquittungen, ermittelt werden. Die Anwendung der Pauschalen ist bei einem Dienstwagen nicht möglich.

Für das **Ausland** gelten andere Pauschalen. Diese wurden vom **Bundesministerium für Finanzen** (BMF) veröffentlicht. Sie können als PDF-Datei aus dem Internet heruntergeladen werden.

Öffentliche Verkehrsmittel (z. B. Bahn, Taxi, Flugzeug)

Auch bei der Berechnung der Fahrtkosten für öffentliche Verkehrsmittel werden nur die Belege, z. B. Bahnticket, Flugticket, Taxiquittung, berücksichtigt, um die tatsächlich entstandenen Kosten zu bestimmen.

Mietwagen

Kosten, die aufgrund eines Mietwagens entstehen, werden wie bei den öffentlichen Verkehrsmitteln anhand der Belege, also der Mietwagenrechnung erfasst.

8.1.2 Verpflegungskosten

Ist der Mitarbeiter gezwungen, auf der Geschäftsreise fernab von der eigenen Küche oder der Betriebskantine zu speisen, entstehen für den Mitarbeiter zusätzliche Kosten. Diese zusätzlichen Verpflegungskosten, auch **Verpflegungsmehraufwand** (oder Tagegeld) genannt, sollen durch **lohnsteuerfreie Verpflegungspauschalen** ausgeglichen werden. Seit 2014 gibt es nur noch zwei Verpflegungspauschalen: Im **Inland** sind das **12,00 €** und **24,00 €**.

Pauschalen (Inland)

Hierbei ist zu beachten:

- **Eintägige Reise:** Bei einer eintägigen Geschäftsreise (ohne Übernachtung), die mehr als acht Stunden dauert, beträgt die Pauschale 12,00 €. Bei **acht oder weniger Stunden** kann **kein Betrag** steuerfrei angesetzt werden.
- **Mehre Außendiensttätigkeiten an einem Tag:** Bei mehreren Auswärtstätigkeiten an einem Tag werden die einzelnen Abwesenheitszeiten addiert. Ergeben sie mehr als acht Stunden, wird auch hier eine Pauschale von 12,00 € gewährt.
- **Über-Nacht-Reise:** Bei einer „Über-Nacht-Reise", also einer Reise, die über zwei Tage ohne Übernachtung verläuft, werden die Stunden beider Tage addiert. Dauert die Reise dann länger als acht Stunden, dürfen ebenfalls 12,00 € steuerfrei gezahlt werden. Verläuft diese Über-Nacht-Reise über insgesamt 24 und mehr Stunden, dürfen trotzdem nur 12,00 € angerechnet werden. Gezahlt wird die Pauschale nämlich nur für den Tag, an dem der Geschäftsreisende **den überwiegenden Teil** der insgesamt mehr als acht Stunden abwesend ist.
- **Mehrtägige Reise:** Dauert eine Reise mit Übernachtung mindestens zwei Tage, können pauschal für den **An- und Abreisetag** jeweils 12,00 € abgerechnet werden, selbst wenn die dienstliche Abwesenheitszeit an diesen beiden Tagen weniger als acht Stunden beträgt. Bei einer drei- und mehrtägigen Geschäftsreise wird zusätzlich ein Pauschalbetrag von 24,00 € für jeden sogenannten **Zwischentag** abgerechnet.

Abwesenheitszeit	Pauschale
8 Stunden und weniger bei eintägiger Reise	0,00 €
Mehr als 8 Stunden bei eintägiger Reise	12,00 €
Mehr als 8 Stunden bei addierten Auswärtstätigkeiten an einem Tag	12,00 €
Mehr als 8 Stunden bei Über-Nacht-Reise ohne Übernachtung	12,00 €
Für An- und Abreisetag unabhängig von der jeweiligen Dauer	je 12,00 €
24 Stunden am Zwischentag	24,00 €

Beispiel 1:

Frau Schneider ist Mitarbeiterin beim Möbelhersteller Gerrit Hansen GmbH in Hamburg. Sie muss am Freitag noch einen Kunden, die Weber KG, besuchen. Sie fährt am Freitag um 7:00 Uhr nach Oldenburg und beendet die Geschäftsreise um 21:00 Uhr. Für diese 14-stündige Abwesenheit erhält Frau Schneider eine Verpflegungspauschale von 12,00 €.

Beispiel 2:

Frau Schneider muss in der nächsten Woche eine Dienstreise tätigen, die sie für mehrere Tage nach Berlin führt. Ihre Reise beginnt am Montag um 17:00 Uhr und endet am Donnerstag um 14:00 Uhr. Für den Montag (Anreisetag, nur sieben Stunden) wird eine Pauschale von 12,00 € berechnet, für den Dienstag und den Mittwoch (Zwischentage, jeweils 24 Stunden Abwesenheit) werden je 24,00 € und für den Donnerstag (Abreisetag, 14 Stunden) wieder 12,00 € angerechnet. Das sind für die gesamte Reise 72,00 €.

Kürzung der Pauschale

Manchmal erhalten reisende Mitarbeiter vom Arbeitgeber oder auf dessen Veranlassung von Dritten unentgeltliche oder verbilligte Mahlzeiten (Mahlzeit im Flugzeug oder Zug usw.). In solchen Fällen muss die Verpflegungspauschale entsprechend gekürzt werden. Die Kürzung wird immer von der maßgebenden Pauschale für **einen vollen Kalendertag** berechnet. Bei einem Aufenthalt im **Ausland** müssen die jeweiligen landesspezifischen Pauschalen berücksichtigt werden. Die Kürzungen müssen immer für den Tag angesetzt werden, an dem die Mahlzeit auch tatsächlich gestellt wurde. Die Kürzung darf die Pauschale in jedem Fall aber nur auf 0,00 € reduzieren. Zurzeit gelten folgende Pauschalen für Mahlzeiten:

Die Höhe der maßgebenden Pauschale richtet sich nach dem jeweiligen Land, das bereist wird. Die Höhe der Beträge kann innerhalb des Gastlandes variieren.

- 20 % für ein Frühstück und
- 40 % für ein Mittag- oder Abendessen.

Beispiel 1:

Frau Schneider muss am nächsten Freitag zu einem Kunden nach Flensburg. Sie fährt gegen 8:30 Uhr mit der Bahn hin und am gleichen Tag gegen 19:00 Uhr zurück. Im Zug erhält sie auf der Hinreise ein Frühstück gestellt. Für das Frühstück wird damit eine Pauschale von 4,80 € angerechnet. Dieser Betrag muss von der zulässigen Pauschale abgezogen werden.

Freitag	
Tagespauschale für eine eintägige Reise mit einer mehr als 8-stündigen Abwesenheit	12,00 €
Frühstück 4,80 € (24,00 € · 0,20 = 4,80 €)	– 4,80 €
Verbleibende Pauschale, die steuerfrei ausgezahlt werden kann	**= 7,20 €**

Zur Ermittlung des richtigen Pauschalbetrages für **Auslandsreisen** ist zu berücksichtigen:

- Reist der Mitarbeiter ins Ausland oder zurück nach Deutschland, ohne am jeweiligen Abreiseort beruflich tätig gewesen zu sein, ist die Pauschale des Ortes zu gewähren, der vor 0:00 Uhr erreicht wird.
- Reist der Mitarbeiter ins Ausland oder zurück nach Deutschland, ist die Verpflegungspauschale des Ortes zu wählen, an dem er zuletzt beruflich tätig war.
- Bei einer **Flugreise** ins Ausland ist das Land maßgeblich, das vor 0:00 Uhr Ortszeit zuletzt erreicht wird. Mögliche Zwischenlandungen bleiben dabei grundsätzlich unberücksichtigt.
- Erstreckt sich eine Flugreise über **mehr als zwei Kalendertage**, muss für die Tage, die zwischen dem Tag des Abflugs und dem Tag der Landung liegen, das für Österreich geltende Tagegeld angesetzt werden. Außerdem ist am Abflugtag die jeweils gültige Landespauschale anzusetzen. Bei der Berechnung der Abwesenheitszeiten bleiben Zeitverschiebungen unberücksichtigt.
- Bei einer **Schiffsreise** ist der für Luxemburg geltende Pauschalbetrag und für die Tage des Einschiffens und des Ausschiffens das für den Hafenort geltende Tagegeld anzuwenden.

Pauschalen für das Ausland, siehe www.bundesfinanzministerium.de, Steuerliche Behandlung von Reisekosten und Reisekostenvergütungen bei betrieblich und beruflich veranlassten Auslandsreisen ab 1. Januar 2016, BMF Schreiben vom 9. Dezember 2015

Beispiel 2:
Herr Tandler, Mitarbeiter beim Möbelhersteller Gerrit Hansen GmbH, muss für 2 Tage (inkl. Übernachtung) dienstlich nach London reisen. Er fliegt am Montag um 8:00 Uhr dorthin und kehrt am nächsten Tag nach einer längeren Besprechung gegen 22:00 Uhr zurück. Er nimmt am Montag in einem Restaurant ein Mittag- und ein Abendessen ein. Am Dienstag isst er sein Frühstück in einem Londoner Café. Das Abendessen wird ihm im Flugzeug gestellt. Alle Speisen werden vom Arbeitgeber bezahlt.
(Für London gelten derzeitig folgende Verpflegungspauschalen: 62,00 € für den ganzen Tag und 41,00 € für mehr als 8 Stunden.)

Montag		Dienstag	
Anreisetag, Pauschale London	41,00 €	Abreisetag, Pauschale London	41,00 €
Kürzung: Mittagessen (62,00 € · 0,40)	– 24,80 €	Kürzung: Frühstück (62,00 € · 0,20)	– 12,40 €
Abendessen (62,00 € · 0,40)	– 24,80 €	Abendessen (62,00 € · 0,40)	– 24,80 €
Verbleibende Pauschale	= 0,00 €	Verbleibende Pauschale	= 3,80 €

Erhält der Arbeitnehmer Rückvergütungen bis zur jeweilig zulässigen Höhe der Pauschalen, bleiben diese lohnsteuer- und sozialversicherungsfrei. Einige Arbeitgeber zahlen ihren reisenden Mitarbeitern aber aufgrund betrieblicher Vereinbarungen (Reiserichtlinien) höhere Beträge als die zulässigen Pauschbeträge für ihre Reiseaufwendungen aus. In diesem Fall ist der Differenzbetrag dem steuerpflichtigen Bruttoentgelt des Arbeitnehmers zuzurechnen. Nach dem Einkommenssteuergesetz (EStG) kann der Arbeitgeber für zusätzlich vergütete Verpflegungsmehraufwendungen einen pauschalen Steuersatz von 25 % erheben, soweit dieser Differenzbetrag die gesetzlich steuerfreien Pauschbeträge um nicht mehr als 100 % übersteigt. Wird der Differenzbetrag pauschal mit einem Satz von 25 % versteuert, ist dieser dann auch nicht sozialversicherungspflichtig.

Sachbezugswerte

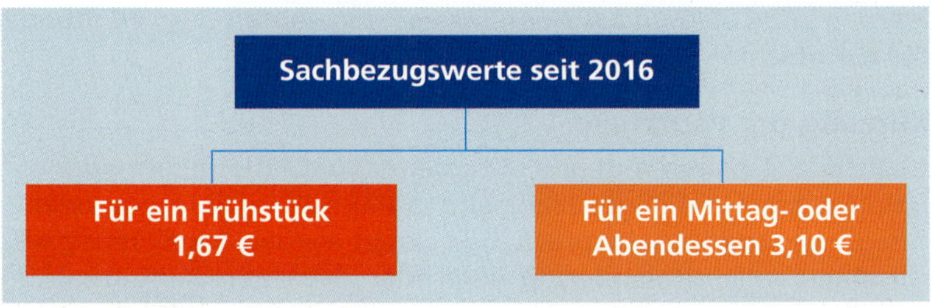

Ist der Mitarbeiter acht Stunden oder weniger außerhalb seiner ersten Tätigkeitsstätte beruflich tätig, kann ihm keine Verpflegungspauschale gewährt werden. Hat der Arbeitgeber dem Mitarbeiter für diese Auswärtstätigkeit dennoch Mahlzeiten gestellt, sind diese mit dem Sachbezugswert anzusetzen. Auch wenn die Mahlzeit (inklusive Getränke) beispielsweise 40,00 € gekostet hat, wird nur der Sachbezugswert (z. B. Mittagessen 3,10 €) dem Lohn zugerechnet. Da der Sachbezugswert meist geringer ausfällt als der tatsächliche Wert der gestellten Mahlzeit, zahlt der Arbeitnehmer anteilig weniger Steuern. Die Anrechnung des geringeren Sachbezugswertes statt des tatsächlichen Wertes der Mahlzeit ist aber nur dann möglich, wenn sie einen Preis von 60,00 € nicht überschreitet. Ist das Essen teurer als 60,00 € (inklusive Umsatzsteuer), muss der tatsächliche Preis als Arbeitslohn versteuert werden. Die Sachbezugswerte für Mahlzeiten betragen seit 2014:

- für ein Frühstück 1,67 €,
- für ein Mittag- oder Abendessen 3,10 €.

Kurtaxe = eine von der Kommune erhobene Abgabe zur Erhaltung und Förderung der lokalen Infrastruktur

8.1.3 Übernachtungskosten

Bei Geschäftsreisen machen neben den Fahrtkosten auch die Übernachtungskosten (dazu zählen auch Nebenkosten wie die Kurtaxe) einen größeren Teil der Reisekosten aus. Der Reisende übernachtet entweder im Hotel, in einer Pension oder in einer Mietwohnung. Hier hat der Arbeitgeber die Möglichkeit, die **tatsächlichen Ausgaben** für die Übernachtung (gilt nicht für eine Übernachtung bei Freunden oder

Verwandten) oder aber eine **Übernachtungspauschale** zu erstatten. Für das Inland beträgt die Pauschale für das Jahr 2015 **20,00 €**. Für das Ausland können allerdings wesentlich höhere Beträge berücksichtigt werden (siehe Download-PDF der Pauschalbeträge für das Ausland). Die gesamte Hotelrechnung kann dem Arbeitnehmer steuer- und sozialversicherungsfrei erstattet werden. Übernimmt der Arbeitgeber die Kosten für die Übernachtung nicht, kann der Arbeitnehmer grundsätzlich nur die tatsächlichen Kosten der Übernachtung und nicht die Pauschale als Werbungskosten geltend machen.
Für den Fall, dass in der Hotelrechnung Mahlzeiten (Frühstück, Mittag- oder Abendessen) enthalten sind, diese aber nicht separat ausgewiesen wurden, muss hier eine entsprechende Kürzung der Hotelrechnung oder aber auch der entsprechenden Verpflegungspauschale vorgenommen werden. Würde der Arbeitgeber dem Arbeitnehmer sowohl die Verpflegungspauschale als auch die Hotelrechnung inklusive Mahlzeiten bezahlen, bekäme der Arbeitnehmer eine doppelte steuerfreie Erstattung der Mahlzeiten. Das wäre eine nicht zulässige Steuerersparnis.
Im Inland müssen dann also 4,80 € für ein Frühstück und jeweils 9,60 € für ein Mittag- und Abendessen von der Hotelrechnung abgezogen werden. Für das Ausland müssen entsprechend wieder 20 % bzw. 40 % von der jeweils gültigen Auslandspauschale berechnet und in Abzug gebracht werden.

Beispiel:
Herr Tandler verreist nach Frankreich, und zwar nach Paris. Er erhält dort eine Hotelrechnung für eine Übernachtung inklusive Frühstück über 140,00 €. Die Verpflegungspauschale für Paris in Höhe von 58,00 € (Beachte: für Paris gilt eine höhere Pauschale als für andere Regionen Frankreichs) muss nun um den Pauschalbetrag für ein Frühstück gekürzt werden. Der Abzug berechnet sich wie folgt: 58,00 € · 0,20 = 11,60 €. Die Frühstückspauschale wird dann entweder von der Hotelrechnung oder vom Tagesgeld abgezogen.

Hotelrechnung:	140,00 €
Tagegeld:	+ 58,00 €
Frühstück: 58,00 € · 0,20 = 11,60 €	– 11,60 €
Erstattungsbetrag	= 186,40 €

8.1.4 Reisenebenkosten

Neben den zuvor genannten Kosten für eine Geschäftsreise fallen sehr oft auch Nebenkosten an. Diese Kosten kann der Arbeitgeber dem Arbeitnehmer nicht pauschalisiert, sondern nur bis zur tatsächlichen Höhe lohnsteuerfrei ersetzen. Dafür müssen alle Belege vorliegen und gegebenenfalls auch Eigenbelege erstellt werden. Zu den Reisenebenkosten gehören grundsätzlich:

Eigenbeleg, siehe Seite 245

- Aufwendungen für Beförderung und Aufbewahrung von Gepäck (einschließlich Reisegepäckversicherung für Dienstreisen)
- Gebühren für geschäftliche Ferngespräche
- Porto für geschäftliche Briefe
- Gebühren für geschäftliche Faxe
- Gebühren für einen Messebesuch
- Parkplatzgebühren
- Mautgebühren (Vignette, z. B. in der Schweiz)
- Miete für eine Garage
- Trinkgelder, Eintrittskarten (Repräsentationskosten)
- Umbuchungs- und Stornogebühren zum Beispiel bei Flugreisen
- Schadensersatzleistungen infolge eines Verkehrsunfalls (z. B. am privaten Pkw des Mitarbeiters)
- Schließfachkosten
- Aufwendungen für vorgeschriebene oder notwendige Schutzimpfungen (einschließlich Sera) und andere prophylaktische Maßnahmen (z. B. gegen Malaria) und Gesundheitsatteste (einschließlich Tropentauglichkeitsbescheinigungen) bei Auslandsdienstreisen in Infektions- und Epidemiegebiete
- Reisepass (einschließlich Passbild) sowie Visum, wenn Personalausweis nicht für den Grenzübertritt ausreicht
- Kreditkartengebühr für Zahlungen in Fremdwährung

Grundsätzlich gehören nicht zu den Reisenebenkosten:

- Ordnungs-, Verwarnungs- oder Bußgelder, die während der Geschäftsreise verhängt werden
- Private Telefongespräche
- Getränke aus der Minibar des Hotels
- Benutzung des Pay-TV
- Kauf von Tageszeitungen
- Verlust von Geld

8.1.5 Formen der Reisekostenabrechnung

Bei der Reisekostenabrechnung haben sich Computerprogramme mit unterschiedlichen Leistungsmerkmalen etabliert, die eine Abrechnung in vielerlei Hinsicht vereinfachen. In einfacher Form lassen sich auch Standardformulare mithilfe von Tabellenkalkulationsprogrammen erstellen, die unter anderem Prozentsätze in absolute Werte umrechnen und manuell eingetragene Beträge automatisch addieren. Aber auch der klassische Vordruck in Papierform wird immer noch genutzt.

Vordrucke für die Abrechnung/Tabellenkalkulation

Kommt der Reisende von seiner Geschäftsreise zurück, kann er anhand des Vordrucks schnell alle relevanten Daten zusammentragen und der abrechnenden Stelle eine detaillierte Aufstellung mit allen Belegen zur Buchung vorlegen. Neben den zuvor genannten Kosten sind vor allem auch Angaben über den Dienstreisenden, den Zweck und das Ziel der Reise zu machen.

Reisekostenabrechnung – Gerrit Hansen GmbH							
Name, Vorname:		Anschrift (Straße, PLZ, Ort)					
Bankinstitut:		IBAN:				BIC:	
Grund der Reise:							
Ziel der Reise (vollständige Anschrift):							
Datum	Uhrzeit Reisebeginn/-ende	Belege	Übernachtung ohne Frühstück in €	Abwesenheit in Stunden	Tagegeld in €	Fahrt- und Nebenkosten in €	Summe in €
Vom Antragsteller auszufüllen						Summe	
Ort:			Datum:			– Vorschuss	
Unterschrift:						**Auszahlung**	
						Rückzahlung	

Neben dem Vordruck als Formular in Papierform können auch Formulare in digitaler Form für eine Reisekostenabrechnung genutzt werden. Solche digitalen Formulare können mit Tabellenkalkulationsprogrammen wie Excel selbst erstellt werden. Zellen werden dann so programmiert, dass sie durch Verknüpfungen mit Datenbanken automatische Berechnungen durchführen.

Computerprogramme zur Reisekostenabrechnung

Da auch das neue Reisekostenrecht von 2014 nicht weniger kompliziert ist, kam es in den letzten Jahren immer wieder zu fehlerhaften Reisekostenaufstellungen der Unternehmen bei Geschäftsreisen. Vor allem wenn immer noch auf der Basis von Vordrucken oder Tabellenkalkulationen abgerechnet wird. Moderne Abrechnungsprogramme sind so aufgebaut, dass anhand unterschiedlicher Funktionen nahezu alle Eventualitäten berücksichtigt werden. Solche Programmfunktionen sind:

- Automatische Berechnung der Tagesgelder und Übernachtungspauschalen nach gesetzlichen Vorgaben unter Berücksichtigung des Reiseziels (Inlands- oder Auslandsreise)
- Archivierung von Belegen
- Umrechnung von Währungen in die Landeswährung, z. B. bei Belegen
- Automatische Aktualisierung der Wechselkurse
- Fahrtenbuchfunktion mit Schnittstellen für Handys, Navigationsgeräte etc.
- Schnittstelle zur Buchhaltung
- Erstellen von Statistiken
- Schnittstelle für den Datenexport ans Finanzamt
- Routenplaner-Funktion etc.

8.2 Feedback

Ein effizientes Geschäftsreisemanagement in Unternehmen mit hohem Reiseaufkommen verlangt von allen Beteiligten ein hohes Maß an offener und detaillierter Kommunikation. Vor allem das Feedback jedes reisenden Mitarbeiters ist ein wesentlicher Beitrag zur Optimierung der Reiseplanung. Hier werden positive und negative Erfahrungen des Reisenden evaluiert und gegebenenfalls in die Reiseplanung integriert. Gesetzliche Änderungen müssen realisiert und bei der Planung und Abrechnung berücksichtigt werden. Aber auch Wünsche der reisenden Mitarbeiter sollten Berücksichtigung finden, denn damit wird die Zufriedenheit und nicht zuletzt der Erfolg eines Unternehmens gefördert. Notwendige Änderungen und Neuerungen sollten in bestehende Reiserichtlinien aufgenommen werden.

Zusammenfassung

Nachbereitung der Geschäftsreisen			
Arbeiten der Nachbereitung	**Reisekostenabrechnung**	**Formen der Reisekostenabrechnung**	**Feedback**
▪ Erstellen von Kopien ▪ Prüfen von Verträgen und Bestellungen ▪ Erfassen und Weiterleiten von Terminvereinbarungen ▪ Prüfen von Reklamationen ▪ Erstellen von Protokollen, Aktennotizen und Reiseberichten ▪ Ergänzen der Hotelkartei ▪ Abheften der erledigten Schriftstücke ▪ Erfassen aller Belege für die Reisekostenabrechnung ▪ Erstellen der Reisekostenabrechnung ▪ Dankschreiben an die Geschäftspartner	**Ziele:** ▪ Ermittlung der Werbekosten für den Mitarbeiter ▪ Erfassung der betrieblichen Gesamtkosten ▪ Ermittlung des Erstattungsbetrages für den Mitarbeiter **Kostenarten:** ▪ Fahrtkosten ▪ Verpflegungsmehraufwand ▪ Übernachtungskosten ▪ Reisenebenkosten **Erste Tätigkeitsstätte:** ▪ ortsfeste betriebliche Einrichtung **Belege für die Abrechnung:** ▪ Originalbelege ▪ Eigenbelege **Mindestinhalte der Eigenbelege:** ▪ Grund der Zahlung ▪ Betrag ▪ Datum der Zahlung ▪ Zahlungsempfänger ▪ Datum der Belegerstellung ▪ Erläuterungen zum Sachverhalt	▪ Vordrucke ▪ Tabellenkalkulation ▪ Spezielle Programme zur Reisekostenabrechnung **Funktionen dieser Programme:** ▪ Automatische Berechnung der Tagesgelder ▪ Archivierung von Belegen ▪ Umrechnung von Währungen ▪ Automatische Aktualisierung der Wechselkurse ▪ Fahrtenbuchfunktion mit Schnittstellen für Handys ▪ Schnittstelle zur Buchhaltung ▪ Erstellen von Statistiken ▪ Schnittstelle für den Datenexport ans Finanzamt	▪ Hilfe zur Optimierung der Reiseplanung ▪ negative und positive Erfahrungen werden evaluiert ▪ notwendige Änderungen in die Reiserichtlinien integrieren

Kostenarten

Fahrtkosten	Verpflegungskosten	Übernachtungskosten	Reisenebenkosten
Fahrten mit dem privaten Pkw: ▮ **Pauschalisierte Abrechnung** ▮ Abrechnung der **tatsächlichen Kosten:** – Kosten für Benzin – anteilig auch: Kfz-Versicherung, Kfz-Steuer, Inspektionen, Reparaturen etc.) – um Privatfahrten von Dienstfahrten zu trennen, muss ein **Fahrtenbuch** geführt werden ▮ Fahrten mit dem Dienstwagen oder auch Taxi werden nach Belegen (tatsächliche Kosten) abgerechnet **Fahrten mit öffentlichen Verkehrsmitteln:** Abrechnung nach Belegen	**Verpflegungspauschalen im Inland:** ▮ **12,00 €** bei mehr als 8 Stunden Abwesenheit ▮ 12,00 € für den An- und Abreisetag (wenn übernachtet wurde) ▮ **24,00 €** bei ganztätiger Abwesenheit **Kürzung der Pauschalen (für das In- und Ausland):** ▮ Für jedes kostenlos erhaltene Frühstück, Mittag- oder Abendessen: – Frühstück - **20 %** – Mittag- oder Abendessen - **40 %** ▮ Kürzungsbeträge immer von maximaler Tagespauschale **Keine Pauschalen bei Auswärtstätigkeiten von 8 und weniger Stunden:** Bei Mahlzeitengestellung nur: ▮ **1,67** € für **Frühstück** ▮ **3,10** € für **Mittag- oder Abendessen**	▮ Tatsächliche Erstattung der Kosten ▮ Pauschalisierte Abrechnung durch Arbeitgeber – **Inland 20,00 €** – **Ausland** höhere Pauschalen In der Rechnung enthaltene Mahlzeiten müssen abgezogen werden. ▮ **Im Inland:** – 4,80 € für Frühstück – 9,60 € für Mittag- oder Abendessen ▮ **Im Ausland:** – 20 % für Frühstück – 40 % für Mittag- oder Abendessen Übernimmt der Arbeitgeber die Kosten der Übernachtung nicht, kann der Mitarbeiter **nur die tatsächlich** entstandenen Kosten als Werbungskosten geltend machen	▮ Beförderung und Aufbewahrung von Gepäck ▮ Gebühren für geschäftliche Ferngespräche ▮ Porto für geschäftliche Briefe ▮ Gebühren für geschäftliche Faxe ▮ Gebühren für einen Messebesuch ▮ Parkplatzgebühren ▮ Mautgebühren ▮ Miete für Garage ▮ Trinkgelder, Eintrittskarten (Repräsentationskosten) ▮ Schadensersatzleistungen infolge eines Verkehrsunfalls ▮ Umbuchungs- und Stornogebühren

Lernfeld 13
Ein Projekt planen und durchführen

1 Grundlagen der Arbeit in Projekten

➲ **Lernsituation 1: Ein Projekt planen und durchführen**

1.1 Definition des Begriffs „Projekt"

Am Arbeitsplatz, im privaten Umfeld, im schulischen und öffentlichen Bereich oder auch in der Politik spricht man oft bei geplanten Vorhaben von Projekten. Ist denn jedes Vorhaben ein Projekt? Was genau macht ein Vorhaben zu einem Projekt?
Nach der Deutschen Industrienorm (DIN) 69901 sind Projekte durch folgende Merkmale gekennzeichnet:

Zielorientierung	Projekte verfolgen ein positiv formuliertes und klar spezifiziertes Ziel, das zu Beginn der Projektarbeit festgelegt wird.
Neuartigkeit	Die Projektaufgabe ist keine regelmäßige Tätigkeit. Zur Durchführung des Projektes kann nur teilweise auf vorhandenes Know-how und vorliegende Planungen zurückgegriffen werden. Dadurch ist die Zielerreichung mit dem Risiko des Scheiterns verbunden.
Begrenzung	Projekte sind zeitlich begrenzt, der Anfang und auch das Ende werden terminlich fixiert. Bei der Projektarbeit kann nur auf beschränkte finanzielle, materielle und personelle Ressourcen zurückgegriffen werden.
Teamarbeit	Projekte erfordern ein Team, deren Mitglieder interdisziplinär und bereichsübergreifend arbeiten.
Komplexität	Projekte sind komplexe Aufgaben hinsichtlich der Einschätzung ihrer Planung, Durchführung, Machbarkeit und ihrer wirtschaftlichen Folgen. Sie erfordern eine projektspezifische Organisation.

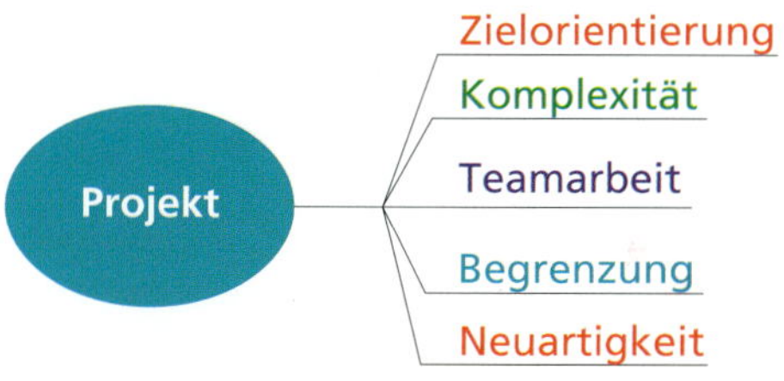

Projekte sind zeitlich befristete, relativ innovative und risikobehaftete Vorhaben von erheblicher Komplexität, die durch Teamarbeit erfolgreich zum Abschluss gebracht werden können.

Vorhaben in Form eines Projektes	Vorhaben (kein Projekt)
Planung einer Urlaubsreise	Täglicher Einkauf
Planung eines Schulfestes	Regelmäßiger Schulbesuch
Einrichten einer neuen Software	Durchführung der Inventur
Aufbau einer neuen Abteilung	Kundenreklamationen
Einrichten eines Onlineshops	Regelmäßig anfallende Verwaltungsarbeiten
Neubau einer Lagerhalle	Verkaufsgespräche

Projekte in Unternehmen sind mittlerweile keine Ausnahme mehr, sondern heute eher die Regel. Begründen lässt sich diese Tatsache mit dem verschärften globalen Wettbewerb. Projekte weisen eine zeitliche und finanzielle Befristung sowie einen hohen Innovationsgrad auf, die notwendige Flexibilität der Unternehmen wird sichergestellt. Damit sind Projekte zu einem entscheidenden Erfolgsfaktor geworden, der die Wettbewerbsfähigkeit des Unternehmens nachhaltig steigern kann.

1.2 Projektmanagement

Projektmanagement ist eine umfassende Führungsaufgabe mit dem Ziel, Projektarbeit zu bestimmen, zu organisieren, zu kontrollieren und durch den optimalen Einsatz von Ressourcen zum Erfolg zu führen.

Das Projektmanagement und die Projektarbeit verlaufen im Projektablauf parallel und ergänzen sich. Während sich das Projektmanagement mit der zielorientierten Vorbereitung, Planung, Steuerung, Dokumentation, Überwachung und Kontrolle von Projekten befasst, beschäftigt sich die Projektarbeit mit der Entwicklung von Lösungen für die gestellten Sachaufgaben.

Die wesentlichen Funktionen des Projektmanagements sind daher:

- Planung,
- Organisation,
- Steuerung.

Die Aufgabe des Projektmanagements ist es, Erwartungen der **Stakeholder** an das Projekt so weit wie möglich zu erfüllen. Stakeholder sind Personen oder auch eine Organisation, deren Interessen durch das Ergebnis oder den Verlauf eines Projektes betroffen sind.

Die Aufgabe des Projektmanagements übernimmt der **Projektleiter**. Er ist verantwortlich für die Projektorganisation und die Erreichung der Projektziele. Er entscheidet über die Auswahl der Projektmitarbeiter und die Verteilung des Budgets. An einen erfolgreichen Projektleiter werden hohe Anforderungen in fachlicher, methodischer wie auch sozialer Hinsicht gestellt:

- fachliche Projektsteuerung,
- Mitarbeiterführung (Teamfähigkeit und Konfliktbereitschaft),
- Projektorganisation.

Außerdem muss er in seiner Funktion als Projektleiter in der Lage sein, innerhalb des Projektes verschiedene Rollen auf unterschiedlichen Ebenen einzunehmen, z. B. als Motivator oder Konfliktmanager.

> **Projektmanagement** ist eine Führungsaufgabe und umfasst das Managen von Beziehungen und Prozessen.

1.3 Phasenmodelle der Projektabwicklung

Projektphasen sind zeitliche Abschnitte, in denen die Projektaktivitäten und das Projektmanagement möglichst präzise festgelegt werden. Diese Phasen leiten sich aus der zeitlichen und logischen Struktur eines Projektes ab und stellen den „Fahrplan" für die Projektabwicklung dar. Da jedes Projekt ein Unikat ist, werden auch die Projektphasen individuell ausfallen. Diese Aktivitäten in den einzelnen Projektphasen werden im Projektmanagement gesteuert und kontrolliert. Die jeweiligen Projektphasen enden mit definierten Meilensteinen, an denen die Ergebnisse der Aktivitäten besprochen und bewertet werden. Hilfreich für die Organisation des Projektablaufs sind sogenannte Phasenmodelle, z. B. das

- Wasserfallmodell,
- 4-Phasen-Modell,
- 5-Phasen-Modell,

1.3.1 Wasserfallmodell

Typisch für das **Wasserfallmodell** ist die strenge Phaseneinteilung. Die Projektphasen verlaufen komplett sequenziell, d. h., sie verlaufen stringent nacheinander. Jede einzelne Phase hat einen eindeutigen definierten Start- und Endzeitpunkt und wird konsequent nach vorheriger Planung durchgeführt. Das Ergebnis einer Phase ist Grundlage für die nächste Phase, d. h., die nächste Phase beginnt erst, wenn die laufende Phase abgeschlossen ist. Ist eine Phase abgeschlossen, sind keine Rücksprünge zur vorherigen Phase vorgesehen.
Das Wasserfallmodell ist besonders geeignet bei Projekten mit konstanten Anforderungen und Rahmenbedingungen, bei denen sich keine Änderungen ergeben (z. B. Automobilbau). Durch die hohe Planungssicherung und die geordnete Struktur im Projektverlauf können auch umfangreiche Projekte genau geplant und zuverlässig durchgeführt werden.

Beispiel:
Wasserfallmodell „Softwareentwicklung"

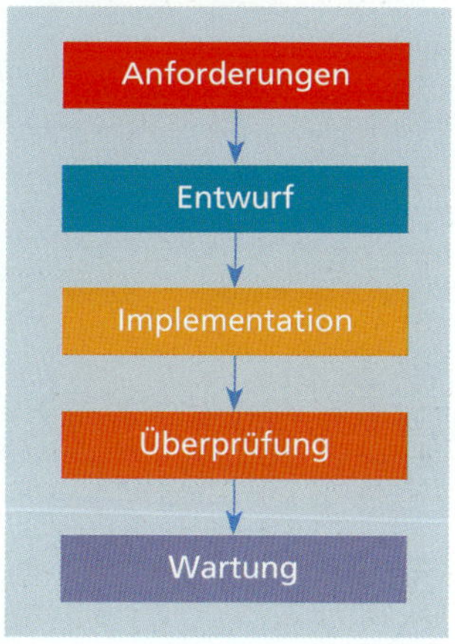

1.3.2 4-Phasen-Modell

Bei dem 4-Phasen-Modell wird ein Projekt in folgende vier Phasen eingeteilt:

1.3.3 5-Phasen-Modell

Wird das 4-Phasen-Modell um die Phase „Projektevaluation" erweitert, handelt es sich um ein 5-Phasen-Modell.

Die Projektphasen müssen jedoch nicht zwangsläufig stringent nacheinander abgearbeitet werden, sondern können auch parallel verlaufen. Bei Projekten mit einer längeren Laufzeit können sich die Anforderungen an ein Projektprodukt im Laufe der Zeit durch Veränderungen am Markt oder auch durch die Gewinnung neuer Erkenntnisse verändern. Daher ist auch Aufgabe des Projektmanagement, für das Vorgehen eines konkreten Projekts Standardmodelle zweckentsprechend zu adaptieren, z. B. Projektphasen zusammenzufassen und nicht erforderliche Projektaktivitäten auszulassen.
Bei großen und komplexen Projekten werden die einzelnen Phasen nur grob geplant. Eine Feinplanung der einzelnen Phasen erfolgt dann erst im Laufe des Projektes. Jede Phase des Projektes wird in Einzelschritte bzw. Einzelaufgaben (Arbeitspakete) zerlegt und mit mindestens einem abschließenden Teilziel (Phasenziel) versehen.

Kurzübersicht der Aufgaben und Tätigkeiten innerhalb der Phasen

Phasen	Aufgaben/Tätigkeiten
Definitionsphase	In der Definitionsphase müssen für einen erfolgreichen Projektstart folgende Aufgaben erfüllt werden: – Problemanalyse (Chancen und Risiken) – Definition der Projektziele – Entwerfen einer Projektskizze – Projektportfolio-Scorecard – Projektportfolio – Formulierung des Projektauftrags – Beschreibung der Projektorganisation – Vorbereitung der Projektdokumentation – Festlegung des Kostenrahmens – Entscheidung zur Projektdurchführung
Planungsphase	Die Planungsphase bildet die Grundlage für die gesamte Projektabwicklung. Die folgenden Arbeiten fallen dabei an: – Kick-off-Meeting – Identifizierung der Arbeitspakete – Erstellung des Projektstrukturplans (statischer PSP) – Ableitung des Projektablaufplans (dynamischer PSP) – Aufstellung des Kosten- und Ressourcenplans

Phasen	Aufgaben/Tätigkeiten
Durchführungsphase	In der Durchführungsphase geht es um die Umsetzung der Projektpläne. In der Phase der Projektdurchführung steht die Steuerung des Projektes im Vordergrund. – Projektcontrolling – Teamführung – Qualitätssicherung – Dokumentation
Abschlussphase	Der erfolgreiche Projektabschluss soll sicherstellen, dass alle Interessensgruppen (Stakeholder) abschließend zufriedengestellt werden. – Präsentation der Projektergebnisse (Produkt) – Abnahme des Projektes (Produktabnahme) und ggf. Projekteinführung – Abschlussbesprechung und Erfahrungssicherung (Abschlussbericht) – Projektauflösung (u. a. Teamauflösung) Unter Umständen kann es auch zu einem Projektabbruch kommen, ohne dass die Projektziele erreicht sind.
Evaluationsphase	In der Evaluationsphase werden der Projektverlauf und das Projektergebnis sach- und fachgerecht bewertet (Projektreflexion).

1.4 Projektanlass und Projektidee

Aus einem Projektanlass heraus entwickelt sich in der Regel die Projektidee.

Beispiele:

Projektanlass	Projektidee
Unzureichende Anzahl der Büroräume	Vergrößerung der Büroräume
Wunsch einer Umsatzsteigerung	Marketingmaßnahme in Form einer Werbewoche
Wunsch nach Intranet	Installation und Einführung eines Intranets
Unzureichende Lagerkapazität	Neubau einer Lagerhalle
Wandel von Kundenbedürfnissen	Kundenbefragung

1.5 Kreativitätstechniken

Nicht nur das Entwickeln von Projektideen und Versionen, auch das Lösen häufig auftretender Probleme während eines Projektes erfordern von den Projektteilnehmern ein hohes Maß an Kreativität, die durch den Einsatz verschiedener Kreativitätstechniken gefördert werden kann.

1.5.1 Brainstorming

Brainstorming ist eine zeitlich begrenzte Methode, um Ideen, vorhandenes Wissen und auslösende Assoziationen zu einem bestimmten Thema zu sammeln. Das Problem wird gemeinsam formuliert und möglichst für alle auf einer Tafel visualisiert. Der zuvor ausgewählte „Moderator" notiert sämtliche Ideen an der Tafel. Jeder Ideenbeitrag ist erwünscht, der Fantasie werden keine Grenzen gesetzt. Vorschläge dürfen nicht kritisiert oder bewertet werden, Ideen sollen kurz und prägnant benannt werden. Zum Schluss werden die Ideen geordnet und bewertet.

1.5.2 Brainwriting (6-3-5-Methode)

Beim Brainwriting (auch 6-3-5-Methode genannt) erhält jeder Teilnehmer ein leeres Blatt mit mehreren Problemlösungsfeldern, beispielsweise ein Blatt mit drei Spalten und sechs Zeilen. Alle Teilnehmer werden aufgefordert, auf dem Formblatt in den ersten drei Feldern Ideen einzutragen, die zur Lösung des Problems beitragen. Nach etwa fünf Minuten Stillarbeit werden die Blätter ausgetauscht und die Teilnehmenden aufgefordert, die eingetragenen Ideen und Vorschläge weiterzuentwickeln. Die Blätter werden so lange getauscht, bis das Blatt ausgefüllt ist. Die Blätter werden sichtbar ausgehängt, weitere Ergänzungen sind möglich. Auf Basis der Vorschläge werden Lösungsideen entwickelt, bewertet und in gemeinsame konkrete Lösungsvorschläge umgearbeitet.

1.5.3 Mindmapping

Ziel des Mindmapping ist, dass entstehende Gedanken visualisiert werden. Das Schlüsselwort eines Themas wird in die Mitte eines Blattes oder einer Tafel geschrieben. Alle Gedanken zum Thema werden auf dem Blatt oder der Tafel festgehalten, wobei Hauptgedanken wie Äste und Unterbegriffe wie Zweige eines Baumes dargestellt werden. Es entsteht eine verästelte und visualisierte Ideenlandkarte. Die verschiedenen Mindmaps einer Gruppe können zusammengetragen und zu einer gemeinsamen „Ideenlandkarte" verdichtet werden.

1.5.4 Denk-Hüte

Mit der Methode „Denk-Hüte" wird die Möglichkeit geschaffen, ein Problem aus verschiedenen Sichtweisen zu betrachten. Für jeden Blickwinkel steht ein farbiger Denk-Hut.

Der weiße Hut soll neutrales und analytisches Denken symbolisieren. Teilnehmer in dieser Rolle bewerten nicht und vermeiden es, sich eine subjektive Meinung zu bilden. Sie beschäftigen sich lediglich mit exakten Zahlen und Daten.

Subjektives und emotionales Denken soll der rote Hut symbolisieren. Teilnehmer in dieser Rolle sollen sich eine persönliche Meinung bilden und sowohl positive wie auch negative Gefühle betrachten. Es dürfen auch Widersprüche auftreten.

Die Teilnehmer mit einem schwarzen Hut nehmen die Rolle des Pessimisten ein. Der Kritiker argumentiert objektiv und hebt die negativen Aspekte hervor, wobei auch Risiken und Einwände betrachtet werden.

Der gelbe Hut symbolisiert den Optimisten. Positive Argumente werden gesammelt, objektive Chancen und Vorteile werden aufgezeigt.

Der grüne Denk-Hut steht für Innovation, Neuheit und Assoziation. Teilnehmer mit einem grünen Hut machen kreative Vorschläge und entwickeln neue Ideen, wobei alle Ideen gesammelt und nicht kritisiert werden.

Ordnung, Durch- und Überblick stehen für den blauen Hut. Ideen und Gedanken sollen strukturiert werden.

Ein Moderator stellt zunächst der Gruppe das Problem (Thema) vor. Anschließend werden die Bedeutung der sechs „Denk-Hüte" und die Spielregeln erklärt. Jedes Gruppenmitglied setzt jeweils einen farbigen Hut auf und beleuchtet das Problem durch Einnahme der symbolisierten Rolle. Die Reihenfolge für den Wechsel der Hutfarbe erfolgt nach vorheriger Festlegung. Das Vorgehen wird solange wiederholt, bis keine neuen Ideen und Gedanken geäußert werden. Auf jeden Fall werden alle sechs Rollen einmal durchgespielt. Anschließend werden die entstandenen Ideen und Assoziationen diskutiert und bewertet.

→ Der Einsatz von **Kreativitätstechniken** fördert neben der Entwicklung von Versionen und Ideen auch das Lösen von Problemen.

Zusammenfassung

Grundlagen der Arbeit in Projekten

Vorhaben in Form eines Projektes	Projektmanagement	Phasenmodelle der Projektabwicklung	Begriffsdifferenzierung	Kreativitätstechniken
Zielorientierung	Planung	Wasserfallmodell	Projektanlass	Brainstorming
Neuartigkeit	Organisation	4-Phasen-Modell	Projektidee	Brainwriting
Begrenzung	Steuerung	5-Phasen-Modell		Mindmapping
Teamarbeit				Denk-Hüte
Komplexität				

2 Durchführung von Projekten

➲ Lernsituation 1: Ein Projekt planen und durchführen

2.1 Definitionsphase

Zu Beginn eines Projektes wird die aktuelle Ausgangs- und Problemsituation geklärt, damit ein gemeinsames Problembewusstsein entsteht und die Begrifflichkeiten festgelegt werden können. Erst auf der Grundlage des gemeinsamen Problembewusstseins ist es möglich, die Projektziele zu formulieren. So werden in einem ersten Schritt der Analyse die Probleme des Unternehmens untersucht. Häufig sind Probleme der Ausgangspunkt für ein Projekt.
In der Problemanalyse werden folgende Fragen beantwortet, damit eine Problembeschreibung möglich wird:

- Wie kann die derzeitige Situation beschrieben werden?
- In welchen Unternehmensbereichen tritt das Problem auf?
- Seit wann tritt das Problem auf?
- Welche Auswirkungen hat das Problem?
- Welche Personen sind beteiligt?
- Welche Mittel werden eingesetzt?
- Wie laufen die Prozesse ab?

Die Antworten auf diese Fragen liefern eine genaue Bestimmung des Problems und zeigen, in welchem Grad die derzeitige Situation (Ist-Zustand) in einem Unternehmen von dem gewünschten Zustand bzw. angestrebten Zustand (Soll-Zustand) abweicht. Erst wenn Auftraggeber und Projektteam den Unterschied zwischen dem Ist-Zustand und dem gewünschten Soll-Zustand kennen und beschreiben können, sind sie in der Lage, die Ziele des Projekts zu bestimmen.
Auf Grundlage der Problemanalyse wird eine Problembeschreibung erstellt. Sie dient der Formulierung der Aufgabenstellung des Projektes und der Entwicklung von effektiven Lösungswegen sowie der Festlegung der Projektziele. Außerdem können die Projektausführenden nachvollziehen, warum der Auftraggeber welche Ziele verfolgt.
In einem nächsten Schritt werden die Ursachen des Problems untersucht. Häufig kann aus den Ursachen eines Problems schon auf mögliche Lösungen geschlossen werden.

- Wie konnte es zur Abweichung zwischen Ist- und Soll-Zustand kommen?
- Liegen die Ursachen in den verantwortlichen Personen?
- Liegen die Ursachen in den verwendeten Verfahren?
- Sind Veränderungen im Umfeld für das Problem verantwortlich?

2.1.1 Definition der Projektziele

Für eine erfolgreiche Projektarbeit ist die Festlegung klarer, eindeutiger und messbarer Ziele eine unabdingbare Voraussetzung. Die Projektziele bilden die Grundlage für den Projektauftrag und die Projektdurchführung. Mit der Bestimmung der Ziele wird der Umfang eines Projektes hinsichtlich Leistung, Kosten und Termin inhaltlich festgelegt. Auch die Aufgabenstellung des Projektleiters und des Projektteams muss im Projektziel klar zum Ausdruck kommen. Die Ziele müssen daher richtig formuliert und dokumentiert werden. Bei der Formulierung der Projektziele sind die sogenannten **SMART**-Kriterien zu beachten.

Spezifisch	Die Projektziele müssen präzise formuliert werden, sodass es keinen Spielraum für Interpretationen oder Nachforderungen gibt.
Messbar	Am Ende des Projektes muss anhand eines Maßstabs erkennbar sein, ob das Ziel erreicht oder verfehlt wurde.
Akzeptiert	Die Projektziele sollten allen Beteiligten attraktiv erscheinen und damit akzeptabel sein.
Realistisch	Die Projektziele sollten anspruchsvoll, durch die Beteiligten beeinflussbar, aber erreichbar sein.
Terminierbar	Es muss ein konkreter Endtermin festgelegt werden.

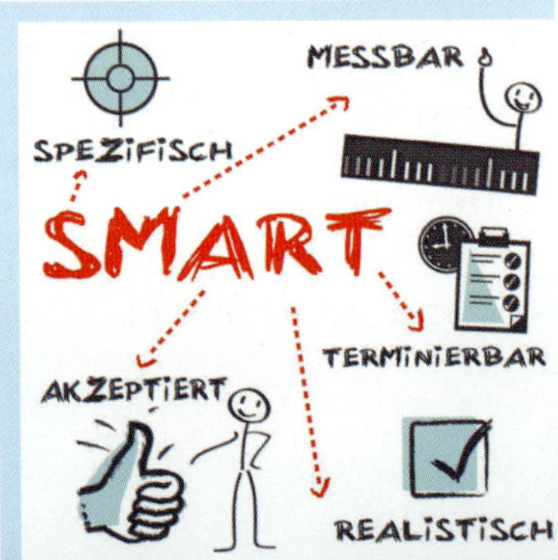

Derartig vom Auftraggeber und dem Projektteam gemeinsam formulierte Ziele gelten für das gesamte Projekt und binden alle Beteiligten. Sie übernehmen dann für den Projektverlauf folgende Funktionen:

Funktion	Erklärung
Präzisierung	Die Projektbeteiligten wissen, worum es im Projekt geht und was sie im Einzelnen zu tun haben.
Orientierung	Die Ziele sind Orientierungspunkte bei der Umsetzung von Projektmaßnahmen.
Motivation	Erreichte Ziele haben eine motivierende Wirkung auf die Projektbeteiligten.
Kontrolle	Die Erreichung der Projektziele kann am Ende des Projektes zuverlässig kontrolliert werden.

Außerdem lassen sich Projektziele nach unterschiedlichen Zielkomponenten differenzieren. Man unterscheidet: Sachziele (Qualität, Leistung), Kostenziele und Terminziele (Zeit). Die drei Zielkomponenten beeinflussen sich wechselseitig, sie können unter Umständen miteinander konkurrieren oder eine Zielkomponente beherrscht die übrigen.
Die Grafik des „Magischen Dreiecks“ zeigt anschaulich, in welchem Spannungsfeld sich die Ziele bewegen.

Kosten	Damit die Kosten des Projektes im Rahmen bleiben, müssen eventuelle Leistungen gestrichen werden. Das führt allerdings zur Qualitätsminderung.
Zeit	Damit das Zeitbudget eingehalten werden kann, muss eventuell zusätzliches Personal beschäftigt oder Überstunden geleistet werden. Dadurch entstehen höhere Kosten.
Qualität	Um die Qualität sicherzustellen, fallen eventuell zusätzliche Testungen an. Dadurch kann aber der ursprüngliche Zeitplan nicht eingehalten werden.

Die Projektleitung muss grundsätzlich dafür sorgen, dass die Zielkomponenten möglichst ausgewogen zum Tragen kommen. Um den Erfolg eines Projektes zu gewährleisten, müssen daher für diese drei wichtigsten Funktionen zu Beginn des Projektes Prioritätsregeln aufgestellt werden, deren Einhaltung während der gesamten Projektlaufzeit überwacht werden muss.

Ausgehend von den Sachzielen, Kostenzielen und Terminzielen, können die Ziele auch hierarchisch geordnet werden, da nicht alle Ziele gleichrangig zu bewerten sind. In den meisten Fällen gibt es eine Zielhierarchie.
Aus dem Projektgesamtziel werden Projektunterziele abgleitet. Diese wiederum werden untergliedert in operationale Ziele. Darunter versteht man Teilziele, die einzelne Aktivitäten oder auch Vorgehensweisen beschreiben, mit denen man das übergeordnete erreichen kann. Unterziele und operationale Ziele können auch als Zwischenziele oder Teilziele bestimmt werden. Die **Teilziele** des Projektes werden häufig als **Meilensteine** im Projektablauf bezeichnet und mit der Terminplanung verknüpft. Die an diesen Meilensteinen messbaren Ergebnisse stellen den jeweiligen Output des Projektes zum vorbestimmten Zeitpunkt dar.

2.1.2 Projektskizze erstellen

Für die entwickelten Projektziele wird zunächst eine Projektskizze angefertigt, die als Basis für jede weitere Projektplanung dienen soll. Sie sollte alle wesentlichen Schritte einer zunächst groben Planung beinhalten.

Beispiel: Formblatt einer Projektskizze

Projektskizze		
Projektname:		
Projektbeschreibung:	<Kurzbeschreibung des Projektes>	
Auftraggeber:		Projektnummer:
Projektleiter:		
Projektteam:	<Name> <Name> <Name> <Name>	<Name> <Name> <Name> <Name>
Projektanlass:		
Projektziele:		
Ausgangslage:		
Chancen/Risiken:		
Kosten/Nutzen:		
Randbedingungen:		
Projektbudget:		

2.1.3 Projektportfolio-Scorecard

Die Projektportfolio-Scorecard ist eine Weiterentwicklung der sogenannten Balanced Scorecard. Neben den vier klassischen Perspektiven der Balanced Scorecard „Finanzen", „Kunden", „Prozesse" sowie „Entwicklung" enthält die Projektportfolio-Scorecard weitere projektspezifische Beurteilungskriterien. Sie wird für **strategische Projekte** eingesetzt, um Projekte mit der Unternehmens- oder Bereichsstrategie zu verknüpfen. Ziel der Projektportfolio-Scorecard ist es, Projekte transparenter zu machen um eventuell auftretende Probleme frühzeitig zu erkennen.
Die Balanced Scorecard ist ein Instrument der strategischen Unternehmensführung und wird eingesetzt zur Beurteilung der Unternehmensentwicklung. Da finanzielle Kennzahlen als Basis für eine ausgewogene Unternehmensbeurteilung oft allein nicht mehr ausreichen, werden Ziele mit operationalisierten Messgrößen ergänzt, um konkrete Maßnahmen der formulierten Ziele zu erreichen. Das Unternehmen wird aus **vier Perspektiven** betrachtet:

- Finanzen,
- Kunden,
- Prozesse sowie
- Entwicklung.

Für die vier Bereiche werden Kennzahlen gebildet, die den Unternehmenserfolg quantifizieren. Diese Kennzahlen sollen Ursachen und Ergebnisse beschreiben. Mithilfe dieser Perspektiven werden einzelne Unternehmensbereiche durchleuchtet und die unternehmensinterne Transparenz gefördert.

Beispiel:
Wird in einem Unternehmen ein interner Lagerungsprozess optimiert, verkürzt sich unmittelbar die Lieferzeit, wodurch die Kundenzufriedenheit steigt.

Beispiel: Balanced Scorecard

Perspektive	Ziele	Messgrößen	Maßnahmen	Zeitbezug
Finanzen	Umsatz stärker erhöhen als Mitbewerber	Umsatzwachstum gegenüber Mitbewerber	Unternehmenstransparenz	August 20(0)
Kunden	Kunden belohnen	In €	Gutscheine, Treue-Punkte-System, Rabatte	Juli 20(0)
Prozesse	Optimierung der Fertigung	Durchlaufzeit/€	Wertanalysen	November 20(0)
Entwicklung	Verbesserung des innerbetrieblichen Vorschlagswesens	Anzahl der Verbesserungsvorschläge	Neues Anreizsystem; Motivationssteigerung	Dezember 20(0)

→ Die **Projektportfolio-Scorecard** verbindet ein Projekt mit der strategischen Unternehmensplanung.

2.1.4 Projektportfolio

Für die Entscheidungsfindung für oder gegen ein Projekt sind die Bedeutung und der Leistungsbeitrag eines Projektes ausschlaggebend. Fragen zur Entscheidungsfindung könnten sein:

- Welcher Beitrag wird zum Unternehmenserfolg geleistet?
- Gibt es Synergien zu anderen Projekten?
- Welche Ressourcen werden benötigt?
- Welche Chancen, welche Risiken gibt es?

Die Bewertungskriterien sind vom jeweiligen Unternehmen und dessen Zielen abhängig. Aus den wichtigen Fragen, z. B. welche Projekte ein Unternehmen wirklich voranbringen und was die zentralen Ziele des Unternehmens sind, können Kriterien für die Bewertung von Projekten abgeleitet werden, nach denen diese dann priorisiert werden.
In einem Projektportfolio werden anschließend die priorisierten laufenden Projekte und Projektvorhaben grafisch dargestellt. In der Matrix wird der X- und Y-Achse jeweils ein Kriterium zugeordnet und die einzelnen Projekte als Kreise abgebildet. Der Durchmesser der Kreise stellt dann ein weiteres Entscheidungskriterium dar.

Beispiel:
Bei der Gerrit Hansen GmbH stehen vier Projekte zur Auswahl. Bewertungskriterien sind die strategische Relevanz (Y-Achse), die Wirtschaftlichkeit (X-Achse) und der Kundennutzen (Durchmessergröße der Kreise).

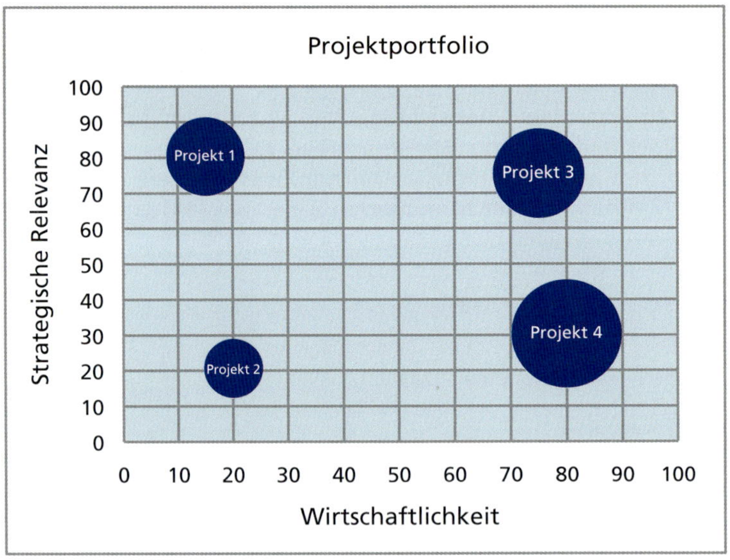

Erläuterungen

Projekt 1	Das Projekt 1 hat eine hohe strategische Relevanz, die Wirtschaftlichkeit und auch der Kundennutzen sind relativ gering. Das Projekt kann freigegeben werden, sofern entsprechende Ressourcen vorhanden sind.
Projekt 2	Beim Projekt 2 sind die strategische Relevanz, die Wirtschaftlichkeit und auch der Kundennuten relativ gering. Das Projekt sollte nicht freigeben werden, da Ressourcen verbraucht werden, die sinnvoller in andere Projekte investiert werden könnten.
Projekt 3	Das Projekt 3 hat sowohl eine hohe strategische Relevanz, hohen Kundennutzen und eine hohe Wirtschaftlichkeit. Dieses Projekt sollte auf jeden Fall umgesetzt werden.
Projekt 4	Das Projekt 4 weist eine hohe Wirtschaftlichkeit auf und bringt gleichzeitig einen großen Kundennutzen. Es ist zwar nicht von strategischer Relevanz, sollte trotzdem umgesetzt werden.

→ Im **Projektportfolio** werden die Projekte und Projektvorhaben eines Unternehmens grafisch dargestellt.

2.1.5 Projektauftrag

Der Projektauftrag ist das Ergebnis der Definitionsphase und die Basis für das weitere Vorgehen im Projekt. In ihm werden zusammenfassend die Sachziele, der Zeitrahmen, das Budget, die Rollen und Aufgaben im Projekt und der Projektablauf sowie die Projektorganisation dargestellt. Mit Vereinbarung und Erteilung des Projektauftrages kann die eigentliche Projektarbeit beginnen. Der Projektauftrag erhält durch die Unterschriften des Auftragsgebers und des Projektleiters Vertragscharakter, sodass er für alle Beteiligten verbindlich ist.

Beispiel: Formblatt für einen Projektauftrag

Projektauftrag			
Projektname:			
Projektbeschreibung:	<Kurzbeschreibung des Projektes>		
Auftraggeber:			Projektnummer:
Projektleiter:			
Projektteam:	<Name> <Name> <Name> <Name>	<Name> <Name> <Name> <Name>	
Projektziele	Beschreibung		
Gesamtziel:	<in 2 - 3 Sätzen>		
■ Sachziel:			
■ Kostenziel:			
■ Terminziel:			
Teilziele/ Meilensteine:	<MS#, Datum, Meilenstein> <MS#, Datum, Meilenstein> <MS#, Datum, Meilenstein> <MS#, Datum, Meilenstein>		
Messbare Projektergebnisse:	■ ■ ■	■ ■ ■	
Projektphasen/ Arbeitspakete:	1. 2. 3. 4. 5. 6.		
Projektrisiken:	■ ■	■ ■	
Randbedingungen:			
Projektbudget:			
Projektstart:		Projektende:	
Datum	Unterschrift Auftraggeber	Unterschrift Projektleiter	

Abhängig vom Umfang des Projektes werden dem Projektauftrag ein Lasten- und ein Pflichtenheft beigefügt. Im **Lastenheft** stehen die Anforderungen des Auftraggebers hinsichtlich der Zielsetzungen und des Leistungsumfangs des Projektes. Daraus ergibt sich das **Pflichtenheft.** Es beschreibt, auf welche Weise und mit welchen Mitteln die Anforderungen des Lastenhefts realisiert werden sollen.

2.1.6 Projektorganisation

Projekte erfordern in der Regel das Zusammenwirken verschiedener Abteilungen eines Unternehmens. Die Projektorganisation gibt an, auf welche Weise das Projekt in die Organisation des Unternehmens integriert werden soll. Außerdem wird festgelegt, wer die **Projektleitung** übernimmt und wie sich das **Projektteam** zusammensetzt. Die Integration in die Organisation des Unternehmens kann auf unterschiedliche Weise vollzogen werden. Dabei lassen sich vier typische Formen unterscheiden:

- Einbindung in die Linienorganisation,
- Stabs- oder Einfluss-Projektorganisation,
- reine Projektorganisation,
- Matrix-Projektorganisation.

Einbindung in die Linienorganisation

Das Projekt wird in einer Linienabteilung direkt ohne die Beteiligung anderer Linienabteilungen eingerichtet. Das Projekt wird also ausschließlich in dieser Abteilung realisiert und daher ist der Abteilungsleiter auch der Projektleiter. Die Weisungs- und Entscheidungsbefugnis für die Abteilung erweitert sich auf das Projekt. Diese Organisationsform ist für kleine, wenig komplexe Projekte geeignet.

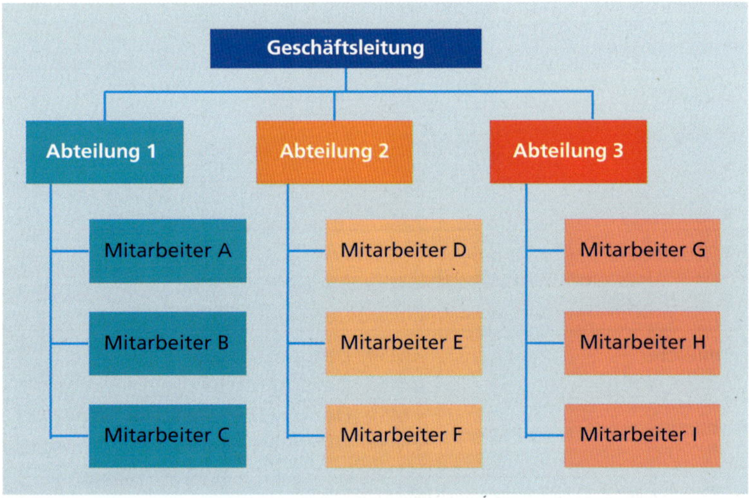

Stabs- oder Einfluss-Projektorganisation

Bei der Stabs- oder Einfluss-Projektorganisation wird die Koordination von einer Stabsstelle übernommen. Die Mitglieder des Projektteams bleiben in ihren Fachabteilungen. Der Projektleiter hat in der Regel keine Entscheidungs- und Weisungsbefugnis. Diese liegt ausschließlich bei den Leitern der Fachabteilungen. Die Rolle des Projektleiters beschränkt sich auf die fachliche, terminliche, kostenmäßige Projektkoordination. Häufig wird von der Unternehmensleitung ein externer Projektleiter berufen (→ Stabsstelle). Die Stabs- oder Einfluss-Projektorganisation ist wegen der engen Anbindung an die Geschäftsleitung für strategische und kritische Projekte geeignet.

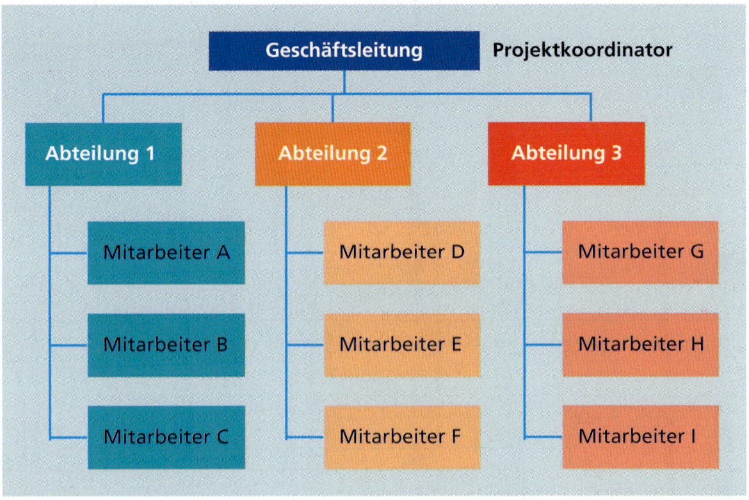

Reine Projektorganisation

Bei der reinen Projektorganisation wird parallel zur Aufbauorganisation des Unternehmens eine eigenständige Projektorganisation eingerichtet. Dazu werden die notwendigen Mitglieder des Projektteams aus ihren Fachabteilungen abgezogen oder aber externe Experten/Mitarbeiter für das Projekt eingestellt. Sie alle bilden unter der Führung des Projektleiters eine neue organisatorische Einheit (das Projektteam), die nun zeitlich begrenzt den Projektauftrag erfüllt und dann wieder aufgelöst wird. Die reine Projektorganisation eignet sich für besondere Vorhaben von großem Umfang und für langfristige Entwicklungsprojekte.

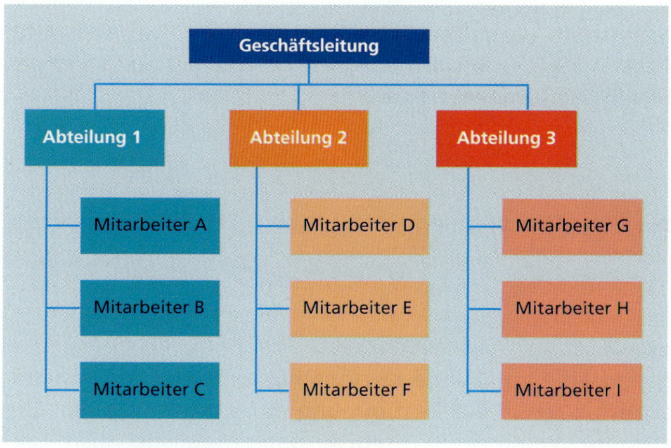

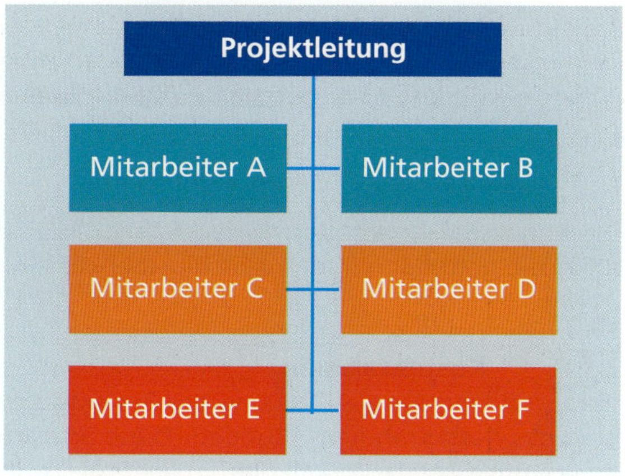

Matrix-Projektorganisation

Die Matrix-Projektorganisation stellt eine Mischform zwischen Stabs- oder Einfluss-Projektorganisation und der reinen Projektorganisation dar. Bei dieser Organisationsform wird die Linienorganisation in einem Unternehmen durch einen weiteren Bereich ergänzt. Der Projektleiter erhält Entscheidungs- und Weisungsbefugnis. Allerdings bleiben die Projektteammitglieder weiter in ihren Fachabteilungen und unterliegen dort auch der Weisungsbefugnis der Fachabteilung. Daher ist es notwendig, dass sich Projektleitung und Leitung der Fachabteilung abstimmen. Der Projektleiter ist verantwortlich für die Zielvorgaben und die zeitlichen Vorgaben. Der Fachabteilungsleiter bestimmt, wie eine Projektaufgabe ausgeführt und von wem sie erbracht wird. Der Vorteil dieser Organisationsform liegt in der ganzheitlichen Denkweise und der besseren Vernetzung der Projektaufgaben. Die Matrix-Projektorganisation ist wegen ihrer Vielseitigkeit für jede Art von Projekten geeignet. Allerdings ist die Matrix-Projektorganisation auf ein hohes Organisations- und Führungsverständnis angewiesen und zur Vermeidung von Interessenskonflikten muss ein übergreifender Personaleinsatzplan erstellt werden.

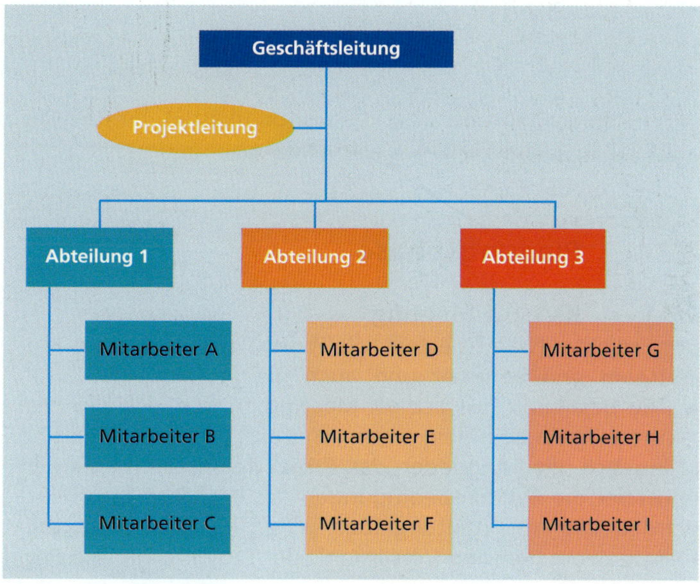

2.1.7 Projektteam

Das Projektteam wird in der Regel schon zu Beginn eines Projektes im Rahmen der Auswahl der Projektorganisation zusammengestellt. Es wird speziell für das konkrete Projekt gebildet und nach dessen Abschluss auch wieder aufgelöst.

Die Auswahl der Teammitglieder erfolgt durch den Projektleiter in Abstimmung mit den jeweiligen Abteilungen. Die sachgerechte Auswahl der Teammitarbeiter ist insofern von Bedeutung, weil Teamarbeit zu den Grundvoraussetzungen für das Gelingen eines Projektes gehört. Wichtig für den Projekterfolg ist ein Team, dass fachlich kompetent ist und in dem die Mitglieder zueinander passen und sich ergänzen. Sie arbeiten gemeinsam als Team auf ein gemeinsames Ziel hin, Abstimmung und Informationsaustausch erfolgen nicht linienförmig, sondern sternförmig von jedem zu jedem.

Die Motivation der Teammitglieder ergibt sich in der Regel dadurch, dass alle an der Projektplanung, der Zielsetzung und dem Vorgehen mitwirken können. Das Team kennt die Zusammenhänge des Projektes und identifiziert sich somit mit dem Projekt.

2.1.8 Projektdokumentation

Teil der Projektorganisation ist auch die Projektdokumentation. Die Projektdokumentation übernimmt eine wichtige Informationsfunktion für alle Projektbeteiligten in allen Projektphasen. Diese Projektdokumentation betrifft die Erfassung, Weiterleitung, Be- und Verarbeitung, Auswertung und Speicherung von

Projektinformationen. Die Projektdokumentation enthält Angaben zur Organisation, Mitteleinsatz, Lösungswegen, Ablauf und dem Status der angestrebten Ziele und gibt jederzeit den aktuellen Stand des Projektes wieder. Zu unterscheiden sind folgende Projektdokumentationen:

- Dokumentation des Projektverlaufs
- Dokumentation der Projektergebnisse

Die Projektdokumentation wird schon zu Beginn des Projektes angelegt und bis zum Projektende fortgeführt. Sie geht dann in den Abschlussbericht ein.

2.1.9 Kostenrahmen

Voraussetzung für die Erteilung des Projektauftrags sind eine vorläufige Kostenschätzung und die Feststellung des Kostenrahmens (Budget). Diese Schätzung geht auch in die Bestimmung der Kostenziele ein. Die projektumfassende Vorkalkulation der Projektkosten sollte in einer Vollkostenrechnung möglichst alle direkten und indirekten Kosten für das Projekt erfassen. Im Einzelnen geht es um folgende Kosten:

Projekteinzelkosten (direkte Kosten)	Personalkosten, Materialkosten, Fremdleistungen (Beratung, externe Mitarbeiter), Rechnernutzung, Versicherungen, Schulungskosten, projektbezogene Raummiete, Reisekosten, Anschaffungskosten von Anlagegütern
Projektgemeinkosten (indirekte Projektkosten)	Verwaltungskosten, zentrale Dienstleistungen, Hilfsmaterial, Raummiete, Stromkosten

2.2 Planungsphase

2.2.1 Kick-off-Meeting

Der Projektauftrag ist erteilt, die Projektleiterin und das Projektteam sind benannt und auch die Projektorganisation wurde bestimmt: Im Kick-off-Meeting treffen sich die Projektbeteiligten zu einem ersten Kontakt. In diesem Meeting sollen sich die Mitglieder des Projektteams kennenlernen und über die Rahmenbedingungen des Projektes informiert werden. Die Projektleitung stellt sicher, dass alle Projektbeteiligten vom gleichen Verständnis der Projektziele und Projektinhalte ausgehen und sich über die Rollen und Verantwortlichkeiten der Teammitglieder im Klaren sind.

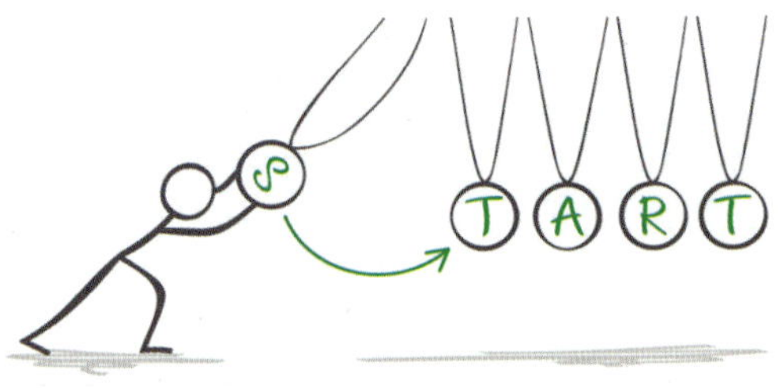

Inhalte des Kick-off-Meetings

- Kennenlernen und Motivation der Teammitglieder
- Bekanntgabe des Projektauftrags, der Projektziele und der Projektinhalte
- Vorstellung der Rahmenbedingungen und der Grobplanung:
  - Ausgangssituation
  - Projektziele (Gesamtziele, Teilziele)
  - Projektphasen, Meilensteile, Termine
  - Projektrisiken und -chancen
  - Aufgaben- und Rollenverteilung im Projekt
  - Regeln der Zusammenarbeit
  - Kommunikationswege im Team (z. B. E-Mail-Verteiler, Telefonnummern)
  - Organisation während der Teamsitzungen (z. B. Protokoll, Moderation)
  - Verhaltensweisen während der Teamsitzungen (z. B. Pünktlichkeit, Offenheit)
  - Weitere Vorgehensweise

2.2.2 Arbeitspakete

In einem ersten Schritt werden mit der Erstellung der Arbeitspakete die Grundlagen für die Projektplanung gelegt. Dazu wird durch die Teammitglieder zunächst eine Aktivitätenliste erstellt, in der möglichst alle Maßnahmen aufgeführt werden, mit denen die angestrebten Projektziele erreicht werden können. Bei der Erstellung der Liste werden die unterschiedlichen Kompetenzen der Teammitglieder aus den einzelnen Fachabteilungen genutzt, um auch tatsächlich die vielfältigen Aufgaben der komplexen Situation berücksichtigen zu können.

Beispiel: Aktivitätenliste

Aktivitätenliste				
Inhalt (Was)	**Verantwortlicher (Wer)**	**Zeitraum (Wann)**	**Arbeitspakte-Nr.**	**Bemerkungen**

Die in der Liste aufgeführten Aktivitäten werden dann zu Arbeitspaketen zusammengefasst. Ein Arbeitspaket beschreibt alle Tätigkeiten in einem Projekt, die sachlich zusammengehören und eine Bearbeitungsaufgabe für ein oder mehrere Teammitglieder darstellen. Die einzelnen Arbeitspakete müssen voneinander klar abgegrenzt sein, damit bei der Bearbeitung keine Überschneidungen auftreten. Außerdem muss in jedem Arbeitspaket angegeben sein, wie das Ergebnis der Aufgabe aussehen muss. Jedes Arbeitspaket ist zudem noch eindeutig einem Verantwortlichen bzw. einer verantwortlichen Gruppe (Organisationseinheit) von Projektmitgliedern zugeordnet.

Merkmale eines Arbeitspakets

- Angabe der verantwortlichen Person/Gruppe
- Genaue Beschreibung der Tätigkeit
- Abgrenzung zu anderen Aufgaben
- Angabe zur Dauer der Aufgabe
- Kostenabschätzung
- Angabe der Risiken

Beispiel: Formblatt für ein Arbeitspaket

Arbeitspaket			
Nummer:		Datum der Erstellung:	
Projektname:			
Projektleiter/-in:			
Projektteam:	<Name> <Name> <Name> <Name> <Name>		
Teilprojekt:			
Ausführung durch (Wer):	<Name>		
Inhalt/Ergebnis des Arbeitspaketes (Was):			
	Zeit/Dauer (Wann)		
	Start	Ende	Dokumentation
...			
...			
...			
Voraussetzungen/Randbedingungen			
Abstimmungs- und Koordinationsmaßnahmen			
Unterschrift Projektleiter/-in	Unterschrift Arbeitspaket-Verantwortliche/-r		

Vorteile von Arbeitspaketen

- Die Zerlegung der Gesamtaufgabe in einzelne Arbeitspakete reduziert die Komplexität des Projektes.
- Das Projekt gewinnt an Transparenz.
- Der Projektfortschritt lässt sich einfach feststellen.
- Eine Zerlegung in überschaubare Arbeitspakete erlaubt eine realistische Kostenschätzung und erleichtert das Controlling.

2.2.3 Projektstrukturplan

Auf Grundlage der Arbeitspakete wird im nächsten Schritt der Projektstrukturplan (PSP) aufgebaut. Er hat die Aufgabe, die komplexen Projektstrukturen übersichtlich und hierarchisch darzustellen. Der Projektstrukturplan ordnet und strukturiert die Arbeitspakete nach einem festgelegten Gliederungsprinzip. Dazu werden den Arbeitspaketen Oberbegriffe zugeordnet, die entweder ein Teilprojekt oder eine Projektphase beschreiben. Als statischer Projektstrukturplan stellt er die Aufgabenstruktur des Projektes dar.

Beispiel: Projektstrukturplan

Projekttitel (Hauptaufgabe)					
Teilprojekt/Projektphase (Teilaufgabe) 1		Teilprojekt/Projektphase (Teilaufgabe) 2		Teilprojekt/Projektphase (Teilaufgabe) 3	
Arbeitspaket 1	Arbeitspaket 2	Arbeitspaket 3	Arbeitspaket 4	Arbeitspaket 5	Arbeitspaket 6
1.1 1.2 1.3	2.1 2.2 2.3	3.1 3.2 3.3	4.1 4.2 4.3	5.1 5.2 5.3	6.1 6.2 6.3
Meilenstein 1		Meilenstein 2		Meilenstein 3	

Im Aufbau der Projektstrukturpläne unterscheidet man grundsätzlich drei Gliederungsprinzipien:

- Bei der **objektorientierten Gliederung** werden die Arbeitspakete und Oberbegriffe als konkrete Objekte dargestellt.
- Bei der **funktionsorientierten Gliederung** werden die Arbeitspakete und Oberbegriffe als Tätigkeiten oder Funktionen dargestellt.
- Bei der **zeitorientierten Gliederung** werden der Ablauf oder die Phasen des Projektes betrachtet, diese bilden dann die Teilaufgaben oder Arbeitspakete der jeweiligen Ebene.

Auch möglich ist die gemischte Gliederung eines Projektstrukturplans.

Beispiel: Neubau einer Garage

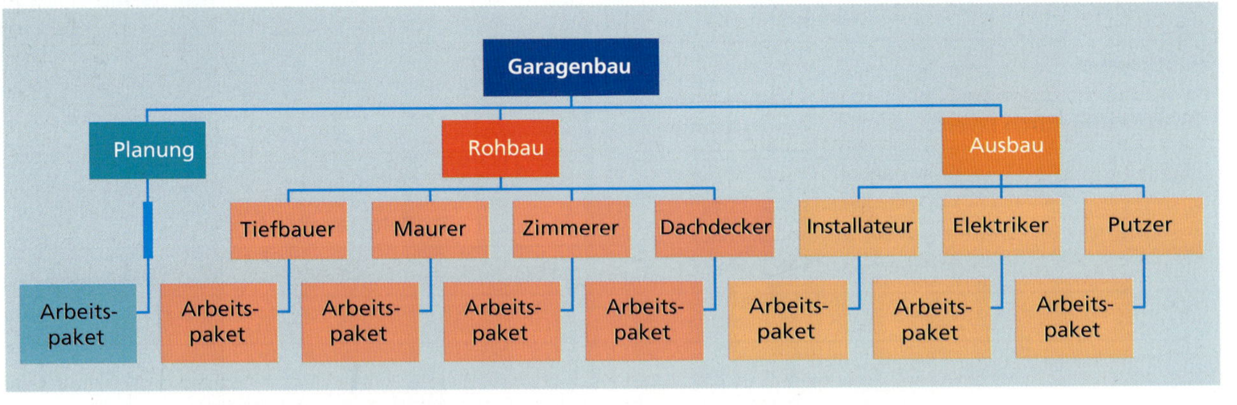

Bei der obersten Ebene stehen der Ablauf „Planung“, „Rohbau“, „Ausbau“ im Fokus. Für diese Ebene wurde die zeitorientierte Gliederung gewählt. Die zweite Ebene ist funktionsorientiert, die einzelnen Unternehmer „Tiefbauer“, „Mauer“, „Zimmerer“ etc. werden als funktionale Einheiten betrachtet.
Die Ziele der Strukturplanung sind:

- das Projekt in überschaubare Einheiten zu zerlegen, die einzeln für sich planbar und steuerbar sind,
- alle Aufgaben vollständig zu ermitteln und nach schlichten Notwendigkeiten zu gliedern,
- die Zusammenhänge zwischen der Gesamtaufgabe und ihren Teilaufgaben bzw. Arbeitspaketen zu erfassen.

Der Projektstrukturplan bildet das Fundament für die weiteren Projektpläne:

- Planung des Projektablaufs und der Termine (Projektablaufplan)
- Planung der Kosten und Ressourcen (Kostenplan und Ressourcenplan)
- Risikoanalyse

2.2.4 Projektablaufplan

Aufbauend auf dem Projektstrukturplan werden in der weiteren Planung des Projektes die Abläufe und die Termine geplant. Die **Projektablaufplanung** setzt sich daher aus dem **Ablaufplan** und dem **Terminplan** zusammen. Da beide eng miteinander verzahnt sind, werden sie meistens in einem Plan dargestellt.

In dem **Ablaufplan** wird die logische und zeitliche Planung des Projektablaufs beschrieben. Zwischen den einzelnen Arbeitspaketen bestehen Abhängigkeiten: Manche Aktivitäten verlaufen parallel, andere erst, wenn bestimmte Aufgaben bereits abgeschlossen sind, oder die einzelnen Arbeitspakete bauen aufeinander auf. Der Ablaufplan weist den einzelnen Arbeitspaketen den Platz im Projektablauf zu, der sich aus diesen personellen, fachlichen und terminlichen Abhängigkeiten ergibt.

Der **Terminplan** dagegen ordnet den Ereignissen im Projektverlauf konkrete Kalendertermine zu. Die Darstellung des Projektablaufplans erfolgt in den meisten Fällen durch ein Balkendiagramm (Gantt-Diagramm) oder bei sehr komplexen Projekten durch einen Netzplan.

Beispiel: Balkendiagramm (Gantt)

Balkendiagramm (Gantt)								
Projekttitel:					**Kalenderjahr 20(0)**			
Projektleitung:								
Datum:								
	Start	**Ende**	**Dauer in Tagen**	**Verantwortung**	**Januar**	**Februar**	**März**	**April**
Teilaufgabe 1	04.01.20(0)	07.01.20(0)	4					
Teilaufgabe 2	04.01.20(0)	18.01.20(0)	11					
Teilaufgabe 3	14.01.20(0)	20.01.20(0)	5					
Teilaufgabe 4	16.01.20(0)	20.01.20(0)	3					
Meilenstein 1			0					
Teilaufgabe 5	18.01.20(0)	20.01.20(0)	3					
Teilaufgabe 6	20.01.20(0)	22.01.20(0)	3					
Teilaufgabe 7	25.01.20(0)	08.04.20(0)	54					
Teilaufgabe 8	01.03.20(0)	19.04.20(0)	36					
Meilenstein 2			0					
Teilaufgabe 9	18.01.20(0)	19.02.20(0)	25					
Teilaufgabe 10	01.04.20(0)	16.04.20(0)	12					
Teilaufgabe 11	12.04.20(0)	23.04.20(0)	10					
Teilaufgabe 12	03.04.20(0)	09.04.20(0)	5					
Meilenstein 3								
Teilaufgabe 13	04.04.20(0)	06.04.20(0)	2					
Teilaufgabe 14	16.04.20(0)	22.04.20(0)	5					
Teilaufgabe 15	15.04.20(0)	26.04.20(0)	8					
Teilaufgabe 16	25.04.20(0)	27.04.20(0)	2					
Meilenstein 4								

2.2.5 Kosten- und Ressourcenplan

Anhand der Projektablauf- und Terminplanung werden die notwendigen Personen- und Sachressourcen ermittelt und auch deren Kosten festgestellt. Diese Angaben finden Eingang in den Kosten- und Ressourcenplan. Er zeigt an, mit welchen Kosten zu rechnen ist und ob die geplanten Teilbudgets eingehalten werden. Außerdem wird für alle am Projekt Beteiligten einsichtig, wer, wann, womit beschäftigt ist und welche Materialien benötigt werden. In der Startphase wurden bereits Kosten- und Ressourcenschätzungen vorgenommen und ein Budgetrahmen festgelegt. Auf Grundlage des Projektstrukturplans werden nun die Kosten- und Ressourcenpläne auf Basis der tatsächlich geplanten Arbeitspakete und Ausgaben kalkuliert.

Schritt 1: Personaleinsatzplan	Festlegung der Verantwortung für das jeweilige Arbeitspaket und Benennung der Mitarbeiter des Arbeitsteams.
Schritt 2: Aufwandsschätzung	Das Arbeitsteam berechnet oder schätzt den Arbeitsaufwand pro Arbeitspaket in Stunden, Tagen oder Wochen: geplante Arbeitskraft in Stunden.
Schritt 3: Personalkostenberechnung	Auf der Grundlage des ermittelten Arbeitsaufwands werden die geplanten Stunden mit den individuellen Stundensätzen der Mitglieder des Arbeitsteams multipliziert. Das Ergebnis sind die (geplanten) Personalkosten.
Schritt 4: Planung der sonstigen Kosten	Pro Arbeitspaket werden die weiteren Kostenquellen ermittelt und in der Höhe erfasst. Zu den sonstigen Kosten können gehören: Materialkosten, Kosten für fremde Dienstleistungen, Druckkosten, Reisekosten usw.
Schritt 5: Abgleichung mit dem Budgetansatz	Bei Überschreitung des Ansatzes muss die Kosten- und Ressourcenplanung an die Vorgaben angepasst oder im Projektauftrag neu legitimiert werden.

2.2.6 Risikomanagement

Mit Risiko bezeichnet man im Projektmanagement die Möglichkeit, dass es im Laufe der Projektabwicklung zu nicht gewünschten Abweichungen vom Plan mit negativen Auswirkungen kommt. Risiken setzen sich zusammen aus:

- den auftretenden Problemen,
- der Wahrscheinlichkeit, dass diese Probleme auftreten,
- den Auswirkungen beim Auftreten solcher Probleme und
- den Kosten, mit denen zur Minderung des Risikos zu rechnen ist.

Der Eintritt von Risiken ist bei der Komplexität von Projekten wahrscheinlich. Die negativen Auswirkungen umfassen zunächst die Erhöhung der Kosten und reichen über die Verlängerung der Bearbeitungszeiten, die Gefährdung der Projektziele bis hin zu der Notwendigkeit des Projektabbruchs. Ein vorbeugendes Risikomanagement ist eine der wesentlichen Voraussetzungen für das Gelingen eines Projektes. Schon in der Startphase müssen diese Projektrisiken erkannt und bewertet werden. In diesem Zusammenhang unterscheidet man zwischen vorbeugenden Maßnahmen und Eventualmaßnahmen.

- **Vorbeugende Maßnahmen** sind Maßnahmen, die im Vorfeld ergriffen werden, um das Risiko zu mindern. Schon bei der Erstellung der Arbeitspakete wird nach solchen Risiken und deren Ursachen geforscht und geeignete Maßnahmen zur Verhinderung oder zur Senkung der Wahrscheinlichkeit ihres Eintretens geplant.
- **Eventualmaßnahmen** sind Maßnahmen, die einen eventuellen Schaden begrenzen oder fast vollständig kompensieren. Das Risikomanagement ist aber nicht auf die Startphase beschränkt, sondern zieht sich durch das gesamte Projekt. Die Risikoanalyse und die Planung entsprechender Maßnahmen sind Bestandteil der Projektplanung.

2.3 Durchführungsphase

Während der Durchführung des Projektes achtet die Projektleitung auf Risiko-Warnzeichen und reagiert gegebenenfalls mit dem Abruf der geplanten Maßnahmen. Die häufigsten Risikoarten im Rahmen von Projekten sind:

- Terminrisiken: Terminvorgaben und -absprachen werden nicht eingehalten.
- Kostenrisiken: Die Planansätze des Budgets werden überschritten.
- Ressourcenrisiken: Personal und Material kann nicht im geplanten bzw. benötigten Ausmaß bereitgestellt werden.
- Akzeptanzrisiken: Arbeitsergebnisse werden von den Projektbeteiligten hinsichtlich ihrer Problemlösung oder ihrer Qualität abgelehnt.

Die Projektplanung kann den tatsächlichen Verlauf des Projektes nicht vorwegnehmen. In der Phase der Projektdurchführung übernimmt die Projektleitung die wichtige Aufgabe der Projektsteuerung. Darunter versteht man alle Maßnahmen, die geeignet sind, den tatsächlichen Projektverlauf mit dem geplanten Verlauf in Einklang zu bringen.

2.3.1 Projektsteuerung

Die Projektsteuerung ist eine Aufgabe, die sich über die gesamte Laufzeit des Projektes erstreckt. Die laufende Überwachung des Projektes macht die Abweichungen zwischen dem erreichten Ist-Zustand und dem geplanten Soll-Zustand deutlich. Die grundsätzliche Erfahrung mit dem Verlauf von Projekten lautet: Abläufe und Ergebnisse weichen häufig von den ursprünglichen Planungen ab. Hier ist die Steuerung des Projektes durch die Projektleitung gefragt. Sie muss dafür sorgen, dass die Planungsvorgaben, Absprachen und Vereinbarungen aus der Start- und Planungsphase eingehalten werden und dass auf die Abweichungen zwischen dem tatsächlichen und dem geplanten Projektverlauf und auf die entstehenden unmittelbar und flexibel reagiert wird. Voraussetzung für die Steuerung ist daher eine gut funktionierende Kommunikation zwischen der Projektleitung und dem Projektteam und auch dem Auftraggeber.

Aus den Berichten zum Projektstatus können sich alle Projektbeteiligten über den Fortgang des Projektes informieren. Der Projektstatusbericht gibt einen schnellen Eindruck über den aktuellen Stand des Projektes und gibt die Möglichkeit, ebenso schnell auf Missstände zu reagieren. Der Projektstatusbericht wird in regelmäßigen Abständen (z. B. Meilenstein) dem Projektauftraggeber vorgelegt. So wird auch dieser über den Projektstatus informiert und kann Änderungswünsche vorbringen (siehe Formblatt für einen Projektstatusbericht, unten).

Über den Projektstatusbericht hinaus muss die Projektleitung auch „im laufenden Geschäft" dafür sorgen, dass die Kommunikation reibungslos funktioniert. In besonderem Maße sind dazu regelmäßige Besprechungen der Teams untereinander, aber auch mit der Projektleitung geeignet. In diesen Besprechungen wird der Stand der Bearbeitung der Teilprojekte und Arbeitspakete dargelegt, Probleme in der Abwicklung und Koordinierung erörtert und nach Lösungen für diese Probleme gesucht. Die Ergebnisse dieser Sitzungen des Projektteams und der Arbeitsgruppen werden in Protokollen festgehalten (siehe Formblatt für ein Protokoll, Seite 272).

Beispiel: Formblatt für einen Projektstatusbericht

Projektstatusbericht			
Nummer:		Datum der Erstellung:	
Projektname:			
Projektleiter/-in:			
Berichtszeitraum:		vom	bis
Kurzbeschreibung des Berichtsstatus:			
Erreichte Qualität:			
Bisherige Kosten:			
Termineinhaltung:			
Nächste Schritte/Meilensteine:			
Entscheidungen:			
Bemerkungen:			
Unterschrift Projektleiter/-in		**Unterschrift Auftraggeber**	

Beispiel: Formblatt für ein Protokoll

Protokoll				
Nummer:		Datum der Erstellung:		
Projektname:				
Projektleiter/-in:				
Projektteam:	<Name> <Name> <Name> <Name> <Name>			
Teilprojekt:				
Protokollführer:	<Name>			
Dauer der Sitzung	Start:		Ende:	
Ergebnisse der Beratung:				
01				
02				
03				
Bemerkungen:				

2.3.2 Projektcontrolling

Aufgabe des Projektcontrollings ist der Aufbau eines Frühwarnsystems, das mögliche Planabweichungen frühzeitig erfasst und unmittelbare Reaktionen auf die Veränderungen ermöglicht.

Projektkostenarten	Plandaten	Ist-Daten	Abweichung in €	Abweichung in %

Das Projektcontrolling organisiert eine laufende Projektüberwachung. Solange die Soll-Daten nicht von den Ist-Daten abweichen, besteht kein Handlungsbedarf. Werden allerdings Abweichungen festgestellt, müssen diese erfasst und die Ursachen festgestellt werden. Auf den Ergebnissen der Ursachenermittlung sind von der Projektleitung Korrekturmaßnahmen einzuleiten. Die laufende Projektüberwachung und die sich daraus ergebende Einleitung von Gegensteuerungsmaßnahmen erfolgt in drei Stufen:

Regelkreis

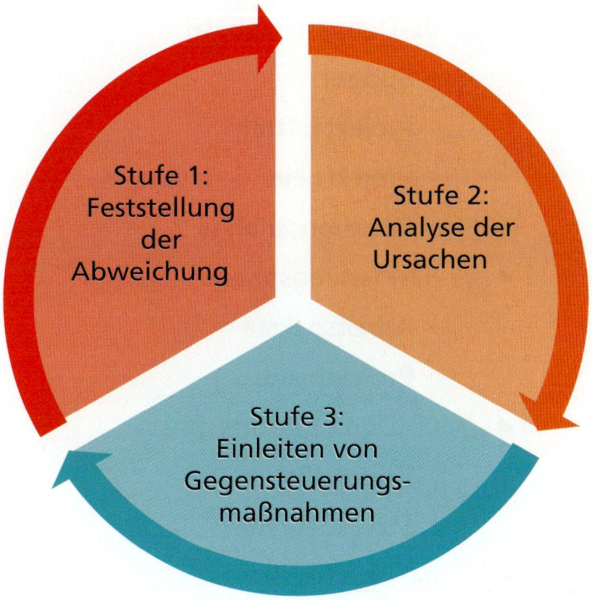

Das Projektcontrolling umfasst insbesondere folgende Bereiche:

Terminkontrolle

Die Terminkontrolle überprüft über den gesamten Projektverlauf, inwieweit der Projektablaufplan eingehalten wird. Die im Projektablaufplan zeitlich festgelegten Arbeitspakete und Meilensteine dienen dazu als Kontrollpunkte. Aus dem Projektablaufplan und den Projektstatusberichten können die Abweichungen der Soll-Planung von den Ist-Werten schnell und einfach erkannt werden. Die Terminkontrolle garantiert, dass die Zeitplanung eingehalten und das Projekt ohne Verzögerungen zu Ende geführt wird.

Kostenkontrolle

Die Kostenkontrolle wird auf Grundlage der in der Projektplanung aufgestellten Kosten- und Ressourcenpläne vorgenommen. Auch hier wird der Soll-Ist-Vergleich durchgeführt, die Soll-Kosten werden mit den tatsächlich angefallenen Kosten verglichen. Die Projektkosten sind als die zentrale Zielgröße eines Projektes anzusehen. Werden die geplanten Projektkosten überschritten, ist der Projekterfolg gefährdet.

Ergebniskontrolle

Die geplanten Projektziele definieren neben Inhalt und Zeit auch Ausmaß und die Qualität der Zielerreichung, d. h. ein Ergebnis. Die Ergebniskontrolle untersucht, ob die angestrebten Ziele auch in dem geplanten Ausmaß und der angestrebten Qualität erreicht wurden. Die stetige Kontrolle ermöglicht die rechtzeitige Entdeckung von Mängeln, sodass Korrekturmaßnahmen ergriffen werden können.

2.3.3 Teamführung

Neben der Auswahl geeigneter Mitarbeiter in der Startphase des Projektes für das Projektteam spielt die Teamführung im Ablauf des Projektes eine wichtige Rolle für den Erfolg des Projektes. Zunächst müssen sich die Teammitglieder mit den Zielen des Projektes identifizieren und auch in schwierigen Situationen zu diesen Zielen stehen. Ein weiteres Qualitätsmerkmal stellt die Fachkompetenz der einzelnen Mitarbeiter dar und welche weiteren Fähigkeiten diese als Mitarbeitertyp in das Team einbringen.

Das ausgewogene Verhältnis der Mitarbeitertypen und deren spezielle Fähigkeiten helfen, die Aufgaben in der Projektarbeit zu bewältigen. Die Aufgabe der Projektleitung besteht aber vor allem darin, aus den Einzelpersonen ein Team zu bilden und dieses zum Projektziel zu führen. Erfolgreiche Mitarbeiterführung ist vor allem abhängig vom Führungsstil. Geeignet ist der kooperative Führungsstil, bei dem die Mitarbeiter in die Entscheidungsfindung einbezogen und sie als Mitgestalter ernst genommen werden.
Außerdem gehören die folgenden sogenannten **Soft Skills** zu den Merkmalen einer guten Teamführung: Teamfähigkeit, Motivationsfähigkeit, Kreativität, Kontaktfähigkeit, Überzeugungskraft, Integrität etc. Wenn der Teamleiter in der Lage ist, ein gutes Arbeitsklima zu erzeugen, fördert das die Motivation der Mitarbeiter. Diese identifizieren sich mit dem Projekt und machen den Projekterfolg zu ihrer eigenen Sache.

2.3.4 Projektdokumentation

Das Gelingen und die erfolgreiche Steuerung eines Projektes sind weiterhin abhängig von der systematischen und einheitlichen Dokumentation aller projektbezogenen Überlegungen, Planungen und Ergebnisse und die Weiterleitung dieser Informationen an die Projektbeteiligten. Die Dokumentation erfolgt heute meistens computergestützt und umfasst ein komplettes, für alle Beteiligten zugängliches Projektinformationssystem, das die Erfassung, Weiterleitung, Be- und Verarbeitung, Auswertung und Speicherung der Projektinformationen ermöglicht. So ist sichergestellt, dass der Informationsfluss optimal verläuft und jedes Teammitglied schnell und einfach auf alle Dokumente zugreifen kann, die es für die tägliche Projektarbeit benötigt.
Zu Beginn des Projektes wurde der Grundstein für die Projektdokumentation gelegt. Meistens wird eine Projektakte (digitale Projektakte) angelegt und die in der Startphase angefertigten Dokumente dort abgelegt. Im Laufe des Projektes werden alle anfallenden Dokumente der Planungs- und Durchführungsphase ebenfalls dort eingestellt. Wichtig ist, dass die Projektakte nach einem einheitlichen Gliederungsstandard aufgebaut ist.
Viele Unternehmen nutzen zur Unterstützung eine **Projektmanagement-Software** (PMS). Wichtig für den zielführenden Einsatz dieser PMS ist jedoch, dass alle Projektbeteiligten über das nötige Know-how verfügen. Häufig müssen entsprechende Schulungen oder Workshops organisiert werden.

Beispiel: Digitalen Projektakte (Ordnerstruktur)

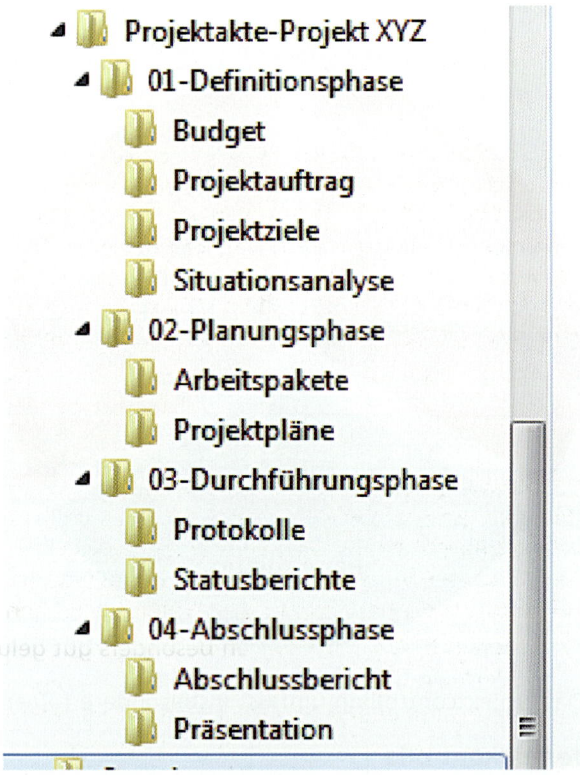

2.4 Abschlussphase

Die Projektabschlussphase wird bestimmt durch eine intensive Kommunikation zwischen dem Projektteam und dem Auftraggeber des Projektes und entspricht so der Startphase zu Beginn des Projektes. Das Projektteam muss nun mit der Fertigstellung des Projektauftrags dem Auftraggeber die Projektergebnisse und die Qualität der Ergebnisse vermitteln.

2.4.1 Projektergebnisse präsentieren

Die geeignete Form der Vermittlung der Projektergebnisse stellt die Präsentation dar. Diese Abschlusspräsentation muss inhaltlich und didaktisch gut vorbereitet werden. Folgende Bedingungen müssen bei der Gestaltung der Präsentation beachtet werden:

- Erwartungen, Erfahrungen, Einstellungen und Wissensstand der Zuhörer
- Zielsetzung der Präsentation: reine Information oder Überzeugung durch Argumentation bzw. Werbung
- Zeitrahmen
- Mediale Aufbereitung

Gliederung für eine Abschlusspräsentation

1. Darstellung der Ausgangssituation
2. Beschreibung der Projektziele und des Projektauftrags

3. Vorstellung des Projektteams
4. Überblick über das methodische Vorgehen
5. Überblick über die Ergebnisse
6. Ausblick

2.4.2 Projektauflösung

Den Endpunkt der Projektarbeit bildet die adressatengerechte Dokumentation des gesamten Projektverlaufs und der Projektergebnisse in Form eines Projektabschlussberichts. Dieser Abschlussbericht basiert auf der Projektdokumentation (Projektakte) und geht u. a. auf folgende Inhalte ein:

- Projektbeschreibung (Ausgangssituation, Ziel, Inhalte, Budget)
- Projektplanung (Projektstrukturplan, Ablauf- und Terminplan, Kosten- und Ressourcenplan)
- Projektdurchführung (Projektänderungen, Probleme, Erfahrungen)
- Projektergebnisse (Zielerreichung, Kosten, Zeit)
- Anregungen

Der Auftraggeber überprüft den Projektabschlussbericht, die Zielerreichung in Bezug auf Qualität, Kosten und Zeit. Wenn die Überprüfung zu keiner Beanstandung führt, unterzeichnet er den Abschlussbericht. Damit sind der Projektleiter und das Projektteam formell entlastet. Bei Beanstandungen kann der Auftraggeber gegebenenfalls noch Nachbesserungen und Nacharbeiten verlangen.
Mit der Entlastung des Projektteams ist auch die Auflösung der Projektorganisation verbunden. Die Projektressourcen und die Projektmitarbeiter müssen zu Projektende wieder freigegeben werden. Die Teammitglieder kehren in die Linienorganisation zurück. Die Projektergebnisse werden umgesetzt oder auch weiterentwickelt.

2.5 Evaluationsphase

Zur Evaluationsphase gehört ein Rückblick auf den Projektverlauf und eine Bewertung des Projektes. Auf diese Weise können die Qualität der Projektarbeit überprüft und wertvolle Erkenntnisse gewonnen werden, die bei der Abwicklung zukünftiger Projekte von Nutzen sein können. Im Rückblick auf das Projekt können z. B. folgende Fragen gestellt werden:

- Welche Projektphasen waren besonders gut gelungen und welche Phasen sind eher misslungen (Ursachen)?
- Welche Ziele wurden erreicht bzw. nicht erreicht?
- Welche Erfahrungen sollen bei zukünftigen Projekten berücksichtigt werden?

In der Projektbewertung wird die Projektarbeit noch stärker und zielgerichtet analysiert und hinsichtlich der Qualität bewertet. Sie dient dazu, dem Auftraggeber unter anderem Rechenschaft darüber zu geben, inwieweit die Projektplanungen eingehalten werden konnten, die Zusammenarbeit im Team gelungen ist oder in welcher Höhe das Budget ausgeschöpft wurde und welche Veränderungsalternativen in zukünftigen Projekten genutzt werden sollen. Erfolgreich ist ein Projekt erst dann, wenn der Auftraggeber mit den Projektergebnissen tatsächlich zufrieden ist. Häufig werden Projektbewertungen auch in Form von Fragebögen durchgeführt, deren Auswertung dann in einer Projektabschlussbesprechung vorgenommen wird. Die Projektabschlussbesprechung ist in der Regel die letzte offizielle Veranstaltung eines Projektes. Sie dient neben der Fremdreflexion und dem Feedback auch dazu, Vereinbarungen zu treffen, wie mit den Ergebnissen der Projektbewertung verfahren werden soll.

Zusammenfassung

Durchführung von Projekten				
Definitionsphase	**Planungsphase**	**Durchführungsphase**	**Abschlussphase**	**Evaluationsphase**
▮ Problemanalyse ▮ Definition der Projektziele ▮ Entwerfen einer Projektskizze ▮ Projektportfolio-Scorecard ▮ Projektportfolio ▮ Formulierung des Projektauftrags ▮ Beschreibung der Projektorganisation ▮ Festlegung des Kostenrahmens ▮ Entscheidung zur Projektdurchführung	▮ Kick-off-Meeting ▮ Identifizierung der Arbeitspakete ▮ Erstellung des Projektstrukturplans (statisch) ▮ Ableitung des Projektablaufplans (dynamisch) ▮ Aufstellung des Kosten- und Ressourcenplans	▮ Projektcontrolling ▮ Teamführung ▮ Qualitätssicherung ▮ Dokumentation	▮ Präsentation der Projektergebnisse (Produkt) ▮ Abnahme des Projektes (Produktabnahme) und ggf. Produkteinführung ▮ Abschlussbericht ▮ Projektauflösung	▮ Projektreflexion

Anhang

1 Kaufmännisches Rechnen

1.1 Verteilungsrechnen

Geldbeträge, Warenmengen usw. werden auf verschiedene Verteilungsträger (z. B. Mitarbeiter, Produkte usw.) auf der Grundlage von **Verteilungsschlüsseln** verteilt.
Diese Verteilungsschlüssel sind entweder

- fest vorgegeben, z.B. 1 : 3 : 5, oder
- müssen aus einer Verteilungsgrundlage errechnet werden.

Beispiel:

Der Gesamtumsatz von drei Mitarbeitern betrug in der 15. Woche 36.000,00 €.

Umsatz Mitarbeiter A	*7.200,00 €*
Umsatz Mitarbeiter B	*10.800,00 €*
Umsatz Mitarbeiter C	*18.000,00 €*
Summe	*36.000,00 €*

Auf den Umsatz von 36.000,00 € wird eine Umsatzprämie in Höhe von 540,00 € gezahlt.

Wie soll die Vergütung auf die drei Mitarbeiter verteilt werden? Gesucht wird also der Verteilungsschlüssel.

Lösungsweg
Die Grundlage für die Verteilung der Vergütung sind die von den Mitarbeitern jeweils erzielten Umsätze. Aus den Umsätzen der einzelnen Mitarbeiter lässt sich der Verteilungsschlüssel durch **Kürzen** errechnen:

Umsatz Mitarbeiter A:	7.200,00 €	:	100 = 72 Anteile	: 36	= **2 Anteile**
Umsatz Mitarbeiter B:	10.800,00 €	:	100 = 108 Anteile	: 36	= **3 Anteile**
Umsatz Mitarbeiter C:	18.000,00 €	:	100 = 180 Anteile	: 36	= **5 Anteile**

Rechenschema

Mitarbeiter	Umsatz in €	Verteilungs-schlüssel	Anteil in €*	Vergütung in €
A	7.200,00	2	54,00	(2 · 54,00 =) **108,00**
B	10.800,00	3	54,00	(3 · 54,00 =) **162,00**
C	18.000,00	5	54,00	(5 · 54,00 =) **270,00**
		10		

* *10 Teile entsprechen 540,00 €. Ein Teil entspricht* $\frac{540{,}00\ €}{10} = 54{,}00\ €$*.*

Manchmal sind als Verteilungsschlüssel auch **Bruchzahlen** vorgegeben. Dann müssen diese Bruchzahlen in ganze Zahlen umgewandelt werden.

Beispiel:

1/2	=	3/6	→	**3** Anteile
1/3	=	2/6	→	**2** Anteile
1/6	=	1/6	→	**1** Anteil
Summe		6/6		**6 Anteile**

Die Zähler (als ganze Zahlen) gelten als Verteilungsschlüssel.

Arbeitsschritte Verteilungsrechnen

1. Verteilungsgrundlage ermitteln
2. Rechenschema erstellen
3. Gegebene Werte in das Schema eintragen
4. Vorgegebenen Verteilungsschlüssel benutzen oder errechnen

5. Summe der Teile bestimmen
6. Wert für einen Teil ermitteln = $\frac{\text{Verteilungssumme}}{\text{Summe der Anteile}}$ = 1 Anteil
7. Anteile nach Verteilungsschlüssel errechnen

1.2 Zinsrechnung

Zinsen sind eine Vergütung, die ein Geldgeber (Gläubiger) seinem Schuldner für geliehenes Geld berechnet. Der vereinbarte Zinssatz wird in Prozent ausgedrückt und bezieht sich in der Regel auf ein Jahr (pro anno, p. a. = für ein Jahr).
Allerdings gelten für die Zinsrechnung zwei Regeln, die die Handhabung dieses Rechenverfahrens erleichtern:

1 Jahr = 360 Tage
1 Monat = 30 Tage

Die Zinsrechnung ist die Anwendung der Prozentrechnung unter Berücksichtigung der **Zeit**. Dabei kann man nach **Monatszinsen** und **Tageszinsen** unterscheiden.

Berechnen von Monatszinsen

Bei der Berechnung von Monatszinsen wird der Zinszeitraum in Monaten angegeben und ein Jahr mit zwölf Monaten gleichgesetzt.

Beispiel:
Berechnen Sie die Zinsen eines Kapitals in Höhe von 1.500,00 € zu 8 % für 6 Monate.

Lösungsweg
Die Lösung kann mithilfe der Dreisatzrechnung gefunden werden:

100,00 €	Kapital in	12 Monaten	8,00	€ Zinsen
1.500,00 €	Kapital in	6 Monaten	x	€ Zinsen

$$x = \frac{8{,}00 \cdot 1.500{,}00\ € \cdot 6}{100 \cdot 12} = \mathbf{60{,}00\ €}$$

Die Zinsberechnung lässt sich aber auch einfach auf logische Weise ableiten:

1.500,00 €	Ein Kapital von 1.500,00 € ist zu verzinsen.
	Teilt man 1.500,00 € durch 100, so erhält man 1 % Zinsen (15,00 €).
$\frac{1.500{,}00\ € \cdot 8}{100}$	Der Zinssatz beträgt aber 8 %, sodass das Zwischenergebnis mit 8 zu multiplizieren ist (120,00 €).
$\frac{1.500{,}00\ € \cdot 8}{100 \cdot 12}$	Der Zinssatz von 8 % gilt für einen Zinszeitraum von 12 Monaten. Teilt man den Zwischenwert durch 12, erhält man die Zinsen für 1 Monat (10,00 €).
$\frac{1.500{,}00\ € \cdot 8 \cdot 6}{100 \cdot 12} = \mathbf{60{,}00\ €}$	Tatsächlich beträgt der Verzinsungszeitraum 6 Monate. Der Zwischenwert muss daher mit 6 multipliziert werden.

Monatszinsformel

$$\text{Monatszinsen} = \frac{\text{Kapital} \cdot \text{Zinssatz} \cdot \text{Laufzeit in Monaten}}{100 \cdot 12}$$

Berechnen von Tageszinsen

Wird der Zinszeitraum in Tagen angegeben, so sind die Zinsen mithilfe der Tageszinsformel (siehe unten) zu bestimmen. Ein Jahr wird mit 360 Tagen gleichgesetzt.

Beispiel:
Berechnen Sie die Zinsen von 1.500,00 € zu 8 % für 48 Tage.

Lösungsweg

Auch hier kann die Lösung mithilfe der Dreisatzrechnung ermittelt werden.

100,00 €	Kapital in	360 Tagen	8,00	€ Zinsen
1.500,00 €	Kapital in	48 Tagen	x	€ Zinsen

$$X = \frac{8{,}00 \cdot 1.500{,}00\text{ €} \cdot 48}{100 \times 360} = \mathbf{16{,}00\text{ €}}$$

Wieder ist die Berechnung der Zinsen aber auch durch logische Ableitung möglich:

1.500,00 €	Ein Kapital von 1.500,00 € ist zu verzinsen.
$\frac{1.500{,}00\text{ €}}{100}$	Teilt man 1.500,00 € durch 100, so erhält man 1 % Zinsen (15,00 €).
	Der Zinssatz beträgt aber 8 %, sodass das Zwischenergebnis mit 8 zu multiplizieren ist (120,00 €).
$\frac{1.500{,}00\text{ €} \cdot 8}{100 \cdot 360}$	Der Zinssatz von 8 % gilt für einen Zinszeitraum von **360 Tagen**. Teilt man den Zwischenwert durch **360**, erhält man die Zinsen für 1 Tag (0,33 €).
$\frac{1.500{,}00\text{ €} \cdot 8 \cdot 48}{100 \cdot 360} = \mathbf{16{,}00\text{ €}}$	Tatsächlich beträgt der Verzinsungszeitraum 48 Tage. Der Zwischenwert muss daher mit 48 multipliziert werden.

Tageszinsformel

$$\textbf{Tageszinsen} = \frac{\textbf{Kapital} \cdot \textbf{Zinssatz} \cdot \textbf{Laufzeit in Tagen}}{\textbf{100} \cdot \textbf{360}}$$

Berechnen der Zeit

- Bei der Berechnung der Zeit wird in Deutschland grundsätzlich in der kaufmännischen Zinsrechnung das **Jahr** mit 360 Tagen und der **Monat** mit 30 Tagen gleichgesetzt.
- Bei der Berechnung des Zinszeitraumes wird der erste Tag der Laufzeit nicht mitgezählt, wohl aber der letzte Tag.

Der erste Tag zählt **nicht**, der letzte Tag zählt **mit.**

Siehe Fristberechnung nach BGB, Seite 46

Auch diese Regel führt zu einer weiteren Vereinfachung in der Berechnung der Zinstage.

Beispiel:

Zinszeitraum vom 24.08.20(0) bis 30.08.20(0)

Berechnung der Zinstage:	*30*	*Tage*
	– 24	*Tage*
	= 6	*Tage*

Ähnlich verfährt man, wenn die Monatsgrenze überschritten wird.

Beispiel:

Zinszeitraum vom 24.08.20(0) bis 30.09.20(0)

Berechnung der Zinstage:	*vom 24.08. bis 24.09.*	*30 Tage*	*volle **Monate** berechnen*
	vom 24.09. bis 30.09.	*+ 6 Tage*	*restliche **Tage** ermitteln*
		36 Tage	

Manchmal ist es sinnvoll, zunächst in vollen Monaten zu rechnen und die Differenz zu subtrahieren:

Beispiel:

Zinszeitraum vom 24.08.20(0) bis 22.10.20(0)

Berechnung der Zinstage:	*vom 24.08. bis 24.10*	*60 Tage*	*volle Monate*
	vom 22.10. bis 24.10.	*– 2 Tage*	*Differenztage*
		58 Tage	

Sonderfälle bei der Ermittlung der Zeit
Der 31. eines Monats wird nicht gerechnet. Der Februar hat 30 Zinstage; läuft der Zinszeitraum Ende Februar aus, so werden dann nur 28 oder 29 Tage berechnet.

Beispiele:

Zinszeiträume	*a) vom 24.03. bis 31.03.*
	b) vom 18.01. bis 28.02.
	c) vom 18.01. bis 01.03.

Lösungsweg

a) vom 24.03. bis 31.03.	=	6 Zinstage (der 31.03. fällt weg)
b) vom 18.01. bis 28.02.	=	40 Zinstage (12 Tage im Januar + 28 Tage im Februar)
c) vom 18.01. bis 01.03.	=	43 Zinstage (12 Tage Januar + 30 Tage Februar + 1 Tag im März)

Begriffe in der Prozentrechnung und Zinsrechnung

Prozentrechnung	
Grundwert	GW
Prozentsatz	p
Prozentwert	PW

Zinsrechnung	
Kapital	K
Zinssatz	p
Zinsen	Z
Zeit	t

Zinsrechnungsformel
Die Formel zur Ermittlung des Prozentwertes wurde bereits im Informationshandbuch des 1. Ausbildungsjahres dargestellt. Die Erweiterung dieser Formel um die Zeit ergibt die **Zinsberechnungsformel**.

Prozentrechnung	Zinsrechnung
$PW = \frac{GW \cdot p}{100}$	$Z = \frac{K \cdot p \cdot t}{100 \cdot 360}$

Umstellung der Zinsrechnungsformel
Durch Umstellung der Zinsrechnungsformel kann nach allen Größen in der Zinsformel gefragt werden:

Gesuchte Größe	Kapital	Tage	Zinssatz
Formel	$K = \frac{Z \cdot 100 \cdot 360}{p \cdot t}$	$t = \frac{Z \cdot 100 \cdot 360}{p \cdot K}$	$p = \frac{Z \cdot 100 \cdot 360}{K \cdot t}$

Vergleicht man die drei Formeln, stellt man fest, dass der Zähler immer gleich ist (Z x 100 x 360). Nur die gesuchte Größe, z. B. das Kapital (K), und die übrigen Größen aus der Zinsrechnung (t und p) tauschen ihre Plätze. Es lohnt sich daher, den Zähler auswendig zu lernen, um nicht jedes Mal die Zinsformel aufwändig mathematisch umzustellen.

2 AutoText mit Microsoft Word

Ein AutoText ist ein Baustein im Textverarbeitungsprogramm Microsoft Word, der einmal erstellt wird und dann für alle Dokumente zur Verfügung steht. AutoTexte werden unter einem Kürzel gespeichert. Möchten Sie den Inhalt eines AutoTextes einfügen, brauchen Sie lediglich das Kürzel einzugeben, das Kürzel wird durch den hinterlegten Baustein ersetzt. Sie können als AutoText nicht nur Text, sondern auch Tabellen und/oder Schaubilder speichern. Um einen AutoText-Eintrag zu erstellen, gehen Sie wie nachfolgend beschrieben vor.

Markieren Sie zunächst den Text oder den Dokumentteil, den Sie als Autotext (Textbaustein) hinterlegen möchten.

Klicken Sie im Register *Einfügen* in der Gruppe *Text* auf die Schaltfläche *Schnellbausteine*.

Wählen Sie den Eintrag *AutoText* und anschließend den Eintrag *Auswahl im AutoText-Katalog speichern*. Es erscheint das Dialogfeld *Neuen Baustein erstellen*.

Alternativ können Sie auch den gewünschten Text markieren und die Tastenkombination Alt + F3 nutzen.

Geben Sie in das Eingabefeld *Name:* ein Kürzel für den AutoText ein. (Hier wird nicht zwischen Groß- und Kleinschreibung unterschieden.)

Bestätigen Sie Ihre Eingabe mit einem Klick auf die Schaltfläche *OK*.

Möchten Sie in einem anderen Dokument einen bereits erstellten Textbaustein (AutoText) einfügen, stellen Sie zunächst den Cursor an die Position, an der der Baustein stehen soll.

Klicken Sie im Register *Einfügen* in der Gruppe *Text* auf die Schaltfläche *Schnellbausteine*.

Wählen Sie den Eintrag *AutoText*, es wird eine Liste eingeblendet.

Mit einem Klick auf den gewünschten Textbaustein wird dieser in Ihr Dokument eingefügt.

Alternativ können Sie das Kürzel Ihres AutoTextes eingeben und die Funktionstaste F3 betätigen. Das Kürzel wird automatisch durch den Baustein ersetzt.

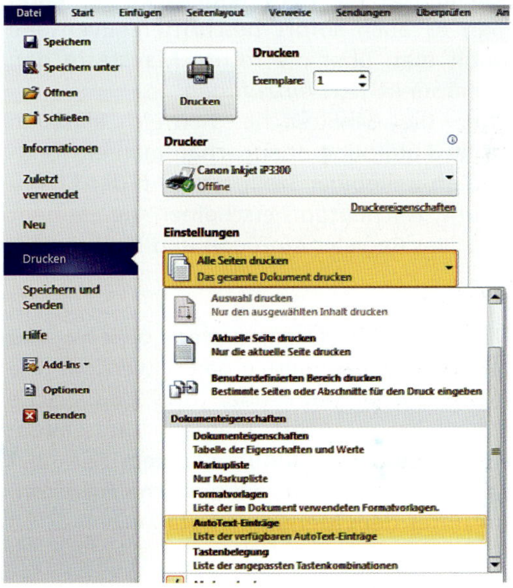

AutoText-Liste drucken

Möchten Sie eine Liste Ihrer gespeicherten Textbausteine (AutoText-Einträge) drucken, klicken Sie auf das Register *Datei* und wählen Sie den Menüpunkt *Drucken*.

Wählen Sie im Listenfeld *Einstellungen* den Eintrag *Alle Seiten drucken* und im angezeigten Untermenü den Eintrag *AutoText-Einträge*.

Mit einem Klick auf die Schaltfläche *Drucken* wird die Liste Ihrer erstellten AutoText-Einträge gedruckt.

3 Organigramme mit Microsoft Word, Excel und PowerPoint

Organigramme lassen sich auf einfache Weise mit den Microsoft-Standardprodukten Word, Excel und PowerPoint erstellen. Beispielhaft soll die Vorgehensweise mithilfe des Textverarbeitungsprogramms Word vorgestellt werden.

3.1 Flussdiagramme mit Microsoft Word

Über das Register *Einfügen* und die Schaltfläche *Formen* gelangt man zu den Werkzeugen, mit denen sich Organigramme erzeugen lassen. Wichtig sind die Blöcke *„Linien"* und *„Flussdiagramm"*.

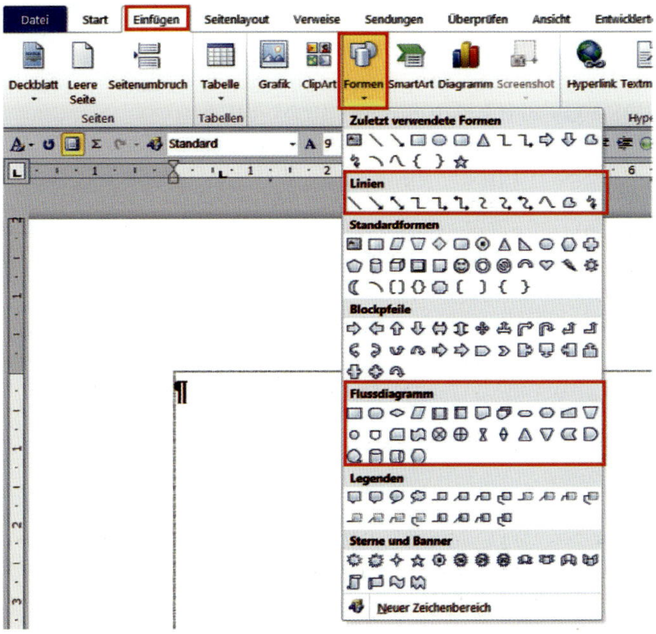

Klickt man z. B. in Flussdiagramm das erste Symbol (Rechteck) an, verändert sich der Cursor in ein Kreuz und man kann ein Rechteck zeichnen.

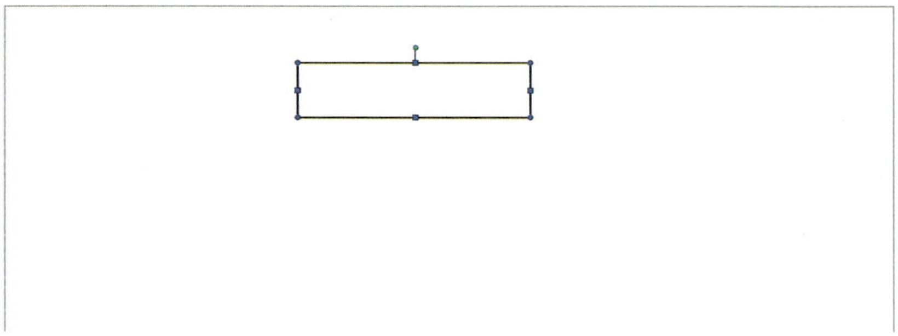

Diese Ursprungsform kann über die Erweiterung *Zeichentools* nach eigenen Vorstellungen gestaltet werden. Man kann unter der Gruppe *Formenarten* Vorlagen wählen oder z. B. über *Fülleffekt* die Fläche und über *Formkontur* den Rand verändern.

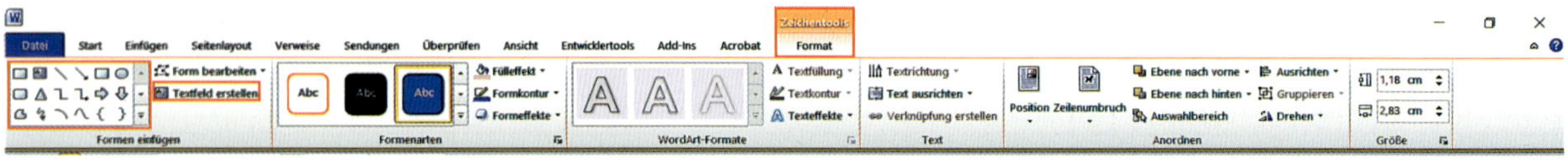

Sobald das Rechteck angeklickt ist, kann man es auch sofort beschriften. Eventuell wählt man über die rechte Maustaste den Menüpunkt *Text hinzufügen.*

Über die Schaltfläche *Textfeld erstellen* (siehe Abbildung oben) erhält man ein Textfeld an beliebiger Stelle. Links in der Erweiterung *Zeichentools* erscheinen die Elemente, die zuletzt verwendet worden sind, sodass man nicht immer über das Register *Einfügen* und die Schaltfläche *Formen* gehen muss, um neue Elemente hinzuzufügen.

Nun kann das Organigramm beliebig um weitere Abteilungen ergänzt werden. Die Flächenfarbe kann über die Schaltfläche *Fülleffekt* verändert werden, die Linienstärke der Umrandung mit einem Klick auf den Menüpfeil in der Schaltfläche *Formkontur* unter dem Menüpunkt *Stärke.*

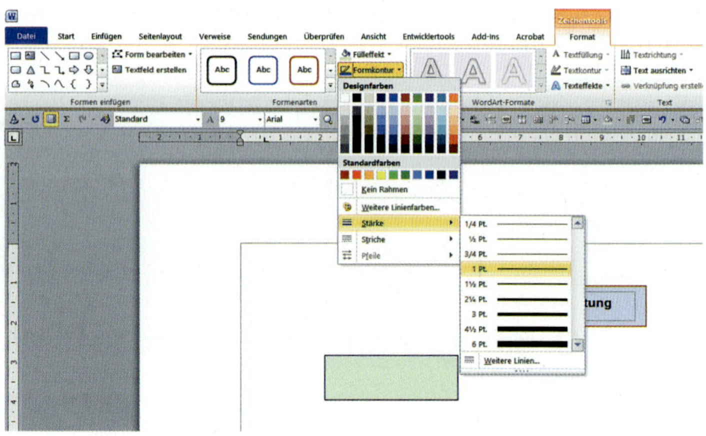

Das abgebildete Organigramm ist auf der zweiten Ebene mit vier Abteilungen ausgestattet worden. Die Felder lassen sich nun mit Linien verbinden. Dazu klickt man das erstellte Feld *„Geschäftsleitung"* an und erhält Punkte, an denen die Linien angesetzt werden können.

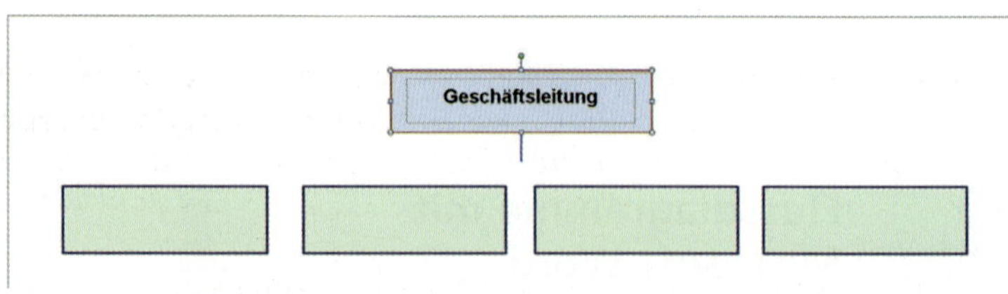

Mehrere gleichartige Elemente erzeugt man am besten durch Kopieren (Tastenkombination Strg + C) und Einfügen (Tastenkombination Strg + V), oder man klickt ein Element an, drückt die Taste Strg und zieht gleichzeitig das Element an die gewünschte Position.

Hält man die Shift-Taste ⇧ gedrückt, während man die Linie mit dem Cursor zieht, ergeben sich exakt waagerechte und senkrechte Linien.
Die Flächen- und Schriftfarben lassen sich wie oben beschrieben über die Erweiterung *Zeichentools* verändern.

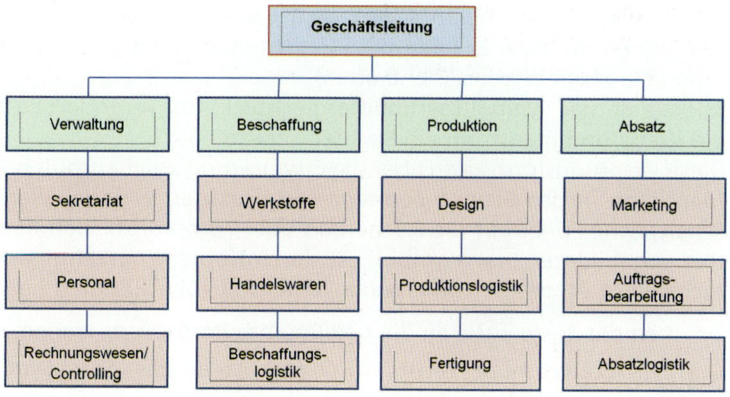

3.2 Organigramme mit Microsoft Excel und PowerPoint

Microsoft Excel und PowerPoint enthalten die gleichen Menüpunkte, um Organigramme zu erstellen. Es bestehen daher kaum Unterschiede in der Arbeitsweise.

Organigramme mit Microsoft Excel

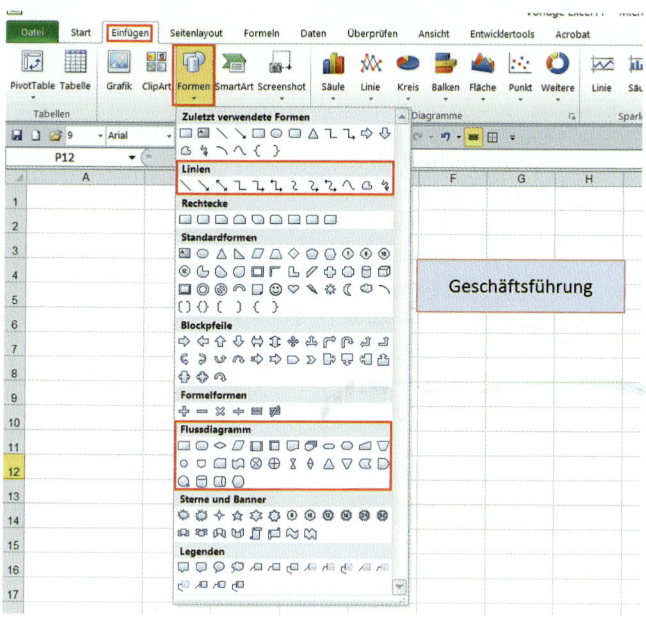

Organigramme mit Microsoft PowerPoint

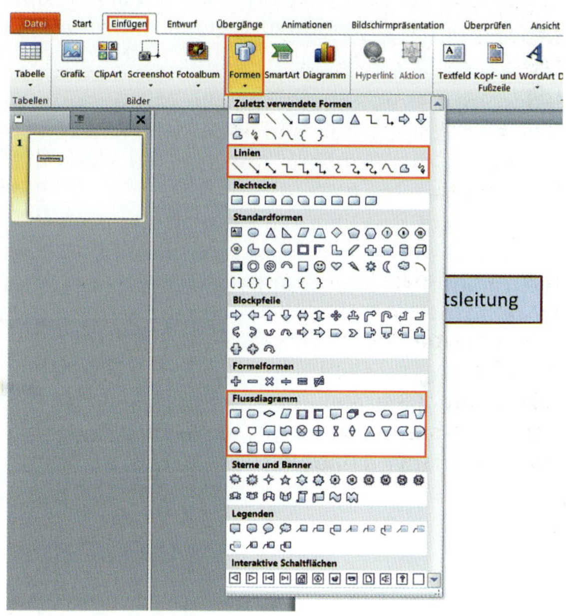

4 Flussdiagramme mit Microsoft Word, Excel und PowerPoint

Es wird auf die gleichen Menüpunkte zugegriffen wie bei der Erstellung eines Organigramms (siehe Kapitel 3). Hier wird das Programm Word gewählt, um die Vorgehensweise darzustellen.
Die Arbeitsfläche kann in Word mit einem Gitter hinterlegt werden, damit man die Größe der Symbole leichter anpassen kann. Die Elemente und auch die Pfeile werden dann allerdings automatisch an diesem Gitter ausgerichtet.
Pfad: Register *Ansicht* – Gruppe *Anzeigen* – Häkchen vor *Gitternetzlinien* setzen

Ein Flussdiagramm beginnt mit dem „Start-Symbol", einem Rechteck mit gerundeten Kanten. Es kann mithilfe des Pfads *Einfügen – Formen – Flussdiagramm* erzeugt werden (siehe oben).
Klickt man das Symbol (gerundetes Rechteck) an, verändert sich der Cursor in ein Kreuz und man kann ein Rechteck zeichnen.
Diese Ursprungsform kann über die Erweiterung *Zeichentools* nach eigenen Vorstellungen gestaltet werden. Man kann in der Gruppe *Formenarten* Vorlagen wählen oder z. B. über die Schaltfläche *Fülleffekt* die Fläche und über *Formkontur* den Rand verändern.
Das abgebildete „Start-Symbol" ist durch Kopieren erzeugt worden. Am einfachsten ist es, das zu kopierende Element anzuklicken und bei gleichzeitigem Drücken der Taste Strg an die gewünschte Position zu ziehen.

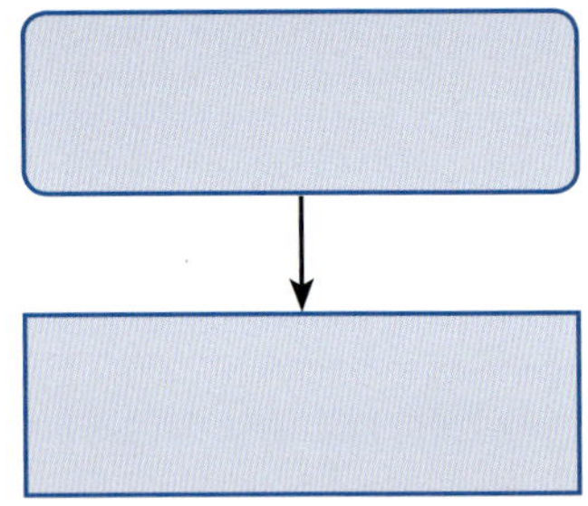

Das „Tätigkeitssymbol" rechts wurde farblich an das „Start-Symbol" angepasst und durch einen Pfeil miteinander verbunden. Dazu klickt man das obere Element an und erhält Punkte, an denen die Linien angesetzt werden können. Die Linien werden erzeugt durch *Einfügen – Formen – Linie.*
Linien und Pfeile lassen sich über die Erweiterung *Zeichentools – Formkontur* bzw. *Zeichentools – Formeffekte* verändern.
Für die Verzweigung in einem Flussdiagramm gibt es nur das auf die Spitze gestellt Rechteck als fertiges Symbol. Pfeile und Beschriftungen müssen ergänzt werden. Einen Text ergänzt man über die Erweiterung *Zeichentools – Textfeld erstellen* an beliebiger Stelle.
Überlagert der Text eine Linie, kann man ihn über die Erweiterung *Zeichentools – Ebene nach hinten* in der Gruppe *Anordnen* in den Hintergrund stellen.

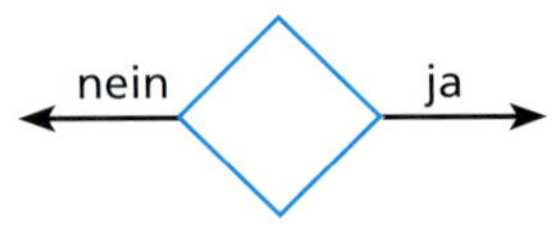

Manchmal ist es angebracht, die Abstände von Text zum Seitenrand innerhalb eines Textfeldes zu verringern, um das Feld kleiner zu halten.
Man erreicht dies über die Erweiterung *Zeichentools* mit einem Klick auf den Pfeil rechts unten in der Gruppe *WordArt Formate.* Es öffnet sich das Dialogfeld *Texteffekte formatieren.* Hier klickt man auf die Schaltfläche *Textfeld* und verändert unter dem Menüpunkt *Innerer Seitenrand* die Seitenränder wunschgemäß. Im Beispiel sind alle Werte auf „0" gesetzt worden.

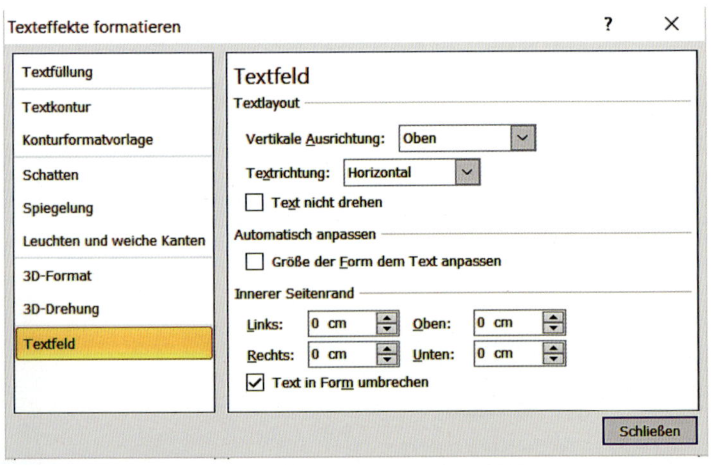

5 Arbeitsablaufdiagramm

Die Symbole eines Arbeitsablaufdiagramms stehen im Register *Einfügen* unter der Schaltfläche *Formen* als Gruppen *Linien, Blockpfeile* und *Flussdiagramm* zur Verfügung. Die Handhabung der Symbole entspricht der Vorgehensweise in den übrigen Diagrammarten (siehe oben).
Da es schwierig ist, die Symbole mit Linien zu verbinden, kann man die Symbole auch auf eine Kopfzeile beschränken und nur die (leeren) Felder der Tabelle miteinander verbinden.

Nr.	Stufen	Symbole					Zeit	Weg
		○	⇨	□	D	▽		
1	Erfassung der …	●						
2	Beleg ins Postfach …		●					
3	Abholen des Belegs …		●					

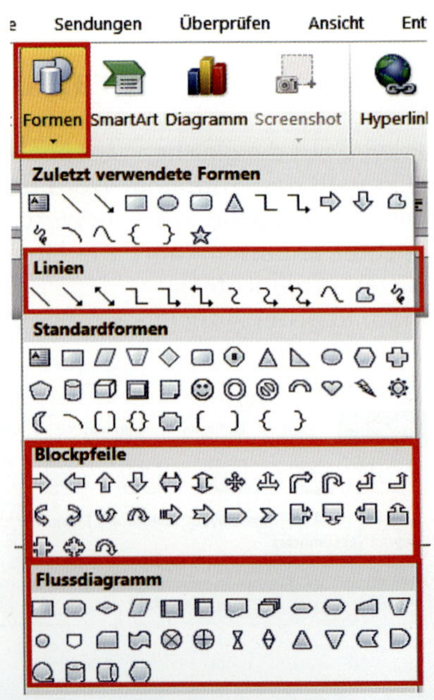

6 Ereignisgesteuerte Prozessketten mit Microsoft Word, Excel und PowerPoint

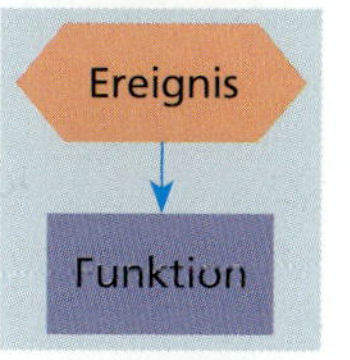

Um eine EPK zu erzeugen, greift man auf die gleichen Menüpunkte zu wie bei der Erstellung eines Organigramms eines Arbeitsablaufdiagramms oder eines Flussdiagramms.
Die Farbgebung kann über die Erweiterung *Zeichentools* gesteuert werden. Der Menüpunkt erscheint, sobald man ein Element anklickt. Für die Farbgebung und auch für die Beschriftung stehen Vorlagen zur Verfügung oder man nutzt die entsprechende Schaltflächen (*Formkontur, Formeffekte* bzw. *Textkontur, Texteffekte*).
Sobald man ein Element erstellt hat, kann es auch beschriftet werden. Es entsteht ein Textfeld, in dem die Schriftgröße noch an die Größe des Elements angepasst werden muss.

Für das Symbol „Organisationseinheit" verwendet man die Vorlage *Ellipse* in der Gruppe *Standardformen* und zieht sie in die Länge. Der senkrechte Strich muss noch ergänzt werden. Für das Symbol „Informationsobjekt" gibt es eine Vorlage in der Gruppe *Flussdiagramm* (*Vordefinierter Prozess*).

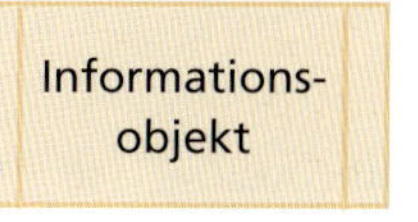

Das Symbol „Prozesspfad" liegt nicht als fertiges Element vor. Es muss erzeugt werden, indem man die Symbole für „Ereignis" und „Funktion" übereinanderlegt.

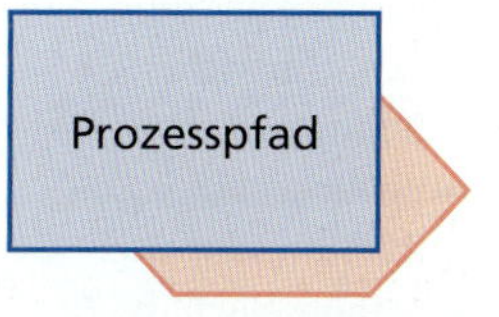

Für die Operatoren kann die Vorlage *Ellipse* verwendet werden, die man noch beschriften muss. Bei der Texteingabe reicht häufig die Größe des Textfeldes nicht aus, um den Text darzustellen. Hier hilft in der Regel die Verkleinerung der inneren Seitenränder (siehe Dialogfeld *Texteffekte formatieren* oben).

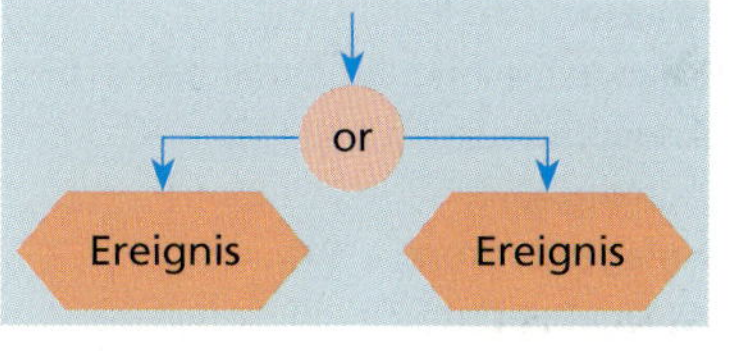

Sachwortverzeichnis

F

G

H

I

K

Bildquellenverzeichnis

ABIT GmbH, Meerbusch: S. 54

Angelika Brauner, Hohenpeißenberg/Bildungsverlag EINS GmbH, Köln: S. 216_1, 216_2, 216_3, 234

Fotolia.com: S. 38, 65 (stockpics); 73 (Tino Neitz); 82 (Bits and Splits); 92 (Coloures-pic); 206 (fotodo); 207 (Andrey Popov); 208, 219, 254, 258_2, 259 (Trueffelpix); 211 (leszekglasner); 213_1 (ufotopixl10); 213_2 (zabanski); 221 (kasto); 221 (s_l); 222 (alexbrylovhk); 224_1, 226, 227, 244 (Andrey Popov); 224_2 (lenetsnikolai); 225 (SG-design); 230_1 (eyetronic); 230_2 (Petair); 230_3 (Oleksiy Mark); 230_4 (fym1321); 230_5 (rebius); 232 (Petrus Bodenstaff); 233 (peshkova); 237 (stockWERK); 238_1 (dell); 238_2 (Kruwt); 239 (Denys Rudyi); 241 (Bene Images); 246 (Gina Sanders); 249 (B. Plank/imBILDE.at); 253 (Denis Junker); 257 (thingamajiggs); 258_1 (Michael); 261 (Goss Vitalij); 265 (VRD); 266 (JiSign); 275 (Style-Photography)

Microsoft Corporation: S. 43, 274, 280, 281_2, 281_3, 282_1, 282_2, 282_3, 282_4, 282_5, 283_1, 283_2, 283_3, 283_4, 284_1, 284_2

Verband der Vereine Creditreform e.V., Neuss: S. 32_1, 32_2